제 3 판

THE AGE OF THE FOURTH INDUSTRIAL REVOLUTION

INNOVATIVE START-UP BUSINESS

4차 산업혁명 시대의

기술창업론

김진수 최종인 임충재 고혁진 이유종

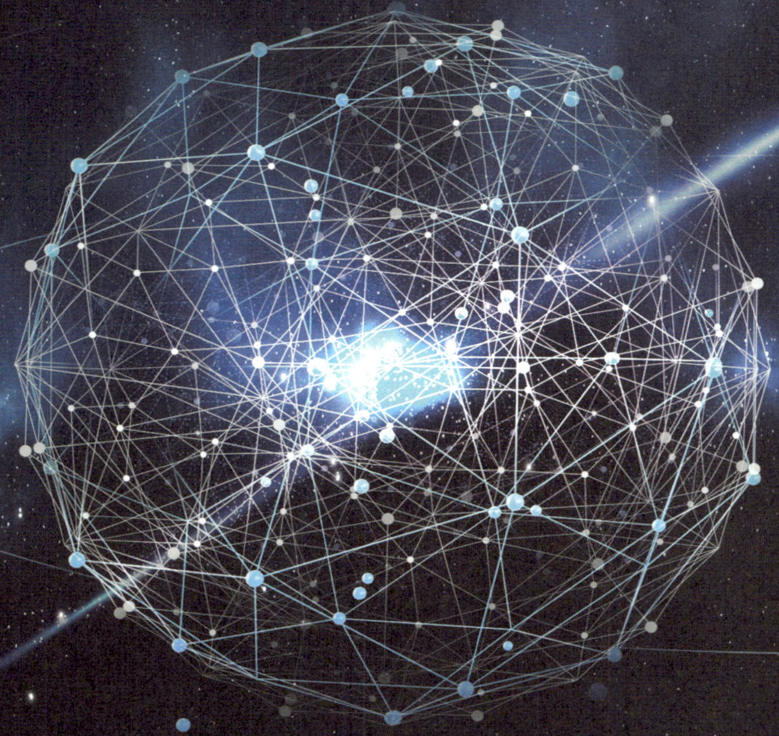

홍릉과학출판사

INTRODUCTION

최근 전 세계는 4차 산업혁명이라는 거대한 물결 속에서 기술뿐만 아니라 정치, 경제, 사회 등 모든 분야의 패러다임에서 대변화를 맞이하고 있다. 4차 산업혁명은 이전의 산업혁명과는 비교되지 않을 정도로 획기적이고 파괴적인 기술발달에 의해 다양한 산업이 융합, 개편되면서 우리 삶에 큰 변화를 일으킬 것으로 예측되고 있다. 로봇, 인공지능 비서와 자율주행 자동차까지 우리가 그동안 영화에서 보던 기술들은 이제 미래가 아닌 현재의 이야기로 실현되는 것이다.

하지만 4차 산업혁명으로 인해 기존의 직업이 사라지거나 새로운 직업이 등장하는 등 미래의 일자리 변화도 피할 수 없게 되었다. 한 해 동안 인류가 해결해야 할 가장 중요한 화두에 대해 전 세계 리더들이 모여 의견을 공유하는 세계경제포럼(WEF)의 2016년 보고서에는 4차 산업혁명과 관련하여 "향후 5년간 선진국 및 신흥시장 15개국에서 일자리 710만개가 사라질 것"이며 "현재 7세 이하의 어린이 중 65%가 사회에 나가 직업을 선택할 때가 되면 지금은 없는 새로운 직업을 갖게 될 것이다"라는 전망이 나타나 있다. 인공지능을 가진 기계가 우리의 일자리를 대체한다는 것이다.

그렇다면 우리는 4차 산업혁명에 대비해서 무엇을 해야 할까? 바로 기술혁신형 창업의 활성화와 기업가정신의 발현이다. 이를 위해서는 이공계 등 기술과 지식서비스 관련 분야를 전공하는 청년들의 창업에 대한 관심과 도전이 증가할 필요가 있다. 최근 대학발 창업 관심도가 높아짐에 따라 교양학부를 비롯해서 학부 전공에도 다양한 창업 강좌가 개설되고 운영되고 있다.

하지만 대부분 창업에 관한 일반적인 입문서 위주여서 정작 4차 산업 및 기술분야 창업에 특화된 입문서는 부족한 실정이라 기술창업 강좌 운영에 어려움이 있다.

따라서 본 교재는 일반적인 창업 입문서 보다는 기술창업에 특화된 입문서를 개발하여 청년들에게 4차 산업혁명 및 기술창업에 대한 이해와 관련 지식과 스킬을 함양할 수 있도록 하기 위해 개발되었다. 본 교재는 초판과 2판에 이어 3판을 준비하면서 다음과 같은 부분을 수정보완 하였으며, 총 4부 12장으로 구성되어 있다.

첫째, 전체적인 구성은 4차 산업혁명과 기술창업의 시대(1부), 기술창업 준비하기(2부), 기술창업 실행하기(3부), 기술창업 성장하기(4부)에 이르기까지 기술창업 생애주기에 따라 필수 개념과 최신 기법들을 청년들의 눈높이에 맞춰 설명하였다. 즉, 4차 산업혁명에 대비한 기술창업가에 대한 마인드 전환에서 창업준비, 창업실행, 마지막 성장단계에서의 창업경영 순으로 내용 정리가 되어 있어 따라하기 식으로 진행하다 보면 창업의 과정을 쉽게 이해할 수 있다. 특히 초판 및 2판과 달리 4차 산업혁명과 관련한 기술창업 개념 및 트렌드를 보다 자세히 소개하기 위하여 4차 산업혁명과 기술창업의 시대가 추가되었다.

둘째, 기술창업에 관한 다양한 창업사례를 제공하되 최신의 4차 산업혁명 사례를 중심으로 재편하였으며, 최근 창업교육계에서 이슈가 되고 있는 최신 기법들인 비즈니스 모델(Business Model), 창의적 디자인 사고(Critical Design Thinking), 그리고 린스타트업(Lean Startup) 등의 내용을 확대 개편하였다.

셋째, 창업은 체험활동이 중요하므로 각장의 '활동하기'를 통하여 학습한 주제에 관한 실습내용을 수정보완 하였다. 또한, 강의의 편의를 위해서 강의안을 파워포인트 형식으로 제작하되 내용을 대폭 개편하였다.

본 교재가 완성되기 까지 많은 도움과 지원이 있어 감사를 표하고자 한다. 본 교재 개발의 초석을 만들어 줌은 물론 수정보완 한 3판까지 도움을 준 중소벤처기업부와 창업진흥원의 적극적인 연구 지원에 다시 한 번 감사하게 생각한다. 또한, 원고 작성을 위해 도움을 준 동국대 이창영 교수, 이상준, 이혜영, 이혜진 연구원에게 감사하다는 말을 전한다. 끝으로 본 교재의 발간을 위해 아낌없는 지원과 독려를 해주신 탑북스 김광식 대표님과 늘 한결같은 이해와 지지를 해주는 가족에게 감사의 마음을 전한다.

2017년 8월

김진수 외 저자일동

CONTENTS

PART 01

006

4차 산업혁명과 기술창업의 시대

제1장 | 4차 산업혁명과 기술창업의 이해

1.1 4차 산업혁명의 이해 011
1.2 기술창업의 개념 및 특성 021
1.3 기술창업과 진로 032

제2장 | 4차 산업혁명 기술창업 트렌드

2.1 ICBM(IoT, Cloud Computing, Big Data, Mobile)기술 트렌드 045
2.2 인공지능(AI)과 자동수송 기술 트렌드 054
2.3 스마트 공장과 3D 프린팅 기술 트렌드 060
2.4 생명공학 기술 트렌드 067

제3장 | 기술창업 성공요인과 기업가정신

3.1 기술창업의 주요 성공요인과 준비사항 076
3.2 기업가정신(Entrepreneurship)의 이해 086

PART 02

100

기술창업 준비하기

제4장 | 창업기회 발견과 창업아이디어 개발

4.1 창업기회의 이해 105
4.2 창업기회의 발견 110
4.3 창업아이디어 개발 프로세스와 방법 123

제5장 | 창업 아이디어 실현가능성 검증

5.1 창업 아이디어 실현가능성 검증이란? 141
5.2 창업 아이디어 실현가능성 검증하기 143

제6장 | 아이디어 보호와 지식재산권

6.1 4차 산업혁명과 지식재산권 163
6.2 지식재산권 활용 170
6.3 지식재산권의 종류 174
6.4 특허 취득 절차 178
6.5 특허 창출 전략 184

제7장 | 비즈니스 모델과 린 스타트업

7.1 비즈니스 모델의 이해 197

7.2 린 스타트업의 이해 219

제8장 | 사업계획서 작성

8.1 사업계획서, 쓰기 전에 알아야 할 것들! 243
8.2 사업계획서, 어떻게 작성해야 할까? 249

272 PART 03 기술창업 실행하기

제9장 | 창업팀과 팀워크

9.1 창업팀이란? 277
9.2 팀워크 향상 286

제10장 | 기술창업 마케팅

10.1 기술창업 마케팅의 개요 297
10.2 기술창업 마케팅 환경 분석 306
10.3 기술창업 마케팅 전략 수립 312
10.4 기술창업기업의 마케팅 방법 332

제11장 | 기술창업 재무관리와 자금조달

11.1 기술창업 재무관리 346
11.2 기술창업기업의 자금조달과 투자유치 365

390 PART 04 기술창업 기업 성장하기

제12장 | 기술창업기업의 성장과 출구전략

12.1 기술창업 성장단계 395
12.2 기업 성장단계별 주요 성공요인 400
12.3 창업기업의 출구전략 409

424 [부록] 창업 실무절차

1 회사 설립과 사업자 등록 426
2 벤처기업 인증 및 연구소 설립 434

제1장 | 4차 산업혁명과 기술창업의 이해
제2장 | 4차 산업혁명 기술창업 트렌드
제3장 | 기술창업 성공요인과 기업가정신

PART 01

4차 산업혁명과 기술창업의 시대

01

4차 산업혁명과 기술창업의 이해

자신의 꿈을 만들어가지 못하면 언젠가
남의 꿈을 이루는데 이용될 것이다.

릴라이언스 인더스트리즈 회장, 암바니(Mukesh Dhirubhai Ambani)

학습목표

1. 4차 산업혁명의 의미와 미래사회의 변화에 대해서 알아본다.
2. 4차 산업혁명 창업의 개념과 향후 전망에 대하여 이해한다.
3. 일반 창업과 비교하여 기술창업의 특성은 무엇인지 파악한다.
4. 기술창업의 주요 특성인 데스밸리와 캐즘, 높은 생존율에 대해 알아본다.
5. 기술창업의 모형에 대하여 이해한다.
6. 진로의 한 경로로서 창업과 기술창업의 중요성에 대해 이해한다.

시작
하기

"우주여행에 도전하다."

미래를 준비하는 기술창업가
(주)인텔리안테크놀로지스 대표이사 성상엽

이미지 출처 : 더하이브 홈페이지

민간 우주선 개발업체 스페이스X의 창업자인 페이팔과 테슬라의 설립자로 유명한 엘론 머스크(Elon Musk)는 우주선 개발업체의 로켓을 회수하는 것이 매우 중요하다고 강조하고 있다. 우주선 추진체를 발사할 때마다 많은 비용이 드는데 바다에 버려진 로켓을 재사용하면 비용을 획기적으로 절감할 수 있기 때문이다.

그는 말한다. "로켓 해상회수 성공 뒤엔 한국 위성통신 장비가 있었다." 바로 2015년 해양위성안테나 세계 1위 기업인 ㈜인텔리안테크놀로지스(이하 인텔리안) 이다.

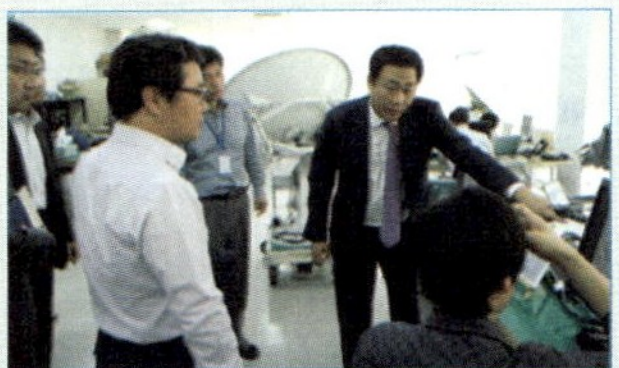
이미지 출처 : 더하이브 홈페이지

인텔리안의 대표이사 성상엽은 전자공학을 전공하여 컨설팅 회사인 액센추어에서 근무하고 있을 때 우연히 고등학교 친구가 안테나 아이템을 들고 찾아와서 얼떨결에 사업을 시작하게 되었다. 그때가 2004년 2월이었고 기술개발자 4명, 경영 · 판매 인력 1명과 창업을 시작하였다. 그는 두 가지 원칙을 가지고 있다.

첫째, 우선적으로 글로벌 시장 진출을 목표로 한다. 둘째, 원천기술에 기반한 독자제품을 만든다. 그래서 법인을 설립한 이후 전 직원 6명이 10장짜리 회사 소개자료를 가지고 미국 마이애미로 갔다. 해양시장의 전자장비와 통신 시장을 볼 수 있는 보트 관련 박람회를 관람하고 전시장을 돌아다니면서 회사 자료를 보여주고 제품을 판매하고 싶어서였다. 사실 무모할 수 있는 도전이 가능한 것이 회사 설립 전부터 일부 원천 기술을 개발하고 있었기 때문이다.

이미지 출처 : zdnet.co.kr

초기에 안테나의 단순한 이미지만을 생각하고 사업을 뛰어들었는데 예상 외로 안테나에 다양한 기술이 접목된 분야라는 것을 깨닫고 기술진과 함께 다양한 연구를 진행하였고 이러한 기술력을 바탕으로 새로운 시장을 개척하고 세계 시장을 선도하고자 하는 그의 경영목표는 지금도 변함이 없다. 인텔리안의 경영목표는 '창의', '도전', '기업가정신' 이다.

인텔리안이 2004년 회사 설립 후 제일 먼저 제품을 수출한 곳이 일본 자위대였고, 그 후 미국과 유럽에도 진출해 지금은 이곳을 주요 타겟 시장으로 삼고 있다.

창립 이후 8년 동안 전 세계 60여 개 나라, 18,000대 이상의 선박에 고성능, 고품의 글로벌 선박용 위성통신 안테나를 수출했다. 물론 바다라는 환경에서 발생할 수 있는 부식과 흔들림에 잘 견딜 수 있도록 지속적인 기술개발이 중요했기 때문에 기술개발에 대한 투자를 아낌없이 지원하고 있다. 회사 전체 직원의 35%에 해당하는 50여 명의 연구 인력을 구성하고 있으며, 연 매출의 15~20%의 연구개발에 투자를 하고 있다.

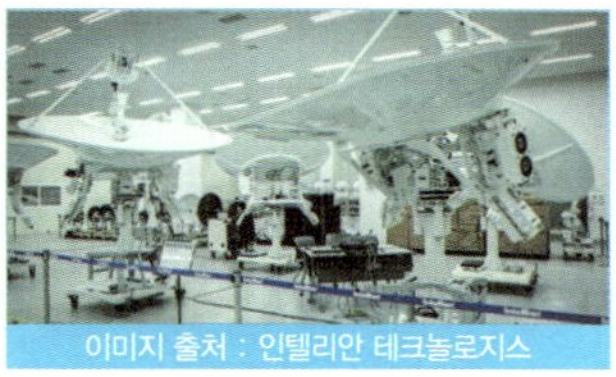

이미지 출처 : 인텔리안 테크놀로지스

현재 개방과 협력을 통한 기술의 융합으로 위성안테나, 로봇제어 등 7,000여 부품을 조합하는 고객 맞춤형 설계를 통하여 매출 93% 이상을 해외에서 발생시키고 있다. 향후 점진적으로 항공우주, 방산분야에서 위성 통신과 관련된 여러 글로벌 기업과 어깨를 나란히 할 수 있는 세계적인 기업이 되는 것을 목표로 하고 있다. 그는 한국의 중소 · 중견 기업의 순수 국산 브랜드도 세계 시장을 선도할 수 있다는 것을 보여주고 싶어서 향후 10년 동안 새로운 기술을 기반으로 통신 시장을 선도하기 위해 오늘도 기술개발자와 같이 연구하고 있다.

그는 말한다. "올해 매출은 작년 600억원에서 800억원으로 증가할 것"이라며 "앞으로 초고속 위성인터넷 시장이 확대되고 비행기 등 위성 안테나의 사용처가 계속 늘어날 것으로 예상되기 때문에 몇 년 후에는 몇 천억까지 바라 볼 수가 있다."

출처 : 이정민(2016.10.18.), "[공모주 현장답사] 무모한 도전의 기술력, 위성안테나 업체 '인텔리안테크놀로지스", 조선비즈, 참조

1.1 4차 산업혁명의 이해

전 세계적으로 4차 산업혁명의 물결이 거세다. 3차 산업혁명에 이어 전개되는 4차 산업혁명은 인공지능과 정보기술의 융합으로 인해 과학공상 영화에서나 가능했던 일들이 우리의 일상생활 속에서 벌어질 것으로 예견되고 있다. 자율자동차를 타고 직장까지 독서나 뉴스를 보면서 편안히 출근하는 운전자, 집안일을 알아서 도와주는 도우미 로봇, 개인비서처럼 말로 이야기하면 알아듣고 일을 처리해주는 인공지능비서 등 변화될 일상생활은 상상만 해도 즐겁다.

4차 산업혁명은 과연 어디에서 유래되었을까? '산업혁명' (Industrial Revolution)은 18세기 중반부터 19세기 초반까지 영국에서 시작된 기술의 혁신과 이로 인해 일어난 사회, 경제 등의 큰 변혁을 일컫는다. 산업 혁명은 후에 전 세계로 확산되어 세계를 크게 바꾸어 놓게 되었다. '산업혁명' 이란 용어는 세계적인 석학인 '아널드 토인비(Arnold Toynbee)' 가 1909년 18세기 영국 산업혁명 강의(Lectures on the Industrial Revolution of the Eighteenth Century in England)에서 처음으로 언급하며 전 세계에 회자되었다.

최초의 산업혁명은 18세기 영국에서 모직물 수요가 크게 증가하자 증기기관을 개량해 대량생산이 가능한 모직물 기계를 만들어 모직물 공업이 활성화되었고, 이 시기를 1차 산업혁명

의 출발점으로 보고 있다. 1차 산업혁명은 경제구조상의 변화뿐만 아니라, 정치적 · 사회적 구조의 변화에도 많은 영향을 끼쳐 농민층의 붕괴와 경공업 중심의 혁신으로 농민들을 도시 공장 노동자로 전환하는 계기가 되었다. 2차 산업혁명은 19세기 후반부터 20세기 초반에 상업용 발전기 발명과 강철 제조기술의 발달로 중화학 공업 부문의 새로운 산업이 발전하면서 나타났다. 전기와 석유와 같은 새로운 동력이 증기력을 대체하면서 유기화학 산업과 자동장치와 정밀기기 제조와 같은 새로운 산업 분야로의 개편이 이뤄지면서 자동화를 통한 생산력 증대는 공장 노동자의 대규모 실업을 발생시켰다. 3차 산업혁명은 컴퓨터의 등장과 인터넷 기술의 발전으로 인터넷 분야와 IT 산업을 급성장시켰으며, 많은 IT기업들을 탄생시켰다.

최근 많은 전문가들이 3차 산업혁명에 이어 4차 산업혁명의 시대가 도래되면 산업의 변화는 물론 창업생태계에도 많은 변화가 있을 것으로 전망하며, 정부와 민간 차원에서 적극적인 대응이 필요하다고 강조하고 있다.

1) 4차 산업혁명의 의미와 특징

(1) 4차 산업혁명의 개념

4차 산업혁명이라는 용어는 2010년 발표된 독일의 미래기술 정책「High-tech Strategy 2020」의 10대 프로젝트 중 하나인「Industry 4.0」에서 제조업과 정보통신이 융합되는 단계를 의미하였으나, 세계경제포럼(World Economics Forum: WEF)에서 4차 산업혁명이 언급되며 전 세계적인 화두로 등장하게 되었다. 2016년 1월 다보스 포럼에서 4차 산업혁명을 '디지털 혁명(3차 산업혁명)에 기반하여 물리적 공간, 디지털적 공간 및 생물학적 공간의 경계가 희석되는 기술융합의 시대'라고 정의하고 사이버-물리 시스템(Cyber-Physical System, CPS)에 기반한 4차 산업혁명을 통해 전 세계의 산업구조 및 시장경제 모델에 커다란 영향을 미칠 것이라고 전망하고 있다 [표 1-1].

4차 산업혁명이 이전의 산업혁명과 극명한 차이점은 한 분야의 혁명적 기술에 대한 의존이 아닌, 여러 분야의 혁신 기술이 융합되어 산업구조는 물론 세계의 경제 · 사회 · 문화를 포함한 모든 영역에 엄청난 변화를 가져온다는 것이다.

[표 1-1] 산업혁명의 발전 단계별 내용

구분	내용	
1차 산업혁명(18C)	▶ 동력	- 수력 및 증기기관 - 기계식 생산설비(다리, 터널, 항만 등의 기반시설 건설)
2차 산업혁명(19~20C)	▶ 자동화	- 노동 분업, 전기 - 대량생산(국가적/국제적 대량생산의 공급사슬로 확대)
3차 산업혁명(20C 후반)	▶ 디지털	- 전자기기, IT - 자동화 생산(사람-사람, 사람-자연, 사람-기계간의 연결 증가)
4차 산업혁명(2015~)	▶ 융합	- 사이버-물리 시스템(Cyber-Physical System) - 자동화와 연결성이 극대화되는 변화

출처 : World Economic Forum, 2016.1

(2) 4차 산업혁명의 특징

4차 산업혁명은 속도, 범위, 영향력 등의 측면에서 3차 산업혁명과 차별화되고, 획기적인 기술적 진보, 파괴적 기술에 의한 산업재편, 전반적인 시스템의 변화 등이 주요한 특징이라고 할 수 있다.

첫째, 변화의 속도측면에서 살펴보면 4차 산업혁명 시대에는 과거 인류가 경험하지 못한 엄청난 속도의 기술진보가 이루어질 것으로 전망된다. ICT 기술이 초연결, 초지능화 됨에 따라 인터넷과 연결된 사물수가 2012년에는 9억 개에 불과하였지만, 2020년에는 500억 개에 달할 것으로 예측되는 등 기술혁신이 가속화될 것이다. 미래학자 버크민스터 풀러는 '지식 두 배 증가 곡선'으로 인류의 지식 총량이 늘어나는 속도를 설명했다. 그에 따르면 인류의 지식 총량은 100년마다 두 배씩 증가해왔다. 그러던 것이 1990년대부터는 25년으로, 현재는 13개월로 그 주기가 단축됐다. 2030년이 되면 지식 총량이 3일에 두 배씩 증가할 정도로 빨라짐에 따라 산업혁명 주기 역시 획기적으로 단축될 것으로 전망하였다.

[그림 1-1] 1~4차 산업혁명 주기

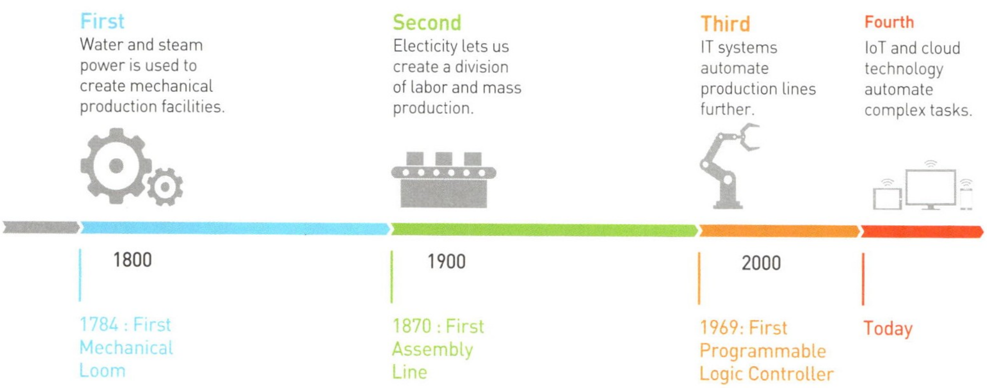

둘째, 산업변화의 범위(scope)가 광범위하고 파격적이다. 먼저, 경쟁의 원천이 시설, 장비, 자원 등 하드웨어적인 자원보다는 데이터 · 지식자원이 산업의 새로운 경쟁원천으로 부각될 전망이다. 2016년 8월 전 세계 시가총액 10대 기업 중에서 7개가 데이터를 보유하고 활용하는 ICT 기업으로 나타나, 데이터 및 지식을 보유하고 활용할 수 있는 역량이 매우 중요한 것으로 나타났다.

[그림 1-2] 전세계 시가총액 100대 기업 비교(2006년 Vs. 2016)

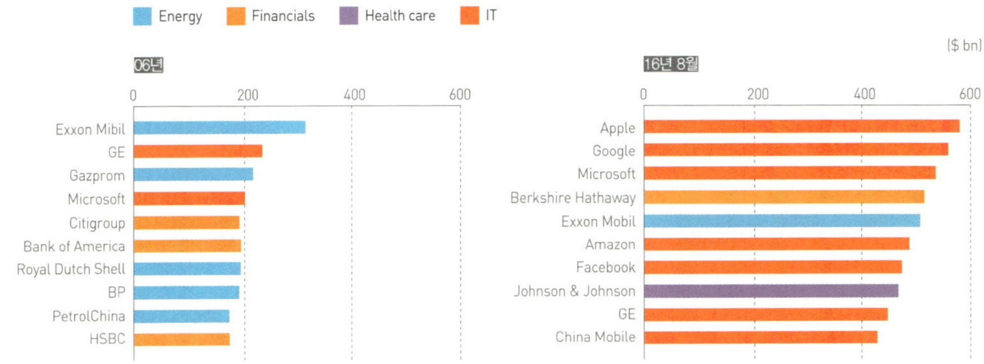

경쟁방식에서도 누가 더 지능형 플랫폼을 중심으로 제품과 서비스가 통합된 서비스를 제공할 수 있는 가에 따라 좌우될 것이다. 단순히 하나의 제품 또는 서비스를 제공하는 수준으로는 경쟁에서 사라지게 될 것이다. 예를 들면, 기존에는 운전자가 직접 자동차를 운전해야 되기에 자동차 구매 시 빠르고 튼튼하고, 세련된 디자인이 주요 구매기준이 되었다. 하지만, 자율자동차가 상용화되면, 고객은 더 이상 운전할 필요가 없기에 자동차 구매 시 튼튼하고 빠른 자동차보다는 자동차 플랫폼을 기반으로 자율주행능력, 주행거리관리, 부품관리, 정비 및 보험관리 등을 통합적으로 서비스할 수 있는 융합서비스 능력이 구매기준이 될 것이다. 따라서 4차 산업혁명 시대에는 우수한 단일제품, 서비스 보다는 플랫폼을 기반으로 우수한 융합서비스를 제공하는 역량이 중요할 것이다. 4차 산업혁명의 주요 기술들은 기존 제품 및 서비스의 개선이 아닌, 사회 전반에 영향을 미칠 수 있는 혁신제품 및 서비스가 지속적으로 등장할 것으로 전망하고 있다.

이외에도 인공지능과 정보처리 2.0 (빅데이터의 잠재력 극대화), 인공지능과 로봇, 유전자 편집을 가능하게 하는 크리스퍼(CRISPR) 바이오테크 기술 등의 많은 혁신이 산업 지형에 매우 큰 변화를 가져올 가능성이 높다 [표 1-2].

[표 1-2] 4차 산업혁명의 특징

구분	특징
속도 (Velocity)	인류가 전혀 경험하지 못한 빠른 속도의 획기적 기술 진보
범위 (Scope)	각국 전 산업 분야에서 파괴적 기술(Disruptive Technology)에 의해 대대적으로 개편
시스템의 영향 (System Impact)	생산, 관리, 지배구조 등을 포함하여 전체적으로 시스템의 큰 변화가 예상

출처 : World Economic Forum, 2016.1

읽어보기 4차 산업혁명 시대의 다양한 융합 기술

이미지 출처: www.kickstarter.com

Smartbeing사의 '우후(WooHoo)'는 세계 소비자 가전 전시회(Consumer Electronics Show)에서 혁신상을 받은 제품으로 실리콘밸리 창업기업으로 샌프란시스코에 본사를 두고 있는 창업기업에서 만든 제품이다. '우후'는 대화형 서비스 기반 스마트홈 허브로 실내 조명, 실내 온도 조절 등의 스마트홈 자동화, 온라인 쇼핑, 화상통화, 일정관리 등 개인 비서 역할을 수행하고 있다.

제어방식은 스크린 터치 이외에도 음성인식 기능을 통한 명령, PC와 스마트폰 소프트웨어로 제어가 가능하다. 또한 안면인식이 가능한 360도 회전카메라, 스피커, 온도센서, SD카드, HDMI, USB, 배터리가 내장되어 있으며, 와이파이, 블루투스, Zigbee, Zwave, 4G LTE 통신시스템을 지원하고 있어 집에서나 업무 장소에서 유용하게 활용할 수 있다.

이미지 출처: www.kickstarter.com

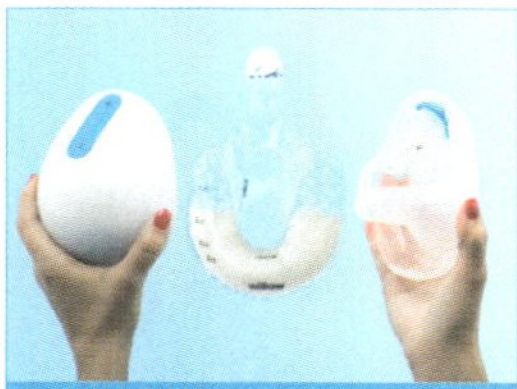
이미지 출처: www.willowpump.com

Willow사는 실리콘밸리 창업기업으로 2014년 존 장(John Chang)이 설립하였다. 대표적인 제품으로 '윌로우 웨어러블 유축기(Willow wearable breast pump)'가 있다. 이 제품은 기존의 모유 생성을 위해 활용되는 일반 유축기의 소음과 무게 등의 불편함을 개선하고자 만들어졌다. 이 제품은 브래지어 안에 착용한 채 사용 가능하며, 착유 과정에서 발생하는 소음이 없고, 양손을 자유롭게 활용할 수 있어 편리하게 사용할 수 있다.

또한 최대 120ml까지 모유를 저장할 수 있는 일회용 팩이 들어있고, 블루투스가 삽입되어 있어 스마트폰과 연동해 모유량과 유축일자 등을 체계적으로 관리할 수 있다. 충전식으로 충전 후 최대 이틀까지 사용이 가능하다.

이미지 출처: www.willowpump.com

출처 : Global Market Report, Kotra, 2017.

2) 4차 산업혁명에 따른 미래사회 변화

(1) 기술 · 산업 구조의 변화

4차 산업혁명은 기술과 산업이 융합되면서 "새로운 스마트 비즈니스 모델을 창출"시킬 것으로 예측된다. 세상의 모든 것이 연결되는 '초연결성'은 4차 산업혁명의 중요한 특성이다. 이처럼 연결되어 만들어지는 거대한 정보는 "기계나 서비스"를 더욱 똑똑하게 만들어줄 것이다. 이러한 4차 산업혁명의 특징들로 인해 세상 사람들은 맞춤형 서비스를 아주 편리한 방법으로 제공받게 될 것이다.

이와 같은 특성들로 인해 새로운 '스마트 비즈니스 모델'이 등장할 것이다. 조금 더 지능적이고 매력적인 사업방식들이 대거 생겨나게 되는 것이다. 이러한 사업방식들은 소비자들을 편하게 만들기 위해 오프라인과 온라인의 경계를 넘나들면서 소비자의 경험을 혁신하는 "O2O 비즈니스 혁명"에 도전하고 있다. 아마존의 경우에는 집에 필요한 물건이 떨어졌을 때 버튼하나만 눌러 자동으로 주문과 배송이 되도록 하는 등 4차 산업혁명에 적합한 서비스 제공을 확대해 나가고 있다.

[표 1-3] 4차 산업혁명의 특성

구분	특징
초연결성(Hyper-Connected)	인간과 인간, 인간과 사물, 사물과 사물 간의 모든 것이 상호 연결
초지능화(Hyper-Intelligent)	기술과 산업의 연결을 통해 보다 지능화된 사회로 발전

또한, 이러한 스마트 비즈니스 모델이 등장하면서 이제 새로운 시장이 창출되고 있는 점에 주목해야 한다. 4차 산업혁명의 과정 속에서 사회는 "공간과 경험, 물건 등 모든 것을 공유"하려 하고, 기술은 "소비자의 수요에 즉각적이고 빠르게 대응"하려고 하고 있다. 이미 한국에서도 도입된 카 쉐어링 서비스가 대표적이다. 차량을 굳이 소유하지 않고, 언제 어디서나 필요한 만큼 빌려 쓰는 것이 생활의 대안으로 자리 잡아 가고 있으며, 새로운 스마트 비즈니스가 이러한 것들을 주도해 간다. 심지어는 주차장을 공유하고, 자신의 디자인감각을 공유하고, 아이디어와 가전제품까지도 공유하게 되면서 시장이 급속도록 확산되고 있다.

이와 같은 변화로 인해 산업의 구조도 융합되어 간다. 이 과정 속에서 다양한 비즈니스 모델이 발생하게 되고 새로운 분야의 창업이 활성화될 것이다. 기술과 산업의 적극적인 구조변화는 빅데이터를 중심으로, 인공지능 및 자율주행자동차 등의 지능화된 기술개발로 인해 더욱 속도를 내게 될 것이다.

[그림 1-3] 글로벌 스마트 산업의 제품 사이클

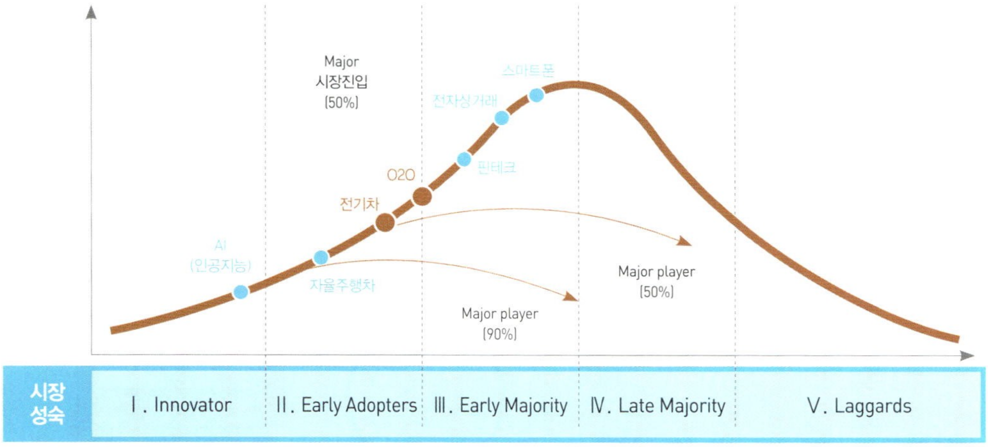

출처 : Global Market Strategy, 삼성증권, 2016.

4차 산업혁명의 산업생태계를 구성하는 핵심은 "스마트 비즈니스"이다. 스마트 비즈니스는 다양한 거대한 정보들, 즉 빅데이터를 활용함으로써 소비자들에게는 조금 더 혁신적인 경험을 제공하고, 산업구조는 지능화를 통해 효율과 수익을 극대화하게 만들 것이다.

예전에는 트렌드에 맞춰 대량으로 제작 및 유통되던 옷들도 이제는 이러한 빅데이터를 기반으로 맞춤형 생산이 가능하게 되었다. 의류업체 ZARA의 사례만 보더라도 모든 고객들의 경험 정보들(좋아하는 색깔, 옷 사이즈, 선호하는 구매방식, 구매주기 등)을 분석하여 만족도가 높은 옷들을 소량으로 빠르게 제작하고 유통한다. 고객들의 만족도는 매우 높아지며, 경험의 만족도는 매우 높아지게 된다. 또한, 어느 지하철역에 각 시간대별로 유동인구수를 분석하여 핵심시간에는 컵밥 장사를 하고, 나머지 시간에는 디자이너들의 작업공간으로 임대해주는 방식도 비즈니스의 한 유형으로 나타났다.

이와 같은 사례들처럼 기존의 3차 산업혁명에서는 생각할 수조차 없었던 "빠른 속도, 정확한 예측, 높은 고객 만족감, 즐거움"등을 제공할 수 있는 융합산업 생태계가 만들어지는 것이다.

4차 산업혁명을 견인하는 주요한 가치사슬은 대부분 IT를 기반으로 하는 "사물인터넷(IoT), 빅데이터, 인공지능(AI), O2O, 로봇"이 대표적이다. 위 가치사슬들로 본 4차 산업혁명의 산업생태계는 "인터넷이 모든 기계와 연결되어 빅데이터를 생성하고, 이를 인공지능이 스스로 학습(Deep Learning)함으로서 초 지능적인 제품 생산 및 서비스를 제공하게 될 것이다. 각 분야의 산업영역과 기술들은 서로 융합되고 정보를 공유하게 될 것이다.

글로벌 스마트 비즈니스 선두기업으로 부상한 미국의 FANG(Facebook, Amazon, Net flix, Google), 중국의 BAT(Baidu, Alibaba, Tencent)도 IT 서비스의 기반으로 출발한 창업기업이다. 향후 기술창업 생태계는 4차 산업혁명을 대변하는 스마트 비즈니스 생태계로 재편될 것이다.

[그림 1-4] 스마트 비즈니스 매커니즘과 창업 생태계

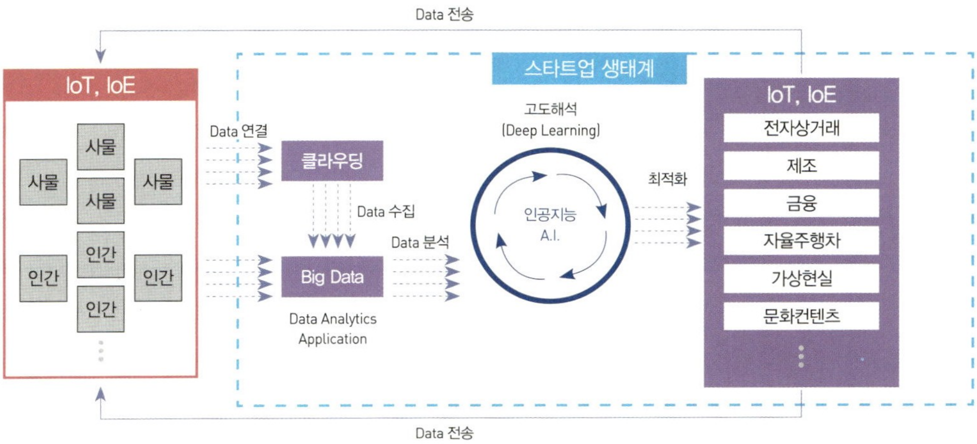

출처 : Global Market Strategy, 삼성증권, 2016.

(2) 고용 구조의 변화

세계경제포럼의 발표에 의하면 4차 산업혁명으로 인해 2020년까지 약 500만개의 일자리가 사라질 것이라고 전망한다. 과연 그럴까? 과거에도 기술혁신이 일자리를 뺏을 것이라는 우려는 산업혁명 이후 200년 이상 지속되었으나, 현실은 늘 예상과 달리 새로운 일자리가 만들어졌다. 즉, 단순직 일자리는 감소할 전망이나, 오히려 인공지능, 바이오 등 하이테크놀로지에서 필요로 하는 전문 기술직에 대한 수요는 늘어날 전망이라, 변화의 흐름에 잘 대비한다면 일자리 감소를 크게 걱정할 필요가 없다 [표 1-4].

[표 1-4] 2015~2020년 직업별 순고용 증감 현황

(천 명)

순고용 감소		순고용 증가	
사무/행정	-4,759	사업/재정 운영	492
제조/생산	-1,609	경영	416
건설/채굴	-497	컴퓨터/수학	405
디자인/스포츠/미디어	-151	건축/엔지니어링	339
법률	-109	영업/관련직	303
시설/정비	-40	교육/훈련	66

출처: World Economic Forum, The Future of Jobs Survey.

[그림 1-5] 시대별 일자리감소에 대한 우려

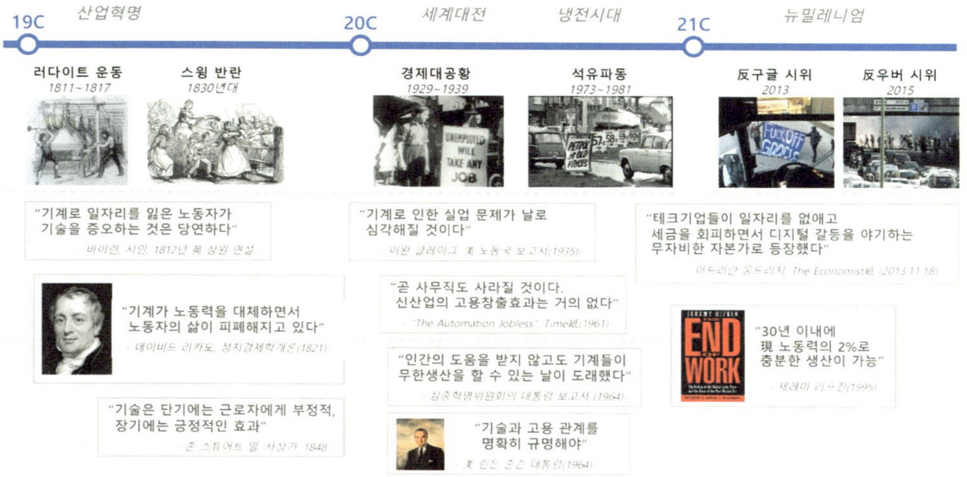

출처 : 4차 산업혁명 시대의 일자리, 소프트웨어정책연구소, 2016.11

3) 4차 산업혁명 기술기반 창업 생태계의 변화

(1) 4차 산업혁명 분야 창업 증가

과거 시대별 흐름을 보면 정보기술의 발달에 따라, 새로운 창업기회의 창이 열리고 관련 분야의 창업이 활성화되었음을 알 수 있다. 컴퓨터 보급시대에는 운영체제기업인 마이크로소프트가, 인터넷 확산시대에는 아마존과 구글이 벤처창업의 신화를 장식하였다. 모바일혁명으로 대변되는 4차 산업혁명 시대에는 스마트카, 로봇, 음성인식, 빅데이터 등 인공지능과 ICT 융합기술 관련 창업이 증가할 것으로 전망된다 [그림 1-6].

[그림 1-6] 정보기술발전 단계별 주요 창업기업

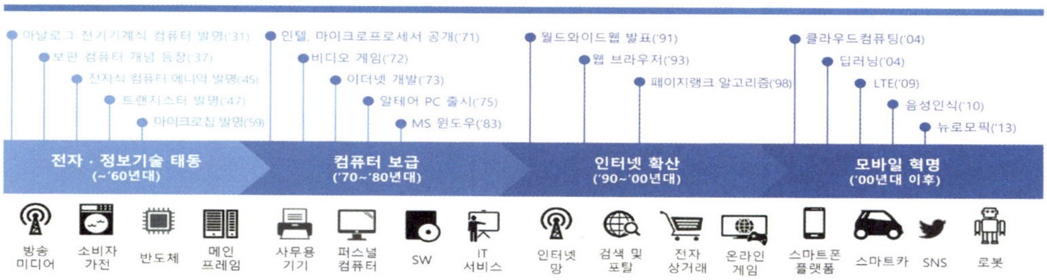

기업	창업년도	종업원수
IBM	1911	379
Comcast	1963	139
Intel	1968	107

기업	창업년도	종업원수
MS	1975	128
Apple	1976	93
Oracle	1977	122

기업	창업년도	종업원수
Orange	1991	390
Amazon	1994	154
Google	1998	54

기업	창업년도	종업원수
China Telecom	2000	301
Tesla Motors	2003	6
Facebook	1998	10

출처 : 4차 산업혁명 시대의 일자리, 소프트웨어정책연구소, 2016.11

또한, 혁신기술을 기반으로 하는 창업기업은 질 높은 일자리를 창출할 것이다. 미국의 고용시장 추이 자료를 살펴보면, 1980년 이후 창업기업은 연 평균 280만개 일자리를 창출한데 비해 일반 기존 기업들은 연 평균 130만개의 일자리를 잃었다. 이와 같은 분석을 통해 창업기업은 기존 대기업에 비해 질 높은 일자리를 창출하는데 효과적이라는 것을 알 수 있다.

[그림 1-7] 미국의 창업기업(창업 1년 이내 기준)과 일반기업의 고용 추이

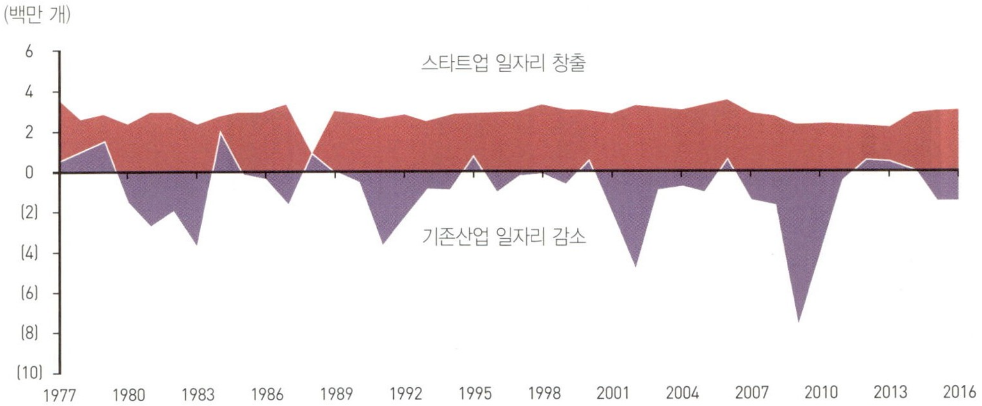

출처 : Tim Kane(The collapse of startups in job creation), U.S census Dept.

(2) 유니콘 창업기업의 증가

2016년 기준, 글로벌 대형 창업 기업을 의미하는 유니콘 기업(기업가치 10억 달러 이상)의 회사가치가 2010년 210억 달러 대비 28.9배나 성장한 6,080억 달러를 기록하였다. 글로벌 유니콘 기업 사상 최고치 기록이다. 산업혁명 이후 지속적으로 혁신적인 창업기업이 탄생되어 글로벌 산업구조 변화를 주도하였듯이 4차 산업혁명의 시대에도 혁신적인 기술을 기반으로 한 글로벌 창업기업이 산업구조의 변화를 이끌 것이다.

[그림 1-8] 글로벌 유니콘 기업 성장 추이

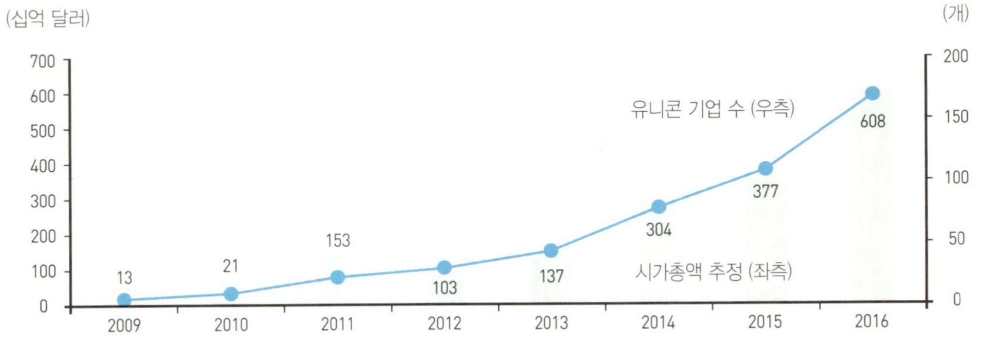

출처 : CB insights.

4차 산업혁명으로 다양한 융합을 통해 기술혁신이 가속화되고, 빠르게 변화하는 소비자의 니즈가 새로운 시장을 창출하는 시대로 전환되면서, 빠르게 변화하는 기술의 융합과 시장에 대한 대응능력이 중요해졌다. 이러한 4차 산업혁명의 흐름 속에서 유연하고 빠르게 적응할 수 있는 창업·벤처기업이 크고 느린 대기업을 이길 수 있는 시대가 도래 한 것이다. 기술 기반의 창업기업은 미국의 테슬라와 아마존, 중국의 샤오미, 텐센트와 같은 창업기업이 전통적 산업의 기술적, 산업적 경계를 무너뜨린 것과 같이 혁신적 효과를 입증할 것이고 4차 산업혁명의 기본적인 매커니즘인 '초연결, 대융합'에 적합한 형태로 진화하면서 혁신에 의한 가치를 창출할 것이다. 이와 같이 4차 산업혁명 시대에는 4차 산업혁명 관련 다양한 형태의 기술창업이 활성화되고 우리에게 이전에는 볼 수 없었던 혁신적인 제품과 서비스가 나타날 것이다.

1.2 기술창업의 개념 및 특성

4차 산업혁명 시대에는 인공지능과 ICT 융합기술의 발전으로 혁신적인 첨단 제품과 서비스가 등장하며, 전 세계에 새로운 혁명을 불러올 것이다. 당연히 관련 분야의 기술창업도 보다 활발히 전개될 것이다. 특히, 기술창업은 음식점, 숙박업소와 같은 생계형 창업에 비하여 부가가치가 높아 생계형 창업에 비해 약 2배의 생존율과 3배 이상의 고용창출 효과가 있는 것으로 나타나, 가급적 기술창업에 도전하는 것이 바람직하다. 따라서 기술창업의 개념과 특성의 이해를 통해서 4차 산업혁명 시대의 기술창업을 성공적으로 준비하도록 하여 보자.

1) 기술창업의 개념

(1) 창업이란?

기술창업을 이해하기 위해서는 먼저 창업이 무엇인지 정확히 이해할 필요가 있다. 창업하면 흔히 치킨가게나 식당, 카페 개업을 생각하게 된다. 틀린 생각은 아니다. 하지만, 창업은 앞서 언급한 것보다 더 확장된 개념으로 정의되고 있다. 법률적 정의를 살펴보면 '창업은 중소기업을 새로이 설립하여 사업을 개시하는 것으로 창업기업은 창업 후 7년이 경과하지 않은 중소기업을 의미' 하고 있다.

한편, 창업기업은 [표 1-5]의 내용처럼 법률적 정의에 따라 다양한 유형으로 구분할 수 있다. 우선 첫 번째, 「중소기업창업지원법」에 의한 창업기업은 창업하여 개시한 날부터 7년을 지나지 않은 회사를 말한다. 벤처기업은 「벤처기업육성에 관한 특별조치법」에 따라 기술평가보증기업으로부터 보증승인을 받거나 매출액 대비 연구개발비 비율 등의 요건을 충족하여 벤처기업 인증을 받은 회사를 지칭한다. 이와 조금 다르게 미국과 국내 벤처기업협회에서는 '개인 또는 소수의 창업가가 위험성은 크지만 성공할 경우 높은 기대수익이 예상되는 신기술과 아이디어를 독자적인 기반 위에서 사업화하려는 신생 중소기업' 으로 정의하고 있다.

두 번째, 소상공인 창업은 소기업 중에서도 규모가 특히 작은 집단이나 개인이 사업 아이디어를 가지고 사업목표를 세워 자본, 인력, 설비, 원자재 등 경영자원을 이용하여 업체를 설립하는 것을 의미하는데, 「소기업지원을 위한 특별조치법」 상에서는 제조업의 경우 종업원 수 50인 이하, 도소매 · 기타 서비스업은 10인 이하로 규정하고 있다.

[표 1-5] 법률에 의한 창업기업의 유형

창업기업의 유형	세부 내용
중소기업 창업	– 중소기업창업지원법에서 "창업", "창업자" 정의 – 창업자란 중소기업을 창업하는 자, 창업하여 사업을 개시한 날부터 7년이 지나지 않은 자
벤처기업	– 벤처기업육성에 관한 특별조치법에서 "벤처기업의 요건" 정의 – 법제2조2항의 요건을 갖춘 기업
소기업/소상공인	– 소기업 및 소상공인 지원을 위한 특별조치법에서 "소상공인" 정의 – 소상공인이랑 소기업 중 상시 근로자가 10명 미만인 사업자로서 업종별 상시 근로자 수 등이 기 준에 해당하는 자
사회적기업	– 사회적기업 육성법에서 "사회적기업" 정의 – 사회적 목적을 추구하면서 재화 및 서비스의 생산·판매 등의 영업활동을 하는 기업
1인 창조기업	– 1인 창조기업 육성에 관한 법률에서 "1인 창조기업" 정의 – 창의성과 전문성을 갖춘 1인이 상시 근로자 없이 지식서비스업, 제조업 등을 영위하는 자

출처 : 각 해당 법률

세 번째, 사회적기업은 영리기업과 비영리기업의 중간 형태로, 사회적 목적을 우선적으로 추구하면서 영업활동을 수행하는 기업을 말한다. 「사회적기업 육성법」에서는 사회적기업을 취약계층에게 사회서비스 또는 일자리를 제공하여 지역 주민의 삶의 질을 높이는 등의 사회적 목적을 추구하면서 영업활동을 하는 기업으로 정의하고 있다.

마지막으로, 1인 창조기업은 창의성과 전문성을 갖춘 1인 또는 5인 미만의 공동사업자가 상시근로자 없이 지식서비스업, 제조업 등의 영업활동을 하는 기업으로 자신이 가진 '지식, 경험, 기술' 등을 사용하여 보다 창조적인 서비스를 제공함으로써 이윤을 창출하는 회사를 말한다. 넓은 의미에서 1인 창조기업은 소수의 인력을 중심으로 다양한 아이디어를 사업화는 개념으로 해석되고 있다. 여기에서 "1인"은 반드시 1인으로 구성된 창업기업뿐만 아니라 "1인을 중심으로" 또는 "1인도 창업 가능한" 소수를 의미하며, 상황에 따라서 협력형 사업(프로젝트)의 일부를 담당하거나 겸업하는 형태도 포함된다.

(2) 기술창업의 정의 및 범위

기술창업은 과연 무엇을 의미하는 것일까? 기술창업은 일반적으로 혁신 기술과 지식을 창출하는 기업의 창업으로 정의되고 있으나, 실질적으로 해당 기업군을 정의하는 공통의 기준이 없어 이에 해당하는 산업이나 제도를 통해서 다음과 같이 다양하게 기술창업이 정의되고 있다.

삼성경제연구소(2004)는 기술창업을 혁신기술을 창출하는 기업의 창업으로 지칭하고, 벤처 · 기술혁신 · 혁신선도 · 기술집약형 기업의 창업을 포괄하는 의미로 정의하고 있다. 한편, 많은 연구자들은 대체적으로 기술창업을 '벤처기업 · 이노비즈 기업 등 고용 및 부가가치 창출이 높은 기술집약적 기업의 창업' 으로 정의하고 있다.

또한, 기술창업의 정의의 다른 해석은 사업유형과 사업수행 형태로 분류하여 기술창업과 일반창업으로 분류하여 설명이 가능하다. 여기에서 기술창업은 신기술 또는 새로운 아이디어를 가지고 제품을 생산 및 판매하는 활동을 말하며, 고위험 · 고수익이 특징이고 중견기업으로의 고성장이 가능한 것으로 정의된다. 기술창업에 해당되는 업종은 제조업(기술수준별로 첨단기술 · 고기술 · 중기술 · 저기술로 구분)과 지식서비스업이 대상이다. 이와 달리 일반창업은 낮은 진입장벽, 빈번한 창업 및 소멸, 소자본 창업으로 일반적인 영세성과 낮은 부가가치를 주요 특징으로 한다. 해당되는 업종으로는 도매 및 소매업과 숙박 및 음식점업을 포함하는 생계형 창업과 건설업, 기타 일반서비스업 등이 포함된다. 다음의 [표 1-6]을 참고해 보자.

[표 1-6] 기술창업과 일반창업의 분류

구분			해당 업종	혁신형 창업
기술창업	제조업	첨단기술	의료용 물질 및 의약품, 전자부품 · 컴퓨터 · 영상 · 음향 및 통신장비, 의료 · 정밀 · 광학기기 및 시계, 항공기 · 우주선 및 부품제조업	혁신형 제조업
		고기술	화학물질 및 화학제품(의약품 제외), 전기장비, 기타 기계 및 장비, 자동차 및 트레일러, 철도 및 기타운송장비(항공기 제외)	
		중기술	코크스 · 연탄 및 석유정제품, 고무제품 및 플라스틱제품, 비금속광물제품, 1차금속, 금속가공제품(기계 및 가구 제외), 선박 및 보트건조업	비혁신형 제조업
		저기술	식료품, 음료, 담배, 섬유제품(의복 제외), 의복 · 의복 액세서리 및 모피제품, 가죽 · 가방 및 신발, 목재 및 나무제품(가구 제외), 펄프 · 종이 및 종이제품, 인쇄 및 기록매체 복제업, 가구, 기타제품 제조업	

기술창업	지식서비스업	출판, 영상, 정보통신 및 정보서비스업	혁신형 서비스업
		전문, 과학 및 기술 서비스업	
		사업지원 서비스업	
		교육 서비스업	
		보건업 및 사회복지 서비스업	
		예술, 스포츠 및 여가서비스업	
일반창업	생계형 창업	도매 및 소매업	비혁신형 서비스업
		숙박 및 음식점업	
	기타 서비스업 및 건설업	일반 서비스업	기타
		건설업 등	

※ 한국표준산업분류 9차 개정안 기준, OECD 제조업 기술수준별 분류 참고

출처: 2013년 창업기업 실태조사(국가승인통계, 중소벤처기업부 · 창업진흥원); 한국은행(2013), 기업경영분석; 기술보증기금 홈페이지(http://www.kibo.or.kr)를 참고하여 재구성

지금까지 논의한 바와 같이 기술창업을 어떻게 분류할 것인가에 대하여 다양한 접근이 가능하지만, 무엇보다도 협의적인 개념으로의 접근 방법보다는 기술과 노하우 활용 정도에 따라 분류하는 광의의 개념으로 접근하는 것이 최근의 추세이기도 하며 바람직한 방향이다.

종합하면, 기술창업은 '예비 창업자가 체득한 기술, 경험 그리고 전문적 노하우 등의 지식을 바탕으로 사업에 착수하는 창업 행위' 라고 요약할 수 있으며, 기술을 기반으로 하는 벤처창업은 물론 모든 기술집약형 제조업과 지식서비스업을 포함하는 보다 광의의 개념으로 이해할 필요가 있다.

2) 기술창업의 특성

(1) 기술수명주기와 기술개발

기술창업 기업은 핵심적인 기술을 바탕으로 창업을 하기 때문에 초기의 기술개발과 창업에 필요한 자원을 얼마나 빨리 획득하느냐 여부가 중요하다. 대부분의 기술창업의 경우 연구개발 결과를 바탕으로 비즈니스 모델을 도출하고, 이의 사업화 가능성을 검토 · 평가한 후 초기 제품화를 통해 창업한다.

이와 같은 창업 단계에서는 사업의 개념을 명확히 하고, 제품과 시장의 수용성을 파악하며, 필요한 자원을 조달하는 것이 매우 중요한 사항이다. 왜냐하면 기술이라는 것은 '기술수명주기(technology life cycle)' 가 있기 때문이다. 기술수명주기는 기술이 더 이상 사용되지 않거나

기존 기술이 새로운 기술로 대체될 때까지의 기간을 의미한다. 기술창업 기업은 기술수명주기를 이용하여 자신의 제품 생산에 대한 타이밍을 결정함으로써 경쟁우위 전략으로 전환할 수 있다.

기술수명주기의 각 단계와 기업의 경쟁우위 확보 간의 관계를 자세히 살펴보면, [표 1-7]과 같다.

[표 1-7] 기술수명주기와 경쟁우위

기술수명주기 단계	경쟁우위에 대한 기술의 중요성
1. 초기단계 (Emerging technologies)	– 연구개발 초기이며, 잠재력을 평가되기까지 개발의 진보가 필요한 기술 – 태동 단계인 경우
2. 발전단계 (Pacing technologies)	– 현재 연구 중이나 가까운 미래에 핵심기술이 될 수 있는 가능성이 높은 기술 – 성장 단계인 경우
3. 핵심단계 (Key technologies)	– 제품/프로세스의 차별화 및 경쟁우위를 유지할 수 있는 기술 – 현재 시장의 경쟁에 있어 핵심 기술 – 성장/성숙 단계인 경우가 많음.
4. 표준화단계 (Base technologies)	– 사업수행을 위해 반드시 보유해야 할 기반 – 표준화 되어 있는 경우가 많음. – 성숙/노화 단계인 경우가 많음.

출처 : 유선희(2004), "특허인인용 분석을 통한 기술수명예측모델 개발에 관한 연구"

기술수명주기단계는 초기단계(emerging technologies), 발전단계(pacing technologies), 핵심단계(key technologies), 그리고 표준화단계(base technologies)로 분류한다. 초기단계 기술은 기술의 연구가 초기단계로 제품에 응용되기에는 기술의 진보 및 시간이 요구된다. 발전단계 기술은 단기간에 상용화가 가능한 개발단계에 있는 기술로 향후 핵심기술로 성장할 가능성이 높은 기술이다. 핵심단계의 기술은 제품 및 프로세스 차별화를 통한 시장에서의 경쟁우위 확보를 가능하게 하는 핵심기술이다. 표준화단계의 기술은 사업수행을 위해 반드시 보유해야 하고 이미 성숙 · 쇠퇴기에 접어들었기 때문에 신규 개발이 경제적이지 못한 기술이다.

이처럼 기술창업 기업은 기술수명주기단계를 분석하여 기술개발의 속도와 자원의 투입시기를 결정해야 한다. 초기단계의 기술의 경우 시장 환경이 형성되기에는 다소 시간이 걸리므로 일정 시간을 가지고 기술의 완성도를 높이는데 집중해야 한다. 이에 반해 발전단계의 기술의 경우 빠른 시일 내에 기술 개발과 자원 투입되어 시장에 진출하는 것이 중요하기 때문에 상황에 따라 시간이 많이 투입되는 자체개발의 경우 외부 기술을 획득하는 전략도 필요하다. 이 시기의 대부분의 활동은 기술적 문제에 초점을 두고 있다.

읽어보기 　혁신적 상품, 너무 빨라서 실패한 '애플 뉴턴'

성공적인 시장진출을 위해서는 시대의 흐름을 잘 파악하고, 최상의 컨디션으로 개발된 제품을 적절한 타이밍에 공개하며 시장선점에 나서야 한다. 아무리 잘 만든 제품이라 할지라도 타이밍이 적절하지 못했다면 실패를 맛볼 수밖에 없다.

애플(Apple)은 최근 IT시장에서 가장 큰 성공을 거두고 있는 대표적인 기업이다. 하지만, 그들에게도 실패작은 있었다. 바로 1993년 내놓은 '뉴턴 메시지 패드(Newton Message Pad)' 이다.

뉴턴 메시지 패드는 애플이 선보인 최초의 개인정보단말기(PDA)다. 7인치 가량의 크기에 흑백의 터치스크린을 갖췄다. 메시지 패드라는 이름에서도 알 수 있듯이, 독자적인 작업을 수행하는 PC의 개념보다는 맥킨토시를 보조하는 정도의 개념으로 이용할 수 있었다.

하지만 뉴턴이 가진 성능은 혁신 그 자체였다. 일정관리, 메모의 송수신, 팩스 전송 등이 가능했고 특히 스타일러스 펜을 이용해 직접 필기입력이 가능했다. 뿐만 아니라 아이패드에서 볼 수 있는 특정 단어의 선택이나 틀린 철자의 자동수정, 기록된 단어의 근사치를 보여주는 등의 기능은 이미 뉴턴에 기본 기능으로 탑재돼 있었다.

IT업계에서 애플 뉴턴 메시지패드는 미래의 모바일 기술 혁신에 새로운 화두를 던진 제품임에는 틀림이 없으나, 당시의 시대적 상황에 맞지 않는 기술혁신으로 소비자들에게 외면당한 대표적인 제품으로 인식되고 있다. 출시 당시, 소비자들에게 개인정보단말기에 대한 인식은 보편화되어 있지 않았기 때문이다. 뿐만 아니라 열악한 필기인식률과 699달러에 달하는 초기 판매 가격은 당시의 경제상황에서 소비자들에게 매력적으로 다가서지 못했다. 결국 뉴턴 메시지패드는 1998년 단종 됐다.

▲ 1993년 당시 매우 혁신적인 제품임에도 시장 환경이 형성되기 전 너무 빨리 출시되어 실패를 겪은 아이팟과 아이패드의 탄생의 모토, 뉴턴 메시지패드

출처: 김미리(2014.05.05.) "시장 진출의 기술, 실패에서 배워라"(http://e-journal.co.kr)

(2) 죽음의 계곡과 캐즘의 위기 극복

창업을 실행함에 있어 기술창업 기업은 성장하는 과정에서 수많은 위기를 겪게 된다. 그 중에서 대표적인 위기를 들자면 개발제품의 사업화단계에서 겪게 되는 '죽음의 계곡(death valley)' 과 시장진입 후 확산단계에서 겪게 되는 '캐즘(chasm)' 을 들 수 있다.

'죽음의 계곡' 은 창업 후 기술 개발에 매진하여 제품 개발에는 성공하였지만, 개발 제품의 사업화를 위한 자금조달 실패 등으로 도산하는 경우를 말한다. 캐즘(*지층의 움직임으로 인하여 생긴 깊고 넓은 대단절을 의미)은 초기 기술지향의 목표시장에서는 일정한 성공을 거두고도, 실질적인 성과를 창출할 수 있는 대중 주류시장에는 진입하지 못하고 실패하는 경우가 많은데, 그 이유가 초기시장과 대중 주류시장과에 생긴 캐즘을 뛰어넘지 못하고 실패한다는 것이다.

결국, 기술창업 기업들이 성장하여 성공한 기업으로 발전하기 위해서는 죽음의 계곡과 캐즘을 뛰어넘어야 할 필요가 있다. 이 두 가지의 위기를 극복하기 위해서는 철저하게 준비된 창업을 실시해야 한다. 또한, 창업 준비 단계에서는 자금조달을 고려한 사업계획을 수립해야 하며, 각 성장단계별로 전략적인 자금조달방안을 마련해야 한다. 각 단계별로 소요되는 자금을 체계적으로 분석하고, 소요되는 자금을 어떤 방법으로 조달할 것인지에 대한 주도면밀한 검토와 실제 자금 조달을 위한 전략적 대안을 수립하여야 한다. 마지막으로 기술 창업가는 자기 자신과 창업팀 구성원들이 위기 시에 대처할 수 있는 실무 지식과 기술, 마케팅과 영업 역량, 고객지향의 마인드, 비즈니스 네트워크 구축 등 사업 수행에 필요한 제반 역량을 제고해 두어야 한다.

[그림 1-9] 죽음의 계곡과 캐즘

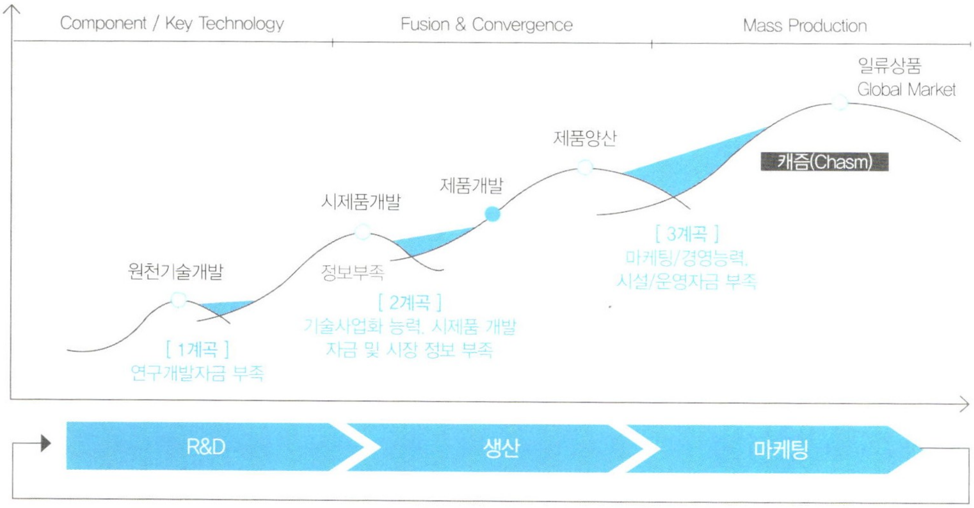

출처 : 중소벤처기업부(2012)

[제1계곡] 우수한 기초연구 성과가 응용개발을 위한 자금을 지원받지 못할 경우 가치 있는 기술임에도 발전에 실패

[제2계곡] 기술적 구현 가능성 있는 모델이 개발되었다고 하더라도 사업화자금 및 사업화역량이 부족할 경우 시제품 개발에 실패

[제3계곡] 우수한 시제품이 개발되었다고 하더라도 신기술제품시장의 미성숙, 마케팅 역량 부족, 시설운영자금 부족 등이 수반될 경우 비즈니스 개발에 실패

읽어보기 우리나라 벤처기업의 평균 스펙은?

중소벤처기업부와 벤처기업협회가 '2015년 벤처기업 정밀 실태조사'를 발표한 결과, 우리나라 벤처기업은 한 곳이 평균적으로 연간 71억9000만원을 벌어 영업이익 4억2000만원을 남기는 것으로 나타났다.

벤처 1곳당 평균 고용 인원은 2013년 22.6명에서 1.4명 늘은 24명으로 집계되었으며, 기업들은 내년에 평균 3.2명을 채용할 계획인 것으로 나타났다. 산업재산권은 평균 7건을 보유하고 있으며, 이 중 특허는 4.2건이었다.

중소벤처기업부는 "어려운 경제여건 속에서도 벤처기업계가 기업수 · 매출액 · 영업이익 · 고용 등 양적 · 질적으로 크게 성장했다"고 분석했다. 실제로 국내 벤처기업들의 매출액을 합하면 214조6000억 원(2014년 기준)으로, 2015년 4월 공정거래위원회가 집계한 삼성그룹 매출액(248조원)보다는 낮지만 SK그룹(165조원)이나 현대차그룹(158조원)보다는 많은 수치다. 벤처 기업의 숫자도 올해 11월 기준 3만835건을 기록했다.

한국 벤처기업(2만9910곳) 평균 스펙은?

단위 : 원 ■ 2014년 ■ 2013년

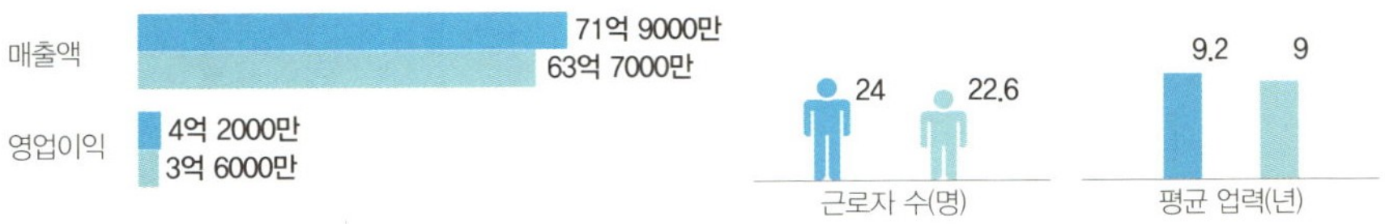

커져가는 벤처 업계

단위 : 원 *는 2015. 4. 공정위 기준

출처 : 이현택(2015.12.29). "[오늘의 데이터 뉴스]벤처 평균 72억 벌고 4억 남기고". 중앙일보.

3) 기술창업 모형

지금까지 기술창업의 기본적인 개념과 특징을 살펴보았다. 그렇다면 기술창업의 주요 주체들은 누구이고 기술창업가들은 어떤 과정을 통해 창업을 하게 되며, 또 이들이 창업을 할 때 영향을 미치는 다양한 요인들은 무엇일까? 다음 [그림 1-10]의 기술창업 모형을 통해 기술창업가들이 창업을 하는 과정을 전체적으로 살펴보도록 하자.

[그림 1-10] 기술창업 모형

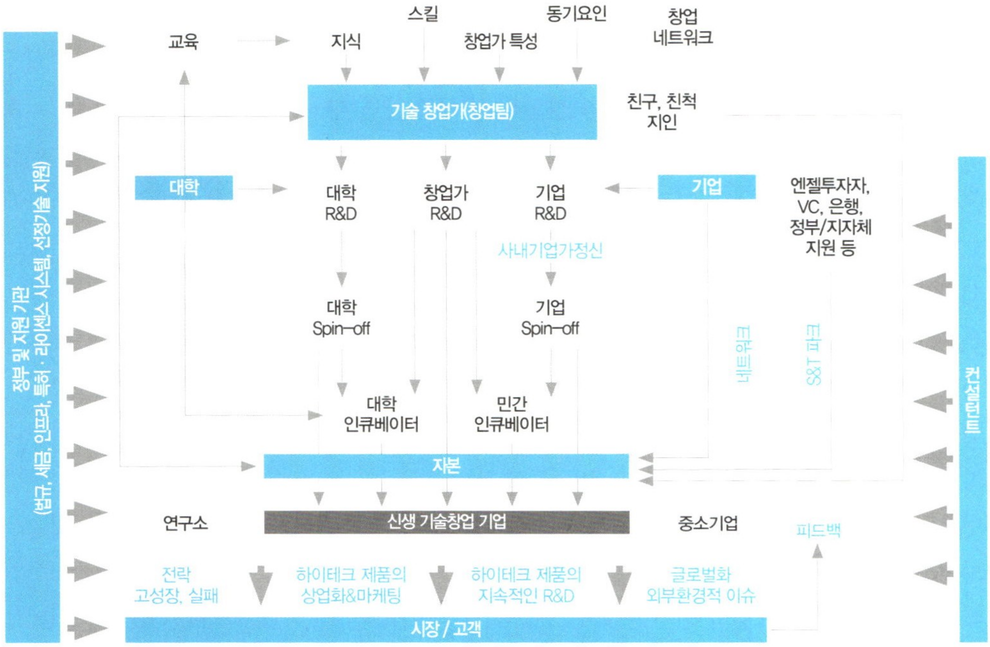

출처 : Igor Prodan(2007), Handbook of research on Techno-entrepreneurship, 참고하여 재구성

예비 기술창업가는 자신이 보유하고 있는 기업가정신, 지식, 스킬 등의 역량과 네트워크, 관련 교육 이수 경험 등의 자원을 기반으로 창업을 시작하게 된다. 그런데 기술창업을 하는 과정에 있어서, 여러 기관들과의 연계를 통해 개인 창업뿐만 아니라 대학 창업, 그리고 사내벤처기업 등으로 창업 형태가 다양해질 수 있다.

다른 창업 유형과 달리 기술기반의 혁신형 창업은 특히 기술력이 기본적으로 뒷받침되어야 하기 때문에, 대학, 정부출연 연구기관, 대기업 및 중소기업 등의 각 조직에서 쌓은 연구개발 경험과 결과물을 바탕으로 '스핀오프(spin-off)' 형태로 창업하는 사례가 많다. 여기에서 스핀오프 기업이란 연구소, 대학 및 창업보육센터, 기업 등의 모 조직으로부터 독립하여 창업한 회사를 지칭하며, 공공연구부문이나 기업들의 연구 성과를 사업화하여 시장으로 확장시키기 위해 주로 사용되는 창업 형태이다.

우리나라의 경우 역사적으로 벤처기업의 시작은 교수 · 연구원 출신자의 창업에서 시작되었다고 할 수 있다. 선진국에서도 스핀오프 형태의 창업이 활성화 되어 있으며, 미국에서는 항공우주국(NASA)에 근무하고 있었던 연구원들이 개발한 첨단기술을 가지고 스핀오프 형태로 벤처기업을 창업하여 국가 경제 발전에 큰 역할을 한 사례가 있다.

이처럼 기술창업가들은 개인의 역량 및 자원, 소속해 있던 모 조직의 유형에 따라 다양한 형태로 창업이 가능한데, 개인 창업이나 대학 및 사내벤처 창업 모두 신생 기술창업 기업이라는 하나의 독립체로서 자생해야 하는 중요한 과제를 해결해야 한다. 결국 기술창업 기업들은 성장하는 과정에서도 여러 기관과의 연계가 필요하다. 예를 들면 대학이나 민간 인큐베이터를 거쳐 창업교육, 인프라, 사업화 등의 지원을 받거나, 자금부분에 있어서는 엔젤투자자, 벤처캐피탈, 은행, 정부 및 지자체 등의 기관을 통해 조달이 가능하며, 창업 컨설턴트를 활용하여 성장단계별로 필요한 분야의 외부 자문을 구할 수 있다. 다음에서 기술창업에 영향을 주는 각 기관들의 역할을 살펴보자.

– 대학: 대학은 기술 및 창업과 관련한 지식의 중요한 원천이자 고급 연구 인력이 집중되어 있는 곳으로 기술창업에 있어서 중추적인 역할을 한다. 대학은 대학생 창업기업들은 물론, 대학의 창업보육센터에 입주하고 있는 기업들에 전문지식과 기술을 이전하거나 인프라 및 컨설팅 등을 지원한다. 또한, 대학 내에서도 교직원 또는 학생들이 보유한 특허나 개발한 기술을 토대로 창업에 도전하는 경우도 많다. 때문에 연구센터가 있는 대학에서는 개발된 기술을 사업화하는 기술창업이 활발히 이루어질 수 있으며, 대학이 클러스터, 테크노파크 등의 하이테크 기업들과 협력할 경우 기술창업 활동은 더욱 촉진될 수 있다. 종합하면, 기술창업과 관련한 대학의 3가지 중요한 역할은 첫째, 교육적인 역할. 둘째, 연구개발, 스핀오프, 인큐베이터 등을 통해 새로운 기술창업 기업을 설립. 셋째, 산학협력 역할 등이다.

– 기업: 기업에서도 사내벤처(corporate entrepreneurship) 활동 등을 통하여 스핀오프 형태로 기술창업 기업이 배출되는 경우가 많다. 이러한 기업들은 대학 내 보육센터에 입주하기보다는 주로 기업 내에서 또는 외부의 민간 보육센터에 입주하여 창업을 시작한다.

– 투자지원기관: 기술창업기업들은 엔젤투자자, 벤처캐피탈, 은행, 신용보증기관, 정부기관 및 지자체를 통해 필요한 창업자금을 확보할 수 있다.

– 정부 및 지자체: 정부기관과 지자체는 기술창업 활성화를 위해 다양한 지원정책을 개발하

고 기업들을 발굴, 육성 및 지원하는 사업을 수행하고 있다.

– 컨설턴트: 기술창업기업은 전문 지식을 활용하여 창업기업의 성장을 지원하는 전문 컨설턴트를 활용하여 성장단계별로 직면할 수 있는 문제점을 해결하고 조언을 구할 수 있다.

읽어보기 공동 작업 오피스(Co-working Space)

미국, 중국에서뿐만 아니라 현재 전 세계적으로 스타트업 활성화 정책이 시행 중이다. 한국의 경우도 4차 산업혁명 시대에 정책 기조아래 다양한 스타트업들이 육성되고 있다. 스타트업의 활성화와 더불어 스타트업의 공동 작업 공간이자 커뮤니케이션 장소인 공동 작업 오피스(Co-working Space)가 부상하고 있다. 미국의 We Work가 대표적인 스타트업 공동 작업 오피스 공간으로 세계적인 관심을 받고 있으며, 중국에서는 주로 커피숍의 형태를 띈 공동 작업 오피스 공간이 형성되고 있다. 대표적으로 북경, 심천에 위치한 3W 카페, 차고(車庫)카페 등이 있다. 한국에서도 서울, 인천, 대전 등 각 지역에서 저렴한 비용으로 제공하는 공동 작업 오피스가 생기고 있는 추세이다.

공동 작업 오피스 외에도 제조 기반의 스타트업들이 원활하게 사업 아이템을 연구/제조/판매할 수 있도록 지원하는 플랫폼도 구성되어 있다. 중국에서는 심천의 제조공장 중심에 위치한 시드 스튜디오(Seed Studio)가 대표적인 스타트업의 사업 아이템 생산 플랫폼이다. 한국의 경우, 낙후된 제조부품 상가인 세운상가와 젊은 스타트업 인재들이 함께 만들어낸 스타트업 아이템 생산 플랫폼이 생겨나고 있는 추세이다. 세운상가의 경우, 서울 중심지인 을지로에 자리한 좋은 위치와 대비되는 낙후한 시설로 인해 제조부품 상가로서의 활력을 잃어가고 있었으나, 저렴한 상가 임대료와 근거리에서 합리적인 가격으로 제조부품 조달이 가능한 두 가지 장점을 활용하기 위해 많은 스타트업들이 관심을 보이고 있는 곳이다.

출처 : 삼성증권(20160816), "중국 4차 산업혁명 보고서 (2)", Global Market Strategy

1.3 기술창업과 진로

1) 기술창업으로 평생직업 가능

1970~1980년대의 국내경제는 효율주도형 국가에 속했다. 규모의 경제에 의한 효율성 제고가 국가경제의 발전 동인이었기에, 국가는 물론 많은 기업들이 저금리의 투자유치를 통한 중공업, 자동차, 조선, 철강 등의 제조업을 중심으로 빠르게 성장하였다. 이 당시는 기업 성장속도도 빠르고 새로운 신생기업의 출현이 많았기 때문에 새로운 일자리는 넘쳐나고, 조직 내에서의 진급속도도 빨랐다. 즉, 이 시기에 직장생활을 했던 사람들은 한번 들어간 직장이 평생직장이었다. 특별한 사유가 없는 한 처음에 들어간 회사에서 정년퇴직을 하는 것이 일반적이었고, 30~40년 장기 근속하는 경우도 드물지 않았다.

이후 1990년대 정보화시대를 맞이하여 모든 산업에 IT 기술이 접목되기 시작하면서 업무생산성 향상, 스피디한 경영 등 업무 자동화가 빠르게 확산되었다. IT 기술의 발달은 생활의 편리함과 업무효율을 높이는 긍정적 효과도 있었지만, IT 혁명은 블루칼라들의 일자리를 빼앗아 가는 부정적 효과를 미치기도 하였다.

설상가상으로 1997년 IMF 관리체제를 맞게 된 대한민국의 경제는 파탄지경이 되었다. 기업들은 도산하고, 어려워진 기업들은 생존을 위해 구조조정을 하면서 많은 직원들을 해고하게 됨에 따라 평생직장 개념은 사라지게 되었다.

IMF 이후 2000년대 들어서는 어려워진 고용환경으로 인해 평생직장과 관련한 다양한 유행어가 등장하게 되었다. 이태백(20대 태반이 백수), 삼팔선(38세가 한계), 사오정(45세 정년), 오륙도(56세까지 일하면 도둑), 육이오(62세까지 일 하면 오적)같은 유행어들은 현재까지도 회자되고 있다. 최근에는 체온퇴직(체감퇴직 연령 36.5세), 장미족(장기간 미취업 졸업생)같은 유행어가 새로 나타나면서 평생직장의 꿈은 멀어지게 되었다.

이처럼 평생직장이 사라진 상황에서, 청년들의 직장에 대한 선호도는 어떨까? 통계청(2013)과 한국고용정보원(2012)이 조사한 결과에 의하면, 대학 졸업생의 대부분인 78.1%가 대기업 path(대기업, 외국계기업, 공기업, 공무원 포함)를 원하고, 그 다음으로 중소기업 path는 17.8%를 차지하였으며, 창업을 해서 기업가가 되겠다는 학생은 불과 4.1%에 지나지 않았다.

하지만 대기업군의 경우 매년 평균 100:1의 경쟁률을 기록하고 있어 취업하기도 어려운데다. 어렵게 취업을 해도 평균 퇴직 연령이 48세에 지나지 않아 퇴직 후 직업경로에 대해 어려움이 있다. 중소기업 역시 대기업에 비하여 상대적으로 취업하기는 좋으나, 역시 평균 퇴직연령이 52세에 지나지 않아 퇴직 후 지속가능한 경제활동에 대한 어려움이 예상된다. 특히, 100세 시대를 맞이하여 직장생활 20~25년 후 약 30년을 경제활동 없이 지낸다는 것은 인생에 있어서 재앙에 가깝다.

[그림 1-11] 직업경로별 지원 및 정년 현황

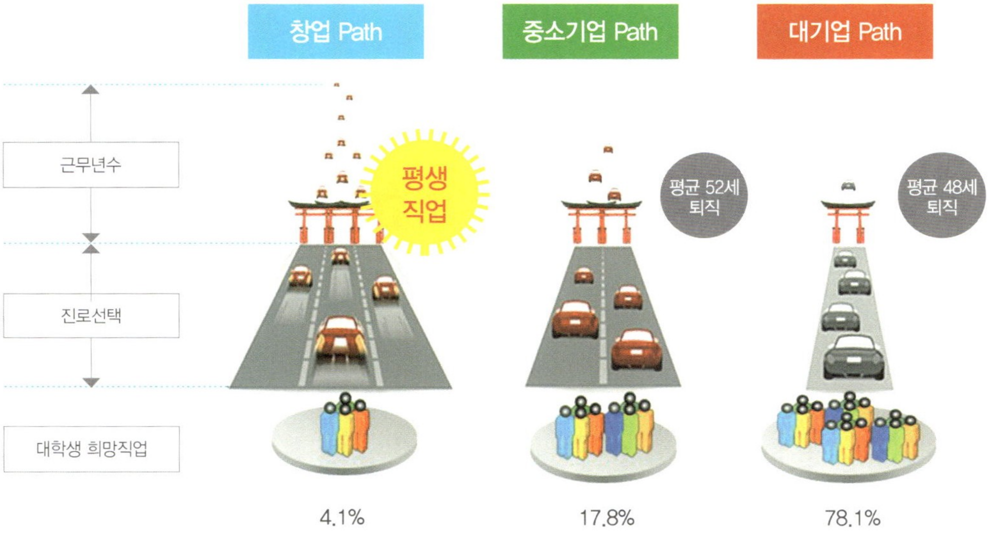

출처 : 김진수·이창영(2014). 기업가정신과 창업론. 문영사.

최근 인생 2막을 위해서 대기업군이나 중소기업군에서 퇴직 후 직장경력과 쌓아온 네트워크를 활용하여 창업에 도전하는 사례가 급증하고 있다. 특히, 이와 같은 현상은 베이비부머 세대의 퇴직이 본격화됨에 따라 증가하고 있는 창업률의 영향이 크다.

국내의 경우 직장 생활 동안 창업에 대한 인식과 준비가 부족하고, 퇴직 후 조급한 마음에 충분한 사전 준비 없이 창업을 하게 되는 경우가 많아 비교적 창업하기 쉬운 생계형 자영업 창업 위주로 창업이 증가하고 있다. 그러나 생계형 창업은 창업하기에 비교적 용이하기도 하지만 경쟁이 치열하기 때문에 창업 3년 후 생존율이 약 30%대에 머물고 있어 선뜻 도전하기가 어려울 수도 있다.

하지만 일찍부터 창업을 하고자 하는 목표를 명확히 설정하고 창업을 위한 사전 준비를 충분히 한다면 성공률을 높일 수 있다. 교육을 통해 역량을 강화하고, 다양한 체험활동을 함으로써 실전 역량을 키운다면, 본인의 의지대로 창업을 할 수 있기 때문에 진로 선택 시 취업전쟁에서 벗어날 수 있는 기회를 얻을 수 있다. 나아가 성공적인 창업을 지속적으로 유지해 나간다면 건강이 허락 되는대로 퇴직에 대한 부담감 없이 자신만의 자율적인 생활을 즐기면서 부를 창출해 나갈 수 있는 평생직업인으로서의 삶을 영위할 수 있다는 장점이 있다.

준비된 자에게 기회가 온다는 말이 있다. 직장에 들어간다 하더라도 직장생활을 하다가 갑작스럽게 창업에 도전을 하기보다는, 치밀한 창업 계획 수립과 사전 준비를 통해 성장단계별로 어려움을 극복할 수 있는 역량을 쌓고 성공 창업 노하우를 축적해 나간다면, 창업은 충분히 매력적인 평생의 직업이 될 수 있다.

읽어보기 **배용준이 투자한 4차 산업혁명 기업**

가상현실 기술기반 스타트업이라는 폴라리언트는 빛의 편광 현상을 이용하는 3차원 마우스 '폴(POL)'을 개발한 업체다. 쉽게 말해 요즘 유행인 가상현실(VR · Virtual Reality) 환경에서 사용하는 마우스다. 정확히 말하면 폴라리언트는 가상현실용 마우스를 만들 수 있는 원천기술을 가진 기술기업이다.

폴라리언트의 공동창업자. 왼쪽부터 장혁 대표, 최영제 사업전략이사, 전현기 기술총괄이사
(사진출처 : jobsN)

폴라리언트는 편광현상을 이용해 사물의 3차원 위치 및 자세를 센티미터 수준으로 정밀하게 측정하는 원천 기술을 개발했다. 이를 적용해 만든 가상현실용 입력장치에 POL이란 이름을 붙였다.

폴라리언트 기술의 가능성을 알아본 투자자들이 줄을 섰다. 2015년 12월 네이버에서 첫 투자를 유치한데 이어 작년 5월엔 기술 전문 벤처투자회사 '블루포인트파트너스(BPP)로부터도 투자를 받았다. 최근엔 한류스타 배용준, 홍콩계 투자사 NP Equity Partners 등도 투자에 참여했다. 중소벤처기업부 글로벌 기술창업 지원 프로그램 TIPS(Tech Incubator Program for Startup)에서 연구 개발 지원금 5억원과 창업 지원 자금 1억원을 추가로 받기도 했다.

출처 : jobsN, 안중현, jobarajob@naver.com

2) 기술창업으로 부의 창출과 사회적 기여

진로로서 창업을 결정하는 사람들의 이유는 무엇일까? 오랫동안 가져왔던 꿈을 이루기 위해서, 조금 더 자유로운 삶을 살고 싶어서, 학교와 직장에서 열심히 몰두하여 개발한 기술을 사업화할 수 있는 기회를 발견해서 등등 여러 가지가 있겠지만, 창업이든 취업이든 개인에 있어서 진로 결정에 가장 근본적인 이유가 되는 것 중 하나가 바로 경제적 목적이 될 것이다.

아이디어와 새로운 기술을 기반으로 한 기술창업은 고위험을 수반하나, 성공 시에는 그만큼 이상의 고수익을 가져다주기도 한다. 또한, 기술창업은 개인을 넘어서 사회적으로 기여할 수 있는 한 방안이 될 수 있다.

박종환 대표가 예전 직장 동료 둘과 함께 자본금 1억 5천만 원으로 창업한 록앤올은 모바일 내비게이션 김기사를 개발하여 626억 원에 다음카카오로부터 인수되었다. 김기사는 국내 1천만 명이 애용하여 국민 내비게이션이라고도 할 만큼 큰 인기를 누리는 서비스이다. 다음카카오는 온라인과 오프라인을 연결하는 O2O 비즈니스를 확장함에 있어 김기사와 같은 교통 관련 서비스가 매우 중요한 기술이라고 판단하였다. 또한 20대 대학생 세 명이 창업한 보청기 회사 딜라이트는 창업 3년 만에 매출액 40억 원을 넘겼다. 딜라이트의 김정현 대표는 창업기업의 성공은 물론, 34만 원짜리 보청기를 개발해 경제적 어려움으로 인해 난청 불편을 감소해 온 장년층과 난청 장애인들을 기쁘게 해주기도 하였다. 딜라이트(delight)의 사전적 의미인 '남을 기쁘게 해주는 것' 을 창업을 통해 실현한 셈이다.

이처럼 기술창업은 시장에서 그 가치를 인정받게 될 때, 기술창업가는 반대급부로 경제적 부를 얻을 수 있을 뿐만 아니라, 우리의 기술을 필요로 하는 사람들에게 도움을 주는 가치 전달자가 될 수 있는 기회를 가지게 된다.

읽어보기 **車보다 꿈을 샀다... 전기차 업체 테슬라의 파급효과-**

전기차 업체 테슬라의 시가총액이 113년 전통의 포드를 넘어선 데 이어 미국의 1위 자동차 제너럴모터스(GM)까지 추월하면서 미국 내 최고 가치를 지닌 자동차 회사로 등극했다.

10일(현지시간) 마감된 뉴욕 증시에서 테슬라 주가는 전일 대비 3.26% 오른 주당 312.39달러에 마감해 시가총액 509억달러(약 58조3212억원)를 기록했다. 이는 미국 내 매출 및 판매량 1위 자동차 회사인 GM의 시가총액(508억달러)보다 약 1억달러 많고 자동차의 원조로 불리는 포드의 시가총액(447억달러)보다 높아 기업 가치 기준으로 미국 최고 자동차 기업으로 등극하게 됐다.

월스트리트저널(WSJ)은 이날 "테슬라의 시총이 GM을 앞지른 것은 자율주행차나 소프트웨어 중심의 차량으로 대표되는 실리콘밸리식 모빌리티 혁명을 중심으로 글로벌 자동차 산업에 큰 변화가 일어나고 있다는 사실을 증명하는 것"이라고 평가했다.

일론 머스크가 소유하고 있는 민간 우주개발업체 스페이스X가 재활용 로켓을 이용해 인공위성 발사에 성공하면서 우주선 발사비용을 획기적으로 낮출 수 있는 계기를 마련한 것과 머스크의 또 다른 사업체인 하이퍼루프원(Hyperloop One)이 지난 7일 워싱턴에서 열린 '미국의 비전' 행사에서 미국 전역에 11개의 노선을 구축하겠다고 발표한 것 등도 테슬라 주가에 대한 기대를 높인 것으로 풀이된다.

이미지 출처 : TechDrive

여러 분석에 의하면, 테슬라가 선도하고 있는 자율주행차 산업은 "전지 및 태양광 에너지 산업"과 인공지능, 그리고 각종 생활서비스(보험, 부동산, 정비, 주유 등)와 관련된 산업분야에도 큰 변화를 일으킬 것으로 전망하고 있다.

출처 : 손재권(2017.04.11). 「車보다 꿈을 샀다…테슬라 시총 美업계 1위」. 매일경제.

학습정리

- 4차 산업혁명을 통해서 '초연결의 사회', '초지능화' 라는 특성을 반영한 새로운 사회로의 진입을 경험할 것이며 산업 환경적으로 다양한 변화와 새로운 다양한 비즈니스 모델이 창출 될 것이다.
- 기술창업은 예비창업자가 체득한 기술, 경험, 그리고 전문적 노하우 등의 지식을 바탕으로 사업에 착수하는 창업 행위라 할 수 있다.
- 기술창업은 기술을 기반으로 하는 벤처 창업은 물론, 모든 기술집약형 제조업을 포함하는 보다 광의의 개념으로 이해하는 것이 최근 추세이다.
- 기술창업의 특징은 기술수명주기 분석에 의한 기술개발, 죽음의 계곡과 캐즘의 위기 극복, 그리고 높은 생존율 등이 있다.
- 기술창업은 평생직업과 부의 창출, 사회적 기여를 가능하게 한다.
- 기술창업가는 연구 지향성과 상업 지향성에 따라 다양한 진로경로로 이동하게 되는데, '저니 모델(journey model)' 은 이를 이론화 시킨 매트릭스 모델이다.

참고문헌

- 과학기술정책연구원(2013). "기술창업의 성공조건과 지원정책"
- 과학기술정책연구원(2014). "과학기술정책"
- 김현수(2010.02.02). "[1인 창업 전성시대] ① 1인 창조기업이 뭐길래?". 세종넷.
- 김형수(2012.10.16.). "대기업 차고 나와 창업한 '덤앤더머'". 내일신문.
- 나라경제(2013). 특집 열려라 벤처 인터뷰2. "마크 저커버그는 거품… '대한민국 청년사업가' 보여주겠다"
- 미래창조과학부(2011). "도전적 · 창의적 비즈니스모델 발굴형 이공계 교육프로그램 개발 · 운영 방안 연구"
- 박수진(2013.05.08). "이상민 더하이브 사장, 대학생 패기로 '창업 도전'…보쉬도 기술 탐내". 한국경제.
- 백일현(2015.03.13.). "빨랐다 10대에 창업 … 던졌다 졸업장 포기 … 이겼다 악조건 극복". 중앙일보.
- 삼성증권(2016). "중국 4차 산업혁명 보고서(2)".
- 손재권(2017.04.11). "[車보다 꿈을 샀다…테슬라 시총 美업계 1위". 매일경제.
- 신창호 · 김묵한(2013). "2012 서울시 기술창업의 선순환 생태계 구축방안". 서울시정개발연구원.
- 유선희(2004). "특허인인용 분석을 통한 기술수명예측모델 개발에 관한 연구"
- 이강진(2014.12.02). "[창업설계]알리바바의 부가적 효과". 주간경향.
- 이정민(2016.10.18.). "[공모주 현장답사] 무모한 도전의 기술력, 위성안테나 업체 '인텔리안테크놀로지스". 조선비즈.
- 이현택(2015.12.29). "[오늘의 데이터 뉴스]벤처 평균 72억 벌고 4억 남기고". 중앙일보.
- 중소벤처기업부 · 중소기업진흥공단(2013). "청년, 창업에 미치다2". 북퀘스트.
- 창업진흥원(2012). "MB정부 창업지원시책 분석 및 보완과제 연구"
- 코트라(2017). "4차 산업혁명시대, 첨단제품 개발 트렌드와 시사점".
- 한국과학기술기획평가원(2017). "제4차 산업혁명 시대, 미래사회 변화에 대한 전략적 대응 방안 모색".
- 한국은행(2013). 기업경영분석.
- 한진주(2015.10.22.). " '신선식품을 집으로' ...배민프레시, 공식 오픈". 아시아경제.

- Duening, T. N., Hisrich, R. A., & Lechter, M. A. (2014). "Technology Entrepreneurship: Taking Innovation to the Marketplace". Academic Press.
- G. George & A. J. Bock (2007). "Inventing Entrepreneurs". Pearson.

◆ GEM(2013). "Global Entrepreneurship Monitor"
◆ Igor Prodan(2007). "Handbook of research on Techno-entrepreneurship"

◆ 기술보증기금 홈페이지(http://www.kibo.or.kr)
◆ 김미리(2014.05.05.) "시장 진출의 기술, 실패에서 배워라"(http://e-journal.co.kr)
◆ 스마트비잉사(http://www.smartbeings.com)
◆ 윌로우사(http://www.willowpump.com)
◆ 통계청 2013년 창업기업 실태조사(http://kosis.kr)

1장. 키워드 인덱스용

4차 산업혁명	기술수명주기	캐즘	죽음의 계곡
평생직업			

02

4차 산업혁명 기술창업 트렌드

일시적 유행과 트렌드를 가르는 차이는 소비자의 행동을
극적으로 변화시키느냐의 여부이다.
리무진 속에서는 소비자들의 관심에 다가갈 수 없다.

트렌드워칭닷컴 창업자, 레이니어 에버스(Reinier Evers)

학습목표

1. 최신 기술창업 트렌드로 ICBM(IoT, Cloud, Bigdata, Mobile)기술, 인공지능(AI)과 자동 수송 기술, 스마트 공장과 3D 프린팅 기술, 생명공학 기술을 이해한다.
2. 미래에 유망할 것으로 전망되는 새로운 기술 트렌드를 탐색해 본다.

시작
하기

2017년 가트너 10대 전략기술 트렌드

매년 IT분야의 전략기술트렌드를 발표하는 글로벌 리서치업체 중 하나인 가트너(Gartner)에서는 2017년의 10대 전략기술 트렌드를 제시하면서 지능형, 디지털, 그물망 등 세 가지 테마로 구성하였다.

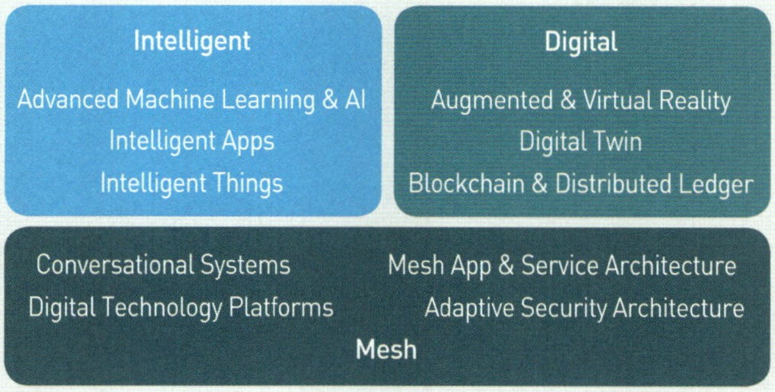

첫째, 지능형(intelligent) 테마는 빅데이터를 통해 스스로 학습하고 적응하면서 진화하도록 프로그램된 하드웨어와 소프트웨어 기반의 시스템을 말하며, 인공지능과 기계학습, 지능형 앱, 지능형 사물이 포함된다. AI와 머신러닝능력이 점차 모든 기술에 스며들어 향후 5년간 기술응용 분야에 가장 크게 부각될 것으로 예측한다.

둘째, 디지털(digital) 테마는 디지털과 물리적 세계가 혼합되어 현실세계를 디지털 서비스와 연결하는 인터페이스를 통해 보다 상세하게 묘사하는 디지털 환경을 창출하는 것으로 가상현실과 증강현실, 디지털 쌍둥이, 블록체인과 분산장부가 포함된다. 디지털 쌍둥이는 사물이나 시스템의 상태를 센서 데이터를 사용하여 변경사항에 대응하여 사물 또는 시스템의 성능의 기능을 향상시켜 가치를 높이는 소프트웨어 모델을 일컬어 말한다. 자동차, 건물 및 소비재와 같은 많은 일상적인 것들에 적용할 수 있다. 블록체인은 가상 화폐로 거래할 때 발생할 수 있는 해킹을 막는 기술로 돈이 오고간 내역을 장부에 기록하는 것을 바탕으로 안전하게 거래한다고 하여 '공공 거래장부' 라고도 불린다.

셋째, 그물망(mesh) 테마는 사람과 디지털 비즈니스 간의 모든 연결을 다양한 장치, 컨텐츠 및 서비스가 사람과 연결되어 성과를 창출하는 접점을 말하며, 대표적으로 대화형 시스템, 그물망 앱과 서비스 아키텍쳐, 디지털 기술플랫폼, 능동형 보안 아키텍쳐가 여기에 포함된다. 사람, 기기, 컨텐츠, 서비스가 디지털로 초연결된 상태로 이를 활용한 비즈니스 모델이 활성화 될 것으로 예측하고 있다. 그물망 앱과 서비스 아키텍쳐는 다수의 사용자가 여러 개의 장치를 사용하여 복수의 네트워크를 통해 통신하고 응용 프로그램 기능에 접속하는 다중 채널 솔루션 시스템 구조를 말하는 것으로 Apple의 Siri 및 Amazon의 Echo 등이 이에 포함된다. 능동형 보아 아키텍쳐는 "해커"의 공격기술이 고도화됨에 따른 기존의 수동적 방어와 규칙기반 보안을 탈피하여 비정상적인 동작 및 패턴을 능동적으로 감지하고 대응하는 기술을 말한다. 향후 다양한 디지털 개체들간의 상호연결이 점차 증가할 것으로 보아 안전한 디지털 환경을 만드는 것이 더욱 중요할 것으로 보인다.

향후 지능형 기술의 활용은 약 20년 동안 장기적인 성장하는 추세가 이어질 것이므로 적극적으로 대응할 필요가 있으며, 모델과 서비스를 발전시켜 올바른 데이터를 수집하고 시각화하여 적정한 분석 및 규칙을 적용하여 변화하는 상황에 효과적으로 대응할 수 있는 능력을 향상시킬 필요가 있다. 또한 변화하는 사용자 환경과 새로운 디지털 비즈니스 기회 창출로 다양한 형태의 비즈니스 모델도 탄생되지만 IT 보안 및 관리 문제의 중요성도 더욱 부각될 것이다.

	2012년	2013년	2014년	2015년	2016년	2017년
1	미디어 태블릿 그 이후	모바일 대전	다양한 모바일 기기 관리	컴퓨팅 에브리웨어	기기 간 연결	인공지능 & 머신러닝
2	모바일 중심앱과 인터페이스	모바일 앱 & HTML5	모바일 앱과 애플리케이션	사물인터넷	경계 없는 사용자 경험	지능형 앱
3	상황인식과 소셜이 결합된 사용자 경험	퍼스널 클라우드	만물 인터넷	3D 프린팅	3D 프린팅 소재	지능형 사물
4	사물인터넷 (IoT)	사물인터넷	하이브리드 클라우드와 서비스 브로커로서의 IT	차세대 첨단 분석	사물정보	가상현실과 증강 현실
5	앱스토어와 마켓 플레이스	하이브리드 IT & 클라우드 컴퓨팅	클라우드/클라이언트 아키텍쳐	맥락을 짚는 시스템	진화된 머신러닝	디지털 쌍둥이
6	차세대 분석	전략적 빅데이터	퍼스널 클라우드 시대	스마트 머신	자동화 에이전트와 사물	블록체인과 분산장부
7	빅데이터	실용 분석	소프트웨어 정의	클라우드/클라이언트 컴퓨팅	진화된 보안 아키텍쳐	대화형 시스템
8	인메모리 컴퓨팅	인메모리 컴퓨팅	웹스케일 IT	SW 정의 인프라와 애플리케이션	진화된 시스템 아키텍쳐	그물망 앱과 서비스 아키텍쳐
9	저전력 서버	통합 생태계	스마트 머신	웹스케일 IT	앱과 서비스 아키텍쳐의 그물망	디지털기술 플랫폼
10	클라우드 컴퓨팅	대기업 앱스토어	3D 프린팅	위험 기반 보안과 자가방어	사물인터넷 아키텍쳐와 플랫폼	능동형 보안 아키텍쳐

출처 : KIAT(2016), "2017년 가트너 10대 전략기술 트렌드"

최근 4차 산업혁명 시대의 도래로 인해 사회전반에 미치는 영향과 더불어 4차 산업혁명의 핵심 기술이 우리의 삶과 미래 세대에게 어떤 변화를 가져올지에 대한 논의가 활발하게 이루어지고 있다. 4차 산업혁명은 ICT(정보통신기술) 산업시대의 부각된 융합기술을 기반으로 한 디지털, 생물학, 물리학 등의 경계가 없어지고 융합되는 기술 혁명을 의미한다. 이는 4차 산업혁명의 핵심기술은 기존의 ICT 산업의 기술을 더욱 고도화하고 융합의 범위를 확대하는 것이라고 볼 수 있다. 세계경제포럼(2016)에서 발표한 보고서에 따르면 과학기술 측면에서 4차 산업혁명과 미래사회 변화를 야기하는 주요 변화동인을 ICBM(IoT, Cloud Computing, Big Data, Mobile)과 ICT기반의 기술이라고 제시하고 있다.

[그림 2-1] 4차 산업혁명의 기술적 요인

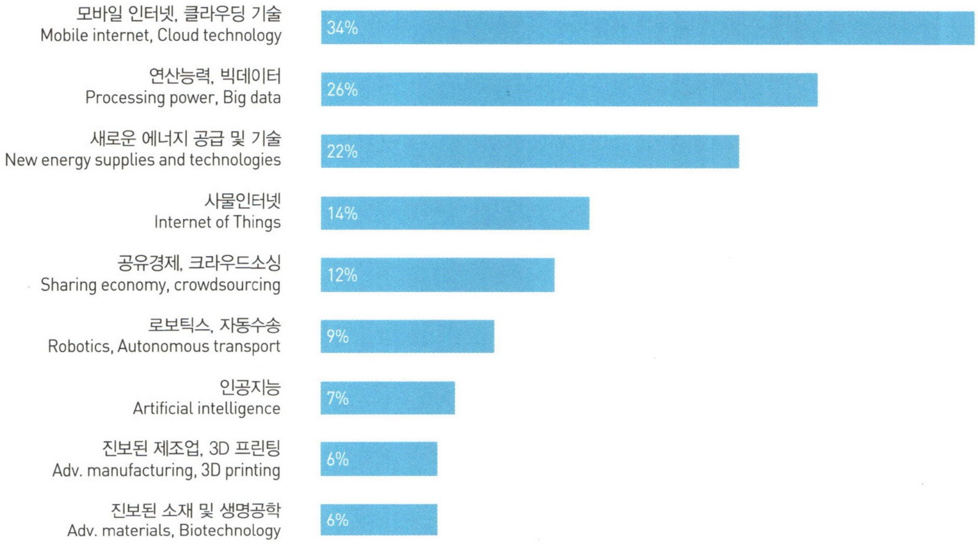

출처 : World Economic Forum(2016), Global Challenge Insight Report.

제시된 4차 산업혁명의 영향들을 기술 트렌드 관점으로 시기별로 살펴보면, 4차 산업혁명에 영향을 미칠 기술은 이미 개발되고 진화하고 있는 모바일 인터넷과 클라우드 기술, 컴퓨터의 처리 능력과 빅데이터, 크라우드소싱, 공유경제와 개인간(p2p) 플랫폼, 사물인터넷(IoT), 첨단 제조업과 3D 프린팅, 신에너지 공급과 기술로 분석되고, 2018~2020년에 등장할 기술로 첨단 로봇공학과 자율주행차량, 인공지능(AI)과 기계학습(machine learning), 첨단소재, 생명공학 기술과 유전체학(genomics)인 것으로 예상하고 있다. 또한 세계경제포럼(2016)에서는 가까운 미래에 사물인터넷, 빅데이터, 클라우드컴퓨팅, AI, 모바일 플랫폼 등으로 다양한 비즈니스가 창출될 수 있는 기술적 환경을 조성할 것이고, 3D 프린팅 및 첨단제조업 등으로 인해 제조업의 혁신을 가져올 것이라고 예상하고 있다. 향후 4차 산업혁명 시대에는 어떤 형태의 융합기술이 미래를 이끌어갈 것인지 예측하기 위해 지금까지 언급된 기술 트렌드를 살펴보도록 한다.

2.1 ICBM(IoT, Cloud Computing, Big Data, Mobile) 기술 트렌드

ICBM은 기본적으로 사물인터넷(IoT) 센서가 수집한 데이터를 클라우드(Cloud)에 저장하고, 빅데이터(Big data) 분석 기술을 통해 데이터를 분석해서 적절한 서비스를 모바일 기기 서비스(Mobile)형태로 제공함으로써 다양한 형태의 관련 산업을 활성화된다는 의미로 사용되고 있다. ICBM 분야별 독자적으로 개발되던 기술들을 융합함으로써 시너지를 낼 수 있는 다양한 사업을 도출하고 신시장을 창출하고자 하는 것이 목적이다.

[그림 2-2] ICBM 융합서비스

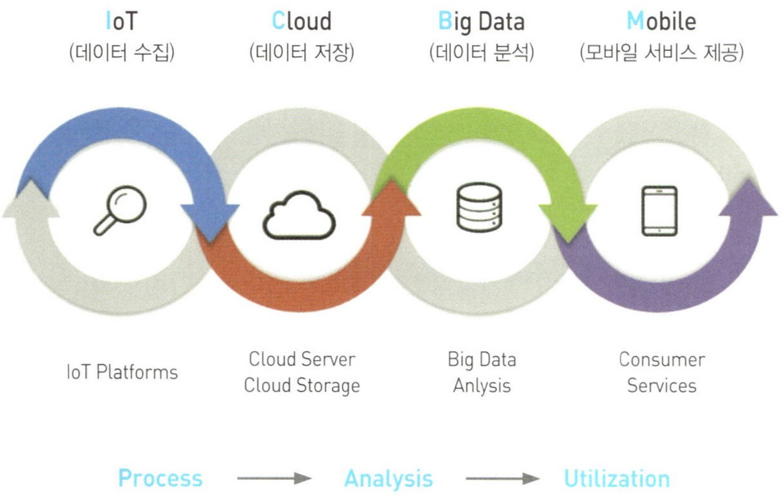

출처 : 미래창조과학부(2014), IoT 육성계획

ICBM 융합서비스 개념에 대한 체계적인 이해를 위해 사물인터넷, 클라우드 컴퓨팅, 빅데이터, 모바일 등 각각의 기술 트렌드를 살펴보도록 한다.

1) 사물인터넷(IoT : Internet of Things)

사물인터넷은 각종 사물에 센서와 통신 기능을 내장하여 인터넷에 연결하는 기술을 의미하며, 가전제품, 모바일 장비, 웨어러블 컴퓨터 등 다양한 임베디드 시스템이 적용된다. 최근 몇 년간 사물인터넷이 스마트혁명에 이어 혁신과 성장을 이끌 기대주로 평가 받았으나 그 성장속도가 느려 일상생활에서 쉽게 체감하기 어려웠다. 하지만 2014년부터 정부, 병원, 유통, 의류업체 등 다양한 분야에서 사물인터넷을 적용한 제품과 서비스가 출시되면서 일상 생활에서의 사물인터넷 활용이 지속적으로 성장할 예정이다.

[그림 2-3] 국내 사물인터넷 시장 규모 전망

출처 : Machina Research, STRACORP, NIA, KT 경제경영연구소 재구성

향후 사물인터넷의 전개 방향은 기존 사물들을 빨리, 다양하게 연결시키는 시도, 그리고 연결을 통해 만들어질 융합서비스와 플랫폼 구축에 대한 관심의 증대로 발전할 것이다. 이미 존재하는 자동차, 생활가전 등의 산업에 IT기술을 융합하는 것이기 때문에 스마트 홈, 헬스케어 등 다양한 영역에 적용 가능할 것으로 보인다.

[그림 2-4] 사람, 장소, 사물을 모두 연결하는 사물인터넷

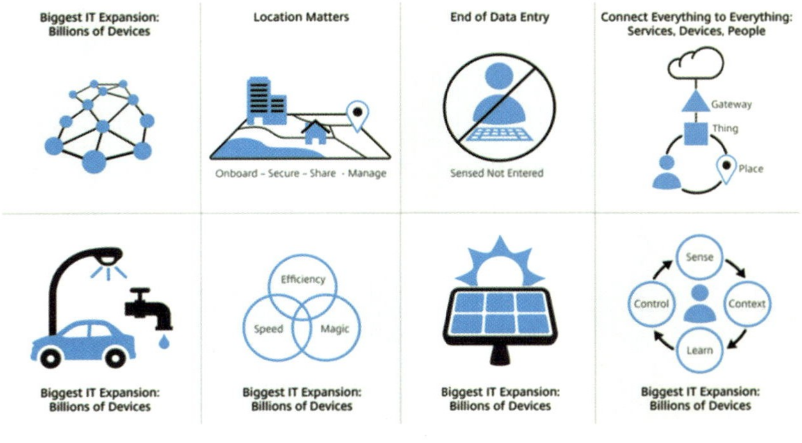

출처 : CITRIX(2015). "2020 Technology Landscape".

특히 사물인터넷이 가정의 전자기들에 적용되면서 '스마트홈'의 시대가 도래 할 것으로 보인다. 냉장고 문을 제대로 닫지 않으면 스마트워치로 이를 알려주고, 스마트폰으로 작동하는 세탁기 등 사물인터넷을 기반으로 '스마트홈' 시스템을 많은 기업에서 선보이고 있다.

[그림 2-5] 스마트홈 구현 장면

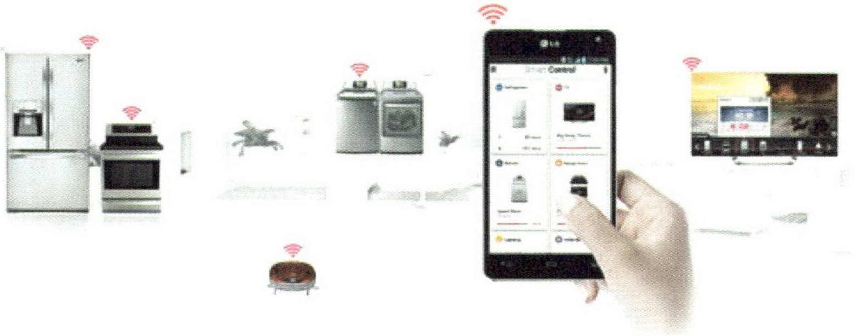

출처 : www.lgnewsroom.com

2) 클라우드 컴퓨팅(Cloud Computing)

IT 자원을 필요한 만큼 사용하고, 사용한 만큼 비용을 지불하는 형태의 컴퓨팅을 의미하는 클라우드 컴퓨팅은 대규모의 투자 없이 최적의 비용과 운용 효율성을 제공할 수 있어 스마트 시대의 핵심 기술로 손꼽히고 있다. 특별한 장소에 제한 없이 유연한 확장성을 제공하고 있는 클라우드 컴퓨팅은 B2B와 B2C 등 다양한 형태로 진화되면서 사물인터넷과 빅데이터 등에서 클라우드 서비스의 수요가 크게 증가되면서 클라우드 게임 등 응용 비즈니스 모델이 증가할 것으로 전망된다.

2015년 국내 클라우드 시장규모는 약 11억 달러 규모에 이를 전망이며, 국내 기업들의 지속적인 비용절감과 운영 효율화를 위해 수요가 점차 증가되면서 연평균 23.8% 성장하며 2017년에는 15.5억 달러의 시장규모를 형성할 것으로 예상된다. 글로벌 시장은 2015년 약 843억 달러 규모로 연평균 20.8% 성장하며 2017년에는 1,204억 달러의 시장을 형성할 것으로 전망하고 있다.

[그림 2-6] 국내 클라우드 시장규모 및 전망(좌)과 해외 클라우드 시장규모 및 전망(우)

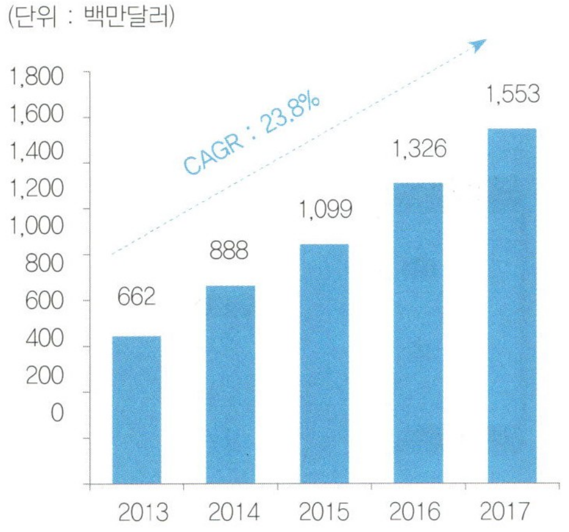

	2013	2014	2015	2016	2017
퍼블릭	487	681	851	1,021	1,172
프라이빗	175	207	248	305	381

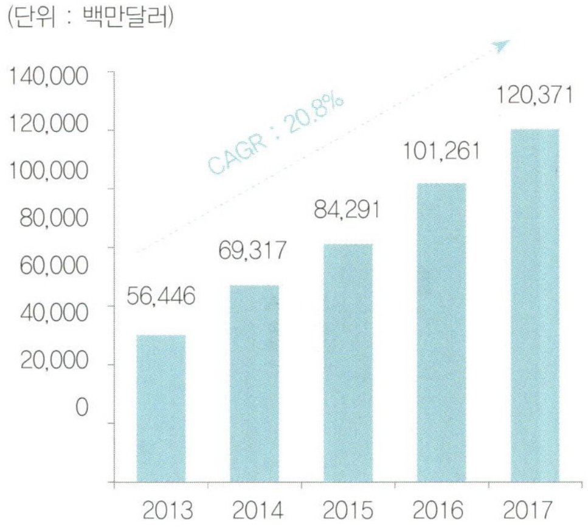

	2013	2014	2015	2016	2017
퍼블릭	47,396	59,487	73,541	89,411	107,217
프라이빗	9,050	9,830	10,750	11,850	13,154

출처 : 부산시 클라우드 산업육성 계획(2014), infiniti(2013) 자료 재구성

국내 클라우드 시장은 KT 등 통신사와 네이버, 다음 등 포털 중심으로 초기 시장을 형성하였으나 글로벌 ICT 기업들인 Amazon, MS, IBM, Google, Huawei 등이 국내 시장에 진입하면서 2015년 국내 클라우드 시장은 국내·외 기업 간의 경쟁이 더욱 치열해질 전망이다.

[그림 2-7] 국내 클라우드 주요 사업자 및 서비스 현황

국내 기업		글로벌 기업
[통신사]	[포털]	
kt ucloud biz, LG U+, SK telecom, T cloud	NAVER, Daum	amazon webservices, Microsoft Azure, IBM, hp Cloud Services, ORACLE SERVICE CLOUD, Google

출처 : KT 경제경영연구소(2014), 2015년 ICT 10대 주목 이슈

3) 빅데이터(Big Data)

빅데이터는 대량으로 수집한 데이터를 활용·분석하여 가치 있는 정보를 추출하고 생성된 지식을 바탕으로 능동적으로 대응하거나 변화를 예측하기 위한 정보화 기술을 의미한다.

빅데이터 산업은 크게 인프라(하드웨어)와 소프트웨어, 그리고 서비스 부문으로 구분된다. 세부 산업별로 보면, 인프라 부문은 빅데이터 저장을 위한 내·외부 통합 스토리지, 메모리,

서버 등과 이를 지원하기 위한 네트워크 기술 기반의 산업으로 구분된다. 소프트웨어 부문은 데이터 수집 · 통합 · 구조화를 위한 소프트웨어, 빅데이터 적용 검색 엔진 및 미디어 분석 등을 위한 분석 소프트웨어, 그리고 오류감지 등의 자동화 소프트웨어 산업으로 분류될 수 있다. 또한, 빅데이터 이행을 위한 서비스 시장의 수요도 존재하는데, 빅데이터 관련 서비스 산업은 비즈니스 컨설팅, 프로세스 구축을 위한 IT 아웃소싱, 소셜미디어 분석을 위한 전문 인력 고용, 고용훈련 등으로 구분된다.

[표 2-1] 빅데이터 산업의 구분

구분		빅데이터 구축 · 활용 관련 기술 및 서비스	대표적인 사업자
인프라	스토리지	– 대용량 데이터 저장을 위한 외부 스토리지 시스템	Dell, HP, IBM, Cisco, 다음소프트 등
	서버	– 내부 스토리지, 메모리, 네트워크 카드 등의 서버	
	네트워크	– 빅데이터 서버 및 스토리지 지원을 위한 네트워크 시스템	
소프트웨어		– 데이터 조직화 및 관리 SW: 구조 및 구조 고도화, 파일 분배, 명칭 공간, 관계DB, 데이터 통합 등 – 분석 SW: 빅데이터 전용 검색엔진, 데이터/텍스트 마이닝, 미디어 분석, 데이터 시각화 등 – 결정지원 및 자동화 SW: 비즈니스 프로세스, 웹클릭스트림, 오류감지 등	Apache, Pervasive, SAP, 그루터, 넥스알 등
서비스		– 빅데이터 이행에 필요한 비즈니스 컨설팅, 비즈니스 프로세스 아웃소싱, IT 프로젝트 기반 서비스, IT 아웃소싱, 소셜미디어 분석, 빅데이터 전문 인력 고용, 고용훈련 등	Amazon Web Service, Accenture, 다음소프트 등

출처 : 배동민 외(2013); 농협경제연구소(2013), '빅데이터 활용 사례와 시사점'

빅데이터 시장은 시간이 지남에 따라 데이터의 가치는 더 커지며 활용 사례도 점차 많아지고 있어 그 규모가 계속 커질 것으로 전망되고 있다. 특히, 임베디드 시스템(embedded system)이 생성하는 데이터의 양이 증가하고, 기업 내 · 외 정형 · 비정형 데이터 분석이 가능해짐으로써 이와 같은 환경을 기반으로 한 데이터 분석기술이 보편화될 것으로 예측 된다. [1]

이에 따라 가트너(Gartner)는 데이터 관련 기술을 최근 5년 간 지속적으로 가트너의 10대 전략 기술로 포함해 왔으며, 2015년에는 10대 기술 중 하나로 빅데이터를 선정하였다.

또한, IDC(International Data Corporation)에서는 차세대 IT환경인 3세대 플랫폼(모바일, 소셜, 클라우드, 빅데이터 주축)이 전 세계 ICT 투자의 1/3을 차지 할 것으로 전망하였으며, 2015년 전 세계의 빅데이터 시장 규모를 약 169억 달러로 전망하고, 빅데이터와 관련한 소프트웨어, 하드웨어, 그리고 서비스 지출 규모는 1,250억 달러로 증가할 것으로 예측하고 있다.

1) K-ICT 빅데이터센터(2015), "2015년 세계 빅데이터 시장 전망"(https://kbig.kr/?q=global_trend/15474)

읽어보기 **이제 창업 할 때도 빅데이터를 활용한다. 서울시 '우리마을 가게 상권 분석 서비스'**

▲ '우리마을 가게 상권 분석 서비스' 홈페이지 화면

서울시에서는 골목상권에 창업을 하고자 하는 소상공인들을 위해 서울시 전체에 1,008개 정도의 골목상권이라고 부르는 지역의 빅데이터를 이용하여 분석하였다. 창업위험도를 알려주는 '상권신호등', 내게 맞는 골목 상권 분석형 '맞춤형 상권검색' 내 점포 주변 상권 마케팅 관련 정보 분석용 '내 점포 마케팅' 등과 같은 다양한 서비스를 제공하고 있다.

이와 같은 정보는 크게 3가지의 데이터를 통해 분석되었다.

첫째, 폐업 추이이다. 서울시가 가지고 있는 행정정보를 토대로 업종에 따른 개업/폐업 신고 데이트를 분석하여 상점들의 폐업 추이를 알 수 있는 정보를 제공하였다.

둘째, 매출 정보이다. 신용카드 회사와 제휴하여 신용카드 사용에 따른 매출정보를 제공받고, 현금 매출정보는 빅데이터 기술을 이용해 추정치로 만들어 정보를 제공하고 있다.

셋째, 유동인구 분석이다. 이동통신사에서 만든 유동인구 모델 데이터를 사와서 통화내역을 활용해 실제의 유동인구를 추정하여 정보를 제공하고 있다.

위와 같은 정보를 기반으로 외식업, 서비스업, 도소매업 등 생활 밀착업종의 43개 정도의 업종, 2,000억개 빅데이터를 분석하여 골목상권의 예비창업자들에게 고객의 유형 및 소비특성 정보를 제공하고 있다.

출처 : golmok.seoul.go.kr

4) 모바일 서비스(O2O 서비스)

O2O(Online to Offline) 서비스는 온라인과 오프라인의 결합, 즉 융합을 기반으로 새로운 가치를 창출하는 서비스를 말한다. O2O는 IT 분야의 온라인 매체인 테크크런치(Tech crunch)가 2010년에 소셜커머스의 성장을 주목하며 처음으로 언급한 개념이다.

이 서비스는 모바일 기술의 극적인 발전으로 가능해진 비즈니스 모델로, 협의의 관점에서 말하면 온라인이나 모바일에서 대금을 결제한 후 오프라인에서 실제 제품과 서비스를 받는 것으로 이해할 수 있다. 하지만 현재는 광의의 관점에서 온라인과 오프라인을 연계하는 모든 비즈니스를 O2O 서비스로 지칭하고 있는 추세이다.

[그림 2-8] O2O의 개념 및 구성

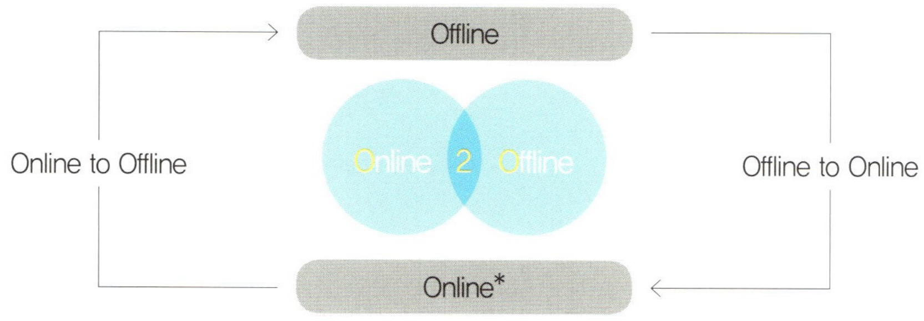

*전자 상거래 사이트, SNS, 모바일 앱 등

출처: 정보통신기술진흥센터(2014), '해외 ICT R&D 정책동향'

KT경영경제연구소가 O2O 시장 규모를 분석한 결과에 따르면 2015년 기준 국내 커머스 시장은 약 1,000조 원으로 이 중에서 온라인 시장 규모는 전체 시장의 5%인 51조원(PC 기반 29조, 모바일 기반 22조) 수준이다. 또한, 전체 오프라인 커머스 시장 규모는 929조원으로, 이 중에서도 제품은 362조원, 서비스는 567조원의 규모에 달한다.

O2O가 온라인과 오프라인이 겹치는 영역이라는 점에서, 겹치는 영역이 O2O 시장이고 이 영역을 통해 오프라인으로 진입하려는 기업들이 증가하고 있으므로 시장 규모는 더욱 확대되고 있다고 할 수 있다. 특히, O2O 시장은 유형의 제품이 거래되는 오프라인 커머스에서 시장 규모가 큰 서비스 커머스 영역으로 확장되고 있으며, 그 성장 잠재력도 현재 온·오프라인이 겹치는 영역에 국한된 것이 아니라 오프라인 커머스 전체에 있다고 볼 수 있다.

KT경영경제연구소는 지금까지의 O2O 서비스는 주로 커머스 분야에서 발전해 왔지만, 향후에는 O2O로부터 소비자, 채널, 커뮤니티로 이어지는 변화는 수요와 공급에 즉각적으로 대응하기 위한 시스템인 온디맨드 경제(On-Demand Economy; 고객의 개인화된 수요에 맞추어 즉각적으로 반응하는 수요 중심적인 경제)로의 경제구조 전환 등 보다 큰 사회적 변화를 일으킬 것으로 전망하고 있다.

[그림 2-9] 국내 O2O 서비스 시장 규모 및 전망

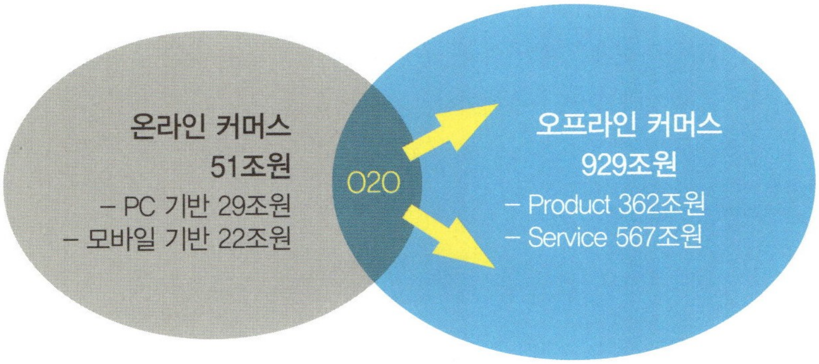

출처 : 황지현(2015). "O2O 커머스를 넘어 온디맨드 이코노미로". KT경제경영연구소.

읽어보기 세계 비즈니스 판도를 강타하고 있는 '모바일 O2O 서비스'

모바일 플랫폼 기반의 서비스를 제공하는 신생 기업들이 전 세계 비즈니스 판도를 뒤흔들고 있다. 이들의 사업 방식은 엄청난 파괴력을 발생시켰고, 단숨에 글로벌 시장의 주도권을 거머쥐며 대세로 우뚝 섰다.

한국의 모바일 플랫폼 사업은 온라인과 오프라인을 연결하는 'O2O(Online to Offline) 서비스'의 주도 하에 매년 성장하고 있다. 우버와 에어비앤비도 O2O 서비스에 해당한다.

하지만 우버와 에어비앤비는 사업의 초점이 '공유경제'라는 경제 원리에 맞춰져 있는 반면 우리나라의 주요 모바일 플랫폼 사업은 'O2O 서비스'의 특성 자체에 초점을 두고 있다는 점에서 구별된다.

■ **한국의 모바일 플랫폼 사업은 배달 서비스가 주도**

한국의 모바일 O2O 시장은 배달 서비스가 주도하고 있다. 배달 O2O 서비스 업체들은 어플리케이션을 통해 등록업체들의 음식 메뉴와 가격표를 제공하고, 소비자가 구매한 음식을 결정하고 결제 서비스를 제공하고 있다. 전단지나 상가 책자 등을 찾아 뒤적거리며 전화 주문을 하는 번거로움을 해결하는 것이다.

배달 O2O 서비스 업체들이 국내 모바일 플랫폼 시장을 선도하는 만큼 업계 선두 기업들에게는 쏟아지는 투자금 또한 만만치 않다. 업계 1위를 달리고 있는 '배달의 민족'은 지난해 골드만삭스로부터 400억 원을 투자 유치하는 등 지금까지 누적된 투자금이 총 550억에 달한다. '요기

요’는 모회사인 독일의 배달 서비스 업체 ‘딜리버리 히어로’로부터 최근 419억 원 규모의 투자를 유치했다.

배달 서비스 이외에 주목을 받고 있는 모바일 O2O 서비스는 부동산 어플리케이션 시장이다. 업계 선두주자인 ‘직방’은 지난해와 올해 총 300억 원의 투자금을 유치하고 이용자들을 끌어들이고 있다. 직방에 등록된 누적 매물은 100만 건에 도달했으며, 700만 건 이상의 다운로드를 기록하고 있다. 후발주자로는 ‘다방’이 스타 마케팅을 통해 맹추격을 하고 있다.

최근 다음카카오도 O2O 서비스에 본격 참여를 선언했다. 그 신호탄은 카카오 택시였다. O2O 서비스는 우리나라를 포함한 전 세계의 향후 비즈니스 업계를 주도할 사업 모델이 될 것이 확실해 보인다.

■ **차량 모바일 플랫폼 서비스**

전 세계적으로 가장 먼저 모바일 플랫폼 서비스의 혁신을 일으킨 업체는 ‘우버’다. 우버는 차량을 소유한 운전자와 승객을 연결해주는 서비스로 2010년 미국 샌프란시스코에서 시작됐다. 차량을 소유한 운전자와 운송 서비스가 필요한 승객을 연결해준다는 단순한 ‘공유경제’의 발상이었다. 이 사소한 발상은 우버를 창업 5년 만에 전 세계 비상장기업 중 가장 큰 기업가치(약 510억 달러)의 회사로 만들었다.

■ **숙박 모바일 플랫폼 서비스**

우버가 모바일과 결합한 공유경제의 파급력을 차량 공유 서비스를 통해 증명했다면 에어비앤비는 숙박 공유 서비스를 통해 증명했다. 2008년 미국 샌프란시스코에서 시작된 에어비앤비는 자신의 집이나 방을 빌려주기를 희망하는 호스트와 숙박을 필요로 하는 사람들을 상호 연결해주는 공유경제 서비스다.

현재 에어비앤비는 192개국의 3만5000개 이상 도시의 숙소들이 등록되어 있다. 등록된 숙소는 150만개가 넘는다. 이들의 기업 가치는 255억 달러로 평가받고 있으며, 전 세계 비상장기업 중 우버와 샤오미에 이어 3위를 기록하고 있다.

모바일 플랫폼 서비스는 번뜩이는 아이디어로 파괴적인 성장을 이뤄낼 수 있는 가능성이 열려 있는 사업이다. 누군가는 아이디어를 통해 혁신 산업을 이뤄낼 것이고, 누군가는 혁신 산업에 밀려 일자리를 잃게 될 수도 있다.

하지만 분명한 것은 모바일 플랫폼 서비스는 창조적인 아이디어만 있다면 혁신을 이뤄낼 수 있는 기회가 누구에게나 주어진다는 것이다. 우리는 앞으로도 제2, 제3의 우버를 머지않아 보게 될 것이다.

출처 : 이성은(2015.10.28.). “제2, 제3의 ‘우버’ 계속 등장할 것”. 미래한국.

2.2 인공지능(AI)과 자동수송 기술 트렌드

인공지능(Artificial Intelligence : AI)은 인간의 인지능력, 학습능력, 이해능력, 추론능력 등을 실현하는 기술을 의미한다. 1980년대 이후에 반도체 기술의 발전으로 컴퓨터의 소형화, 고속화, 대용량화가 이뤄져 인공지능의 하드웨어적 기반이 마련되어 이를 바탕으로 패턴 인식, 기계 학습, 전문가 시스템, 인공 신경망 등 다양한 분야와의 융합 소프트웨어 기술이 현실화되기 시작하였다.

인공지능 시장의 규모는 2022년까지 매년 62.9% 성장해, 160억 600만 달러의 시장 규모를 만들 것이며 인공지능과 로봇이 고객서비스, 트럭 · 택시 같은 운송업 등 업종에서 일자리의 6%를 차지할 것으로 전망하고 있다.

그럼 인공지능을 적용할 수 있는 분야를 살펴보고 추가적으로 자동수송 기술 트렌드도 살펴보도록 한다.

1) 자율주행 자동차 분야

자율주행 자동차는 운전자의 직접적인 조작 없이 자동차 스스로 주행환경을 인식하여 목표지점까지 운행할 수 있는 자동차를 의미한다. 안전사고의 우려와 국가별 도로 인프라의 차이 등으로 초기 시장 형성에 다소 시간이 소요 될 것으로 예상되고 있으나 최근 글로벌 자동차 기업에서 도로주행이 테스트가 성공적으로 진행됨으로써 개발 속도에 박차를 가할 것으로 예상된다. 구글, 테슬라, 인텍트 등과 같은 글로벌 IT 기업과 완성차 업체들인 아우디, 벤츠, 닛산, 포드, 도요타, 볼보, BMW 등의 기업들이 자율주행 자동차 분야에 많은 예산을 투입해 기술개발을 본격적으로 추진하고 있다. 국내 역시 정부 주도 하에 국내 완성차 업체 및 부품업체와 연구기관에서 자율주행과 관련한 연구를 활발히 진행하고 있다.

2025년 이후 세계 자율주행 자동차 시장은 빠르게 성장해 2035년에는 연간 생산량이 약 1억대 수준에 이를 것으로 전망된다. 완전 자율주행자동차 보급 이전에는 일반 자동차에 차선변경, 교통체증구간 자동운전, 자동주차와 같은 특정 기능의 자율주행시스템이 정착되어 시장을 형성할 것으로 예측되고 있다.

미국과 유럽은 인공지능을 기반으로 하는 자율주행 기술 수준 발전을 단계별로 보고 진행하고 있다.

[그림 2-10] 미국과 유럽의 자율주행 기술 수준 단계

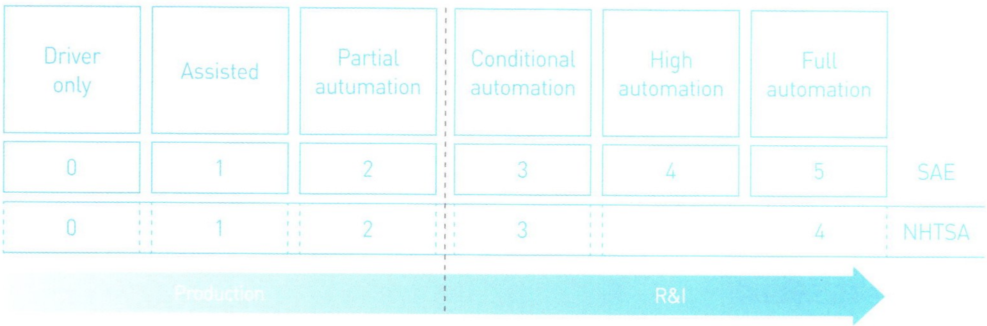

수준	정의	개요
Level 0	비자동 (No Automation)	– 운전자가 항상 브레이크, 속도조절, 조향 등 안전에 민감한 기능을 제어하고 교통 모니터링 등 안전 조작에 책임
Level 1	기능 특화 자동 (Function-specific Automation)	– 운전자가 정상적인 주행 혹은 충돌 임박 상황에서의 일부 기능을 제외한 자동차 제어권을 소유 〈예)스마트크루즈컨트롤, 차량 자세제어, 자동브레이킹〉
Level 2	조합 기능 자동 (Combined Function Automation)	– 어떤 주행 환경에서 두 개 이상의 제어 기능이 조화롭게 작동. 단, 운전자가 여전히 모니터링 및 안전에 책임을 지고 자동차 제어권을 소유 〈예)스마트크루즈컨트롤과 차선중앙유지, 핸들과 페달 제어〉
Level 3	제한된 자율주행 (Limited Self-Driving Automation)	– 특정 교통 환경에서 자동차가 모든 안전 기능을 제어 – 자동차가 모니터링 권한을 갖되 운전자의 제어가 필요한 경우 경보신호 제공 – 운전자는 간헐적으로 제어
Level 4	완전 자율주행 (Full Self-Driving Automation)	– 자동차가 모든 안전 기능을 제어하고 상태를 모니터링 – 운전자는 목적지 혹은 운행을 입력 – 자율주행시스템이 안전 운행에 대해 책임

출처 : EPoss(2015) 인용, 미교통국 도로교통안전국(NHTSA).

자율주행에 있어 리더 그룹으로 거론되고 있는 기업은 벤츠, 아우디, 구글, 테슬라 등이 있고 그 다음으로 GM, 포드 등이 위치하고 있다. 이미 여러 완성차 업체와 ICT 관련 업체에서 자율주행 2단계나 3단계에서 해당하는 기술을 확보하여 다양한 R&D와 다수의 시험주행을 실시하고 있다.

[표 2-2] 업체별 자율주행 기술 수준 현황

구분	업체명	주요 기능	상용화 계획	자율주행 수준 (SAE)	자율주행 수준 (Navigant)
ICT 업체	구글	완전 자율	2020	5레벨	Leaders
	애플	완전 자율	2020	5레벨	Leaders
	바이두	자체 조종	미정	2레벨	–
완성차 업체	아우디	교통정체 지원	2017	2레벨	Leaders
	BMW	고통정체, 비상운전 지원	2018	3레벨	Leaders
	GM	자체조종, 차선유지	2017	3레벨	Contenders

완성차 업체	포드	자체조종, 자동주차	2020	3레벨	Contenders
	벤츠	교통정체, ACC	2019	3레벨	Leaders
	폭스바겐	교통정체, ACC	2020	3레벨	Contenders
	볼보	자체조종, 차선유지	2016	3레벨	Contenders
	현대, 기아차	교통정체, 차선유지	2020	3레벨	Contenders
전기차 업체	테슬라	ACC	2015	2레벨	Leaders

출처 : Frost & Sullivan(2016), Navigant Research(2015).

2) 지능형 로봇 분야

지능형 로봇은 스스로 주위 환경을 인식하여 자율적으로 동작하는 로봇을 의미한다. 편의와 안전에 대한 관심이 높아지면서 군사, 의료, 구조, 건설, 물류 등 특수한 목적의 서비스를 제공하는 전문서비스용 로봇과 가사, 장애인 보조, 엔터테인먼트, 교육 등의 서비스를 제공하는 개인서비스용 로봇이 지능형 로봇시장을 주도할 것으로 예상된다. 국내 로봇시장의 규모는 2005년 기준 약 6억 달러에서 2010년 11억 7천만 달러, 2020년경에는 약 45억 4천만 달러에 달할 것으로 전망된다. 2005~2020년 기간 동안 연평균 14.4%씩 증가할 것으로 예상된다. 세계 로봇시장의 규모는 2005년 기준 약 120억 8천만 달러에서 2010년 247억 달러, 2020년경에는 약 718억 달러에 달할 것으로 전망되어 2005~2020년 기간 동안 연평균 6.3%씩 증가할 것으로 예상된다.

읽어보기 — 스마트 로봇 '라일리(Riley)'

스마트 로봇 라일리는 국내 개발자(서병조)에 의해서 탄생되었다. 크라우드 펀딩 인디고고를 통해 펀딩을 진행하여 300%가 넘는 목표액을 달성하였다.

라일리는 10cm도 안되는 로봇으로 500만 화소의 이미지 센서와 야간 시야 확보를 위한 나이트 비전 카메라, 모션 감지 센서, 스피커 및 마이크를 장착하고 있다. 순찰 중 아이들이나 애완동물에게 문제가 발생했을 시 긴급전화를 발신하기 위해서 얼굴 인식 기능이 있으며, 집안 내 침입자 감시 등 집안에 이상한 움직임이 있으면 스마트폰에 경고음을 발송해준다. 또한 배터리 용량이 부족하면 스스로 충전용 스테이션으로 이동해 충전 모드에 들어간다.

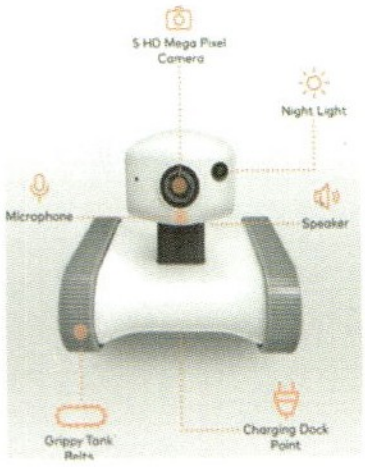

이 로봇의 가격은 229달러로 현재 미국의 소매점 및 아마존에서 판매되고 있다.

출처 : www.indiegogo.com

3) 지능형 감시시스템 분야

지능형 감시시스템은 스스로 강력 범죄, 재난 · 재해 상황을 인식하여 영상 정보를 수집하고 자동으로 행위를 감지하여 필요시 사용자에게 위기를 알리는 시스템을 의미한다. 사회안전망의 필요성이 점차 높아지면서 CCTV 등 감시 시스템 확대에 따른 지능형 감시시스템의 구축 수요는 앞으로 더욱 증대될 전망이다. 세계 지능형 감시시스템 시장 규모는 2011년 1,050억 달러에서 연평균 14%의 높은 성장률을 기록하면서 2016년에는 2,050억 달러의 대규모 시장으로 성장할 것으로 예상한다.

4) 지능형 교통제어시스템 분야

지능형 교통제어시스템(Intelligent Transportation System; ITS)은 기존의 교통체계에 정보통신, 제어, 전자 등의 지능형 기술을 접목시킨 차세대 교통시스템을 의미한다. 교통 혼잡 · 안전 · 환경에 대한 개선 요구가 증대됨에 따라 교통운영의 지능화와 효율성 확보가 중요한 과제로 부상하고 있다. 세계 시장규모는 2011년 130억 달러에서 2015년 186억 달러로 연평균 9.3% 성장할 것으로 전망되며, 국내 시장규모는 2011년 2억 9,400만 달러에서 2015년 약 4억 4,200만 달러 규모로 연평균 10.7%로 성장할 것으로 전망된다.

5) 드론(Drone)

드론(drone)은 조종사가 탑승하지 않고 지정된 임무를 수행할 수 있도록 제작된 지능형 무인 항공기를 말하며, 벌이 날아다니는 '붕붕' 소리를 딴 의성어에서 출발했다. 드론은 본래 군사용으로 개발되기 시작하였으나, 오픈소스 드론 제작이 많아지면서 현재는 헬기 캠으로 방송 촬영장비나 환경보호, 재난방재 등을 넘어서 전자상거래 시장에서 물류 운송을 담당하는 기능까지 그 활용 분야가 크게 확대되고 있다. 최근에는 구글, 페이스북, 아마존 등의 글로벌 기업들도 자사 서비스 고도화를 위해 드론 기술을 적극적으로 활용하고 있다.

[그림 2-11] 드론(drone)의 다양한 활용 범위

택배용 드론	정밀농업용 드론	화물 무인항공기
DHL, 아마존, 구글 등이 택배용 드론 개발 중	AUVSI 2025년 정밀농업용 드론의 세계 민간 무인기 시장 80% 이상 점유율 예측	FedEX 등 물류 회사는 화물용 무인항공기에 대한 수요 지속
시계 외 비행을 위한 장거리 통신 항법기술, 장시간 비행을 위한 동력원 기술, 정밀비행 제어 기술 등	탑재 초분광 카메라 기술, 매핑기술 최적비행기술, UGV 통합 기술 등	대형무인기 설계 기술, 무인기 유인공역 비행 기술, cockpit 자동화 기술 등

출처 : 윤광준(2015). "드론 핵심 기술 및 향후 과제". 한국인터넷진흥원.

CEA는 2015년 글로벌 드론 시장 규모가 금액으로는 작년 대비 55% 증가한 1억 3천만 달러(약 1천 415억 원), 대수로는 40만대에 달할 것으로 추산하고 있다. 국가별 드론 시장 점유율은 '12년 기준 미국 71%, 유럽 13%, 중도 %, 아시아 · 태평양 8%, '21년에는 미국의 지배력이 약화되어 미국 49%, 유럽 17%, 아시아 · 태평양 22%, 중동 9% 등으로 과점시장에서 경쟁시장으로 변화될 것으로 전망하고 있다. 이와 같은 아시아 · 태평양 지역에서의 급속한 발전은 중국의 급성장에서 기인하는 것으로 중국은 민수용으로 소형무인기를 제작중이며 내수시장을 기반으로 투자를 확대하고 있다.

[그림 2-12] 주요 국가/대륙별 드론 점유율 현황 및 전망

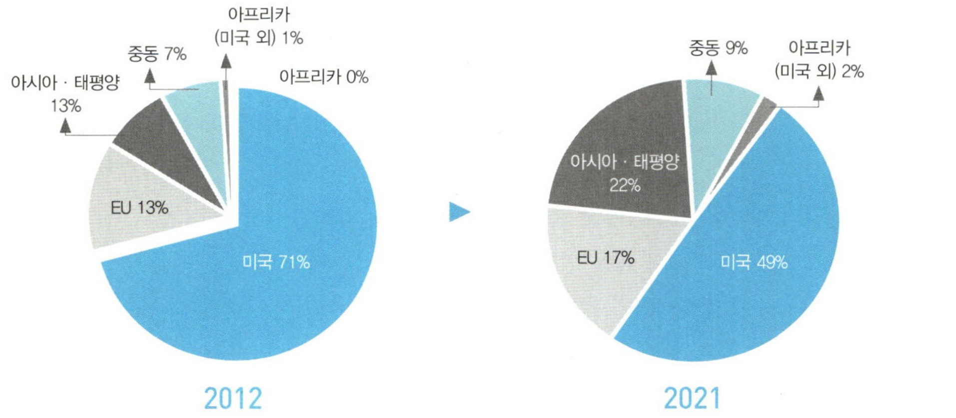

출처 : World Unmanned Aerial Systems 2012 market profile and forecast.

또한, 한국인터넷진흥원(2015)은 드론이 자동차와 마찬가지로 연관 기술, 부품, 소프트웨어, 서비스 등 관련 산업분야에 대한 파급효과가 크며 드론 기술이 적용되는 영역이 앞으로도 계속 넓어질 것이기 때문에, 드론으로 인한 생태계의 크기는 드론 판매로 인한 시장의 크기보다 더욱 클 것으로 전망하고 있다.

이처럼 드론 시장이 군수 시장에서 소비자 시장, 서비스 시장까지 확대되면서 다양한 연관

산업역시 등장하고 있다. 현재 드론을 활용하여 시장에서 급부상하고 있는 기업들의 사례를 살펴보자. [2)]

– 드론용 소프트웨어 개발: 하드웨어부터 소프트웨어, 클라우드까지 통합적으로 관리할 수 있는 산업용 드론 운용체계(OS)를 개발한 에어웨어(Airware)는 세계적인 벤처캐피탈인 KPCB, 그리고 GE 등의 거대 기업들의 투자를 유치하였다. 에어웨어뿐만 아니라 드론 OS를 비롯한 다양한 연관 플랫폼 시장에 진출할 스타트업들이 많이 나올 것으로 전망되고 있다.

– 드론 장착 카메라 개발: 드론에 장착하는 카메라의 고성능화를 시현하고 있는 기업들이 주가를 올리고 있으며, 액션 카메라 브랜드로 유명한 고프로(GoPro)와 같은 기업들이 그 선두가 되고 있다. 또한, 농업용 드론에 사용되는 멀티스펙트럼(multispectrum) 카메라를 개발하는 기업들도 출현하고 있다.

– 데이터 플랫폼 기반 서비스: 드론이 수집하는 데이터를 쉽게 저장하고 처리하도록 하는 데이터 플랫폼 개발 기업이 등장할 것으로 전망된다. 최근 농업 분야에서는 로보플라이트(RoboFlight)라는 기업이 농업 데이터를 해석하고 시각화하는 소프트웨어 기업인 애그픽셀(AgPixel)을 인수한 사례가 있다. 허니컴(Honeycomb)은 드론 및 드론 카메라 센서뿐만 아니라 데이터 매핑과 처리 서비스를 함께 제공하고 있다.

읽어보기 **중국 민간 드론 기업의 성장**

이미지 출처: 융합연구정책센터, 2017

중국 정부의 드론 산업 육성을 위해 선(先)허용 · 후(後) 보완 형태의 규제를 적용하여 드론 기업들이 세계 상업용 드론 시장을 주도하는데 큰 역할을 하였다. 현재 세계 민간용 드론 기업 1위, 5위, 7위, 10위가 모두 중국 업체로 중국의 1위 업체인 '다장창신커지(大疆創新科技, DJI)'는 농업용, 수색 · 구조용 등 다양한 용도의 상업용 드론을 생산하고 있으며 세계 시장의 70%('14년 기준)를 차지하고 있다.

DJI 기업은 농업용 드론을 최초로 출시하였고 드론의 핵심 기능인 플라이트 컨트롤러와 움직임과 관계없이 카메라를 일정한 기울기로 유지하는 짐벌 분야에서 최고의 기술을 보유하고 있다.

이미지 출처: 융합연구정책센터, 2017

2) 윤광준(2015). "드론 핵심 기술 및 향후 과제". 한국인터넷진흥원.

XAIRCRAFT 사는 스마트 농업 드론 선두업체로 기업가치만 12억 7,000만 위안에 달하며 주요제품으로 P20 시리즈를 보유하고 있다.

이미지 출처: www.ehang.com

이항사는 사람이 탈 수 있는 1인용 유인 드론을 개발하고 있다. '이항 184'는 보통의 드론처럼 본체 사방에 프로펠러가 여러 개 달린 모양이지만, 본체에 사람을 태우고 2시간을 충전하면 최대 100kg까지 싣고 23분 가량 비행할 수 있다. 최고 3,500m 높이까지 올라갈 수 있으며 최고 속력은 시속 100km이다. 현재 가격은 20만~30만 달러(약2억4,000만~3억6,000만원)선이다.

샤오미는 저가 스마트폰의 대명사로 미 드론(Mi Drone)을 출시하여 기존 4k 드론에 비해 저렴한 가격으로 동영상 촬영을 지원하는 제품으로 시장에서 판매하고 있다.

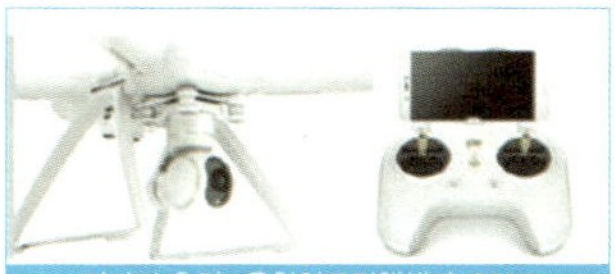
이미지 출처: 융합연구정책센터, 2017

출처 : 융합연구정책센터(2017). "도론 시장 및 산업 동향".

2.3 스마트 공장과 3D 프린팅 기술 트렌드

금융위기 이후 제조강국이 빠른 경제 회복세를 보임에 따라 제조업의 중요성이 부각되면서 주요국이 국가경쟁력 강화를 위해 제조업 혁신 정책을 발표하고, 핵심 추진과제로 스마트 공장에 초점을 맞춰 ICT 융합에 기반해 전 공정 및 공급망을 지능화 · 최적화환 미래형 공장 시스템 구축에 박차를 가하고 있다. 장기적으로는 단위 공장뿐만 아니라 협력사, 물류 · 유통과정 등으로까지 확대되어 전 공급망의 스마트화를 추구하고 있다. 더불어 3D 프린팅은 2013년 미국 정부에 의해 미국 제조업 부흥을 위한 10대 핵심 제조 기술로 선정되어 관심이 집중되었으며, 매킨지, 다보스포럼의 '유망 기술 글로벌어젠다카운슬' 등에서 주목받는 기술로 선정되어 3D 프린팅에 의한 생산혁명 시대가 곧 도래할 것이라고 예측하고 있다. 그럼 제조업의 미래를 예측하기 위해 스마트 공장과 3D 프린팅 기술의 트렌드 현황에 대해서 살펴보도록 하자.

1) 스마트 공장

스마트 공장은 공장 자동화(FA, Factory Automation)가 진화한 형태로 ICT와 제조업 기술이 융합하여 사물인터넷, 빅데이터, 클라우드 컴퓨팅, CPS(Cyber Physical System) 등을 통해 공장 내의 장비, 부품들이 연결 및 상호 소통하는 생산체계를 구축하는 것이다. 이와 같은 공장 자동화 시스템 구축을 통해서 생산성 향상, 에너지 절감, 생산환경 안정성 및 개인 맞춤형 제품 등 다양한 품목별 복합생산이 가능한 유연한 생산체계를 구현할 수 있다.

스마트 공장 기술은 기존 제조기술에 IT기술을 접목하는 것으로 생산과 관련된 환경정보를 감지, 감지된 정보 분석, 분석 결과가 생산현장에 반영되어 실행되어진다. 요소기술로는 크게 센서 디바이스 및 정밀제어기기, 네트워크 플랫폼, 제조환경 애플리케이션으로 구분할 수 있다. 센서/제어기기는 생산환경 변화, 제품 및 제고 현황 등 제조와 생산과 관련된 정보를 파악하여 애플리케이션에 전달하여 분석 결과를 반영하여 수행한다. 네트워크 플랫폼은 센서 디바이스, 정밀제어기기와 애플리케이션을 이어주는 역할을 수행하며 효율적인 데이터 채널을 제공한다. 제조 애플리케이션은 현장 디바이스로부터 수집된 데이터를 분석하여 정해진 규칙에 따라 판단할 수 있는 시스템을 구축하는 것이다.

스마트 공장의 진화 수준은 ICT 미적용, 기초 수준, 중간 수준, 고도화 수준으로 구분이 가능하다. 국내 대기업과 1차 협력사는 중간 이상의 수준을 유지하고 있으나, 대다수의 중소기업은 수작업 또는 ICT의 제한적 활용에 그치는 실정이다.

업종별로는 중소기업 중심 업종인 뿌리산업(주조, 금형, 소성가공, 용접, 표면처리, 열처리 등 '공정기술' 활용 사업)의 스마트화 수준이 특히 낮아 시급한 변화를 요구되고 있으며, 대기업간의 연계성이 높은 자동차 및 전자, 연속공정의 비중이 높은 화학업종이 스마트 공장화 수준이 높은 것으로 나타났다.

[그림 2-13] 스마트 공장 진화 모델 및 국내 기업의 규모 · 업종별 위치

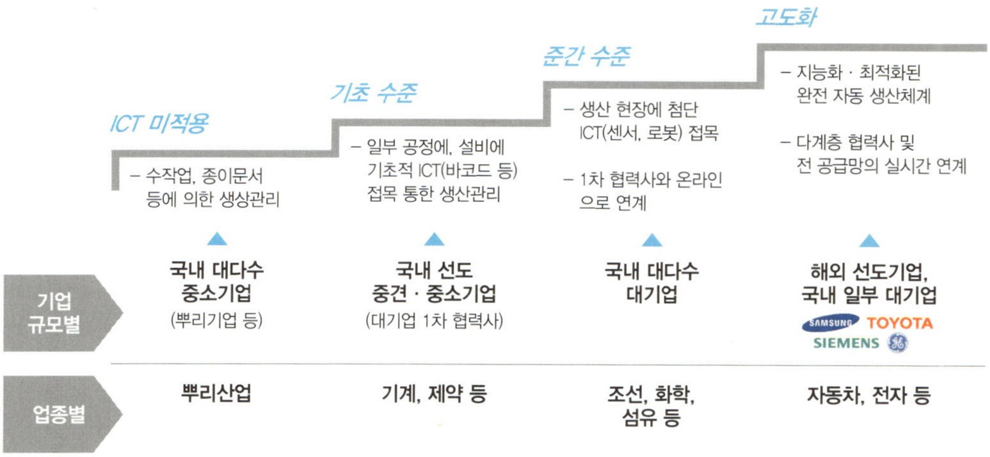

출처 : 산업통상자원부(2015). "스마트공장 사업 추진 계획"

스마트 공장의 세계 시장규모는 '16년 462억 달러로 연평균 5.4% 성장하여 '21년에는 601억 달러 시장으로 성장할 것으로 전망하고 있다.

읽어보기 | **해외 선진 스마트 공장**

이미지 출처: www.siemens.com

■ Siemens EWA(Electronics Works Amberg)

Siemens는 세계 최고의 지능형 공장을 구현하여 생산설비, 제어시스템 및 산업용 소프트웨어 등 모든 산업분야의 제조 및 공정자도오하 솔루션을 보유하고 있으며 자동화, 디지털화 영역에 핵심 역량을 집중하고 있다. 스마트 공장 EWA에서는 매일 실시간으로 수진하는 5,000만 건의 정보를 통해 제조 공정마다 자동으로 작업하여 75% 자동화를 실현하고 있다.

■ Intel-Mitsubishi Electric

사물인터넷 관련 인텔의 전문 개발 솔루션과 미쯔비시 전기의 'e-F@ctory' 자동화 기술이 결합되어 조기 고장예측 등을 통해 생산성을 향상시킨 시스템으로 사물인터넷 기술이 접목된 차세대 공장 자동화(FA) 시스템 개발을 위한 협력 프로그램이다.

■ GE 'Brilliant Factory'

공장시설과 컴퓨터가 산업인터넷을 통해 실시간 대화 및 정보 공유뿐만 아니라 품질유지 및 돌발적 가동중지를 예방하는 의사결정을 내리고, 공급망 · 서비스 · 유통망과 인터넷을 통해 연결되어 최적화된 생산을 유지하고 있다.

이미지 출처: www.ge.com

출처 : 융합연구정책센터(2017). "4차 산업혁명과 국내외 스마트 공장 산업동향"

2) 3D 프린팅(3D Printing)

3D 프린팅은 첨삭가공(additive manufacturing) 생산 방식으로 디지털화 된 3차원 설계도에 근거하여 재료(플라스틱, 금속가루 등)를 층층이 쌓아 입체형 제품을 제조하는 프린트 기술을 말한다. 최근 많은 전문가들이 3D 프린팅 기술이 '제3의 산업혁명'이라고 강조하고 있지만 사실 이 기술은 1981년 나고야시립연구소의 히데오 코다마가 개발하였고, 이를 시스템으로 미국의 Charles Hull에 의해 구현되었다. 초기의 기술은 건축이나 자동차 설계 등의 분야에서 모델을 만들기 위해서 주로 사용되어 왔다. 하지만 이후 CAD(Computer Aided Design) 소프트웨어 및 ICT 기술력의 발전과 함께 연구자, 개발자, 작업자 및 기업가 등이 모두 함께 연결되는 초연결 사회가 도래하면서 획기적인 기술혁신을 일으키고 있다.

3D 프린팅의 활용 범위가 넓어지면서 관련 시장의 규모도 확대되고 있다. 시장조사기관인 월러스어소시에이츠의 자료에 따르면 2012년 전년 대비 28.6% 증가한 22억 달러로 추산되며, 이는 상용화가 시작된 1987년부터 연 평균 25.4%의 가파른 성장세를 보인 것으로 2021에는 108억 달러(약 11조원) 규모로 커질 전망이다. 국내의 3D 프린터 산업은 선진국에 비해 미약한 상태이며 미국이 전 세계 3D 프린터 설비의 38%를 보유하고 있으며 그 뒤를 일본 9.7%, 독일 9.4% 순으로 따르고 있다.

[그림 2-14] 세계 3D 프린팅 시장 전망과 3D 프린터 시장 점유율

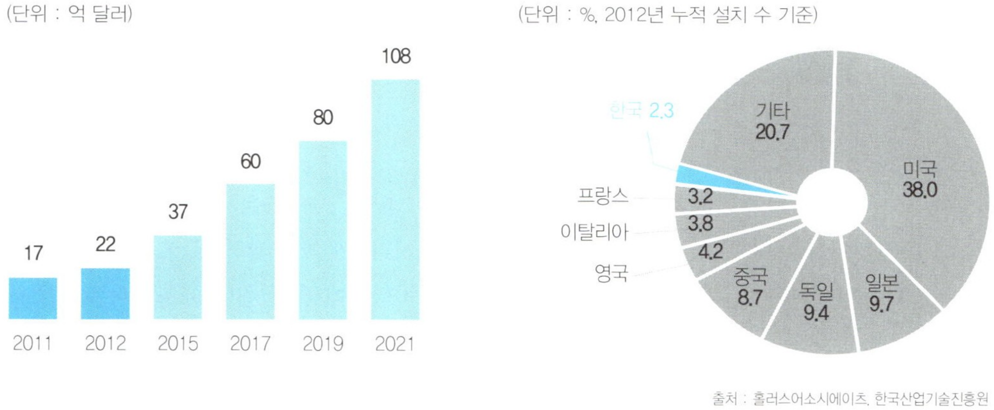

출처 : 홀러스어소시에이츠, 한국산업기술진흥원

경영컨설팅업체 맥킨지는 2013년 혁신을 유발할 것으로 예상되는 12개 기술 중 하나로 3D 프린팅 기술을 선정하면서 경제적 파급효과 크기를 가정용(개인용) 3D 프린터가 가장 크고, 소량 · 고부가 산업용 부품 생산, 3D 프린팅 기술로 생산한 공구 · 금형 순으로 나타냈다. 또한 개발도상국 보다는 선진국에서 소비 패턴의 변화, 창업 활성화, 신제품 · 서비스 창출 및 생산성 증가 관점에서 경제적 파급효과가 클 것으로 예상하였다.

[그림 2-15] 맥킨지가 선정한 12대 혁신 기술의 경제적 파급효과 범위

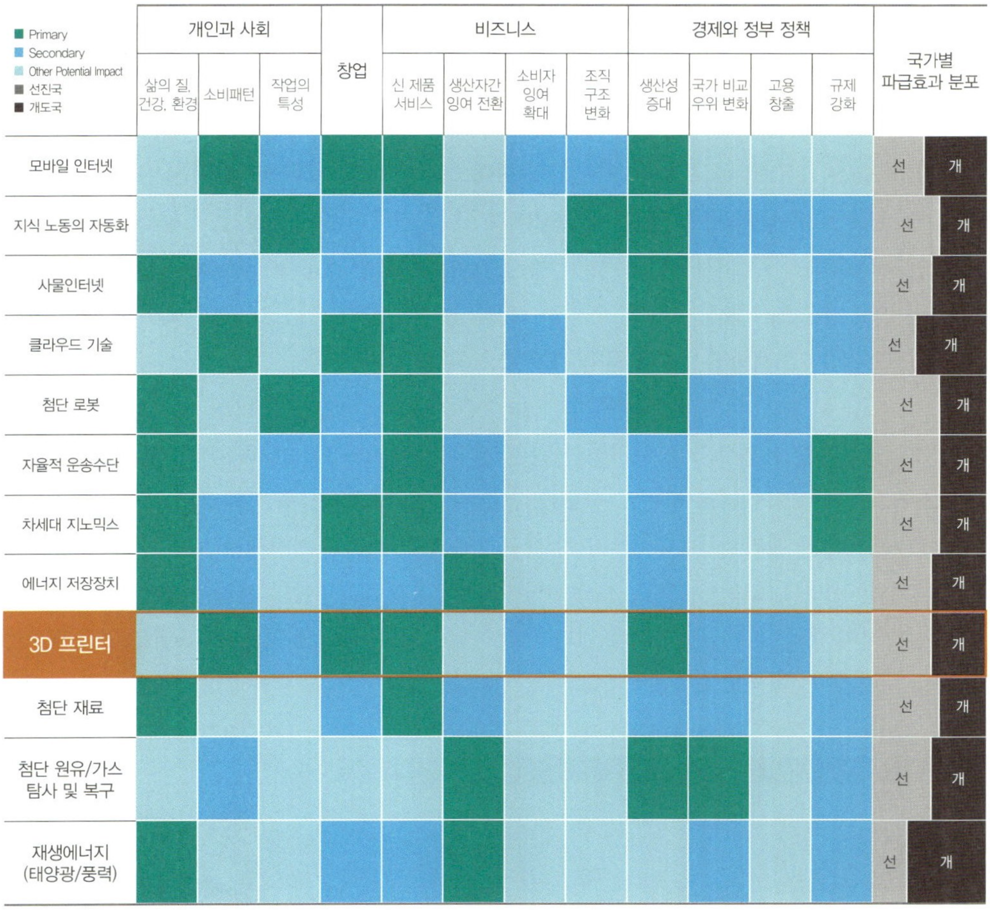

출처 : 맥킨지 보고서(2013)

글로벌 성장컨설팅 기업인 프로스트앤설리번은 2013년 'Techvision 2020' 보고서에서 2020 미래유망기술 50개를 선정하고, 각 기술별 실현시기, 시장 잠재력, 글로벌 R&D 현황, 특허 활동, 산업 적용성, 메가트렌드 부합성 등을 평가하였는데 유망 첨단 제조 · 자동화 기술 중 파급효과가 크고, 실현시기가 가장 빠른 기술로 3D 프린터로 선정하였다. 파급효과는 자동화 · 수송, 항공 · 국방, 에너지 · 전력시스템, 의료 등 다양한 산업에 적용될 경우 막대한 파급효과를 예상하였으며, 4대 첨단 제조 · 자동화 기술 중 가장 빠른 상용화를 기대하였다. 또한 제조 공정상의 폐기물 감소 및 이에 따른 온실가스 배출 감소, 대량 맞춤 생산 등으로 인해 신 비즈니스 모델을 창출할 것으로 예상하였다.

[그림 2-16] 3D 프린터 기술의 발전 로드맵

시기 / 분류	~ 2012	2013~2014	2015~2016	2017~2018	2019~2020
산업 적용	자동차·수송	–	항공·국방	에너지·전력 시스템	헬스케어
혁신 기회	대량 맞춤형 생산	개인 제조	분산 제조 (On-site)	순기능 (Net Functional) 산업용 부품	주문형 장기 생산
타 기술과의 융합	–	클라우드 컴퓨터	복합재료 생산 기술	CSP(집중형 태양광 발전)	재생 의료

출처 : Frost & Sullivan(2013) 'Techvision 2020'

향후 3D 프린팅 기술은 단순히 제조를 넘어 생명공학, 나노공학 등 다양한 기술과 접목되어 인간의 삶의 질을 향상시키는데 중요한 역할을 담당하게 될 것으로 전망된다. 또한 일반인들이 사용하기 쉬운 다양한 소프트웨어의 개발 및 용어 등이 표준화되어 디자인 파일의 공유 및 공동 협업을 통한 창의성 발현을 촉진할 것이고 저가형 장비와 재료 개발 그리고 시간 단축을 통해 개인용 3D 프린터가 출시되어 다양한 비즈니스 모델이 창출될 것으로 기대한다.

읽어보기 디자인, 생명의 존엄을 지키다, "다니엘 프로젝트"

Project Daniel 동영상 (https://www.youtube.com/watch?v=SDYFMgrjeLg#action=share)

'다니엘 프로젝트(Project Daniel)' 를 설명하는 별칭은 세계 최초의 3D 프린팅 보철 연구실(the world's first 3D-printing prosthetic lab)이다. 그 뜻을 풀어보자면 '3D 프린터를 이용해 의수(義手)를 만들고 착용하는 자발적이고 지속가능한 환경이 구축된 첫 사례' 라 할 수 있다. 하지만 이러한 요약만으로는 부족할 터. 다니엘 프로젝트의 시작점으로 함께 돌아가 보자.

■ 피의 땅 수단에서 두 팔을 잃은 소년 다니엘

아프리카 대륙 동부에 위치한 수단은 지난 수십 년간 전쟁이 일상인 나라였다. 1983년부터 2005년까지 수단은 북부 정부군과 남부 독립군 간의 내전으로 황폐화됐다. 처음에는 종교 전쟁의 성격을 띠던 내전은 곧 역사적 갈등과 석유, 금 등의 자원 쟁탈과 맞물리며 20년이 넘게 계속됐다. 사망자만 200만 명, 400만 명의 난민을 낳은 수단의 슬픈 역사다.

2011년 남부 독립군은 남수단공화국이라는 새로운 이름으로 합법적인 독립에 성공했다. 하지만 평화도 잠시, 수단과 남수단공화국 국경에 위치한 유전 지대를 두고 벌어진 갈등으로, 2012년 양측 간의 무력 충돌이 발발했다. 갈등이 끝난 후에도 방치된 폭탄이 터져 무고한 민간인이 피해를 겪는 일이 허다했다. 사망자를 제외하고도, 팔과 다리를 다쳐 의수와 의족 등 보철 기구가 절대적으로 필요한 사람만 무려 5만 명에 달할 정도였다.

'다니엘 프로젝트'를 탄생시킨 14살 소년, 다니엘 오마르(Daniel Omar)도 이런 무고한 희생자 중 한 명이었다. 남수단의 누바(Nuba) 산 지역에서 의료 활동을 펼치는 미국인 외과 의사 톰 카테나(Tom Catena) 박사가 기적적으로 이 소년의 목숨은 살렸지만, 그의 두 팔까지 구할 수는 없었다. 한 달이 조금 지난 후 다니엘의 두 팔은 꽤 말끔하게 부드러운 그루터기처럼 아물었다. 상처도 거의 없었다. 하지만 다니엘의 마음까지 그렇다고는 할 수 없었다.

"두 손 없이 제가 할 수 있는 건 아무것도 없어요." 다니엘이 말했다. "전 싸움조차 못 해요. 앞으로 가족들에게 큰 짐이 될 거예요. "죽을 수 있었더라면, 그렇게 했을 거예요." – 2012년 4월 〈타임〉지

두 팔을 모두 잃은 다니엘의 처참한 사연은 믹 에블링(Mick Ebeling)의 가슴을 때렸다. 에블링은 저비용 오픈소스 의료 보조기구를 만들어온 실험적 연구 집단, 낫 임파서블 랩(Not Impossible Labs)의 공동 창립자이자 CEO로, 그는 다니엘의 이야기를 접하자마자 새로운 프로젝트를 시작해야겠다고 마음먹었다. 다니엘처럼 보철 기구가 필요한 수단 사람들에게 의수를 제공할 수 있는 시스템을 만드는 일이었다.

(이미지 출처 : 테크홀릭)

■ 100달러와 6시간으로 만들어낸 기적

2013년 11월, 에블링은 동료와 함께 수단의 이다(Yida)를 찾아갔다. 다니엘을 비롯한 난민 7만 명이 생활하는 지역이다. 준비해간 의수를 착용한 후, 다니엘은 두 팔을 잃은 지 2년여 만에 처음으로 혼자 밥을 먹을 수 있었다. 그동안 늘 가족의 보살핌을 받던 다니엘에게 드디어 제힘으로 할 수 있는 일이 생긴 것이다.

사실 다니엘의 의수는 기능적으로 큰 힘을 발휘하지는 못한다. 손가락을 움직일 수도, 무거운 물체를 들어올릴 수도 없다. 식사도 의수에 수저를 끼워 가능한 수준이다. 하지만 앞서 말한 여러 행동을 완벽히 구현한 A급 의수의 가격이 1만 5천 달러인 데 비해, 다니엘의 의수 생산 비용은 단 100달러에 불과하다. 게다가 3D 프린터로 모든 부속품을 인쇄하는 데 단 6시간밖에 걸리지 않는다. 기능의 아쉬움을 비용과 시간의 경제성으로 대신하는 셈이다.

■ **이벤트가 아닌 지속가능한 프로젝트를 꿈꾼다.**

'다니엘 프로젝트'는 다니엘만을 위해 마련된 일회성 이벤트가 아니다. 프로젝트 초기부터 뉴욕 소재의 정밀기계회사인 프리시파트(Precipart)와 인텔(Intel)의 지원을 받아, 낫 임파서블 랩은 태블릿 PC와 유명 3D 프린터 업체 메이커봇(MakerBot)의 프린터를 수단에 가지고 갔다. 목적은 단 하나였다. 현지에서 의수를 만들고 착용하는 지속가능한 환경을 구축하기 위해서다.

다니엘이 의수 착용을 마친 후, 낫 임파서블 랩은 캠프 사람들에게 의수 제작법 교육을 시작했다. 수단의 난민 캠프에 제2, 제3의 다니엘을 위한 작지만 자발적인 보철기구 연구실(lab)이 만들어진 것이다. 교육생 가운데에는 첫 의수의 주인공 다니엘도 있었다. 두 팔을 잃었고 차라리 죽고 싶다던 어린 소년은 100달러와 6시간이 만들어낸 희망과 의지로 랩에 동참했다. 낫 임파서블 랩은 이름 그대로 '불가능이란 없다'는 말을 구현했다.

출처 : 전종현(2015.04.16.). "디자인, 생명의 존엄을 지키다: 다니엘 프로젝트". KIDP 보고서: 디자인 칼럼.

2.4 생명과학 기술 트렌드

생명과학의 발전은 1990년대 이후 IT, NT 등의 발전에 힘입어 급격한 기술의 성장을 일궈냈다. 보건의료서비스, 의약, 농림수산, 화학, 에너지 등 미래 성장산업의 경쟁력 확보에 중요한 위상을 차지할 것이라고 쉽게 예상할 수 있다. 이제는 생명과학 기술의 시대를 주목해야 한다는 목소리가 많은 전문가들 통해 쉽게 들을 수가 있다. 향후 생명공학 분야의 미래유망기술을 어떤 것이 있는지를 살펴보도록 하자.

1) 정밀의료(Precision Medicine) 기술

정밀의료 기술은 개인의 유전적 특징 및 임상 정보, 생활환경 및 습관 정보 등에 기반하여 환자에게 최적의 맞춤형 질병 예방 및 치료를 실시하는 것으로 현실화 되면 질병의 원인을 정확히 진단하여 필요한 약제만을 사용함으로 약제비용을 크게 절감할 수 있으며 환자는 불필요한 악제에서 오는 부작용을 최소화할 수 있다. 또한 개인 건강정보의 지속적 수집과 장기 추적을 통해 발병위험, 예후, 재발 가능성 등을 예측하여 치료 중심에서 예방 중심의 헬스케어 체계를 실현할 수 있다.

2) 재생의료(Regenerative Medicine) 기술

미래에는 질병, 사고, 노령화 등으로 손상된 세포, 조직 및 장기의 형태 및 기능을 근원적으로 복원하는 기술인 재생의료기술을 통해 난치 질환을 근본적으로 치료하는 새로운 패러다임의 시대가 열릴 것이다.

Frost & Sullivan(2015)에 따르면 재생의료 시장은 매년 23%씩 성장하여 오는 2020년에는 675억 달러(약 80조 4천억 원)의 시장 규모를 형성할 것으로 예상하고 있으며, 핵심기술로는 줄기세포, 생체소재(biomaterials), 조직공학(tissue engineering) 기술이 있다. 또한 사람의 질병 모델을 직접 제작하여 기존 동물 모델을 대상으로 실시한 신약개발을 안전성과 효율성을 크게 향상시킨 Drug Screening Platform의 개발이 가능해지면서 신약개발 분야에 파급효과가 클 것으로 예상하고 있다. 가까운 미래에는 동물의 장기를 사람에 이식하는 이종이식의 길이 열려서 당뇨병, 각막 질환 등 난치질환 환장의 고통을 덜어 줄 수 있을 것으로 기대된다.

3) 의료 IT (헬스케어 IT) 기술

전 세계적으로 헬스케어와 IT의 융합이 중요한 부문으로 주목되고 있는 가운데, 헬스케어 산업에서도 가장 높은 성장세를 보이고 있는 부문은 의료 IT(health care IT) 또는 모바일 헬스케어(u-health care) 산업이다. 헬스케어 IT는 2014년 대비 2015년에 약 8.1%의 성장률을 보였으며 2015년에는 490억 달러의 매출 규모를 달성하는 등 시장 성장세가 급속도로 증가할 것으로 전망되고 있다.

또한, 시장조사업체에 따르면 모바일 헬스케어 시장은 2013년에 비해 2023년이 되면 8배 성장하여 418억 달러(약 45조2000억 원)에 달할 것으로 예측되고 있다. 이 중 건강상태 측정 장치의 시장 규모는 같은 기간 3억7200만 달러(약 4025억 원)에서 2023년 160억 달러(약 17조3000억 원)에 이를 것으로 전망된다. 또 다른 시장조사업체 주니퍼리서치는 헬스케어 기능이 접목된 웨어러블 기기 시장이 2020년에 들어 200억 달러로 급성장할 것으로 전망하고 있다.

물리적으로 떨어져 있는 환자를 ICT 기술을 활용하여 원격으로 진단하고 치료하는 일련의 활동뿐 아니라 일상적인 생활 속에서 건강에 관련된 신호 등을 수시로 정보를 수집하고 분석하여 건강을 관리하는 새로운 의료 패러다임을 가져올 것으로 기대하고 있다. 즉 병원과 단절된 의료가 생활 속으로 스며들어 지속적이고 상시적인 관리가 가능한 의료시스템 전반에 많은 변화를 유도할 수 있을 것이다. 또한 상시 진단기기의 발달과 급속히 늘어나는 의료비 문제로 인한 질병 예방 중요성의 증대에 따라 개인 주도적으로 이루어지는 건강관리가 사회 주도적 건강관리 시스템으로 변화할 것이다. 이에 개인의 실시간 건강모니터링인 체외진단 기기는 단순히 건강정보를 확인하는 수준에서 벗어나 IoT 및 빅데이터 기술과 연동하여 실시간으로 개인 정보를 의료기관에 전송하고 바로 피드백을 받을 수 있는 통합의료정보시스템 구축이 가능할 것으로 예측할 수 있다.

지금까지 4차 산업혁명과 관련한 기술트렌드의 변화를 개괄적으로 이해하였다. 기술의 변화는 위에서 언급한 분야 외에도 매우 다양하며 매일 실시간으로 계속되므로, 기술창업을 하고자 하는 사람들은 자기가 관심 있는 분야의 기술변화 트렌드를 지속적으로 모니터링 하는 노력을 기울일 필요가 있다.

읽어보기 신경과학 웨어러블 기기 '와이브레인(YBrain)'

와이브레인은 신경과학 분야의 4명의 박사, 2명의 석사를 포함한 여섯 명의 멤버로 이뤄져 있다. 팀원들은 엔지니어링 학위를 보유하고 있다. 신경과학과 모바일 비즈니스 분야에 다양한 경험을 가지고 있었다. 앞으로 하드웨어와 소프트웨어의 트랜섹션이 가장 중요해질 것으로, 현재 인류가 직면한 가장 두려운 뇌 질환인 알츠하이머 병의 속도를 늦추는데 효과적인 기기를 만들었다. 알츠하이머는 매년 50만 명의 사람들이 고통받고 있으며 세계적으로 치료 비용은 매년 2,200억 달러(약 223조 원)에 이른다.

이미지 출처: 벤처스퀘어

와이브레인은 만성적인 뇌질환인 치매 증상 완화를 목적으로 만들었으며, 이를 위해 전류자극을 이용한다. 웨어러블 기기의 헤드밴드 전면에는 두 개의 센서가 내장되어 전기 신호를 서로 보내 전류자극이 뇌 바깥에서 안쪽으로 전달된다. 기기는 하루 30분, 일주일 5번 정도 사용 가능하다. 이 기기는 이미 치매 증상을 겪고 있거나 치매 중간 단계라고 할 수 있는 경도인지장애(mild cognitive impairment)를 앓고 있는 환자들을 대상으로 한다.

이 제품은 현재 약 7억원을 모금해 시제품을 만들과 의료 기기에 대한 각종 규제와 임상시험을 위해 다양한 테스트를 실시하고 있다. 미국에서 110명 정도의 경도인지장애, 치매 환자들을 대상으로 임상시험을 실시해 효과를 입증하였고, 이를 바탕으로 현재 국내에서 임상시험을 준비 중이다.

이미지 출처: http://ybrain.com

출처 : http://kr.besuccess.com, 신경과학 박사들이 모여 만든 '치매'를 위한 스타트업

학습정리

- 기술창업 최신 트렌드로 ICBM 기술에는 사물인터넷(IoT), 클라우드 컴퓨팅, 빅데이터, 스마트 서비스가 있다.
- 인공지능과 자동수송 기술은 자율주행 자동차 분야 기술, 지능형 로봇 분야 기술, 지능형 감시시스템 분야 기술, 지능형 교통제어시스템 분야, 자동수송 기술로 구분된다.
- 스마트 공장과 3D 프린팅 기술은 스마트 공장과 3D 프린팅으로 분류된다.
- 생명공학 기술 트렌드로는 정밀의료 기술, 재생의료 기술, 의료IT 기술 등이 있다.

참고문헌

◆ 농협경제연구소(2013). "빅데이터 활용 사례와 시사점"
◆ 미래창조과학부(2014). "IoT 육성계획"
◆ 미래창조과학부(2015). "생명공학백서"
◆ 산업통상자원부(2015). "스마트공장 사업 추진 계획"
◆ 융합연구정책센터(2017). "4차 산업혁명과 국내외 스마트 공장 산업동향"
◆ 정보통신기술진흥센터(2014). "해외 ICT R&D 정책동향"
◆ 한국과학기술정보연구원(2013). "3D 프린팅 산업 동향"
◆ 한국무역협회 국제무역연구원(2014). "Trade Brief"
◆ 한국전자통신연구원(2013). "세계 주요기관의 미래기술 트렌드 분석"
◆ 한국정보화진흥원(2012). "미래 IT기술 발전방향 및 전망"
◆ 한국정보화진흥원(2013). "빅데이터 기술분류 및 현황"
◆ 한국정보화진흥원(2013). "새로운 미래를 여는 빅데이터 시대"
◆ 한국콘텐츠진흥원(2015). "하늘을 나는 드론, 무궁무진 커지는 드론시장".
◆ 한화투자증권(2014). "한손에 잡는 트렌드"
◆ 현대경제연구원(2014). "지속가능 성장을 위한 VIP 리포트, 인공지능(AI) 관련 유망산업 동향 및 시사점"
◆ Infiniti(2014). "부산시 클라우드 산업육성 계획"
◆ K-ICT 빅데이터센터(2015). "2015년 세계 빅데이터 시장 전망"
◆ KIAT(2016). "2017년 가트너 10대 전략기술 트렌드"
◆ KT경제경영연구소(2014). "2015년 ICT 10대 주목 이슈"
◆ Kotra(2016). "4차 산업혁명시대, 첨단제품 개발 트렌드와 시사점"
◆ 슈퍼헤럴드(2015.02.02). "내일은 슈퍼리치!③ '나이키도 앞선 스마트팔찌 리더', 하버드중퇴 '핏빗' 창업자 제임스 박"
◆ 원주의료기기테크노밸리(2015.03). 의료기기시장 · 기술정보지_Vol.55
◆ 유선희(2004). "특허인인용 분석을 통한 기술수명예측모델 개발에 관한 연구"
◆ 윤광준(2015). "드론 핵심 기술 및 향후 과제". 한국인터넷진흥원.
◆ 이성은(2015.10.28.). "제2, 제3의 '우버' 계속 등장할 것". 미래한국.
◆ 이승민(2015). "헬스케어 산업의 창업 동향과 활성화 방안". 한국보건산업진흥원.
◆ 전종현(2015.04.16.). "디자인, 생명의 존엄을 지키다: 다니엘 프로젝트". KIDP 보고서: 디자인 칼럼.
◆ 조성문(2014). "주목할만한 실리콘밸리의 '빅 데이터' 스타트업 7개". 조성문의 실리콘밸리 이야기.
◆ 최윤신(2015.11.07). "[자동차 이야기] 자율 주행차, 어디만큼 왔니". 머니위크.
◆ 황지현(2015). "O2O 커머스를 넘어 온디맨드 이코노미로". KT경제경영연구소.

- CITRIX(2015). "2020 Technology Landscape"
- Frost & Sullivan(2013). "Techvision"
- Gartner(2013). "Market Data Book"
- McKinsey & Company(2013). "Mckinsey Report"
- Navigant Research(2015). "Advanced Energy now 2015 Market Report"
- World Economic Forum(2016). "Global Challenge Insight Report"

- http://www.venturesquare.net
- http://golmok.seoul.go.kr
- http://www.indiegogo.com
- http://www.ehang.com
- http://kr.besuccess.com
- http://www.lgnewsroom.com
- https://www.nhtsa.gov
- http://www.frost-apac.com/southkoreaawards
- https://www.siemens.com
- http://www.ge.co

2장. 키워드 인덱스용

ICT 산업	생명과학 기술	빅데이터 산업	인공지능 산업
사물인터넷(IoT)	클라우드 컴퓨팅	4차 산업혁명	드론
스마트 공장	3D 프린팅	O2O 서비스	재생 의료기술
정밀 의료기술	의료 IT	자율주행 자동차	지능형 로봇
감시 시스템	교통제어 시스템		

03

기술창업 성공요인과 기업가정신

극적으로 성공하고 싶다면,
찬란하게 실패할 준비가 되어 있어야 한다.

트위터 공동창업자, 비즈 스톤(Biz Stone)

학습목표

1. 기술창업의 성공을 위해 중요한 요인들을 파악해보자.
2. 기술창업 준비에 필수적인 5가지 준비사항들을 이해한다.
3. 창업가와 기업가가 의미하는 바의 차이점을 이해한다.
4. 기업가정신을 구성하는 4가지 요소들의 개념과 특징을 이해한다.
5. 나 자신의 기업가정신 수준을 파악하고 진단해보자.

시작
하기

한국 토종 청년 세계 시장에 명함을 내밀다.

눔(NOOM) 대표 정세주

이미지 출처 : 더하이브 홈페이지

눔(NOOM) 대표 정세주는 여수 출생으로 대학을 중퇴해서 뉴욕에서 아르바이트한 돈을 차곡차곡 모아 2007년 창업을 하였다. 2014년 매출 100억을 달성한 정세주 대표는 한국에서 자라 글로벌 현장에서 자신의 기업을 세워 세계 시장에서도 성공할 수 있다는 것을 보여주고 있다.

정 대표는 '눔 코치' 건강관리 애플리케이션을 만들어 미국 · 일본 · 독일 · 한국 등 14개국 4,600만명의 고객을 확보한 글로벌 서비스 기업이 되었다. 사용자는 매일 앱에서 보여주는 식습관과 운동량을 바탕으로 헬스 트레이너, 영양사 들이 실시간 채팅으로 코치해 목표 체중에 도달하게 해주는 서비스를 제공한다.

이미지 출처 : zdnet.co.kr

2014년 100억 원의 매출을 올린 후 4,000명의 가입자 이후 추가적으로 가입자 수가 증가하지 않아 성장의 한계에 부딪혔다. 이사회에서는 회사를 매각자고 했으나, 매각한 회사가 대기업에게 넘어가는 순간 망하는 경우를 실리콘밸리에서 많이 봐왔던 터라 회사를 1,000억 회사로 만들어 상장하겠다고 다짐하였다. 이후 눔은 2012년~2014년까지 경희대병원과 진행한 눔 코치 6개월 이상 사용 이후 3만 5,921명 중 2만1,686명(77.9%)가 성공적으로 목표한 체중을 감량했다는 연구 결과를 토대로 미국 정부부처 질병예방본부(CDC)가 2018년에 추진할 예정인 당뇨예방 사업에 선정되면서 미국에서 당뇨병 전단계인 예비 당뇨 환자는 약 2,200만 명에게 눔 앱으로 체중을 빼도록 권유하고 있다. 실제 사람들이 앱을 다운받아 이용하면 정부는 1인당 630달러를 눔에게 관리비로 지급한다.

토종 스타트업 중 미국 정부의 대규모 사업을 딴 것이 눔이 처음이라고 할 수 있다. 이와 같은 결과로 미국 창업 10년차에는 1,000억 원의 목표를 이룰 수 있을 것이다.

또한 안정적인 수익모델인 '월10달러 사용료'를 없애고, 월 사용금액을 45달러로 올려 실제 헬스케어 전문가(영양사, 피트니스 코치, 의사)를 고용해 실시간 채팅을 시작해 서비스의 질을 높였다. 이후 미국 최대 보험사와 민간 기업들이 사업제휴 요청, 후속 투자가 들어오면서 '제 2의 성장'을 시작할 수 있었다.

그는 대학생일 때 이미 로큰롤 CD를 파는 음악장사로 연매출 10억을 올리는 '대학생 사업가' 였지만 어느날 갑자기 사업으로 세상을 바꾼 고 정주영 현대그룹 회장의 자서전이 떠올라 '사업으로 세상을 바꾸기 위해서는 로큰롤 음악으로는 안된다.' 고 생각하였다. '스펙경쟁' 도 싫었고, 능력으로 승부를 볼 수 있는 창업을 하기 위해 학벌과 무관하게 할 수 있는 미국으로 2002년 무작정 건너갔다. 이후 허름한 집에 살며 아르바이트 및 수세미, 떼수건 등을 팔아 1,000만원을 모아 창업을 준비했다. 아이디어는 전 세계 사람들이 관심을 가질 수 있는 헬스케어 분야와 스마트폰과 결합한 서비스에 접근하였고, 다이어트에 실패한 수많은 사람들이 관심을 끄는 눔 애플리케이션을 만들어 월 10달러를 내는 유료 모델로 안착했었다.

그는 지금도 세상의 훌륭한 인재를 데려오고 투자를 받기 위해서 세계를 누비고 있다.

[생각해보기]

◆ 건강관리 프로그램 눔을 개발한 록앤롤 창업자, 정세주 대표가 성공신화를 쓰게 된 원동력은 무엇이라고 생각하는가?

◆ 정세주 대표가 창업에 성공하기까지 발휘되었던 기업가정신의 요소들은 무엇이 있는지 생각해 보자.

출처 : 조선닷컴(2017.03.02). 대학 중퇴 미국서 창업 매출 100억 '눔' 정세주 대표가 '수백억 부자의 길' 포기한 이유.

앞서 우리는 최근 기술창업 분야에서 주목을 받고 있고 높은 성장률로 미래의 시장 선점이 예상되는 최신 기술창업 트렌드를 살펴보았다. 다양한 기술 트렌드가 눈부시게 발전하고 있고 새로운 시장이 창출되고 있어 예비 기술창업가들에게는 새로운 사업 기회가 되고 있다. 대표적으로 우버(Uber), 에어비앤비(Airbnb), 그리고 국내의 배달의 민족, 직방과 같은 신생 기업들이 O2O 서비스를 기반으로 창업을 시작해 이제는 큰 규모의 기업으로 가치를 평가받고 있는 것이 그 성공 사례이다. 또한 소규모 기술창업 기업에서 시작해 세계적인 글로벌 IT 기업이 된 구글, 페이스북, 애플 등도 새로운 분야로 사업 범위를 확대하며 최신 기술트렌드 변화에 대응하고 있다.

그렇다면 이와 같은 기술창업 기업들의 성공은 유망한 기술 분야의 선정 하나만으로 가능했던 일이었을까? 기술창업 기업은 기본적으로 고수익 · 고위험의 특성을 갖고 있다. 시장 기회와 우수한 기술력이 있다 하더라도 기술을 상업화하고 판로를 개척하는 과정에서 죽음의 계곡과 캐즘을 극복해야 하는 난관도 존재한다. 성공한 기술창업 기업들은 바로 이러한 어려움을 극복할 수 있었기 때문에 세계적인 글로벌 기업으로 발전할 수 있었다. 이들은 창업 준비 단계부터 성장하기까지 고객 관점에서의 철저한 계획과 사전 준비, 기술창업가로서의 체계적인 접근법을 바탕으로 투자기관들이 투자 대상 기업이 크게 성장할 것이라고 여기는 주요한 평가 기준에 적합한 역량을 갖추었다. 이로 인해 적절한 시기에 자금조달이 가능하게 됨으로써 더 빠른 성장 가도를 달릴 수 있었던 것이다.

과연 성공한 기술창업 기업들은 어떠한 역량을 갖추고 준비했기에 오늘날 세계적인 기업으로 성장할 수 있었을까? 그 비결을 살펴보도록 하자

[그림 3-1] 기술창업 성공요인과 준비사항

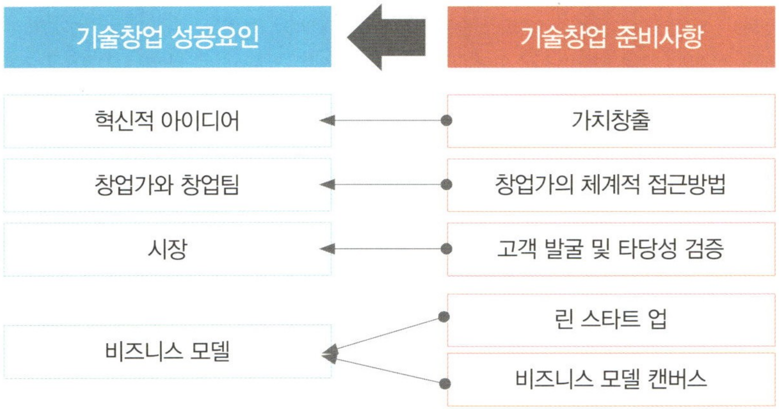

3.1 기술창업의 주요 성공요인과 준비사항

기술창업 기업이 성공하기 위해 필요한 요인들은 많이 있지만, 자원이 부족한 예비 기술창업자와 초창기 창업기업들이 사업을 지속하고 한 단계 더 발전하기 위해서는 벤처캐피탈의 투자가 중요하다. 세계적인 창업기업 산실인 미국 실리콘밸리에는 벤처캐피탈 투자가 기업의 성장을 좌우하고 있다. 최고의 벤처캐피탈로부터 투자를 유치했다는 것 자체가 기업의 성공 가능성을 보여 주는 잣대가 되기 때문이다. 따라서, 벤처캐피탈 기업이 어떤 관점에서 기술창업 기업에 투자 하는지를 살펴봄으로써 기술창업 기업의 성공 요인들을 구체적으로 파악하여 보자.

언스트앤영(EY)이 2013년에 발표한 글로벌 VC(Venture Capital) 투자 동향 보고서에 따르면 전 세계 VC 투자는 미국과 유럽이 주도하고 있다. 특히 미국은 전체 VC 투자의 70%을 차지하고 있어, 벤처캐피탈산업이 그 규모나 수준에 있어 가장 발달한 국가라 할 수 있다.

그렇다면 미국의 주요 투자기관들은 주로 어떤 창업기업에 투자를 할까? 크런치베이스(2013)에서 발표한 미국 내 VC 투자 현황을 살펴보자. 투자 규모를 기준으로 바이오테크, 소프트웨어, 항공모함, 클린테크, 그리고 모바일 산업 순서로 Top 5를 형성하고 있는데, 이 분야의 투자를 주도하고 있는 상위 투자기관은 SV Angel, KPCB, 500Startups, Y-Combinator 등 미국의 실리콘밸리에 위치한 엔젤/초기투자 전문 펀드가 주를 이루고 있다. 이 중에서 안데르센 호로비츠(Andreessen Horowitz; A&H)는 전통적인 실리콘밸리의 상위 투자기관들보다 압도적으로 많은 투자를 하고 있다.

2013년 상반기 미국 상위 투자기관 리스트

Crunch Base

	1Q Deals	1Q $M	2Q Deals	2Q $M
500 Startups	29	$ 41	31	$ 46
Andreessen Horowitz	18	$ 329	23	$ 449
First Round Capital	13	$ 103	11	$ 79
Google Ventures	12	$ 159	15	$ 171
Greylock Partners	11	$ 170	10	$ 130
Intel Capital	18	$ 137	20	$ 314
Kleiner Perkins Caufield & Byers	15	$ 298	15	$ 274
New Enterprise Associates	19	$ 293	16	$ 251
SV Angel	14	$ 295	19	$ 127
TeachStrars	28	$ 5	34	$ 5
USVP Management Company	5	$ 195	7	$ 117
Y Combinator	4	$ 4	7	$ 10
Total	135	$ 2,029	141	$ 1,973

출처 : Crunchbase 홈페이지

A&H의 투자 포트폴리오 중 일부

airbnb, belly, bump, Pinterest, foursquare, Q, skype, Instagram, GROUPON, zynga, facebook, twitter

출처 : A&H 홈페이지, 로아컨설팅

마크 안드레센과 벤 호로비츠가 공동 설립한 A&H는 2009년 7월 3억 달러에 달하는 1호 펀드를 구성한 후, 약 5년간 총 27억 달러(한화기준 약 2조 8천억 원)에 달하는 펀드를 운영해 왔으며, 현재는 미국 내 가장 선망 받는 VC로 자리매김하고 있다.

A&H는 까다로운 심사 프로세스로 유명하며, 큰 펀드 규모와 투자유치 후 높은 창업성공률 때문에 많은 벤처기업들이 투자금을 받기 위해 문을 두드리고 있기도 하다. 매년 평균 2,355건의 투자요청 중 약 24건만 투자가 이루어지고 있어 평균 100:1이 넘는 경쟁률을 보이고 있다. 오늘날 세계적인 기업인 된 Skype, Zynga, Facebook, Twitter 등이 모두 치열한 경쟁을 뚫고 A&H로부터 투자금을 유치하였다. [3]

A&H의 투자경쟁률

A&H의 투자 선정기준 4가지

출처 : BusinessInsider 홈페이지

과연 A&H의 투자 선정 기준은 무엇일까? A&H는 초기 창업기업들 중에서 미래에 글로벌

3) http://www.businessinsider.com/how-andreessen-horowitz-chooses-investments-2013-2?op=1

유수 기업이 될 옥석을 어떠한 선견지명으로 가려내는 것일까?

2013년, A&H의 공동설립자 중 한 명인 벤 호로비츠가 그들의 투자 철학을 담은 문건을 발표한 바가 있다. 이 문건에 따르면 A&H는 매 평균 2,400건의 투자 요청을 받고 이 중에서 약 평균 24건(100대1의 경쟁률)의 투자가 성사되는데, 이렇게 많은 기업들이 높은 경쟁률을 뚫고 투자를 받기 위해서는 A&H의 4가지 선정 기준을 충족시켜야 한다.

A&H의 4가지 투자 선정 기준은 바로 혁신적 아이디어(idea), 창업가(entrepreneur), 시장(market), 그리고 비즈니스 모델(business model)이다. 이 4가지 기준들은 A&H가 자신들의 투자 철학으로 강조하고 있는 요인이지만, 크게는 다른 투자기관들 역시 투자 기준으로 중요하게 평가하는 부분이기도 하다. 우리는 VC 기관의 주요 투자 선정 기준 4가지를 창업기업이 성공하기 위해 갖춰야 할 4가지 준비사항으로 이해할 필요가 있다.

지금부터 A&H의 투자 선정 기준 4가지를 자세히 살펴보고, 이러한 기준들을 충족하기 위해 기술창업 기업이 준비해야 할 사항들은 무엇이 있는지 살펴보도록 하자.

1) 혁신적 아이디어와 가치 창출

"세상을 변화시킬만한 Breakthrough Idea를 개발하라."

혁신적 아이디어는 세상을 바꿀 수 있거나, 기존 시장을 붕괴시키고 새로운 시장을 창출할 수 있는 'Breakthrough Idea'를 의미한다. 즉, "저게 정말 되겠어? 미친거 아니야?" 라는 말이 나올 정도로 세상을 바꿀 수 있는 정도의 파괴력이 있는 아이디어를 의미한다.

파괴적 혁신에 가까울 정도의 아이디어는 처음 접하면 현실에서는 작동되지 않거나 잘 돌아가지 않을 것처럼 들릴 수 있다. 하지만 결국 이러한 아이디어들이 세상을 더 혁신적이고 편리하게 바꿔 왔다.

혁신적 아이디어로 성공한 대표적인 사례로는 전 세계 주요 도시의 아파트, 빌라 등의 주인과 여행객을 중계해주는 것으로 유명한 Airbnb를 들 수 있다. Airbnb의 사업 아이디어를 처음 들은 많은 사람들은 생활방식, 프라이버시, 안정성 등을 이유로 터무니없는 아이디어라고 생각하였다. 하지만, Airbnb는 비즈니스 모델을 보강한 후 성공적으로 사업을 지속하고 있으며, 오히려 세상 사람들의 여행 패턴을 편리하게 바꿔 놓고 있다.

읽어보기 Breakthrough Idea의 대표적 사례, Airbnb

미국을 중심으로 큰 인기를 얻고 있는 Airbnb는 기존 산업을 뒤흔든 창업기업이다. GigaOm은 Airbnb가 왜 혁신적이며 기존의 숙박업을 어떻게 뒤흔들 수 있는지 분석하였다.

사람들이 처음에 Airbnb 아이디어를 들었을 때는 회의적인 반응이 대부분이었다. 낯선 이의 집에 묵는다는 것, 또 낯선 이를 내 집에 묵게 한다는 것이 모두 큰 신뢰 없이는 힘든 일이기 때문이다.

하지만 소셜 네트워크가 활성화되어 있는 시대에는 낯선 이라하더라도 상대방의 프로파일과 사진, 친구 등을 통해 어떤 사람인지 어느 정도 짐작이 가능하고, 상대방이 내 친구의 친구라면 불안감이 크게 없어지는 등, Airbnb로서는 페이스북과 같은 소셜네트워크의 덕을 톡톡히 본 셈이다. 그리고 호텔이나 여관보다 집 주인의 정감 있는 배려에 반해 Airbnb를 하나의 '색다른 경험'으로 생각하며 자주 찾는 이들도 생긴다는 분석이다.

출처 : 테크니들(2012.09.24.). "AirBnB가 숙박업계에 몰고오는 변화 외". 벤처스퀘어.
원문 출처 : GigaOm(2012.09.23.). "Here comes everybody: Why AirBnB is so disruptive"

그렇다면 혁신적 아이디어 하나만으로 Airbnb처럼 성공한 창업기업이 될 수 있을까? 여기에서 Airbnb 같은 기업들의 성공의 핵심은 '고객 관점에서 나온 혁신적 아이디어'라는 점에 있다.

본래 창업기업의 성공 여부는 고객들이 얼마나 많이 찾아와 주느냐에 달려 있는데, 이 고객들의 발걸음은 바로 그 기업이 어떤 가치를 창출해 주는가가 결정한다. 여기에서 말하는 '가치(value)'란 고객의 문제를 해결해주거나 수요를 충족시켜 주는 요소라 할 수 있다. 그리고 기업이 제공하는 가치는 목표고객이 가진 니즈에 부합하는 상품, 서비스, 혹은 이 둘이 혼합된 형태로 만들어진다. 따라서 창업기업은 혁신적 아이디어를 기반으로 '가치 창출(value creation)'을 할 필요가 있다.

준비사항 1 **가치창출(value creation)**

창업기업이 해야 하는 '가치 창출'이란 기업이 고객에게 필요한 무언가를 줄 수 있을 때 실현된다. 창업기업은 고객이 원하는 가치가 시간의 흐름에 따라 빠르게 변화한다는 점을 주목하여 신제품 출현 초기에는 기능성 자체에 주목하고 점차 시간의 흐름에 따라 브랜드, 디자인 등의 차별화 요소 그리고 제품의 범용화 단계에서는 가격을 중시하는 경향이 있다는 것을 명심해야 한다.

Airbnb는 호스트가 활용하지 않는 집을 공유함으로써 추가 수익을 얻게 해주고, 게스트는 "어디에서나 우리 집처럼 편안하게" 숙소를 이용할 수 있다는 가치를 두 유형의 고객에게 제공하였다. 또한, 구글에 16억 5천만 달러에 인수된 유튜브는 창업 초기부터 "당신을 방송하라(Broadcast yourself)"라는 슬로건을 내세우고 전 세계 네티즌들이 동영상을 쉽고 간편하게 공유할 수 있는 서비스를 제공해 2006년 인터넷 업계의 기린아로 떠올랐다. 이처럼 기업의 제품 및 서비스는 고객에게 가치를 제공할 수 있어야 한다.

따라서 창업기업은 우리 기업의 아이디어가 혁신적인가? 라는 고민보다, 고객관점에서 가치를 창출할 수 있는 혁신적 아이디어인가? 라는 고민에 더 집중해야 한다. 이를 위해 목표 시장에 대한 제품의 트렌드 흐름을 정확하게 파악하고 니즈가 충족되지 못하고 있는 고객군을 발굴함으로써 새로운 기회를 포착하는 것이 중요하다.

2) 창업가(팀)과 기업가정신

"기업가정신을 가진 창업자가 되어라."

세상을 바꿀 수 있는 혁신적 아이디어가 있어도, 결국 이 아이디어를 성공적인 비즈니스로 만들어가는 것은 창업가이다. A&H는 창의적인 기발함(brilliance), 열정과 용기(courage), 그리고 혁신적 아이디어(breakthrough idea)를 모두 보유한 창업가와 이러한 창업가들로 모인 매력적인 창업팀을 주요 평가 기준으로 삼는다.

다음 그림을 살펴보자. 붕어가 어항에서 점프를 한다. 붕어는 어항에서 탈출하면 죽을 수도 있다. 하지만, 새로운 세상을 위해 죽을 각오로 도전한다. 즉, 기업가정신(entrepreneurship)이 있는 자만이 성공할 수 있음을 나타내고 있다.

A&H의 창업가 평가 요소

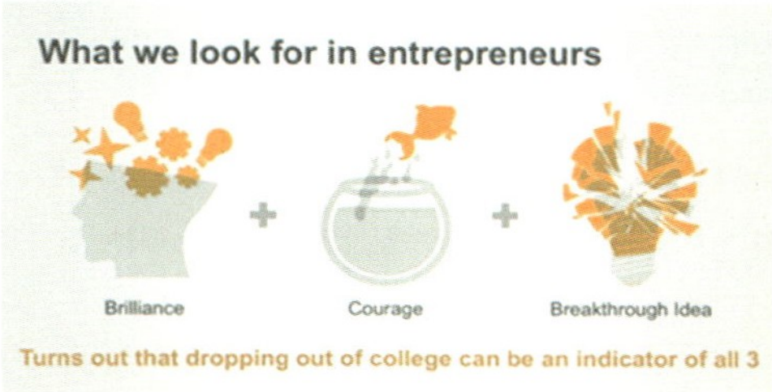

대학을 중퇴하고 창업의 길을 선택한 전설적인 창업자들

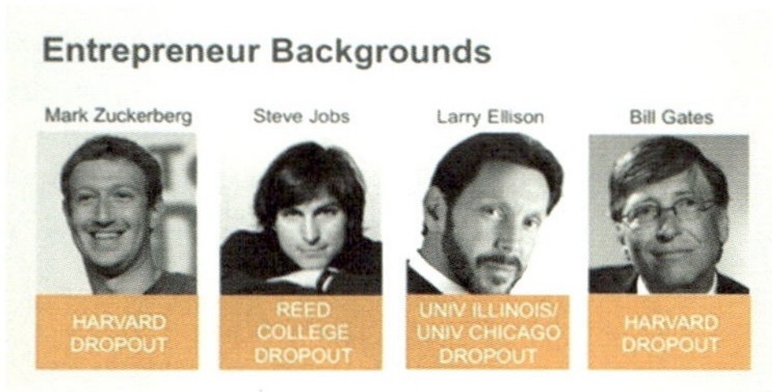

출처 : BusinessInsider 홈페이지

또한, A&H는 혁신적인 아이디어가 나오는데 있어서 학벌이 중요한 것이 아니며, 오히려 전설적 창업자들은 모두 대학 중퇴생이라고 하면서 "대학 중퇴생을 열심히 찾는다."고 역설하고 있다. 즉, A&H는 대학을 졸업하고 안정적인 생활을 할 수 있음에도 불구하고, 대학을 포기하면서도 아이디어를 실현하고 창업에 매진하고자 하는 창업자들에게서 성공 가능성을 보고, 이러한 창업가 또는 이들이 모인 창업팀에 투자를 하고 있다. 결국 기업가정신이 충만한 창업가가 되고 그러한 팀을 구성하는 것이 성공에 중요한 요건이 된다.

준비사항 2 기업가정신(entrepreneurship)

창업가와 창업팀이 함양해야 하는 '기업가정신'은 "늘 새로운 기회를 추구하며, 기존 자원을 혁신적으로 활용하여 위험을 감수하며 시장에 새로운 가치를 창조하는 과정(Peter F. Drucker)"을 의미한다. 이 기업가정신은 A&H뿐만 아니라 글로벌 유수 투자기업들도 주요 투자 기준으로 주목하고 있는 요인이다.

여기에서 기업가정신은 타고나는 성향이라기보다는 교육과 훈련을 통해서 발전이 가능하다는 점을 잊지 말자.

또한, 기업가적 사고를 함양하기 위해서는 실패를 반등의 기회로 삼는 것을 주저하지 않는 노력이 필요하다. 성공한 창업가들이 실패를 극복하는 방법에 대해 많은 연구들이 수행되어 왔는데, 그 결과를 종합해 보면 이들은 실패를 교훈삼아 성공의 발판을 마련하곤 했다. 하지만 반드시 실패를 했다고 해서 교훈을 얻는 것은 아니다. 핵심은 개인적인 요인이든 전문적이고 기술적인 요인이든, 이로 인해 겪게 되는 실패를 기반으로 향후에 재도전을 하게 될 때 실패를 통해 배운 것을 적절하게 활용하는 기업가정신 발휘가 중요하다는 점이다.

읽어보기 **안정된 직장을 포기하고 창업하다. 인공와우 스타트업 '토닥'**

이미지 출처: 벤처스퀘어

서울대에서 학부에서부터 석, 박사까지 마친 민규식 대표는 박사학위 수료 후 삼성전자 종합기술원 연구원으로 입사했다. 안정된 직장이었지만 더 잘할 수 있는 것을 해야할 것 같아서 상대적으로 안정된 교수의 길과 오래 전부터 꿈꾸던 창업에 대한 도전에 대해 고민이 깊어졌다. 고민 끝에 교수의 경력을 쌓기 위해 면접을 준비했지만 어느 면접관인 교수님이 사업을 하겠다는 사명감이 있으면 교수가 아니라 창업을 해야 하는 것이 맞지 않으냐고 하는 말에 꿈꾸던 창업에 대한 열망이 다시 살아났다.

그는 자신의 논문 주제이기도 한 인공와우 신경 보철 분야 기술이 토대로 2015년 말 인공와우 개발 스타트업 토닥을 설립했다. 이후 바이오제약 분야의 벤처기업인 휴젤과 한국바이오협회가 후원하는 경진대회에서 1위로 선발되어 제품 상용화를 위해 노력 중이다. '인공와우'는 소리가 들리지 않는 청각장애인에게 달팽이관 내 털세포나 청신경을 직접 전기적으로 자극하여 대뇌에서 소리를 인지하도록 하는 기술로 기기 자체의 가격이 약 2,500만원이고, 수술비는 약 1,000만~5,000만원에 지속적인 배터리 교체나 업그레이드 등 유지비가 추가로 든다.

현재 토닥은 2017년 말 개발을 완료하고 임상시험을 2018년 중반까지 1년 반 정도의 기간을 소요할 것이다. 계획대로 진행된다면 제품 출시 및 상용화는 2020년이다.

토닥의 목표는 선진국이든 저개발 국가이든 청각장애인이 저렴한 비용으로 제품을 이용할 수 있게 하는 것이다. 그는 의료기기 스타트업이기 때문에 임상실험과 같은 많은 연구개발단계를 거쳐야 하지만 오랜 기간 전문가로서 공부한 것을 직접 활용할 수 있어 자신의 능력을 향상시킬 수 있는 좋은 기회이고 주위에서 삶의 가치에 대해서 더 높게 평가해주는 것을 느끼고 있다고 말한다.

출처 : 벤처스퀘어(2016.06.17)). "[Age of Startup]안정된 교수직 대신 꿈 따라 창업…인공와우 스타트업 '토닥'"

3) 고객발굴과 시장크기

"더 큰 시장을 목표로 하라."

A&H는 큰 시장에 속한 아이템을 높이 평가하고 있다. 기업의 성장이 투자의 성장을 가능하게 하고, 그 기업의 성장을 지원하는 것은 기회가 많이 존재하는 큰 시장이라고 여기기 때문이다.

예를 들어 페이스북은 세계인을 대상으로 확장될 수 있는 가능성이 있으나, 중국음식 앱은 중국지역 거주인을 대상으로 하는 아이템으로 시장 확장에 한계가 있다. 결국, 아이템이 속한 시장이 기회가 있는 시장인지 여부가 투자를 결정하는 판단 기준이 된다.

읽어보기 **창업 시작부터 세계 시장을 목표로, 로봇에 미친 청년 CEO, 오상훈 럭스로보 대표**

이미지 출처: www.luxrobo.com

초등학교 5학년 때부터 로봇에 관심이 많았던 오상훈 대표는 배우면 배울수록 매력에 빠지는 로봇에 거의 미쳐 살았다. 고등학교 때는 본격적인 로봇 제작을 위해 로봇 동아리에 들어가서 로봇대회에 참여하여 수상한 상만 150개가 넘고 세계 유명 로봇대회인 월드로봇페스트에서는 2등까지 입상하였다.

장학금을 받고 대학진학 후 주임교수와 함께 로봇관련 로봇 연구소에 일을 하였으나 "누구나 쉽게 로봇을 제작할 수 있는 세상을 만들어보자."라는 생각이 들어 바로 연구소를 뛰쳐나와 친한 선배와 함께 2013년 럭스로보를 창업했다.

스타트업 지원금 5,000만원을 가지고 누구나 쉽게 조립할 수 있는 로봇 모듈 '모디'를 만들어 통신, 전등, 모터 등 다양한 기능을 갖춘 모듈 13종을 개발하였다. 이 제품은 레고와도 조립이 가능하기 때문에 모양도 원하는 대로 제작이 가능했다.

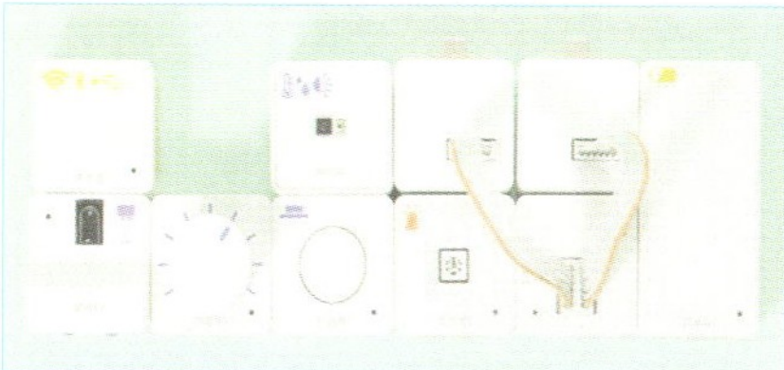
이미지 출처: www.luxrobo.com

처음부터 잘되지는 않았다. 이미 3년간 6개의 아이템을 만들었지만 상용화에 실패했기 때문에 모디 제품을 만들 때에는 처음부터 해외시장 진출을 염두에 두고 정교하게 제작했다. 이후 Kotra 수출지원팀의 도움을 받아 영국 학교에 판매를 타진해서 "코딩(컴퓨터 프로그램밍)과 접목한 교육용 아이템으로 유용하겠다"며 구매를 결정하였고, 이를 계기로 영국과 유사한 교육 커리큘럼을 가지고 있는 나라에서도 의뢰가 와서 현재 30개국에 제품을 수출하고 있으며, 매출도 50억원 정도이다.

상황이 이렇다 보다 오 대표에게 기술을 응용해 스마트폰의 OS를 간단하게 만들 수 있는 제품이라며 1억 달러(약 1,140억원)에 인수를 제의했으나 오 대표는 제안을 거절했다. 간단한 이유이다. 기업의 가치가 제대로 알려지면 회사의 가치는 '조원' 단위로 올릴 자신이 있고, 실패하더라도 우리는 로봇을 정말 좋아하기 때문에 다시 팀원과 함께 재기하면 된다는 것이다.

출처 : 한국경제(2017.02.24), 오상훈 '누구나 쉽게 로봇 만들게 하자' 창업

과연 예비 기술창업가들이 목표로 하는 시장에 기회가 있는지 여부는 어떻게 파악할 수 있을까? 과학자들이 자신의 이론을 증명하기 위해서 다양한 데이터를 수집하고 실험을 하는 것과 마찬가지로, 기술창업자라면 일반 창업자와 달리 조금 더 체계적인 접근 방법으로 시장 기회를 포착해야 할 것이다. 이를 위해 고객개발론 관점에서 고객 발굴과 검증(customer discovery and validation)을 수행하는 것이 주요한 방법이 된다.

준비사항 3 고객 발굴과 검증(customer discovery and validation)

대다수의 창업기업은 시장, 고객, 채널, 가격 등의 비즈니스 가설을 검증하고, 이를 체계적으로 확인하고 검증을 하는 체계가 부족하다. 창업기업은 대부분 자원이 한정되어 있고 부족하기 때문에, 빠르게 시장을 이해하고 고객을 확보해야 하기 때문이다. 콜롬비아 대학교수인 스티브 블랭크는 이를 위해 다음의 4단계를 제안했다. 자세한 내용은 7장 「비즈니스 모델과 린 스타트업」에서 학습하도록 한다.

[그림 3-2] 스티븐 브랭크의 고객 개발론

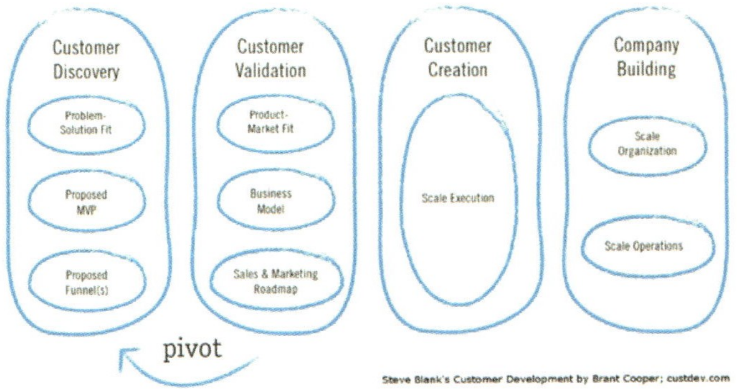

출처 : Steven G. Blank, the four steps to the epiphany

4) 비즈니스 모델

"고객이 좋아하는 비즈니스 모델을 개발하라."

A&H가 비즈니스 모델에 대해 강조하는 주요 메시지는 역설적이게도 "전문가를 무시하는 것"이다. 많은 사람들이 1990년대에 아마존과 소매업체들을 보고 거대한 수익을 창출하지 못할 것이라 생각했다. 하지만 그 기업들은 현재 성공한 서비스로써 전 세계 시장을 상대로 수익을 창출하고 있다. 또한, 2000년대에 들어 페이스북을 처음 접한 전문가들은 트위터의 복제품

이라 비난하면서 아무도 서비스를 사용하지 않을 것으로 예측했다. 하지만 페이스북은 소비자들이 좋아하는 것들을 공략하여 서비스에 반영함으로써 성공한 기업이 되었다.

즉, 전문가가 아닌 고객들이 좋아하는 서비스를 구축하고 제품을 개발할 수 있다면, 기업들은 수익을 창출하는 방법을 파악할 수 있다. 이처럼 제품이 아닌 제품을 사용하는 사람들에게 주목하여 개발에 사람들이 원하는 바를 충족시키기 위해 적용 가능한 개념과 툴이 바로 '린 스타트업(lean startup)'과 '비즈니스 모델 캔버스(business model canvas)'이다.

준비사항 4 린 스타트업(lean startup)

린 스타트업은 토요타의 무재고 생산방식인 '린 생산방식(lean production)'에서 차용하여 버클리대 교수인 스티븐 블랭크(Steve Blank)와 투자전문 블로거인 에릭리스(Eric Ries)가 만든 개념이다.

린 스타트업의 핵심은 낭비를 줄이는데 있다. 기술창업 기업의 경우 인적·물적 자원이 부족하기 때문에 낭비를 줄이는 것이 필요한데, 이를 위해 시장에 대한 가정(market assumption)을 테스트하기 위한 빠른 프로토타입(rapid prototype)을 만들고, 고객 개발(customer development)을 사용하여 실제 고객과 접촉하는 빈도를 높이며, 시장에 대한 잘못된 가정을 최대한 빨리 검증하고 회피한다. 즉, 린 스타트업은 고객에게 가치를 주지 않는 모든 활동을 낭비라고 정의하고 과학적이고 실험적 방법을 통해 고객가치를 철저하게 검증한다.

린 스타트업 프로세스에 따르면 아이디어 발굴을 통해 최소 존속 제품(Minimal Viable Product: MVP)을 빠르게 만들고(build), 그 구축된 제품 혹은 서비스를 통해 시장에서의 반응을 측정(measure)하며, 그 고객들의 측정 평가 결과를 통해 부족한 점을 배우고(learn), 반복적으로 보완하거나 혹은 사업의 방향을 조기에 전환(pivot)함으로써 실패의 부담을 낮출 수 있다고 주장한다. 자세한 내용은 7장에서 학습한다.

[그림 3-3] 린 스타트업 프로세스

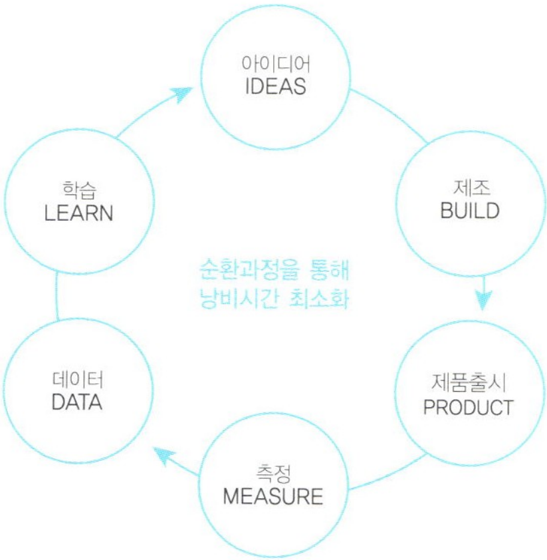

출처 : Eric Ries(2011), "The Lean Startup"

준비사항 5 비즈니스 모델 캔버스(business model canvas)

비즈니스 모델 캔버스는 창업자가 가지고 있는 아이디어를 객관적으로 평가하고 반복되는 자료 조사와 시뮬레이션을 통해 최종 비즈니스 모델을 선정한다는 점에서, 예비 창업자들이 점검해야 하는 중요한 툴 중에 하나이다.

비즈니스 모델은 사업 아이디어를 가지고, 어느 시장에서, 누구에게, 어떤 가치를, 어떠한 방법으로 전달하며, 어떻게 수익을 창출할 것인가에 대한 전반적인 방향과 방법을 정의하는 원리를 의미한다. 이 비즈니스 모델을 체계적으로 묘사할 수 있도록 알렉산더 오스터왈더(Alexander Osterwalder)라는 학자가 개발한 기법이 바로 비즈니스 모델 캔버스(business model canvas)이다. 이 캔버스는 4가지 영역(how, what, who, how much)과 9가지 블록(고객 세분화, 가치 제안, 채널, 고객 관계, 수익원, 핵심자원, 핵심활동, 핵심 파트너십, 비용구조)으로 구성되어 있다. 자세한 작성법은 7장에서 다루도록 한다.

[그림 3-4] 비즈니스 모델 캔버스

KP : 핵심파트너쉽	KA : 핵심 활동	VP : 가치 제안	CR : 고객 관계	CS : 고객 세분화
	KR : 핵심 자원		CH : 채널	
CS : 비용 구조			RS : 수익원	

출처 : A. Osterwalder & Y. Pigneur(2010). "Business Model Generation"

3.2 기업가정신(Entrepreneurship)의 이해

기업가정신은 혁신적인 가치를 창조하는 기술창업가가 갖추어야 할 가장 중요한 핵심 역량이다. 따라서 성공적인 기술창업을 하기 위해서는 기업가정신 역량을 함양할 필요가 있다.

1) 기업가에 대한 이해

창업가는 기업가정신(entrepreneurship)이 충만한 사람이라고 볼 수 있으며, 기술창업가(techno-entrepreneur)는 일반적인 창업가 가운데 조금 더 기술 지향적이고 혁신적인 창업가의 모습으로 생각해 볼 수 있다.

기업가정신을 배우기에 앞서, 기업가(entrepreneur)에 대해 알아보기로 하자. 여기서 한 가지 질문을 던지고자 한다. 기업가를 한문으로 적으면 다음 중 어느 것이 맞다고 생각하는가?

■ 질문: 기업가를 한문으로 적으면 (企業家, 起業家)이다.

아마도 많은 독자들은 기업가를 企業家로 적을 것이다. 실제로 언론에서도 종종 企業家로 표시하지만 이는 잘못된 것이다. 企業家란 영어로 'business man' 또는 'owner' 와 유사한 의미라고 볼 수 있으며, ' 이윤창출을 목표로 사업을 영위하는 사람 '을 의미한다. 반면에 起業家는 한자로 그 의미가 ' 업을 일으키는 자 ', 영어로는 'entrepreneur' 로 기회를 실현하기 위하여 새로운 사업을 추진하는 사람으로 볼 수 있다. 우리나라에서는 한글과 한자를 병기하는데, 한글로 읽을 때, 둘 다 기업가로 발음하다 보니, 혼동이 되고 있다. 따라서, 우리가 이야기하는 기업가(起業家, entrepreneur)는 창업가로 호칭하는 것이 타당하다고 본다.

창업가(起業家, entrepreneur)라는 용어는 18세기 프랑스의 은행원이면서 경제학자인 칸티용(R.Cantillon)에 의해 처음 사용되었다. 1755년 그는 '상업일반의 본성에 관한 에세이' 에서 확실한(certain) 가격에 상품이나 원료를 구매하고 불확실한(uncertain) 가격에 제품을 판매하고, 지대와 이자와 같은 경비를 주고 나서 남은 소득으로 생활하는 상인 · 농부 · 장인 등을 언급하고 있다. 이들은 많은 돈을 벌수도 있지만 크게 망할 수도 있는 위치에 있으며, 이러한 점에서 당시 귀족에게 고용된 관리인과는 행동방식이 다르다는 것이다. 이를 통해 그는 창업가를 '위험부담을 지고 자신의 사업(risk bearing activity)을 하는 사람' 으로 묘사하고 있다. 17~18세기 당시 유럽에서 위험한 해외무역에 종사하는 모험적인 상인을 창업가라고 부르기도 했다.

창업가와 기업가정신이 대중에게 각인되기 시작한 것은 오스트리아의 경제학자 슘페터(J. A. Schumpeter)에 의해서였다. 그는 1934년에 자본주의는 새로운 재화의 생산, 기존재화의 품질향상, 새로운 생산방법의 도입, 신시장의 개척, 원료와 부품의 새로운 공급원 획득, 새로운 산업조직 형성 등과 같은 생산요소의 새로운 결합에 의해 발전하며, 기업가는 이러한 '창조적 파괴(creative destruction)를 유발하는 혁신 활동을 하는 자' 로 정의하였다. 이러한 정의에 따르면 단순히 기업을 소유하거나 경영하는 자를 기업가로 보기는 어려우며, 소유주나 경영자가 아닌 직원이라 하더라도 혁신적인 업무 수행이 기대되는 사람은 기업가로 정의내릴 수 있는 것이다.

2) 기업가정신에 대한 이해

기업가정신은 슘페터 이후 다양한 학자, 연구, 사례를 통해 인용되고 확산되었다. 제프리 티몬스(Jeffrey Timmons)는 "기업가정신은 실질적으로 아무것도 아닌 것으로부터 가치 있는 어떤 것을 이루어내는 인간적이고 창조적인 행동이며, 현재 보유하고 있는 자원이나 자원의 부족을 고려하지 않고 기회를 추구하고, 비전과 그 비전을 추구함에 있어 다른 사람들을 이끌 열정과 헌신을 요구한다. 또한 계산된 위험을 감수하는 의지를 필요로 한다."라고 하며, '창의성, 위험 감수성, 진취성'을 강조하였다.

한편, 현대 경영학의 아버지라 불리우는 피터 드러커는 그의 저서인 「혁신과 기업가정신(Innovation and Entrepreneurship)」에서 "창업가들은 변화를 정상적인 것으로, 그리고 건강한 것으로 인식하고 있다. 일반적으로, 기업가들 자신이 변화를 스스로 초래하지는 않는다. 그러나 기업가는 언제나 변화를 탐색하고, 그것에 대응하고, 그것을 하나의 기회로 활용한다." 라고 하였다. 특히 그는 '기업가의 역할은 이윤의 극대화가 아니라 '기회의 극대화' 라고 주장하고 있고, 기업가 정신은 과학 또는 예술이 아니며 '실천' 이다 '라고 말하고 있다. 즉 '변화와 실천' 을 강조하였다.

[표 3-1] 기업가정신에 대한 다양한 정의

항목	내용
칸티용 (R. Cantillon)	기업가는 생산수단(토지, 노동, 자본)을 통합하여 상품을 생산판매하고 경제발전을 담당하는 자이며, 불확실한 가격에 상품을 구입하여 불확실한 가격에 판매함으로써 발생되는 위험을 부담함
슘페터 (J. A Schumpeter)	기업가는 창조적 파괴를 통하여 새로운 제품 발명, 새로운 생산방법 도입, 새로운 시장 개척 등의 새로운 결합을 창출하는 사람임. 기업가정신은 혁신적인 활동을 가능하게 하는 기업가의 재능 또는 역량이라고 주장함
스티븐슨 (H.Stevensons)	통제할 수 있는 자원에 구애받지 않고, 기회를 추구하는 것
티몬스 (J. Timmons)	기업가정신은 실질적으로 아무것도 아닌 것으로부터 가치 있는 어떤 것을 만들어내는 창조적인 행동이며, 현재 보유하고 있는 자원의 부족을 감수하여 새로운 기회를 추구하며, 비전을 추구함에 있어 다른 사람들을 이끌 열정과 헌신, 계산된 위험을 감수하는 의지를 필요로 함.
피터 드러커 (P. Drucker)	기업가란 언제나 변화를 탐색하고, 그것에 대응하며 이러한 변화를 하나의 새로운 기회로 실천에 옮기는 사람이며, 이것이야말로 기업가정신의 정의임. 기업가정신을 발휘하는 특유의 수단을 혁신이라고 함.
유럽연합(EC)	위험수용성, 창의성, 혁신성을 새로운 조직이나 기존 조직에서 기업경영에 접목합으로써 경제활동을 창출하고 발전시키는 정신자세와 과정.

이상의 정의를 살펴보면 학자마다 다소 차이는 있지만 기업가 정신을 정의하는 공통적인 핵심 키워드는 '성취욕구', '혁신성', '위험감수성', '진취성(자발성)'을 공통적으로 포함하고 있다.

(1) 성취욕구

성취동기이론(achievement motivation theory)으로 유명한 미국 심리학자 맥클리랜드(McClelland)는 사람에게 성취욕구, 권력욕구, 그리고 친화욕구의 3가지 욕구가 있다고 제시하였다. 이 중에서 성취욕구는 높은 성과를 달성하기 위한 개인의 포부, 노력 및 지구력을 의미하는데, 이는 개인의 생활은 물론 조직의 성공과도 밀접히 관련 있는 요인이다. 맥클리랜드에 따르면, 높은 성취욕구를 가진 사람들은 위험감수성이 높고 기업가가 될 확률이 높으며, 이런 성향을 가진 사람들이 모인 조직이나 사회의 경제적, 사회적 발전이 더 크다.

예를 들어, 기술창업기업의 경우 기술적 노하우와 경험 등과 같은 기술적 역량이 뛰어난 창업자가 직접 사업을 진행하는 것이 좋지만, 기술적 역량이 부족하더라도 자신의 아이디어를 기술로 구현하고 이를 사업화하기 위해서라면 발로 뛸 줄 아는 높은 성취욕구를 가진 창업자라면 얼마든지 성공의 문을 두드릴 수 있다. 부족한 기술적 역량은 다른 팀원을 통해서, 협력업체를 통해서, 또는 정부, 지자체 및 국·내외 여러 기관의 지원을 통해서 얼마든지 보완할 수 있기 때문이다. 즉, 기술창업가라고 해서 반드시 기술적 역량이 전문적이어야 할 필요는 없다. 어느 정도의 기본적인 기술적 이해도는 갖추되, 아이디어를 사업화하고자 하는 열망을 높은 성취욕구로 실현해 나가는 창업가의 역량이 성공에 더욱 중요하다.

활동하기 **세계 최초 호신용 스마트폰 케이스, 247코리아 이화정 대표**

이미지 출처: www.24hour7.com

위험에 빠진 자녀를 발견한 부모가 황급히 119에 신고한다. 전화를 받은 119 구조요원들은 자녀의 전화번호와 이름을 묻는다. 부모가 상황 설명을 하고 기본적인 질문에 답을 하는 동안에도 자녀를 구할 수 있는 골든타임은 흘러간다. 이화정 '247코리아' 대표는 이 같은 문제점에 착안해 스마트폰에 자녀와 장애 가족 등의 지문을 입력할 수 있는 스마트폰 케이스를 개발했다. (중략)

시작은 순탄치 않았다. 2013년 사업 시작 초기 주변에서는 "사업성이 없다"며 만류의 목소리를 높였고, 투자처를 찾아봐도 특별한 소득을 얻지 못했다. 어디에도 길이 보이지 않았다.

이 대표는 좌절하지 않고 해외로 눈을 돌렸다. 그러던 중 미국 실리콘밸리 글로벌혁신센터(KIC) 프로그램을 통해 지난해 5월 미국 실리콘밸리에 둥지를 틀게 됐다.

이미지 출처: www.24hour7.com

이 대표는 실리콘밸리에서 사업을 전개하던 중 경기창조경제혁신센터(이하 경기혁신센터) 지원센터장과 KT 부사장 등이 실리콘밸리를 방문한다는 소식을 듣게 됐고, 무모한 줄 알면서도 사업 설명을 위해 단독 미팅을 요청했다. 이것이 247코리아가 해외 시장에서 기틀을 잡을 수 있는 원동력이 됐다.

주력 시장이 미국, 유럽 등 해외 시장인 247코리아에 해외 주요 박람회 진출 기회를 열어준 것도 경기혁신센터였다. 경기혁신센터와 KT가 IoT 관련 유망 중소 · 벤처기업을 선발해 멘토링, 투자 연계, 판로 개척 등을 지원하는 프로그램에 247코리아가 선발된 것이다. 이 대표는 경기혁신센터가 해외 박람회, 전시회 등의 진출 기회를 열어주는 것은 물론 해외 기업과의 만남의 기회도 마련해주면서 앱 출시 전부터 이미 가시적인 성과를 거두고 있다고 설명했다. (중략)

현재 247코리아는 스타트업으로서 갖는 자금의 한계를 뛰어넘기 위해 KT와 파트너십을 맺고 제품 양산에 매진하고 있다.

[활동하기]

◆ 247코리아의 최근 경영활동과 성공요인에 대하여 조사하고 토론하여 보자.

출처 : 정책브리핑 위클리공감(2016.04.16). "창조경제혁신센터 도움받아 대박 터뜨렸죠"

(2) 혁신성

혁신성은 새로운 조직 또는 기존 조직에서 아이디어, 제품, 서비스, 시장, 또는 기술로 무엇인가 새로운 것을 적극적으로 도입하고 추진하려는 성향을 말한다. 즉, 혁신적인 창업가는 기존의 체계와는 다른 창조적인 과정을 수행함으로써 새로운 기회를 추구하는 경향이 있다.

읽어보기 "혁신은 관심과 오랜 고민 끝에 나온다", 오션 클린업 CEO 보얀 슬랫(Boyan Slat)

이미지 출처: www.theoceancleanup.com

네덜란드 바닷가에서 다이빙을 즐기던 18살 더벅머리 소년이 있었다. 그는 물고기보다 많은 쓰레기를 보며 의문이 생겼다. "왜 이 문제를 해결하지 않는 걸까?" 소년은 직접 자료를 찾아보면서 천문학적 비용 때문에 청소를 못한다는 사실을 알게 되었고, 쓰레기를 버리지 말라는 캠페인 이외에는 다른 대안이 없어보였다. 하지만 소년은 다른 해결 방법이 없을까하고 고민하기 시작한 끝에, 문득 "쓰레기를 쫓지 말고 지나가는 길목을 지키면 어떨까?"라고 생각하였고, 해류가 모이는 곳에 거대한 쓰레받기를 설치하는 아이디어를 구상하였다.

소년은 대학생이 되어서도 고민하던 아이디어가 떠나질 않아 아이디어를 실현하기 위해서 2014년 크라우드 펀딩에 참여해 100일만에 24억원을 모았다. 청년이 된 그는 '보얀 슬랫(Boyan Slat)'이다. 현재 그는 백명 이상이 일하는 회사의 CEO가 되었으며, 그의 목표가 실현되면 33배 더 저렴하고, 7,900배나 더 빠르게 바다를 청소할 수 있다. 또한 플라스틱 재활용으로 연 20억 원이 넘는 가치를 생산할 수 있다.

이미지 출처: www.theoceancleanup.com

출처 : www.theoceancleanup.com

(3) 위험감수성

위험감수성은 불확실한 결과가 예상됨에도 불구하고 과감히 도전하려는 의지이며, 적극적으로 기회를 모색하고 추구하고자 하는 의욕을 말한다. 오히려 성공적인 기업가는 불확실한 미래와 위험을 도전정신과 치밀한 준비를 통해 계산하고 통제하는 태도를 가진다.

맥클리랜드는 위험감수성은 기업가정신의 가장 핵심적 요인이며, 기업가(entrepreneur)와 경영자(manager)를 구분하는 결정적인 기준이라고 강조하였다.

(4) 진취성

진취성은 변화를 인식하고 자발적으로 경쟁 환경에 대응하는 창업가의 태도와 관련이 있다. 즉, 기업 환경의 변화에 따라 미래 수요를 예측하고, 경쟁 환경 속에서 새로운 제품과 서비스를 도입함으로써 경쟁사를 제압하는 진취적이고 적극적인 자세를 의미한다.

읽어보기 **끊임없는 新사업 도전, 테슬라 창업자 엘론 머스크**

이미지 출처: www.techworm.net

엘론 머스크는 '전기자동차와 초고속 열차를 만들고 화성을 식민지화하는 것만으로 부족하다'며 인간 뇌와 컴퓨터의 결합이라는 뇌연구 스타트업 '뉴럴링크(Neuralink)'를 설립했다. 뉴럴링크는 '신경 레이스(neural lace)'라고 부르는 기술을 개발하는데 이 기술은 생각을 업로드하고 다운로드할 수 있도록 뇌에 작은 전극을 이식하는 기술이다.

그 동안 인공지능(AI)의 발전 속도로 인해서 "인간은 판단 결정권을 AI에 빼앗 길 것이고, 결국 애완 고양이 신세가 될 수 있다"고 주장하면서 컴퓨터와 인간의 두뇌를 연결함으로써 인간이 더 높은 수준의 기능에 도달할 수 있게 하겠다는 것이 목표이다.

뉴럴링크의 첫 제품은 뇌전증과 우울증 등을 치료할 수 있는 뇌 삽입형 전극이 될 것으로 예상하고 있다. 머스크는 테슬라 전기차 개발, 우주개발업체 스페이스 X 창업, 진공 튜브 속 초고속 열차 하이퍼루프 개발 추진, 화성 8만명 규모 돔형 식민지 건설 등 끊임없이 새로운 목표를 세우고 도전하고 있다.

출처 : 전자신문(2017.03.28), 테슬라 CEO "컴퓨터와 사람 뇌 결합" 뉴럴링크 설립

마지막으로 기업가정신을 이야기할 때 '정신' 이라는 단어로 인해 '기업가로서 갖추어야 할 도전적이고 진취적인 마인드 또는 혁신적인 사고' 라고 제한적으로 이해하는 경우가 많다. 그러나 기업가정신은 단순히 기업가의 정신적인 상태나 심리적인 요소만을 의미하는 것이 아니라 기업가의 개인적인 태도(attitude)와 역량(ability), 가치 창출 행동 등을 총괄적으로 포함하는 의미이다. 다시 말하면, 주어진 제한된 자원과 불확실성, 위험에도 불구하고 진취적이고 혁신적인 사고로 새로운 가치(value)를 창출하고자 하는 기업가의 의지 또는 태도(attitude) 및 행동이라고 할 수 있다(Donald F. Kuratko).

3) 기업가정신의 중요성

미국의 경우, 국민소득 2만 불 달성 시점(1988)에 기업가정신 교육확산과 더불어 정규 창업 교과목이 편성되었다. 창업으로 유명한 밥슨대학이 기업가 정신 학부를 신설한 이래 MIT, 스탠포드 대학 등 400개 이상의 학교에서 정규 교과목을 편성하였다. 이러한 결과 애플, 구글, 페이스북 등 대학 및 대학원생 창업기업이 육성되어 미국의 신성장 동력이 되고 있다. 스탠포드 대학 졸업생이 창업한 기업(39,900개) 연간 매출액은 2조 7천억 달러로 세계에서 경제규모 5위인 프랑스의 GDP와 유사하고 한국 GDP의 2배에 이른다. 또한 MIT 졸업생들이 IT산업의 메카인 미국 실리콘밸리에서만 25,800개의 회사를 창업했고 연간 매출액은 1조 9천억 달러이다.

유럽의 경우에도 유럽연합(EU)을 중심으로 2006년부터 초등학교를 비롯한 모든 교육기관에서 의무적으로 기업가정신과목을 교육하고 있다. 현재 직면하고 있는 유럽 경제 불황을 극복할 수 있는 유일한 방법은 개인과 기업, 국가차원의 기업가정신 활성화뿐이라고 강조하고 있다. 미국과 영국을 비롯한 세계 선진국들은 매년 11월 세계기업가정신 주간(Global Entrepreneurship Week)을 선정하고 다양한 관련행사를 개최함으로써 국가적인 중요성을 알려나가고 있다.

읽어보기 유럽의 도시들 “창업이 살 길!”

독일의 수도 베를린의 보베라이트(Wowereit) 시장은 최근 “베를린을 유럽의 ‘창업수도’로 만들겠다”고 선언했다. 그는 “적극적인 창업 지원을 통해 베를린에 2020년까지 약 10만개의 새로운 일자리를 창출하겠다”고 말했다. 앞서 그는 베를린을 새로운 ‘미래도시’로 만들겠다는 프로젝트를 발표하기도 했다. 핵심 내용으로 행복한 도시, 친환경 도시, 지속발전 가능한 도시, 그리고 세계 젊은이들이 몰려오는 창업의 도시를 내걸었다.(중략) 그 결과 독일은 경제협력개발기구(OECD) 가입국 중 청년실업률이 가장 낮다고 얘기된다. 영국이 21.1%, 프랑스가 25.5%의 청년실업률을 보이고 있는 반면 독일은 7.7%에 불과하다. 독일은 창업을 통해 일자리 창출에 성공하고 있다.(중략)

영국의 데이비드 캐머런 총리는 2011년 11월 런던 북동부의 슬럼가를 창업의 요람으로 탈바꿈시키는 ‘테크시티’ 프로젝트를 발표한 바 있다. 당시 캐머런 총리는 “벤처기업 창업을 통해 수십억 달러를 벌어들이는 세상으로 바뀌었다”며 “새로운 일자리와 창업 기회가 있는 테크시티는 경제성장 전략의 중요한 부분”이라고 말했다. 창업을 통해 제2 대영제국을 꿈꾸자는 것이다.

스칸디나비아 국가로 눈을 돌리면, 핀란드의 헬싱키가 가장 눈에 띈다. 위기를 기회로 만든 나라이기 때문이다. 대기업 노키아의 몰락이라는 위기를 창업국가로 변신하는 기회로 만들었다. 노키아에서 해고된 약 4만 명의 직원들이 창업에 나서 3년 만에 핀란드의 성장 동력을 만들어낸 것이다. 클래시오브클랜 등 인기 모바일 게임 개발업체 슈퍼셀(Supercell)은 대표적인 핀란드 스타트업 기업이다. 창업에 대한 육성 의지가 강한 정부의 전폭적 지원 아래 헬싱키에서 우수 인력의 창업이 계속 늘고 있다.

프랑스의 프랑수아 올랑드 대통령도 올해 2월 신생 기업을 설립할 때 최대 2만5000유로(약 3,600만원)까지 지원하는 창업자금 지원 계획을 발표하기도 했다.

독일의 메르켈 총리, 영국의 캐머런 총리, 프랑스의 올랑드 대통령 등 유럽의 주요 국가 정치지도자들이 창업 열풍에 목매는 이유가 무엇일까? 요약하면, 신성장 동력 발굴과 새로운 일자리 창출 때문이다. 기존의 산업구조, 특히 대기업에 의존해서는 새로운 성장 동력을 찾을 수 없다는 판단에서다.(이하 중략)

출처 : 김택환(2014.12.01.), [스페셜] 메르켈도 올랑드도 캐머런도… 유럽의 수도들 “창업이 살길!”, 주간조선(2334호).

저명한 경영학자 피터 드러커는 1999년『Next Society』라는 책에서 ‘세계에서 가장 기업가정신이 높은 국가’로 대한민국을 꼽았다. 그러나 글로벌금융위기 등을 겪으면서 도전보다는 안정에 대한 선호가 높아지면서 우리나라의 기업가정신은 급격히 쇠퇴하기 시작했다. 따라서 현재의 경제 위기를 극복하고 세계 경제 선진국으로 다시 한 번 도약하기 위해서는 기업과 국가의 미래를 위해 새로운 성장 동력으로서의 기업가정신이 무엇보다 필요하다. 최근 발간(2014년 12월)된 정주영 회장의 기업가정신을 새삼 주목하게 되는 이유이다.

읽어보기	기업가정신 측정하기

1. 우리나라에서 미국의 카우프만 재단처럼, 기업가정신을 높이기 위해 설립된 재단 등의 형태로는 무엇이 있는지 찾아보고 어떤 내용이 진행되는지 방문하고 토론해보자. 여러분이 훗날 어떤 유형의 재단을 만들지를 생각해보자. (사례 : 민간기관으로는 한국청년기업가정신재단(www.koef.or.kr)이 설립되어 민간 주도하에 기업가정신 확산의 포탈 및 기존기관을 활용하는 플랫폼 기능을 수행하고 있다. 이밖에 민간 기업가정신 재단들로는 아산나눔재단 '마루180', 은행권청년창업재단 '디캠프', 네이버 등 인터넷 기업들이 연합한 '스타트업얼라이언스' 등이 있다. 대전에는 '카이트창업가재단'이 젊은이들의 창업을 지원하고 있다.)

2. 나 자신의 기업가정신 수준은 어떠한가? 이를 아래 부록의 설문지를 통해 측정해보고 개선점을 찾아보자. 기업가정신 수준을 측정하는 방법에는 다양한 방법들이 있다. 다양한 기업가정신 지표 중에서, 활동하기에서는 1992년 Carland가 개발한 기업가정신 지수 (entrepreneurial index)를 토대로 기업가정신 측정지표를 활용하여 보자. Carland의 기업가정신 지수는 기업가정신 구성 요소에 관련된 지표를 측정하기 위해 총 33개의 문항별 두 개의 질문을 선택하는 방식으로 구성되어있다. Carland는 기업가정신을 크게, 성취욕구, 혁신성, 위험감수성, 진취성으로 보았다. 자신의 기업가정신 수준을 측정하기 위해서는 설문 문항에 자신과 가장 부합된다고 생각하는 문항을 체크하고 그 결과를 제출하여 피드백을 받으면 된다.

4대 하위요인	개념적 정의	측정지표
성취 욕구	일을 잘 하려는 관심정도, 본인의 과거 실적을 타인의 실적과 비교하여 보다 나은 결과를 추구하려는 의지와 실행력	1, 4, 5, 8, 9, 13, 23, 24, 29, 31, 32
혁신성	새로운 아이디어를 구상하고 실현하고자하는 의지와 시도하는 성향으로 특히 지식서비스, 아이디어사업 분야에서 요구되는 역량	2, 15, 17, 19 21, 22, 25, 28
위험 감수성	사업초기 인적, 물적 자원의 구성과 사업화를 구현하는데 있어 불확실성을 감수한 의사결정 또는 재정적 투자 등을 적기에 할 수 있는 창업가의 마인드로 요구되는 역량	3, 6, 10, 18, 20, 26, 27, 30
진취성	변화를 포착하여 적극적으로 수용하고 현재의 상황에 안주하지 않고 나아가려는 의지 및 시도 정도로 긍정적 사고와 행동력의 바탕이 되는 역량	7, 11, 12, 14, 16, 33

[표 3-2] Carland의 기업가정신 측정 설문 문항

구분	설문 항목
1	□ 사업은 명확한 목표와 기록이 중요하다. □ 사업은 전반적인 흐름을 이해하는 것만으로 충분하다.
2	□ 나는 전문적 기술을 보유한 사람이라고 생각한다. □ 나는 창의적인 사람이라고 생각한다.
3	□ 나는 사업 성공에 대한 확신이 섰을 때, 비로소 사업을 시작하는 경향이다. □ 나는 사업 성공에 대한 확신이 없어도, 사업에 도전하는 경향이다.
4	□ 사업의 목표는 지속가능한 성장기업을 만드는 것이다. □ 사업의 목표는 내가족의 생계유지를 위함이다.
5	□ 사업에 있어 가장 중요한 요소는 중장기적 계획수립이다. □ 사업에 있어 가장 중요한 요소는 하루 단위의 꼼꼼한 일정관리이다.
6	□ 나는 상황을 감성적인 성향으로 해석한다. □ 나는 상황을 분석적인 성향으로 해석한다.
7	□ 사업의 주요 목표는 생존이다. □ 사업이 업계 선두로 성장할 때까지 전진할 것이다.
8	□ 효과적인 계획이 되기 위해서는 반드시 기록되어져야 한다. □ 굳이 기록되지 않은 계획이라도 효과적일 수 있다.
9	□ 나는 사업에 가능한 많은 시간과 노력을 기울일 것이다. □ 나는 사업뿐 아니라 가족과 친구에게도 노력을 기울일 것이다.
10	□ 나는 감성적으로 생각하는 편이다. □ 나는 이성적으로 생각하는 편이다.
11	□ 사업 이외에도 나에게는 중요한 것들이 많이 있다. □ 사업이 나의 인생에 있어서 가장 중요한 일이 될 것이다.
12	□ 나는 해야 할 일을 적극적으로 계획하고 사고하는 사람이다. □ 나는 일이 순리대로 진행되기를 바라는 편이다.
13	□ 회사 직원들은 나를 위해 열심히 일할 것이다. □ 회사 직원들은 나를 좋아할 것이다.
14	□ 나는 사업진행이 다소 지지부진하더라도 현 사업을 안정적으로 운영되기를 원한다. □ 나는 사업이 정착된다면 또 다른 사업을 시작할 것이다.
15	□ 나는 실용적인 사람이라고 생각한다. □ 나는 상상력이 풍부한 사람이라고 생각한다.
16	□ 성공에 도전하는 것은 돈을 버는 것만큼 중요하다. □ 성공에 따른 경제적 보상이 가장 중요하다.
17	□ 나는 항상 새로운 방식으로 일을 하기를 기대한다. □ 나는 일 처리하는 절차를 체계화하려고 노력한다.
18	□ 나는 감성적인 성향이 중요하다고 생각한다. □ 나는 논리적인 성향이 중요하다고 생각한다.
19	□ 나는 표준화된 업무 절차가 중요하다고 생각한다. □ 나는 무엇보다도 새로운 것을 만들어 내는 도전을 즐긴다.
20	□ 나는 비즈니스를 계획하는 데 많은 시간을 투자한다. □ 나는 비즈니스를 실행하는 데 많은 시간을 투자한다.
21	□ 사업운영방식은 시간이 지날수록 정형화되어진다. □ 사업운영에 있어 정형화되어지는 것은 어떤 것도 없다.
22	□ 나는 현실적인 사람을 더 선호한다. □ 나는 상상력이 풍부한 사람을 더 선호한다.

구분	설문 항목
23	□ 경쟁업체와의 차이는 경영자의 태도이다. □ 경쟁업체보다 나은 무엇인가를 우리는 가지고 있어야 한다.
24	□ 나의 개인적인 목표는 사업을 잘 운영하는 것이다. □ 나의 현실적 삶은 사업이외에도 가족과 친구가 매우 중요하다.
25	□ 경쟁자를 능가하는 새로운 아이디어를 지속적으로 시도한다. □ 너무 많은 변화를 추구한다면 고객들이 혼란을 겪을 수도 있다.
26	□ 가능하다면 위험을 회피하는 것이 최선의 방법이다. □ 경쟁업체의 우위에 서기 위해서는 위험을 감수해야 한다.
27	□ 나는 자금을 차용하는 것을 싫어한다. □ 자금을 차용하는 것도 사업에 있어 하나의 의사결정이다.
28	□ 서비스와 품질만으로는 충분하지 않고 좋은 이미지를 가져야 한다. □ 적합한 가격과 좋은 품질이면 모든 고객들은 만족할 것이다.
29	□ 사람들은 나를 열심히 일하는 사람이라고 생각한다. □ 사람들은 나를 어울리기 편한 사람이라고 생각한다.
30	□ 사업에서 비교적 확실한 것들을 추진하려고 한다. □ 사업을 성장시키기 위해서는 종종 위험을 감수해야 한다.
31	□ 나는 의사결정 시 직원들의 일자리 안정성(Job Security)을 중요하게 여긴다. □ 나는 의사결정 시 사업성을 우선적으로 중요하게 여긴다.
32	□ 나는 직원들의 권리에 관해 많은 관심을 가진다. □ 나는 직원들의 심리적인 감정 상태에 많은 관심을 가진다.
33	□ 주어진 상황에서 가능성을 발견하는 것이 보다 중요하다. □ 주어진 상황을 있는 그대로 파악하는 것이 보다 중요하다.

출처 : J. W. Carland, J. A. Carland, & F(1992). Hoy An entrepreneurship index: An empirical validation. Babson Entrepreneurship Conference, Fontainebleau, France.

[그림 3-5] 기업가정신 역량분석 결과 예시

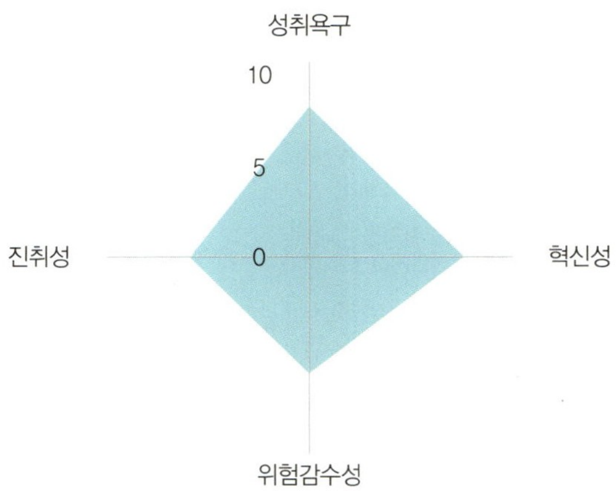

홍길동	성취욕구	혁신성	진취성	위험감수성
28	8	8	6	6

학습정리

- 기술창업 기업의 중요한 성공 요인으로는 혁신적 아이디어, 창업가와 창업팀, 시장, 그리고 비즈니스 모델이 있다.
- 기술창업 준비에 필요한 준비사항으로는 가치 창출(value creation), 기업가정신(entrepreneurship), 고객 발굴과 검증(customer discovery and validation), 린 스타트업(lean startup), 그리고 비즈니스 모델 캔버스(business model canvas)가 있다.
- 창업가는 창조적 파괴를 유발하는 혁신 활동을 하는 자로 정의할 수 있다.
- 기업가정신은 실질적으로 아무것도 아닌 것으로부터 가치 있는 어떤 것을 만들어내는 창조적인 행동이며, 현재 보유하고 있는 자원의 부족을 감수하여 새로운 기회를 추구하고, 비전을 추구함에 있어 다른 사람들을 이끌 열정과 헌신, 계산된 위험을 감수하는 의지 등을 총체적으로 의미하는 개념이다.
- 기업가정신을 구성하는 핵심 요소로는 성취욕구, 혁신성, 위험감수성, 그리고 진취성(자발성)이 있다.
- 기업가정신 교육은 창업기회 탐색, 창업 프로세스 등의 창업 지식, 리더십, 팀워크, 조직 관리 등의 창업 스킬, 그리고 추진력, 위험감수성 등의 창업가적 태도를 향상시키는 다양한 내용으로 이루어지고 있다.

참고문헌

- 농한국과학기술정보연구원(2013). 기술사업화 성공과 실패 사례연구
- 김택환(2014.12.01.). [스페셜]메르켈도 올랑드도 캐머런도… 유럽의 수도들 "창업이 살길!". 주간조선(2334호).
- 벤처스퀘어(2016.06.17). "[Age of Startup]안정된 교수직 대신 꿈 따라 창업…인공와우 스타트업 '토닥'
- 조선닷컴(2017.03.02). 대학 중퇴 미국서 창업 매출 100억 '눔' 정세주 대표가 '수백억 부자의 길' 포기한 이유.
- 전자신문(2017.03.28). 테슬라 CEO "컴퓨터와 사람 뇌 결합" 뉴럴링크 설립
- 정책브리핑 위클리공감(2016.04.16)."창조경제혁신센터 도움받아 대박 터뜨렸죠"
- 테크니들(2012.09.24.). "AirBnB가 숙박업계에 몰고오는 변화 외". 벤처스퀘어.
- 한국경제(2017.02.24). 오상훈 '누구나 쉽게 로봇 만들게 하자' 창업

- A. Osterwalder & Y. Pigneur(2010). "Business Model Generation"
- Carland, J. W., Carland, J. A & Hoy, F(1992). "An entrepreneurship index: An empirical validation". Babson Entrepreneurship Conference, Fontainebleau, France.
- Eric Ries(2011). "The Lean Startup"
- Steven G. Blank(2006). "The four steps to the epiphany"
- GigaOm(2012.09.23.). "Here comes everybody: Why AirBnB is so disruptive"

- http://a16z.com/portfolio/
- http://blog.naver.com/jobarajob
- http://www.24hour7.com
- http://www.businessinsider.com
- http://www.kyobobook.co.kr
- http://www.luxrobo.com
- http://www.theoceancleanup.com
- http://www.venturesquare.net/
- https://www.crunchbase.com

3장. 키워드 인덱스용

기술창업가	기업가정신	혁신성	위험감수성
진취성	성취욕구		

제4장 | 창업기회 발견과 창업아이디어 개발
제5장 | 창업 아이디어 실현가능성 검증
제6장 | 아이디어 보호와 지식재산권
제7장 | 비즈니스 모델과 린 스타트업
제8장 | 사업계획서 작성

PART 02

기술창업 **준비하기**

04

창업기회 발견과 창업아이디어 개발

다른 사람들이 할 수 있거나 할 일을 하지 말고,
다른 이들이 할 수 없고 하지 않을 일들을 해라.

여성 파일럿 · 작가, 아멜리아 에어하트(Amelia Mary Earhart)

학습목표

1. 창업기회와 창업기회의 창의 개념에 대해 이해한다.
2. 창업기회 발견 프로세스와 환경 트렌드 및 창업가적 특성 분석 방법을 이해한다.
3. 창업아이디어 개발 프로세스를 파악한다.
4. 창업아이디어 개발 기법을 학습한다.

시작
하기

"쓰레기가 넘치지 않는 쓰레기통이 있다면 어떨까?"

길거리에서 얻은 스마트한 쓰레기 솔루션 아이디어
IoT기반의 이큐브랩의 클린큐브

이큐브랩 권순범 대표
(이미지 출처 : SK이노베이션 홈페이지)

"우리는 깨끗한 환경을 원하지만, 우리는 점점 더 많은 쓰레기를 길거리에 버리며 환경을 더럽힐 수 밖에 없는 역설적인 시대에 살고 있습니다."

이큐브랩의 권순범 대표. 사실 창업에 대해 전혀 관심이 없었던 그는 발상의 전환으로 얻은 아이디어를 바탕으로 아이디어 창업 공모전에서 우승을 거머쥐고 본격적인 창업을 시작하게 되었다.

권순범 대표는 대학교를 입학하기 위해 고향에서 서울로 상경한 후 신촌 대학가 길거리에 나뒹구는 많은 쓰레기들을 보고 놀랐다고 한다. 밤이 되면 기존에 설치되어 있던 쓰레기통들에는 용량이 가득차 넘치기 일쑤였고, 이른 새벽 환경미화원분들이 치워주시기 전까지 거리에는 쓰레기들과 쓰레기로 인한 악취가 발생하여 거리의 미관을 해치고 있었다. 그는 넘치는 쓰레기통을 보며 "누가 안 치워주나?"라는 생각보다 "쓰레기가 넘치지 않는 쓰레기통이 있다면 어떨까?"하는 발상의 전환을 했다.

대학생이었던 권순범 대표는 2011년 (주)이큐브랩을 설립하고 태양광을 이용한 쓰레기 압축 쓰레기통인 클린 큐브를 개발하여 폐기물 관리 솔루션을 제공하는 사업을 본격적으로 시작하였다.

창업 당시 이큐브랩이 해당되는 사업의 선발업체인 미국의 빅벨리에서도 태양광에너지를 이용한 압축 쓰레기통을 제공하고 있는 상황이었다. 하지만 이큐브랩은 기존의 쓰레기통과 호환이 가능하다는 점을 큰 차별점으로 내세우고 있다. '윌리빈'이라는 바퀴가 달린 쓰레기통을 음식물 쓰레기 및 가정용으로 사용하는 경우가 있는데, 이큐브랩의 쓰레기통은 쓰레기통틀 안에 윌리빈을 넣을 수 있어 기존의 쓰레기통을 모두 변경하지 않아도 되는 장점이 있다.

현재 이큐브랩의 제품 및 서비스로는 태양광 압축 쓰레기통 '클린큐브', 폐기물 적재량 감지센서 '클린캡', 클린큐브와 클린캡을 실시간으로 모니터링 할 수 있는 소프트웨어 '클린시티 네트웍스'가 있다.

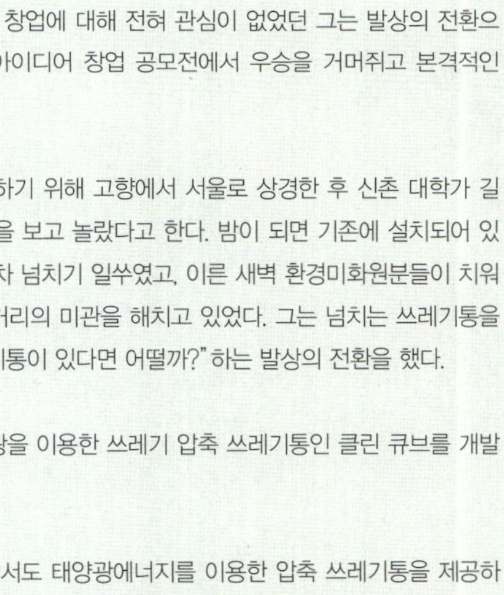
클린큐브 (이미지 출처: 이큐브랩 홈페이지)

태양광 압축 쓰레기통 '클린 큐브'는 가득 축적된 태양광에너지로 최대 2주간 사용 가능하며, 쓰레기가 차오르면 태양광에너지로 압축하여 같은 용량의 쓰레기봉투라도 4~8배까지 쓰레기를 담을 수 있도록 고안하였다. 제품 용량은 100L~240L로 다양하며, 윌리빈과 호환이 가능하다.

클린캡은 쓰레기통 위에 부착하여 쓰레기통 내부의 적재량을 감지할 수 있는 감지센서로, 모든 종류의 쓰레기통에 호환 가능하다는 장점이 있으며, 클린큐브와 클린캡의 적재량 데이터를 클린시티 네크웍스로 실시간 모니터링하여 최적화된 폐기물 처리 솔루션을 제공하고 있다.

클린캡과 클린시티 네트웍스(이미지 출처: 이큐브랩 홈페이지)

이큐브랩은 단순하게 쓰레기를 압축하여 수거하는 것이 아닌 쓰레기통의 적재량에 대한 정보를 분석하여 쓰레기 수거차 운행, 쓰레기통 배치, 쓰레기수거와 관련된 인력 및 장비에 관한 계획수립 등 통합적인 쓰레기 관리를 할 수 있게 도와줌으로써 도시환경 IoT를 구축하고 있다.

현재 국내에서는 대학 캠퍼스 및 내 · 외국인 관광객이 몰리는 서울시 일대에 클린큐브가 설치되어 있다. 또한, 해외시장에도 본격적으로 진출하고 있다. 2016년 클린큐브로 유럽 · 중동 · 남미 · 미국 등에서 제품 수주액 500만달러를 돌파하였고, 미국, 아시아, 유럽, 중동 등 21개국에 클린큐브를 보급했다. 그리고 150조원 규모로 추산되는 미국 시장 공략을 위하여 미국 법인을 설립하는 등 본격적인 글로벌 시장 공략을 펼치고 있다.

[생각해보기]

◆ 이큐브랩의 권순범 대표는 창업기회를 어떻게 발견하였는가?

◆ 이큐브랩의 사례를 보고 우리가 실생활에서 관찰해 왔거나 불편하다고 느꼈던 경험들 가운데서 창업아이디로 발전시킬 수 있는 문제점들이 있는지 생각해 보자.

출처 : SK이노베이션(2014.11.21.). "PEOPLE: 〈이큐브랩〉 권순범 대표 – 혁신을 혁신하다" 수정편집; 이큐브랩 홈페이지(kr.ecubelabs.com)
동영상 : https://www.youtube.com/watch?v=4vZUKIl_miY

4.1 창업기회의 이해

일반적으로 기회는 인생에 있어서 성공의 기회라는 의미로 사용된다. 누구에게나 살아가면서 몇 번 정도는 크게 성공하기 위한 결정적인 기회가 찾아오고, 그 중에 한 번의 기회만 잘 잡더라도 삶이 크게 달라질 수 있다. 그러나 모든 사람이 찾아오는 기회를 다 잡을 수 있는 것은 아니다. 기회를 그냥 놓치기도 하지만 이 기회가 진짜 성공으로 직결될 것인지 조차 알아차리지 못하고 놓쳐버리는 경우도 많다.

그렇다면 인생의 기회는 어떻게 발견하고, 또 이를 성공의 발판으로 전환할 수 있는 것일까? 프랑스의 유명한 화학자이며 세균학자인 파스퇴르는 '기회란 준비한 자에게만 온다(Chance favors prepared minds)' 라는 유명한 말을 남겼다. 즉, 기회란 아무 노력 없이 공짜로 얻을 수 있는 것이 아니라 찾아온 기회를 놓치지 않고 자신의 기회로 삼을 수 있는 준비된 자 만의 특권이라는 의미이다.

창업기회 역시 인생의 성공 기회를 발견하는 것처럼, 예상치 못한 창업기회를 발견하는 경우를 대비하여 미리 역량을 갖추고 노력한 자만이 쟁취할 수 있다. 또한, 많은 준비와 노력을 한 사람이라면 잡은 기회를 성공적인 비즈니스로 전환할 수 있다.

본 장에서는 창업기회를 발견하기 위해 어떠한 준비를 해야 하는지를 창업기회 발견 방법과 프로세스 관점에서 구체적으로 살펴보도록 한다. 크게 창업기회의 본질적인 특성에 대한 이해와 창업기회 발견을 위해 필요한 자가진단 및 환경 분석 방법들을 익혀보도록 하자. 이 세 가지만 정확히 습득할 수 있다면 누구나 본인이 관심 있어 하는 기술을 토대로 좋은 창업의 기회를 발견할 수 있다.

1) 창업기회란?

창업을 하기 위해서 가장 먼저 할 일은 창업기회를 발견하는 것이다. 과연 창업기회는 무엇을 의미하는 것일까?

창업기회는 일반적으로 새로운 제품, 서비스 또는 비즈니스를 창출하는데 필요한 일련의 우호적인 상황들의 집합으로 정의된다. 다시 말하면, 창업기회란 머리에서 순간적으로 떠오르는 아이디어 그 자체라기보다는 아이디어에 시장에서의 성공 가능성이 함께 포함된 의미라고 할 수 있다.

대부분의 창업기업들은 다음의 두 가지 방식 중 하나로 창업을 하게 된다. 첫 번째는 외부적인 요인에 영향을 받은 경우, 두 번째는 내부적인 요소에 영향을 받아 창업을 하는 경우이다. 전자에 해당하는 기업들의 창업가들은 주로 창업기회를 찾고 기회를 포착한 다음 사업을 시작한다. 1994년에 Amazon.com을 창업한 제프 베조스(Jeff Bezos) 역시 뉴욕 주에 소재한 투자회사에서 높은 임금을 받았던 인재였으나, 이커머스(e-commerce) 시장에 대한 매력적인 기회를 찾은 후 창업을 하겠다는 계획을 갖고 회사를 퇴사하였다. 반면, 후자에 해당하는 기업들의 창업자들은 문제나 또는 기회의 차이(opportunity gap)를 먼저 인식한 다음, 문제를 해결하고 기회의 차이를 채우기 위해 창업을 한다. 여기에서 기회의 차이란 [기존의 제품, 서비스 또는 비즈니스]와 [새로운 제품, 서비스 또는 비즈니스 기회] 간의 차이를 의미한다.

이처럼 두 가지 방식 중 하나로 창업기업들이 사업에 착수하게 되지만, 그 유형에 상관없이 창업가들에게 기회를 발견하는 일이란 그다지 쉬운 일은 아니다. 새로운 제품, 서비스 또는 비즈니스 기회는 단순히 이미 기존에 있던 것들을 조금 개선한다고 해서 포착할 수 있는 것이 아니다. 그럼에도 불구하고, 많은 창업가들은 본래 자신들이 좋아하고 관심이 있는 기존의 것들을 다른 형태로 만들어보는 것이 창업기회를 발견하는 과정이라는 편협한 생각을 하거나, 그 기회를 바탕으로 실제 사업에 착수하는 오류를 범하기도 한다.

하지만 창업기회를 이해하는데 있어서 핵심은 단순히 이미 기존에 있던 것들보다 조금 더 나은 수준의 새로운 제품, 서비스 또는 비즈니스를 창출한다고 해서 얻을 수 있는 것이 아니라, 사람들이 필요로 하고 기꺼이 구매하려고 하는 제품, 서비스 또는 비즈니스의 범주 안에 창업기회가 있다는 점이다. 이러한 창업기회의 본질적인 속성을 잘 이해하는 것이 우리의 머릿속에 번뜩 떠오른 아이디어가 과연 창업기회인지 아닌지의 여부를 판단하는데 중요하다 할 수 있다.

따라서 창업기회 여부를 판단할 때 창업기회가 필수적으로 갖추어야 할 속성들을 사전에 이해해 두는 것이 중요하다. 창업기회의 4가지 본질적인 속성은 다음과 같다. 첫째, 창업기회는 시장성과 성장성 관점에서 충분히 매력적이어야 한다. 둘째, 시장에서 수요가 있는 적절한 시기여야 한다. 시기에 비해 너무 이르거나 늦으면 제품을 출시한 이후에도 고객창출이 어렵기 때문이다. 셋째, 지속성이 있어야 한다. 즉, 사업적으로 충분히 수익을 창출할 수 있어 지속가능한 사업이 가능하여야 한다. 창업기회는 구매자 또는 소비자에게 가치를 제공하는 제품, 서비스 또는 비즈니스의 범주 안에서 찾아야 한다.

[그림 4-1] 창업기회의 4가지 본질적 속성

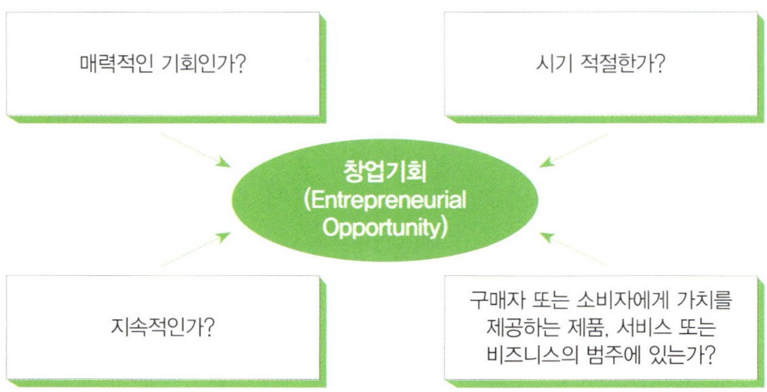

출처 : Barringer, B. R. & Ireland, R. D.(2012). "Entrepreneurship: Successfully Launching New Ventures", Fourth Edition, NJ: Pearson Prentice Hall.

2) 창업기회의 창

창업가라면 창업기회를 발견하여 이를 성공적인 비즈니스로 전환할 수 있어야 한다. 그런데 기회라는 것 자체가 그렇듯, 창업기회 역시 시간적으로 볼 때 창이 열리고 닫히는 것과 같이 일정 기간에만 한시적으로 포착되거나 활용되곤 한다. 따라서 창업가는 창업기회를 비즈니스화하기 위해 '기회의 창(window of opportunity)'을 반드시 파악하여야 한다.

창업기회의 창은 창업기업이 새로운 시장에 현실적으로 진입할 수 있는 기간을 비유적으로 표현한 용어이다. [그림 4-2]를 통해 창업기회의 창을 이해해 보도록 하자.

[그림 4-2] 창업기회의 창

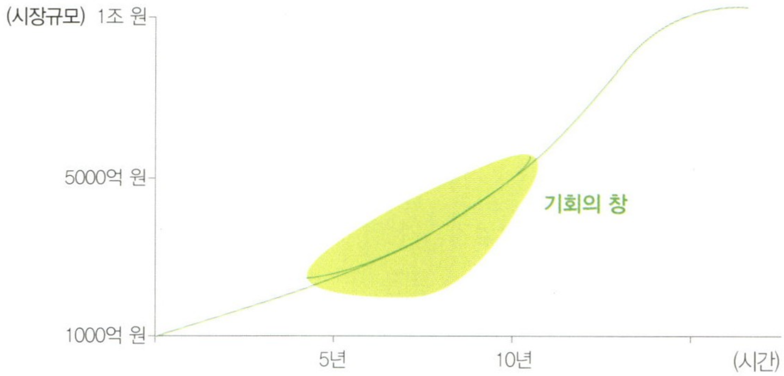

출처: 김진수 · 이창영(2014). "창조경제 시대의 기업가정신과 창업론"

창업기업이 새로 개발한 제품에 대한 시장이 이제 막 구축되었다고 생각해 보자. 시장이 어느 정도의 규모로 커지는 데는 일정 기간의 시간이 필요한데, 시장이 초기 성장단계로 진입하는데 걸리는 기간은 5년 내외가 된다. 5년 이후가 되면 기회의 창이 열리기 시작한다. 시장이 성장하면 본격적으로 수익을 창출하기 위해 기업들이 시장에 진입하고 점유율을 선점하기 위해 서로 고군분투한다. 이후 12년 정도가 되면 시장은 성숙단계에 접어들어 대규모화가 되고, 이 때 기회의 창은 닫히게 된다.

인터넷 검색 엔진 시장을 예를 들어 살펴보자. 1995년 인터넷 검색 엔진 시장에 처음으로 출현한 초기 기업은 야후(Yahoo!)였다. 이후 시장이 빠르게 성장하면서 라이코스(Lycos), 알타비스타(AltaVista) 등 당시 유명했던 검색 엔진 기업들이 시장 점유율을 나누어 가지기 시작했다. 1998년에는 아주 진보적이고 뛰어난 검색 기술을 가진 구글이 나타났고, 그 이후로 검색 엔진 시장은 완전히 성숙되어 이제 기회의 창은 거의 희미해졌다.

이처럼 창업기회의 창이 열리고 닫히는 기간은 유한적인데, 앞서 말한 5년과 12년은 창업기업이 속한 산업의 변화, 기술의 진보 정도, 시장과 고객의 변화, 정부정책의 변화 등에 따라 유동적으로 달라질 수 있다. 다만, 창업기회의 창은 이와 같은 시장의 특성에 따라 창업기회의 성공 가능성이 높아지는 일정한 시기가 있으며, 창이 열리고 닫히는데 있어서 주요한 영향 요인은 시장의 규모와 시간이라는 점을 보여준다.

즉, 시장의 규모가 커질수록 그 시장은 매력적일 수 있지만 성장 단계에 따라 그 매력 정도가 달라질 수 있다. 만약 시장이 이미 성숙단계로 포화상태라면 창업기업에는 틈새시장이 더 매력적인 요소가 된다. 또한, 창업기회의 창은 유한의 기간에만 열리는 것이며 이 기간은 시장의 특성에 따라 다르게 나타난다는 점 역시 잊지 않도록 하자.

읽어보기 **스타트업 성공에 가장 중요한 한 가지, "타이밍"**

100개가 넘는 회사를 창업한 후 성공과 실패를 경험해 온 미국투자자 Bill Gross는 스타트업 성공을 좌지우지 하는 가장 중요한 요소로 다섯 가지를 제시한다.

"아이디어(idea), 창업팀(team), 비즈니스 모델(business model), 자금조달(funding), 그리고 타이밍(timing)" 이 중에서 스타트업의 성공에 가장 중요한 요소는 무엇일까?

Bill Gross가 많은 회사들에 이 다섯 가지 요소들을 적용해 보고 평가해 보았다. 그 결과, 좋은 아이디어, 비즈니스모델, 실행력을 가지고 있었지만 성공하지 못한 실패 사례들이 나온 것이다. 결국 가장 중요한 요소는 타이밍이었다.

에어비앤비는 장기 경기 불황속 사람들이 자금이 필요할 시기에 사업을 시작했다. 그 타이밍이 "누구도 외부인에게 자기집을 빌려주지 않을 것이다." 라는 단점을 상쇄시킨 것이다. 우버 역시 뛰어난 비즈니스모델과 실행력이 있었음에도 타이밍이 더 큰 성공의 요인으로 작용했다. 운전자들이 추가적인 수입을 필요로 하던 시점에 우버의 서비스가 매력적으로 보이게 된 것이다.

이 타이밍을 잡기 위해서는 회사가 제공하고자 하는 것에 대해 고객들이 충분한 준비가 되어있는지를 파악할 필요가 있다. 원하는 바를 바로 추진하기 전에, 타이밍에 대해서 매우 객관적으로 검토해 보는 것이다.

TED동영상 캡쳐 화면

TED 동영상 보기

Bill Gross의 동영상을 보고 스타트업 성공에 중요한 요소들에 대해 이해해 보도록 하자.

출처 : TED 동영상 "The single biggest reason why startups succeed(Bill Gross, 2015)"
https://www.ted.com/talks/bill_gross_the_single_biggest_reason_why_startups_succeed

4.2 창업기회의 발견

지금까지 창업기회의 개념과 특성에 대해 알아보았다. 이제부터 창업기회는 어떻게 발견할 수 있는지, 즉 창업가들이 활용할 수 있는 창업기회 발견 접근법은 무엇이 있는지 살펴보도록 하자.

앞서 언급한 내용처럼 창업가들 중에는 외부적인 요인들을 통해 창업기회를 발견하고 사업을 시작하는 사람도 있지만, 내부적인 요인들로 인해 창업을 하는 사람도 있다. 성공적인 창업가는 이 외부적인 요인과 내부적인 요인이 유기적으로 상호작용할 때 창업기회를 발견하는 사람이다.

다음의 [그림 4-3]은 창업 기회를 발견하는 프로세스를 보여준다. 그림에서 나타난 바와 같이, 외부적인 요인과 내부적인 요인이 결합할 때 곧 창업기회로 이어진다. 즉, 정치, 제도, 경제 · 사회 · 문화, 그리고 기술 등 창업기업을 둘러싼 다양한 외부 환경적인 요인들은 계속적으로 변화하고 진화하는데, 이 때 환경적 트렌드를 잘 파악하는 특성을 가진 사람들이 창업기회를 포착하는데 더 유리한 위치에 있을 수 있다는 의미이다.

[그림 4-3] 창업기회 발견 프로세스

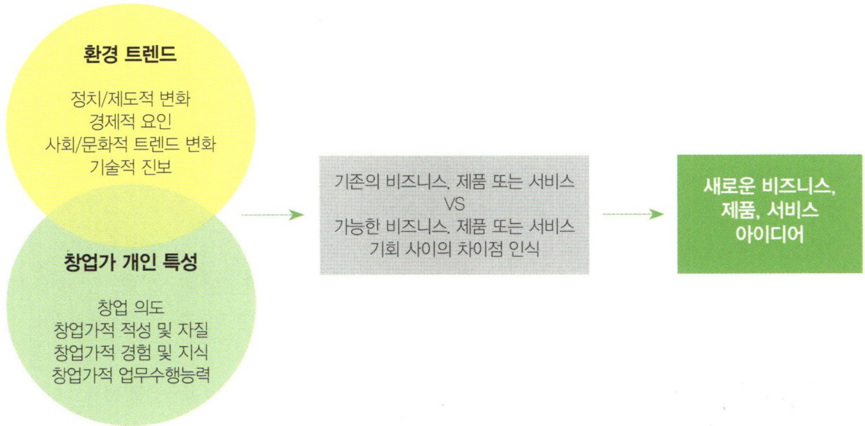

출처 : Barringer, B. R. & Ireland, R. D.(2012). "Entrepreneurship: Successfully Launching New Ventures" 내용을 본 교재에 맞게 재구성

실생활에서 같은 불편함을 느끼고 있는 사람들이라 할지라도, 어떤 사람은 그로부터 창업기회를 발견하고 또 다른 사람은 그것이 기회인지 조차 인식하지 못하는 경우를 예로 들 수 있다. 만약 높은 창업의도를 가진 사람이라면 창업을 생각해보지 않은 사람보다 실생활의 불편함을 해소

하기 위한 해결책을 고민해보고 이를 통해 창업아이템을 구상해 볼 가능성이 더 높다. 특정 분야의 기술을 전공했거나 관련 경험 또는 많은 네트워크를 보유하고 있는 사람 역시 생각해보자. 그들은 소위 말해서 '뜨는' 기술 창업 트렌드를 남들보다 더 잘 포착해 내지 않을까?

창업기회의 발견은 새로운 제품, 서비스 또는 비즈니스가 수익을 창출할 수 있는지 그 가능성을 인지하는 과정을 의미한다. 또한, 창업기회라는 것은 기본적으로 발견하기 전까지는 실행에 옮길 수 없는 것이다. 따라서 과연 창업기회를 발견하는데 있어서 필요한 준비 과정은 시장성과 성장성이 있는 환경 트렌드를 분석하는 것뿐만 아니라 창업자 자신이 창업기회를 놓치지 않고 잘 포착할 수 있는 특성을 갖고 있는지 여부를 점검해보는 것이라 할 수 있다.

다음에서 창업기회 발견에 필요한 환경 트렌드 분석 기법과 창업가 개인의 특성을 분석하는 방법에 대해 알아보도록 하자.

1) 창업기회 발견 방법 1: 환경 트렌드 분석

창업기회를 발견하기 위해서는 항상 환경적 변화의 요인과 트렌드를 잘 살필 수 있어야 한다. 이러한 거시적인 환경 변화의 흐름을 잘 파악하고 여기에 본인의 창업의 의도와 경험 등을 잘 맞춘다면 효과적인 창업을 할 수 있는 가능성이 높아진다. 자, 그러면 환경변화를 분석적으로 할 수 있는 기법을 익힘으로써 창업 기회의 창을 조금 더 크게 확장해 보도록 하자.

환경적 요인에 대한 가장 효과적인 분석 기법 중의 하나가 PEST 분석 기법이다. PEST 분석은 다양한 외부 환경 변화를 파악하기 위하여 사용하는 방법으로 Political and Regulatory Changes(정치/제도적 변화), Economic Forces(경제적 요인), Social-Cultural Trends(사회/문화적 트렌드), 그리고 Technological Advances(기술적 진보)의 영문 머리글자를 따서 만든 방법이다. [그림 4-4]에서처럼 창업가들은 이러한 4가지 요소를 활용하여 창업기회를 발견할 수 있다.

[그림 4-4] PEST 분석을 통한 창업 기회 발견

(1) 정치/제도적 변화

정부의 정치/제도적 변화는 기업, 개별 그리고 정부 유관기관이 법을 준수함으로써 창업가에게 새로운 창업기회를 제공한다. 대표적인 예는 WTO, FTA 협상을 통한 국제규범의 급속한 확산, 규제철폐를 통한 경기 활성화, 공기업의 민영화, 온라인상의 저작권 강화, 기타 법률 개정 등이다.

예를 들어 정부는 2014년 3월에 예비창업자들의 창업 활성화를 위해 건축법 시행령 개정안을 통과시켰다. 통과된 건축법 시행령 개정안에는 음식점이나 PC방 등에 대한 건축물의 용도분류 체계 및 절차를 개선하는 내용이 담겨져 있다. 이로 인하여 건축물에 입점할 수 있는 업종 규제가 완화되어 기존 업종별 근린생활시설로 인정받을 수 있는 면적규모가 달라 어려움이 따랐으나, 개정되면서 면적 상한기준이 단일화 되면서 업종 변경이 자유로워졌다. 최근 기존 어두운 이미지였던 PC방 이미지에서 깔끔한 카페형 인테리어와 카페테리아 서비스를 제공하는 모 PC방 본사는 건축법 입점규제 완화를 통해 업종변경이 쉬워져 가맹점 모집에 활기를 띄고 있다.

읽어보기 정부정책의 변화를 파악하여 창업기회를 잡다. 여성 대학생창업가, (주)파츠너 김보민 대표

파츠너 김보민 대표(이미지 출처: 파츠너 홈페이지)

대전에서 자동차 부품 제조 · 유통회사인 중소기업 '파츠너'를 운영하는 김보민(22) 대표는 '어린 여성'과 자동차 부품은 "안 어울린다"는 사람들의 선입견에 제일 힘이 빠진다고 했다. 그는 지난해 7월 '스타트업'으로 회사를 창업해 직원 5명과 자동차 부품에 빠져 바쁜 나날을 보내고 있는 2년차 회사 대표다. (중략)

남성들이 대다수를 차지하는 자동차 부품 시장 자체에 뛰어든 것도 쉬운 일은 아니지만, 그가 도전한 분야는 만만치 않다. 대기업인 완성차 업체가 독점하는 '순정품'과 경쟁하는 대체부품 시장이기 때문이다.

한남대 경영정보학과에 다니던 대학생인 그가 창업을 결심한 데는 중소기업도 자동차 부품을 자체 생산해 판매할수 있게 길을 열어준 자동차관리법 개정안(2015년 1월 시행)이 결정적 영향을 끼쳤다. 2014년 12월부터 아버지가 운영중인 자동차 부품 회사에서 경험 삼아 아르바이트를 하다 법 시행을 알게 됐다는 그는 "그전까지는 중소기업이 (하청이 아닌) 자기 브랜드로 제품을 만들어 시장에 내놓는 건 불가능한 줄 알았다"고 말했다.

자동차 정비소 직원들에게 "말귀 못 알아먹는다"고 수시로 혼나며 자동차 부품 시장을 배웠다. 마침내 지난해 여름 김 대표는 중소벤처기업부 창업진흥원의 창업선도대학 공모전에서 받은 지원금을 종잣돈 삼고 대출과 지인들의 투자로 1억원의 자본금을 모아 일을 저질렀다.

자동차관리법은 국내 자동차 수리, 교체 부품 가격의 거품을 빼자는 취지로 2014년 1월 개정됐다. 완성차 업체가 독점하는 부품시장에 중소기업을 진입시켜 경쟁을 통해 가격을 낮추자는 것이다. 국토교통부는 '자동차 대체부품 인증제도'를 시행해 정부 공인 인증기관에서 성능과 품질, 안전성을 인증받은 중소기업의 자동차 부품을 소비자들에게 판매할 수 있게 했다. 특히 수입차의 턱없이 비싼 수리비 문제를 해결하자는 데 초점을 맞췄고, 실제 출시된 제품의 가격은 순정품에 견줘 30~60% 저렴하게 책정되고 있다.

김 대표는 현재 국산차용 '에어컨필터'와 '오일필터'를 외주 위탁 방식으로 생산해 판매하고 있다. 에어컨필터와 오일필터는 소비자들이 많이 사용하는 기능성 · 소모성 부품이다. 아직 자동차관리법에서 규정하는 대체부품 인증품목에 포함되진 않지만 국토교통부는 에어컨필터 등도 인증품목으로 확대할 것을 검토중이다.

김 대표는 이러한 '미래'를 보고 친구들 만날 시간도 미뤄가며 일에 매달리고 있다. 김 대표는 "대체부품 시장이 보다 활성화되면 소비자들의 선택권도 넓어지고, 저 같은 청년들의 창업 기회도 늘어나지 않겠냐"고 말했다.

국토교통부도 현재 안전에 미치는 영향은 낮으면서도 자동차 수리에는 많이 쓰이는 펜더, 방향지시등, 범퍼커버 등 40개의 대체부품을 인증품목으로 정하고 자동차 대체부품 시장 활성화에 힘을 쏟고 있다. (중략)

출처 : 한겨레(2016.07.12). "자동차 부품 만들려 21살에 창업했어요"
(http://www.hani.co.kr/arti/society/society_general/751953.html#csidx4a5582de3bdb1528ba859da5f34cf73)

정치적 상황 변화 또한 새로운 창업기회를 부여한다. 최근 전 세계적으로 지구온난화 대책마련을 위해 자동차 연비 규제와 이산화탄소 배출 규제운동을 추진하고 있는 점을 예로 들 수 있다. 현재 국내에서도 2020년부터 국내 자동차 연비 규제 기준을 ℓ 당 20km 이상으로 대폭 강화하는 방안을 추진하고 있다. 이에 따라 하이브리드카와 고효율 디젤, 전기차 등 연료효율성이 뛰어난 차량 개발을 위한 전기차 배터리 및 모터, 외관용 경량소재, 카인포테인먼트 사업 등 친환경 자동차부품 분야의 산업이 활성화될 전망이다.

하지만 이와 같은 정치/제도적 변화가 항상 우호적인 창업기회로 작용하는 것은 아니다. 창업 준비 과정에서 미처 파악하지 못했던 정부 규제 사항들이 사업 착수 후에 뒤늦게 걸림돌이 되어 사업을 접게 되는 경우도 있다. 따라서 창업기회를 발견하기 위해 정치/제도적 변화를 민감하게 감지하는 것도 중요하지만, 계획하는 사업 아이디어 중 우리나라 규정에 위반되는 내용은 없는지 관련 법규들을 꼼꼼히 살펴보는 노력도 필요하다.

읽어보기 **금융당국의 규제 장벽을 발상의 전환으로 뛰어넘은 핀테크 창업, 간편송금으로 카카오 제친 토스**

비바리퍼블리카 이승건 대표(이미지출처 : 이데일리)

"인류 사회를 진보시키는 유일한 방법은 기술혁신이고, 이를 지속적으로 양산할 수 있는 건 기업입니다. 그래서 창업에 나섰죠. 8번 실패하고 9번째 아이템이 '토스' 입니다."

■ 유니세프 기부금 계좌이체에서 얻은 아이디어

이 사장은 어느 날 온라인으로 결제하다 1시간이 걸리는 불쾌한 경험을 했다. "외국에서 등장하고 있는, 충격적일 만큼 편리한 새로운 결제 서비스를 경험하고, 국내에 이걸 가져오고 싶었다. 하지만 기술적으로 구현할 방법이 없었다"고 했다.

그러다 2013년 8월, 그는 "강남역 지나가다가 유니세프 부스를 봤는데, 문득 내가 정기적으로 자동이체로 2만 원씩 돈을 기부하고 있다는 사실이 떠올랐다. 자동이체를 송금에 접목하자는 생각을 하고 유레카!를 외쳤다. 늘 경험하고 있던 것을 새로운 방식으로 접목하니 답이 보였다. 기술적, 법률적, 서비스적 검토를 시작하고, 2013년 11월 홈페이지부터 먼저 열었다"고 했다.

토스는 상대방 계좌번호를 몰라도 보안카드나 공인인증서가 없어도 간편하게 송금할 수 있는 국내 최초의 서비스다. 토스에 이어 네이버페이, 카카오페이 등이 잇따라 나왔다. 은행 ATM을 이용할 때보다 편하게 송금할 수 있어 인기다. 토스는 앱 다운로드 300만 건, 거래액은 6000억 원을 돌파를 앞두고 있다. (중략)

■ 두드리면 열린다…응답하기 시작한 은행들

(중략) 토스가 급물살을 탄 것은 2015년 초 대통령의 '천송이 코트 발언' 이후였다. 그전에도 핀테크라는

산업이 가져올 부가가치와 해외의 선진 사례 등을 설명하며 금융권의 인식 바꾸는데 노력했지만, 금융위에서 토스라는 서비스가 법적으로 문제가 없다는 공문을 받고 IBK기업은행, NH농협 등과 잇따라 제휴를 성사시킨 것이다.

토스는 16개 시중은행과 제휴했고, 간편송금뿐 아니라 결제나 해외송금, 신용평가 등도 추진하고 있다. KTB네트워크, 실리콘밸리 기반의 굿워터캐피탈과 알토스벤처스, 퀄컴 등으로부터 265억 원의 투자를 유치하는데 성공하기도 했다. (중략)

출처: 김현아(2016.06.14). "기업이 세상을 바꾼다"..간편송금으로 카카오 제친 토스 이승건 사장, 이데일리. 수정편집(http://www.edaily.co.kr/news/NewsRead.edy?newsid=01128326612681392&SCD=JE41&DCD=A00504)

(2) 경제적 요인

국가의 경제적 환경 변화와 글로벌 경제 환경의 변화에 따라 수많은 비즈니스의 기회와 위협이 다가올 수 있으므로, 창업자에게도 이와 같은 경제적 환경 변화를 이용한 창업기회가 존재할 수 있다.

일례로 저가생활용품 제품의 대명사인 '다이소'는 경제위기와 불황으로 어려운 소비자들에게 주목하고 창업하여 성공을 거둔 경우이다. 다이소가 국내에서 균일가 시장이 본격적으로 자리 잡기 시작한 시점은 1997년, '아스코이븐프라자'라는 이름으로 1호점을 개점하였다. 1호점을 낸 1997년은 외환위기가 시작된 해였기 때문에 경기가 침체국면에 빠져들면서 소비자들은 보다 저렴하고 알뜰한 소비를 하려는 경향이 높아졌었다. 이와 같은 경제적 상황을 반영한 듯 미스터 1000, 천냥마트, 천냥하우스 등 균일가 점포들이 꾸준히 증가하였으나 대다수 업체들은 몇 년을 버티지 못하고 시장에서 도태되었다.

반면 다이소는 중국, 동남아, 유럽 등 전 세계 28개국에서 100% 아웃소싱을 통하여 다양한 제품을 제작하고 있다. 전 세계적인 아웃소싱으로 상품의 품질은 유지하면서 지속적으로 저렴한 가격을 유지한 결과 2013년에는 매출 약 9000억 원을 기록하였다.

이와 같이 경기가 불황일 때는 사람들이 알뜰한 소비경향뿐만 아니라 지속적인 불안한 고용상태를 예방하기 위해서 새롭게 공부를 시작하는 경향이 있다. 따라서 이러한 경우에는 온라인을 통한 자격증 과정, 공무원 시험 관련 서비스, 대학학위과정 등을 지원하는 창업기회를 생각해 볼 수 있다. 반면에 필수품이 아닌 고가의 쿠키, 빵, 아이스크림 등을 파는 프랜차이즈점이나 소매점을 창업하는 것은 피해야 한다.

(3) 사회/문화적 트렌드 변화

인구통계학적 변화나 여성들의 사회진출, 저출산 · 고령화 사회로의 진입, 결혼 기피현상 등 사회 구조의 변화는 소비자들의 라이프스타일 변화는 물론 다양한 소비계층으로의 세분화와 욕구변화를 수반하게 된다. 이와 같이 소비자들의 기호를 변화시켜 새롭게 수요를 창출함으로써 창업기회가 발생한다.

최근 싱글턴(singleton)이라는 단어가 자주 인용되고 있다. 싱글턴이란 1인 가구나 독신자를 뜻하는 용어이다. 국내의 경우 1인 가구 수는 2013년 기준 4가구 중 1가구인 453만 명(전체가구의 25.3%)이고 2035년에는 3가구 중 1가구인 762만 명(34.3%)에 이를 것으로 전망하고 있다. 이러한 싱글턴 증가 원인으로 여성의 지위향상과 대도시의 형성, 통신혁명, 수명연장 등이 있으며, 1인 가구의 증가로 이들의 생활 패턴을 맞춘 외식 창업이 활성화 되고 있다. 좌석마다 칸막이가 설치되고 무인자판기로 주문하는 1인 식당, 도시락과 주먹밥 같은 대체식품도 꾸준한 성장세를 보이고 있다. 또한, 1인 가구용 주거형태를 겨냥한 다양한 비디오, 오디오 등의 다양한 디지털 기기, 홈 피트니스, 게임기 등이 각광을 받고 있다.

2007년부터 통계청에서는 다양한 분야의 통계 분석을 통해 경쟁자가 없는 시장의 새로운 소비자를 의미하는 블루슈머(bluesumer)를 분석하여 제시함으로써 창업기회를 발굴하는 데 도움이 되는 정책적 노력을 기울이고 있다. [표 4-1]은 통계청에서 보고한 '2014년 블루슈머' 자료이다. 다음의 6가지 블루슈머와 관련하여 어떠한 창업분야가 유망한지 파악해보자.

[표 4-1] 사회/문화적 트렌드 변화에 따른 창업기회

블루슈머	주요 통계	유망 산업
온라인 과거가 두렵다. 과거 지우개족	◆ 인터넷진흥원 〈개인정보침해 상담건수〉 2010년 54,832건 → 2013년 177,736건으로 224% 증가 ◆ 사이람(Cyram) 〈국내트위터 계정현황〉한국내 720만 트위터 계정의 63.6%가 6개월 이상 휴면상태	◆ 디지털 흔적 지우기 – 휘발성SNS, 디지털 세탁소 ◆ 온라인 유산관리사업 – 디지털 장례식, 생전 디지털 콘텐츠 관리
웨딩푸어를 거부한다. 스몰웨딩족	◆ 여성가족부 〈2010년 제2차 가족실태조사〉 평균 결혼비용 남자 8078만원, 여자 2936만원 ◆ 통계청〈인구동향조사〉 2000년대 이후 결혼을 가장 많이 하는 달, 10월, 11월, 5월 순	◆ 결혼식&신혼여행 – 소규모 웨딩 컨설팅 사회적 기업 ◆ 신혼주거 – 신혼집 수납 인테리어, 폴딩 베드, 벽걸이 가전
엄마도 여자이고 싶다. 꽃보다 누나	◆ 통계청〈가계동향〉 2011년 대비 2012년 소득증가율 2030세대 가구 2.9% 증가 40대는 6.7%, 50대는 8.5% ◆ 현대경제연구원〈연령별 소비구조 분석〉 생활비 관리주체 '아내' 응답비율 59.8%	◆ 패션, 화장품 – 4050여성 전용 체형변화 바지 좌훈카페 ◆ 건강 및 외식 – 갱년기 증상 완화 건강식품 – 오전 이용고객 할인 레스토랑
떨어져 살지만 행복하다. 견우와 직녀	◆ 통계청 〈2010 인구주택총조사〉 결혼을 했지만 배우자와 떨어져 사는 기러기 가구 115만 가구, 전체 가구의 10% ◆ 통계청〈2012 사회조사〉 배우자와 따로 떨어져 살고 있는 이유 '직장 때문' 응답비율 72.3%	◆ 주거&여행 – 코쿤하우스 등 빌트인 소형주택 키즈펜션 ◆ 생활 편의 – 국, 반찬 배달서비스 – 의류관리기
뽀삐도 가족이다. 반려족	◆ 통계청 〈1인가구 비중〉 2000년 15.6% → 2012년 25.3%로 증가 ◆ 여신금융협회〈2013.8 카드사용 현황〉 애완동물 관련업종 카드사용액 831억9천만원, 전년 동기 대비 20.9%상승	◆ 반려동물 용품 – 유기농 간식, 친환경 목재가구 ◆ 서비스 – 반려동물 장례 서비스 Dog TV
미안하지 않은 소비를 하고 싶다. 배려 소비자	◆ 보험연구원 〈CSR과 소비자구매형태〉 사회적책임 이행 기업 상품 구매 경향 85.9% ◆ 통계청 〈2012 기업생멸 행정통계〉 신생기업 5년후 생존율 29.6% ◆ 고용노동부 〈2012 사회적기업실태조사〉 2007년 인증 사회적기업 생존율 82.7%	◆ 차별화된 사회적 기업 – 환경, 보건, 복지 등 분야 ◆ 마을기업 및 협동조합 – 지역 특산품, 도농 연계 사업

출처: 통계청(2014). "통계로 찾은 2014 블루슈머 6"

읽어보기 메가트렌드로 미리보는 2016년 100대 이슈

2007년부터 한국트렌드연구소는 '핫트렌드'라는 이름으로 매년 다음해의 주요 트렌드들을 발표해왔다. 한국트렌드연구소에 따르면 현재 지구적 차원에서의 중요한 메가트렌드는 크게 10가지로 진단할 수 있다.

다음의 10대 메가트렌드 중에서 관심 있는 분야의 정보를 찾아보고 유망한 창업 기회는 무엇이 있는지 고민해 보자.

1. 고령화 : 수명연장 사회의 지속적 젊음을 추구하다	1) 리타이어(Re–Tire) 2) 디지털 시니어즈(Digital seniors) 3) 가난한 노인 4) 놓지 않는 권력 5) 늦지 않은 공부	6) 평생연애 7) 해피 포켓(Happy Pocket) 8) 안티에이징(Anti–aging) 9) 개성에 눈뜬 중장년 10) 아날로그 레트로 마케팅 (Analog retro marketing)
2. 영리한 단순화 : 복잡해진 삶의 해결사를 찾아라	11) 단순 소비 12) 인스피리언스(Insperience) 13) 노 로열티(No Loyalty) 14) 점유형 소비	16) 수용자 중심 교육 17) 일대일 코칭 18) 원스톱 민주주의 19) 이웃집 사무실 20) 신실용주의 소비
3. 개성화 : 감각과 감성으로 나를 표현하다	21) 픽셀 밸류(Pixel value) 22) 취미 노동 23) DIY 마켓 24) 로열댄디(Royal dandy) 25) 싱글 이코노미(Single economy)	26) 남다른 경험 27) 절정경험의 추구 28) 맞춤형 주거 29) 알파맘 워너비 30) 평판 경제
4. 글로벌화 : 아무도 고립을 원하지 않는다	31) 글로벌 현장구매 32) 직관적 커뮤니케이션 매체 발달 33) 시민 연대의 세계화 34) 디지털 노마드 35) 종족주의 확대	36) 역글로벌 37) 문화적 동기화 38) 글로컬라이제이션의 진화 39) 메가 FTA 40) 재정 적자의 세계화

5. 디지털화 : 개인의 일상과 사회적 인프라가 디지털로 옷을 갈아입다	41) 디지털 비서 42) O2O 서비스 43) 모바일 맘 44) 소셜 비즈니스 45) 디지털 아카이브	46) 스마트 칠드런 47) 네트워크형 메이커스 48) VR의 침공 49) 사물인터넷 적용 50) 빅데이터 활용법 증가
6. 도시화 : 정보지식 문명의 생활근거지로 발전하다	51) 메가시티 경쟁 가속화 52) 친고령화 도시 53) 중소도시 리브랜딩 54) 체험형 도시문화 55) 시민친화 권력	56) 도심재개발 57) 글로벌 문화 클러스터 58) 팝업 시티 59) 퍼스널 무빙 60) 공항 생태계
7. 일상적 안심 : 신체적 심리적 안전을 요구하다	61) 위로와 보상을 요구하는 소비자 62) 프라이버시와 보안에 민감한 디지털 세대 63) 펫패밀리 64) 모바일 헬스케어 65) 프리크라임	66) 도시 안전 인프라 67) 즉각적 재난대응 시스템 68) 20년 후 포비아 69) 북한 위기 70) 지속적 고용
8. 메이저 아시아 : 아시아가 곧 세계가 되다	71) 5천달러 중산층 72) 아시아의 급속한 도시화 73) 증가하는 명품 소비와 생산 74) 아시아 틴에이저의 글로벌 동기화 75) 아시아의 거대기업들	76) 차이나 스탠더드의 확장 77) 세계 20위 이내 인구 대국의 경제 대국화 가속 78) 아시아인들의 개성화 바람 79) 아시안 컬쳐 시장의 성장 80) 역내 인재교류 증가
9. 친환경윤리화 : 생존을 위해 공존을 선택하다	81) 그린 엔터테인먼트 82) 사회적 건강 밥상 83) 친환경 소재, 가공 산업 84) 클린 리워드 85) 하이사이클링	86) 퍼스널 재생에너지 87) 가든 네트워크 88) 스마트 그리드 89) 식품 인증제도의 세계화 90) 도시 농업
10. 신뢰자본 : 시민들간의 믿음과 소통이 사회적 자원이 되다	91) 세대갈등의 권력투쟁화 92) 물물교환 네트워크의 확산 93) P2P 이코노미 94) 유사가족형 라이프스타일 증가 95) 커뮤니티 기반 소비자 권력 확대	96) 모럴 브랜딩 97) 펀딩 거버넌스 98) 쉬운 의무 99) 투명성 사회 100) 빈부격차와 탈자본주의 논의 증가

출처: NextDaily(2015.10.14.). "핫트렌드 2016-메가트렌드로 보는 100대 이슈" (http://www.nextdaily.co.kr/news/article.html?id=20151013800041)

(4) 기술적 진보

2장의 4차 산업혁명과 기술창업 트렌드에서 살펴보았듯이 기술적 진보 역시 경제적 그리고 사회적 변화와 더불어 창업기회를 창출한다.

우리는 스마트폰으로 인해 3R 시대를 경험하게 된지 오래이다. 3R 시대는 실시간(real-time)으로 무한 정보와 인적 네트워크에 접근(reach)해서 시공간적 한계를 넘어선 실제감

(reality)을 체험하고 있다는 뜻이다. 스마트폰의 기술적 진화로 인해서 사용자의 패턴의 맞는 애플리케이션을 다운로드 받아 사용하면서 휴대폰의 '맞춤화' 사용이 가능하게 되었으며, 스마트폰 안에 MP3 플레이어 기능은 물론, 노트북, 인터넷, 금융, 게임, 서적 등이 결합하여 모든 것이 스마트폰 하나로 해결이 가능한 것은 우리에게 이제 익숙하다. 이제는 스마트폰의 확산으로 이제는 사무실이 아닌 집에서 혹은 길거리에서도 업무를 보고받고 처리할 수 있는 것에서 나아가, 사물인터넷(IoT)의 발달로 스마트폰만으로도 집 밖에서도 집 안에 있는 조명, 전자기기 등을 제어할 수 있는 기술까지 우리의 일상 속에 파고들고 있다.

스마트폰의 진보를 직접 경험해 온 바와 같이 다양한 4차산업 혁명 기술들의 진보로 인해 경제적 생산성 향상, 새로운 일자리 창출, 스마트 워크로 인한 저출산/고령화 대책에 기여, 원격근무로 인한 저탄소 녹색성장 등 경제적/사회적 변화에 까지 많은 영향을 미치게 될 것이다.

이처럼 4차 산업혁명 시대에서 다양한 부문의 기술적 진보 현황을 잘 살펴보고 이에 따른 경제적 그리고 사회적 변화를 잘 예측하고 분석한다면 새로운 창업기회 발견이 가능하다.

읽어보기 **음성인식 인공지능 콜센터 플랫폼과 로봇 채팅 프로그램 '챗봇', 마인즈랩**

마인즈랩 유태준 대표(이미지출처 : 한국경제)

"오케이, 마인즈. 오늘 서울 날씨 어떠니?"

경기 성남 판교에 있는 음성인식 인공지능(AI) 관련 스타트업(신생 벤처기업) 마인즈랩의 유태준 대표(사진)가 마인즈랩의 음성 AI 스피커 '에스카'에 대고 이렇게 물었다. 스피커에선 "오늘 서울 날씨는 오전에 맑았으며, 오후에도 맑고 비 소식은 없습니다"라고 대답하는 여성 목소리가 또렷하게 나왔다.(중략)

마인즈랩은 2014년 한국전자통신연구원(ETRI)의 음성인식 AI 기술을 현물투자받아 설립됐다. 이 기술을 이용한 콜센터 플랫폼과 로봇 채팅 프로그램 '챗봇', 음성인식 AI 스피커 소프트웨어(SW) 개발이 주 사업이다. 마인즈랩의 음성인식 AI 기술을 사용한 콜센터 플랫폼은 음석 인식 후 분류, 클라우드 서버에서 분석 후 주제어 찾기, 자동 대답 등의 단계를 통해 기존 콜센터 업무 시간과 비용을 크게 단축시켰다는 평가를 받고 있다.(중략)

유 대표는 창업 전 컨설팅기업 프라이스워터하우스쿠퍼스(PwC)에서 정보기술(IT) 부문 컨설턴트로 일했다. 그는 "아마존이 2014년 처음 내놓은 음성인식 AI 스피커 '에코'를 보고 큰 충격을 받고 사업 아이디어를 얻었다"며 "사람의 언어가 AI 산업 생태계를 구축하는 중심이 될 것으로 생각했고, 지금도 그렇게 되리라 확신하고 있다"고 말했다. "아마존은 최소한 북미 지역 전체의 유통망과 콘텐츠 네트워크를 장악하려고 해요. '에코'는 그 시작을 알린 것이죠. 아마존 고객들이 아마존의 AI 시스템을 이용한다고 상상해보세요. 그럼 정말 어마어마한 빅데이터를 확보하는 것입니다."

그는 "한국은 음성학과 음성인식 AI 연구 수준이 매우 높은데 이와 관련된 시장 형성은 초기 단계"라며 "미국은 음성 데이터만 따로 모아 파는 회사가 있을 정도로 관련 시장이 체계화돼 있다"고 설명했다. 유 대표는 "사람이 말을 배우듯 AI도 똑같이 자가학습을 한다"며 "사람이 태어나서 어떤 말을 접하느냐에 따라 익히는 말이 달라지는 것처럼, 음성인식 AI 역시 초기에 어떤 음성 데이터를 접하느냐에 따라 그와 관련된 학습을 한다고 보면 된다"고 말했다. "앞으로 이 음성인식 AI 기술 플랫폼에 무엇을 장착하느냐에 따라서 시장은 무궁무진하게 확장될 수 있어요. 통 · 번역이나 교육, 자율주행자동차 장착 등 곳곳에 적용할 시장이 많습니다."

출처 : 이미아 기자(2017.03.05). '2016 기술사업화 대상' 받은 마인즈랩의 유태준 대표 "사람 언어가 AI 산업 생태계 만들 것". 한국경제(http://www.hankyung.com/news/app/newsview.php?aid=2017030553061)

2) 창업기회 발견 방법 2: 창업가 개인 특성 분석

(1) 창업의도 파악하기

창업에 있어서 가장 중요한 것 중 하나는 창업을 하고자 하는 본인의 의도를 명확히 파악하는 것이다. 이는 옷을 입을 때 마치 첫 단추를 끼우는 작업과 같은 것이다. 만약 이 첫 단추를 잘못 끼운 상태에서 앞으로의 활동을 진행하게 되면 그 전체가 잘못된 방향으로 갈 수 있다. 시간이 다소 걸리고 어려워 보인다고 하더라도 자신의 창업에 대한 의도를 명확히 하고 그것을 글로 표현하여 두는 것이 좋다.

창업의도를 명확히 하는 과정에서는 본인이 창업하고자 하는 목적, 창업 분야나 관련 기술과 아이디어, 최종 소비자, 최종 소비자에게 줄 수 있는 가치 등을 파악할 필요가 있다. 또한, 창업에 대해 아주 깊이 생각해 보거나 전문가 등과의 상담을 통해 이를 더 구체화할 수 있다. 다음의 창업의도 기술서를 활용하여 본인의 창업의도를 항목별로 기술해 보고, 시간이 지남에 따라 더 발전시켜 나가도록 해보자.

[표 4-2] 창업 의도 기술서

창업의 배경	
창업의 최종 목표	
창업 관련 기술	
예상 최종 소비자	
소비자 가치와 혜택	

(2) 창업가적 특성의 자기진단 방법

창업의 성공 여부는 창업자 또는 창업팀의 각 구성원들이 갖고 있는 특성에 따라 크게 좌우된다. 우선 창업가적 특성을 파악할 때 가장 먼저 체크해야 할 사항은 창업가적 적성과 자질이다. 모험심, 가능성에 대한 집념, 성격 및 스타일, 리더십, 인내력, 기타 창업가적인 소질 등이 세부평가항목으로 구분되어진다. 그 다음으로는 계획된 창업을 추진하는데 창업가적 경험 및 지식 여부를 평가해 보아야 한다. 여기에는 관련 분야의 경험, 학문과 지식, 인간관계, 사회적 지위 등이 포함된다. 마지막으로 업무수행능력(경영능력)인 창업유지능력, 인력관리능력, 경영판단 능력 등을 평가해 보도록 한다.

상기 언급된 평가 항목별로 적합성 여부를 판단하여 창업자로서의 준비 정도를 파악한다. 창업은 대단히 험난한 길이 될 수 있으므로 관련 분야가 본인에게 맞는 지를 명확히 살펴보아야 하며, 관련한 경험과 지식이 충분한지, 그리고 관련 업무 수행 능력에 대한 자신의 냉철한 평가가 뒷받침 되어야 한다. 이와 같은 항목들을 통하여 나 자신이 창업기회를 포착하기 위한 준비가 얼마나 되어있는지 진단해 보도록 하자.

[표 4-3] 창업가적 특성 평가 항목

평가요소	세부평가 항목
창업가적 적성 및 자질	1. 모험심 2. 추진력 및 끈기 3. 스케일 4. 리더십 5. 의지력 6. 기본 체력
창업가적 경험 및 지식	1. 창업관련 분야의 경험 2. 학문과 지식 3. 네트워크 4. 창업자 능력
창업가적 업무수행능력	1. 가정 유지능력 2. 창업 멤버의 구성 및 통제능력 3. 서비스 및 기술혁신 능력 4. 경영 및 환경적응 능력

4.3 창업아이디어 개발 프로세스와 방법

아이디어를 내기 위해 노력해 본 적이 있는가? 아니면 어떤 순간에 좋은 아이디어가 문득 떠올랐던 기억이 있는가? 우리는 굳이 좋은 아이디어가 아니라 하더라도 여러 가지 생각과 의견을 갖게 되는데 이것도 일종의 아이디어인 셈이다. 이처럼 아이디어는 마음속에 갖고 있는 어떤 생각이나 발상 등을 의미하기 때문에 창업가에게는 창업기회를 발견하는 것보다 창업아이디어를 떠올리는 경우의 수가 더 많다.

창업가는 성공적으로 사업화할 수 있는 창업기회를 발견하고 그러한 방법들을 찾기 위해 다양한 아이디어를 고민해 보게 된다. 따라서 머릿속에 갑자기 떠올랐거나 고민해 보았던 아이디어들은 창업기회의 기준을 충족시킬 수도 그렇지 않을 수도 있다. 그렇다면 과연 창업기회의 기준을 충족시키는 좋은 아이디어는 어떻게 개발할 수 있을까?

일반적으로 좋은 아이디어를 내기 위해서는 일종의 프로세스를 따르거나 구조화된 아이디어 개발 기법을 활용하는 것이 필요하다. 아이디어 개발의 기본적인 방법만 습득하더라도 우리는 주위에서 좋은 아이디어 소재와 다양한 창업아이디어를 발굴할 수 있는 도구를 가지게 되는 것이다. 본 장에서는 아이디어 개발 프로세스와 새로운 제품, 서비스 또는 비즈니스 기회에 대한 창업아이디어 개발에 적용이 가능한 몇 가지 기법들을 학습해보도록 한다.

1) 아이디어 개발 프로세스

사람은 살아가며 수많은 상황과 문제들에 직면하게 된다. 그리고 그 때마다 직면한 상황과 문제를 해결할 수 있는 아이디어와 방법들을 고민하게 되며 최종적으로는 그에 따른 의사결정을 하게 된다. 즉, 의사결정을 위해서는 누구나 문제 인식, 해결책 제시, 그리고 시행이라는 과정을 거치는데, 아이디어의 개발은 우리가 문제를 인식하는 것에서부터 시작된다할 수 있다.

아이디어가 개발되는 프로세스를 구체적으로 살펴보자. 일반적으로 우리는 해결해야 할 문제에 직면하게 되면 가장 먼저 이 문제가 어떤 문제인지 인식하는 것에서부터 문제해결 과정을 시작하게 된다. 간혹 이 문제를 인식하는 경우를 건너뛰고 해결책을 제시하는 경우가 있는데 그 경우는 쓸모없는 해결책이 도출될 수 있는 위험성을 가질 수 있다. 그러므로 현재 처한 문제를 정확히 정의하는 작업은 그 무엇보다 중요하다고 말할 수 있겠다.

문제를 인식한 이후에는 자연스레 그 문제를 해결할 수 있는 방법에는 어떤 것이 있을까를 고민하게 된다. 이 때 제시하는 해결책이 바로 창업기회의 기초가 되는 아이디어이다. 이 과정에서는 다양한 대안들을 모색하고 그 가운데 해결책을 선택하는 편이 있는가 하면, 대안이 아니라 바로 해결책을 찾아내고 그것들을 현실에 적용하려고 하는 두 가지 부류의 사람들로 나누어 볼 수 있다. 여기에서 한, 두 가지 해결책을 제시하는 수준에서 머무르고 해결책의 평가 없이 바로 현실에 적용하는 것은 추후의 문제 발생 소지를 가질 수 있는 위험요소가 있다.

이와 같은 방법은 여러 명으로 이루어진 팀이 아니라 개인이 사용할 수 있는 것이며, 그 상황이 매우 급박하여 신속히 의사결정을 하여야 할 경우에 적합한 방법이다. 따라서 문제해결을 위한 더 효과적인 방법은 다양한 아이디어들을 먼저 구체적으로 제시한 후 그 중에 현실적으로 가장 적합한 문제해결 방법을 선택하는 것이다.

[그림 4-5] 아이디어 개발 프로세스

문제 인식 → 해결책 제시 → 시행

읽어보기 | **킥스타터와 아이디어 개발 프로세스**

킥스타터(Kickstarter)는 미국의 대표적인 크라우드 펀딩 서비스 중 하나이다. 크라우드 펀딩은 군중(crowd)과 모금(funding)의 합성어로, 스타트업들은 킥스타터와 같은 온라인 플랫폼을 통해 혁신적인 제품이나 서비스를 올려놓고 대중들로부터 자금을 조달할 수 있다. 킥스타터에는 영화, 출판, 음반제작부터 아이디어 제품 개발, 연구 프로젝트까지 다양한 분야의 프로젝트가 올라온다.

다음은 킥스타터 홈페이지에 올라온 몇 가지 제품 사례이다. 이러한 혁신적인 제품들은 대부분 실생활에서 우리가 경험한 문제점을 해결하기 위한 아이디어를 기반으로 개발되었다. 다음의 제품들이 나오게 된 과정을 앞서 학습한 아이디어 개발 프로세스에 따라 생각해 보고, 또 다른 문제점은 없는지 또는 더 나은 문제해결 아이디어가 있는지 고민해 보자.

책상을 사용하면서 불편했던 점은 무엇이 있었는가?

◀ ERVO – A Revolutionary Sit-to-Stand Desk
(https://www.kickstarter.com/projects/46685844/perch-a-revolutionary-sit-to-stand-desk?ref=recommended)

반려동물과 함께 멋진 사진을 찍고 싶은데 어려움은?

◀ Pooch Selfie – The Best Way to Capture Selfies with Your Dog
(https://www.kickstarter.com/projects/poochselfie/pooch-selfie-the-best-way-to-capture-self

오래되고 망가진 십자형 나사를 빼고 싶을 때의 어려움은?

◀ Knife Edge screwdriver bits
(https://www.kickstarter.com/projects/762395654/no3-phillips-screwdriver-bit-that-turns-new-and-ol?ref=category_popular)

노트북 가방이나 서류 가방에 물통을 넣는데 불편함은 없었는가?

◀ Knife Edge screwdriver bits
(https://www.kickstarter.com/projects/762395654/no3-phillips-screwdriver-bit-that-turns-new-and-ol?ref=category_popular)

2) 창업아이디어 개발 방법

조금 더 구체적인 문제해결 방법, 즉 아이디어를 개발하는 방법에 대해서 알아보도록 하자. 일을 할 때 도구의 사용법을 숙지하는 것처럼 창업아이디어 개발 방법도 창업기회 발굴을 위한 도구로 그 사용법을 정확히 알아두는 것이 좋겠다. 다음에서 학습할 브레인스토밍, 스캠퍼, 그리고 연꽃기법은 특히 기술창업기업의 아이디어 개발에 대표적으로 활용되고 있는 기법들이다.

(1) 브레인스토밍(Brainstorming)

브레인스토밍(brainstorming) 기법은 BBDO(Batten Barton Durstine and Osborn)라는 어느 한 광고회사의 아이디어 회의 기법 중 하나로 시작되었으며, 1938년 이 회사의 부사장이었던 알렉스 오스본(Alex F. Osborn)에 의해 개발되었다. 이 기법은 아이디어를 얻기 위한 모임에서 4가지 규칙을 지키면서 회의를 진행한 결과 평소 회의보다 월등히 많은 아이디어를 얻게 된 것에 착안하여 만들어졌으며, 창의적인 아이디어 창출을 위한 대표적인 회의진행기법으로 자리 잡았다.

① 브레인스토밍의 정의

브레인스토밍은 'Brain(두뇌)'와 'Storming(폭풍)'이 합쳐진 용어로, '두뇌에서 폭풍이 휘몰아치듯 생각나는 아이디어를 많이 내 놓는다'는 의미이다. 즉 브레인스토밍이란, 어떤 문제를 해결함에 있어 일체의 판단이나 비판을 배제하는 자유로운 분위기에서 머릿속에 떠오르는 다양한 생각과 아이디어를 쏟아냄으로써 창의적인 아이디어를 만들어내는 기법을 말한다.

[그림 4-6] 브레인스토밍의 구조

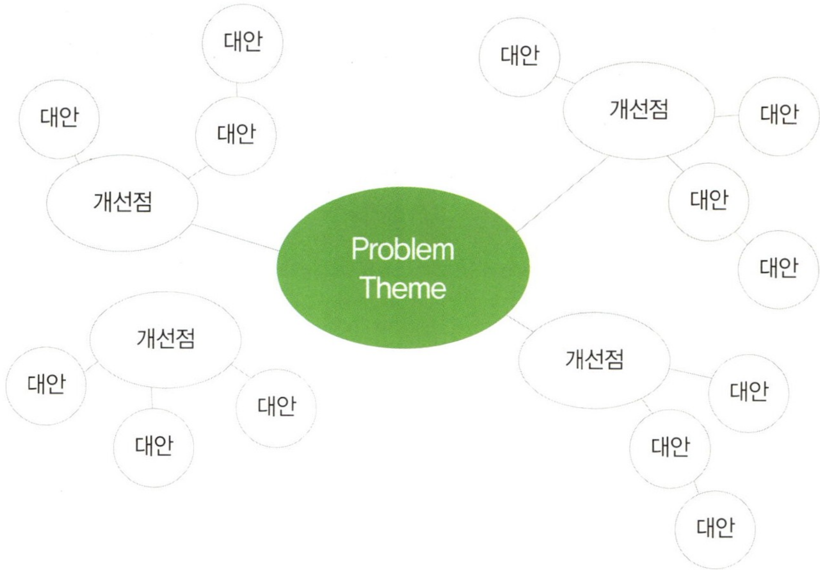

② 브레인스토밍의 기본 규칙

브레인스토밍은 어떠한 문제나 주제에 대해 아이디어를 창출해내는 기법으로 주로 집단회의에서 사용하지만, 개인이 혼자서 사용할 수도 있다. 이 두 경우 모두 좋은 창업아이디어 창출을 위해서는 4가지 기본 규칙을 철저히 따라야 한다.

비판금지(Support)	어떠한 아이디어라도 비판이나 평가는 하지 않도록 한다.
자유분방(Silly)	자유분방하게 아이디어를 내놓는 분위기를 조성한다.
질보단 양(Speed)	가능한 많은 아이디어가 나오는 것이 중요하다.
결합과 개선(Synergy)	이미 제안된 아이디어들을 결합해 개선된 아이디어를 창출해낸다.

③ 브레인스토밍의 계획과 진행

브레인스토밍 아이디어 창출 효과를 극대화하기 위해서는 다음과 같은 계획과 진행 단계를 거치도록 한다.

계획 단계

참가자 구성	진행자, 기록자, 아이디어 발표자 등으로 참가자 구분
장소 섭외	* 평소 늘 익숙한 곳보다 가능한 새로운 장소를 섭외 * 원형이나 U자형으로 회의 좌석을 배치
시간 계획	* 적당한 회의 시간 계획(30분~1시간 정도가 효과적임) * 아침회의가 더욱 아이디어 창출에 효과적임
준비물	* 화이트보드, 보드마카펜, 포스트잇, 시계, 녹음기 등

진행 단계

분위기 조성	진행자는 'ice breaking' 을 통해 자유로운 분위기 유도
규칙복습	진행자는 브레인스토밍의 4가지 기본 규칙을 설명하고 주지시킨다.
과정설명	진행자는 회의 주제, 회의 시간, 아이디어 할당량(1인 1회 발표 당 1개 아이디어 제안 등), 아이디어 발표 방법(자유 발언식 발표, 순환식 발표 등)을 참가자들에게 설명한다.
워밍업	간단하고 익숙한 물건을 주제로 창의적인 사고를 할 수 있는 워밍업 시간을 갖는다. 【 예시 – 연필의 용도를 가능한 많이 생각하여 적어보자 】
브레인 스토밍	● 정해진 룰에 따라 자유롭게 자신의 아이디어를 제안한다. ● 짐 버리기(load dumping) : 주제와 관련하여 잘 알려진 아이디어를 먼저 제안하여 마음 속에서 지워버린다. ● 진행자는 회의의 흐름이 원활하지 않을 경우 아이디어를 유도할 수 있는 질문을 던지거나, 잠시 휴식을 갖도록 한다. ● 기록자는 제한된 아이디어에 제한자의 이름대신 번호를 부여한다.
정리	● 내용이 중복되거나 현실가능성이 없는 아이디어는 제거한다. ● 남은 아이디어 중 주제에 가장 적합하고 실현가능성이 높은 아이디어를 최종 결정한다.

④ 브레인스토밍을 활용한 기법

■ 브레인라이팅(Brainwriting)

브레인라이팅은 독일의 프랑크푸르트 바텔연구소에서 창안한 창의적 사고 기법으로 브레인스토밍과는 달리 말을 하지 않고, 브레인라이팅 기록지에 해결할 주제에 대한 자신의 아이디어를 각자 기록한 다음 다른 참가자들과 교환하여 검토해봄으로써 새로운 아이디어를 창출해내는 방식이다. 브레인라이팅은 브레인스토밍과 전체적인 맥락은 비슷하지만 다음과 같은 절차를 거쳐 진행된다.

순서	진행 절차
1	인원수 및 자리 배치 등을 고려하여 적절하게 집단을 구성한다.
2	집단의 구성원들에게 각각 브레인 라이팅 기록지를 한 장씩 배부한다.
3	* 해결 주제를 참고하여, 각자 개별 주제를 정해 적도록 한다. * 주제를 생각할 5분 정도의 시간을 갖는다.
4	* 첫 줄(아이디어 순서 1)에 자신의 아이디어를 3개 정도 적는다. * 아이디어를 생각할 5분 정도의 시간을 갖는다.
5	자신의 브레인 라이팅 기록지를 옆사람에게 전달한다.
6	* 전달받은 기록지상에 적힌 기존의 아이디어를 참고하여 다음 줄(아이디어 순서 2)에 자신의 아이디어를 3개 정도 적는다. * 아이디어를 생각할 5분 정도의 시간을 갖는다.
7	참가자 기록지가 모두 돌아갈 때까지 5,6번 과정을 반복한다.

(2) 스캠퍼(SCAMPER)

'스캠퍼(SCAMPER)' 는 브레인스토밍 기법을 창안한 알렉스 오스본(Alex Osborn)이 아이디어 창출을 위해 만든 체크리스트를 밥 에버럴(Bob Eberle)이 재구성하고 발전시킨 새로운 아이디어 창출 기법이다. 'SCAMPER' 라는 용어는 각 체크리스트 단어의 앞 글자들을 조합한 것이다.

스캠퍼의 모태가 된 체크리스트는 오스본이 문제해결을 위해서는 다양한 방면으로 고민하는 것이 중요하다고 판단하여 사고의 기준을 여러 질문으로 나열한 것으로, 문제를 해결하기 위해 생각해볼 수 있는 항목들을 적은 후 체크해 나가는 식으로 구성되어 있다.

스캠퍼의 구성 내용과 적용 기법을 살펴보면 다음과 같다.

① 스캠퍼의 구성 내용

■ S(substitute; 대체하기)

기존의 시각과는 다른 시각으로 생각해 보는 것으로 '다른 누가', '다른 성분이라면?' 등과 같이 기존의 것을 다른 것으로 대체하면 어떻게 될지에 대해 질문한다.

읽어보기 '대체하기' 기법으로 탄생한 롤러 스케이트

플림튼(이미지 출처: 디지털밸리뉴스)

롤러 스케이트를 발명한 사람은 제임스 플림튼(사진)이란 미국 사람이다. 그는 메사추세스 주에 있는 가구 공장에서 영업 사원으로 일하고 있었다. 하지만 하루 종일 돌아다니다 보니, 그만 신경통에 걸리고 말았다. 의사는 적당한 운동, 즉 스케이팅을 권했다. 그러나 그는 시간이 부족해서 운동할 엄두를 못 냈다. 따라서 몸 상태도 더 나빠지고, 능률도 떨어지게 되었다. 쉽게 말해 스케이팅을 시작할 수밖에 없는 상태가 되었다. 그래서 겨울 동안 스케이트를 탔다. 물론 통증은 점차 줄어들었다. 봄이 오자 그는 스케이트를 타고 싶어도 더 이상 탈 수가 없었다. 따뜻한 날씨 때문에 얼음이 모두 녹아 버린 것이다. 플림튼은 생각했다. '사계절 내내 스케이트를 탈 수는 없을까?' 고민을 계속하던 어느 날이었다. 어린 아들이 집 안을 빙빙 돌며 신나게 놀고 있었다. 바퀴가 달린 장난감을 타고 말이다. 바로 그 모습은 플림튼을 그 자리에서 얼어붙게 했다.

"그래! 스케이트에 바퀴를 다는 거야. 얼음 대신 평지에서도 탈 수 있도록…."

이렇게 해서 탄생한 것이 세계 최초의 롤러 스케이트이다. 그는 특허 출원을 서둘렀다. 그리고 1863년 이른 봄, 대량 생산의 물꼬를 텄다. 롤러 스케이트는 순식간에 미국 전역에 퍼졌고, 얼마 후부터 롤러 스케이팅이 최고의 스포츠로 각광을 받기 시작했다.

그림: 김민재 만화가(이미지 출처: 디지털밸리뉴스)

출처 : 디지털밸리뉴스(2015.08.18). "플림튼의 롤러스케이트 발명"(http://www.dvnnews.com/news/articleView.html?idxno=13518)

■ C(combine : 결합하기)

두 가지 이상의 물건들을 결합하여 새로운 것을 도출해보기 위한 질문으로 '새로운 무엇과 결합시키면?' 등을 질문한다.

〈'결합하기'를 적용한 제품 사례〉

◆ Dog Umbrellas : 애완견 리드줄 + 우산

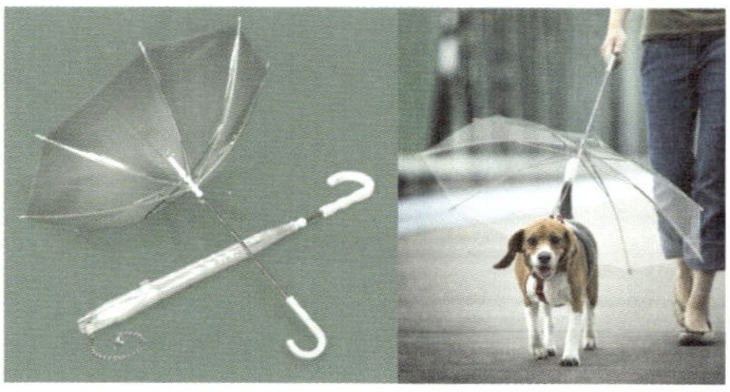

▲ 이미지 출처 : Salebreaker(http://salebreaker.com/products-page/pets/dog-umbrellas)

◆ Dry Hand's Faucet : 세면대 수도꼭지 + 핸드드라이어

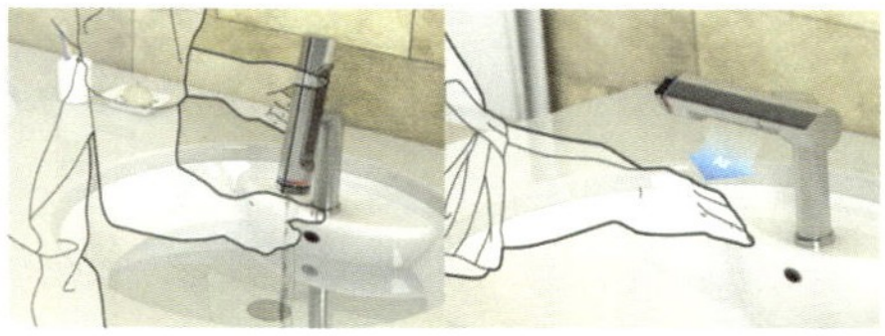

▲ 이미지 출처 : iDEA4ALL(https://blog.ideas4all.com/blog/the-scamper-technique-a-small-change-can-create-a-new-product)

■ A(adapt : 적용하기)

기존의 생각을 다른 상황에 알맞게 적용하여 비슷한 것이 무엇일까 생각해보고 모방 또는 재창조할 수 있도록 유도하기 위해 '이것과 비슷한 것은?', '이것과 다른 것이 어떻게 적용될 수 있을까?', '과거에 비슷한 상황은 없었는가?' 등을 질문한다.

〈'적용하기'를 적용한 제품 사례〉

◆ Mocubo – Cool Cutting Board and Prep Station
: 재료의 보관과 이동을 용이하게 하는 기능이 적용된 도마

▲ 이미지 출처 : Awaing Board(https://awingboard.wordpress.com)

◆ Sweeper & Dustpan : 빗자루 보관 기능과 쓰레기 처리를 용이하게 하는 기능이 적용된 쓰레받기

▲ 이미지 출처 : iDEA4ALL(https://blog.ideas4all.com/blog/the-scamper-technique-a-small-change-can-create-a-new-product)

■ M(modify : 변형하기 / magnify : 확대하기 / minify : 축소하기)

어떤 것의 특성이나 모양 등을 변형하거나 확대 또는 축소하여 새로운 것을 재생성할 수 있도록 '색깔이나 겉모습을 얼마나 변화시킬 수 있는가', '높이와 고도를 올릴 수 있는가', '양

이나 수치를 줄일 수 있는가' 등을 질문한다.

〈'변경하기/확대하기/축소하기'를 적용한 제품 사례〉

◆ Draying Rails : 레일의 이동성을 고려한 빨래건조대

▲ 이미지 출처 : Yanko Design(http://www.yankodesign.com/2012/10/24/drying-rails)

◆ The Drop Rest : 커피나 음료가 흐르지 않도록 옆면 하단 부분에 홈을 판 머그컵

▲ 이미지 출처 : iDEA4ALL(https://blog.ideas4all.com/blog/the-scamper-technique-a-small-change-can-create-a-new-product)

◆ Edge Tape : 테이블에서 잘 굴러 떨어지는 원형 테이프를 사각모양으로 변형한 사각 테이프

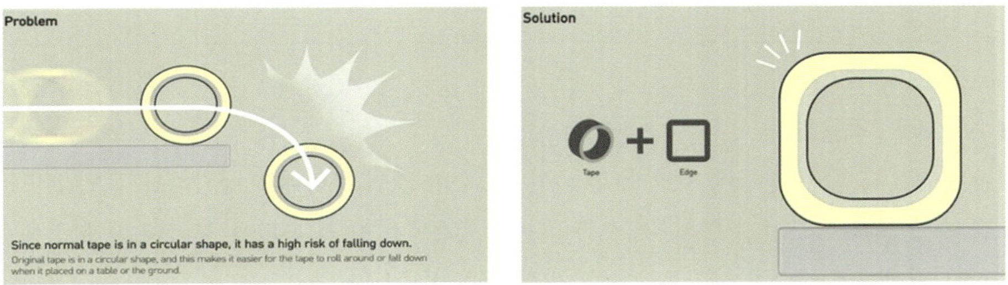

▲ 이미지 출처 : iDEA4ALL(https://blog.ideas4all.com/blog/the-scamper-technique-a-small-change-can-create-a-new-product)

■ P(put to other uses : 다르게 활용하기)

기존의 것을 다른 용도로 활용할 가능성을 생각하도록 '가공 없이 다른 용도로 사용할 수 없는가?', '만약 일부분을 바꾸면 다른 어떤 용도로 사용할 수 있을까?' 등을 질문한다.

〈'다르게 활용하기'를 적용한 제품 사례〉

◆ Clip Bookmark : 북마크로 활용되는 클립

▲ 이미지 출처 : Womanita(http://www.womanita.com/health/scamper-technique-method-examples-meaning.html)

▲ 이미지 출처 : diys(http://www.diys.com/create-your-own-bookmarks)

◆ Tire Swing : 아이들의 그네로 활용되는 폐 타이어

▲ 이미지 출처 : diy network(http://www.diynetwork.com/how-to/outdoors/structures/how-to-hang-a-tire-swing-from-a-tree)

▲ 이미지 출처 : Walmart(https://www.walmart.com/ip/Kids-Creations-Tire-Swing/14061322)

■ E(eliminate : 제거하기)

어떤 것의 일부분을 제거함으로써 새로운 것을 생성해낼 수 있도록 '무엇을 소거할 수 있는가', '특정부분을 제거했을 때 작동에 어떤 변화가 있는가', '기능상 없어도 되는 부분이 있는가' 등을 질문한다.

〈'제거하기'를 적용한 제품 사례〉

◆ Dyson's New Bladeless Fans Aim to Replace Air Conditioning : 선풍기 날개를 제거한 다이슨 선풍기

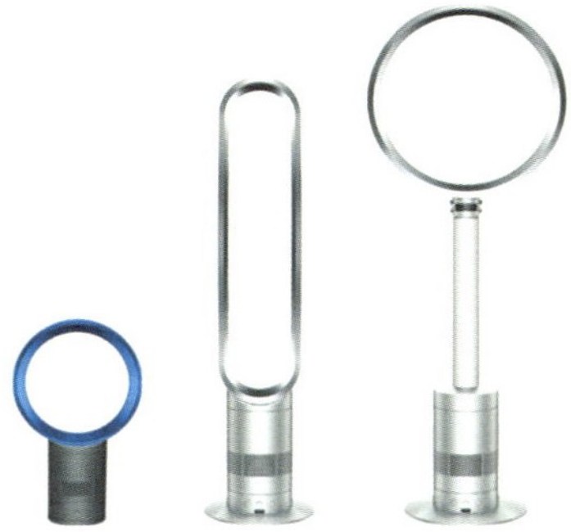

◀ 이미지 출처 : inhabitat(http://inhabitat.com/dyson-aims-to-replace-air-conditioning-with-new-bladeless-fans)

■ R(reverse : 순서 바꾸기 / rearrange : 재정리하기)

어떤 것의 순서나 모양 등을 거꾸로 해보고 다시 배열함으로써 새로운 것을 찾아낼 수 있도록 '다른 레이아웃을 사용할 수 있는가?', '무엇을 재결합할 수 있는가?', '반대로 하면 어떻게 되는가?', '위아래를 바꾸면 어떻게 되는가?', '안과 밖을 뒤집으면 어떻게 되는가?' 등을 질문한다.

〈'순서 바꾸기/재정리하기'를 적용한 제품 사례〉

◆ 수돗물이 역류하여 나오게 할 수 있는 고무 캡

▲ 이미지 출처 : Quora(https://www.quora.com/What-are-some-awesome-inventions-which-are-useful)

◆ KAZbrella : 접는 방향을 반대로 바꾼 우산

▲ 이미지 출처 : Kickstarter(https://www.kickstarter.com/projects/kazbrella/kazbrella-revolutionary-inside-out-umbrella)

[표 4-4] 스캠퍼의 구성 내용

약자	의미	설명	예
S	Substitute (대체하기)	다른 재료, 요소,원동력, 프로세스 등	연탄재 벽돌, 종이컵, 나무젓가락
C	Combine (결합하기)	혼합, 조립, 그리고 작동, 단위, 방법, 아이디어 등의 결합	지우개 달린 연필, 필터 달린 담배, 시계겸용 라디오, 보온겸용 밥솥
A	Adapt (적용하기)	다른 용도, 과거의 적용, 다른 아이디어의 도용	산우엉 가시 → 매직테이프(벨크로) 장미덩굴 → 철조망
M	Modify, Magnify, Minify (변형, 확대, 축소하기)	뜻, 색깔, 동작, 모양 등을 변형, 더할 수 있는 요소는? 더 크게, 높게, 강하게, 두껍게, 과장되게 등	종이비누, 포스트잇(Post-it)
P	Put to other uses (다르게 활용하기)	원래의 용도를 바꾸기 등	톱밥 → 장작 쓰레기 → 블록, 건설재료 폐 타이어 → 발전소의 원료
E	Eliminate (제거하기)	취소, 분리, 가볍게, 짧게, 여러 개로 나누기 등	트랜지스터, 노트북
R	Reverse, Rearrange (순서바꾸기, 재정리하기)	방향을 바꾸기, 거꾸로, 용도의 교환 등	벙어리장갑 → 다섯 발가락 양말

출처: 김진수 · 이창영(2014). "창조경제 시대의 기업가정신과 창업론"

② 스캠퍼 기법의 적용

스캠퍼 기법은 S-C-A-M-P-E-R 순서를 반드시 따라서 적용하는 것이 아닌, 상황에 맞게 적절한 질문을 선택하여 사용할 수 있다는 장점이 있다. 다음 [그림 4-7]과 같이 스캠퍼를 활용하여 어떠한 문제 상황이나 물건의 용도 등을 각각의 체크리스트에 따라 질문해 보고, 질문에 변화를 주기도 하면서 새로운 아이디어를 얻을 수 있다.

[그림 4-7] 스캠퍼 기법의 적용 예시

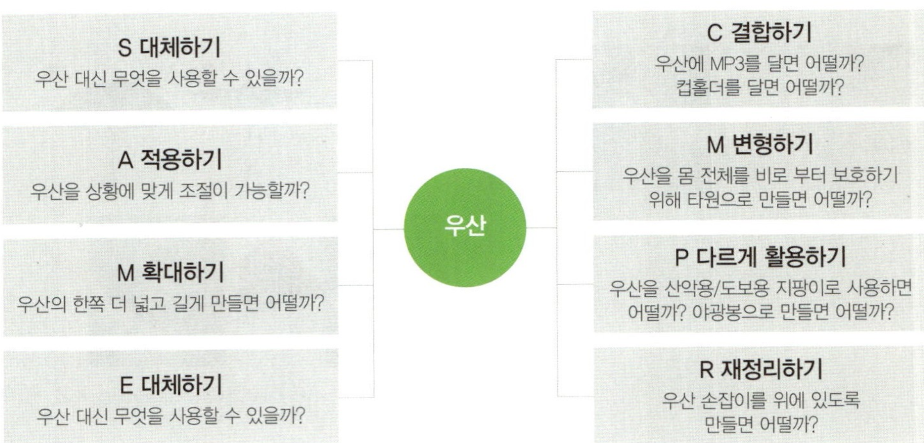

출처 : http://blog.naver.com/nowjobkorea?Redirect=Log&logNo=220192359159

(3) 연꽃기법(Lotus Blossom)

'연꽃기법(lotus blossom)'은 연꽃의 꽃잎이 가운데 중심으로 밀집해 있다가 서서히 바깥으로 펼쳐지는 모습에서 착안하여, 일본 치바시에 있는 클로버 경영 연구소(Clover Management Research)의 사장 마쓰무라 야스오가 개발한 아이디어 발상 기법이다. 이 기법은 마쓰무라 야스오의 이름 이니셜을 따서 MY기법이라고도 한다.

연꽃기법은 문제해결을 위한 다양한 대안을 얻는 것이 필요한 경우, 그리고 기존 기술이나 제품을 응용하여 신기술 또는 신제품으로 재구성해야 하는 경우에 주로 활용되고 있다.

① 연꽃기법 적용 절차

연꽃기법은 아이디어, 문제, 이슈, 주제 등을 3칸과 3줄 9개의 칸으로 이뤄진 표를 중심으로 하여 서서히 확장해 나가는 방식으로, 가운데 핵심 단어에 둘러싸고 있는 나머지 8개의 칸에 핵심 단어와 연상되는 단어를 적으면 된다.

[그림 4-8] 연꽃기법 적용 절차

■ 1단계 : 핵심 주제 선정하기

3x3칸으로 구성된 81개의 칸을 그린 후 정 중앙에 핵심 주제를 작성한다.

■ 2단계 : 핵심 주제와 관련된 하위 주제 작성하기

중앙에 작성된 핵심 주제와 연관된 다양한 단어를 핵심 주제 주변인 나머지 8칸(A–H까지)에 채워나간다.

■ 3단계 : 하위 주제 이동하기

핵심 주제에 대한 하위 주제를 다시 주변의 9개 영역의 중심 칸으로 각각 이동시킨다.

■ 4단계 : 중심 주제별 하위 주제 생성하기

8개의 하위 주제 각각에 대해 8개씩 아이디어를 생각해 내어 주변의 나머지 칸을 채워 나간다.

■ 5단계 : 각 중심 주제별 아이디어 정리하기

각 중심 주제별로 도출된 가장 좋은 아이디어에 동그라미를 쳐서 아이디어를 정리한다. 부주제와 선정된 아이디어를 구분하여 표로 다시 재정리한다.

② 연꽃기법의 적용

새로운 가위 제품에 대한 아이디어를 연꽃기법을 적용해 발전시켜 나가 보자.

■ 중심 주제 (가위)의 문제해결에 관한 부 주제를 정리한 후, 각 부 주제별 아이디어를 정리한다.

야광	변색	투명	어린이	청소년	가정주부	문구	미용	가정주방
줄무늬	**색상**	무지개	노인	**대상**	학생	전기	**용도**	공업
반짝	피부색	파스텔	여성	상인	미용사	음식점	업무	생활
버튼식	인형	접이	**색상**	**대상**	**용도**	수동	원터치	도르레
박스	**모양**	원통	**모양**	**가위**	**작동방식**	기계식	**작동방식**	전자식
롤러	카드	우산	**크기**	**액세서리**	**소재**	유압식	수압식	공기
책	손바닥	샤프심	테이프	자	풀	플라스틱	철	녹말
화장품통	**크기**	성냥갑	메모지	**액세서리**	거울	스테인레스	**소재**	고무
수정테이프	볼펜	동전	돋보기	각도기	조명	구리	유리	종이

■ 각 부 주제별로 아이디어를 선정한다.

부주제	선정된 아이디어	부주제	선정된 아이디어
색상	야광	대상	학생
모양	버튼식	용도	문구
크기	볼펜	작동 방식	수동
액세서리	조명	소재	플라스틱

■ 가장 좋은 아이디어를 조합한 상품 기획안을 개발한다.

(1안) 초등학생이 다치지 않도록 플라스틱 재질로 볼펜처럼 만든 버튼 형태 가위
(2안) 학생이 어둠 속에서도 자를 수 있도록 한 조명 가위
(3안) 어두운 상태에서도 찾을 수 있도록 야광 띠를 두른 가위

활동하기 **스캠퍼의 각 기법에 해당하는 창업 사례 찾아보기**

이미지 출처: good morning creativity 홈페이지

스마트 알림장 서비스를 제공하는 키즈노트와 명함관리 서비스를 제공하는 리멤버 사례를 살펴보고, 각 기업들의 사업 아이디어는 스캠퍼 기법 중 어느 기법에 해당하는지 생각해 보자. 또한, S(대체하기), C(결합하기), A(적용하기), M(변형하기, 확대하기), P(다르게 활용하기), E(제거하기), R(재정리하기) 기법에 해당하는 다양한 창업 사례를 찾아보자.

■ **키즈노트**

세상은 대단히 빨리 변화하는 것 같지만 생각보다 주위의 불편함은 그리 빨리 해소되는 것 같지는 않다. 어린이집과 학부모 간 소통을 위해 오가는 종이 알림장을 스마트폰으로 할 수 있게 하겠다는 스마트 알림장을 만든 '키즈노트'는 소소하지만 중요한 일상을 통해 변화를 시도한 회사다. 안철수연구소를 나와 외주 개발 업체를 차린 최 대표는 돈을 그럭저럭 벌고 있었지만 발전 가능성에 대해 한계를 느끼고 있었다. 그러던 어느 날 최 대표는 어린이집에서 돌아온 딸의 가방에서 종이 알림장을 발견하게 된다. 키즈노트 김준용 대표는 "아직도 이걸 종이로 하네?" 알림장을 넘겨보며 이런 생각을 한 그는 이걸 '전산화 해야겠다' 고 마음먹었다.

■ **리멤버**

'명함관리비서' 리멤버(Remember) 애플리케이션이 회원 수 6만 명을 확보하며 비즈니스맨들에게 인기다. 소프트웨어가 자동으로 정보를 인식하는 기존 명함 앱과 달리 타이피스트(타이핑을 전문적으로 치는 직업)가 직접 명함정보를 입력해 정확도가 높고 편리하다는 게 인기 이유다.

리멤버 앱은 명함을 사진 찍어서 보내면 타이피스트들이 직접 입력해 명함정보를 다시 전송해준다. 이용자 화면에는 등록된 명함과 함께 관련 정보를 쉽게 보거나 저장이 가능하다.

리멤버의 최재호 대표는 "일일이 수정해야 하는 기존 명함 앱으로는 지속 가능하지 않다"면서 "우리가 명함관리 비서가 되겠다는 의지로 직접 수기 시스템을 도입했다"고 설명했다.

출처: 김상윤(2014.07.23). "'명함 관리 비서 앱' 리멤버, 편하긴 한데 내 정보 괜찮나". 이데일리.
임원기(2012.08.07). "한국의 스타트업-(90)키즈노트 김준용 최장욱 대표". 임원기의 人터넷 人사이드 블로그.

학습정리

- 창업 기회의 발견을 위해서는 외부적인 요인인 환경 트렌드 분석과 내부적인 요인인 창업가적 개인 특성 분석이 유기적으로 상호작용해야 한다.
- 외부 환경 트렌드 분석에는 PEST 분석 기법이 사용되어질 수 있다. 무엇보다 중요한 것은 외부적인 환경 트렌드의 큰 변화와 고객 입장에서의 중요한 이슈와 문제를 서로 잘 결합하여 창업의 기회를 발견하고 이를 아이디어와 연결하여 구체화하는 것이다.
- 창업기회는 일반적으로 새로운 제품, 서비스 또는 비즈니스를 창출하는데 필요한 일련의 우호적인 상황들의 집합으로 정의된다. 다시 말하면, 창업기회란 머리에서 순간적으로 떠오르는 아이디어 그 자체라기보다는 아이디어에 시장에서의 성공 가능성이 함께 포함된 의미이다.
- 창업기회가 갖추어야 할 4가지 본질적인 속성은 시장성과 성장성 관점에서의 매력도, 시장 수요의 시기 적절성, 지속성, 구매자 또는 소비자에게 가치를 제공하는 제품, 서비스 또는 비즈니스의 범주 안에 있는가의 여부이다.
- 창업기회의 창은 창업기업이 새로운 시장에 현실적으로 진입할 수 있는 기간을 의미한다.
- 문제해결 과정은 먼저 문제를 인식하고 이에 대한 해결책을 내고 이를 시행하는 프로세스로 진행이 된다. 하지만 가장 중요한 것은 아이디어를 내는 것보다도 그 문제를 정확히 인식하고 그 원인을 찾는 것이 중요하다. 왜냐하면 여기에 따라서 문제해결의 결과와 아이디어가 달라지기 때문이다.
- 기술창업기업의 대표적인 아이디어 개발의 방법에는 자유연상법이라 불리는 '브레인스토밍', 문제해결을 위한 사고의 기준을 여러 질문으로 나열하여 고민해 보는 '스캠퍼', 그리고 가운데 핵심 단어를 둘러싸고 있는 나머지 칸에 핵심 단어와 연상되는 단어를 적음으로써 문제해결을 위한 다양한 대안을 얻는 '연꽃 기법'이 사용된다.

참고문헌

- SK이노베이션(2014.11.21.). "PEOPLE: 〈이큐브랩〉 권순범 대표 – 혁신을 혁신하다"
- Vijay Kumar 지음/이유종, 오동우, 주종필 번역. "혁신 모델의 탄생". 틔움.
- 김상윤(2014.07.23). "'명함 관리 비서 앱' 리멤버, 편하긴 한데 내 정보 괜찮나". 이데일리.
- 김지선(2016.01.05.). ""새롭다 싶으면 법 때문에…" 사업접는 벤처들 는다". 디지털 타임즈.
- 김진수, 이창영. "창조경제시대의 기업가정신과 창업론". 문영사.
- 김진수, 이창영, 이유종, 권주형, 박진수. "생활과 창의성". 이오북스.
- 김현아(2016.06.14). "기업이 세상을 바꾼다"..간편송금으로 카카오 제친 토스 이승건 사장. 이데일리.
- 디지털밸리뉴스(2015.08.18). "플림튼의 롤러스케이트 발명
- 원수연(2015.07.27.). "비트, 무료 음악 스트리밍으로 음원산업을 성장시킨다 – 비트패킹컴퍼니 박수만 대표이사". 앱스토리 매거진.
- 이미아 기자(2017.03.05). '2016 기술사업화 대상' 받은 마인즈랩의 유태준 대표 "사람 언어가 AI 산업 생태계 만들 것". 한국경제
- 이유종, 김우식. "혁신 모델의 탄생 워크북". 틔움.
- 임원기(2012.08.07). "한국의 스타트업-(90)키즈노트 김준용 최장욱 대표". 임원기의 人터넷 人사이드 블로그.
- 통계청(2014). "통계로 찾은 2014 블루슈머 6"
- 한국디자인진흥원(2013). "2014 트렌드 코드"
- 한겨레(2016.07.12). "자동차 부품 만들려 21살에 창업했어요"
- NextDaily(2015.10.14.). "핫트렌드 2016-메가트렌드로 보는 100대 이슈"

◆ Barringer, B. R. & Ireland, R. D.(2012). "Entrepreneurship: Successfully Launching New Ventures", Fourth Edition, NJ: Pearson Prentice Hall.

◆ http://www.auto-partsner.com
◆ https://awingboard.wordpress.com
◆ https://blog.ideas4all.com
◆ http://www.diynetwork.com
◆ http://www.goodmorningcreativity.com
◆ http://inhabitat.com
◆ https://www.kickstarter.com/
◆ https://www.quora.com
◆ http://salebreaker.com
◆ https://www.ted.com
◆ https://www.walmart.com
◆ http://www.womanita.com
◆ http://www.yankodesign.com
◆ https://www.youtube.com/

4장. 키워드 인덱스용

창업기회	PEST 분석	창업아이디어	아이디어 개발 프로세스
브레인스토밍	브레인라이팅	스캠퍼	연꽃기법

05

창업 아이디어 실현가능성 검증

무조건 믿지 마라. 검증하라.

괴짜 경제학 저자, 교수, 스티븐 레빗(Steven Levitt)

학습목표

1. 초기 창업기업의 아이디어 검증의 필요성을 이해한다.
2. 아이디어 실현가능성을 파악하는 방법을 다양하게 학습한다.

시작 하기

창업성공의 비결

실현가능성 검증과 최적화된 창업팀!

선데이토즈의 창업자는 이정웅, 임현수, 박찬석 등 3명. 세 명은 명지대 컴퓨터공학과 00학번 동기생들이다. 이정웅 대표는 트랙나인, 신텍정보시스템, NHN 등을 거쳤다. NHN에서 4년간 게임 개발자로 일했다. 임현수 기술이사(CTO)는 고승도치플러스, 엔씨소프트 등에서 실력을 쌓아왔다. 박찬석 운영이사는 T3에서 오디션을 개발했던 인물이다.

역할은 나뉘어져 있지만 세 사람은 공통적으로 엔지니어다. 경영을 잘 모른다고 생각했기에 오히려 그들은 조직에 대해 보수적으로 접근했고 타이트하게 운영했다. 회사를 앞장서서 포장하기보다는 제대로 된 제품을 만드는데 주력했다. 당연한 일 같지만 쉽지만은 않은 일이다. 스타트업에게 가장 필요한 일이기도 하다.

■ 창업팀의 역량에 대한 분석과 대비는 중요한 사업의 원천이다.

이정웅 대표는 이제 갓 서른의 젊은 사장이지만 서두르거나, 쉽게 흥분하거나, 과욕을 부리지 않는 스타일이다. 창업 시 그는 자신을 이렇게 규정했다고 한다. "게임 개발은 많이 해봤지만, 창업 전문가는 아니다. 그러니깐 내가 모르는 것은 하지 말고 내가 잘 할 수 있는 것에 전념하자." 이 대표는 한게임에 있던 시절 1년에 50개씩 플래시 게임을 만들 정도로 많은 경험을 쌓았다. 작은 재미난 게임들을 끊임없이 계속 만드는 경험을 한 것이다. 그는 작은 게임을 빨리 만드는 것에는 자신이 있었다. 그래서 작은 게임을 오픈플랫폼과 결합해서 승부를 보자고 생각했다. "우리나라도 언젠가는 오픈할 거라고 생각했습니다. 우리가 열심히 사람을 모을 필요 없이 오픈 플랫폼에서 소셜네트워크를 통해 게임을 서비스하면 될 거라고 생각했죠."

■ 선데이토즈는 하루아침에 이뤄지지 않았다.

그럼에도 불구하고 선데이토즈의 첫 작품은 실패하고 말았다. 이정웅 대표는 '친구에게 게임을 만들어서 선물하자'는 컨셉으로, 즉 소셜네트워크와 UCC가 결합된 형태의 게임 비즈니스를 하고 있었다. 이 소셜 RPG게임은 페이스북을 통해 서비스를 하기도 했었다. 하지만 첫 번째 시도는 무참하게 실패했다. 회사 문을 닫을 뻔 위기였다.

그는 낙담했을까? 물론 크게 실망했다. 하지만 중요한 것은 그가 이 실패에서 교훈을 얻고자 했던 것이다." 첫 실패를 겪고 나서 우리가 왜 실패했는지를 돌아봤습니다. 그랬더니 우리가 부족한 게 참 많더라구요." 창업자들이 모두 개발자 출신이라는 게 일단 약점이었습니다. 제품을 만들 줄은 알지만 그것을 어떻게 마케팅할지, 그리고 이후에 어떻게 고객 관리를 하고 서비스를 해 나갈지에 대해선 아무도 아는 사람이 없었습니다. 사실 소셜 게임은 개발 이후의 단계가 중요한데 말입니다. 너무 큰 게임부터 시작한 것도 문제였습니다. '처음부터 너무 거창하게 페이스북에 없는 것을 만들자'라고 한 게 무리가 있었던 거죠." 그래서 그는 '선데이토즈 전략'이라는 것을 2009년 상반기에 수립했다. 첫 실패의 교훈이 반영된 게임이 '애니팡'과 '사천성'이다. 이 게임들은 2009년 10월 오픈한 네이트 앱 스토어에서 대히트를 쳤다.

[생각해보기]

◆ 선데이토즈의 첫 번째 사업이 실패한 이유에 대해서 생각해보고 논의해보자.

◆ 선데이토즈의 첫 번째 사업이 실패를 겪지 않기 위해서 어떠한 사전 준비가 필요하였다고 생각하는지 발표해보고, 논의해보자.

출처: 임원기의 人터넷 人사이드, '세상을 바꾸고 삶을 변화시키는 IT 이야기, 한국의 스타트업' (http://limwonki.com/381)

5.1 창업 아이디어 실현가능성 검증이란?

우리는 지금까지 기술창업에 대한 기본적인 이해를 바탕으로 창의적 아이디어 도출 및 기회 포착 과정을 알아보았다. 아울러 적절한 목표고객에 대한 탐색과 고객이 원하는 새로운 가치(value)의 중요성에 대해서도 살펴보았다. 이번 장에서는 발굴한 아이디어의 실현가능성(feasibility)을 검증하는 과정에 대해 살펴보도록 하자. 예비 기술창업가는 실현가능성 검증과정을 통해 창업자의 역량, 시장성, 기술성, 수익성 등을 객관적으로 점검함으로써 보다 효과적인 창업을 준비할 수 있다.

일반적으로 창업을 준비하는 과정에서 예비창업자 또는 창업팀이 발굴해 낸 아이디어가 시장(market)에서 다양한 사업 기회를 가질 수 있는 것인지, 아울러 해당 창업자가 현실적으로 사업화 될 수 있는 기술력을 확보하고 있는가를 객관적으로 검토해야 한다. 하지만 창업가들 중에서 많은 사람들이 아이디어를 개발한 다음 바로 사업계획서를 작성하는 실수를 범하곤 한다. 이처럼 아이디어의 실현가능성을 객관적으로 살펴보는 단계를 거치지 않을 경우, 사업계획서를 모두 작성하고 난 후에야 아이디어의 부족한 부분이 발견되거나 아니면 완전히 새로운 아이디어로 전환해야 할 수도 있다. 즉, 많은 시간과 노력, 그리고 시장조사 비용을 들여 작성한 사업계획서가 모두 무산이 되는 것이다.

아이디어의 실현가능성(feasibility)이란 그 사업의 정확한 시장이 있고 또 창업가의 개인적인 비전과 사업 목표를 충족시킬 수 있는지를 말한다. 본 장에서는 실현가능성을 제품 또는 서비스, 시장성, 창업팀, 그리고 재무적인 관점 등에서 체크리스트를 통해 살펴보도록 하자. [4)]

[그림 5-1] 아이디어 실현가능성 검증 개요

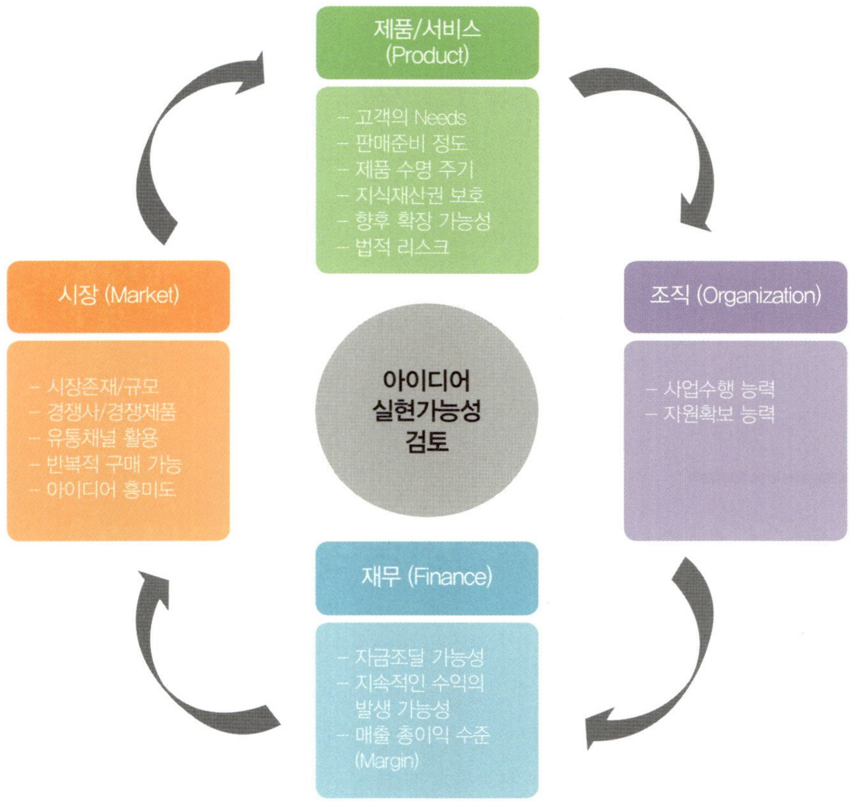

4) 본 장에서 제시되는 아이디어 실현가능성 검증의 주요 내용 및 체크리스트는 미국 카우프만 재단이 발행한 「Planning Entrepreneurial Venture」의 Feasibility Test Part의 내용과 Barringer & Ireland의 「Entrepreneurship: Chapter3: Feasibility Analysis」를 기술창업자의 아이디어 발굴 및 검증에 적합하도록 저자가 수정, 요약한 것임을 밝혀둔다.

5.2 창업 아이디어 실현가능성 검증하기

1) 제품 또는 서비스의 실현가능성

실현가능성 체크리스트의 첫 부분은 제품/서비스가 현실성이 있는지를 판단하는 것이다. 많은 사업들이 제품/서비스의 비용이 너무 높거나, 관련 규정이 너무 많거나 혹은 단순히 고객들의 수요가 없어서 실패하였다. 제품 및 서비스의 실현가능성을 평가할 때에는 다음을 고려해야 한다.

- 고객이 제품/서비스를 필요로 하고 있는가?
- 제품/서비스를 판매할 준비가 되어 있는가?
- 제품/서비스의 수명이 영구적인가?
- 제품/서비스가 특별하며 지식재산권 등을 통해 보호받을 수 있는가?
- 제품/서비스라인은 향후 확장될 수 있는 가능성이 있는가?
- 제품/서비스에 법적인 책임을 져야하는 리스크(risk)가 있는가?

(1) 고객이 제품/서비스를 필요로 하고 있는가?

고객이 이미 제품/서비스를 원하고 있다면 초기 창업기업의 마케팅 및 판매 과정이 한결 쉬워질 수 있다. 비즈니스에서는 판매하는 제품을 필요로 하는 고객이 있다는 것이 가장 중요하다. 예를 들어, '소화제' 와 '영양제' 를 만든다고 할 때 어떤 제품이 훨씬 더 초기 창업기업에게 실현가능성이 높은 제품이 될 수 있을까? 정답은 바로 '소화제' 이다. 실제로 고객들은 불편함을 느끼는 분야의 제품을 더 선호하게 된다. '영양제' 관련 제품은 평상시에는 고객들이 필요를 못 느끼기 때문에 오히려 초기 창업기업의 아이디어로는 적합하지 않다.

결론적으로 고객이 필요로 하는 제품은 쉽게 팔 수 있다. 반대로 만약 고객이 해당 제품/서비스의 필요성을 특별히 느끼지 못한다면 초기 창업가는 제품의 가치를 알리고 홍보하기 위해서 마케팅에 많은 돈을 지불해야 한다. 먼저 제품/서비스가 필요하다고 설득을 시켜야 하고 두 번째로는 해당 사업의 제품/서비스를 사도록 설득해야 한다. 따라서 창업가는 발굴한 아이디어를 과연 고객들이 필요로 하고 있는가에 대한 검증이 필요하다. 이러한 과정은 비즈니스 모델링을 통해서도 가능할 것이며, 특정한 타겟 고객에 대한 피드백을 받을 수 도 있을 것이다.하여 서서히 확장해 나가는 방식으로, 가운데 핵심 단어에 둘러싸고 있는 나머지 8개의 칸에 핵심 단어와 연상되는 단어를 적으면 된다.

읽어보기 고객중심 서비스의 시초, 사이러스 맥코믹의 '할부판매' 방식

농기계 발명가 사이러스 맥코믹(Cyrus McCormick)
이미지 출처: Wikipedia

농기계 발명가인 사이러스 맥코믹은 그가 개발한 농기계를 농부들이 비싼 가격 때문에 구입하지 못하는 것을 보고 할부 판매 방식이라는 개념을 고안하였고, 할부 제도를 통해 농부들은 비싼 농기계를 구입할 수 있게 되었다. 맥코믹은 자금사정 때문에 물건을 구매할 수 없는 고객들에게 구매를 가능토록 하는 고객 가치를 제공한 셈이다.

맥코믹의 사례와 같이 새로운 기술이나 제도를 개발하는 것 그 자체보다는 고객에게 어떠한 가치를 제공할 수 있는가가 창업 성공의 핵심 요소라 할 수 있다. 심혈을 기울여 개발한 기술이라도 고객이 외면하면 시장에서는 더 이상 생존할 수 없기 때문이다.

다음의 기사를 읽고 맥코믹이 '미국 농민의 해방자' 라고 불리게 된 성공 스토리의 가장 큰 이유가 무엇인지 생각해 보자.

19세기 중반, 미국에서는 현대사에 지대한 영향을 남기게 되는 두 가지 해방이 일어났다. 그 하나는 링컨 대통령에 의한 노예해방이고, 다른 하나는 사이러스 맥코믹(Cyrus McCormick, 1809~84)에 의한 농민해방이었다.

1831년 여름, 22살의 맥코믹은 버지니아 주의 한 농장에서 수십명의 농장주들을 모아 놓고 어떤 기계의 작동을 시현해 보이고 있었다. 나무와 철로 만들어진 이 도구는 들판에 황금빛으로 익어 있는 밀을 자동으로 베어내고 있었다. 그것은 곡물 자동수확기였다. 그 장면을 바라본 농장주들은 찬탄을 금치 못했다. 당시 미국은 118만 명의 노예를 비롯해서 미국 노동력의 70%가 농사일에 매달려 있었다. 2에이커의 밀을 수확하는데 6명의 일꾼이 온종일 매달려야 했는데 맥코믹의 수확기는 2명의 인원으로 10에이커의 밀을 수확했다. 이 수확기의 효용성은 누가 보더라도 뛰어난 것이었다. 그러나 수확기의 판매실적은 기대에 미치지 못했다.

당시만 해도 어떤 제품을 발명해도 그것을 잠재고객에게 알릴만한 대중매체가 없었던 탓에 제품을 일일이 고객을 찾아가서 보여줘야만 했던 것이다. 문제는 또 있었다. 수확기는 분명 엄청난 노동력을 절감하는 기계임에도 불구하고 당시 농민들은 영세한 탓에 100달러에 달하는 비싼 수확기를 사들일 여력이 없었다. 그래서 맥코믹이 수확기의 제작과 판매에 열을 올리고 몰두했지만 십여 년이 지나도록 고전을 면치 못했다. 거기에 경쟁자들의 더 좋은 제품이 속속 출시되고 있었다. 사실 수확기는 획기적인 발명품이라기보다는 제작된 기계에 지나지 않았으므로 수많은 개량 제품이 나올 수밖에 없었다.

그러나 맥코믹의 영혼은 수확기에 사로 잡혀 있었다. 자신이 제작한 모든 기계의 특허를 받아놓은 그는 생각했다.

'발명가들의 아이디어는 제품화해야 한다. 동시에 만든 물건은 팔아야한다. 그렇지 않으면 별 소용이 없다.'

그의 뇌리에는 유통 혁명에 관한 어떤 아이디어가 번득이기 시작했다.

'수확기를 필요로 하는 사람이 그 기계를 살 수 있을 때까지 기다리는 것보다 돈을 나중에 받더라도 필요한 사람이 기계를 쓸 수 있도록 하자.'

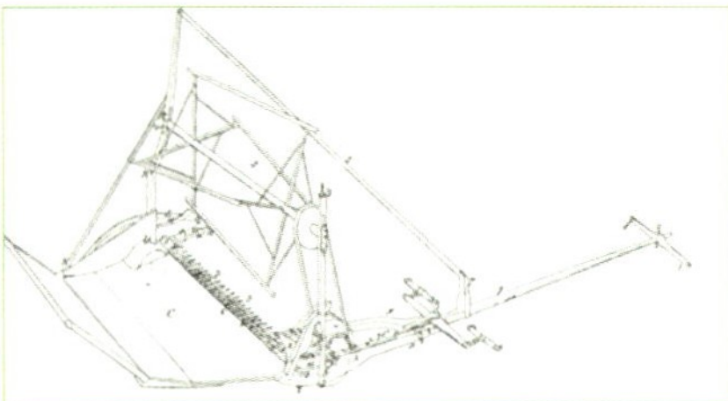

맥코믹의 수확기 특허에 대한 스케치(1845년)
(이미지 출처: Wikipedia, Cyrus McCormick)

맥코믹은 드디어 '할부판매' 방식을 고안해 낸 것이었다. 그가 고안해낸 '할부판매'는 엄청난 혁신을 가져왔다. 미국 농민들은 저축해 놓은 돈이 아니라 미래의 소득을 담보로 농기계를 살 수 있게 되었다. 이 방식은 훗날 미국적 사업의 특징으로 자리 잡은 '고객중심 서비스'의 시초가 됐다.

맥코믹은 1851년 세계 최초로 열린 런던박람회에 자신의 기계를 선보이고 다른 경쟁자들을 물리치고 당당히 금메달을 획득했다. 기술력을 인정받고 획기적인 판매 방식을 확보하게 된 맥코믹의 수확기는 대성공을 거두면서 농업의 기계화를 촉진시켰다.

맥코믹의 회사는 당연히 미국에서 가장 주목받는 회사로 성장했고 그는 백만장자가 됐다. 수확기의 등장은 미국 산업의 구조를 바꾸고 경제의 흐름에 엄청난 영향을 미쳤다. 1860년대에 이르러 미국 농민의 70%가 이 기계를 사용해서 밀을 수확했고 70%에 달던 농민의 수는 59%로 감소했다. 이처럼 농업의 기계화는 농민들을 힘든 일에서 해방 시켰고 미국을 세계 최대의 생산력을 가진 국가로 만든 것이다. (중략)

출처 : 중소기업뉴스(2008.07.16), "[위대한결단-사이러스 맥코믹]미국 농민의 해방자"(http://news.kbiz.or.kr/news/articleView.html?idxno=16161)

(2) 제품/서비스를 판매할 준비가 되어있는가?

초기 창업가(팀)는 언제든지 판매할 수 있게 준비된 제품/서비스를 가지고 있어야 한다. 사용이 바로 가능하며 문제가 없는 제품/서비스를 제공할 수 있는지를 검토해야 한다. 우리 회사의 제품/서비스의 핵심 기능은 개발된 상태이며 어느 정도 시험단계를 마친 상태인지를 객관적으로 살펴보아야 한다. 아쉽지만 대다수 초기 창업기업의 많은 아이디어들은 시제품(prototype)으로는 제작이 가능하지만 대량생산이 불가능한 경우가 있다. 우리는 적절한 시제품뿐만 아니라, 대량 판매가 시작되기 전 이미 시험을 거쳐 입증된 마케팅 전략을 가지고 있어야 한다. 또한 시장이 요구한다면 성공적인 창업가는 추가적인 서비스와 고객이 지속적으로 찾을 만한 우수한 서비스를 제공할 수 있어야 한다. 실제로 초기 창업기업이 발굴한 창업 아이디어들이 시제품 단계에서는 좋아 보이지만 대량생산을 하기에는 어렵거나 불가능한 경우가 많다. 결론적으로 준비가 안 된 아이디어는 전체 사업을 어렵게 만들 수 있는 것이다.

(3) 제품/서비스의 수명이 영구적인가?

최첨단 기술을 가진 벤처기업들의 애로사항 중에 하나는 그들이 가진 제품의 수명이 짧다는 것이다. 실례로 많은 컴퓨터 하드웨어 제품들은 짧은 시간 내에 구식이 된다. 컴퓨터 소프트웨어 제품들은 더 짧은 수명을 가지고 있다. 따라서 개발자들은 빠른 시간 내에 수익을 내야만 하는 것이다. 성공적인 기술창업 아이디어는 가능한 오랜 기간 판매할 수 있는 제품 수명을 가지고 있는 것이 바람직하다. 제품/서비스는 단기간에 사라지지 않으며, 구식이 되지도 않고 유행 등의 영향을 받지 않고, 수요는 지속되어야 할 것이다. 가만히 생각해보면 늘 새롭게 변하는 트렌드(trend), 새로운 혁신, 그리고 기술적 발전은 기존 제품/서비스의 수명을 크게 줄일 수 있다. 만약 짧은 수명을 가진 제품을 팔 계획이라면 지속적인 혁신이나 스핀오프(spin-off) 등을 통하여 구식이 된(obsolete) 제품을 대체하는 것이 필요하다.

(4) 제품/서비스가 특별하며 지식재산권 등을 통해 보호받을 수 있는가?

초기 기술창업자는 경쟁사로부터 보호받을 수 있는 특별한 제품/서비스를 가지고 있어야 할 것이다. 예를 들어, 특허, 상표, 저작권 같은 지식재산권은 경쟁사를 막을 수 있는 좋은 진입장벽이 될 수 있을 것이다. 창업가는 지식재산권을 발전시키면서 사업의 가치를 훌륭하게 향상시킬 수 있으며, 제품/서비스에 대해 타 경쟁사들이 이익창출을 하지 못하게 막을 수도 있을 것이다. 이러한 지식재산권은 사업의 전반적인 가치를 향상시키며, 지식재산권을 매도하거나 라이센스(license)를 운영함으로써 사업의 추가 이익을 창출할 수도 있다. 뿐만 아니라 창업가가 특정한 시점에 출구전략(exit)을 실행하고자 할 때, 지식재산권은 사업의 가치를 훌륭하게 향상시킬 수 있다. 결론적으로 보호될 수 있는 경쟁 이점을 가진 새로운 아이디어는 시장에서 성공할 수 있는 더 나은 기회를 가지고 있으므로, 우리의 아이디어에서 어떠한 측면(사업명, 로고, 상표, 거래 비밀 등등)을 경쟁자들로부터 보호할 것인가를 고려하는 것이 반드시 필요하다.

읽어보기 | **세계 최초 오타수정 앱(App)을 개발한 큐키**

큐키는 창업자의 아이디어를 기술로 전환하여 사업화에 성공한 사례이다. 2014년 11월 '창조경제대상 슈퍼스타V' 대회 1위를 차지하고, 민간투자 주도형 창업사업화 지원(TIPS) 프로그램을 통해 5억 원 정부자금을 유치한 바 있다. 김민철 대표는 "업무상 스마트폰을 주로 사용했는데 오타가 너무 많았어요. 시간 낭비를 줄일 해결책을 고심하다 보니 아이디어가 떠올랐죠." 이후 엔젤투자사 '프라이머'로부터 Seed 투자를 받아 「큐키」를 공동 창업, 지난 5월 일본 1세대 IT기업인 산텍(SANTEC)으로부터 30만 달러(3억 원)를 투자를 유치하였다. 국내 몇 안 되는 기술기반 벤처기업으로 국내에서만 등록 특허 5건과 출원 특허를 갖고 있으며 현재 해외시장을 겨냥해 미국 특허 3건, 일본 특허 2건 출원 중이다. 큐키는 '2014년 9월 미국 실리콘밸리에서 열린 'beGLOBAL2014' Top 10 기업에 선정되기도 하였다.

출처 : 기획재정부 보도자료(2015. 2), '최근 벤처 · 창업 활성화 동향과 성공 사례' 참조

(5) 제품/서비스 라인은 향후 확장될 수 있는 가능성이 있는가?

좋은 기술창업 아이디어는 추가적인 제품/서비스들과 새로운 제품/서비스 라인들을 통해서 확장할 수 있는 잠재력을 가지고 있어야 한다. 하나의 제품/서비스 혹은 제품/서비스 라인으로는 수익성 있는 회사를 지속적으로 유지해 나가는 것이 어렵다. 따라서 회사의 제품과 서비스들은 향상 혹은 중단 가능성에 대해 지속적으로 재평가를 해야 하며, 제품/서비스 라인을 확대할 방법들을 꾸준히 찾고 새로운 제품/서비스들을 고민해야만 한다.

새로운 제품/서비스 기회를 발견하기 위해서는 아이디어가 해당 산업 안에서 어떻게 이뤄지고 있는지를 살펴야 하며, 제품/서비스가 원자재에서부터 완전한 형태를 이루고 고객의 손으로 넘어갈 때까지 필요한 과정들을 조사해야 한다. 보통 새로운 사업들은 아래와 같이 내부적으로, 수평적으로 혹은 수직적으로 통합된다. 내부적 통합은 회사 혹은 조직 내에서 제품/서비스들을 마케팅 하는 것을 나타낸다. 내부적 통합의 예로는 회사 소유의 인쇄 센터가 새로운 부서들에게 인쇄 서비스를 마케팅 하는 것이다. 수평적 통합은 현재 유통 채널들 안에서 제품/서비스들을 마케팅 하는 것을 나타낸다. 수평적 통합의 예로는 호텔이 사업 출장자들부터 심지어 비정기적인 여행자 고객층까지 찾는 것이다. 수직적 통합은 유통 채널에서 다른 분야로까지 제품/서비스들을 마케팅 하는 것을 나타낸다. 수직적 통합의 예로는 의류 유통업자가 옷 디자인과 생산 사업까지 확장하는 것이다.

창업가는 모든 분야에서 새로운 사업 기회를 찾을 수 있을지 모른다. 만약 초기 창업기업이 고객들에게 제공하는 제품/서비스가 하나뿐이라면 해당 기업은 일반적으로 시간이 지날수록 살아남지 못한다. 물론 고객이 요청할 때마다 새로운 제품/서비스를 추가하는 것에 대해 주의

할 필요는 있다. 즉 제품/서비스들을 추가하는 것은 의미가 있어야 한다. 무조건적으로 고객 수요를 맞추기 위해 기업의 운영 구조와 맞지 않고, 추가적인 연구와 개발을 요구하거나, 낮은 수익률을 가진 제품들을 확대할 필요는 없다. 새로운 제품/서비스를 추가하는 아이디어가 올바른 결정인지를 면밀하게 평가할 필요가 있다.

(6) 제품/서비스에 법적인 책임을 져야하는 리스크(risk)가 있는가?

바람직한 창업 아이디어는 법적으로 책임을 져야 할 만한 위험이 없어야 한다. 실제로 특정한 분야의 제품과 서비스들은 잠재적으로 중요한 법적 책임을 가지고 있을 수 있다. 일반사람들과 접촉이 빈번한 유형의 제품들과 특히 사람들이 섭취하는 제품들은 혹시라도 사람들을 다치게 할 수 있는 가능성이 있다. 따라서 창업가들은 이러한 법적 책임의 가능성을 면밀히 검토할 필요가 있다. 소송이 빈번한 지금 시대에서 모든 제품/서비스의 잠재적인 법적 리스크는 주의 깊게 평가되어야 하며, 위험요소를 줄이기 위한 모든 노력이 투입되어야 한다. 창업가의 특정한 아이디어에 따른 책임보험에 가입하거나 이러한 분야의 자문을 받음으로써 제품/서비스의 법적 책임 위험을 감소시킬 수 있다. 최근 사업에 있어 가장 크게 증가하는 비용이 제품-법적 책임 보험이다. 빈틈없는 창업가들은 그들의 아이디어에 대한 법적 책임 잠재력을 항상 조심히 살펴야 한다.

2) 시장의 실현가능성

초기 창업기업이 발굴한 아이디어의 실현가능성을 검토할 때 가장 중요한 부분이 바로 해당 아이디어에 대한 시장(market)의 실현가능성이다. 실제로도 수많은 벤처기업들이 세상을 놀라게 할 만한 멋진 아이디어를 발굴하였지만 실제로 판로개척과 시장에 진입하지 못하고 역사 속으로 사라진 경우를 우리는 흔히 발견할 수 있다. 따라서 시장의 가능성에 대해 아래와 같은 내용을 고려하고 검토해야 할 필요가 있다.

- 실제 존재하는 시장을 파악할 수 있으며, 구체적인 규모를 측정할 수 있는가?
- 경쟁사 또는 경쟁제품의 약점을 정확하게 파악할 수 있는가?
- 유통 채널이 존재하며 활용할 수 있는가?
- 고객들이 자주 구매할 수 있는가?
- 사람들에게 이슈(issue)가 될 만한 흥미로운 아이디어인가?

읽어보기 **스타트업이 실패하는 이유 : 아이디어 검증**

내 아이디어가 비즈니스가 될까?
from Idea to Business

아이디어는 기술에서 시작할 수도 있고 자신의 필요에서 비롯될 수도 있으며 특정한 상황을 상상함으로써 생겨날 수 도 있다. 하지만 어떤 원천에서 생겨났든지 간에 모든 아이디어는 실제 사용자의 손에 들어가서 만족하며 사용하기까지는 하나의 '가설(hypothesis)' 일 뿐이다. 그런데 많은 창업자들이 아이디어를 제품화하는 과정에서 바로 그 아이디어를 제품의 형태로 사용해 볼 고객의 실제 필요성에 대해 검증하는 부분을 맨 마지막에 하거나 심지어 하지 않기도 한다. 자신이 발견한 '숭고한 아이디어' 를 위해 모든 자원을 다 투입하고 '이렇게 좋은걸 사람들이 사용하지 않는다면 사람들은 바보야' 라고 하면서 우격다짐으로 밀어붙이기도 한다. 스티브 잡스는 'iPad' 를 발표하면서 '우리는 늘 ' technology '와 ' liberal art '의 교차로에 서서 사람이 제품을 찾아가기 보다는 제품이 사람을 찾아오도록 만들려고 노력했다' 는 말을 했다. 단순한 가정과 상상의 결합물인 아이디어로는 사람들을 만족시키기에 부족하다. 창업자는 스스로의 아이디어를 절대로 정답으로 오인해서는 안 되며 항상 고객을 통해 검증해야 할 가설로 인정하고 고객의 더 나은 경험을 위해 열린 마음으로 고민해야 할 것이다.

출처 : Nextrans(2015.06.21). '스타트업이 실패하는 이유(스타트업의 23가지 선입견) : 2. 아이디어 검증' 참조

(1) 실제 존재하는 시장을 파악할 수 있으며, 구체적인 규모를 측정할 수 있는가?

성공적인 창업을 위해서는 수익성 높은 아이디어도 필요하고, 차별화된 기술력도 반드시 요구된다. 하지만, 가장 중요한 것은 바로 시장(market)이고 고객(customer)이다. 앞에서도 강조하였듯이 수많은 기술 기반의 벤처기업이 우수한 기술력에도 불구하고 시장의 중요성과 시장을 확보하지 못하여 결국은 소멸한 경우를 흔하게 볼 수 있었다. 따라서 성공적인 아이디어를 통한 제품/서비스들은 쉽게 인지되고 측정되는 시장을 가지고 있다. 그 제품/서비스들의 시장을 찾고 시장의 크기를 누구라도 명확하게 정의하고 측정할 수 있다면 사업 성공의 실현가능성은 증가할 것이 분명하다. 해당 제품/서비스를 사려고 하는 사람들의 숫자가 충분하지 않거나 수익을 창출하기에 크지 못한 시장이라면, 그 사업 아이디어는 결코 좋은 아이디어라고 할 수 없다.

(2) 경쟁사 또는 경쟁제품의 약점을 정확하게 파악할 수 있는가?

기업 간의 경쟁은 양날의 검이다. 과대 혹은 과소 경쟁은 모두 위험할 수 있지만, 일반적으로 적절한 경쟁은 사업에 도움이 될 수 있다. 이 이야기가 믿기 힘든가? 실제로 어떤 분야에서든지 경쟁

없이 엄청나게 제품들을 팔아서 무일푼에서 거부가 된 거물의 전설적인 이야기들은 거의 없거나 아주 드물다. 실제로 비즈니스 세계에서는 수많은 사업들이 운영되고 있고, 다수의 사업들이 경쟁 속에서 번영하고 있는 것이다.

좋은 사업 아이디어는 상대방 또는 경쟁사들의 인식 가능한 약점들과 경쟁할 수 있다. 다시 말해 상대방의 약점을 명확히 파악할 수 있으며, 그러한 약점을 활용한다면 경쟁은 오히려 아이디어를 발전시키는 데 도움을 줄 수 있는 것이다. 이러한 경쟁사에 대한 연구 조사는 경쟁의 약점들과 강점들을 파악하는데 있어서 필수적이다. 시장조사를 마친 후에, 몇몇 기업가들은 경쟁이 없다고 할 수도 있다. 물론 경쟁이 없는 이러한 상황이 명백한 기회가 될 수 있을 것처럼 보이지만, 반드시 시장 상태에 대해서 평가하고 경쟁이 없는 이유에 대해서도 확인하는 것이 더 중요하다. 오히려 제품/서비스에 대한 인지된 수요가 없을 지도 모르기 때문이다.

(3) 유통 채널이 존재하며 활용할 수 있는가?

좋은 사업 아이디어는 이미 갖춰지고 접근할 수 있는 유통채널을 가지고 있다. 유통채널은 생산자로부터 고객에게 제품/서비스를 효과적으로 전달할 수 있는 다양한 경로를 말한다. 사업은 제품/서비스를 취급하기를 바라면서 유통 시스템을 갖추고 있는 유통업자에게 판매함으로써 수익을 낼 수 있다. 유통 시스템이 갖춰진 유통업자와 거래를 하는 이점은 기존 유통업자들은 새로운 제품/서비스 라인을 이미 확보한 고객들에게 즉시 마케팅을 시작할 수 있다는 것이다. 기존 유통업자들은 새로운 아이템이 그들의 현재 고객들의 요구에 어떻게 맞는지 파악하고 있다. 만약 제품/서비스가 갖춰진 유통 채널이 없다면, 창업가는 제품/서비스들을 유통하기 위한 채널들을 반드시 고려해야 한다. 유통채널이 없다면 초기 창업기업은 시스템을 만들기 위해 상당한 시간과 노력을 들여야만 한다. 따라서 아이디어를 고려하는 과정에서 새로운 사업자들에게 열려있는 기존 유통채널을 활용할 수 있는 아이디어를 찾아보는 것이 좋다.

(4) 고객들이 자주 구매할 수 있는가?

성공적인 아이디어는 해당 제품/서비스를 반복적으로 빈번하게 구매할 수 있는 고객들을 가지고 있다. 그러므로 새로운 고객들이 제품/서비스를 구입하도록 설득하기 위해 특별히 많은 비용을 지출할 필요가 없게 되는 것이다. 만약 고객이 제품/서비스를 단지 일 년에 한 번씩만 구매한다면, 판매자는 고객으로부터 다음 주문이 들어오기 전까지 1년을 기다려야 한다. 그렇게 되면 고객을 유지하기 위한 마케팅 비용이 과도하게 요구된다. 만약 고객이 매일 구매를 한다면, 판매자는 날마다 영업할 기회가 있다. 추가적으로, 빈번하게 구매하는 소비자는 그렇지 않은 구매자보다 새로운 다른 것을 시도해볼 가능성이 크다. 그러므로 새로운 제품/서비스들은 현존하는 고객들에게 상대적으로 적은 마케팅 비용으로 판매할 수 있다. 결론적으로 본인의 아이디어가 반복적으로 구매 가능한 제품 또는 서비스인가를 고려해 볼 필요가 있을 것이다.

(5) 사람들에게 이슈(issue)가 될 만한 흥미로운 아이디어인가?

많은 사람들이 관심을 갖고 다양한 매스 미디어의 관심을 받는 아이디어는 그렇지 못한 경우보다 훨씬 성공적으로 사업화 될 가능성이 높을 것이다. 좋은 아이디어는 훌륭한 보도 가치가 있으며, 영리한 창업가들은 본인 아이디어의 보도가치 특성을 찾아내서 활용할 수 있어야 한다. 가령 예를 들어, 미디어는 수많은 햄버거 가게가 있는데 또 다른 햄버거 가게가 오픈하는 것에 대해서는 관심을 갖지 않을 것이다. 하지만 햄버거가 가공된 조류(藻類)들로부터 만들어졌다고 가정해보라. 이 경우 뉴스 미디어는 새로운 이야기를 사람들에게 소개하고 싶을 것이다. 만약 제품 혹은 서비스가 특별하게 보도 가치가 없다면, 창업가는 새로운 지식재산권 획득이나 뛰어난 고객 반응 등의 이슈를 만들어 낼 필요가 있다. 또한 일부 경우에는 초기 미디어의 관심으로 장기적인 보상을 즐길 수 있겠지만, 반복되거나 지속적인 미디어 보도가 필요하다.

3) 조직의 실현가능성

아이디어의 실현가능성을 검증할 때는 제품 또는 서비스, 그리고 시장뿐만 아니라 조직의 차원도 살펴보아야 한다. 즉, 우리 조직의 구성원들이 성공적으로 사업을 시작할 수 있는 경영적 전문성, 관리적 역량, 그리고 충분한 자원을 보유하고 있는지를 파악해 보는 과정이다.

(1) 구성원들은 사업 수행에 필요한 경영 능력을 보유하고 있는가?

개발한 제품이나 서비스가 기능적인 측면에서 완벽한데다 이미 검증된 시장까지 있다면 과연 사업이 탄탄대로 성공할 수 있을까? 사업을 시작하기 전에 반드시 검증해야 할 또 다른 부분이 바로 실제로 사업을 수행하고 조직을 이끌어 나가는 주체인 구성원들의 경영 능력이다.

제품이나 서비스를 적합한 시장에 내놓고 고객들에게 가치를 효과적으로 전달할 줄 아는 능력, 그리고 조직이 효율적으로 운영될 수 있게 하는 역량을 각 구성원들이 보유하고 있는지를 한 발짝 뒤에 서서 객관적이고 솔직하게 평가해 보아야 한다. 이는 꼭 공동창업을 하지 않았다고 할지라도 마찬가지이다. 창업가 혼자라도 자기 자신을 스스로 한 번 냉정하게 평가해 보는 과정이 필요하다.

구성원들이 보유하고 있는 경영 능력이 철저하게 검증된다면, 고객, 투자자와 같은 외부에서 기업을 바라보는 신뢰도가 제고될 수 있는 장점이 있다.

(2) 구성원들은 필요한 자원을 확보할 수 있는 능력을 보유하고 있는가?

만약 조직 차원에서 사업 수행에 필요한 경영 능력이 부족하다고 판단되면 어떻게 해야 할까? 우선 각 구성원들이 어떤 한 분야에서의 전문성이나 사회적 네트워크를 갖고 있는지를 검토해 보도록 한다. 즉, 구성원들이 지금 당장 자원을 갖고 있지 않다 하더라도 앞으로 사업을 수행해 나가는데 필요한 자원을 확보할 수 있는 능력을 갖고 있는지 여부를 살펴보는 것이다.

구성원들이 특화된 분야에서 몸을 담고 있거나 관련한 네트워크를 보유하고 있다면, 지인들을 통해 조직의 부족한 능력을 메울 수 있고 필요한 부분에서 비즈니스 파트너십을 맺기가 수월해 진다.

따라서 우리 사업 아이디어를 개발해 나가는데 있어서 필요한 자원들을 리스트로 적고 이러한 자원들을 조직이 현재 보유하고 있는지, 보유하고 있지 않다면 이를 확보할 수 있는 구성원들의 네트워킹 역량이 충분한지를 파악해 본다면 향후에 자원이 부족할 때 발생할 수 있는 리스크를 사전에 대비할 수 있을 것이다.

4) 재무적인 실현가능성

아이디어 실현가능성 검증의 마지막 부분은 바로 재정적인 기준을 평가하는 것이다. 해당 아이디어에는 사업을 시작하고 운영하는 만큼의 수익이 있어야 한다. 즉 고객을 확보하여 제품/서비스를 판매할 때 받아들일 수 있는 수준의 이익을 내야한다. 물론 수익성 평가는 가장 어려운 부분이지만 가장 중요한 부분이기도 하다. 초기 창업가는 수익성을 평가하기 위해서 재무적인 개념을 잘 이해하고 있어야 한다.

- 사업 수행에 소요되는 자금조달을 쉽게 할 수 있는가?
- 해당 아이디어를 통한 수익이 지속적으로 발생할 수 있는가?
- 매출 총이익(gross margin)은 가능한 높은가?

(1) 사업 수행에 소요되는 자금조달을 쉽게 할 수 있는가?

사업을 시작하기 위해서는 자금이 필요하다. 그리고 초기 창업자에게 자금을 지원하는 개인과 기관들은 확실한 자금 회수를 원하며, 그들의 투자금에 대한 충분한 이익을 받고 싶어 한다. 이익은 개인 투자자들 혹은 기관들의 욕구와 필요에 따라 상당히 달라질 수 있다. 초기 창업기업의 성장을 위해서 가장 기본적인 단계가 바로 올바른 자금을 획득하는 것이라 할 수 있다. 일부 자금은 첫 스타트업들에게 관심이 있는 반면에 대부분은 운영 관련 경험이 있는 사업들에 관심이 많다. 어떤 투자자는 창업가가 반드시 이자와 같은 수수료와 함께 원금을 갚아야하는 자금을 지원하기도 하며, 주식 소유자가 사업의 소유주가 되는 주식을 발행하여 자금을 조달하기도 한다. 이외에도 부채와 주식의 혼합방식을 찾기도 한다. 몇몇의 투자자들은 경영에 참여하고 싶어 하는 반면에 또 다른 자들은 아예 관여하고 싶어 하지 않는다. 위와 같이 초기 창업기업의 자금조달은 다양한 특성을 갖게 되며, 일반적으로 다음 요인들에 따라 자금 조달의 성공여부가 달려있다.

- 사업의 종류
- 산업
- 재무 계약
- 알선 (소개)
- 필요한 금액
- 담보물
- 기업가의 개인적 신용 기록
- 기업가가 해당 사업에 이미 투자한 금액

초기 창업가들이 하는 가장 흔한 실수는 이러한 요인들을 무시하고 그들의 사업의 요구와 재무 자원을 일치시키는 데 실패하는 것이다. 동일한 자금을 위해 갈수록 많은 기업가들이 경쟁을 하다 보니, 스타트업을 위한 펀딩자금을 찾기가 점점 더 힘들어지고 있다. 만약 스타트업 펀딩을 받기가 극도로 힘든 상황이라면, 아마 잠재적 투자자, 자본가들은 창업가가 알지 못하는 아이디어의 내재적인 약점을 보고 있을지도 모른다. 결론적으로 본인의 사업 아이디어가 좀 더 좋은 조건에서 효과적으로 자금을 조달할 수 있다면 사업성공에 큰 도움이 될 수 있을 것이다.

읽어보기 **혁신적 아이디어로 초기투자를 이끈, 키즈노트**

키즈노트는 어린이집에 다니는 딸의 책가방에 담겨 있는 '종이 알림장을 모바일로 바꿀 방법은 없을까'를 고민한 것이 창업의 계기가 되어, 국내 14,000개(전체 5만여 개의 28%) 영유아 보육기관과 제휴, 일본, 미국, 호주, 중국, 베트남 등 7개국에서도 사용 중인 모바일 알림장 서비스 기업이다. 창업 3개월만인 2012년 7월에 벤처 1세대 창업가가 설립한 '케이큐브벤처스'로부터 3억원을 투자 받았으며, 2014년에는 5억 원의 후속 투자를 유치하였다. 2015년 1월 다음카카오에 인수되어 스마트 알림장 서비스를 넘어 '영유아 콘텐츠 유통플랫폼'으로 확대할 계획을 가지고 있다. 키즈노트는 정부가 지원하는 민간투자 주도형 창업사업화 지원(TIPS) 프로그램을 통해 5억 원의 정부자금을 유치하여 성장하는 데 많은 도움을 받기도 하였다고 한다.

출처 : 기획재정부 보도자료(2015.02.14), '최근 벤처 · 창업 활성화 동향과 성공 사례' 참조

(2) 해당 아이디어를 통한 수익이 지속적으로 발생할 수 있는가?

성공적인 아이디어는 잠재적 고객들을 대상으로 첫 마케팅 비용을 들인 이후에 지속적인 수익 흐름을 만들어 낸다. 한마디로 추가적인 수익 창출을 위해서 또 다른 마케팅 캠페인을 할 필요가 없다. 기업의 수익은 고객들과의 관계에서 지속적으로 발생할 수 있는 것이 최선이다. 지속적인 수익원 사업의 예를 살펴보면 다음과 같다.

– 약정계약기간 동안 인건비와 고용주 세금 납부를 처리해주는 컨설팅회사
– 매월 수임료를 받고 일하는 공인회계사와 변호사와 같은 전문직 종사자들

우리가 비즈니스를 진행할 때 매번 판매마다 새로운 수익원을 찾아야만 하는 사업을 운영하는 것은 매우 어렵고 비용이 많이 들 수 있다. 매 계약마다 계속해서 여러 회사와 경쟁해야 할 경우를 생각해보라. 이러한 사업들은 수익이 많았다가도 갑작스러운 상황으로 수익이 감소해서 기업이 어려워질 수 있다. 이러한 경우에 경영진은 추가적인 판매 수요를 지속적으로 찾아야하기 때문에 투입되는 마케팅 비용이 증가한다. 따라서 여러분의 아이디어가 한 번의 거래를 통해 단발적인 수익을 만드는 것이 아니라, 고객 관계를 통해 지속적으로 수익이 발생할 수 있는 아이디어인지를 검토해보자.

(3) 매출 총이익(gross margin)은 높은 편인가?

일반적으로 총 소득(gross income) 혹은 매출 총수익(gross profit)이라 불리는 매출 총이익은 직접 원자재 및 노동 비용을 지불한 이후 남은 금액을 일컫는다. 매출 총이익은 사업의 운영비용을 대체할 수 있는 금액으로 나타낸다. 따라서 매출 총이익에서 운영비용(operation costs)을 빼면 사업에 대한 흑자 혹은 적자의 결과가 나온다. 비록 어떤 사업이든 대부분의 경우에 100%의 매출 총이익을 갖는 것이 비현실적이지만, 매출 총이익이 클수록 더 좋은 사업이다. 보통 서비스 사업은 제품 사업보다 매출 총이익이 큰 편이다. 기업의 주요 제품/서비스들 보다 더 높은 매출 총이익을 가진 관련 제품/서비스를 판매함으로써 기업의 매출 총이익을 향상시킬 수 있는 방법들을 찾아야 한다.

매출 총이익이 낮은 산업에서의 문제점은 작은 계산상의 오류들이 빠르게 손실로 결과가 나타난다는 점이다. 그렇기 때문에 많은 할인점들이 재정적 어려움에 빠지는 것이다. 1%의 오류는 상당한 손실을 가져올 수 있다. 반면에 비교적 매출 총이익이 높은 사업은 쉽게 큰 재정적 손실이 없이 오차 범위를 대체할 수 있다. 매출 총이익이 높은 사업들은 보통 판매 수준으로 상당한 이익을 남길 수 있다. 사업의 예상 매출 총이익은 수익에 있어서 중요한 열쇠이다. 새로운 벤처에 전념하는 투자자들은 매출 총이익을 투자 결정에 중요한 요소로 여긴다.

활동하기 | 아이디어 실현가능성 체크리스트

아이디어 실현가능성 체크리스트 : 아래 표에서 제시하는 평가표를 활용하여 당신의 아이디어 평가(1은 평가항목에 전혀 부합되지 않았을 경우, 5는 아이디어가 평가항목에 완벽히 부합할 경우)하고, 부족한 부분을 검토하라.

- 아래 점검표를 통해 본인의 사업 아이디어를 평가해보자. 통상적으로 사업계획서가 실현가능하기 위해서는 점검표 총점의 절반 이상, 세 항목마다 총점의 절반 이상을 받아야 한다. 개별항목에서 3 이하의 점수를 받았다는 것은 사업계획 내 약점이 있고, 이를 다시 고려해야 한다는 것을 나타낸다.

- 이 과정에서 중요한 것은 당신이 낮게 평가한 항목에 주의해야 한다는 것이다. 당신이 낮게 평가한 항목을 중심으로 더 많은 정보, 독창적인 마케팅 전략, 혹은 창의적인 해결책을 마련할 필요가 있다.

제품/서비스 실현가능성	1	2	3	4	5	비고
고객들은 제품/서비스에 대한 필요성을 인지한다.						
제품/서비스는 판매 할 준비가 되어있다.						
제품/서비스는 무한한 생명을 가지고 있다.						
제품/서비스는 독창적이며 보호받을 수 있다.						
제품/서비스는 정부에 의해 규제되지 않았다.						
제품/서비스 라인은 잠재적인 확장성이 있다.						
제품/서비스는 법적인 책임에 대한 위험이 없다.						

총 : / 35

시장성 실현가능성	1	2	3	4	5	비고
시장이 인지되고 규모는 측정가능하다.						
경쟁사는 파악할 수 있는 약점을 가지고 있다.						
유통 체계가 구성되어 있고, 접근할 수 있다.						
고객들이 반복적으로 빈번하게 구매한다.						
사업은 뉴스거리가 될 만한 가치를 가지고 있다.						

총 : / 25

조직 실현가능성	1	2	3	4	5	비고
경영 전문성을 가진 핵심 구성원이 있다.						
시장에 대한 이해도가 높다.						
해당 분야에서의 사회적 네트워크를 보유하고 있다.						
비즈니스 파트너십을 형성할 수 있는 능력이 있다.						

총 : / 20

재무적 실현가능성	1	2	3	4	5	비고
자금조달이 쉽게 이뤄진다.						
매출원이 지속적이다.						
돈은 판매 전에 회수된다.						
종업원들을 고용하고 유지하기가 쉽다.						
재고품/서비스 제공자를 신뢰할 수 있다.						
매출 총이익(Margin)이 100퍼센트이다.						
법적 문제들이 존재하지 않는다.						
출구전략을 통해서 부(Wealth)를 창출할 수 있다.						

총 : / 40

전체 총합 : / 120

[생각해보기]

- ◆ 각 항목 중에서 낮게 평가한 항목은 무엇이며, 그 이유는 무엇인지 토론해보자.
- ◆ 향후 사업계획을 추진하는 과정에서 어떠한 방법으로 위의 약점을 보완해 나갈 것인지 생각해보자.

학습정리

- 창업을 준비하는 과정에서 예비 창업자 또는 창업팀이 발굴해 낸 아이디어가 시장(market)에서 다양한 사업 기회를 가질 수 있는 것인지, 아울러 해당 창업자가 현실적으로 사업화 될 수 있는 기술력을 확보하고 있는가를 객관적으로 검토할 필요가 있다.
- 아이디어의 실현가능성(feasibility)이란 제품과 서비스의 특성에 대한 검토, 사업의 정확한 시장, 조직의 사업수행 및 자원 확보 능력, 그리고 재무적인 관점에서의 검토가 필요하다.
- 제품 및 서비스의 실현가능성은 고객의 실제 수요, 판매 준비 정도, 제품의 수명주기, 지식재산권을 통한 아이디어 보호, 향후 제품의 확장 가능성, 법적인 리스트 등을 검토해야 한다.
- 시장에 대한 실현가능성은 시장의 존재 여부 및 규모, 경쟁사와 경쟁제품의 약점, 유통채널 활용여부, 반복적인 구매 가능성, 아이디어의 흥미도 등을 체크해야 한다.
- 조직에 대한 실현가능성은 사업 수행에 필요한 조직 구성원들의 경영 능력, 필요한 자원을 확보할 수 있는 네트워킹 능력 차원에서 보유 여부를 검토해 보아야 한다.
- 재무 분야의 실현가능성 검토과정에서는 자금조달의 가능성과 지속적인 수익의 발생 가능성, 매출 총이익의 수준 등을 살펴보아야 한다.

참고문헌

- 기획재정부 보도자료(2015.02.14), '최근 벤처 · 창업 활성화 동향과 성공 사례'
- 장광희(2014), 사업타당성 분석과 리스크 관리, 스마트벤처창업학교 특강자료
- 정동섭 · 송경수(2014), 창업경영론, 피앤씨미디어.
- 정승화(2008), 벤처창업론, 박영사
- 중소기업뉴스(2008.07.16), "[위대한결단–사이러스 맥코믹]미국 농민의 해방자
- 중소벤처기업부(2015), 기술창업 가이드, (사)한국창업보육협회
- Nextrans(2015.06.21), '스타트업이 실패하는 이유(스타트업의 23가지 선입견) : 2. 아이디어 검증'

- Barringer, B. R. & Ireland, R. D. "Entrepreneurship: Successfully Launching New Ventures", Fourth Edition, 2012, NJ: Pearson Prentice Hall.
- Gerald E. Hills(1984), Market Analysis and Marketing in New Ventures ; Venture Capitalists' Perception, In John A. Hornaday, Fred Tarpley, Jr., Jeffry A. Timmons, and Karl H. Vesper, Frontiers of Entrepreneurship Research, Wellesley : Babson Center for Entrepreneurial Studies, 43.
- Karl H. Vesper(1996), New Venture Experience, Revised Edition(Seattle Vector), 159–161.
- Thomas C. Kinnear and James R. Taylor(1996), Marketing Research : An Applied Approach, McGraw Hill New York, 725–746.

- http://limwonki.com

5장. 키워드 인덱스용

아이디어 실현가능성 검증	제품/서비스의 실현가능성	시장의 실현가능성	조직의 실현가능성
재무적 실현가능성	매출 총이익		

06

아이디어 보호와 지식재산권

싸워서 이기기는 쉬워도
이긴 것을 지키기는 어렵다.

춘추전국시대 병법가 · 정치가, 오자(본명: 오기, 吳起)

학습목표

1. 4차산업혁명 시대의 지식재산권 확보가 중요한가를 이해한다.
2. 지식재산권의 종류를 살펴본다.
3. 특허의 성립 조건을 살펴본다.
4. 특허출원 및 심사과정을 살펴본다.
5. 효과적인 특허 창출 전략에 대해서 살펴본다.

시작 하기

"지식재산부 · 지식재산비서관 신설해 4차 산업혁명 대비해야"

세계특허(IP) 허브 국가 추진위, 4당 정책위의장 초청 정책 발표회

(서울=연합뉴스) 유의주 기자 = 지식재산 관련 기능을 한데 모아 지식재산부를 신설하고, 청와대에 지식재산비서관을 둬야 한다는 주장이 제기됐다.

'대한민국 세계특허(IP) 허브국가추진위원회'(공동대표 무소속 정갑윤 · 민주당 원혜영 의원 · 이광형 KAIST 문술미래전략대학원 원장)는 9일 국회 의원회관에서 교섭단체 4당 정책위 의장과 최동규 특허청장이 참석한 가운데 지식재산 정책 발표회 및 전달식을 했다.

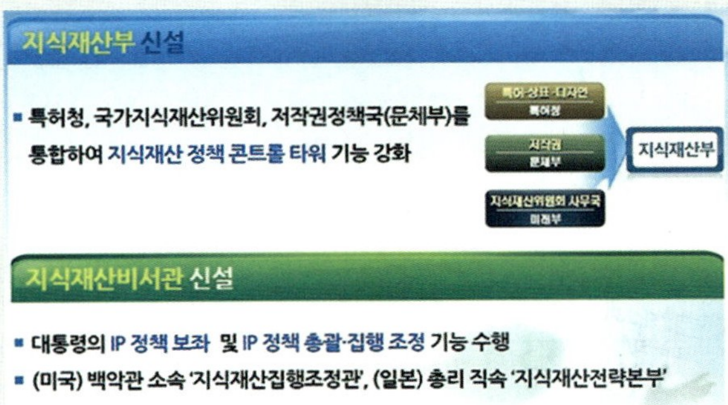

세계특허 허브 국가 추진위는 우리나라를 세계 지식재산권 소송과 거래의 중심으로 만들어 새로운 일자리 창출과 혁신을 가속한다는 취지로 2014년 출범했으며, 여야 국회의원 57명과 사법부, 행정부, 민간 전문가 103명이 참여하는 지식재산권 정책 전문가 그룹이다.

허브 국가 추진위는 주제 발표에서 4차산업 혁명 시대의 지식재산 정책으로 거버넌스 혁신, 강한 특허, 글로벌 특허, 유연한 특허 등 4대 핵심전략과 전략별 중점 과제를 발표했다.

추진위는 "4차 산업혁명 시대에는 지식과 정보가 핵심적인 경쟁요소인 만큼, 제조업 중심의 산업화 시대 프레임을 뛰어넘어 국가 경쟁력을 강화하기 위해 지식재산 행정 체계의 일대 혁신이 필요하다"며 "지식재산 관련 기능을 한데 모아 지식재산부를 신설하고, 청와대에 지식재산비서관을 신설해야 한다"고 제안했다.

지식재산권이 국정 어젠다로 논의되고 연구개발(R&D)과 사법, 교육, 금융, 창업지원 등 여러 부처에 산재한 지식재산권 정책을 통합적으로 추진해야 한다는 설명이다.

추진위는 "기술추격 시대의 '약한 특허' 정책을 버리고 기술선도 시대에 맞게 '강한 특허' 전략으로 과감하게 전환해야 한다"며 "특허 침해에 징벌적 손해배상을 도입해 기술 탈취를 근절하고, 고품질 특허심사 체계를 구축해 특허권이 쉽게 무효가 되지 않도록 하는 등 특허의 가치를 높여 혁신을 가속화해야 한다"고 강조했다.

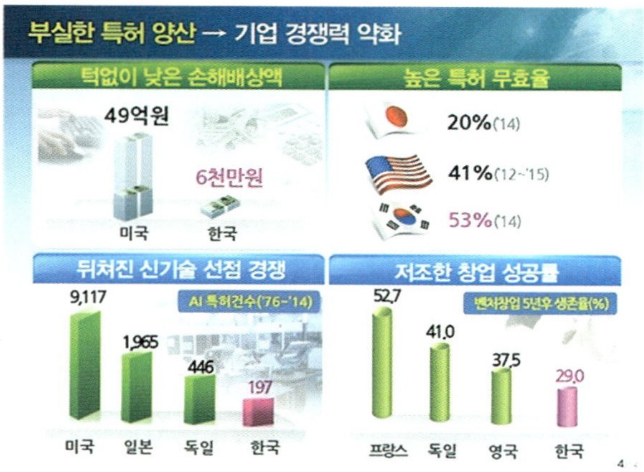

이어 "국내에선 구글, 페이스북처럼 창업 10년 안에 글로벌 기업이 되는 경우를 찾아보기 어렵다"며 "해외 특허출원 비용을 지원하는 펀드를 조성하고, 동북아 지식재산 공동체 구축을 추진해 막대한 해외출원 비용으로 해외 진출에 어려움을 겪는 창업 초기기업들을 적극적으로 지원하자"고 제안했다.

추진위는 "4차 산업혁명이 가져오는 변화에 신속하게 대응하도록 기존 제도로는 충분히 보호하기 어려운 SW 특허, 퍼블리시티권 등 신지식재산제도를 정비하고, 중소기업의 아이디어 탈취 등 보호가 애매한 영역의 무임승차 행위도 근절할 수 있도록 법적 근거를 마련하는 등 유연한 지식재산 제도를 구축해야 한다"고 밝혔다. 이밖에 중소기업과 벤처 생태계 구축, 문화계와 예술계의 저작권 보호 강화, 지식재산 전문가 양성, 지식재산 이해 대중화 등을 제시했다.

[생각해보기]

◆ 4차 산업혁명 시대에 지식재산권이 중요성이 왜 확대되는지에 대해서 토론해 보자.

◆ 지식재산부의 신설이 필요하다는 제안의 타당성에 대해서 토론해 보자.

출처 : 연합뉴스, 2017.3.9

6.1 4차 산업혁명과 지식재산권

4차 산업혁명 시대에서의 지식재산(IP)의 중요성이 더욱 증가하고 있다. 4차 산업혁명은 사물인터넷(IoT), 인공지능(AI), 빅데이터(BD), CPS(Cyber Physical Systems) 등 와해적 기술군이 기하급수적으로 진화 · 확산하면서 기존 산업구조는 물론 경제사회 시스템 전반에 걸친 변혁의 총체로 부상하고 있다. 전문가들은 ICT 관련 기술 대부분이 제4차 산업혁명에 활용될 것으로 언급하면서, 그 핵심에는 위 4개의 기술이 주요하게 활용될 것으로 전망하고 있다.

기술혁명을 동반하는 4차 산업혁명에 있어서 특허를 필두로 하는 지식재산의 중요성은 더욱 강화되고 있다. 4차 산업혁명으로 인해 제조업과 인터넷이 융합되고 경쟁이 글로벌 차원에서 진행 되면서 기업들은 혁신을 구현한 지식재산을 경쟁우위로 활용하고 있다. 특히 4차 산업혁명은 기계, 사람, 인터넷 서비스가 상호 연결되어 가볍고 유연한 생산체계를 구현함으로서 다품종 대량생산이 가능한 제조업 패러다임의 진화를 가져오며, 그로인해 제조업의 주도가치도 '노동과 효율' 중심에서 '지식(아이디어)과 기술' 중심으로 이동하여 지식재산의 중요성이 더욱 증가하고 있다.

4차 산업혁명과 관련된 핵심기술의 특허가 지난 5년간 12배 이상 폭발적으로 성장하고 있다. 혁신 활동의 지표로서 4차 산업혁명 4.0 관련 7가지 산업분야의 기술의 특허수를 파악한 결과 관련특허의 등록건수는 불과 5년 만에 12배의 비율로 폭발적으로 성장하였다. 이를 통해 4차 산업혁명 시대에는 지식재산의 중요성이 더욱 높아지고 있다는 것을 확인할 수 있다.

[그림 6-1] 4차산업혁명 관련 기술의 전세계 특허등록 건수 (2010-2015)

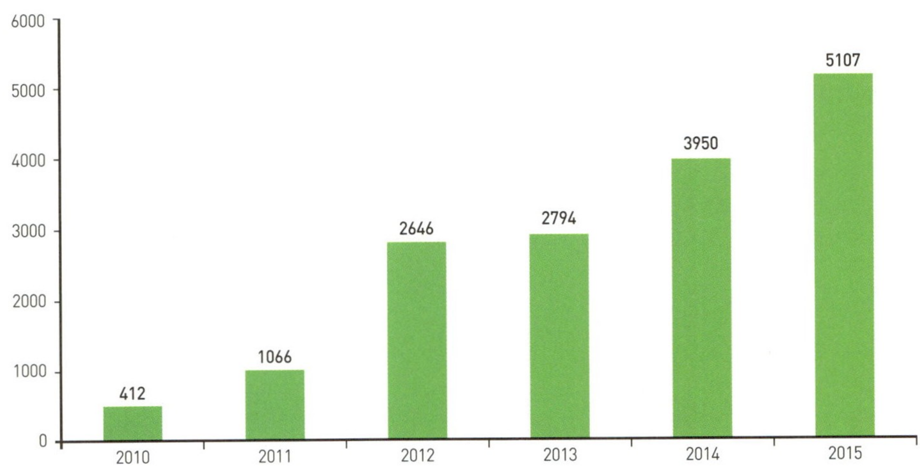

출처 : European Patent Office - Espacenet (http://worldwide.espacenet.com/)

4차 산업혁명과 관련된 핵심기술인 사물인터넷(IoT), 인공지능(AI), 빅데이터, 3D 프린팅, 로봇의 5가지 기술 분야의 특허 동향에 대해서 살펴보고자 한다.

1) 사물인터넷

사물인터넷(IoT)에 연결되는 사물의 증가로 새로운 시장이 창출될 것으로 전망되며 IoT 기술과 관련된 전후방 지재권 확보가 중요해지고 있다. 특허청이 분석한 지난 10년('04~'13)간의 IoT 관련 국내 특허출원 추이를 보면 전체 특허출원은 평균 약 6% 증가한 반면 IoT 관련 특허출원은 40% 이상 증가하였다.

[그림 6-2] 연도별 사물인터넷 특허 국내 출원/등록 현황

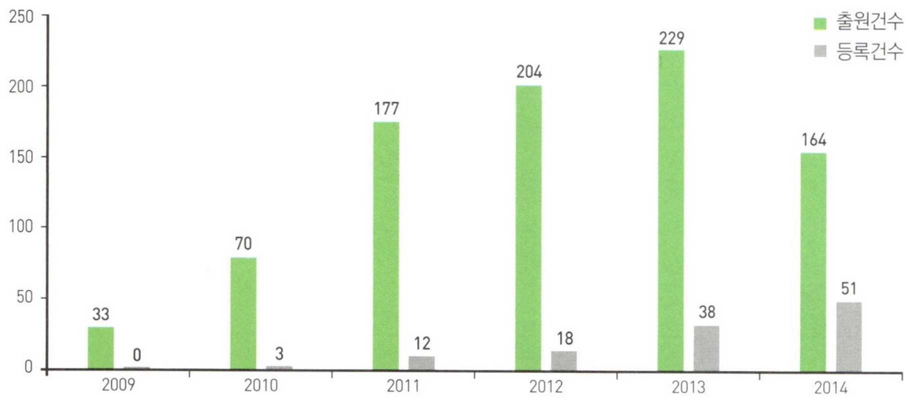

출처 : 특허청(심사3국 이동통신심사과) 분석자료

전 세계 주요 특허청에 출원된 국가별 IoT 관련 특허출원 비중을 보면 중국, 미국 및 한국의 출원 비중이 전체 특허출원 건수의 약 80%의 비중을 차지하고 있다. 특허출원 현황을 보면 중국이 724건(28%)으로 가장 많은 특허를 출원하고 있으며, 표준화 기구에서 활발한 활동을 수행하고 있는 국가의 기술이 표준화로 정착될 가능성이 높아 중국의 행보를 주목할 필요가 있다.

IoT 기술의 특허를 비롯한 지식재산(IP) 분야에서 아직은 우리나라가 질적 · 양적인 우세를 보이고 있으나, 점차 중국, 대만 등의 특허활동이 증가하고 있다. 향후 IoT 분야에 대한 기술개발 뿐만 아니라 특허 분야에서도 '차이나 파워' 에 대한 적극적인 대비가 필요하다. 시장조사기관 및 전문가들은 관련 시장규모가 폭발적으로 성장할 것으로 전망하고 있어, 국내외 업계에서는 사물인터넷 생태계의 주도권을 잡기 위해 치열한 기술개발, 특허 · 표준 선점을 위한 노력이 경쟁적으로 이루어질 것이다.

2) 인공지능

인공지능(AI)은 다양한 산업과 결합하여 미래를 이끌어갈 기술로 주목받고 있어 인공지능 핵

심기술 및 지재권 선점을 위한 치열한 경쟁이 벌어지고 있다. 특허청이 분석한 지난 10년('06~'15)간 인공지능 관련 국내 특허출원은 총 2,638건으로 연평균 약 5%씩 증가하고 있다.

지난 10년간 인공지능 관련 특허에 대해 미국은 24,054건, 일본은 4,208건이 출원 되었고, 이는 국내 특허출원(2,638건)의 각각 9.1배와 1.6배 수준으로 조사되었다. 인공지능 관련 기술 개발 및 특허 활동은 미국이 주도하고 있으며, 미국의 기술수준(100)을 기준으로 비교 시 한국은 인공지능 관련 기술 수준이 낮고(75% 수준) 특허보유 수도 적은 것으로 나타났다.

[그림 6-3] 인공지능 기술 분야의 한미일의 국가별 특허출원 동향

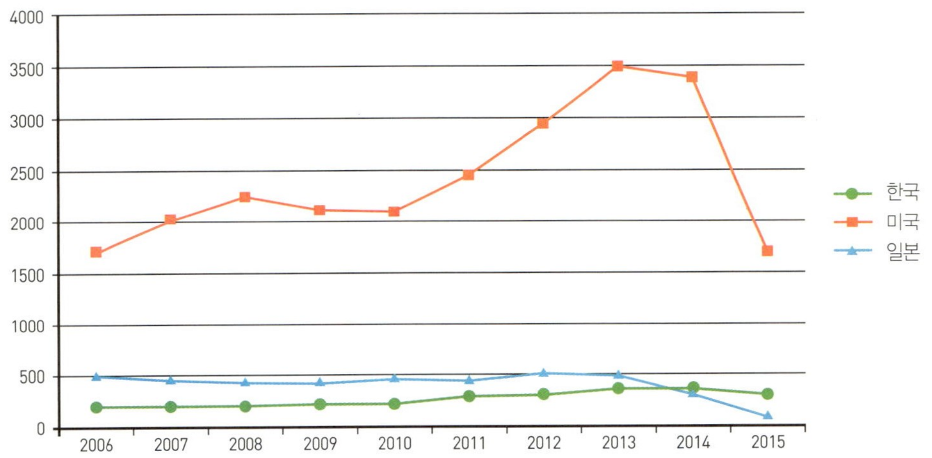

출처 : 특허청 보도자료

인공지능 분야는 다양한 사업(음성인식, 자율주행 자동차, 로봇, 사물인터넷 등)과 융합하여 시너지를 창출, 향후 미래산업의 핵심기술로 주목받고 있어 국내에서도 연구개발에 힘을 쏟고 있다. 그러나 인공지능 분야의 기술 선진 국가인 미국과의 기술격차가 2.3년에 달할 정도라 우려감이 높아지고 있다.

3) 빅데이터

빅데이터는 방대한 정보로부터 효율적 의사결정에 도움을 주며 경제적으로 필요한 가치를 추출할 수 있어 관련 기술개발 및 지재권 확보가 필요하다. 한국전자통신연구원(ETRI)에서 위즈도메인(Wisdomain) DB를 사용하여 분석한 빅데이터 기술의 특허 동향에 따르면, 한국은 2001년 이후 특허출원이 꾸준히 증가 하고 있으며 최근 들어 출원건수가 크게 증가한 것으로 나타났다.

주요 국가(한국 · 미국 · 일본 · 유럽) 특허청에 출원된 빅데이터 기술 관련 특허출원 비중을 보면 미국(50%), 한국(28%), 일본(18%), 유럽(4%)의 순으로 나타났다. 미국의 경우 2005년을 기점으로 특허출원이 급증하였고, 최근까지도 특허출원 활동이 가파른 상승세를 보이고 있다. 한국은 미국 다음으로 빅데이터 기술에 대한 특허출원 활동이 활발한 국가이나, 모든 기술 분야에서 비교적 고른 출원을 보이는 미국에 비해 특정기술에 출원이 집중되어 있는 경향이 나타나고 있다.

[그림 6-4] 국가별 빅데이터 특허출원 동향

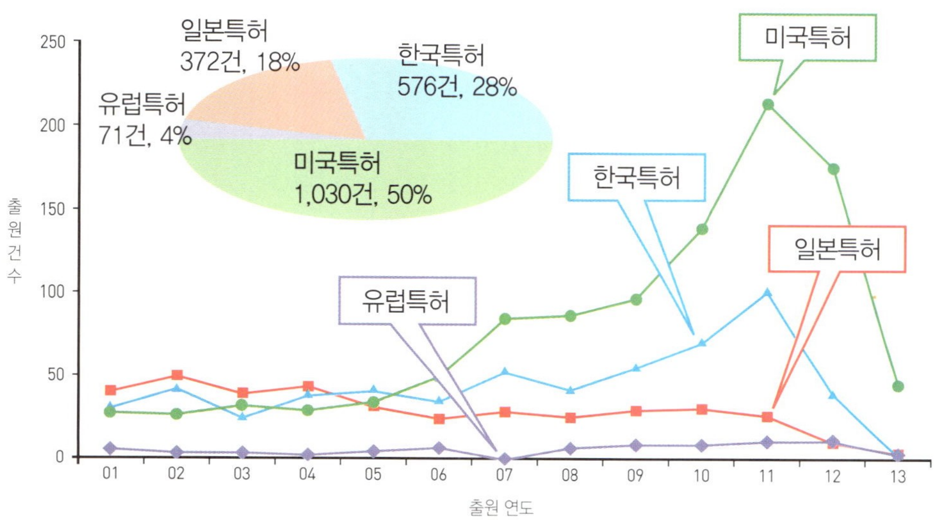

출처 : 한국전자통신연구원 (https://www.etri.re.kr/)

빅데이터 기술의 특허출원은 과거에는 저장기술과 실시간 처리기술에 대한 출원이 주를 이룬 반면 최근에는 데이터 수집 및 분석, 표현기술과 같은 데이터 운영 및 관리기술에 대한 출원이 가파르게 증가하는 추세이나 한국의 경우 주로 저장기술에 특허출원이 집중되어 있다.

[그림 6-5] 세부 기술별/국가별 빅데이터 특허출원 동향

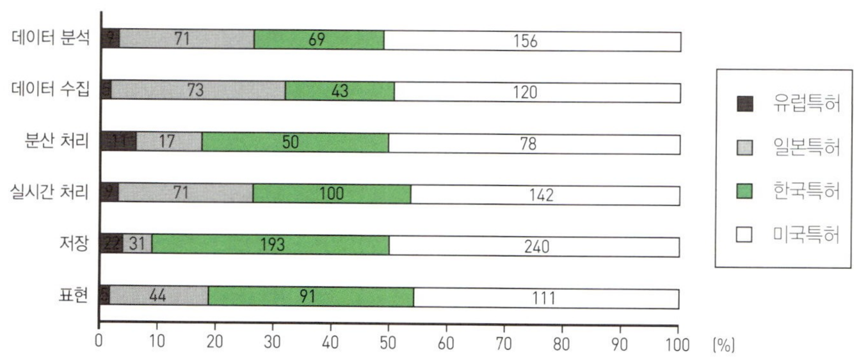

출처 : 한국전자통신연구원 (https://www.etri.re.kr/)

한국의 경우 실시간 처리, 저장, 표현기술은 높은 점유율을 보인데 반해, 데이터 분석 및 수집 기술은 상대적으로 낮게 나타나 관련 기술에 대한 연구가 시급하다. 향후 빅데이터 관련 응용서비스 기술개발을 위한 방향을 설정하고 그에 따른 지식재산권 획득 전략을 수립해야 할 필요가 있다.

4) 3D 프린팅

3D 프린팅 기술은 새로운 용도발명으로 적용가능 분야가 지속적으로 확대됨에 따라 관련 연구개발 및 이를 지재권으로 권리화 하는 것이 필요하다. 윕스(WIPS) DB를 사용하여 분석한 3D 프린팅 기술의 특허 동향에 따르면, 한국은 2000년을 기점으로 특허출원 활동이 증가세를 보이다가 2010년 이후 특허출원이 감소하는 경향이 나타났다.

주요 국가(한국 · 미국 · 일본 · 유럽) 특허청에 출원된 3D 프린팅 기술 관련 특허출원 비중을 보면 미국(47%), 한국(27%), 일본(21%), 유럽(5%)의 순으로 나타났다. 3D 프린팅 기술 분야의 특허 활동은 2000년을 기점*으로 꾸준한 성장곡선을 보이나 2010년 이후 최근까지 특허 활동이 감소하는 경향이 나타났다. 이는 3D 프린팅 기술 관련 기기의 상용화 및 보급형 제품이 출시되고, 기존 산업용 샘플 위주로 찍어내던 기술에서 시계, 신발, 휴대전화 케이스, 자동차 부속품까지 3D 출력이 가능한 기술이 개발되어 발전하는 시기와 일치한다. 3D 프린팅 기술 관련 특허 활동은 미국에서 가장 활발하게 이루어지고 있으며, 한국 및 일본에서는 2000년을 기점으로 특허 활동이 증가하는 것으로 나타난다.

[그림 6-6] 국가별 3D 프린팅 특허출원 동향

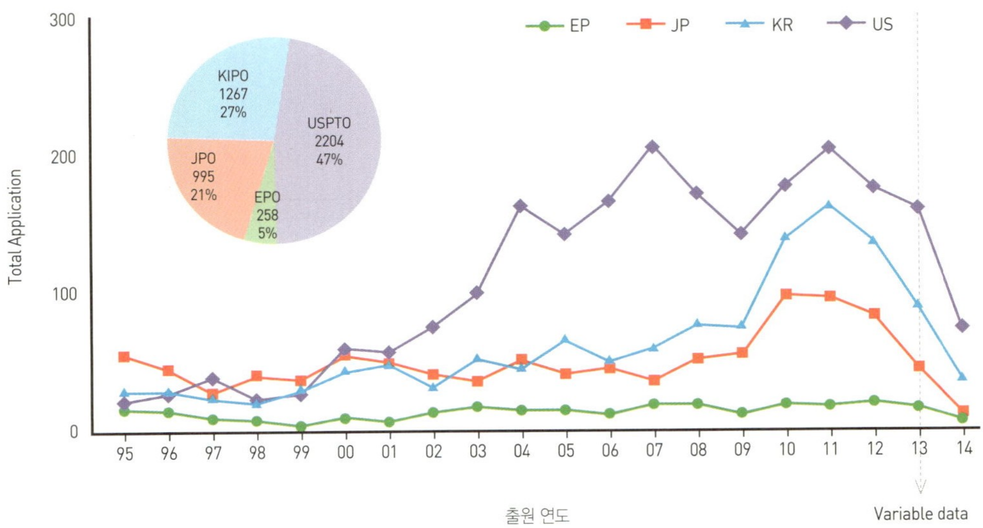

출처 : 한국전자통신연구원 (https://www.etri.re.kr/)

3D 프린팅 기술은 산업, 의료 및 가정용 제품 등 다양한 분야에 활용될 수 있는 기술이며 향후 적용분야가 더욱 확대될 것으로 전망된다. 3D 프린팅 관련 기술은 2010년을 기점으로 감소세를 보이고 있으나, 2015년 가장 주목받는 IT기술로 선정되어 관련 기술의 연구개발이 지속적으로 이루어질 것이며, 3D 프린팅 관련 특허는 향후에도 지속적으로 출원될 것이다. 3D 프린팅 기술의 경우 새로운 용도발명으로 적용가능분야가 지속적으로 확대됨에 따라 지속적으로 연구개발을 수행하고, 그 결과를 지재권으로 확보하는 것이 필요하다.

5) 로봇

로봇 분야는 인공지능 기술 및 인간–기계 상호 장치 개발과 관련해 다양한 응용분야에 활용될 것으로 전망되므로 관련 기술의 확보 및 선점이 필요하다. 특허청에 따르면 전체 지능형 로봇 분야의 국내 특허출원은 2008년 795건 이후 급격한 증가세를 보이고 있으나 2012년 이후에는 특허출원 활동이 정체 및 감소했다. 특히, 서비스용 로봇 분야는 인공지능 기술 및 인간–기계 상호 장치 개발과 관련해 다양한 응용분야에 활용될 것으로 전망되고 시장규모 또한 급격히 확대되었으나, 서비스용 로봇 분야의 국내 특허출원 건수 및 지능형 로봇 분야에서 차지하는 비중은 작은 것으로 나타난다.

[그림 6–7] 지능형 로봇 분야 연도별 국내 특허출원 동향

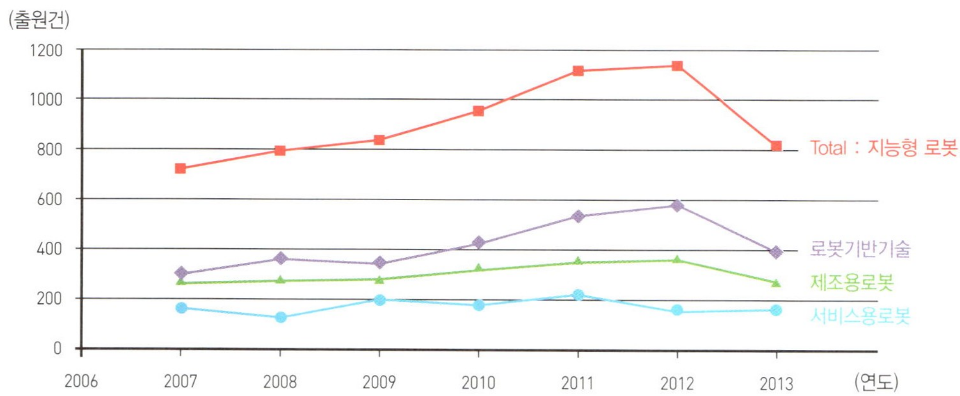

출처 : 특허청 보도자료, 2015.2.

서비스용 로봇 분야는 4차 산업혁명의 시대에 타산업 · 기술과 융합되어 다양하게 응용될 것으로 전망되고 있으나, 해당분야의 국내 특허활동은 정체되어 있다. 따라서 로봇 핵심기반기술과 서비스용 로봇 기술의 확보를 위한 토대 마련 등의 정책적 지원을 통해 로봇기술과 타 산업 간 융합 확대, 로봇 관련 기술의 선점 및 지재권 확보가 필요하다.

6.2 지식재산권 활용

초기 창업기업에서 지식재산권은 많은 용도로 활용이 가능한 아주 유용한 자원이다. 특별히 사업의 위험성이 많은 기술창업에서는 특별히 활용도가 매우 높다. 아래에 기술된 다양한 활용 방법을 잘 활용하면 초기 사업의 위험성을 매우 줄이는데 효과적으로 활용할 수 있을 것으로 생각된다.

1) 창업지원 자금 유치하기

예비창업자나 초기 창업기업이 창업자금을 조달하는 방법은 크게 3가지 정도가 있다. 첫 번째는 창업가나 동업자, 주위 사람들의 돈을 모아서 창업자금을 모집하고, 두 번째는 정부가 지원하는 창업지원 프로그램에 선정되어 자금을 유치하고, 세 번째는 금융기관에서 융자를 받는 방법이다.

우리나라의 중소벤처기업부에서는 예비창업자나 초기 창업기업(1년 미만 또는 3년 미만)의 창업을 장려하기 위한 다양한 창업지원 프로그램을 운영하고 있다. "청년창업사관학교", "스마트창업학교", "창업사업화지원사업", "창업맞춤형사업화지원사업" 등은 대상자에 대한 조건은 조금씩 다르지만 새로운 창업 아이디어를 가진 예비창업자나 초기 창업기업을 선정하여 3,000만원에서 1억 원 정도의 창업지원 자금을 지원하는 프로그램들이다. 이러한 초기 창업자금은 예비창업자나 초기 창업기업에게는 큰 도움이 되는데 일반적으로 3대 1에서 5대 1의 경쟁률을 통과해야 선정 될 수 있다.

2) 창업 자금 융자받기

예비창업자나 초기 창업기업이 자금을 유치하는 방법 중에 하나가 금융기관으로부터 창업자금을 융자하는 방법인데, 이때에도 지식재산권이 매우 유리하게 작용을 하게 된다. 지식재산권을 확보하고 있는 기업에 유리한 지식재산 금융상품을 가지고 있는 기관은 기술보증기금, 신용보증기금, 한국산업은행, 기업은행 등이 있다.

기술보증기금은 특허를 보유한 창업자를 대상으로만 보증을 하는 "특허창업 특례보증"이라는 특별한 보증지원을 하고 있다. 최근 2년 내에 등록된 특허권을 보유한 창업기업을 대상으로 5억 원 한도에서 보증서를 제공하는 상품으로, 특허 창업기업이 보유한 특허권 1건당 3천만 원의 추가 보증 한도를 제공하고 있으며, 보증료도 일반 기술보증에 비해서 0.3% 감면하여 지원하고 있다.

신용보증기금은 2013년부터 "지식재산보증"이라는 보증 상품을 출시하면서, 특허권을 보유한 초기 기업에 대하여 우대 지원을 제공하고 있다. 특허권 등의 지식재산에 대한 가치평가를 거치는 경우 최대 10억 원의 보증을 제공하고 있으며, 보증료 최대 0.5% 차감, 보증비율 최대 100% 우대 등 특허권 보유 기업에 대한 적극적인 보증지원을 제공하고 있다.

또한, 중소기업공단의 특허대출담보 등 다양한 지식재산, 기술금융 상품들이 있으니 예비창업자나 초기 창업기업들은 잘 활용하여 이자율도 줄이고 담보 부담도 줄이는 방법을 잘 활용하기 바란다.

3) 정부 R&D 자금 유치하기

초기 창업기업이 창업지원 자금을 받아서 시제품을 완성하면 상용화를 위한 R&D 자금에 대한 필요성이 급증하게 된다. 이러한 경우 중소벤처기업부나 산업자원부 산하 기관의 R&D 자금을 유치하여 국제적인 경쟁력을 갖춘 제품이나 서비스를 개발하게 된다.

이때에도 정부 R&D 자금을 지원받기 위해서는 제안 제품이나 서비스에 대한 기술성 평가를 받아야 하는데 이때에 지식재산권이 중요한 역할을 하게 된다. 따라서 초기 창업기업은 계속해서 지식재산권 확보에 대한 노력을 계속함으로써 본격적인 R&D가 시작되기 전에 국제적인 경쟁력을 확보할 수 있도록 노력해야 한다.

4) 투자 유치하기

최근에는 지식재산권을 기반으로 중소기업에 투자하는 벤처캐피탈이나 자산운용사가 늘어나고 있다. 2012년에 설립된 '아이디어브릿지' 자산운용사는 지식재산권 전문 펀드를 만들어서 IP Sale & License Back 구조로 중소기업에 투자를 하고 있다. IP SLB 펀드는 기업을 보유한 특허권을 약정 기간 후에 환매하는 것을 조건으로 매입함으로써, 기업에는 대규모 자금을 유치할 수 있는 장점이 있다. SLB 펀드는 매입한 기업에 실시권을 양도하는 구조를 가지고 있어서, 매입한 특허권으로 라이센스를 통한 수익을 창출하는 구조를 가진다. '아이디어브릿지'는 2013년 3월에 2개의 기업이 약 70억원 규모의 자금을 투자한 사례가 있으며, 2013년 말까지 약 20여 건을 투자했다.

5) 마케팅에 활용하기

창업기업이 기존 기업과의 경쟁에서 매우 어려움을 겪는 것이 마케팅이다. 창업기업에 대한 브랜드 이미지가 아직 정립되어 있지 않아서 소비자 입장에서 제품의 우수성을 확인할 수 있는 방법이 매우 부족하다. 이럴 때 효과적인 마케팅 방법 중에 하나가 지식재산권을 이용하는 방법이다. 소비자가 정확하게 판단할 수는 없지만 특허를 취득한 기술이 적용된 제품이라면 기존의 제품보다 우수한 효과가 있을 것이라고 인식될 수 있다. 따라서 창업기업은 특허 기술을 이용해서 효과적인 마케팅을 진행할 수 있다.

창업기업은 대기업과 같이 대규모 광고도 할 수 없고 인지도 있는 광고 모델과 계약해서 광고를 할 수도 없기 때문에 특허 기술이 기존 기술과 어떻게 차별화되었는지를 광고 전략에 수립하는 것이 바람직하다.

6) 기술거래하기

자신이 특허를 활용해서 직접 제품이나 서비스를 완성하기 어려운 경우에는 다른 기업이 사용 할 수 있도록 기술을 거래하는 방법도 매우 유용하다. 기술거래는 특허 기술에 대한 소유권을 타인에게 완전히 이전하는 특허권 매매와 특허 소유권은 본인이 소유하고 특허 기술의 실시권을 양도하고 로얄티를 받는 라이센스 방식이 있다.

특허 기술을 본인이 소유하고 다른 기업에게 실시권을 주는 방식이 더 일반적인데, 처음에는 상호간에 부담스럽지 않은 통상 실시권을 계약한 후 다른 기업이 성공적으로 상용화에 성공한 후 전용 실시권을 허락하는 경우가 가장 많이 사용되는 방식이다.

7) 인증받기

신기술인증(new excellent technology)과 신제품인증(new excellent product)은 지식재산권을 보유하고 특허를 받은 경우에만 인증이 가능하다. 이러한 인증을 받은 경우 공공기관의 의무구매, 보증우대, R&D지원 가점 등 다양한 지원을 받을 수 있다.

읽어보기 예비 창업자가 알아두면 도움이 되는 8대 조언은?

특허청(청장 김영민)이 예비 창업자들을 위한 쉽고 재미있는 창업 준비 가이드북을 발간했다. 가이드북은 주요 분쟁사례와 지재권을 통한 창업 성공사례를 만화를 통해 쉽고 재미있게 구성해 예비창업자들이 창업 가이드북을 친근하게 접할 수 있도록 했다. 또 기술창업에 필요한 단계별 체크포인트, 외식업 등 주요 업종별로 주로 문의되는 지재권 관련 사항 등 창업 현장에서 적용하기 쉽도록 창업자를 위한 8가지 조언도 함께 담았다.

제작 과정에는 현장에서 활동 중인 지역지식재산센터 특허컨설턴트, 창업진흥원, 창업보육협회 창업전문가, 신문기자 등이 참여했다.

가이드북은 창업진흥원, 지역지식재산센터, 창조경제타운 홈페이지(http://www.creativekorea.or.kr)와 특허청 홈페이지(http://www.kipo.go.kr)를 통해 온 · 오프라인으로 동시에 제공된다.

특허청 관계자는 "세무, 회계 못지않게 특허 · 상표 등 지식재산권에 대한 이해가 성공창업을 위해 중요해지고 있다"며 "지식재산권은 소자본 창업자가 글로벌 마켓에서 자신의 제품을 지키면서 안정적으로 성장할 수 있는 최선의 방법"이라고 밝혔다.

〈 창업자가 알아두면 도움이 되는 8가지 조언은? 〉

◆ 아이디어를 잘 관리해야 한다. = 자신의 지식재산권을 보호하기 위해서는 반드시 특허출원이나 등록을 해 언제라도 법적 대응을 할 수 있도록 대비해야 한다. 또한 자신의 지식재산권이 권리화 되기 전에 아이디어나 아이템을 제3자에게 절대로 누설해서는 안 된다. 타인이 자신의 지식재산을 통해 부당한 이득을 챙길 수 있는 빌미를 제공하지 않도록 주의해야 한다.

◆ 지식재산, 포트폴리오 관점으로 접근해야 한다. = 단일한 특허나 상표 하나만으로 자신의 아이디어와 브랜드를 보호하기는 어렵다. 특허를 기반으로 제품을 출시할 때는 제품이 지닌 기능적 측면을 강조한 독창성이 잘 반영되도록 해야 하며 포트폴리오 관점에서 아이디어를 영업비밀로 관리할 것인지 특허출원할 것인지에 대한 검토와 판단도 필요하다.

◆ 시장변화에 민감하게 대응해야 한다. = 정기적인 시장 리서치를 통해 소비자와 경쟁자를 정확하게 파악해야 한다. 소비자의 기호는 유행을 타기 때문에 변화의 폭과 내용이 다변적이고, 경쟁자는 새로운 제품을 만들기 위해 고군분투한다. 주위의 이러한 변화를 놓치지 말고 잘 파악한다면 시장에 보다 더 전략적으로 대응할 수 있을 것이다.

세계 최초로 휴대폰을 개발한 '모토로라'는 많은 특허를 가지고 있었지만 스마트폰이라는 거대한 기술변화와 새로운 제품을 추구하는 소비자들의 충족도를 실현하지 못하였다. 그 결과 2011년, 모토로라는 결국 구글에 인수되고 말았는데 이렇듯 현재 자신이 보유한 지식재산에 안주하게 되면 자신의 사업체를 보존하기가 어렵다.

◆ 지식재산을 꼼꼼하게 관리한다. = 경쟁업체의 아이디어 도용 및 브랜드 편승을 수시로 모니터링하여

필요한 법적 조치를 마련해 놓아야 한다. 모방을 통해 쉽게 돈을 벌고자 하는 경쟁자들이 많기 때문에 법제도만 믿고 안심하다 보면 빤히 눈을 뜨고도 코 베는 꼴이 되므로 자신이 보유한 지식재산을 꼼꼼하게 관리하는 것이 무엇보다 중요하다.

◆ 기술 및 상표 검색은 필수 = 이미 특허청에 등록된 기술이나 제품은 중복 연구 개발이 가능하기 때문에 새로운 아이템을 개발하려면 선행기술 검색은 필수이다. 학문이나 연구를 하는 자세에서 우리는 흔히 '옛것을 익혀 새로운 것을 안다' 라는 말을 회자하곤 하는데 그것은 '옛것을 잘 파악하여 그것을 기반으로 새것으로 창조한다.' 라는 의미로 해석되는 말이다. 다른 사람들이 등록한 기술들의 핵심이 무엇인지 파악하여, 그 기술을 바탕으로 새롭게 떠오르는 창조적 아이디어를 아이템에 적극 활용하라는 것이다.

◆ 전문가의 도움이 필요하다. = 지식재산권 확보 전략은 창업 초기부터 매우 중요한 사업적 결정사항이다. 특허출원은 기술개발 방향을 좌우하고 상표출원은 회사 이미지와 제품 마케팅을 좌우한다. 그러므로 이러한 결정을 단순히 인터넷 검색 결과에만 의존하기보다는 전문가나 전문기관의 도움을 받는 것이 좋다. 본인이 창업에 대한 예비지식을 충분히 갖추었다 하더라도 전문가들의 자문을 받아 사업전략을 수립하면 훨씬 안전하고 빠르게 대처할 수 있다.

◆ 해외시장을 개척하려면 외국 출원을 해야 한다. = 특허권 · 상표권 · 디자인권의 효력은 각 국가마다 독립적으로 존재하므로, 우리나라에서 획득한 특허나 상표 · 디자인은 우리나라에서만 효력이 있다. 따라서 수출을 염두에 두고 설비투자를 하는 경우에는 수출하고자 하는 각 나라에서 인정하는 특허권을 획득해야 그 국가에서의 보호를 받을 수 있다. 해외에서 시장을 개척하려면 반드시 해당국가에서 출원을 해야 한다.

◆ 지식재산의 사용방법을 배워야 한다. = 지식재산은 매도 · 매수가 가능한 자산이다. 본인의 특허를 직접 사업화하는 것보다 제조기반이나 자금력 있는 업체에 자신의 권리(특허)를 매도하는 것이 때로는 이득이 될 수 있다. 반대로, 독자적인 연구개발보다는 라이선스를 통해 타인의 특허를 매수하여 제품을 생산하는 것이 더 유리할 수도 있을 것이다. 어느 것이 더 금전적 이윤이 높은 것인지 판단하여 지식재산권을 활용할 수 있어야 한다. 특히, 지식재산의 양도나 라이센스 이용에 관한 계약조건, 기밀관리, 제재 수단 등에 대해서는 전문가에게 조언을 구하는 것이 좋다.

출처 : HelloDD.com

6.3 지식재산권의 종류

일반적으로 지식재산권은 창작보호 여부, 법 목적, 규제 형식 등 여러 가지 기준에 의해 다양하게 분류해 볼 수 있으며, [그림 6-8]와 같이 크게 산업재산권, 저작권, 신지식재산권으로 구분된다.

[그림 6-8] 지식재산권의 종류

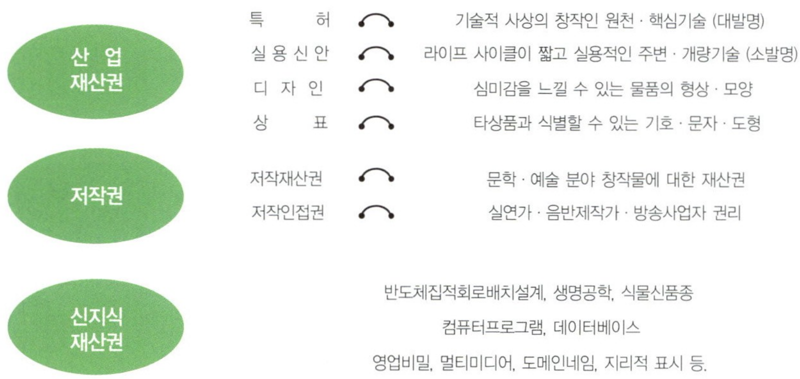

출처 : 특허청 (http://www.kipo.go.kr/)

여기에서는 기술창업과 관련이 있는 산업재산권을 중심으로 설명하도록 하겠다. 산업재산권은 산업경제와 관계가 깊은 지식재산권으로서 특허권, 실용신안권, 디자인권, 상표권을 말하는데, 이 4가지의 산업재산권은 각각 보호대상이 다르며, 특허법, 실용신안법, 디자인보호법 및 상표법 등 서로 다른 법률에 의하여 권리를 규정한다. 저작권이나 신지식재산권에 대한 내용은 다른 자료를 활용하기 바란다.

1) 산업재산권의 종류

(1) 특허권

먼저 특허권은 자연법칙을 이용한 기술적 사상의 창작으로서 발명수준이 고도한 발명에 대하여 부여되는 권리이다. 특허권의 권리는 등록일로부터 발생하며 20년까지 존속된다. 예를 들면, 2013년 3월 1일에 특허출원하여 2015년 1월 22일에 특허 등록한 경우, 특허권은 2033년 3월 1일까지 유지된다. 자주 특허 등록일로부터 20년이라고 생각하는 경우가 있는데 지식재산권의 모든 권리는 출원일로부터 지정된 기간 안에 존속된다.

(2) 실용신안권

실용신안권은 물품의 형상, 구조, 조합에 관한 고안에 대하여 부여되는 권리이다. 실용신안권의 권리는 등록일로부터 발생하며, 출원일 후 10년까지 존속된다. 실용신안권은 특허권과 마찬가지로 기술에 관한 아이디어를 보호하는 권리이지만, 특허와는 달리 기술과 관련된 아이디어 중에서도 물품의 형상, 구조 및 조합에 관한 고안만을 보호대상으로 한다. 따라서 방법이나 소프트웨어, 물질 등과 관련된 기술은 실용신안권으로 보호받을 수 없으며, 특허권을 통해서만 보호를 받을 수 있다. 또한, 실용신안은 등록요건이 특허권과 거의 비슷하나, 특허요건 중 진보성의 요건에 대하여 특허에 비해 진보 정도가 낮은 차이점이 있다.

(3) 디자인권

디자인권은 물품의 외관인 디자인에 대한 아이디어를 보호하는 권리이다. 즉, 디자인권은 독특한 형상, 모양, 색채가 있는 물품의 외관에 부여되는 권리로서 등록 후 15년까지 존속된다.

(4) 상표권

상표권은 식별력 있는 상표 또는 서비스표에 부여되는 권리이다. 상표란 타인의 상품과 식별되도록 유형의 상품에 시용하는 표장으로 기호 · 문자 · 도형 · 입체적 형상 · 색채 · 홀로그램 · 동작 또는 이들의 결합을 말하며, 서비스표는 무형의 서비스에 사용하는 표장을 말한다. 상표권은 등록 후 10년까지 존속되지만 다른 산업재산권과 달리 갱신 절차를 거쳐 10년씩 존속기간을 계속적으로 연장할 수 있다.

2) 산업재산권의 특징

앞에서 설명한 산업재산권의 특징을 정리하면 [표 6-1]와 같다.

[표 6-1] 산업재산권의 특징 비교

종류	특허권	실용신안권	디자인권	상표권
정의	자연법칙을 이용한 기술적 사상의 창작으로서 고도한 발명(대발명)	자연법칙을 이용한 기술적 사상의 창작(소발명)의 고안	물품의 형산, 모양, 색채 또는 이들을 결합한 것으로서 시각을 통하여 미감을 일으키게 하는 것	기호, 문자, 도형, 입체적 형상, 색채, 홀로그램, 동작 또는 이들을 결합한 것
보호 대상	모든 발명	물품의 형상, 구조 또는 조합에 관한 고안에 한정됨	물품의 디자인	상품 및 서비스에 사용하는 표장(브랜드)
존속 기간	등록일 후 출원일로부터 20년이 되는 날까지	등록일 후 출원일로부터 10년이 되는 날까지	등록일로부터 15년	등록일로부터 10년 (10년마다 갱신 가능)

출처 : 특허청 (http://www.kipo.go.kr/)

자동차를 기준으로 산업재산권을 비교해 보도록 하겠다. 자동차 엔진제어 시스템, 변속기 시스템 등과 같이 발명수준이 고도한 '발명'은 특허권으로 주로 보호된다. 백미러, 컵홀더 등과 같이 창작수준이 낮은 '고안' 은 실용신안으로 보호될 수 있다. 한편 차체의 형상 및 알루미늄 휠과 같이 물품의 외관은 디자인권으로 보호될 수 있으며, '제네시스', '그랜저' 와 같은 자동차 명칭이나 '현대', 'GM' 과 같은 제작사 명칭은 상표권으로 보호될 수 있다.

[그림 6-9] 자동차를 예로 든 산업재산권의 비교

출처 : 특허청 (http://www.kipo.go.kr/)

6.4 특허 취득 절차

1) 특허의 성립 조건 : 신규성, 진보성, 산업상 이용가능성

(1) 신규성

새롭지 않은 공지기술에 대하여 독점적인 권리를 인정한다면, 일반 공중이 공지기술을 자유롭게 이용할 수 없어 산업발전을 저해하게 된다. 신규성이란 발명의 내용이 사회 일반에 공개되지 않은 것으로서 신규 한 것을 말한다. 공개 되어 신규성을 상실한 발명은 새로운 기술을 공개하는 것이 아니기 때문에 이러한 발명에는 독점권을 부여하지 않는다.

출원발명이 출원 전에 국내 또는 국외에서 공지되었거나 공연이 실시된 발명, 국내 또는 국외에서 반포된 간행물에 기재된 발명 그리고 국내 또는 국외에서 전기통신회선을 통해 공중이 이용가능하게 된 발명에 해당하면 신규성이 상실되어 특허를 받을 수 없다.

출원발명의 신규성 판단은 특허출원일이 아닌 특허출원 시를 기준으로 한다. 또한 출원 발명이 국내에는 공개되지 않았다 하더라도 국외 어디에서라도 공개된 경우에는 신규성을 상실한다. 특허출원 전에 공개된 발명과 특허출원 된 발명(특허청구범위에 기재된 발명)이 동일하지 않은 경우에는 신규성이 인정된다.

따라서 한국에서 논문을 발표한 후 공지예외를 주장하여 해외출원을 하고자 하는 경우에는, 일본과 미국은 각각 공지일로부터 6개월과 1년 이내에 해당 국가에 출원하면 가능하다. 그러나 유럽과 중국의 경우에는 논문발표일로부터 6개월 이내에 해당 국가에 출원한다고 하더라도 논문발표가 공지예외 대상에 해당되지 않기 때문에 결국 공지된 것으로 취급되어 특허를 받지 못하는 문제점이 있다.

(2) 진보성

공지기술로부터 용이하게 발명할 수 있는 기술에까지 독점적인 특허권을 부여한다면, 오히려 제3자가 공지기술을 자유롭게 실시하는 것을 제한하여 산업발전을 저해할 우려가 있다. 따라서 창작 수준이 낮은 발명을 배제하고 자연 진보 이상의 발명만을 보호함으로써 비약적인 산업 발전을 이루고자 진보성을 특허요건으로 규정하고 있다. 특허를 받지 못한 발명은 대부분 진보성 요건을 만족하지 못하기 때문이며, 이러한 진보성의 판단은 특허실무에 있어 대단히 중요하다.

진보성이란 출원발명이 발명이 속하는 기술 분야에서 통상의 지식을 가진 자(이하 '당업자')가 선행기술로부터 용이하게 발명할 수 없는 정도를 말한다. 진보성 여부의 판단은 당업자를 기준으로 하는데, 당업자란 해당 기술 분야의 전문가 중에서 평균수준의 지식을 가진 자를 말하며, 실무에 있어서는 특허청 심사관이 당업자에 해당한다.

일반적으로 발명의 진보성 판단은 목적, 구성 및 효과의 3요소 중 발명의 구성 및 효과에 중점을 두면서 목적, 구성 및 효과를 종합적으로 대비하여 판단한다.

○ **목적의 특이성** : 발명의 목적은 발명이 해결하고자하는 기술적 과제를 말한다. 당해 발명의 목적이 출원 당시의 기술수준으로부터 용이하게 예측할 수 있는지 여부에 따라 목적의 특이성을 판단한다.

○ **구성의 곤란성** : 발명의 구성은 당해 발명의 기술적 과제를 해결하기 위한 기술적 수단을 말한다. 구성의 곤란성이란 당해 출원발명의 구성에 있어 그 구성요소를 채택하고, 구성요소 상호 간의 결합이 당업자가 종래 기술로부터 용이하게 도출할 수 있는 범위 내의 기술수단인지 여부를 판단하는 것이다.

○ **효과의 현저성** : 효과의 현저성이란 당해 발명의 구성으로부터 얻어지는 특유의 효과가 출원 당시의 기술 수준으로부터 예측할 수 있는 것인지에 대한 판단기준이다.

(3) 산업상 이용가능성

발명의 성립성을 만족하지만 산업상 이용가능성이 없다는 이유로 특허 등록이 거절되는 경우도 있다. 신규성과 진보성을 만족하지만 발명이 실제적으로 산업적으로 이용가능하지 않는 발명인 경우 거절된다. 최근의 경향은 산업상 이용가능성이 높은 발명인 경우 신규성이나 진보성이 다소 부족하더라도 특허를 등록시켜주는 경우가 자주 있다. 따라서 특허를 출원할 때 산업적으로 이용할 것이라는 부분을 충분히 작성하는 것이 특허를 등록 받는데 유리하게 작용한다.

대표적으로 산업상 이용가능성이 없다는 이유로 특허 등록이 거절되는 대표적인 경우는 다음과 같다. 개인적 또는 실험적, 학술적으로만 이용할 수 있고 업으로서 이용될 가능성이 없는 발명은 산업상 이용할 수 있는 발명에 해당되지 않는 것으로 취급한다. 또한, 이론적으로는 그 발명을 실시할 수 있더라도 그 실시가 현실적으로 전혀 불가능하다는 사실이 명백한 발명은 산업상 이용할 수 있는 발명에 해당하지 않는 것으로 취급한다.

2) 특허 출원: 특허명세서 작성

특허명세서란 특허를 받고자 하는 발명의 기술적 내용을 명백하고 상세하게 기재한 서면을 말한다. 특허는 무형의 기술적 사상인 발명에 부여되는 권리이기 때문에, 무형의 발명을 서면을 통해 기재하는 것은 매우 중요하다. 즉, 특허제도는 발명을 한 자에게 그 발명에 대하여 일정기간 동안 독점권을 부여하고, 그 독점권의 대가로 발명을 공개하도록 한 제도이므로, 출원인은 '발명의 상세한 설명' 및 '도면' 부분에서 자신의 발명 내용을 설명하고, '특허청구범위' 부분에서 그 발명에 대하여 보장받고자 하는 독점권의 내용을 명확하게 정의해야한다.

특허명세서의 구성은 다음과 같다.

[명세서]

[발명(고안)의 명칭]
[기술분야]
[발명(고안)의 배경이 되는 기술]
([선행기술문헌])
  ([특허문헌])
  ([비특허문헌])
[발명(고안)의 내용]
  [해결하고자 하는 과제]
  [과제의 해결 수단]
  [발명(고안)의 효과]
[도면의 간단한 설명]
[발명(고안)을 실시하기 위한 구체적인 내용]
  ([실시 예])
([산업상 이용가능성])
([부호의 설명])
([수탁번호])
([서열목록 자유텍스트])
[특허(실용신안등록) 청구범위]
  [청구항 1]

각 항목에 대해서 대략적으로 소개하면 다음과 같다.

(1) 발명의 명칭

간단명료하게 발명의 내용을 집약적으로 표시하여 출원발명의 분류, 정리, 검색을 용이하게 하는 역할을 한다.

(2) 발명의 상세한 설명

발명의 상세한 설명은 제3자에게 기술문헌으로서의 역할을 하는 부분이며, 그 발명이 속하는 기술분야에서 통상의 지식을 가진 자(당업자)가 쉽게 실시할 수 있을 정도로 명확하고 상세하게 기재되어야 한다. 따라서 막연히 추상적으로 발명을 설명하거나 단순한 아이디어 정도만을 기재하는 경우에는 당업자가 용이하게 실시할 수 없는 기재에 해당되기 때문에 특허를 받을 수 없다.

① 기술분야

기술분야는 일반적으로 넓은 범위와 구체적 기술분야로 나누어 기재한다. 이때, 발명이 속하는 분야를 너무 구체적으로 한정하는 것은 바람직하지 않으며 가급적 관련 기술분야까지 넓게 작성하는 것이 좋다.

② 발명의 배경이 되는 기술(종래기술)

종래기술(prior art)은 신규성 및 진보성의 판단의 기초가 될 선행기술을 의미한다. 즉, 출원 전에 국내 · 외에서 공지, 공연 실시, 반포된 간행물에 기재되거나 전기통신회선에 공개되어 불특정인이 알 수 있는 선행기술을 의미한다. 따라서 회사 내에서만 알려져 있고, 문헌이나 제품으로 알려지지 않은 기술은 종래기술에 해당하지 않으므로 주의해야 한다. 특히 실제 공개되지 않은 내용을 출원인 스스로가 종래기술로 언급한 경우에는 출원인이 인정한 종래기술로 간주될 수 있기 때문에 주의가 필요하다.

③ 해결하고자 하는 과제

발명의 목적을 나타내는 것으로서, 종래기술의 문제점을 해결하기 위하여 채택한 기술적 수단을 기재한다.

④ 발명의 효과

발명의 구성을 채용함으로써 얻어지는 유리한 점, 새로운 효과, 특이한 효과, 특유의 효과, 특징이 되는 점, 부가적인 효과를 기재해야 한다. 추상적인 효과가 아닌 본 발명에 의한 기술적 효과를 기재하며, 구성의 차이가 작을 경우 효과의 현저성에 따라 특허 여부가 결정될 수 있으므로 예측 가능한 효과까지 모두 기재하는 것이 바람직하다.

⑤ 도면의 간단한 설명

특허출원 시 특허명세서 외에 '발명의 상세한 설명' 만으로 발명의 내용을 충분히 설명하지 못하는 경우에는 도면을 선택적으로 제출할 수 있다. 도면의 간단한 설명은 도면을 첨부하는 경우에만 작성한다. 한편 [부호의 설명]에서는 각 도면에 그려진 구성요소에 대한 설명을 간단하게 적는다. 도면의 부호들은 발명의 상세한 설명에서 사용한다.

⑥ 발명을 실시하기 위한 구체적인 내용

발명의 목적을 달성하기 위한 개개의 수단 및 그 내용을 구체적으로 기재한다. 발명의 구성인 기술적 수단의 역할 즉, 구성요소 상호 간의 관계를 명확히 기재한다. 필요한 경우에는 발명의 구체적인 실시 예를 기재할 수 있다. 일반적으로 발명의 실시 예의 경우에는 도면을 이용하여 실시할 수 있을 정도로 상세히 기재하는데, 전체적 동작의 개요를 먼저 쓰고 발명의 특징으로 할 동작을 상세히 설명한다. 그리고 변형 예를 포함해서 가능한 다른 실시형태가 있으면 모두 기재하는 것이 좋다. 실시 예가 다양하면 침해 시 쉽게 권리 주장을 할 수 있기 때문이다.

(3) 특허청구범위(CLAIM)

특허청구범위는 특허가 등록되었을 때 특허권의 보호범위를 결정하는 역할을 하는 매우 중요 한 부분이다. 특허는 무형의 기술적 사상인 발명에 부여되는 것이기 때문에, 그 권리범위가 어디까지 미치는지를 결정하는 일은 매우 중요하며 어려운 일이다. 이러한 특허의 속성을 감안해서 우리나라를 비롯한 대부분의 국가에서 특허권의 보호범위를 특허청구범위에 기초해서 정하고 있다. 그러나 아직도 많은 사람들이 특허권의 보호범위가 발명의 상세한 설명이나 도면에 기재된 내용에 의해 결정되는 것으로 알고 있는 것이 현실이므로 이에 대한 각별한 주의가 필요하다. 일반적으로 특허법에서 규정한 발명은 특허청구범위에 기재된 발명을 말하는 것이며, 이 특허청구범위에 기재된 발명을 기초로 특허청에서 심사를 진행한다.

3) 특허 심사 절차

출원된 특허는 [그림 6-10]와 같이 복잡한 심사 절차를 거쳐 최종적으로 특허등록 여부가 결정된다.

[그림 6-10] 특허 심사 흐름도

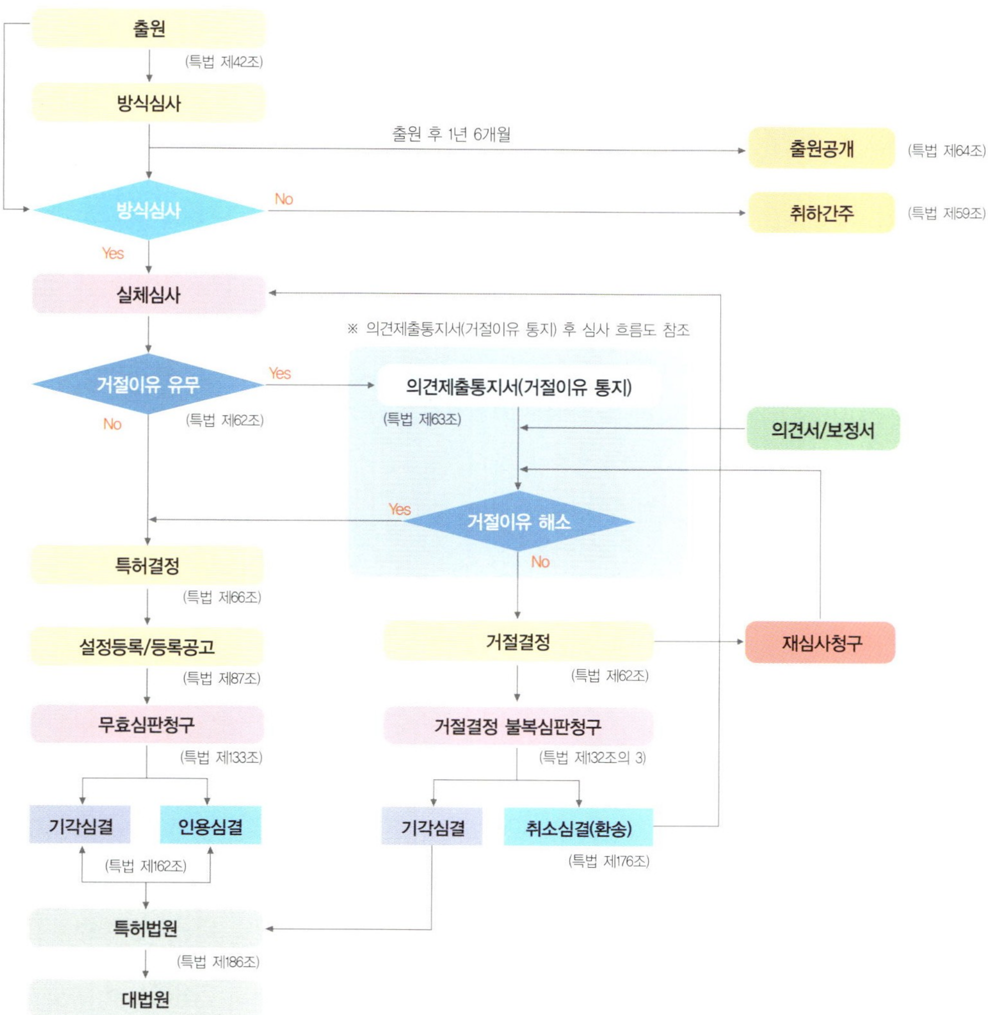

출처 : 특허청 (http://www.kipo.go.kr/)

주요한 내용을 간단하게 설명하면 다음과 같다.

(1) 방식심사

우선 출원 절차가 법령이 정한 방식(수수료 납부, 첨부서류 제출 등)에 적합한지 여부를 심사하는 방식심사가 행해진다. 방식심사 결과 흠결이 있는 경우, 출원인은 해당 흠결을 '보정'이라는 절차를 통해 치유해야 한다.

(2) 실체심사

우리나라는 모든 출원된 발명에 대하여 특허를 받을 수 있는지 여부(즉, 특허요건을 만족하는지)에 대한 판단에 착수하는 것이 아니라, 출원인이 심사청구를 신청한 경우에 한해 실체심사를 수행한다. 실체심사 결과 특허출원 된 발명이 특허요건을 만족하는 경우에는 특허청의 심사관이 해당 출원발명에 대해서 특허결정을 내린다. 만일 특허출원 된 발명이 특허요건을 만족하지 못하는 경우에는 심사관은 출원인에게 거절 이유를 통지하는데, 이에 대해 출원인은 특허출원 된 발명이 특허를 받을 수 있다는 견해를 보정서(심사관이 제시한 거절 이유를 해소하기 위해 수정한 명세서)와 의견서(보정 내용에 대한 설명이나 거절 이유에 대한 출원인의 의견을 담은 문서)를 통해 주장할 수 있다. 출원인의 보정서와 의견서가 제출되면, 심사관은 제출된 보정서와 의견서에 기초하여 출원 된 발명이 특허요건을 만족하는지의 여부를 다시 판단하며, 판단 결과 출원인의 주장이 설득력이 있으면 특허결정을 내리고 거절 이유가 여전히 해소되지 않은 경우에는 거절결정이라는 최종처분을 내리게 된다.

(3) 거절결정 후 가능한 조치

심사관의 최종처분인 거절결정에 대해 출원인은 재심사 청구 또는 거절결정 불복심판을 청구할 수 있다. 심판결과에도 불복하는 경우, 심결취소소송을 통해 법원의 판단을 요구할 수 있다.

6.5 특허 창출 전략

1) 선행 기술 분석을 통한 특허 창출 전략

앞서 살펴본 발명기법에 의해 유용한 발명이 완성되었다고 하더라도 완성된 모든 발명이 특허를 받을 수 있는 것은 아니므로, 다음과 같은 사항을 유의할 필요가 있다.

첫째, 내가 생각하고 있는 아이디어와 관련된 제품이 시중에 나와 있지 않다고 해서 바로 특허를 받을 수 있는 것이 아니므로 반드시 선행기술조사를 통해 아이디어와 관련한 선행기술이 있는지 여부를 확인해야 한다.

둘째, 내가 생각한 아이디어에 관한 발명이 이미 특허출원 되었다고 해서 결코 포기하거나 낙담할 필요는 없으며, 선행기술과 차별화될만한 아이디어를 추가해서 발명을 보강할 필요가 있다.

셋째, 특허 획득이나 특허 유지를 위해서는 많은 비용과 노력이 들기 때문에, 특허 획득의 목적이나 특허 취득 후의 활용방안 등을 분명히 하지 않고, 막연히 특허를 획득하는 것은 지양할 필요가 있다.

발명의 문제 및 초기 아이디어를 발견하기를 마치면 관련 특허 정보를 검색하는 것이 매우 중요하다. 여기서 특허 정보를 검색하는 것은 2가지 의미를 갖게 된다. 첫 번째는 초기 아이디어와 관련된 특허가 사전에 있는지를 검색하여 아이디어 자체를 변경해야 하는지를 검사하는 것이고, 두 번째는 초기 아이디어를 보완할 수 있는 새로운 아이디어를 얻을 수 있는 기회로 사용될 수 있다. 즉, 특허 정보 검색하기는 사전에 동일한 아이디어가 특허로 출원되었는지 확인할 뿐만 아니라 타인의 아이디어를 통해서 자신의 아이디어를 구체화하거나 검증할 수 있는 좋은 정보를 얻는 과정이 된다.

이 과정에서 가장 중요한 것은 기존의 특허 내용을 빠짐없이 잘 검색하는 것이다. 일반인들이 국내에서 가장 많이 사용하는 특허검색 사이트는 KIPRIS(www.kipris.or.kr)이다. KIPRIS는 검색 메뉴에서 통합검색 기능을 제공한다. KIPRIS는 데이터 신뢰성이 우수하며, 한국문헌에 대한 상세한 정보를 제공한다.

따라서 KIPRIS를 활용해서 키워드를 이용한 특허정보조사 방법을 통해서 선행 특허를 검색하는 방법을 살펴보고자 한다. 키워드를 이용한 특허정보조사 과정은 [그림 6-11]과 같이 4단계로 이루어진다.

[그림 6-11] 키워드를 이용한 특허정보조사 과정

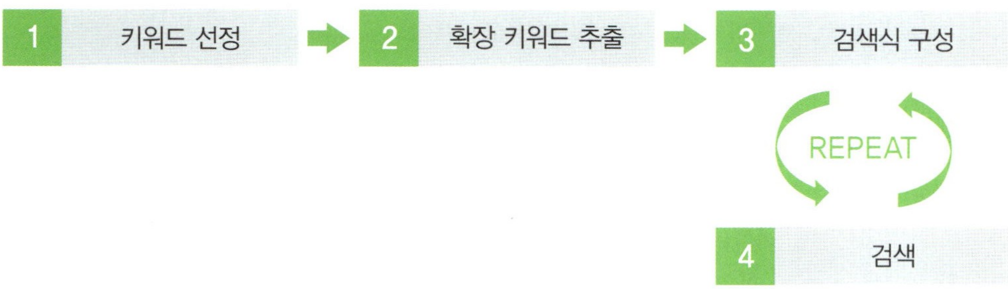

출처 : 특허청, 한국발명진흥회(2013), "지식재산의 이해 : 지식재산 입문"

(1) 키워드 선정

키워드 검색 방식에서 키워드의 선정은 검색의 효과성을 결정짓는 가장 중요한 것이다. 키워드는 문장이나 문단에서 핵심이 되는 단어 또는 어구를 의미한다. 특허문헌의 검색은 해당 특허 기술을 잘 나타내는 핵심적 기술용어 또는 어구를 찾는 것을 의미하며, 키워드를 적절히 선정함으로써 원하는 특허문헌을 찾을 수 있다.

(2) 확장 키워드 추출

원하는 특허문헌을 정확히 검색하기 위해서는 검색되어야 할 키워드가 어떠한 형태로 표현되었는지 추측하는 것이 필요하다. 따라서 모든 가능한 상황을 고려하여 확장 키워드를 추출해야 한다.

키워드를 추출하고자 하는 경우 키워드의 표현 방법에 있어서 묘사적 표현, 축약형 표현, 외래어 표현, 형태적 표현, 의도적 비표준 표현 그리고 기능적 표현을 고려해야 한다.

○ **묘사적 표현** : 모양이나 형태에 대한 다양한 표현을 고려 (예, '둥근', 동그란' 등)

○ **축약형 표현** : 해당 기술에서 사용되는 특정 약자를 고려 (예, EMI (Electro Magnetic Interference, 전자파 장애) 또는 VOC(Volatile Organic Compound, 휘발성 유기 화합물) 등)

○ **외래어 표현** : 각국별로 사용되는 외래어 표현을 고려 (예, 일본에서는 '이모티콘' 을 '얼굴문자' 로 사용하고, '자전거' 를 '자전차' 로 표시)

○ **형태적 표현** : 제품의 형태적 특징을 기술하는 표현을 고려

○ **기능적 표현** : 객체의 동작 등을 나타내는 표현을 고려

(3) 검색식 구성

다양한 검색 연산자들을 사용하여 키워드를 상호 조합함으로써 원하는 특허문헌들을 좀 더 쉽고 빠르게 검색할 수 있다. [표 6-2]은 KIPRIS(www. kirpris.or.kr)에서 사용되는 검색 연산자들 및 이를 사용한 검색식의 예를 나타낸다.

[표 6-2] KIPRIS의 검색 연산자의 예

NO	연산유형		연산자	연산자 설명	검색식 예
1	논리 연산	AND	*	입력된 키워드 2개가 모두 포함된 검색	자전거*거치대
2		OR	+	입력된 키워드 중 1개라도 포함된 검색	자전거+거치대
3		NOT	!	입력된 키워드 2개 중 1개는 반드시 포함하고, 다른 1개는 포함하지 않는 검색	자전거!거치대
4	구문 연산	구문	" "	공란이 포함되고 연속적으로 기재된 구문을 검색	"자전거 거치대"
5		인접배열	^#	첫 번째 검색어와 두 번째 검색어의 거리가 #단어 이하로 떨어져 있는 구문을 검색	자전거^#거치대

출처 : 특허청, 한국발명진흥회(2013), "지식재산의 이해 : 지식재산 입문"

(4) 검색

검색식을 이용해서 검색을 하면 대부분 2가지 결과가 나오게 된다. 너무 많이 검색되는 경우와 너무 적게 검색되는 경우이다. 일반적으로 20~50개 정도의 검색 결과가 나오는 것이 효과적인데, 너무 많거나 적게 검색되는 경우 다시 3 단계로 돌아가서 다시 검색식을 구성해서 재검색을 반복한다.

2) 구성요소 재결합에 의한 특허 창출 전략

발명은 창조공학 측면에서 "물품이나 방법의 기존 구성요소를 변경하여 나타내는 새로운 것"으로 정의할 수 있다. 모든 물품이나 방법은 전체를 구성하는 몇 개의 단위 구성요소로 나눌 수 있고, 각각의 단위 구성요소는 다시 각 구성요소를 구성하는 미세단위 단위 구성요소로 나눌 수 있다. 이때 각 구성요소는 대상이 되는 발명에 따라 재료 구성요소, 기능 구성요소, 구조 구성요소 등으로 나눌 수 있다.

발명의 창출을 위해서는 먼저 기존 물품 또는 방법의 구성요소를 여러 범위로 분해할 필요가 있다. 예를 들어, 볼펜의 단위 구성요소를 크게 보면 볼펜심, 스프링, 볼펜케이스, 누름쇠 등으로 이루어져 있음을 알 수 있다. 또한 볼펜심은 다시 볼펜 축, 잉크, 볼펜심 플라스틱 파이프로 그 구성요소를 분해할 수 있으며, 잉크 도안료, 점증재, 물 등으로 구성요소를 분해할 수 있다. 그리고 안료는 다시 안료를 구성하는 물질들로 분해할 수 있다.

우리가 손쉽게 사용하고 있는 볼펜의 구성요소로 나누면, 이처럼 큰 부분에서부터 눈에 보이지 않는 미세한 부분까지 나눌 수 있다. 물품이나 방법을 구성요소로 나눌 때 어느 정도 미세한 부분까지 구성요소를 나누느냐 하는 것은 구성요소를 나누는 사람의 지식수준이나 경험에 따라 결정된다.

발명은 완전한 무에서 유를 창조하는 것이 아니라, "유에서 구성요소의 재결합을 통한 창조"에 해당한다. 즉, 발명을 한마디로 표현하면 "구성요소의 재결합으로 나타나는 새로운 것"이라 할 수 있다. 재결합에는 단위요소를 더하거나, 제거하거나, 결합순서를 바꾸거나, 단위요소의 일부를 변경하는 방법 등이 모두 포함된다.

우리가 수행하는 단위요소의 재결합을 통한 발명은 기존의 물품 내 단위요소로 한정하여 재결합할 필요는 없으며, 필요한 경우 다른 분야의 단위요소를 사용하는 것 및 기존의 단위요소를 변경하는 것도 가능하다.

(1) 구성요소의 부가 : A+B+C -> A+B+C+D

발명의 창출 기법 중에서 가장 쉬운 방법으로서, 기존의 제품에 한 가지 이상의 기능요소(구조요소)를 더하여 새로운 유익한 물건을 만드는 것이다. 기능요소(구조요소)를 부가하여 이루어진 발명품의 예는 지우개 달린 연필(필기+삭제), 라디오 겸용 녹음기(라디오+녹음기) 등을 들 수 있다.

위와 같이 구성요소의 부가에 의한 발명 창출은 가장 쉬운 발명기법이기 때문에, 출원된 발명의 대부분이 이 범주에 속한다. 그러나 이러한 구성요소의 부가에 의한 발명은 만일 부가된 구조(기능)이 이미 종래부터 있는 기술이고 기능적(구조적) 부가에 의한 특별한 효과 및 새로운 기능 추가 등이 없는 경우에는 종래기술의 단순결합이라 하여 특허성을 인정받지 못할 가능성이 높다.

지우개 달린 연필의 예를 들어 설명하면 만일 종래부터 있었던 지우개와 연필을 단순히 결합시키는 아이디어만 있고, 결합시는 구체적인 방법 등이 없다면 이와 같은 경우 종래기술의 단순결합에 해당하여 진보성이 부정될 가능성이 높다. 그러나 연필과 지우개를 금속밴드를 이용하여 경고하게 결합시키는 구조를 채택하여 지우개의 지지구조를 견고히 하는 효과를 강조한다면 특허성을 인정받을 가능성이 높아진다.

따라서 구성요소의 부가에 의한 발명을 창출하는 경우에는 기능적 부가에 의한 특별한 효과 및 새로운 기능 추가와 같은 발명 논리가 필요하다 할 것이다.

(2) 구성요소의 치환(대체) : A+B+C+D –〉 A+B+C+D'

구성요소의 부가나 삭제 이외에, 발명을 이루는 단위요소들 중 일부를 다른 제품 또는 기술분야에서 사용하고 있는 단위요소로 대체 또는 치환하는 방법이다. 예를 들어 LCD TV는 자체 발광원이 없어서 CCFL(Cold Cathode Flourescent Lamp, 냉음극선관 · 형광등의 한 종류로서 백라이트라고 함)을 발광원으로 사용하는데 이를 LED로 바꿔서 더 밝게 만든 경우가 이에 해당한다.

치환대상이 되는 구성요소의 기술분야가 창출한 발명의 기술분야와 유사한 경우, 이러한 치환이 해당 기술분야의 종사자(당업자)에게 자명한 것이라는 이유로 특허성을 인정받지 못할 가능성이 높다. 따라서 유사기술 분야로부터 아이디어를 얻은 구성요소를 해당 발명에 치환하는 경우에는 양 기술의 차이점을 분석하고 고려하여 해당 발명에 어떻게 적용하였는지를 강조하는 등의 발명 논리가 필요하다.

(3) 구성요소의 삭제 : A+B+C+D –〉 A+B+C

발명의 기초적인 방법 중의 하나가 구성요소의 구조적(기능적) 제거에 의한 발명이다. 구성요소의 구조적 제거인 경우에는 기능은 그대로 유지하면서 구성요소 일부를 제거하는 것이다. 구성요소의 기능적 삭제에 의한 발명품의 경우에는 필수기능만을 유지하고 불필요한 기능을 없앰으로써 제조원가를 낮추는 이점이 있다. 이때, 구성요소를 제거하는 경우에는 특정 구조(기능)을 제거함에 따라 제품의 성능을 저하시켜서는 안된다는 점에 주의해야 한다.

구성요소의 삭제에 의한 발명 창출은 단지 종래의 구조(기능)을 삭제하여 비용절감 및 소형화 등과 같이 충분한 예측가능한 효과만이 있어 특허성을 인정받지 못할 가능성이 높다. 구성요소의 삭제에 의한 발명 창출이 특허성을 인정받기 위해서는 구성요소의 일부를 삭제하면서 다른 기능 및 효과를 추가시키거나, 삭제한 구성요소의 기능을 다른 단위요소가 수행하는 내용을 추가할 필요가 있다. 예를 들면, 손가락 장갑이 아닌 벙어리 장갑을 제조함으로써 재료비의 절감 뿐만 아니라, 표면적 감소에 의한 보온 증대 등의 효과를 강조하는 논리가 필요하다.

3) 효과적인 특허청구범위 설정으로 실효성있는 특허 창출 전략

특허명세서에서 가장 중요한 부분은 특허청구범위이다. 따라서 변리사가 특허명세서를 작성해서 오면 다른 부분보다 유심히 볼 부분이 청구범위이다. 특허청구범위는 자신의 아이디어를 보호받을 수 있는 범위를 말하는 것으로, 좋은 특허는 다른 특허와 겹치지 않는 가능한 넓은 청구범위를 갖는 것이다.

청구범위를 이해하기 위해서 어떤 사람이 세상에서 처음으로 의자를 발명했다고 가정하고 특허청구범위를 가장 효과적으로 설정하는 과정을 설명하고자 한다.

발명자가 처음으로 생각했던 의자의 모습이 아래의 그림과 같다고 가정하자.

[청구범위 예1]

앉아 있을 때 사람의 몸을 걸치는 도구로서,
엉덩이를 걸치기 위한 나무로 된 원형의 밑판과,
상기 밑판에 부착되어 밑판을 지면에서부터 떠받치는 4개의 다리와
상기 밑판의 한 변에 부착되어 상기 도구에 앉은 사람의 등을 지지하는 사변형 모양의 등판으로 구성된 의자

[청구범위 예1]은 발명자가 처음에 생각한 의자의 모습을 정확하게 서술하고 있으나 좋은 청구범위의 설정이라고 볼 수 없다. 가장 큰 이유는 구성요소에 많은 한정어가 사용되고 있다. "나무로 된 원형의 밑판", "4개의 다리", "사변형 모양의 등판" 등의 한정어는 특허의 범위를 매우 제한시킨다. 합성수지 재질의 밑판이나, 사각형 모양의 밑판을 가지거나, 4개가 아닌 3개나 5개의 다리를 가지거나, 둥근 등판을 가진 의자는 모두 특허의 범위에서 제외됨으로써 좋은 발명을 했으나 권리 범위는 매우 협소해진다. 따라서 청구범위를 작성할 경우에는 가능한 한정어를 사용하지 않는 것이 바람직하다.

그럼 한정어를 사용하지 않고 청구범위를 잡아보도록 하자.

[청구범위 예2]

앉아 있을 때 사람의 몸을 걸치는 도구로서,
엉덩이를 걸치기 위한 밑판과,
상기 밑판에 부착되어 밑판을 지면에서부터 떠받치는 다리와
상기 밑판의 한 변에 부착되어 상기 도구에 앉은 사람의 등을 지지하는 등판으로 구성된 의자

[청구범위 예2]의 청구범위로 설정하면 [청구범위 예1]보다 훨씬 넓은 청구범위를 갖게 된다. 밑판, 다리, 등판으로 구성된 모든 의자에 권리를 보호받을 수 있게 된다.

하지만 좀 더 신중하게 다양한 변형을 고려해서 청구범위를 설정하면 더욱 효과적일 수 있다. 향후 의자의 간편성을 위해서 생략된 형태의 의자가 나올 수 있는지를 고려하는 것이다. 즉 의자의 최소 구성요소로 청구범위를 설정하면 더 넓은 청구범위를 갖게 된다.

예를 들어 아래와 같은 의자를 개발한다면 [청구범위 예2]의 청구범위로 의자 특허를 보호받을 수 있나?

[청구범위 예3]

앉아 있을 때 사람의 몸을 걸치는 도구로서,
엉덩이를 걸치기 위한 밑판과,
상기 밑판에 부착되어 밑판을 지면에서부터 떠받치는 다리로 구성된 의자

[청구범위 예3]으로 청구범위가 설정되면 모든 종류의 의자가 청구범위 안에 들어옴으로써 아주 좋은 청구범위를 갖게 된다. 좋은 발명을 하는 것도 중요하지만 좋은 청구범위를 갖는 것

은 더욱 중요하다.

발명자는 변리사가 작성한 특허명세서에서 정확한 청구범위를 이해하고 자신이 주장하는 청구범위가 기재되도록 하는 정도의 특허 상식을 가지는 것이 좋은 특허를 쓰는 가장 중요한 것임을 꼭 기억하기 바란다.

활동하기 **4차 산업혁명 관련 효과적인 특허 창출하기**

1. 4차산업혁명과 관련된 주요기술(빅데이터, IoT, AI 등) 중에 본인이 관심있는 주제와 관련된 5개의 특허를 검색해서 특허의 내용을 정리하시오.

2. 앞에서 검색한 5개의 특허 중에 구성요소를 중심으로 구성된 특허를 하나 찾아서 구성요소의 부가, 치환, 삭제 등 구성요소 재결합에 의한 특허 아이디어를 개발하시오.

3. 본인이 아래의 그림과 같은 포크를 처음 개발한 발명자라고 가정하고 실효성있는 청구범위를 작성해 보시오.

학습정리

- 창업기업은 확보된 지식재산권을 창업지원 자금 유치하기, 창업 자금 융자받기, 정부 R&D 자금 유치하기, 투자 유치하기, 마케팅에 활용하기, 기술거래하기, 인증받기 등에 활용할 수 있다.
- 기술창업과 관련이 있는 산업재산권은 산업경제와 관계가 깊은 지식재산권으로서 특허권, 실용신안권, 디자인권, 상표권을 말한다.
- 특허의 성립 조건은 신규성, 진보성, 산업상 이용가능성이다. 이러한 성립 조건을 만족하는 발명이 있는 경우에는 특허명세서를 작성해서 제출하면 특허출원이 된다.
- 특허 아이디어 평가 방법의 대표적인 기법으로 ALU 기법이 있다. ALU 기법은 장점(advantage), 제한점(limitation), 그리고 독특한 특성(unique)을 의미하는 대표적인 수렴적 사고기법이다. 여러 가지 아이디어를 분석하고, 다듬고, 발전시키기 위한 기법이다.
- 특허를 출원하기 위해서는 특허명세서를 작성해서 제출해야 한다. 출원인이 자신의 권리를 효과적으로 보호하기 위해서는 변리사와의 효과적인 커뮤니케이션을 통해서 자신의 권리가 정확하게 특허에 반영될 수 있도록 해야 한다.
- 효과적인 특허를 창출하기 위한 방법으로는 선행 기술 분석을 통한 특허 창출, 구성요소 재결합에 의한 특허 창출, 효과적인 특허청구범위 설정으로 실효성있는 특허 창출 방법이 있다. 이 3가지 방법을 잘 활용해서 효과적인 특허를 창출하기 바란다.

참고문헌

◆ 공업화학 전망(2015), 제18권 제1호
◆ 한국지식재산연구원(2017), "4차 산업혁명 시대에 대응하는 IP의 역할"
◆ 교육부, 한국연구재단, (재)한국기업가정신재단(2015), "손에 잡히는 기업가정신"
◆ 특허청(2012), "기술거래 유형"
◆ 특허청, 한국발명진흥회(2013), "지식재산의 이해 : 지식재산 입문"
◆ 연합뉴스(2017.03.09.), "지식재산부 · 지식재산비서관 신설해 4차 산업혁명 대비해야"

◆ https://www.etri.re.kr
◆ http://www.hellodd.com
◆ http://www.kipo.go.kr
◆ http://www.kipris.or.kr
◆ http://worldwide.espacenet.com

6장. 키워드 인덱스용

지식재산권	특허	특허 검색	특허명세서
특허출원	산업재산권		

07

비즈니스 모델과 린 스타트업

승리할 수 있는 유일한 방법은
다른 누구보다 빨리 배우는 것이다.

'린 스타트업' 저자, 에릭 리스(Eric Ries)

학습목표

1. 비즈니스 모델의 중요성과 정의에 대해서 이해할 수 있다.
2. 비즈니스 모델의 구성요소에 대해서 설명할 수 있다.
3. 비즈니스 모델 캔버스의 도출과정과 9가지 블록에 대해서 설명할 수 있다.
4. 린 스타트업의 개념을 이해할 수 있다.
5. 린 캔버스의 구성요소를 설명할 수 있다.
6. 비즈니스 모델 캔버스와 린 캔버스의 차이점을 이해할 수 있다.

시작
하기

새로운 비즈니스 모델들 "이용자에 응답하라"

맞춤형 O2O 서비스 '생활 속으로'

"이용자 요구에 응답하라."

찾아가는 맞춤형 O2O(온 · 오프라인 연계) 서비스가 인기를 끌고 있다. 1인 가구나 맞벌이 부부 등 바쁜 현대인의 생활 패턴에 맞춘 서비스를 내세운 것이 특징이다. 패션부터 먹거리, 집안일까지 다양한 카테고리로 이용자 생활 속에 파고드는 중이다.

이미지 출처 : 한경닷컴

눈에 띄는 맞춤형 O2O 서비스는 패션 분야다. 개인화된 서비스에 대한 요구가 높지만 시간과 비용이 부족한 이용자들이 많다는 분석이다.

남성 전문 패션 서비스를 내세운 '스트라입스'가 대표적이다. 스트라입스는 1대1 방문을 통한 개인화 브랜드를 내세웠다. 스타일리스트가 이용자를 찾아가 신체 사이즈를 재고 맞춤형 옷을 제작하는 방식이다. 한 번 측정한 사이즈는 저장돼 웹 또는 모바일로 재구매가 가능하다. 스트라입스가 축적한 고객은 3만 명 가량으로 지난해 50억원의 매출을 올렸다.

이달 첫 서비스를 시작한 '유아더디자이너'는 남성 수제화 서비스 '맨솔'을 선보였다. 코디네이터가 이용자를 찾아가 신발 사이즈를 재고 수제화를 제작, 배송하는 원스톱 서비스다. 제화 업체 무크(mook)의 사내 벤처로 출발한 이 회사는 당시 쌓은 노하우를 서비스에 녹였다.

박기범 유아더디자이너 대표는 "서울, 분당 판교지역에서만 서비스를 제공하고 있지만 별도의 마케팅 없이 2주 만에 100여명의 고객을 확보하는 등 반응이 좋다"고 말했다.

먹거리 분야에선 배민프레시가 맞춤형 O2O 서비스를 제공하고 있다. 신선 식품부터 반조리 식품, 베이커리까지 3000개 이상의 식품군을 무기로 내세웠다. 이를 기반으로 다이어트, 저염식, 유기농 등 이용자 니즈에 맞는 식단을 차릴 수 있다. 출근 전 새벽 배송 서비스를 제공해 맞벌이 부부들에게 인기가 높다는 설명이다.

이미지 출처 : 한경닷컴

O2O 서비스는 세탁, 이사 등 집안 곳곳에도 파고들었다. 워시앱코리아는 '크린바스켓'을 통해 세탁물 수거부터 세탁, 배달을 대행하고 있다. 1인 가구나 맞벌이 부부를 위해 24시간 주문을 받고 자정까지 세탁물을 수거한다. 이 외에도 이사도우미 서비스 '짐카', 출장 세차 서비스 '인스타워시' 등 O2O 서비스는 영역을 넓히는 중이다.

생활 속으로 들어온 O2O 스타트업들은 투자자들의 관심을 받고 있다. 밴처캐피탈(VC)로부터 투자금을 유치하면서 서비스 지역이나 카테고리 확대를 꾀하는 중이다. 스트라입스는 지난달 SK플래닛 등으로부터 총 50억 원 규모의 투자를 유치했다. 회사는 투자금을 발판삼아 아시아를 겨냥할 계획이다. 특히 K-패션에 관심이 높은 홍콩, 대만, 말레이시아 진출을 준비 중이다.

크린바스켓은 지난 18일 본엔젤스벤처파트너스, 캡스톤파트너스에게 8억 원을 투자받았다. 직접 세탁물을 배달하는 등 온디맨드 서비스로 향후 성장이 기대된다는 이유에서다. 크린바스켓은 투자금을 기반으로 서비스 지역을 전국 대도시 중심으로 확대할 예정이다.

VC업계 관계자는 "생활 속 다양한 영역이 모바일로 들어왔지만 중요한 것은 이용자들이 체감하는 서비스의 질"이라며 "이에 따라 맞춤형이나 고급화된 서비스들이 인기를 끌고 있다"고 평가했다.

[생각해보기]

◆ 최근 새롭게 떠오르고 있는 O2O모델을 기반으로 한 다른 새로운 서비스에 대해서 토론해 보자.

◆ O2O모델이 가진 문제점에 대해 서로 토론해 보자.

출처 : 한경닷컴(2015.12.23), "새로운 비즈니스 모델들 – '이용자에 응답하라'…맞춤형 O2O 서비스 '생활 속으로'"
(http://www.hankyung.com/news/app/newsview.php?aid=201512236316g)

7.1 비즈니스 모델의 이해

앞장에서 창업 기회를 개발하고 사업타당성 분석을 통해 사업 아이디어에 대한 검증도 하여 보았다. 하지만, 창업 아이디어만 가지고 수익을 창출할 수는 없다. 수익 창출을 위해서는 창업 아이디어를 가지고 어떻게 사업화할 수 있는 가를 설계해보고 수익성을 검토해봐야 한다. 이를 위해서는 창업 아이디어를 사업화할 수 있는 모델, 즉, 비즈니스 모델을 개발하여야 한다. 따라서 본 장에서는 비즈니스 모델의 의미와 필요성, 구성요소 등을 살펴보고 비즈니스 캔버스 작성을 직접 해보면서 비즈니스 모델을 이해해보자.

1) 비즈니스 모델의 정의와 특징

(1) 비즈니스 모델이란?

비즈니스 모델(business model)은 1990년대 말 이후 인터넷, 정보기술의 발전을 배경으로 인터넷닷컴 기업들이 출현하기 시작하면서 비즈니스 실무에서 확산된 개념이다. 인터넷 기업들은 전통적인 오프라인 기업과 비교해 가치와 수익을 창출하는 방식이 근본적으로 달라서 이러한 차이를 비즈니스 모델이라는 용어를 사용하여 설명하였다.

대표적인 사례가 애플의 아이튠즈(iTunes)이다. 아이튠즈는 음악을 MP3에 저장되어 있는 것만 듣는 것이 아니라, 아이튠즈 플랫폼에 저장되어 있는 음악을 다운로드해서 감상할 수 있게 새로운 비즈니스 모델을 개발하였다. 그 결과는 대성공이었고 애플의 아이팟(iPod)이 후발주자임에도 불구하고, 새로운 강자로 부상하는데 결정적으로 기여하였다. 뿐만 아니라 아이폰(iPhone)과 아이패드(iPad)에도 새로운 방식을 적용함으로써, 기존의 방식에서 제품에 혁신을 더해 기존의 시장크기보다 약 30배가 큰 시장을 만들어 냈다 [그림 7-1].

전통적인 컴퓨터시장에서 다양한 기능을 통해 새로운 소비자를 끌어들인 애플의 사례에서처럼 비즈니스 모델은 중요한 역할을 한다. 비즈니스 모델을 통해 기존 기업은 경쟁우위에 설 수 있는 기회를 가지고, 새롭게 창업을 계획하고 있는 스타트업 기업은 치열한 경쟁 환경에서 생존할 수 있는 기회를 찾을 수 있다.

[그림 7-1] 애플컴퓨터의 혁신적인 비즈니스 모델

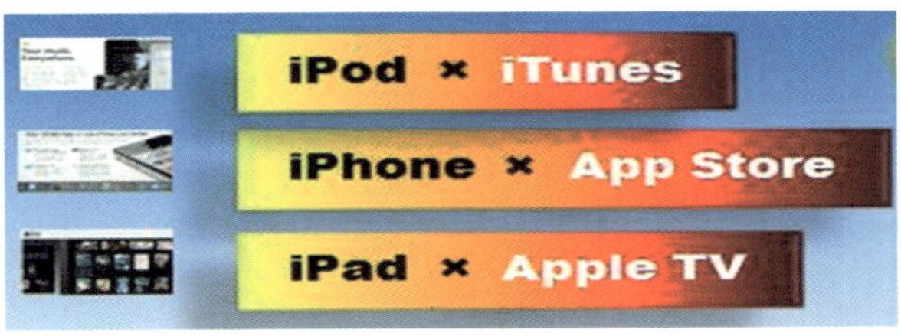

출처: http://www.1000ventures.com/business_guide/cs_biz_model_apple.html

최근 우버는 기존 택시서비스의 문제점을 개선하고자 모바일에서 등록된 택시를 검색하고 호출하여 서비스를 받을 수 있는 새로운 비즈니스 모델을 개발하여 전 세계적으로 선풍을 일으키고 있다. 이같이 기존 자원을 활용하여 고객에게 새로운 혁신적인 서비스/제품을 개발하여 업계 선두주자로 부상할 수 있는 비즈니스 개발이야 말로 기존 기업뿐만 아니라 창업기업에게도 새로운 시장개척과 수익창출을 위해서는 매우 중요한 과제이다.

비즈니스 모델의 필요성과 중요성에 따라 일찍이 비즈니스 모델에 대한 다양한 연구가 진행되어 왔다.

비즈니스 모델 연구자로 잘 알려진 폴 티머스(Timmers, 1998) 박사는 비즈니스 모델을 제품, 서비스 및 정보의 흐름이며, 다양한 참여자들의 잠재적인 이익과 수익 원천을 설명해 주는 청사진이라 정의하였고, 마이클 라파 교수(Rappa, 2000)는 기업이 가치사슬 상에서 어느 위치에 속하는가를 명시함으로써 매출을 발생시킬 수 있는 방법을 보여줄 수 있는 것이라고 정의하였다.

비즈니스 사전(business-dictionary)에서는 비즈니스 모델을 정의하기를, 기업이 고객에게 가치를 전달하고, 고객들을 가치를 위해 돈을 지불하도록 유인하고, 그들의 비용 지불을 수익으로 전환하는 방식이라고 정의하였다. 콜과 미첼(Coles & Mitchell, 2004)은 어떤 조직단체에서 그들의 고객에게 제품과 서비스를 제공하고, 자원과 능력을 개발하기 위하여 "What", "Who", "When", "Where", "Why", "How", "How much"의 사용가능한 조합이라고 정의하였다.

비즈니스 모델 관련 저서로 잘 알려진 오스터왈더(Osterwalder, 2010)는 한 조직체에서 어떻게 고객 가치를 창출하고 전달하고 수익원을 확보하는지에 대한 합리적 방안이라 정의하였다. 이와 같이 비즈니스 모델의 개념을 연구하기 위해 많은 학자들이 연구를 하였는데 이를 종합하면 비즈니스 모델은 '사업 아이디어를 가지고, 어느 시장에서, 누구에게, 어떤 가치를 어떤 방법으로 전달하고 어떻게 수익을 창출할 것인지에 대한 전반적인 방향과 방법을 정의한 것'이다. 기존 비즈니스 모델의 정의에 대해서 다양한 의견들이 제시되었는데 [표 7-1]과 같다.

[표 7-1] 비즈니스 모델의 정의

연구자	정의
Timmers(1998)	- 다양한 사업 참여자와 그들의 역할을 포함하는 제품 서비스, 정보흐름의 구조이며, 다양한 참여자들의 잠재적인 이익과 수익원천을 설명해주는 청사진
Venkatraman & Henderson(1998)	- 고객과의 상호작용, 자산 형태, 지식 수단 등의 세 가지 측면에서 전략을 수립하기 위해 조정된 계획
Amit & Zott(2000)	- 사업 기회의 가치창출을 위해 설계한 거래내용, 구조, 관리를 설명해주는 것
Ethiraj et al.(2000)	- 가치 창출 계획
Rappa(2000)	- 수익을 창출하기 위해서 사업을 영위하는 방식
Johnson et al.(2008)	- 고객 가치제안, 수익 공식화, 핵심 자원, 핵심 프로세스 4가지 구성요소가 서로 맞물려 가치를 창출하고 전달하는 것이다.
Casadesus Masanell & Ricart(2010)	- 기업의 실현 전략을 표현하는 형상이다.
Teece(2008)	- 기업이 고객에게 가치를 전달하기 위한 수익과 비용의 실행가능한 구조와 고객의 가치제안을 지원하는 논리와 자료 그리고 다른 증거들을 분명하게 표현하는 것이다.

출처: IESE Business School University of Navarra, "The Business Model: Theoretical Roots, Recent Developments, and Future Research".

(2) 창업기업에게 비즈니스 모델이란?

우리가 새로운 집을 짓고자 할 때, 건축가는 집에 대해 고객이 원하는 요구 사항을 들은 뒤 기본 설계를 한다. 기본 설계를 고객에게 보여준 뒤, 고객의 요구사항이 충분히 반영되었는지, 추가로 필요한 사항은 없는지, 수정보완 해야 할 사항은 없는 지를 검토한 후, 최종안을 확정한다. 이후에는 최종안을 토대로 자세히 설계를 하여, 실제 집을 건축하는 단계로 발전한다. 만약, 설계도 없이 집을 짓는 다면 과연 어떻게 될까? 아마, 완성된 집은 고객이 원하는 바를 누락했거나, 얼마 지나지 않아 일부 문제가 발생하기도 하고, 심각할 경우에는 붕괴될 수도 있다.

[그림 7-2] 건축 시 설계의 차이

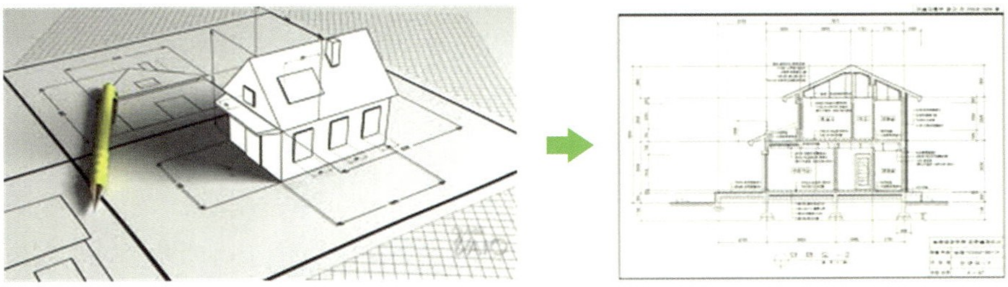

〈기본설계〉 〈상세설계〉

즉, 비즈니스 모델은 집에 대한 기본설계와 같은 역할을 한다. 사업아이디어를 토대로 어떻게 수익을 창출할 수 있는 지에 대한 기본 설계를 통하여 수익모델에 대한 구체성을 향상시키고 부족하거나 미처 파악하지 못한 부분을 보완하여 수익창출을 위한 구체적인 모습을 그릴 수 있다. 기본 설계 없이 집을 지을 때, 자칫 붕괴될 수 있듯이, 비즈니스 모델 없이 사업을 시작할 때, 사업이 실패할 가능성이 그만큼 높다.

[그림 7-3] 설계가 잘못된 경우의 실패

이에 따라, 비즈니스 모델은 사업아이디어를 활용하여 수익을 창출하는 방법을 설계하여, What is the profit model? 에 대한 답을 제시하는 것인 반면, 사업계획서는 How to execute the business model과 같이 비즈니스 모델의 구체적인 실행계획을 수립하는 것이다.

[그림 7-4] 비즈니스 모델과 사업계획서의 차이

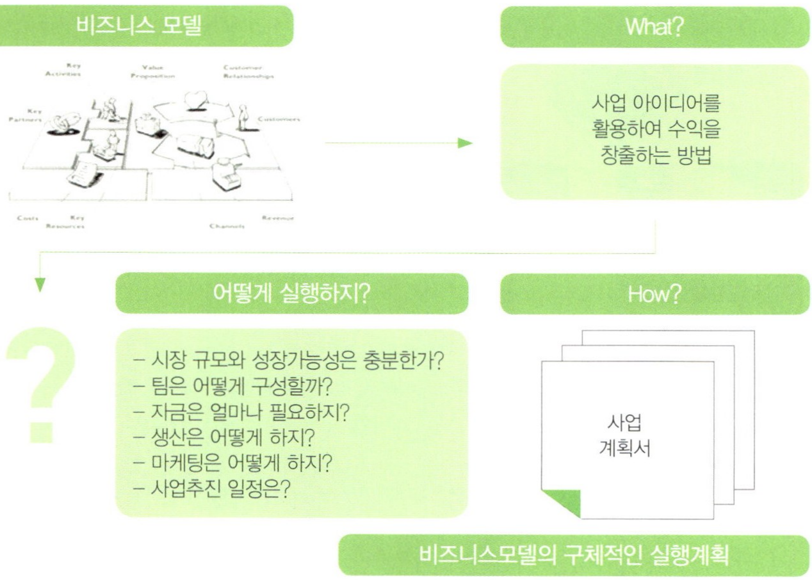

(3) 비즈니스 모델은 계속 변화가 필요

여기서 많은 창업가들이 착각하는 내용이 있다. 어렵게 만든 비즈니스 모델이지만, 새로운 경쟁자가 등장하고 시장 환경이 변화하기 때문에 지속적으로 비즈니스 모델을 개선해 나가야 한다. 그렇지 못할 경우 선두업체라도 언제든지 시장에서 도태될 수 있다.

세계 필름시장을 지배했던 코닥은 디지털카메라 기술을 세계 최초로 개발하고도 자사가 만든 필름시장이 새로운 디지털 카메라에 잠식당할 것을 우려해 디지털 카메라 개발을 미루다가 시장의 변화에 적응 못하고 도산하고 말았다. 이외에도 우리는 새로운 시장 환경에 적응하지 못하고 경쟁에서 밀려 도태된 많은 기업 사례를 쉽게 찾을 수 있다. 이같이 비즈니스 모델은 시장 환경에 적응하여 지속적으로 변화를 해 나갈 때 기업의 지속가능성이 확보가 되는 것이다.

읽어보기 **코닥, 필름제국의 몰락**

1881년 이스트만은 Eastman Dry Plate Company라는 제휴 회사·설립하고 롤 홀더 필름을 만들어 1888년 "Kodak" 이름으로 재탄생시켰다. 1934년 필름 카메라의 세계 표준이 된 35밀리 필름을 발매하면서 '사진 필름의 대명사'로 자리를 잡았다. 이후 스냅사진 코닥 카메라를 시장에 선보여 1976년 미국 시장 필름 판매 점유율 90%, 카메라 판매 점유율 85%를 기록하여 필름과 카메라 시장을 독점하였다.

1975년에는 세계 최초로 디지털 카메라 기술을 개발하였지만 기존의 자사 주 비즈니스 모델인 필름 판매에 타격을 입을 것을 우려해 디지털 카메라의 기술적 업그레이드와 홍보 마케팅에 적극적으로 나서지 않았다. 1981년에는 소니에서 디지털 카메라 '마비카'를 출시하여 판매를 하고 있었으나 코닥의 경영진은 이미 미국의 필름 시장을 장악하고 있었기 때문에 안주하였다. 이 시기에 소비자들의 인식이 아날로그 시대에서 디지털로 변화하는 흐름에 적응하고 있어 디지털 카메라에 대한 수요가 점차적으로 늘어가고 있었으나 이를 파악하지 못하면서 몰락하기 시작하였다.

필름 판매에 의존하고 있었던 코닥은 디지털 시대의 변화에 더 이상 견디지 못하고 2003년 사업구조를 디지털 시대에 맞게 전환하면서 전통적인 필름 생산 공장 13곳을 문을 닫고 연구팀 130개를 해체하였다. 2005년 CEO로 페레즈를 영입하면서 새로운 사업으로 프린트 사업을 강화하고, 보유 특허 매각 등 구조 재편에 많은 노력을 기울였지만 시대의 흐름을 놓쳐 버린 코닥은 새로운 비즈니스 모델을 개발하고 못하고, 2012년 1월, 132년의 역사를 자랑하는 필름 카메라 코닥은 파산을 신청했다.

2) 비즈니스 모델의 기대효과

(1) 기업에 새로운 경쟁력을 제공

IBM(2006)이 전 세계의 글로벌 CEO를 대상으로 경영성과에 가장 큰 영향을 미치는 경영혁신이 무엇인지에 대하여 설문조사를 하였다. 그 결과 비즈니스 모델혁신이 가장 중요한 것으로 CEO들은 인식하고 있었다. 즉, 기업의 경쟁력과 성과는 비즈니스 모델 자체를 혁신적으로 변화시킬 때 극대화 될 수 있음을 확인한 것이다.

[그림 7-5] 경영혁신별 경영성과에 미치는 영향

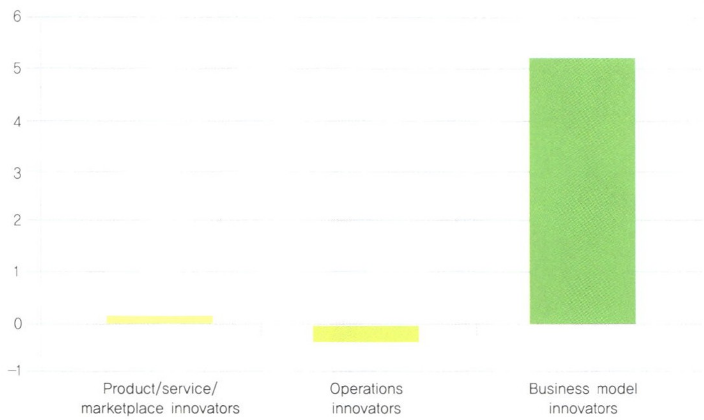

IT 기술의 발달에 따라, 기존 전통적인 업종에서 새로운 비즈니스 모델을 적용한 기업이 강자로 부상하는 경우가 많이 있다.

아마존은 서점에서 책을 사던 방식을 인터넷 온라인으로 구매할 수 있는 비즈니스 모델로 인해 일약 세계적인 기업으로 성장하였고 넷플릭스(Netflix)는 비디오샵에서 영화를 빌리던 방식을 인터넷 온라인 주문방식의 비즈니스 모델을 제시한 결과, 기존 미국 최고의 비디오 대여점인 블락버스터(Blockbuster) 비디오를 몰락시키고 새로운 강자로 부상하는 계기를 마련하였다. 이처럼 아마존과 넷플릭스가 고객으로부터 호응을 얻고 성공할 수 있었던 비결은 고객들이 원하는 서비스와 가치(value proposition)를 제공하였기 때문이다. 즉, 고객들은 귀찮게 서점이나 비디오샵에 가는 것보다 집에서 편리하게 주문하고 저렴한 가격에 상품을 받아보기를 원하였다. 아마존과 넷플릭스는 고객이 원하는 가치를 정확히 파악하고 그에 상응하는 상품과 서비스를 제공할 수 있는 비즈니스 모델을 개발한 결과 성공할 수 있었다.

국내에서도 오프라인에 온라인을 접목시킨 비즈니스 모델이 다양하게 나타나고 있다. 다음의 사례를 살펴보자.

읽어보기 **오프라인(offline)에서 온라인(online)으로**

직장인을 위한 모바일 식권 서비스가 등장해 관심을 모으고 있다. 구내식당이 없는 기업의 직원들이 인근 제휴식당에서 간편하게 모바일로 식권을 제시하면 되고 근처 프랜차이즈 매장에선 포인트도 사용할 수 있게 된 것이다.

온오프라인 연계사업(O2O) 관련 스타트업(신생벤처) 벤디스는 국내 최초로 기업용 모바일 식권 솔루션 '밀크(MEALC)'를 출시했다. 회사가 식대를 부담하는 직장인 식사 시장을 겨냥한 O2O 로컬 커머스 사업이다. 밀크 앱은 식사하러 갈 때마다 식대 장부를 적거나 종이 식권을 챙겨야 하는 번거로움을 줄여준다는 것이 제일 큰 강점이다. 아울러 회사가 지정한 주변 식당 외에도 스타벅스, 파리바게뜨, 롯데리아, 피자헛, CU 등 주요 프랜차이즈 매장에선 포인트를 사용할 수 있다.

출처 : 파이낸셜뉴스(2014.12.19.), 식권도 모바일 시대...종이식권 사라지나
이미지 출처: http://www.venturesquare.net/562949

(2) 고객지향적인 제품과 서비스개발 가능

앞서 고객가치의 중요성을 학습하면서 미국의 컨설팅기업 Chubbybrain(2014)이 실패한 창업기업 32개 기업을 대상으로 실패 원인을 조사한 결과를 살펴보았다. 조사결과 실패 원인 1위는 '고객의 요구와 피드백을 무시' 한 것으로 나타났고, 2위는 '시장수요보다는 문제해결을 위한 해결책 모색', 3위는 '적합한 팀구성 실패', 4위는 '마케팅 실패', 5위는 자금문제로 나타났음을 확인하였다.

조사 결과를 되짚어 보면, 창업가의 경우 자신이 보유한 특허, 기술에 몰입되어 있는 경우, '고객이 원하는 것이 무엇인지?, 시장이 요구하는 것은 무엇인지?' 등 고객과 시장지향적인 상품과 서비스를 개발하기 보다는 자신이 보유한 기술을 구현하거나 문제해결 중심으로 개발하기 쉽다. 결국 고객과 시장에서 외면 받고 실패하게 되는 것이다. 비즈니스 모델은 이와 같은 문제를 해결하고 창업가가 고객지향적인 제품과 서비스를 개발하는데 도움이 된다.

3) 비즈니스 모델의 4가지 성공요소

비즈니스 모델 개발 시 시장에서 우위를 점할 수 있게 경쟁력이 있어야 한다. 과연 경쟁력있는 비즈니스 모델은 어떤 요소로 구성되어 있을까? 학자마다 조금씩 다르게 구성요소를 제시하고 있는데, 가장 단순하게 설명하면 경쟁력 요소와 지속성 요소로 구분할 수 있다 [그림 7-6].

[그림 7-6] 비즈니스 모델의 4가지 성공요소

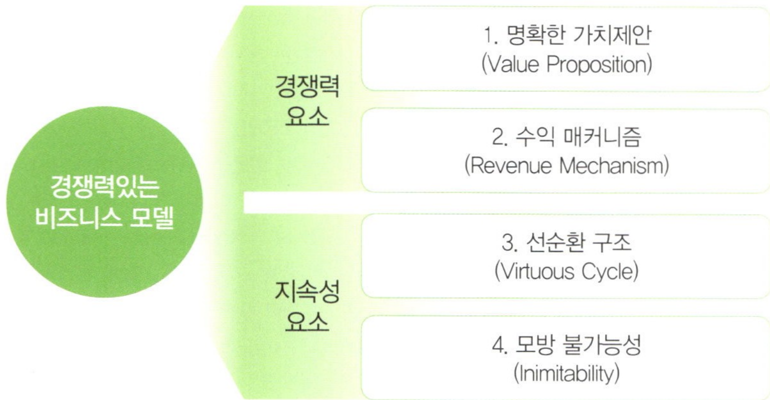

(1) 경쟁력 요소

먼저, 치열한 경쟁 환경에서 생존하기 위해서는 경쟁력 있는 요소가 필수적이다. 경쟁력요소는 크게 고객에게 차별화된 명확한 가치를 제안할 수 있는지? 수익을 창출할 수 있는 매커니즘이 있는지? 로 구분된다.

명확한 가치 제안(value proposition)이란 제품이나 서비스 자체를 말하는 것이 아니라, 고객의 관점에서 문제를 해결하고 니즈를 충족시킬 수 있는 해결방안을 제공한다는 의미이다.

수익 매커니즘(revenue mechanism)이란 기업이 비즈니스를 통해 발생시키는 여러 가지 수익을 낼 수 있는 방법을 말한다. 기업은 이윤 하나로만 성공적인 기업이 될 수 없으며, 이윤을 발생시키고 투자 자본에 대해 투자대안들보다는 더 높은 수익을 내야만 성공적인 기업이 될 수 있다.

읽어보기 **명확한 가치제안과 수익 매커니즘 개발 사례**

"나노"의 고객가치 제안

어느 비오는 날 인도의 대기업인 타타그룹의 회장인 라탄 나발 타타는 스쿠터를 타고 달리고 있는 인도 가족을 보았다. 아버지가 어린아이를 품에 안은 채 핸들을 쥐었고, 뒷좌석엔 아기를 안은 아내를 태웠다. 그 모습을 보면서 안전하고 합리적인 가격의 가족용 운송수단이 있으면 좋겠다고 생각을 했다.

여러 테스트를 거쳐 중산층 이하 잠재고객을 타깃으로 한 초저가 자동차 '나노'를 개발하였다. 이 모델의 가격은 10만 루피 우리 돈으로 280만원이다. 280만원이라는 단가를 맞추기 위해서 에어컨, 수동 창문, 노 파워스티어링, 와이퍼 1개, 사이드미러 1개만이 달려 있다. 낮은 원가를 달성하기 위해서 다양한 요소들을 큰 폭으로 혁신하였다. 획기적인 부품 수의 감축, 값싼 소재 활용, 부품의 85% 아웃소싱, 납품업체 수 60% 감축 등 생산원가 절감을 위해 기존의 업계 관행을 다수 파괴하였다. 또한, 모듈화 디자인으로 외부 조립업체도 주문을 받아 조립이 가능하도록 하는 등 조립 및 유통 방식에서도 혁신을 추구하였다.

"힐티"의 수익 매커니즘 개발

소형 전동공구 제작사인 힐티(Hilti)는 새로운 수익 메커니즘을 만들었다. 새로운 메커니즘은 기존의 도구 판매에서 벗어나 매달 사용료를 받는 방식을 만든 것이다. 또한, 힐티는 공구를 제조 및 판매 기업이 아닌 서비스 기업으로 변모시키는 데 필요한 자원과 과정이 무엇인지 파악했다.

이를 감안해 힐티는 웹사이트를 개발하여 건설업체 관리자들이 웹사이트를 통해 온라인에서 도구 재고상태를 파악한 뒤 사전에 사용 계획을 세울 수 있도록 하였다. 힐티는 이렇게 웹에서 얻는 자료를 공구 임대사업 관리 및 운영에 활용했다.

(2) 지속성 요소

경쟁력 있는 요소라도 어느 정도 기간이 지나면 경쟁회사의 모방 또는 추월에 의해 경쟁우위는 사라지고 경쟁에서 도태될 수 있다. 따라서 경쟁력 요소를 얼마나 지속가능하게 유지할 수 있는 가가 중요한 요소이다

선순환 구조(virtuous cycle)는 급변하는 시장과 고객 가치변화에 적시에 기업이 대응할 수 있도록 기업 내 · 외부 조직 및 시스템을 효과적으로 설계하는 것을 말한다. 예를 들면, 고객에게 신속하게 제품을 공급하고, 낮은 가격에 구매할 수 있도록 기업 내 시스템을 구축하고 기업 공급망을 분리 또는 통합하는 것을 예로 들 수 있다. 대표적인 사례로 델컴퓨터와 자라패션이 있다.

모방 불가능성(inimitability)이란 기업이 지속적으로 경쟁우위를 갖는 비즈니스 모델을 구축하는 것을 의미한다. 타 기업이 비즈니스 모델을 모방할 수 없도록 구체적인 방어 전략을 구축하는 것이 필요하다. 예를 들면 비즈니스 모델 특허를 등록하여 법적 보호를 받는 것을 들 수 있다.

[표 7-2] 명확한 가치제안 유형과 수익 메커니즘 사례

유형	내용	사례
상품의 서비스화	상품을 한번 판매하고 끝내는 대신, 상품의 주요기능을 서비스 형태로 제공하고 사용량을 기반으로 과금(pay-per-use)하여 지속적인 수익 획득 흐름을 창출	힐티(건설공구), GE에어(비행기엔진)
면도기-면도날	함께 사용하는 두 제품 중 주력제품의 가격은 낮게 책정해 매출 규모를 늘리고, 부속 소모품의 가격은 높게 책정해 수익을 획득	질레트(면도기), HP(프린터-잉크카트리지)
逆 면도기-면도날	마진이 높은 주력제품의 가격을 높게 책정해 수익을 확보하고, 이의 사용가치를 높이는 부가제품/서비스의 가격은 낮게 유지	애플 (아이폰, 아이팟, 아이튠즈)
프리미엄 (Freemium)	기본 서비스는 무상 제공하여 사용자를 확보하고, 정품이나 업그레이드 버전에 과금하여 수익을 창출	스카이프(VoIp), 어도비(SW)
분할 (Fractionalization)	묶음으로 제공하던 기능/서비스를 나눠 제공하면서 별도 과금하거나, 한 제품에 대한 사용시간을 쪼개서 여러명이 이용하고 사용료를 분담	젯스타(서비스분할), 넷젯츠(비행기분할)
양면시장	서비스 이용자에게 직접 과금하지 않고, 광고주 등 제3자로부터 수익을 창출	구글 등

읽어보기 비즈니스 모델 혁신에 성공한 기업들 – 델 컴퓨터, 'Build to Order', ZARA – 신제품 출시 4주 만에

◆ 델 컴퓨터, 'Build to Order' 방식 도입

델 컴퓨터는 'Build to Order' 방식을 컴퓨터 제조업에 도입

이미지 출처 : AP

델은 그간 기성복처럼 만들어져 시장에 판매되고 있던 컴퓨터 제품들의 시장 판매 방식과 대응 사이클을 획기적으로 바꾸면서 기존 업체들과 차별화된 비즈니스 모델을 창출했다.

델 컴퓨터는 마이클 델이 자신이 다니던 대학교 기숙사에서 시작한 것으로도 유명한 컴퓨터 제조업체이다. 델 컴퓨터는 기존 컴퓨터 시장에서는 존재하지 않았던 'Build to Order' 방식을 도입 재고를 줄이고 고객 커스터마이징 역량을 극대화해서 성공한 비즈니스 모델 혁신의 대표적인 사례이다.

'Build to Order' 는 고객이 사양을 선택한 뒤 주문을 완료하면 델은 이를 조립해서 완성된 제품을 인도하는 방식이었다. 이러한 방식이 성공하기 위해서는 시간과 싸워야 했으면, 충분한 부품 재고를 보유하고 있어야 한다는 뜻이기도 했다. 그러나 델 컴퓨터는 부품 재고 비용으로 인한 일부 원가 상승에도 불구하고 빠른 고객 대응이라는 쪽에 더 무게를 두고 선택과 집중을 했으면 이것이 델 컴퓨터의 성공 신화를 창조하게 되는 원동력이 되었다.

부품 재고가 부족해 고객의 요구를 충족하지 못해 잃게 되는 사업 기회가 부품 재고 증가로 인해 나타나는 비용 상승을 상쇄하고도 남게 된 것은 물론, 완성품 재고나 매장을 통한 유통 비용과도 비교가 안 될 정도의 수준에 불과 했다. 델은 최근 또 다른 비즈니스 모델 혁신을 이루지 못해 어려움을 겪고 있다. 그러나 그렇다고 기존 업계의 관행을 깨고 시도를 했던 초기 델 컴퓨터의 혁신 사례의 의미가 퇴색되는 것은 아닐 것이다.

◆ ZARA – 신제품 출시를 4주로 단축

스페인 Inditex의 Zara 패션 브랜드는 과거 패션 업계에서 1년 이상 걸리던 신제품 출시 사이클을 4주로 단축시킨 패스트 패션(Fast Fashion)을 선보인 비즈니스 모델 혁신 사례이다.

통상적으로 패션 업계에서는 미리 내년에 유행할 것 같은 디자인을 패션쇼 등을 통해 세상에 공개하고 차기 년도 의류 라인업을 출시해 왔다. 이것은 하나의 업계 관행이었고 해가 지나면서 소비되지 못한 의류 제품들은 2차, 3차 할인 등을 통해 소비자에게 다가갔다. 이러다 보니 초기 의류 상품에 미판매 제품의 처리 비용까지 첨가되면서 의류 제품은 으레 원가대비 높은 소비자가격을 달고 시장에 출시되는 경우가 많았다.

그러나 Zara의 경우 업계의 관행을 과감하게 깨고 저비용의 신속한 시장 출시를 지향하는 패스트 패션을 선보였다. Zara의 가장 큰 강점은 시장 니즈를 빠르게 파악하여 이를 의류 제품 제작에 실시간으로 반영할 수 있는 시스템을 갖추었다는 것이다. 매장에 있는 POS 시스템을 통해 고객이 선호하는 디자인의 옷이 어떠한 것인지 파악할 수 있도록 하였다. Zara의 디자이너들은 세계 각국 매장에서 들어온 고객 정보와 시장 조사 정보를 바탕으로 2주 만에 패션을 재창조해 내면서 2주 후에는 매장에 새로운 의류 컬렉션을 선보인다. 시장 조사, 디자인, 생산, 운송, 매장 진열 등의 기본적인 과정은 타의류 업체들과 동일하지만 각 단계별로 소요되는 시간이 매우 짧다는 점에 주목할 필요가 있다. Zara는 고객 니즈 조사 과정이 채 몇 시간도 걸리지 않는다. 기존의 시장 조사 방식과 비교했을 때 이는 매우 혁신적이다.

Zara는 모든 제품을 소량만 생산한다는 원칙을 갖고 있다. 일반적으로 의류업체들은 히트상품의 재고가 바닥나는 것을 두려워하기 때문에 가능한 많이 생산하려고 한다. 반면, Zara는 모든 의류 제품들의 소량 생산 원칙을 통해 재고를 줄이고 세일 등으로 인해 발생하는 수익성 악화를 최소화 하는데 보다 초점을 맞추고 있다. 동시에 소량 생산 원칙은 디자인이 실패했을 경우를 대비한 하나의 위기관리 방법이라고도 할 수 있다. 이러한 소량 판매와 희소성이라는 두 가지 요소들은 결과적으로 한번 매장에 발을 들인 고객들이 지갑을 내일이 아닌 오늘 열도록 하는 요소로 작용한다.

출처 : LG경제연구원, "비즈니스 모델 혁신에 성공한 기업들", 2013.

4) 비즈니스 모델의 구성 요소

비즈니스 모델은 어떻게 구성을 해야 할까? 비즈니스 모델의 구성요소는 하버드대학의 Johnson, Christensen, 그리고 Kagermann 교수가 2008년 하버드 비즈니스 리뷰에 제시하면서 체계적으로 정리되기 시작하였다. 그들은 고객가치 제안, 이윤공식, 핵심 자원, 핵심 프로세스를 비즈니스 모델의 구성요소로 제시하고 있으며, 버클리 대학의 체스브로 교수(Chesbrough, 2006)가 가치 제안, 목표 시장, 가치사슬, 수익 구조, 가치 네트워크, 경쟁 전략 등의 개념을 토대로 비즈니스 모델을 정의하였다.

삼성경제연구소에서는 이를 다시 가치제안, 목표고객, 가치사슬/조직, 전달방법 설계, 수익흐름으로 구성요소를 제시하였다. 즉, 제품과 서비스를 제공할 목표 시장을 선정하고, 목표 시장의 고객에게 자사의 제품과 서비스를 구입해서 얻게 되는 혜택인 고객 가치를 명확히 하여 고객이 기꺼이 돈을 지불하고 구매활동을 하도록 유도하는 전략을 수립하는 것이라고 할 수 있다. 이를 도식화하여 표현하면 [그림 7-7]과 같다.

[그림 7-7] 비즈니스 모델의 구성 요소

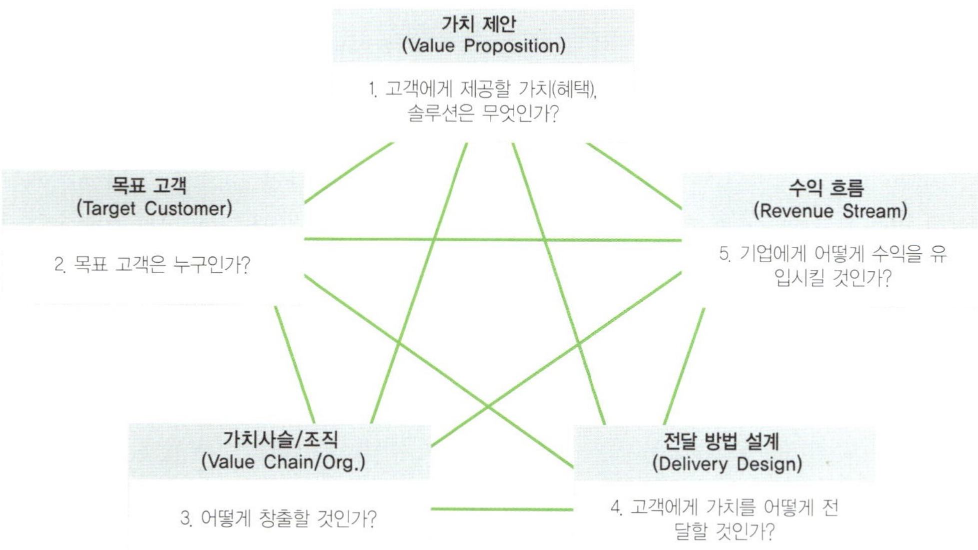

출처: 삼성경제연구소, "성공적인 비즈니스 모델의 조건", 2011.

가치 제안은 목표 고객과 주요 경쟁기업 그리고 자사의 제품 및 서비스가 가지고 있는 장점을 포함하여 구체화시키는 것이다. 목표 고객은 시장의 규모와 성장률, 충족되지 않는 고객의 니즈, 경쟁제품 혹은 경쟁사의 부재 등을 분석하여 목표 고객 계층을 설정하는 것이다. 가치사슬/

조직은 기업이 제품과 서비스를 만들고 유통시키면서 고객들에게 가치를 제공하는 모든 활동을 말하며, 기업 내부 역량을 어떻게 강화하여 시스템화 시킬지를 결정해야한다. 전달 방법 설계는 자사가 구체화한 고객 가치를 어떠한 방법으로 전달할 것인지를 설계하는 것이다. 수익 흐름은 비즈니스를 통해 수입을 발생시켜 이윤을 창출하고 창출된 이윤을 투자하여 높은 수익을 낼 수 있는 시스템을 구축하는 것을 의미한다.

5) 비즈니스 모델 작성하기 : 비즈니스 모델 캔버스

(1) 비즈니스 모델 캔버스란?

일반적으로 창업초기에는 다양한 배경을 가지고 있는 사람들이 참여하게 된다. 각자의 전공이 다르고 경험도 다르다. 당연히 수익 창출하는 방법에 대해서도 의견이 다를 수 있고 커뮤니케이션 어려움에 직면할 수 있다. 따라서 각 구성원들이 비즈니스 모델 구성요소와 각 구성요소가 어떻게 유기적으로 연계되어 고객에게 차별화된 가치를 생산하고, 제공할 수 있으며, 수익을 창출할 수 있는 지를 쉽게 모델링할 수 있는 도구가 필요하다.

비즈니스 모델 작성을 위해 다양한 방법론들이 개발되었지만 현재 전 세계적으로 가장 많이 활용되는 방법론이 알렉산더 오스터왈더(Alexander Osterwalder)가 개발한 비즈니스 모델 캔버스이다. 1992년부터 비즈니스 모델에 대한 연구를 진행해서 이러한 연구의 결과로 2010년 예스 피그누어(Yves Pigneur)와 "Business Model Generation"이라는 저서를 통해 비즈니스 모델 캔버스라는 기법을 제안하였다. 비즈니스 모델 캔버스는 '나인캔버스(9 Canvas)' 또는 '나인 빌딩 블록(The 9 Building Blocks)' 이라고도 불리 우는데, 이는 비즈니스 모델을 구성하는 핵심요인을 9가지로 표현하기 때문이다.

[그림 7-8] 비즈니스 모델 캔버스의 구조

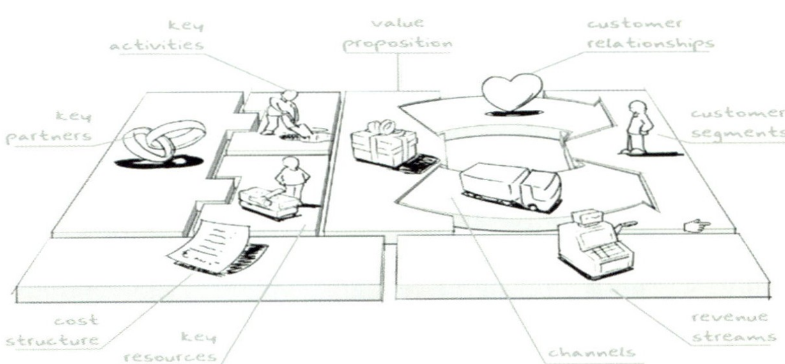

출처: 삼성경제연구소, "성공적인 비즈니스 모델의 조건", 2011.

[표 7-3] 비즈니스 모델의 9가지 블록

기본 영역	비즈니스 모델 블록	내 용
제품 (Product)	가치 제안 (Value Proposition)	고객을 위한 제품과 서비스의 가치의 대한 종합적 관점
고객 접점 (Customer Interface)	목표 고객 (Target Customer)	가치를 제공하기를 원하는 소비자를 세분화하는 것임
	유통/채널 (Distribution Channel)	고객을 연결하는 수단을 말함
	고객 관계 (Relationship)	자사와 고객을 지속적으로 유지하는 방법을 말함
인프라 관리 (Infrastructure Management)	가치 형태 (Value Configuration)	고객을 위한 가치를 창조하기 위해 필요한 활동과 자원 등의 준비상태를 말함
	역량 (Capability)	고객을 위한 가치를 창조하기 위해 필요한 활동 실행 능력을 말함
	파트너십 (Partnership)	고객의 가치를 창출하기 위해서 2~3개의 기업과 협력 관계를 형성하는 것을 말함
재무적 측면 (Financial Aspects)	비용 구조 (Cost Structure)	비즈니스 모델을 실행하기 위한 모든 비용을 산출하는 것임
	수익 모델 (Revenue Model)	기업에서 다양한 수익흐름을 통해 수익을 창출하는 방법을 묘사한 것임

출처: THE BUSINESS MODEL ONTOLOGY A PROPOSITION IN A DESIGN SCIENCE APPROACH, Alexander OSTERWALDER, 2004.

(2) 비즈니스 모델 캔버스 작성 사례 : 리멤버

사례 기업 **비서가 직접 입력해주는 명함관리 앱 – 리멤버**

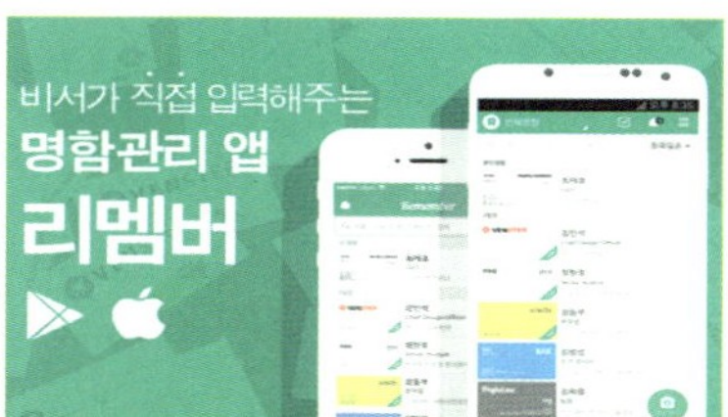

참고 동영상 : http://youtu.be/MN9sHjCG_4Q

명함관리비서 리멤버(Remember) 애플리케이션이 회원수 6만 명을 확보하며 비즈니스맨들에게 인기다. 소프트웨어가 자동으로 정보를 인식하는 기존 명함 앱과 달리 타이피스트(타이핑을 전문적으로 치는 직업)가 직접 명함정보를 입력해 정확도가 높고 편리하다는 게 인기 이유다. 창조적인 역발상이 먹힌 혁신 모델이나, 개인정보유출 가능성이 있어 이를 해결하는 게 성장의 관건이 될 전망이다.

리멤버 앱은 명함을 사진 찍어서 보내면 타이피스트들이 직접 입력해 명함정보를 다시 전송해준다. 이용자 화면에는 등록된 명함과 함께 관련 정보를 쉽게 보거나 저장이 가능하다. 비즈니스맨 사이에서 명함관리는 골칫거리다. 언제 어디서든 정보를 보려면 웹페이지나 스마트폰 전화번호에 저장해야 하지만 일일이 입력하는 자체가 고역이다. 한 동안 인기를 끌었던 자동 명함인식 애플리케이션도 답답하다. 명함 사진을 찍으면 광학문자판독 프로그램(OCR)도 수많은 글씨체와 디자인을 정확하게 인식하지 못한다. 결국 다시 일일이 고쳐야 하는 불편함 때문에 사용률은 그리 높지 않다.

최재호 대표는 "일일이 수정해야 하는 기존 명함 앱으로는 지속 가능하지 않다"면서 "우리가 명함관리 비서가 되겠다는 의지로 직접 수기 시스템을 도입했다"고 설명했다. 현재 이용자는 6만 명이고, 등록된 명함은 150만 장을 넘어섰다. 하루 3만 장의 명함이 매일 등록되고 있다. 현재는 1인당 500장까지는 무료로, 이후부터는 1장당 100원씩 받는 이벤트를 하지만 수익은 크지 않다.

처음에는 수기로 입력하지만 가입한 고객들이 자신의 정보를 업데이트하면 연결되어있는 모든 이들에게 자동으로 정보가 업데이트 된다. 장기적으로 보았을 때 수기입력의 양은 줄어들고 회원은 증가할 것으로 예상된다.

리멤버는 이때를 기다리고 있다. 어느 정도 이용자가 확보되면 기업에서 일괄 요청을 받아 유료화하면서 수익성을 높이겠다는 계획이다. 또 비즈니스 네트워크 인맥 사이트 '링크드인'처럼 비즈니스맨 간 인맥을 교류할 수 있는 서비스도 염두에 두고 있다.

위 사례기업인 리멤버를 대상으로 비즈니스 모델 캔버스의 9가지 블록을 정리하여 보자.

① 고객 세그먼트(Customer Segments)

고객 세그먼트 블럭, 즉 고객 세분화에서는 우리가 목표로 하는 고객을 좀 더 구체적으로 구분하여 규정한다. 다시 말하자면 '내가 만든 물건(서비스)를 구매 할 사람은 누구지?' 에 대한 예상 답을 적어보는 것이다. 우리의 주 고객층이 누가 되느냐에 따라 제품 또는 서비스의 모습이 변할 것이다. 들어가기에서 소개된 리멤버의 비즈니스 모델을 예로 들어보자.

▶ 리멤버의 고객 세그먼트

- 명함입력 서비스(소량) : 명함을 주고받는 직장인, 사업가 등의 일반인을 대상으로 고객을 규정함
- 명함입력 서비스(대량) : 명함을 많이 주고받는 직장인, 사업가 등 명함을 일일이 촬영하여 저장하기 번거로운 사람으로 고객을 규정함

이처럼 리멤버에서 제공하는 서비스에 따라 같은 직장인, 사업가 등이라도 소량의 명함정리를 하는 사용자인지, 대량의 명함정리를 원하는 사용자인지에 따라 고객이 다르게 규정된다. 또한, 고객 세그먼트는 크게 기업인지, 개인소비자 인지로 구분될 수 있지만, 구분하지 않고 리멤버의 경우처럼 전체를 대상(mass target)으로 할 수도 있다.

고객 세그먼트(Customer Segment) 대표적 유형

▶ 고객 세그먼트 유형의 대표적 예
- 각자 다른 서비스와 제품을 필요로 함
  (20대, 30대, 40대... 또는 남/여)
- 개인 소비자 or 기업 – B2B, B2C
- 고객 세그먼트가 필요하지 않음 – 매스마켓
- 2개 이상의 집단을 고객으로 규정 – 멀티사이드 마켓

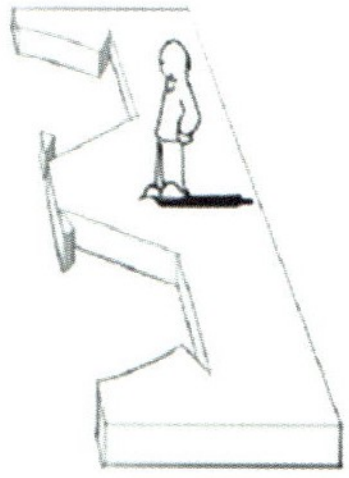

② 가치 제안(Value Propositions)

특정 고객 세그먼트가 정해졌다면, 이제는 그 고객이 필요로 한 것이 무엇인지를 파악해야 한다. 기존 경쟁업체가 제공하지 못하는, 그래서 고객이 필요로 하는 그 무언가가 바로 '가치 제안(value propositions)' 이다.

▶ 리멤버의 가치제안
- 편리성: 직장인들은 굳이 명함인쇄소에 갈 필요 없이 스마트폰 어플 리멤버를 통해 신청이 가능하며, 고객 DB 관리를 통해서 정보 업데이트가 간편하게 이루어짐
- 정확성 : 명함을 촬영하면 타이피스트가 직접 100%수기로 입력하는 서비스
- 정보 보안 안전성 : 명함 DB를 이중 암호화하여 관리되고 있어 향후에 무단 도용 및 악용되지 않음
- 저렴한 가격 : 명함 스캔이 100장당 1만원의 저렴한 가격에 서비스 제공

고객 세그먼트(Customer Segment) 대표적 유형

▶ 가치의 유형들

– 새로움	– 성능
– 커스터마이징	– 디자인
– 브랜드 지위	– 가격
– 비용절감	– 리스크 절감
– 접근성	– 편리성 / 유용성

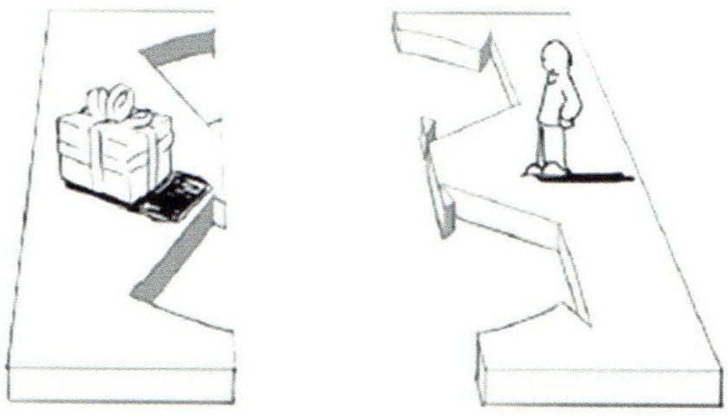

③ 채널(Channels)

고객 세그먼트와 전달할 가치가 결정되었다면, 가치를 고객한테 어떻게 효율적으로 전달할 것인지에 대해 파악하여야 한다. 아무리 좋은 상품과 서비스를 개발하여도, 이를 고객에게 효과적으로 전달하지 못한다면 사업은 성공 할 수 없게 된다.

대표적인 채널의 유형은 오프라인 측면에서는 대리점, 마트, 신문/잡지 등이 있으며, 온라인 측면에서는 온라인 웹(Web), 앱(App) 등이 있다.

▶ **리멤버의 채널**

– 기본적으로 명함관리 서비스를 앱 어플리케이션을 통해 제공하고 있으므로 채널은 '앱 어플리케이션' 이 된다.

채널(Channels) 요소

1. 이해도	2. 평가	3. 구매	4. 전달	5. 판매 이후
상품이나 서비스에 대한 고객 이해도를 어떻게 높일 것인가?	고객이 가치 제안을 제대로 평가할 수 있도록 어떻게 도울 것인가?	어떻게 하면 고객이 더욱 상품, 서비스를 구매하게 할 것인가?	어떤 방법으로 고객에게 가치 제안을 전달할 것인가?	구매 고객을 어떻게 지원할 것인가?

채널(Channels) 유형

▶ **고객까지 다다르는 채널은 다양하다**

– 고객의 이해를 높임
– 기업이 전달하는 가치를 고객이 평가할 수 있음
– 고객의 구매를 도움
– 고객에게 가치제안을 전달

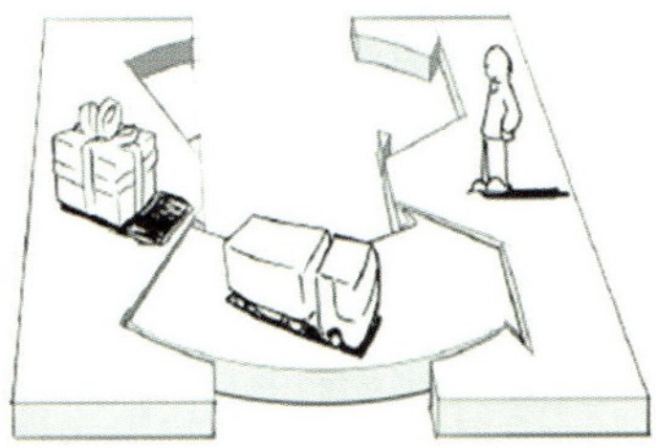

④ 고객관계(Customer Relationships)

창업기업은 기존 고객이 없는 상황에서 사업을 시작하므로, 신규 고객을 확보하는 것이 매우 중요하다. 더 중요한 것은 확보한 신규 고객을 충성도가 높은 고객으로 향상시키고 유지하는 것이다. 따라서 고객과의 관계 관리를 어떻게 효과적으로 수행할 것인지를 파악하고 결정해야 한다.

▶ **리멤버의 고객관계**

– 명함 수정 시 자동적으로 업데이트해주는 서비스
– 대량의 명함을 저렴한 가격으로 관리를 대행해주는 서비스
– 회식비 지원 등 다양한 판매촉진 프로모션 서비스

고객관계(Customer Relationship)가 필요한 이유

▶ **고객관계가 필요한 이유는?**

– 고객 확보
– 고객 유지
– 판매 촉진

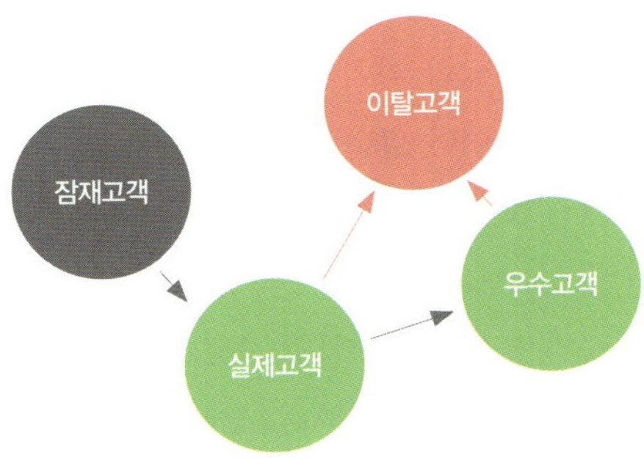

고객관계(Customer Relationship) 방식

▶ 고객관계의 방식들

- 개별 지원
- 셀프서비스
- 커뮤니티
- 헌신적 지원
- 자동화 서비스
- Co-creation

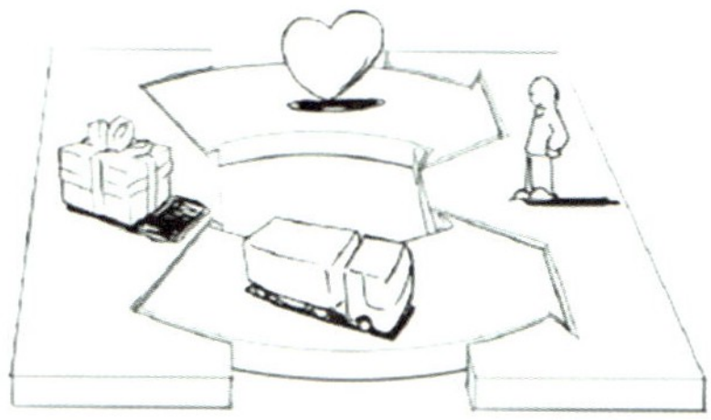

⑤ 핵심자원(Key Resources)

창업기업은 자금, 원자재 등 자원이 풍족하지 못한 경우가 일반적이다. 하지만, 최소한의 중요한 핵심 자원은 확보할 필요가 있다. 핵심자원의 유형으로는 물적, 지적, 인적, 자금 등 재무적 자원 등이 있다.

핵심자원(Key Resources) 유형

▶ 핵심자원의 유형들

- 물적 자원
- 지적자산(IP)
- 인적자원
- 재무자원

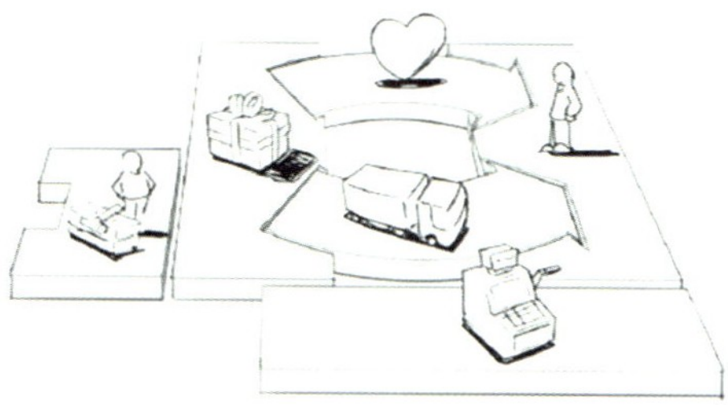

▶ 리멤버의 핵심자원

- 지적자원: 명함관리 다양한 어플리케이션
- 인적자원: 명함관리 전문 인력
- 물적자원: 명함관리 서비스를 위한 플랫폼, 시설, 장비 등
- 재무자원: 운영 및 유지보수를 위한 자금 등

핵심자원은 기업의 여러 측면으로 생각해볼 필요가 있다. 기업이 제공하는 가치를 위해서는 어떤 핵심자원이 필요한가? 또한 기업이 제공하는 제품 및 서비스를 생산하기 위해서 핵심적으로 필요한 자원이 무엇인가? 그리고 세그먼트 된 고객과의 관계를 유지하기 위해서는 어떤 자원이 필요한가? 결정적으로 수익원을 유지하기 위해서는 어떤 자원이 핵심이 되는가? 등의 질문에 답이 되는 자원이 바로 핵심자원이라 할 수 있다.

⑥ 핵심활동(Key Activities)

핵심활동은 기업이 지속적으로 유지하기 위해 필요한 활동을 말하며, 특히 수익원을 유지하기 위한 활동을 말한다. 같은 자원과 가치, 고객, 채널, 관계 등을 가지고 있어도 핵심활동이 무엇인가에 따라 기업이 존속할 수 있을지 없을지가 결정된다. 따라서 비즈니스 모델에서 핵심활동은 핵심자원만큼 중요한 역할을 한다.

핵심활동(Key Activities) 유형

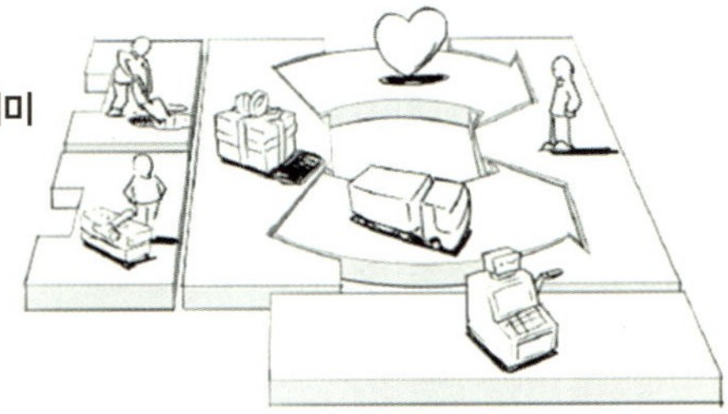

▶ **비즈니스와 직/간접적으로 관련한 활동을 의미**
- 제품 생산과정
- 고객 영업관리
- 유통과정
- 포장과정

▶ **리멤버의 핵심활동**
- 편리한 명함관리 어플리케이션 개발 및 유지보수
- 고객확보 및 유지관리를 위한 고객관리 활동
- 홍보활동

핵심활동은 기업이 비즈니스를 위해 꼭 해야 하는 중요한 활동을 말한다. 즉, 제조업의 경우 제품을 생산하는 활동이 가장 중요한 활동이고, 서비스업의 경우 고객이 처한 문제에 대해 새로운 해결책을 찾는 것이 가장 중요한 활동이 된다. 리멤버의 경우 플랫폼 중심의 비즈니스이므로 네트워크와 관련된 핵심활동에 의해 비즈니스 모델이 지배된다.

⑦ 핵심 파트너십(Key Partnerships)

핵심 파트너십은 비즈니스 모델을 원활히 작동시켜 줄 수 있는 공급자와 파트너 간의 네트워크를 말한다. 기업들은 여러 가지 이유로 파트너십을 구축하는데, 그 중 많은 이유는 크게 4가지로 구분된다.

핵심활동(Key Activities) 유형

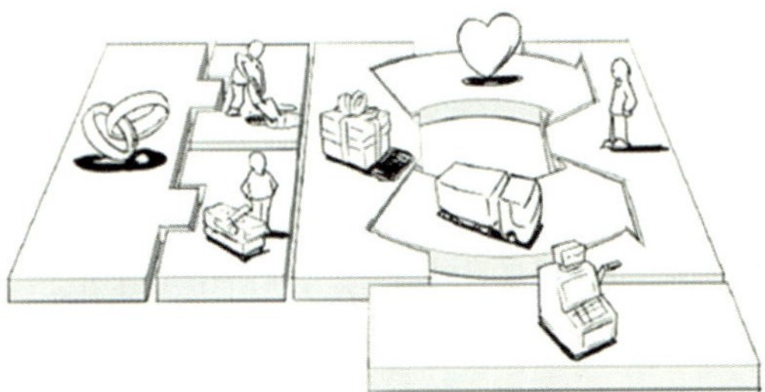

▶ **파트너십은 크게 4가지로 구분**
- 비경쟁자들간의 전략적 동맹
- 경쟁자들간의 전략적 파트너십
- 조인트벤처
- 안정적 공급을 위한 '구매자-공급자' 관계

핵심 파트너십을 구축하는 이유는 크게 3가지 이유로 구분된다. 첫 번째, 최적화와 규모의 경제를 구현하기 위해서이다. 구매와 공급자 관계의 가장 기본적인 형태는 자원이나 활동의 배분을 최적화하기 위해 설계된다. 한 기업이 모든 자원을 보유하고 모든 활동을 하는 것은 굉장히 비효율적이다. 두 번째는 리스크/불확실성의 감소이다. 파트너십은 불확실성을 가장 줄여줄 수 있는 확실한 방법이다. 전략적 동맹을 통해 불확실성을 줄여주는 사례는 다양한 기업에서 나타나고 있다. 세 번째는 자원/활동의 획득이다. 자사가 보유하지 못한 자원/활동을 파트너십을 통해 확보하여 비즈니스 모델을 실현할 수 있다.

▶ **리멤버의 핵심 파트너십**
- 리멤버 어플리케이션을 유지하기 위한 하드웨어 제조업체
- 명함정보 보안을 위한 보안관리 업체
- 대량 명함관리 서비스를 이용하는 소비자의 명함을 수거하고 전달하기 위한 물류업체

⑧ 수익원(Revenue Streams)

수익원은 고객에게 가치제안을 통해 창출할 수 있는 수익의 원천을 의미한다. 수익원으로는 기업에서 생산한 제품의 판매로 생기는 마진 또는 서비스를 이용함으로써 발생하는 이용료, 회원가입을 통한 가입비(연회비), 제품을 대여해줌으로써 발생하는 대여료, 공간을 제공함으로써 발생하는 임대료, 특허를 빌려줌으로써 발생하는 라이센싱 수익료, 아마존닷컴과 같은 중계서비스를 통한 중계수수료, E-커머스에서 흔히 일어나는 광고 수익과 같은 유형이 있다.

이처럼 수익의 유형은 매우 다양하지만, 기업이 제공하는 제품 및 서비스의 유형, 또는 세그먼트 된 고객의 유형, 제공되는 가치의 유형에 따라 다양한 수익원으로 정의될 수 있다.

수익원(Revenue Streams) 방식

▶ **수익원들이 궁금**
- 물품판매 - 이용료
- 가입비 - 대여료 /임대료
- 라이센싱 - 중개수수료
- 광고

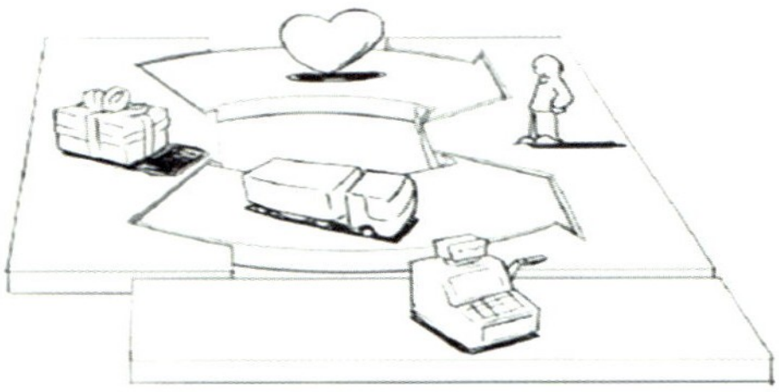

▶ **리멤버의 수익원**
- 명함관리 서비스 수수료
- 광고 수수료

⑨ 비용구조(Cost Structure)

비용구조는 비즈니스 모델을 운영함에 있어 발생하는 모든 비용을 말한다. 세그먼트 된 고객들에게 전달할 가치를 생산하고, 전달하고, 고객과의 관계 유지, 핵심자원 확보, 핵심활동 유지비, 핵심 파트너십을 만들어내기 위한 모든 비용을 말한다.

비용구조(Cost Structure) 유형

▶ **비용구조의 구성요소**
- 고정비 - 변동비
- 규모의 경제 : 많이 생산!
- 범위의 경제 : 여러 개 생산!

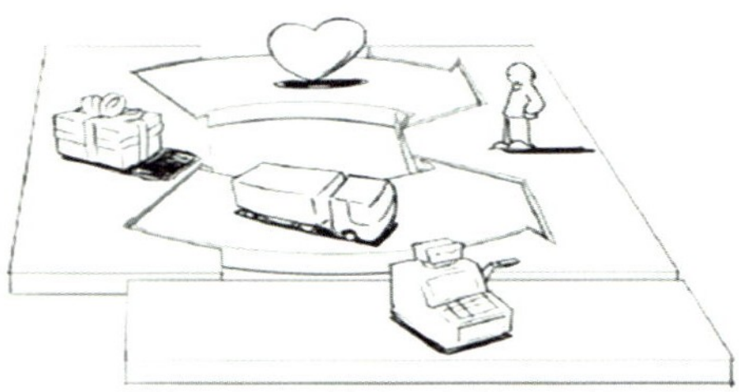

기업이 설계한 비즈니스 모델을 유지하기 위해 가장 중요한 비용은 무엇일까? 그리고 어떤 핵심자원을 확보하는데 가장 많은 비용이 드는가? 어떤 핵심활동을 수행하는데 가장 많은 비용이 드는가? 이러한 3가지 질문에 대해 생각해 볼 필요가 있다. 특히 비용구조는 고정비와 변동비의 비율을 염두 해야 한다. 업종과 비즈니스 모델에 따라 고정비와 변동비의 비율은 크게 달라진다. 예를 들어, 제조업의 경우 생산하는데 필요한 설비 시설을 갖추는 것, 고정인력을 유지하기 위한 인건비 등과 같은 고정비용이 높다. 하지만 서비스업의 경우 서비스 사용에 따라 서비스 생산에 필요한 비용이 발생하기 때문에 변동비의 비중이 크다. 워터파크의 경우 여름에는 고객이 많아져 서비스(놀이기구 운영, 안전요원 배치 등) 유지비용이 커지지만, 겨울에는 고객이 없어 비용이 적어진다.

▶ **리멤버의 비용구조**

- 고객에게 리멤버 어플리케이션을 홍보하기 위한 마케팅 비용
- 핵심 자원인 어플리케이션을 유지하기 위한 비용
- 다양한 명함관리 어플리케이션을 지속적으로 개발하는 개발비
- 인건비 등

위에서 파악한 리멤버 사례를 나인 캔버스에 종합적으로 정리하면 다음과 같은 비즈니스 모델이 완성된다.

[그림 7-9] 비즈니스 모델 캔버스 적용 사례 : 리멤버

핵심파트너쉽	핵심활동 / 핵심 자원	가치 제안	고객 관계 / 채널	고객 세그먼트
• 서버 하드웨어 제조업체 • 정보 보안관리 업체 • 명함 수거 및 전달 물류업체 • App 광고를 원하는 기업	**핵심활동** • 모바일 App 개발 • 실시간 명함관리 서비스 • App 홍보 **핵심 자원** • 모바일 App 디자이너 • 타이피스트 • 운영자	• 명함 보관 편리성 • 명함 내용 정확성 • 정보 보안 안전성 • 저렴한 가격	**고객 관계** • 자동화 서비스 및 무료 사용 • 대량명함 관리 서비스 유치 • 싱글들의 놀이터 **채널** • 어플리케이션 리멤버	• 명함을 많이 주고 받는 사람 (직장인, 사업가 등) • 명함관리를 잘 못하는 사람

비용 구조	수익원
• 모바일 어플리케이션 홍보(마케팅) 비용 • 어플리케이션 관리 비용 • 인건비	• 모바일 어플리케이션 광고 수수료 • 대량 명함관리 서비스 수수료

7.2 린 스타트업의 이해

1) 린 스타트업의 등장 배경

1980년대 일본의 도요타 자동차가 기존 미국 자동차 시장에서 막강한 영향력을 발휘하면서 미국의 여러 경영학자들은 도요타 자동차의 전략을 연구하기 시작하였다. 도요타의 생산 시스템(Toyota Productivity System)은 다른 생산 방식에 비해 공장 내에서 보다 적은 사람의 노력, 보다 적은 제조 공간, 보다 적은 장비 투자비 그리고 신제품을 만들어내기 위해 보다 적은 엔지니어링 시간 등과 같이 모든 생산 방식에서 보다 작게 사용한다는 장점이 있었다. 이러한 도요타 생산시스템을 1990년 MIT 출신 제임스 워맥(James Womack), 다니엘 존스(Danial Jones) 및 댄 루스(Dan Roos) 주도로 국제자동차프로그램 연구결과를 토대로 『세상을 바꾼 방식(The machine that changed the world)』이라는 저서를 통해 '린 경영' 이라는 개념을 전파하였다.

린 경영은 도요타의 생산시스템을 미국식 환경에 맞춰 재정립한 신경영 기법으로 제조업체는 자재구매에서 생산, 재고관리, 판매에 이르기까지의 전 프로세스에서 발생하는 낭비를 최소화시킨다는 개념이다. 즉 끊임없는 진화를 통해 새로운 낭비를 찾는 창의적 관점과 새로운 낭비를 제거하기 위한 새로운 문제해결 역량을 확보하여 기업의 경쟁력을 창출한다는 의미이다.

1993년 MIT 대학과 정부의 항공 관련 부서와 산 · 학 · 정 컨소시움에 참여한 보잉, 록히드 마틴 등 항공우주산업의 모든 부문에 포괄적으로 적용되어 큰 성공을 거둬 본격적으로 알려지기 시작하였다. 린 경영은 현재 과거에 비해 활용 가치가 많이 줄어들었지만 최근 린 경영의 주요 원칙을 창업기업의 경영 전략으로 적용한 '린 스타트업(lean startup)' 이 소개되면서, 최근 실리콘밸리 등에서는 필수적인 전략으로 인식하고 있다.

읽어보기 '린 스타트업' 이 뜬다.

이미지 출처 : AP

요즘 국내 IT서비스 업계는 IT시장의 성장 둔화를 극복하고 수익성을 증대하기 위한 미래 성장 동력 발굴에 주력하고 있다. 하지만 이러한 추진 의지에도 불구하고 아이디어가 실제 사업화 되는 경우는 매우 드물며, 우여곡절 끝에 사업화되더라도 수익을 내는 사례는 손에 꼽을 정도이다. 대부분의 신사업은 그간 투입된 투자가 아까워 미래를 장밋빛으로 포장하면서 적자폭을 더욱 키워가고 있는 것이 현실이다.

신사업이 이토록 어려운 근본적인 이유는 시장이라는 불확실성에서 기인한다. 기존의 방식은 이런 불확실성을 더 정확한 시장조사와 정교한 전략으로 해소하려 했다. 그러다 보니 더 많은 회의와 기능 추가가 따르고, 이것은 계속되는 투자와 출시 지연으로 연결되기 일 수였다. 쉽고 빠른 대안으로서 M&A가 제안되지만 이 역시 절대 쉽고 빠른 대안이 아니라는 것을 뼈아픈 경험을 통해 배우게 된다.

더 큰 문제는 이렇게 런칭한 신사업이 생각처럼 안 될 때 발생한다. 기존의 투자가 너무 크기 때문에 사업을 쉽게 접지도 못한다. 신사업 실적이 좋지 않기 때문에 사업을 매각하기도 어려운 진퇴양난의 상황을 맞이하게 된다. 수익성을 높이기 위해 시작한 신사업이 기존 사업의 수익성까지 갉아먹는 상황도 비일비재하다. 이것이 일반적인 기업이 신사업을 추진하면서 겪는 시나리오다.

이런 상황을 해소하고 더 적은 리스크로 신사업을 추진할 수 있는 방법은 없을까? 이것이 린 스타트업의 탄생 배경이다. 린 방법론은 1990년대 도요타로 대표되는 일본의 생산 시스템에 붙여진 이름으로, 낭비적 요소를 철저히 배제하고 프로세스를 최적화하는 방법론이었다. 이 개념을 신사업 개발 방법론에 적용해 에릭 리스(Eric Ries)라는 사업가가 자신의 경험을 바탕으로 2011년에 소개한 것이 린 스타트업(Lean Startup)이다.

린 스타트업은 고객에게 가치를 주지 않는 모든 활동을 낭비라고 정의하고, 과학적이고 실험적 방법을 통해 고객가치를 철저하게 검증한다. 고객과의 인터뷰나 피드백이 단계별로 매우 중요한 역할을 하여 고객가치 제공이라는 목표에서 벗어나지 않게 한다. 가치를 검증할 수 있는 최소 기능의 제품으로 사업을 시작하므로 초기 투자부담이 적고, 사업 착수도 빠르다. 빠르면 며칠, 몇 주 내에 사업 착수가 가능하고, 기능 업데이트도 시간 단위나 일 단위로 일어난다. 업데이트에 대한 고객 반응을 철저히 분석해 가치 있는 것만 살리고 나머지는 버린다. 린 스타트업은 모험하지 않고 시장을 배워간다.

미국 스타트업 사이에서는 이 방법이 빠르게 전파되며 성공사례들이 나오고 있고, 빠르게 체계화되고 있다. 9억 달러에 아마존에 인수된 온라인 신발 판매업체인 자포스(Zappos)의 창업 스토리는 린 스타트업의 대표적인 사례다.

자포스의 창업자인 토니 셰(Tony Hsieh)는 사업을 시작하기 위해 시장조사도 하지 않았고, 사업계획서를 만들지도 않았다. 투자유치나 생산, 유통라인을 구축하기 위해 시간을 소모하는 일도 없었다. 그는 동네 신발가게에 들러 신발 사진을 찍는 것을 허락해 준다면 주문이 일어났을 때 그 집에서 신발을 구매하겠노라는 약속을 하고, 신발 사진을 인터넷에 올렸다. 과연 사람들은 인터넷에서 신발을 살 것인가라는 가장 핵심적인 가설을 검증하기 위해서다.

크라우드 펀딩 사이트인 킥스타터(Kickstarter)에는 제품도 없이 컨셉을 설명하는 간단한 동영상만으로 펀딩에 성공하는 사례가 적지 않다. 개인 클라우드 서비스인 드랍박스(Dropbox) 역시 컨셉 동영상만으로 초기 펀딩에 성공한 사례다. 그런 서비스를 원하는 사람들이 사전 신청을 하고 SNS를 통해 퍼뜨린다. 그렇게 잠재 고객이 늘어갈수록 실제 서비스를 구축하기 위한 투자 유치는 쉬워진다.

보통 신사업은 가정과 추정치를 기반으로 만들어진 사업계획서만 들고 사내 투자나 외부 투자를 받기 위해 화려한 프리젠테이션에 공을 들이는 경우가 많다. 페이스북이 투자를 받기 위해 사업계획서에 공을 들였다는 이야기는 들어보지 못했다. 페이스북을 이용하는 학생들의 엄청난 체류시간을 본 투자자들이 먼저 돈을 들고 찾아왔다. 린 스타트업은 실적 데이터를 기반으로 투자를 얻어낸다.

린 스타트업은 끊임없이 고객과 소통하며 가치를 제공하는지를 측정한다. 있으면 좋을 것 같은 기능 추가의 유혹에 넘어가지 않고 한 번에 하나씩 가설을 검증해 간다. 여기에는 린 방법론의 '칸반 시스템(Kanban System)' 이 활용된다. 이런 방식은 SW 관련 신사업의 경우 에자일(Agile) 개발 방법론과도 맥이 닿아있다.

린 스타트업이 매력적인 것은 소규모 창업자들뿐만 아니라, 신사업을 추진하려는 모든 대기업, 중견기업에도 충분히 효과적이라는 사실이다. 일부 국내 대기업에서는 이미 사내 커뮤니티가 운영되고 있고, 당사에서도 신사업 추진에 린 스타트업을 적용하고 있다. 또한 필자가 이해한 바로는 신사업 영역에서 나아가 6시그마와 같이 무거운 방법론을 대체할 수 있는 경영혁신 방법론으로도 손색이 없는 새로운 무기가 되리라 생각한다.

출처 : 디지털타임즈(2014.03.11.), [포럼] '린 스타트업'이 뜬다. 참조

2) 린 스타트업의 개념

린 스타트업은 에릭 리스(Eric Ries)가 자신의 창업의 실패와 성공 경험을 토대로 창업기업의 지속적인 성장을 위해 고안한 경영 전략이다. 린 스타트업의 핵심은 낭비를 줄이는 것이다. 기본적인 개념은 린 경영에서 개념을 착안하였다. 창업기업의 경우 인적 · 물적 자원이 부족하기 때문에 시장에 대한 가정(market assumption)을 테스트하기 위해 빠른 프로토타입(rapid prototype), 즉 최소존속제품(MVP; Minimum Viable Product)을 만들도록 권하면서 고객 개발론을 사용하여 실제 고객과 접촉하는 빈도를 높여서 낭비를 줄여 시장에 대한 잘못된 가정을 최대한 빨리 검증하고 회피한다.

읽어보기 대단히 성공적인 MVP 사례

오늘날 린스타트업을 채택한 기업들은 성공적인 소프트웨어 제품을 개발하기 위한 시작점으로 MVP(최소 존속 제품)을 더 많이 사용하고 있다. 다음 기업들이 시장에서 잘 나가는 제품과 서비스를 내놓기 위해 어떤 MVP를 만들었는지 살펴보자. 또한, 해당 기사 글을 참고하여 또 다른 성공적인 MVP 사례는 없는지 찾아보자.

1. Dropbox – 동영상 MVP

이미지 출처 : Dropbox

IMVU의 공동창업자이자 CTO였던 에릭리즈가 쓴 책 '린스타트업'에는 드롭박스가 제품 동영상을 통해 시장의 수요가 존재할 것인 지에 대해 문제를 파고들었던 이야기가 실려있다.

고객이 파일–싱크 (file–sync) 솔루션을 사용하고 돈을 내려고 할 지 모르는 상황에서 투자자에게 이를 정당화하려면 휴스턴과 그의 팀이 '빌딩밖으로 나가서' 실제 사용자들에게 사용자 경험을 제안하고 피드백을 들어야 했다. 사람들이 제품을 쓰리라는 어떤 보장도 없는 상태에서 서버를 구축하고 높은 가용성에, 느려지지도 않고 항상 접근 가능한 네트웍을 구축하는 대신 개발팀은 다른 방식을 택했다.

바로 시연 동영상을 만든 후 사람들이 어떻게 반응하는 지를 보는 것이었는데 자신의 지인들에게 먼저 동영상을 공유했다. 만약 사진이 1000개의 단어만큼의 효과를 낸다면, 동영상은 당신 제품의 사용자 경험을 보여주는 데에 백만개의 단어만한 효과를 낼 수 있다. 3분 가량의 비디오는 드롭박스의 향후 기능들을 담고 있었고 불과 하루밤 사이에 회원 숫자가 5천명에서 7만5천명으로 극적으로 증가했다. (놀라운 것은 이 모든 것이 실제 제품 하나 없는 상태에서 이루어졌다는 점이다.)

2. Airbnb – 컨시어지(Concierge) MVP

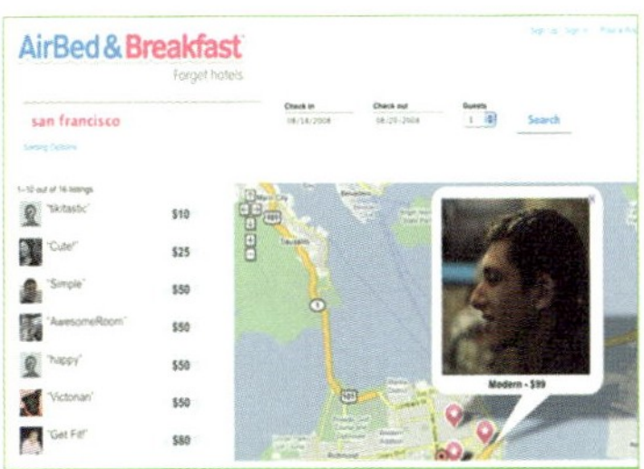

이미지 출처: TechCrunch

2007년에 브라이언 체스키와 죠게비아는 사업을 시작하고 싶었지만 샌프란시스코의 아파트 월세를 내기도 어려운 상황이었다. 당시 디자인 컨퍼런스가 다가오고 있었고 그들은 인근 호텔을 구하기 어려운 컨퍼런스 참가자들을 대상으로 저렴한 숙박을 제공하기로 마음을 먹었다. 그들이 사는 아파트 사진을 찍은 후 단순한 웹사이트에 올리고 나서 며칠이 지나자 보스턴에서 온 여성, 유타에서 온 중년 남성, 인도에서 온 남자 등 3명의 손님을 받을 수 있었다.

잠재 고객과 바로 옆에서 지내면서 체스키와 게비아는 그들이 원하는 것이 무엇인지 소중한 통찰을 얻었다. 이러한 컨시어지(Concierge) MVP는 시장을 확인하고 사람들이 그 경험을 구매할 의사가 있는 확인하는 데 도움이 된다. 사람들이 낯선 다른 이들의 집에서 묵으며 돈을 낼 의향이 있고 대학을 막 졸업한 대학생이 외에도 고객층이 꽤 넓다는 그들의 초기 가정이 맞아 떨어진 것이다.

3. Groupon – 피스밀(piecemeal) MVP

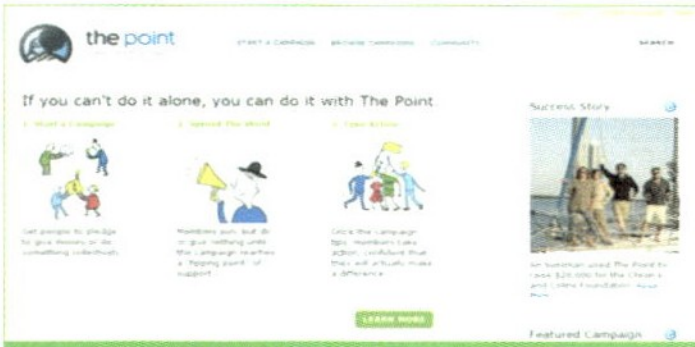

이미지 출처 : Archive.org

앤드류 메이슨은 자금모집, 기업 보이코트 등과 같이 혼자서 할 수 없는 일을 여러 명이 함께 꾸미는 것을 돕는 플랫폼인 포인트 (The Point)라는 이름의 웹사이트를 열었다. 하지만 그 사이트는 큰 인기를 끌지는 못했고 그는 다른 무언가를 찾아 나서기로 했다.

도메인명은 유지하며서 '데일리 그루폰' 이라는 커스터마이징된 워드프레스 블로그를 설치한 후 수작업으로 하루 하루 오늘의 딜(제품행사)을 올리기 시작했다. 누군가 특정 딜에 참가 신청하면 개발팀은 PDF 파일을 구운 후 애플 메일을 통해 쿠폰등을 보내주곤 했다. 비록 세련되진 못했을 지라도 이전에 하던 일에서 피봇하도록 '수작업 먼저 MVP' (또는 '오즈의 마법사 MVP' 라고도 부름)를 통해 이 단순한 웹사이트가 눈여겨 볼 가치 있는 시장을 가졌다는 것을 증명해줬다.

그들은 쿠폰시스템을 만들거나 웹사이트를 새로 개편하는 데 시간을 쓰지 않았다. 대신에 자신들이 가진 자원을 확인하고 점진적인 (piecemeal) MVP를 통해 사람들이 자신이 제공하는 서비스들에 관심을 가지는지에 대한 가설을 테스트해 갔다.

4. Buffer – 랜딩페이지(landing page) MVP

이미지 출처 : Archive.org

버퍼는 당신 친구들의 뉴스피드에 한꺼번에 당신의 글들이 넘쳐나지 않게 글들간의 시간 간격을 조절하고 소셜네트웍에 등록하는 글들을 예약하는 단순한 앱이다. 버퍼의 창업자인 조엘 개스코인 (Joel Gascoigne)은 아무도 원하지 않는 제품을 만드는 데 시간을 뺏기고 싶지 않았다. 그래서 간단한 테스트를 먼저 진행했다.

버퍼의 최초 MVP는 단순한 랜딩 페이지였다. 거기에는 버퍼가 무엇이고 어떻게 동작하며 회원 가입을 독려하는 가운데 관심이 있으면 가격 정책을 확인할 수 있는 버튼을 심었다. 그때에도 아직 제품이 개발 완료된 상태는 아니었고 회원 가입한 사람들에게 진행 상황을 업데이트를 해주겠다는 한 줄을 추가했다.
조엘은 수집한 회원들의 이메일을 이용해 그 앱의 잠재 고객들과의 대화를 시도했고 그들이 원하는 것에 대한 가치있는 피드백과 통찰을 얻을 수 있었다.

그런 후 그들은 사람들이 돈을 낼 의향이 있을 지 가설을 확인하기 위해 랜딩 페이지와 회원가입 페이지 사이에 가격이 나온 표를 추가했다. 이를 통해 얼마나 많은 방문자들이 잠재적으로 유료 고객이 될 것인지를 파악할 수 있었다. 이 같은 무위험 기반 MVP는 버퍼가 시장을 확인하고 개발할 기능들을 기획하는 데에 매우 도움이 되었다.

출처: 조용호(2015). "대단히 성공적인 MVP (최소존속제품) 사례 10가지" (http://businessmodelzen.co.kr/archives/5409)
(원본: Chris Bank(2014). "10 Massively Successful Minimum Viable Products" (https://speckyboy.com/successful-minimum-viable-products))

린 스타트업의 프로세스는 아이디어 발굴을 통해 최소존속제품을 빠르게 만들고(build), 그 구축된 제품(product) 혹은 서비스를 통해 시장에서의 반응을 측정(measure)한 후, 결국 그 고객들의 측정 평가 결과(data)를 통해 부족한 점을 배워서(learn), 반복적으로 보완하거나 혹은 사업의 방향을 조기에 전환(pivot)함으로써 실패의 부담을 낮출 수 있다고 주장한다.

[그림 7-10] 린 스타트업 프로세스

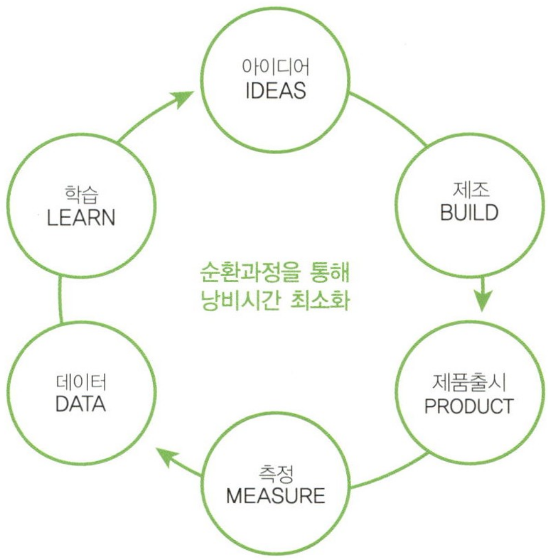

출처 : Eric Ries, "The Lean Startup", 2011.

린 스타트업의 기본 개념은 신속하게 제품을 만들어 피드백을 통해 성능을 개선함으로써 성공 가능성을 높인다는 점에서 디자인적 사고를 이용해 비즈니스 문제를 창의적으로 접근해 해결하는 아이데오(IDEO)의 디자인적 사고(design thinking), 그리고 새로운 소프트웨어 개발 전략을 제시한 에자일(Agile) 방법론과 유사하지만 창업기업 관점에서 구체적인 혁신 추진 전략을 수립하였기 때문에 의미가 크다.

사례 기업 디자이너들의 창조적 디자인 방식을 통해 고객의 가치를 창의적으로 개발하는 방법, "창의적 디자인 사고"

"디자인 씽킹이란 소비자가 가치 있게 평가하고 시장의 기회를 이용하고 기술적으로 가능한 비즈니스 전략에 대한 요구 충족을 위해, 디자이너의 감수성과 작업방식을 이용하는 사고방식입니다." IDEO CEO, Tim Brown

'창의적 디자인 사고(creative design thinking)' 는 미국 스탠포드 대학의 디 스쿨(D-School)과 구글이 고객의 가치창출을 창의적으로 발견하고 개발하기 위해 함께 개발한 혁신 사고 기법이다. 스탠포드 대학의 디 스쿨은 세계적인 소프트웨어 회사 SAP를 공동 창업한 하쏘 프래트너(Hasso Plattner)가 디자인 컨설팅 업체 아이데오(IDEO)의 디자인 씽킹 또는 디자인 사고(design thinking)에 대해 감화를 받아 이 같은 방법을 널리 퍼트려야 한다는 생각으로 스탠포드 대학에 350만 달러를 기부, 아이데오 스타일의 디 스쿨을 만든 것에서 시작되었다.

디 스쿨은 '디자인 스쿨(design school)' 의 약자다. 본래의 용어 때문에 디 스쿨과 디자인 사고를 생각하면 가구, 자동차, 그리고 옷 등을 디자인한다는 개념을 머릿속에 떠올리기 쉽다. 하지만 디 스쿨은 전통적인 개념의 디자인 제작법을 가르치는 것이 아니라, '창의성과 혁신(creativity and innovation)' 을 위한 디자인 방법을 가르친다. 즉, 디자인 사고라는 단어 때문에 디자인을 배우는 것인가 하고 의문을 가질 수 있지만, 디자인 사고의 핵심은 보기 좋은 디자인을 만드는 것이 아니라 디자이너들이 창조적인 제품을 디자인하는 방식을 배우는 것이라 할 수 있다.

이와 같은 디 스쿨의 설립과 디자인 사고 프로그램 개발의 모태가 된 아이데오는 어떤 곳일까? 아이데오는 1978년 스탠포드 출신의 데이비드 켈리(David Kelly)를 비롯한 4명의 공학도와 디자이너가 설립한 인간중심 디자인을 지향하는 세계적인 디자인컨설팅 전문 기업이다. 현재에는 전 세계에 걸쳐 550여 명의 직원을 둔 기업으로 성장하였다. 이 아이데오의 직원들이 작업하는 방식을 살펴보면 고객가치 창출을 위한 창의적 디자인 사고가 어떻게 이루어지는지 파악하는데 단초를 잡을 수 있다. 아이데오는 과연 어떻게 고객가치를 창출하는 디자인 제품을 만드는지 살펴보자.

아이데오는 팀을 중심으로 작업을 수행하는데, 팀은 어떤 명확한 목표와 문제를 해결하기 위한 목적으로 조직되고 해산 된다. [1)]

아이데오의 팀들은 문제를 해결하기 위해 고객의 잠재적 욕구를 관찰하고, 브레인스토밍을 통해 최고의 아이디어를 창조해 내며, 그 결과를 바로 프로토타입(prototype; 시제품)으로 구체화시킨다. 이 시제품화 과정을 거치면서 팀원들은 생각하지 못했던 문제점이나 보완점을 재발견하고 아이디어를 수렴하는 과정을 거쳐 하나의 디자인으로 완성시킨다.

즉, 아이데오의 디자인 프로세스를 적용하면, 창의적 디자인 사고는 사람과 사물에 대한 공감적 관찰(empathic observation)을 통해 문제를 재해석(reframing issues)하고, 시각적 아이디어 도출을 통해 직접적인 사용자(고객)를 포함한 이해관계자를 이끌어 내어 빠른 시일 내에 가시적인 프로토타입을 공동 제작하는 액션전략(action strategy)을 의미한다.

아이데오는 창의적 디자인 사고 프로세스를 적용하여 컴퓨터 기기에서부터 의료기기, 어린이 용품까지 다양한 분야의 제품 개발에 큰 역할을 해왔다. 또한, 2008년에는 디자인 사고를 적용한 '아쿠아덕트 자전거(Aquaduct Concept Vehicle)' 를 출품하여 "혁신하거나 죽거나(Innovate or Die)"라는 주제로 열린 국제환경 발명품대회에서 대상을 수상하기도 하였다.

국제 대회에서 대상을 수상한 아이데오의 아쿠아덕트 자전거는 다음과 같은 개념을 바탕으로 디자인 사고를 적용하여 개발한 제품이다.

세계적으로 물 부족 사태가 점점 심각해지고 있다. 특히 아프리카의 경우 사회 기반 시설이 부족하여 물의 오염이 심하였고, 물을 길어오기 위해 보통 3마일(4.81km)을 걸어야 하는데 무거운 물통을 들고 가기가 힘들다. 이러한 물 부족 국가의 문제점을 해결하기 위해 자전거 페달을 밟을 때마다 동력을 얻어 자전거 간에 장착된 카본 필터기를 통해 물을 정수하는 정수기 역할을 하는 자전거를 만들었다. 아쿠아덕트를 사용하는 사람들은 더러운 물을 자전거에 싣고 집으로 가져오는 동안 물이 정수가 되어 집에서 바로 정수된 물을 마실 수 있다. 더러운 하천의 물을 사용할 수밖에 없는 빈민국 사람들에게 이 자전거 정수기는 꼭 필요한 물건으로 여겨지고 있다.

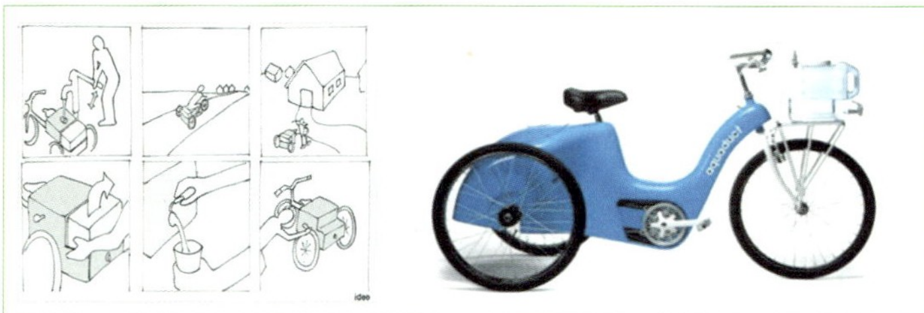

아이데오(IDEO)가 개발한 아쿠아덕트 자전거(Aquaduct Concep Vehicle)

1) 황수영(2012.09.24). "20세기가 낳은 세계적인 산업디자이너, 빌 모그리지 타계". 현대카드 컬쳐 스토리 홈페이지(http://superseries.kr/2729)

출처 : 김진수 외(2016). 기술창업론 2차 개정판. 탑북스.

3) 린 캔버스(Lean Canvas)

(1) 린 캔버스란?

린 캔버스(lean canvas)는 성공적인 벤처기업 와이어드리치(WireReach), 스파크 59 등 다수의 창업에 성공한 애시 모리아(Ash Maurya)가 알렉산더 오스터왈더(Alex Osterwalder)가 창안한 비즈니스모델 캔버스에 에릭 리스(Eric Ries)의 린 스타트업(lean startup) 개념을 적용하여 만든 것이다. 린 캔버스는 기존의 비즈니스모델 캔버스보다 빠르게 변화하는 IT 창업기업에 적합한 구체적인 실행 방법으로, 애시 모리아는 'Running Lean' 이라는 서적을 통해 린 캔버스를 고안하여 발표하였다.

린 캔버스는 일부는 비즈니스 모델 캔버스의 블록들을 사용하지만 일부 블록은 린 스타트업 개념에 따라서 변경하여 사용한다. [그림 7-11]은 린 캔버스의 구성요소를 보여 준다. 주로 좌측의 상단 부분의 구성 요소들이 변경되었다.

[그림 7-11] 비즈니스 모델 캔버스와 린 캔버스의 차이

KP : 핵심파트너쉽 문제 (Problem)	KA : 핵심 활동 해결책 (Solution)	VP : 가치 제안	CR : 고객 관계 일방적 경쟁우위 (Unfair Advantage)	CS : 고객 세분화
	KR : 핵심 자원 해결책 (Key metrics)		CH : 채널	
CS : 비용 구조		RS : 수익원		

문제 (가장 중요한 세 가지 문제)	해결책 (가장 중요한 세 가지 기능)	고유의 가치제안 (제품을 구입해야 하는 이유와 다른 제품과의 차이점을 설명하는 알기 쉽고 설득력 있는 메시지)	일방적 경쟁우위 (다른 제품이 쉽게 흉내낼 수없는 특징)	고객군 (목표고객)
	핵심지표 (측정해야 할 활동)		채널 (고객 도달경로)	
비용구조 (고객획득비용, 유통비용, 호스팅, 인건비 등)		수익원 (매출모델, 생애가치, 매출, 매출 총 이익)		

출처 : http://www.leancanvas.com/

수십 쪽의 사업계획서와 다르게 린 캔버스는 다음과 같은 장점을 가지고 있다.

- 빠르다 : 반나절 안에 여러 개의 사업 모델을 정리해볼 수 있다.
- 간결하다 : 엘리베이터 피칭이 가능할 만큼 간결하다.
- 간편하다 : 다른 사람과 공유하기 쉽고, 수정하기 쉽다.

린 캔버스는 앞에서 배운 비즈니스 모델 캔버스와도 차이점이 있다. 비즈니스 모델 캔버스의 경우 창업기업과 경영활동을 하고 있는 기업을 대상으로도 활용할 수 있지만, 린 캔버스의 경우 오직 창업기업에게만 적용 가능하도록 구성하였다. 또한, 비즈니스 모델 캔버스는 고객, 투자자, 창업가, 컨설턴트 등 다양한 대상이 상황에 맞게 적용이 가능하나, 린 캔버스는 오직 창업가만 가능하다. 접근 방법은 비즈니스 모델 캔버스는 고객 세그먼트, 채널, 고객 관계를 먼저 중시하면서 사업의 수익원과 비용 구조를 파악을 우선적으로 고려하는데 비해 린 캔버스는 문제점과 문제해결 방안 부분을 집중적으로 분석한다. 경쟁관계에서 비즈니스 모델 캔버스는

가격, 비용 등의 가치 제안에 집중한 반면, 린 캔버스는 일방적 경쟁우위를 선점하기 위한 구조 형성에 집중한다.

[표 7-4] 비즈니스 모델 캔버스 vs. 린 캔버스

비교 항목	비즈니스 모델 캔버스	린 캔버스
대상 (target)	창업기업과 기존기업	창업기업
중점 (focus)	고객, 투자가, 창업가, 컨설턴트, 조언자	창업가
고객 (customers)	고객세분화, 채널, 고객 관계 중시	창업기업은 고객이 누구고 무엇을 팔지를 테스트하지 않아 고객 세분화가 중요하지 않음
접근방식 (approach)	사업의 예상 수익원과 재무적 원천을 기본 전제하에서 시작	문제점에서 시작, 문제해결방안 제안, 문제를 해결하기 위한 채널, 비용구조와 예상 수익 순으로 시작
경쟁관계 (competition)	목표시장에서 영리하게 살아남기 위해서 양적 질적 조건(가격, 비용 등)적 가치 제안에 집중	사업의 여분의 시장에서 일방적 경쟁우위를 가지고 더 기반을 다지기 위한 방법으로 활용
적용 (application)	자연스러운 이해, 창의성, 논의, 구조적 분석으로 분위기 조성	창업가가 순차적으로 발전할 수 있도록 문제해결 중심적 접근

출처 : https://canvanizer.com

이제부터 린 캔버스를 구성하는 구성요소들에게 대해서 자세하게 설명하고자 한다. 각 구성요소의 이해를 돕기 위해서 공유경제 서비스의 기반을 두고 있는 Uber 서비스를 예로 설명하고자 한다.

(2) 린 캔버스 작성 사례: 우버(Uber)

① 문제 (Problem)

새로운 비즈니스를 설계할 때 고객의 불편함을 정확하게 파악하는 과정은 매우 중요하다. 특별히 린 스타트업의 가장 중요한 핵심이 고객의 요구사항에 맞는 제품 또는 서비스 개발에 가장 중점을 두고 있기 때문에 문제점에 대한 파악은 선행되어야 할 가장 중요한 내용이다.

먼저 고객들이 해결해 주길 바라는 핵심 문제 1~3가지를 기술한다. 고객은 꼭 해야 할 일이 있는데 그 일을 해주는 제품이나 서비스가 있을 때 구입을 하게 된다. 따라서 고객이 해야 하는 일의 관점에서 기술하면 효과적으로 작성할 수 있다.

핵심 문제를 기준으로 현재 고객들이 이 문제를 풀고 있는 기존 대안을 기술한다. 고객 중에 새로운 것을 쉽게 수용하는 얼리어답터(early adapter)들이 해당 문제를 어떻게 해결하고 있는지 기존 대안에 대해서 조사해서 기술한다.

/ Uber : 문제 (Problem) /

1. 가장 중요한 핵심 문제

◆ 안전성에 가장 큰 문제가 있다.

예) 인도 델리 외각 지역에서 운전자에게 성폭행, 호주 멜버른에서 19살 승객 성폭행 등

◆ 일방적인 우버의 가격결정에 따라야 한다는 문제가 있다.

◆ 급하게 이동해야 하는데, 늦게 온다면 기다릴 수밖에 없는 문제가 있다.

◆ 각 나라마다 법적 규제 문제가 있다.

2. 기존 대안

◆ 한국의 '카카오택시', 중국의 '디디콰이디', 인도의 '올라캡스(Ola Cabs)', 싱가포르의 '그랩 택시(Grab taxi)' 등

출처 : 슬라이드쉐어 홈페이지(http://www.slideshare.net/)

② 고객 세그먼트 (Customer Segment)

발견한 문제점을 기반으로 목표 고객을 구체화한다. 앞에서 설명한 바와 같이 린 캔버스 창업기업에 특화된 비즈니스 모델을 기술하는 방법이다. 창업기업은 초기에 인지도 등의 부족으로 초기 사용자를 확보하는 것이 매우 어렵다. 해당 시장의 주류 고객들은 기존 대안에 안주하는 경향이 있어서 창업 초기에 고객으로 유치하는 것이 매우 어렵다. 따라서 창업 초기에 고려해야 하는 고객은 이 제품이나 서비스를 사용할 얼리어답터를 찾는 것이다. 얼리어답터는 특성상 새로운 시도에 관심을 가지고 있고 기꺼이 테스트할 준비가 되어 있는 고객이기 때문이다. 따라서 일반 주류 고객이 아니라 얼리어답터의 관점에서 이 제품을 사용할 필요에 대해서 명확하게 파악하는 것이 중요하다.

/ Uber : 고객 세그먼트 (Customer Segment) /

1. 고객

◆ 상류층 ◆ 사업가 ◆ 전문직 종사자 ◆ 월 약 100$를 사용하는 기존 고객 ◆ 도시 중산층 등

2. 얼리어답터

◆ 택시나 렌터카를 주로 이용하는 고객

출처 : 슬라이드쉐어 홈페이지(http://www.slideshare.net/)

③ 고유의 가치 제안 (Unique Value Proposition)

린 캔버스에서 가장 중요한 블록으로, 제품이나 서비스가 가진 차별점은 무엇이며 구입할 관심을 끌 가치가 있는 이유를 기술해야 한다. 따라서 이 제품이나 서비스가 기존의 다른 제품이나 서비스와 차별화된 특성이 무엇이며 차별성을 통해서 고객에게 어떤 새로운 가치를 생성할 것인가를 제시하여야 한다.

이 블록을 작성할 때 고려해야 하는 사항은 다음과 같다.

◆ 차별화하라 : 가장 효과적으로 차별화 요소가 부각되기 위해서는 해결하고자 하는 문제와 고유의 가치 제안이 연관성을 갖도록 정리하는 방법이다. 고객의 어려운 문제를 명확하게 찾았고 해당 고객에게 기존 방법과 차별화된 가치를 부여할 수 있다면 사업 계획의 절반을 진행된 것이다.

◆ 제품을 사용했을 때 혜택에 집중하라 : 좋은 가치 제안이 되려면 제품의 기능보다 제품을 사용한 후 고객이 누릴 혜택에 초점을 맞추는 것이 바람직하다. 예를 들어 도미노 피자의 경우, "갓 구운 따뜻한 피자가 30분 안에 배달되지 않으면 공짜"라는 명확한 가치를 제안하고 있다.

/ Uber : 고유의 가치 제안 (Unique Value Proposition) /

승객과 운전자에게 가치 제안

◆ 신뢰성과 빠름 : 승객에게는 안전하다는 신뢰 이미지와 기다림 없이 빨리 탑승 할 수 있다는 믿음 제시

◆ 신속한 고객확보 : 운전자에게는 혼잡한 교통 상황에서 승객을 기다리지 않고, 바로바로 태울 수 있다는 효율성 제시

출처 : 슬라이드쉐어 홈페이지(http://www.slideshare.net/)

④ 솔루션 (Solution)

구체적인 솔루션을 고민하기 보다는 각 문제를 해결하기 위한 가장 단순한 솔루션에 대해서 정리하면 된다. 린 스타트업의 가장 중요한 방법 중에 하나인 최소존속제품(MVP)에 포함될 최소한의 핵심 기능에 대해서 정리하면 된다. 이 블록이 기존의 비즈니스 모델 캔버스와 다른 부분이라고 생각하면 된다.

/ Uber : 솔루션 (Solution) /

1. 전자 지불 프로세스 및 팁이 이미 포함되어 있어 신속한 결제가 가능
2. 고객만족 서비스가 가능
3. 운전자 평가 가능
4. 가격 제한 및 가격 알람 서비스 (푸시 알림)
5. 바로 알림 서비스 (푸시 알림)
6. 각 나라의 법적 규제에 맞는 사전 승인

출처 : 슬라이드쉐어 홈페이지(http://www.slideshare.net/)

⑤ 채널 (Channels)

고객에게 도달하는 적절한 경로 구축에 실패하는 것은 스타트업이 실패하는 주요 원인 중 하나이다. 따라서 처음부터 확장 가능한 채널을 고려하고, 해당 채널들을 구축해서 테스트하는 것이 바람직하다. 창업 초기에 사용할 채널과 대규모 고객을 확보할 수 있는 채널에 대해서 구분해서 확보하고 테스트하는 것이 필요하다. 여기서 주의할 것은 초기에는 고객의 요구사항을 정확하게 파악하는 과정이므로 비용이 수반되는 방법은 최대한 줄이는 것이 바람직하다.

/ Uber : 채널 (Channels) /

1. 초기 : 모바일 앱 채널 활용
2. 확장 가능한 채널 : 푸시 알림 시스템

출처 : 슬라이드쉐어 홈페이지(http://www.slideshare.net/)

⑥ 수익원 (Revenue Streams)

린 캔버스를 작성할 경우 주로 MVP만을 고려하기 때문에 명확한 가격 결정을 미루는 경우가 많아서 수익원을 측정하는 것이 어렵다. 하지만 MVP 단계에서도 고객이 지불할 만한 가치를 제공하고 그에 합당한 가격을 책정할 필요가 있다. 그래야 고객의 반응에 대해서 명확하게 파악할 수 있다. 만약 제품 또는 서비스를 완전히 무료로 낼 계획이 아니라면, MVP가 나온 첫날부터 요금을 부과해야 한다. 여기 몇 가지 이유들이 있다.

◆ 가격 또한 제품이나 서비스의 일부이다.

◆ 가격이 고객을 정의한다. 일반 택시에 탑승하는 고객과 고급 택시에 탑승하는 고객은 다르다는 뜻이다.

◆ 고객이 지불하는 형태를 통해 가장 빠른 형태를 검증 해 볼 수 있다. 고객한테 돈을 내달라고 하는 것이야말로 가장 힘든 일 중 하나다. 만약 누군가 돈을 지불한다면, 당신 제품이나 서비스에 대한 가장 확실하고 빠른 검증이 될 것이다.

/ Uber : 수익원 (Revenue Streams) /

1. 운행 수수료
2. 장비 및 자동차 대출 수수료
3. 시장 확대로 인한 수익 증가
4. 고급택시를 통한 수익 (우버블랙)
5. 개인 자동차로 영업을 할 수 있도록 함으로써 수익 구조 다양화 (우버엑스)

출처 : 슬라이드쉐어 홈페이지(http://www.slideshare.net/)

⑦ 비용 구조 (Cost Structure)

만약 제품 또는 서비스를 시장에 내놓는다면 발생할 비용에 대해 예측하면서 작성해 본다. 정확하게 예측하기란 물론 힘들지만 현재의 여러 가지 상황을 반영하여 작성한다.

◆ 투자를 계속해야 하는가? 투자를 한다면 어느 정도 해야 하는가?

◆ MVP를 만들고 테스트 하는데 드는 비용은 어느 정도 인가?

◆ 프로세스를 진행할 때의 비용은 얼마인가? 고정비와 변동비로 각각 나눠서 써본다.

◆ 수익원과 비용구조를 통해 손익분기점을 계산하고, 손익분기점을 도달하려면 얼마나 많은 시간, 비용, 노력이 필요한지를 추정해 볼 필요가 있다.

/ Uber : 비용 구조 (Cost Structure) /

1. 자동차에 투자를 하지 않아도 된다. (수리비용 및 보험비용 등)
2. 정부 및 규제 관계 비용을 절약 할 수 있다.
3. 서비스 제공자를 고용하지 않아도 된다.

출처 : 슬라이드쉐어 홈페이지(http://www.slideshare.net/)

⑧ 핵심 지표 (Key Metrics)

사업의 진행상황을 측정할 지표들을 나열하고 다음의 것들을 작성해 본다.

/ Uber : 핵심 지표 (Key Metrics) /

1. 고객과 운전자가 함께 하는 더 큰 공유 커뮤니티 구축
2. 고객과 운전자를 위한 마켓플레이스 플랫폼 구축

출처 : 슬라이드쉐어 홈페이지(http://www.slideshare.net/)

⑨ 경쟁우위 (Unfair Advantage)

이 부분도 많은 고민이 필요하기 때문에 칸을 채워 넣기가 어렵다. 만약 경쟁자가 생긴다 해도 쉽게 따라할 수 없거나, 돈으로 해결할 수 없는 것을 말한다. 창업자들이 갖는 경쟁 우위 중에 대표적인 것이 선발자 우위이다. 하지만 반드시 선발자 우위가 존재하는 것은 아니다. 새로운 기반을 닦는 일은 대부분 선발자가 감수하지만 명확한 선발 우위를 갖지 못하면 재빠르게 추격하는 추격자들에게 추월당하는 경우가 자주 발생하기 때문이다.

예를 들면, 다음과 같은 경쟁우위가 있다.

- ◆ 내부자 정보
- ◆ 커뮤니티
- ◆ 개인적인 권위
- ◆ 대규모 네트워크 효과
- ◆ 환상적인 팀
- ◆ 검색 엔진 최적화 순위
- ◆ 적절한 전문가의 지지
- ◆ 기존 고객

/ Uber : 경쟁우위 (Unfair Advantage) /

(YTN 뉴스 캡쳐화면)

1. 선발자 우위
2. 공급 된 루프는 운전자와 탑승자에게만 권한을 부여
3. 높은 품질의 고객 응대, 브랜드 경험
4. 노이즈 마케팅 전략은 브랜드 인식을 얻음
5. 수많은 유명 인사 추천

출처 : 슬라이드쉐어 홈페이지(http://www.slideshare.net/)

지금까지 우리는 린 캔버스의 구성요소에 대한 설명과 우버(Uber) 서비스를 예로 각 구성요소에 대해서 살펴보았다. 우버(Uber) 서비스를 린 캔버스로 적용해 보면 다음 [그림 7-12]와 같다.

[그림 7-12] 린 캔버스 적용 사례 : 우버(Uber)

문제	솔루션	고유의 가치 제안	경쟁 우위	고객군
• 안정성 문제 • 가격 문제 • 탑승대기 문제 • 법적 규제 문제	• 신속한 결제 가능 • 고객 만족서비스 가능 • 운전자 평가 가능 • 가격 알람 서비스(푸시 알람) • 각 나라 법규에 맞는 사전 승인	• 안정성과 신뢰성 • 빠른 고객확보	• 선발자 우위 • 운전자와 고객에게만 권한부여 • 높은 품질의 고객 응대 • 브랜드 인식 제고 • 수많은 유명 인사 추천	• 상류층 • 사업가 • 전문직 종사자 • 도시중산층 • 얼리어답터 : 택시나 렌터카 이용 고객
	핵심 지표		**채널**	
	• 고객과 운전자가 함께 하는 더 큰 공유 커뮤니티 구축 • 고객과 운전자를 위한 마켓 플레이스 플랫폼 구축		• 초기 : 모바일 앱 채널 활용 • 확장 : 바로 푸시 알림 시스템	

비용 구조	수익원
• 자동차에 재투자를 하지 않아도 됨 • 정부 및 규제 관계 비용 절약 • 서비스 제공자 무고용	• 운행 수수료 • 장비 및 자동차 대출 수수료 • 시장 확대로 인한 수익 증가 • 고객택시를 통한 수익 (우버블랙) • 개인 자동차로 영업 (수익 구조 다양화, 우버엑스)

활동하기 '린 스타트업'을 위한 '창의적 디자인 사고' 프로세스 이해하기

린 스타트업은 시장에 대한 가설을 세운 후 최소존속제품을 만들고 실제 고객들과 접촉하는 빈도를 높여 시장에 대한 검증을 수행하며, 피드백을 기반으로 부족한 점을 보완하거나 사업의 방향을 조기에 전환함으로써 사업 실패의 부담을 줄인다는 개념이다.

창의적 디자인 사고 역시 린 스타트업과 유사한 프로세스로 진행된다. 우선 사람들에 대한 공감적 관찰을 통해 문제를 재해석하고, 가시적인 프로토타입을 만들어서 고객들로부터 피드백을 받고 그 결과에 대한 평가를 통해 부족한 부분을 발전시켜 나간다.

이 두 개념의 공통분모는 바로 '고객 중심적'으로 접근한다는 것이다. 다음 내용을 통해 아이데오(IDEO) 사에서 제품을 개발할 때 적용하고 있는 창의적 디자인 사고 프로세스 5단계의 각 항목들을 이해해보고, 린 스타트업을 효과적으로 실행하기 위한 도구로 창의적 디자인 사고를 접목해 보도록 하자.

창의적 디자인 사고 프로세스

발견하기 (Discovery)	해석하기 (Interpretation)	아이디어 제시하기 (Ideation)	실험하기 (Experimentation)	발전시키기 (Evolution)
해결해야 할 문제가 있습니다. 어떻게 접근해야 할까요?	무엇인가를 학습했습니다. 어떻게 해석해야 할까요?	기회를 발견했습니다. 무엇을 만들어야 할까요?	아이디어가 있습니다. 이것을 어떻게 구현할 수 있을까요?	새로운 것을 시도했습니다. 이것을 어떻게 발전시킬 수 있을까요?
1-1. 문제 이해하기 (Understanding challenge) 1-2. 조사 준비하기 (Prepare research) 1-3. 영감 수집하기 (Gather inspiration)	2-1. 이야기 하기 (Tell stories) 2-2. 의미 찾기 (Search for meaning) 2-3. 기회를 구체화 하기 (Frame opportunities)	3-1. 아이디어 발상하기 (Generate ideas) 3-2. 아이디어 가다듬기 (Refine ideas)	4-1. 프로토타입 만들기 (Make prototypes) 4-2. 피드백 얻기 (Get feedback)	5-1. 평가하기 (Track learnings) 5-2. 다음 계획 세우기 (Move foward)

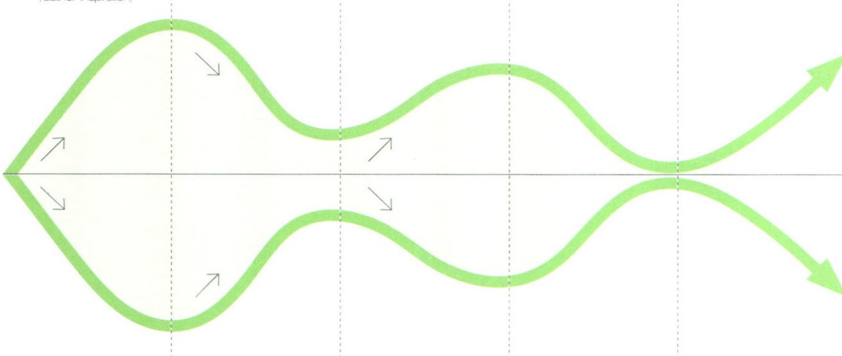

출처 : IDEO(2012). "Design thinking for educators". 2nd edition 자료를 토대로 재구성

출처 : IDEO(2012). "Design thinking for educators". 2nd edition 자료를 토대로 재구성

STEP 1. 발견하기 (Discovery)	문제해결을 위한 새로운 아이디어들의 기초 자료를 발견하고 정리하는 단계	문제 이해하기	– 해결해야 할 문제를 명확하게 정의한다.
		조사 준비하기	– 조사의 범위를 정한다. – 조사 기법(심층인터뷰, 그림자 동행 관찰, 매장 관찰)을 익힌다.
		영감 수집하기	– 인터뷰 질문을 준비한다. – 편안한 분위기에서 인터뷰를 진행한다. – 인터뷰 결과를 기록하고 피드백을 수집한다.
STEP 2. 해석하기 (Interpretation)	발견하기 단계에서 인터뷰 또는 관찰 등의 조사 기법을 통해 파악한 내용을 해석하여 조사 대상자들의 흥미 있는 관점을 찾아내는 단계	이야기하기	– 공간을 마련한다. – 순서대로 진행한다. – 적극적으로 경청한다. – 정보를 작은 조각들로 나눈다. – 이야기로 주변을 채운다.
		의미 찾기	– 놀라웠던 것을 선정한다. – 문제와 다시 연결한다. – 의미를 가다듬는다. – 외부의 관점을 얻는다.
		기회를 구체화하기	– '어떻게 할 수 있을까?' 형태의 질문을 만든다 – 브레인스토밍 할 질문을 선택한다.
STEP 3. 아이디어 제시하기	다양한 아이디어를 발상해 보는 단계	아이디어 발상하기	– 브레인스토밍, 연꽃기법, 스캠퍼 등을 활용하여 아이디어를 고안한다.
		아이디어 가다듬기	– 아이디어의 진짜 의미를 찾는다. – 제약 조건을 나열한다. – 새로운 해결책을 브레인스토밍한다. – 아이디어를 발전시킨다. – 아이디어를 모아둔다.
STEP 4. 실험하기	프로토타입을 만드는 작업을 통해 다른 사람들로부터 피드백을 얻음으로써 아이디어를 현실화 시키는 단계	프로토타입 만들기	– 스토리보드 제작 – 도표 제작 – 스토리 구성 – 목업(mock-up) 제작 – 모형 제작 – 역할극 수행
		피드백 얻기	– 솔직하고 개방적인 마음으로 프로토타입을 소개한다. – 다양한 프로토타입을 보여준다. – 중립을 유지한다. – 직접 참여할 수 있도록 독려한다.
STEP 5. 발전시키기	시간을 두고 도출된 컨셉을 계속적으로 발전시켜나가는 단계	평가하기	– 성공을 정의한다. – 프로세스를 문서화 한다.
		다음 계획 세우기	– 과제 리스트를 작성한다 – 제별 담당자를 배정한다 – 도움이 필요한 과업 리스트를 별도로 작성한다. – 일정표를 만든다 – 정기적 · 비공식적 회의를 계획한다 – 다른 사람들을 참여시킨다.

활동하기 실제 사례를 통해 비즈니스 모델 캔버스와 린 캔버스 비교하기

최근 한국의 로컬광고 시장에서 두각을 나타내고 있는 배달의 민족과 요기요라는 앱 서비스가 있다. 이 두 서비스를 비즈비스 모델 캔버스를 활용해서 비교해서 분석해 보자.

KP : 핵심파트너쉽	KA : 핵심 활동	VP : 가치 제안	CR : 고객 관계	CS : 고객 세분화
	KR : 핵심 자원		CH : 채널	
CS : 비용 구조			RS : 수익원	

문제 (가장 중요한 세 가지 문제) 1	해결책 (가장 중요한 세 가지 기능) 4	고유의 가치제안 (제품을 구입해야 하는 이유와 다른 제품과의 차이점을 설명하는 알기 쉽고 설득력있는 메시지) 3	일방적 경쟁우위 (다른 제품이 쉽게 흉내낼 수없는 특징) 9	고객군 (목표고객) 2
	핵심지표 (측정해야 할 활동) 8		채널 (고객 도달경로) 5	
비용구조 (고객획득비용, 유통비용, 호스팅, 인건비 등) 7			수익원 (매출모델, 생애가치, 매출, 매출 총 이익) 6	

학습정리

■ 비즈니스 모델은 사업 아이디어를 가지고, 어느 시장에서, 누구에게, 어떤 가치를 어떤 방법으로 전달하고 어떻게 수익을 창출할 것인지에 대한 전반적인 방향과 방법을 정의한 것이다.

■ 비즈니스 모델의 구성요소에 대해서 기본적으로 고객에게 가치를 제안하고 창출하여 제공한 후 이를 수익의 형태로 회수하는 과정이라고 공통된 의견을 가지고 있다.

■ 비즈니스 모델 캔버스는 비즈니스 모델을 하나의 조직이 어떻게 가치를 창조하고 전파하며 포착해내는지를 합리적이고 체계적으로 묘사해낸 것이라고 정의하고 4가지 영역에 9가지 블록으로 구성되어 있다.

■ 린 스타트업의 프로세스는 아이디어 발굴을 통해 최소존속제품(MVP, Minimum Viable Product)을 빠르게 만들고(Build), 그 구축된 제품 혹은 서비스를 통해 시장에서의 반응을 측정(measure)한 후, 결국 그 고객들의 측정 평가 결과를 통해 부족한 점을 배워서(learn) 반복적으로 보완하거나 혹은 사업의 방향을 조기에 전환(pivot)함으로써 실패의 부담을 낮추고자 한다.

■ 창의적 디자인 사고는 사람과 사물에 대한 공감적 관찰을 통해 문제를 재해석하고, 시각적 아이디어 도출을 통해 직접적인 사용자(고객)를 포함한 이해관계자를 이끌어 내어 빠른 시일 내에 가시적인 프로토타입을 공동 제작하는 액션전략을 의미한다.

■ 비즈니스 모델 캔버스의 경우 창업기업과 경영활동을 하고 있는 기업을 대상으로도 활용할 수 있지만, 린 캔버스의 경우 오직 창업기업에게만 적용 가능하도록 구성하였다.

■ 비즈니스 모델 캔버스는 고객, 투자자, 창업가, 컨설턴트 등 다양한 대상이 상황에 맞게 적용이 가능하나, 린 캔버스는 오직 창업가만 가능하다.

■ 접근 방법은 비즈니스 모델 캔버스는 고객 세그먼트, 채널, 고객 관계를 먼저 중시하면서 사업의 수익원과 비용 구조 파악을 우선적으로 고려하는데 비해 린 캔버스는 문제점과 문제해결 방안 부분을 집중적으로 분석한다.

■ 경쟁관계에서 비즈니스 모델 캔버스는 가격, 비용 등의 가치 제안에 집중한 반면, 린 캔버스는 일방적 경쟁우위를 선점하기 위한 구조 형성에 집중한다.

■ 린 캔버스는 기존의 비즈니스 모델 캔버스를 변형하여 빠르게 변화하는 IT 창업기업에 적합한 비즈니스 모델을 만들었다.

참고문헌

◆ LG경제연구원(2013). "비즈니스 모델 혁신에 성공한 기업들"
◆ 권정혁(2014). "Lean Analytics with 레진코믹스"
◆ 디지털타임즈(2014.03.11.), [포럼] '린 스타트업' 이 뜬다
◆ 삼성경제연구소(2011). "성공적인 비즈니스 모델의 조건"
◆ 신종현(2014.03.11). "린 스타트업이 뜬다". 디지털타임즈.
◆ 양효정(2015.10.29). "앱 개발사에서 데이터 분석회사로 피봇 중인 리나소프트". 브레인박스
◆ 조용호(2015). "대단히 성공적인 MVP (최소존속제품) 사례 10가지
◆ 창업진흥원(2012). "창업보육매니저 전문 교재"
◆ 파이낸셜뉴스(2014.12.19.), 식권도 모바일 시대...종이식권 사라지나
◆ 한경닷컴(2015.12.23). "새로운 비즈니스 모델들 – '이용자에 응답하라' …맞춤형 O2O 서비스 '생활 속으로' "
◆ 황수영(2012.09.24). 20세기가 낳은 세계적인 산업디자이너, 빌 모그리지 타계

◆ Alexander Osterwalder(2004). "THE BUSINESS MODEL ONTOLOGY A PROPOSITION IN A DESIGN SCIENCE APPROACH"

◆ Alexander Osterwalder & Yves Pigneur(2010). "Business Model Generation"
◆ Ash Maurya(2012). "Running Lean"
◆ ChubbyBrain(2014). "Top 20 Reasons Startup Fail"
◆ Eric Ries(2011). "The Lean Startup"
◆ IDEO(2012). "Design thinking for educators". 2nd edition
◆ IESE Business School University of Navarra., "The Business Model: Theoretical Roots, Recent Developments, and Future Research"
◆ IBM(2005). "CEOs are expanding the innovation horizon : important implications for CIOs"
◆ Jason L. Baptiste(2012). "The Ultralight Startup: Launching a Business Without Clout or Capital"
◆ Nielsen(2013). "Nielsen Global Share Community Report"
◆ Steven G. Blank(2013). "The Four Steps to The Epiphany"
◆ Thorsten Faltings(2011). "Why Apple is the better amazon.com from a business model perspective"

◆ https://canvanizer.com
◆ http://www.1000ventures.com/
◆ http://www.fnnews.com
◆ http://www.leancanvas.com
◆ http://www.slideshare.net
◆ http://www.venturesquare.net

7장. 키워드 인덱스용

비즈니스 모델	비즈니스 모델 캔버스	린 스타트업	린 캔버스
최소 존속 제품	MVP(Minimum Viable Product)	디자인 사고	창의적 디자인 사고

08

사업계획서 작성

계획 없는 목표는
한낱 꿈에 불과하다.

소설가, 생텍쥐페리(Antoine Marie Roger De Saint Exupery)

학습목표

1. 기술창업 사업계획서의 개념을 이해한다.
2. 기술창업 사업계획서의 구성요소에 대해 설명할 수 있다.
3. 기술창업 사업계획서의 작성 목적과 종류에 대해 이해한다.
4. 기술창업 사업계획서의 작성방법에 대해 설명할 수 있다.
5. 기술창업 사업계획서를 작성 할 수 있다.

시작 하기

플리토의 성장 계기가 되어준 사업계획서

플리토 이정수 대표

플리토 이정수 대표

2012년 설립된 플리토(Flitto)는 단문과 장문 상관없이 전 세계 사람들이 언제 어디서나 서로 번역을 요청하고 번역해주는 플랫폼이다. 플리토는 언어의 장벽을 넘어 자유롭게 날아다닌다는 의미를 가지고 있다. '가볍게 날아다니다' 라는 뜻의 영어 단어 '플릿(Flit)' 에서 이름을 따왔다.

플리토에서는 누구나 텍스트, 이미지, 음성 등 다양한 매체의 번역을 요청할 수 있고 이를 플리토 번역가로 등록된 이용자들이 수준 높은 번역으로 답변한다. 번역을 요청했던 사람은 가장 맘에 드는 번역문을 선택해 문장의 길이, 난이도에 맞는 요금을 지불하게 된다. 플리토 번역가들은 번역 실력마다 랭킹이 매겨지고 그에 따라 받을 수 있는 번역 수수료도 달라진다.

이 대표는 "수많은 전문 번역가와 프리랜서들이 있지만 자신을 홍보 할 방법이나 공간을 구하지 못하는 경우가 많다"며 "플리토는 지속적으로 번역요청이 올라오고 바로 확인 가능한 만큼 번역가들이 플리토를 통해 부가적 수입과 더불어 자기 브랜드를 만들고 이용자들은 언제어디서나 번역을 요청할 수 있는 최적의 소통 공간"이라고 표현했다.

이 대표는 고려대학교 경영학과에 재학 중 플리토의 우선 모태가 된 번역 서비스 플라잉캐인을 창업했다. 이후 SK텔레콤에 입사했고 사내벤처 프로그램을 통해 집단지성 번역 서비스에 대한 계획을 더 키워나갔다.

이 대표는 "사내벤처라는 것이 업무시간까지 할애해서 일할 수 있는 건 아니고 업무 시간 외 개인 시간을 쪼개서 해야 되는 것이었지만 그래도 그때 좋은 공동창업자들을 만나고 많은 고민과 실험도 해볼 수 있었다"며 "그 시간 덕분에 2012년에 플리토를 시작했을 땐 이 사업에 대한 방향성과 비전에 대한 고민이 다 끝나 2016년까지의 로드맵이 그려진 사업계획서를 지금도 그대로 따라가고 있다"고 설명했다.

플리토는 설립 직후 DSC 인베스트먼트의 투자를 받은데 이어 테크스타스 런던 인큐베이팅에 선정됐다. 미래창조과학부 주최 스타트업 2013, 이스라엘 스타트업 텔아비브, 스위스 시드스타스 월드 컴피티션, 대만 아이디어쇼 등 여러 스타트업 대회에서 우승을 차지했다.

이 대표는 "사실 집단지성을 활용한 번역 플랫폼이라는 기획을 많은 분들이 만류했다"며 "이렇게 플리토가 성장할 수 있었던 것은 시기가 좋았기 때문"이라고 답했다. 그는 이어 "처음 집단지성 번역을 시작했을 땐 스마트폰도 없었고 인터넷도 굉장히 느려 머릿속에 그려온 것들을 실현시키기 힘들었다"며 "바퀴가 발명돼 유통이 커지고 빨라졌듯 플리토도 모바일의 발달, 스마트폰의 보급을 통해 플랫폼이 성장하고 커질 수 있었던 것 같다"고 설명했다.

플리토에게 2014년은 무척 의미 있었던 한 해였다. 이정수 대표는 "작년 업계에서 가능성을 인정받은 것이 가장 큰 성취였다"며 "처음 이 서비스를 시작한다고 했을 때부터 2013년까지 다들 곧 망할 것이라고 이야기를 했지만 작년부터 그렇게 말한 게 실수였다고 하시는 분들이 생겼다"고 설명했다.

특히 캠퍼스 서울에서 플리토를 본 구글은 기계 번역기가 모든 번역을 대체할 것이란 기존 자사의 주장을 뒤집었다. 구글은 "기계 번역에는 한계가 있고 그것을 해결하려면 크라우드소싱 번역이 필요하다"고 전했다.

그 밖에도 플리토는 마이크로소프트, 국내 공공기관, 라인 딕셔너리, JYP 등 다양한 업체들과 협력 관계를 맺었다. 한 번 공급된 플리토의 번역 데이터베이스는 그 높은 퀄리티를 인정받아 지속적인 수익성도 덩달아 커졌다. 플리토는 현재 전 세계 170여 개국 370만 명의 이용자들에게 한국어와 영어를 포함한 17개 언어의 번역 서비스를 제공하고 있다.

[생각해보기]

◆ 창업에 성공한 플리토는 2013년 11월에 진행한 KBS '황금의 팬타곤' 오디션 프로그램 결승에 진출하며 큰 혜택을 받게 되었다. 이 오디션 프로그램에서 사업계획서의 어느 부분을 특별히 잘 작성하였기에 결승진출을 할 수 있었을까? 플리토 이정수 대표의 피치 동영상을 보고 생각해보자.

출처 : 아이티투데이(2015.01.20.), 플리토 "언어장벽 깨고 세상 바꾸는 기업될 것"
.동영상 주소 : https://www.youtube.com/watch?v=uQcGNZ551Ck

8.1 사업계획서, 쓰기 전에 알아야 할 것들!

1) 사업계획서 작성 목적

앞 장에서 우리는 비즈니스 모델에 대해서 알아보았다. 비즈니스 모델을 다시 한 번, 간단하게 정의하면 비즈니스 모델은 고객이 원하는 가치를 발견하고 이를 통해 수익을 창출하는 방법을 설계하는 것이다. '비즈니스 모델은 사업계획서와 어떤 연관성이 있을까?' 한 마디로 애기하면, 사업계획서는 비즈니스 모델의 구체적인 실행계획을 수립하는 것이다. 시장규모와 성장가능성은 충분한지, 팀은 어떻게 구성해야 하는지, 자금은 얼마나 필요한지, 생산은 어떻게 해야 하는지, 마케팅은 어떤 방법으로 할 것인지, 사업 추진 일정 등등 이런 모든 전반적인 내용들을 구체적으로 실행 계획을 수립하는 것을 사업계획서라고 할 수 있다.

그럼 사업계획서는 왜 필요한 것일까? 사업계획서 작성은 신규 사업의 타당성을 다양한 각도에서 체계적으로 점검 해 볼 수 있으며, 신규 사업에서 나타나는 변수를 명확히 분석함으로써, 장애요인을 제거하고 위험요인을 사전에 방지할 수 있는 도구를 제공하여 효율성을 높일 수 있기 때문이다. 또한 신규 사업을 진행하는 상황에서 추진 일정을 계획대로 진행할 수 있게 되어 비용을 절감할 수 있으며, 실제 프로젝트 진행 시 프로젝트 추진 상황을 관리하고 평가 할 수 있는 핵심 자료로 활용 가능하다. 따라서 초기창업을 준비하는 예비창업가뿐 만 아니라 새로운 사업을 준비하는 모든 창업가에게 사업 계획서 작성은 꼭 필요하다고 볼 수 있다.[5)]

2) 사업계획서가 갖추어야 할 특성

사업계획서 작성을 위해서는 장기간의 노력이 필요하다. 우리가 사용했었던 하루 계획표를 생각해보자. 처음에 방학하기 전에 만들었던 하루계획표에서는 오후 5시부터 6시까지 집 주변 공터에서 운동을 하기로 했다. 방학이 되어 오후 5시에 운동을 하러 공터에 나가보니, 겨울철이라 해가 일찍 져 운동을 하기에는 너무 어두웠다. 결국에는 운동시간을 오후 4시부터 5시까지로 다시 수정하게 되었다. 이렇듯 사업계획서도 마찬가지다. 창업하기 위해 준비하던 단계에서 사업계획서와 창업을 한 초기에 사업계획서, 성숙기에 사업계획서 등이 계속해서 바뀔 수 있다. 세계적인 창업학자인 제프리 티몬스(Jeffry Timmons)교수는 효과적이고 체계적인 사업계획서를 준비하려면 최소한 200~300시간이 필요하며, 하루 종일 사업계획서 작성을 위해 시간을 투자한다 하더라도 3개월에서 12개월 정도가 소요된다고 말한다.

이렇게 사업계획서에 시간이 많이 소요되는 것은 빠르게 변화하는 시장 환경 속에서 예상치 못한 변수들이 너무 많기 때문이다. 그렇기 때문에 사업계획서는 지속적으로 상황에 맞게 보완 수정되어야 한다. 지속적으로 수정, 보완되어 변화하면서도 사업계획서는 명료성(clarity), 객관성(objectivity), 단순성(simplicity), 일관성(consistency), 차별성(differentiation), 목표중심(goal-oriented)을 잃지 않고 유지해야 한다.

(1) 명료성(Clarity)

사업계획서는 전달하고자 하는 내용의 핵심과 강점을 간단 · 명료하게 표현되어야 한다. 전달하고자 하는 사업 아이템이 아무리 좋아도 명료하게 표현되지 않으면 전달받은 상대는 이해하지 못할 가능성이 높기 때문에 중요하다. 특정분야의 대가들의 강의를 들어보았다면 공통적으로 느끼는 것은 바로 명료하다는 것이다. 사업계획서가 애매할수록 투자자들은 당신이 사업에 대하여 잘 모르고 있다고 생각한다.

5) 창업진흥원(2009). 「주요 업종별 기술창업 가이드」. p34.

(2) 객관성(Objectivity)

사업계획서 작성 내용은 객관적인 자료로만 구성되어야한다. 검증되지 않은 자료를 근거로 제시한 사업계획서를 본다면 투자자의 마음을 움직일 수 있겠는가? 검증된 객관적인 자료를 근거로 제시하되, 자료의 출처를 반드시 명시해야만 사업계획서에 대한 신뢰성이 부여될 수 있다.

(3) 단순성(Simplicity)

일반적인 사업계획서에 비해 기술창업자의 사업계획서가 꼭 갖추어야 할 특성 중 하나가 바로 단순성이다. 앞서 말했던 명료성과 달리 단순성은 전문적인 지식을 갖추지 않은 일반인이 보아도 이해할 수 있도록 작성하는 특성을 말한다. 기술창업자의 경우 대부분의 사람이 기술에 대해 알 것이라고 생각하여 지나치게 전문적인 용어를 사용하는 오류를 범하곤 한다. 대부분의 투자자들은 기술의 전문지식이 부족한 경우가 많기 때문에 기술창업자들은 사업계획서를 일반인이 볼 수 있을 정도로 최대한 평이하게 작성하는 것이 중요한 포인트가 된다.

(4) 일관성(Consistency)

사업계획서 뿐 아니라 모든 문서 작성에 기본적인 요소가 바로 일관성이다. 작성된 문서가 일관적이지 않다면 그 문서를 읽은 이가 작성한 이의 내용을 이해하기도 어려울 뿐 아니라, 신뢰성마저 떨어지게 된다. 이해도와 신뢰성이 중요한 사업계획서 같은 경우, 일관적이지 않은 내용 전개로 작성이 되어있다면 당신은 작성한 창업자를 신뢰할 수 있겠는가? 무슨 소리를 하는지 이해도 안 되는 사업계획서에 투자할 수 있겠는가?

(5) 차별성(Differentiation)

흔히 경쟁자들을 이길 수 있는 나만의 강점을 차별성이라고도 말한다. 내 사업계획서가 다른 누군가의 사업계획서와 비교하였을 때 차별화된 포인트가 없다면, 만일 같은 기술을 사용한 같은 용도의 제품을 생산 · 판매할 계획을 가진 사업계획서라면, 투자자를 포함한 외부인은 사업계획에 대해 흥미를 갖지 않을 것이다. 내 사업이 다른 사업들에 비해 어떠한 강점이 있는지를 분명히 하고, 이를 차별성 요소로 강조하는 것이 중요하다. 대부분의 사업성 평가의 가장 큰 비중을 차지하는 것이 차별성이라는 점을 기억하자.

(6) 목표중심(Goal-oriented)

앞서 사업계획서 작성의 목적에 대해 말한 적이 있다. 이 사업계획서가 어떤 용도로 사용될 것인지에 대해 명확하게 밝히고, 그 용도에 적합한 방향으로 작성이 되어야만 사업계획서의 활용 가치가 높아지는 것이다. 투자를 받기 위한 목적으로 작성한 사업계획서를 팀원과의 비전 및 목표 공유를 위한 커뮤니케이션 용도로 사용하기에는 활용가치가 분명 떨어질 것이다.

[그림 8-1] 사업계획서가 갖추어야 할 특성

3) 사업계획서 작성 목표

앞서 하루 계획표를 통해 우리는 사업계획서 작성의 목적에 대해 알아보았다. 사업계획서는 사업에서 이루고자 하는 목표를 달성하기 위해 작성하는 것이다. 여기서 말하는 목표는 단순히 돈을 많이 벌어 성공하는 것일 수도 있지만, 다른 것일 수도 있다. 예를 들어, 사업계획서를 작성하는 과정에서 누락된 또 다른 기회들이나 위험요소를 파악할 수 있다. 또한 외부투자자를 설득하기 위해 만나는 자리에서 내 사업이 무엇인지 구체적으로 보여 줄 수 있는 자료로 사용되기도 하며, 사업 상 필요한 인 · 허가를 신청하기 위한 기초자료로 제출되기도 한다. 마지막으로 사업계획서는 창업자와 창업팀 간의 커뮤니케이션 도구로써 활용된다. 사업계획서를 통해 비전 및 목표를 공유하게 됨으로써 팀워크가 향상되고, 같은 목표를 향해 나아갈 수 있는 나침반과 같은 역할을 해주기 때문이다.

4) 사업계획서의 종류

사업계획서의 목적에 따라 조금씩 달라지는 것과 같이 사업계획서를 보는 주체가 누구냐에 따라서 사업계획서의 종류가 달라진다. 사업계획서의 종류가 다른 것처럼 작성을 하는데 주의해야 할 점들이 다르게 나타난다. 같은 하루계획표라 해도 어떤 용도로 사용 할 것인지에 따라 목적과 주체가 달라진다. 부모님께 검사받는 용도로 사용하는 하루계획표라면, 현실적이면서도 부모님의 시간도 고려되어야 한다. (이를테면, 식사시간 같은 경우, 가족들과 같은 시간으로 계획되어야 한다). 반면, 학교에 제출하는 용도의 계획표라면 이 역시 달라져야 한다. 선생님께 보여줄 때는 계획표 내용의 실현가능성 보다는 알차고 좋은 계획들이 들어가 있는 것이 중요하다. 마지막으로 자신 개인적인 시간 계획을 세우는 용도라면 실제 내가 활동하는 것을 고려하여 시간표를 짜는 것이 좋다. (부모님 몰래 PC방에 가는 시간이라던지, 친구들과 놀고 오는 시간을 따로 둘 수도 있을 것이다).

하루계획표 사례처럼 어떤 용도로 누가 보느냐에 따라서 사업계획서도 달라진다. 사업계획서는 주로 회사소개용, 자금신청용, 투자유치용, 기술평가용, 인 · 허가용, 주요인증용, 입찰제안용 등으로 나눌 수 있다.

[표 8-1] 사업계획서 용도별 구성내용

● = 필수 항목, ◎ = 권장 항목

구분	회사소개용	자금신청용	투자유치용	기술평가용	인허가용	주요인증용	입찰제안용
회사개요	●	●	●	●	●	●	●
사업개요	●	◎	●	◎	◎	◎	●
제품 및 기술현황	●	●	●	●	●	●	●
시장환경	●		●	●	◎	◎	◎
개발계획	●	●	●	●	●	●	◎
투자계획	●	●	●	◎	●	●	●
마케팅 계획	●	●	◎	◎	◎	◎	●
생산계획	●	●	◎	◎	●	●	●
조직 및 인원계획	●	◎	◎	◎	◎	●	◎
이익 및 재무계획	●	◎	●	◎	◎	◎	●
투자제안	●	◎	●	●	◎	◎	◎

출처 : 기업금융나들목 홈페이지, 김진수, 이창영, 창조경제시대의 기업가정신과 창업론, 문영사 2014 재수정

[표 8-2] 사업계획서 용도별 작성 포인트

주요 분야	주요 제품 또는 서비스
투자유치용 사업계획서	– 벤처캐피탈, 엔젤 등으로부터 투자 유치를 받기 위한 목적으로 투자기관의 투자 목적 및 의도를 명확히 파악하여 그 목적과 의도에 맞게 작성하여야 함. – 투자유치용 사업계획서는 투자자금 회수 방안을 반드시 제시하는 방향으로 작성하여야 함. – 투자유치용 사업계획서는 시장의 미래성, 사업의 발전성과 수익성, 경영진의 능력 및 신뢰성 등을 강조하여야 함.
기술평가용 사업계획서	– 기술평가용 사업계획서는 기본적으로 기술의 경쟁력, 시장성, 사업화 가능성 위주로 작성하여야 함. – 사업성공을 위한 기술의 명확한 비교우위 차별성과 독창성이 확보된 내용을 사업계획서에 기술하여야 함. – 기술개발전략, 기술개발 로드맵 등 기술과 관련된 사항은 필수적이므로 보다 성실하게 작성하여야 함. – 기술과 관련하여 기존 기술과 비교, 경쟁기술의 현황, 해외 기술과의 차별성, 기술 경쟁우위성 등의 입증에도 중점을 두고 작성하여야 함.
입찰제안용 사업계획서	– 입찰제안용 사업계획서는 잘 포장된 사업계획서보다 기업의 신용과 안정성을 더욱 중시하는 경향이 있는 사업계획서이므로, 예전에 입찰한 성과 위주로 작성하여야 함. – 입찰제안용 사업계획서는 소요자금, 자금운용계획, 상환계획 등 자금흐름과 관련된 항목을 구체적이고 타당성이 있도록 작성하여야 함. – 사업계획서 평가 시 거래관계에 있는 업체가 중요함으로 매출처, 매입처, 관계회사 등을 명확히 제시하여 신용도를 향상시키도록 작성하여야 함.

출처 : 창업진흥원, 주요 업종별 기술창업 가이드, 2009.

읽어보기 **사업계획서 양식?? 이곳에 다~있다~!!**

사업계획서의 종류가 많다보니, 어떤 것을 써야 할지 막막할 수 있다. 그럴 때 참고해야 할 사이트가 바로 신용보증기금(http://www.kodit.co.kr/)이다. 신용보증기금사이트에서 "주요업무→창업 및 경영지원 등→각종서식"에 들어가면 용도별 사업계획서 양식을 다운로드 받을 수 있다.

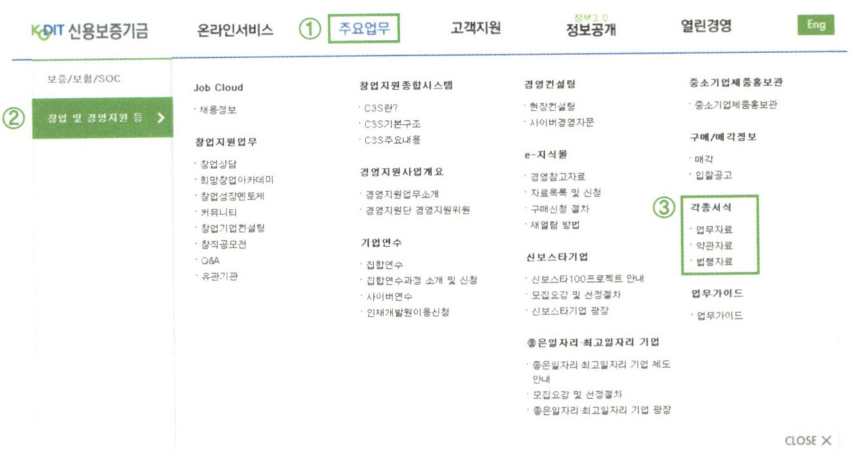

8.2 사업계획서, 어떻게 작성해야 할까?

앞 절에서는 비즈니스 모델과 사업계획서의 연관성은 무엇인지, 그리고 왜 사업계획서가 필요한지, 어떤 용도로 사용하는지에 대해 살펴보았다. 지금부터는 좋은 사업계획서를 작성하는 방법에 대해 살펴보기로 하자. 유의할 점은 사업계획서 작성은 틀에 정해진 방식으로 작성하는 것이 아니라는 점이다. 앞 절에서 언급한 사업계획서 작성의 기본적인 원칙을 지키면서 사업의 특성과 용도에 맞게 창의적으로 작성하는 것이 중요하다.

[그림 8-2] 사업계획서 작성절차

전체 목차 구성

- 사업내용에 맞는 전체적인 목차를 구성하여 나열
- 제품내용, 서비스흐름, 사업모델 등에 관한 자료를 점검
- 양식이 정해진 경우에는 작성에 필요한 내용을 확인

↓

시장분석 및 계획수립

- 시장, 기술, 경쟁사 등의 동향 및 특징 조사를 실시
- 조사된 내용을 분석하고 사업의 방향 및 실행계획을 수립
- 사업내용과 유사한 참고할 수 있는 사업계획서를 확보

↓

계량 분석

- 투자계획, 매출, 및 비용계획, 손익분석 등의 분석 실시
- 내용상 문제점 점검 및 피드백(실행계획 수정)
- 목표로 하는 수치가 나올 때까지 반복하여 분석 실시

↓

내용작성 및 편집

- 목차순서에 상관없이 쉬운 항목부터 세부내용을 입력
- 유사 아이템의 사업계획서를 참고하여 내용 작성
- 내용 작성 후 서체, 글자크기, 색상 등을 통일하여 편집

출처 : 기업금융나들목 홈페이지, www.smefn.or.kr

사업계획서의 구성과 내용은 사업계획서 작성의 목적에 따라 다소 달라질 수가 있다. 아래의 내용은 일반적으로 사용되는 사업계획서의 항목들에 대한 예시와 설명이다. 사업 계획의 목적에 따라 필요한 항목을 선택하고 새로운 요소를 추가하여 목적에 맞게 융통성 있는 목차 구성이 필요하다. 다시 한 번, 주지하지만 아래의 모든 내용을 사업계획서에 담을 필요는 없으며 사업의 특성에 따라 순서도 창의적으로 구성할 수 있다.

[표 8-3] 사업계획서의 구성 항목 및 주요 내용

구분	작성항목 및 내용
사업요약	**작성항목 : 사업모델, 시장전망, 적용기술, 투자금액, 사업비전 등** – 사업과 무관한 사람도 쉽게 이해할 수 있도록 작성 – 제품과 서비스에 대한 독창성과 경제우위성 부각 – 목표시장, 시장 추세 및 성장성 등에 대한 핵심사항
회사개요	**작성항목 : 일반현황, 주요 연혁, 비전, 경영이념, 조직, 지적재산권, 주주현황, 재무현황 등** – 사실에 근거하여 최대한 성실히 작성하는 것이 핵심 – 경영 조직의 핵심 역량 부각 – 회사의 비전 및 목표에 대한 정량(수치)적인 기재
사업개요	**작성항목 : 사업필요성 및 효과, 사업영역, 사업배경 및 방향, 사업전략 등** – 사업의 핵심역량 및 사업목표(정량 · 정성)를 강조 – 사업의 목적, 필요성 및 효과, 사업분야 및 영역 부각 – 단계별 사업방향 및 전략 기재
제품 및 기술현황	**작성항목 : 제품개요, 제품구성, 제품특징 및 효과, 제품 관련 기술, 기술 우위성 등** – 경쟁제품과의 비교 · 분석을 통한 경쟁 우위점을 강조 – 자사 제품의 특징 및 차별성 기재 – 핵심 기술 내용을 타 업체와 비교하여 작성
시장환경	**작성항목 : 시장현황, 시장규모, 시장전망, 경쟁현황, 고객동향, SWOT분석 등** – 환경분석 결과 사업성공 가능성이 높음을 제시 – 제시된 시장분석 자료에는 반드시 출처 및 근거를 제시 – 경쟁현황은 반드시 자사와 경쟁사를 비교 분석하여 작성
개발계획	**작성항목 : 개발 현황 및 방향, 개발 인력 및 비용, 개발 일정 등** – 사업포트폴리오와 연계된 기술개발 로드맵 강조 – 지금까지의 연구개발 성과와 향후 연구 방향 부각 – 향후 연구개발에 소요되는 비용 및 일정 기재
투자계획	**작성항목 : 사업장 및 시설공사, 설비 및 비품계획, 기타 투자계획 등** – 투자금액에 대한 명확한 산출 내역(근거)제시 – 시설 및 설비의 상세 내역 및 구매처 기재 – 무형자산(특허권, 영업권 등)에 대한 계획 기재
마케팅계획	**작성항목 : 마케팅컨셉, STP(Segmentation, Targeting, Positioning)전략, 4P(Product, Price, Place, Promotion)믹스 전략 등** – 마케팅 계획의 실현 가능성에 초점을 맞추어 작성 – 구체적인 마케팅 예산 책정 및 기재 – 경쟁사와의 차별화된 전략 부각
생산계획	**작성항목 : 생산공정, 레이아웃, 생산계획, 구매계획, 품질계획 등** – 가능한 상세하게 단계별 실행계획 및 예산 기재 – 연도별 생산계획(규모) 및 산출근거 제시 – 구체적인 품질 목표 및 관리 방안 기재

조직 및 인원계획	**작성항목 : 조직계획, 인력계획, 인건비 계획 등** – 사업규모 및 경영환경에 적합한 조직구성이 포인트 – 핵심 인재 구성 내역 및 확보 방안 기재 = 사업 단계별 조직 · 인력계획을 상세하게 작성
매출 및 이익계획	**작성항목 : 매출계획, 제조원가계획, 비용계획, 추정 손익계산서, 추정 재무재표 등** – 재무 관련 수치는 반드시 산출근거를 제시 – 손익계산서 및 재무상태표의 연계성 확보 – 연도별 매출액 및 순이익의 추세 부각
투자제안	**작성항목 : 투자 포인트, 주식가치 산출, 투자제안 등** – 투자자가 얻을 수 있는 이익에 대한 내용 강조 – 투자자의 관심을 유도할 수 있는 내용 부각 – 투자조건 및 투자 회수방안 제시

출처 : 신용보증기금 홈페이지, www.kodit.co.kr

1) 사업요약

사업요약에는 계획사업의 사업모델, 시장전망, 적용기술, 투자금액, 사업비전 등 사업의 핵심 내용과 그 가치를 집약해서 설명하는 페이지로 사업과 무관한 사람도 쉽게 이해할 수 있도록 한 눈에 보여주어야 한다. 또한 제품과 서비스에 대한 독창성과 경제 우위성을 부각시켜야하며, 목표시장, 시장 추세 및 성장성 등에 대한 핵심사항도 나타날 수 있도록 작성 하여야 한다.

TIP. 요약 문서를 작성 할 때 기술해야 할 부분

◆ 기업의 제품과 목표시장을 설명
– 투자자가 투자할 것이 무엇인지 한 눈에 알 수 있게 한다.

◆ 기업이 성공할 수 있는 이유와 방법을 설명
– 왜 경쟁기업보다 성장 할 수 있는지 설명한다.

◆ 경영진의 이력사항을 기술
– 사업추진에 현 경영진이 얼마나 적합한지 인식시킬 수 있어야 한다.[6]

2) 회사개요

회사개요는 어떤 회사이며, 무슨 일을 하는지에 대해서 간단하게 회사의 실체를 보여주는 부분이다. 사람으로 말하자면 신상명세서와도 같은 것이다. 신상명세서에는 성명, 주민등록번호,

6) 창업진흥원(2009), 「주요 업종별 기술창업 가이드」, p36.

주소, 연락처 등이 작성된다. 회사개요도 마찬가지이다. 회사명, 사업자등록번호, 법인등록번호, 대표자 성명, 사업장 주소, 대표 연락처 등이 기재된다.

작성 가이드를 제시하자면, 사업자등록번호 및 법인등록번호는 사업자등록증을 참고하여 작성하고, 대표자에 대해서는 주주명부나 주요 인적자원 프로필에서 구체적으로 쓰게 되므로 대표자 성명만 적으면 된다. 지금까지는 기본적인 정보를 기재하는 것이므로 어렵지 않다. 회사개요에서 중요한 부분이 있다면 회사의 건강상태를 보여주는 회사 재무 상태에 대해 간단하게 요약 하는 부분과 이 회사가 걸어온 역사를 보여주는 회사연혁 부분이다. 이 회사에 대해 알고 싶어 하는 사람들이 가장 주목하여 보는 부분이기 때문에 꼭 작성되어야 한다.

회사 재무 상태를 요약 하는 것은 직전년도의 결산 결과를 표시하는 것이 가장 좋으나, 대부분의 창업기업은 직전년도의 실적이 미흡하기 때문에 당해 연도의 연간 추정치로 대신 표기하는 방법을 추천한다. 회사연혁의 경우에도 창업기업은 연혁이 매우 간단하기 때문에 일반현황과 함께 표기해주는 것이 좋으며, 수상현황이나 인증취득의 내용도 기재하는 것도 방법이다.

[표 8-4] 회사 개요 예시

<table>
<tr><th colspan="2">업체명</th><td colspan="3">(주) ABC 시스템 (ABC System Co., Ltd.)</td></tr>
<tr><th colspan="2">사업자등록번호</th><td>000-00-00000</td><th>법인등록번호</th><td>000000-0000000</td></tr>
<tr><th colspan="2">대표이사</th><td colspan="3">홍길동 (830112 – 1XXXXXX)</td></tr>
<tr><th colspan="2">설립일자</th><td colspan="3">2015년 1월 1일</td></tr>
<tr><th colspan="2">E-mail 주소</th><td>hong@abc.co.kr</td><th>홈페이지 주소</th><td>www.abcsys.co.kr</td></tr>
<tr><th colspan="2">본사주소</th><td>대전광역시 XX동 000-0</td><th>전화/Fax</th><td></td></tr>
<tr><th rowspan="3">사업장</th><th>주소</th><td>본사와 동일</td><th>전화/Fax</th><td></td></tr>
<tr><th>용도지역</th><td colspan="3">공장 지역</td></tr>
<tr><th>면적</th><td>대지 900㎡, 공장 200㎡</td><th>소유형태</th><td>대지 임차, 건물 소유</td></tr>
<tr><th colspan="2">주 생산품목</th><td colspan="3">폐수 정화 및 세정 설비 제조</td></tr>
<tr><th colspan="2">종업원 수</th><td colspan="3">사무직 4명, 기술직 13명 : 총 17명</td></tr>
<tr><th colspan="2">자산 총 계</th><td>('15말추정) 1,245백만원</td><th>총매출액</th><td>('15말추정) 1,020백만원</td></tr>
</table>

3) 사업개요

회사소개에서 창업자의 회사에 대한 관심을 높였다면, 이제는 호소력을 높일 차례이다. 내 사업이 정말 필요한 사업이며, 타당한 사업이라는 점을 부각하여 내 사업계획서를 끝까지 읽어 보게끔 하는 것이 사업개요의 목표이다.

호소력을 높이기 위해서는 우선 창업자가 하고자 하는 사업의 핵심역량 및 사업의 목표를 강조하는 것이 필요하다. 특히 사업의 목표는 정량적 목표(예를 들면, 창업 3년차 매출액 10억 달성)와 정성적 목표(예를 들면, 국내 소비자 선호도 1위 제품)로 나누어서 제시한다. 사업의 목표를 강조하는 것만큼 중요한 것이 바로 창업자(또는 팀)의 핵심역량을 강조하는 것이다. 창업자(또는 팀)의 핵심역량 수준은 대부분의 평가에서 높은 비중을 차지한다.

다음으로는 사업 필요성 및 효과를 언급함으로써 사업타당성에 대한 근거를 제시할 필요가 있다. 좋은 역량과 현실적인 목표를 제시하였음에도 불구하고, 이 사업에 대한 필요성과 효과가 타당하지 못하다면 외부 이해관계자들은 이 사업에 대해 고개를 돌릴 것이다.

앞에 내용을 정리해보면 사업개요는 매력성, 이해력, 타당성, 명확성을 바탕으로 작성되어야 한다. 통상적으로 비즈니스 컨셉, 사업의 기회요소, 경쟁우위, 자본 조달 및 회수 계획이 간단하게 언급되면 되겠다.

[그림 8-3] 사업개요의 구성요소

4) 제품 및 기술현황

내 사업계획서에 대한 호기심과 호소력에 대해 이해시켰다면, 이제 정말 내가 하고 싶었던 말을 할 차례이다. 바로 내가 개발한 제품 및 기술에 대한 것이다. 대부분 제품 및 기술에 대해 작성할 때, 자신이 개발한 제품 및 기술이 최고라는 식의 표현 오류가 발생하기 쉽다. 린 스타트업에서도 배웠듯이 언제나 항상 상대방의 입장에서 내 제품을 바라볼 필요가 있다. 그렇다면 어떻게 표현하는 것이 좋은 제품 및 기술현황 부문이 될 수 있을까?

가장 쉬운 표현법은 정말 내 제품 및 기술이 잘났다는 것을 확인시켜주는 것이다. 이 세상에서 제일 좋은 제품이고 기술이라는 것을 보여주기 위해서는 현재 시장 내 경쟁 제품 및 기술과 비교하여 보여주는 방법이 가장 효과적이다.

제품 및 기술현황 부문의 작성은 "제품 및 기술 개요 → 유사 제품 및 기술의 국내 · 외 현황 비교 분석 → 자사 제품 및 기술의 특징" 순으로 표현하면 효과적이다. 간단하게 보유한 제품 및 기술에 대해 언급하고, 국내 · 외 유사한 제품 및 기술을 같은 기준으로 비교 분석한다. 이어서 제품 및 기술의 특징을 강조하여 표현하면 자사 제품 및 기술의 우수성과 성장가능성, 지속가능성 등을 인정받을 수 있게 된다.

5) 시장환경

시장환경 분석은 제품 및 기술현황에서 유사 제품 및 기술현황 분석과 헷갈릴 수 있는 부분이다. 이 부분에서는 앞선 유사 제품 및 기술을 비교하는 것이 아니라, 제품 및 기술이 속해있는 국내(또는 아이템에 따라 해외)시장에서 판매량 증가, 수요량 증가, 매출액 증가 등을 보여줌으로써 시장 상황이 좋다는 것을 보여주어야 한다.

대부분 시장환경 분석은 제품 및 기술 개발 시 사전에 충분한 조사를 통해 확인된 사항이므로, 그 동안 충분히 조사한 내용을 1~2장에 요약해서 핵심만 볼 수 있게 나타내주는 것이 중요하다. 자료 역시 출처가 분명해야 하며, 공신력 있는 기관에서 발표한 자료로 준비하는 것이 좋다. 대부분 통계청에 들어가 필요한 시장현황 자료를 뽑아낼 수 있다.

읽어보기 통계청 정보를 활용해서 시장환경 분석하자!

통계청에서 제공하는 정보를 활용하여 시장현황 분석을 한다면 그 만큼 공신력 있으며, 정확한 자료는 없을 것이다. 통계청에서 자료를 활용하는 방법은 2가지가 있다. 국가통계포털(kosis.kr)과 E-나라지표(www.index.go.kr)이다. E-나라지표는 정부기관에서 엄선한 지표들을 통하여 사회, 경제, 문화 등 다양한 방면에서의 우리나라 현 위치를 보여주는 자료이다. 정부기관에서 선정하기 때문에 부문별 지표와 부처별 지표로 나누어져 볼 수 있다. E-나라지표를 통해서는 주로 경제상황(거시적 경제)을 통해 전반적인 국가 경제에 따른 시장변동 사항을 예측하는 목적으로 사용될 수 있다.

그 외에 유사한 제품 및 기술현황에 대한 조사를 위해서는 국가통계포털을 사용해야 하는데, 제품 및 기술에 대해 선택하고, 기간을 선택하면 그 기간 내 보고 싶은 기준 자료(시장 규모, 매출현황 등)로 볼 수 있다. 제품 및 기술이 나타나 있지 않다면 속하는 제품군 또는 기술군을 선택하여 보면 된다.

◆ 국내 온실가스 배출현황과 보일러 업종별 에너지원별 에너지사용현황 자료

[E-나라지표 사용]

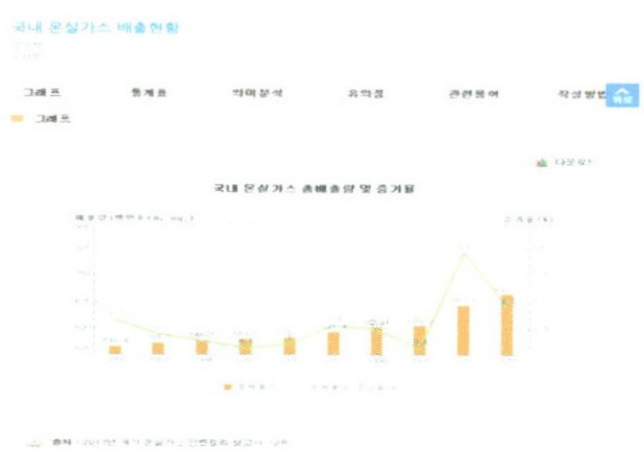

[국가통계포털 사용]

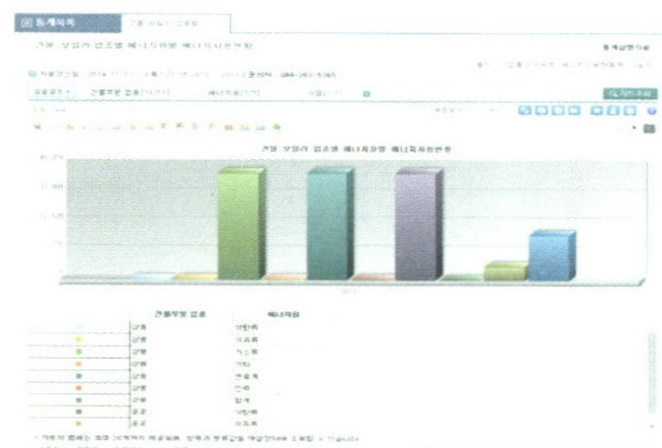

6) 개발계획

개발계획은 현재 개발현황 및 방향, 개발 인력 및 비용, 개발 일정 등을 상세하게 기재하여 지금까지의 연구개발 성과와 향후 연구방향에 대해 부각하는 것을 목적으로 하고 있다. 또한 향후 연구개발에 소요되는 비용 및 일정을 기재함으로써 투자자에게 필요한 투자자금과 회수 시간에 대해 간접적으로 표현하는 목적도 있다.

개발하고자 하는 제품과 서비스의 구체적인 계획을 기술하는 것으로써, 해당 제품과 서비스의 특징이 무엇이고, 어떤 기술을 활용하여 어떠한 방식으로 개발할 것인가에 대한 전반적인 계획을 수립하여 제시한다. 주의할 점은 어려운 기술적 용어나 자세한 기술적 설명은 부록에 첨부하고 기술의 기능적 설명과 각 기술적 요소간의 상호 작용성 등에 주안점을 두어 설명하도록 한다.

[표 8-5] 개발계획의 주요 항목과 주요 내용

주요항목	주요내용
개발목표	최종적으로 개발하고자 하는 제품과 서비스는 무엇인가? 세부적으로 개발되어야 하는 것은 무엇인가?
핵심기술	제품과 서비스 개발에 필요한 핵심 기술은 무엇인가? 자사가 보유한 기술과 핵심 역량은 무엇인가?
리스크 관리 방안	개발하는 과정에서 발생할 수 있는 문제점은 무엇인가? 문제 발생 시 대처방안은 무엇인가?

출처 : 김진수, 이창영, 창조경제시대의 기업가정신과 창업론

7) 투자계획

사업장 및 시설공사, 설비 및 비품계획, 기타 투자계획 등을 종합하여 투자금액에 대한 명확한 산출 내역(근거)제시가 핵심이다. 시설 및 설비의 상세 내역 및 구매처를 기재하는 것이 좋으나, 대부분의 창업 준비자들은 시설 및 설비를 보유하고 있지 않을 가능성이 높다. 그럴 경우에는 앞으로 구입할 시설 및 설비에 대해 사전 조사를 통해 얼마가 투자되어야 하는지 정확한 투자금액을 기재하는 것이 좋다.

시설 및 설비 투자에 필요한 금액 뿐 만 아니라, 무형자산(특허권, 영업권 등)에 대한 계획도 필요하다. 개발하고 있는 제품 또는 기술이 필요한 핵심 기술을 사용하기 위해 특허를 구입하거나, 사용료를 지불해야 하는 경우가 발생할 수 있기 때문이다.

[표 8-6] 투자계획 예시

구분		금액	산출근거	비고
연구개발비	시제품제작비	00백만원	원재료 : 000원 * 00개 = 00백만원	8~12개월 소요
	개발장비	00만원	개발 설비 사용료 : 00원 기타 비품 : 00원	
	제경비	00백만원	연구인력 0명 * 0백만원 = 00백만원	
	소계	00백만원		
양산설비	토지 매입비	00백만원	3,000평 * 00만원 = 00백만원	대전지역
	토건비용 등	00백만원	3,000평 * 00만원 = 00백만원	배수로 등
	사무동건축비	00백만원	500평 * 000만원 = 00백만원	식당 포함
	클린룸건축비	00백만원	800평 * 00만원 = 00백만원	
	기타	00만원	인허가 비용 = 00만원	
	소계	00백만원		
총계		000백만원		

8) 마케팅 계획

일반적으로 사업계획서를 작성하다보면, 가장 큰 오류에 빠지는 부분이 마케팅 계획일 수 있다. 왜냐하면 마케팅 계획은 제품과 서비스에 따라 크게 다르게 나타날 수 있기 때문에, 보는 사람에 따라 관점이 다를 가능성이 높기 때문이다. 보통 마케팅계획을 세우기 위해 분석하는 도구들로 3C(Customer, Company, Competitor)분석, SWOT(Strength, Weakness, Opportunity, Threat)분석, STP(Segmentation, Targeting, Positioning)분석을 사용한다.

보통 위 3가지 마케팅 분석 툴을 사용하여 마케팅 컨셉을 만들고, 4P(Product, Price, Place, Promotion)믹스 전략 등을 작성한다. 이를 통해 구체적인 마케팅 계획을 수립하고 실현 가능성을 보이며, 정확한 마케팅 예산을 책정한다. 또한 이를 통해 경쟁사와 어떻게 차별화 할 것인지에 대해도 고민하여 기재해야 한다. 자세한 마케팅계획 수립에 대한 부분은 기술창업 마케팅 파트에서 알아보도록 하자.

9) 생산 및 인원계획

기술 및 제품에 대한 개발 계획과 달리 생산을 어떠한 과정을 거쳐 최종 결과물이 나오는지에 대한 계획 수립이 필요하다. 개발 계획에서는 제품 및 기술이 완성을 위한 단계라고 생각한다면, 이 단계에서는 최종 산출물이 어떤 과정을 거쳐 나타나게 되는지에 대해 보여주는 것이다. 생산공정 과정과 생산일정, 생산에 필요한 원재료 및 특허권 구매계획, 품질 유지를 위한 계획에 대한 것이 핵심이다.

인원계획 역시 중요하다. 생산을 위한 조직은 어떻게 구성할 것이며, 운영 방안, 인건비 계획 등이 핵심이 된다. 앞서 보여주었던 투자계획의 인건비 산정을 요약해서 보여줬다면 이 부문에서 좀 더 상세한 산출근거가 나타나는 것이다. 작성 할 때 유의해야 할 점은 사업규모 및 경영환경에 적합한 조직구성이 요구되며, 핵심 인재 구성 내역 등을 보여줌으로써 사업 및 기술력에 대한 안전성을 확보 할 수 있다.

[그림 8-4] 생산 공정도 예시

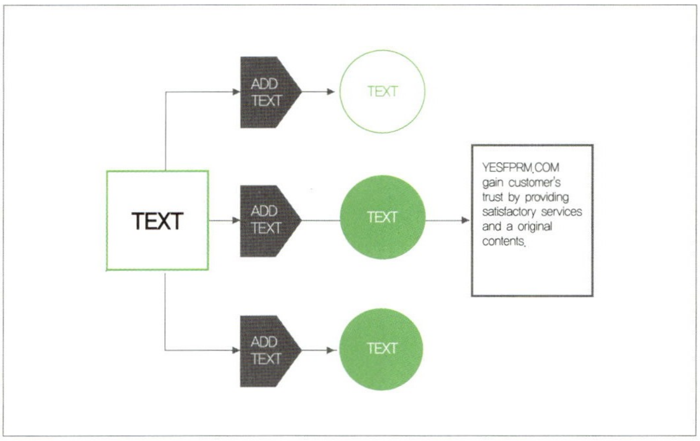

[그림 8-5] 조직도 및 핵심인력 예시

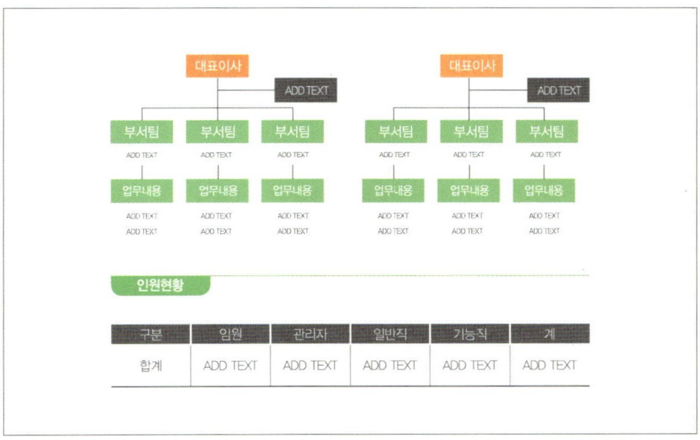

10) 투자제안

투자제안 부문은 외부 투자자들에게서 투자자금을 유치하기 위한 목적으로 사업계획서의 용도에 따라 가장 중요한 부분이 될 수 있다. 투자자금 유치용 사업계획서 작성 시 이 부분이 가장 핵심이 되는 것이다. 작성 할 때 주의해야 할 점은 투자자에게 왜 우리 기업에게 투자를 해야 하는지, 투자를 했을 때 얻는 예상 수익은 얼마인지 구체적인 수치로 제시해주어야 한다. 구체적인 수치 제시를 위해 추정 손익계산서 작성법을 배워야 하며, 이는 이후 재무파트에서 상세히 다룰 예정이다. 투자자금 뿐 아니라 원재료, 기술 등 사업에 필요한 재원을 투자받을 수 있기 때문에 다양한 투자제안 방법이 제시될 수 있다.

읽어보기 대한민국 기술창업의 모든 것! K-startup

우리나라는 중소벤처기업부, 창업진흥원 등 여러 곳에서 운영되고 있던 창업 지원사업들에 대한 정보를 "K-startup(http://www.k-startup.go.kr)" 홈페이지를 통해 통합 제공하고 있다.

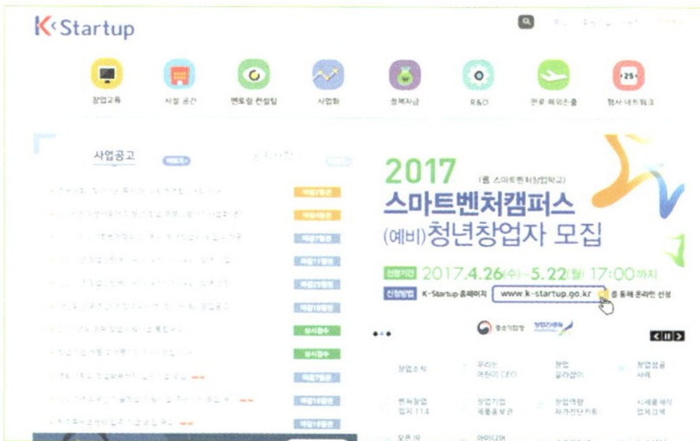

이미지 출처: K-startup 홈페이지 캡처

정부 및 지방자치단체의 다양한 창업 지원사업을 활용하는 것은 예비 창업자에게 초기 창업자금을 조달할 수 있는 기회가 될 뿐만 아니라, 다양한 교육, 멘토링, 경영지도 등을 통해 사업의 실패를 줄일 수 있는 방법이 된다.

따라서 창업을 준비하는 예비창업자이거나 창업기업을 성장시키고자 하는 창업자라면 K-startup 홈페이지에 주기적으로 방문하여 지원 사업을 적극적으로 살펴보는 것이 중요하다. 또한, 각 지원사업마다 요구하는 사업계획서 양식 및 평가기준을 이해하고, 그에 맞는 사업계획서를 체계적으로 작성해 보는 노력도 필요하다.

특히 K-startup에 공고되는 지원사업 중 창업 사업화는 창업맞춤형사업, 사관학교 등을 통해 예비창업자들의 아이디어를 현실화 시켜주고 있는 대표적인 지원사업 유형으로, 디자인 구현, 시제품제작, 마케팅 등 창업 사업화에 필요한 자금을 1인당 3,000만원에서 최고 7,000만원까지 지원해 주고 있다. 창업 사업화 지원사업에 선정되기 위해서는 까다로운 사업계획서 심사와 프리젠테이션을 거쳐야 하지만, 융자가 아닌 출연자금, 즉 순수자금을 지원하는 사업이므로 좋은 사업 아이템이 있다면 지원해 볼만한 충분한 가치가 있다.

활동하기 기술창업 사업계획서 작성하기

다음은 약식용 사업계획서이다. 팀별끼리 하나의 창업 아이템을 선정하여 아래와 같은 사업계획서 양식에 맞춰 작성해본다.

1. 사업개요

회 사 명 (동아리명)		대표	
창업사업명			
홈페이지		연락처	
사업목적	– 어떤 사업인지 사업개념을 관련분야와 함께 전체적으로 기술 – 창업동기, 과제선정경위, 추진방향, 준비상황 등을 기술 – 창업 목적 및 배경, 사업의지, 아이템 선정 동기 등		
사업전망 및 기대효과	– 선정된 사업의 국내 현황, 관련 산업 및 동 업계현황, 본 사업의 차별성 등을 기술 – 고용효과, 수출 증대, 수입대체 및 기타 국내 관련 산업에 대한 기술적, 경제적 파급효과 등을 기술		
참여인력의 전문성	– 대표자 및 내부구성원의 전문성 – 창업관련 대외활동 현황 및 창업동아리 연혁 등 – 전문가 풀 구성 및 대외 협력관계 구축 현황 – 유사사업실적, 수상실적 등	대상분야 업종	

◆ 창업 아이템 개요

아이템명	
요약설명	※ 핵심기술 및 사업화전략 등을 중심으로 간략히 아이템을 요약하여 설명
	※ 아이템의 특징을 나타낼 수 있는 참고사진(이미지)또는 설계도 삽입 ※ 아이템의 특징을 나타낼 수 있는 참고사진(이미지) 또는 설계도 삽입
	〈 사진(이미지) 또는 설계도 제목 〉 〈 사진(이미지) 또는 설계도 제목 〉
고객 세분화	※ 목표 고객의 세분화, 분석 등
고객 관계관리	※ 목표고객과의 상호작용, 관계관리 방안 등
가치 제안	※ 추구하는 가장 핵심적인 가치(혁신적인 디자인, 편리함 등)
채널	※ 주요 유통채널(소매점, 온라인, 대형마트 등)
수익원	※ 주요 수익원(판매비, 이용료, 후원금, 가입비 등)
핵심자원	※ 창업(기업)의 핵심자원(브랜드, 인적자원 등)
핵심활동	※ 마케팅, 디자인, 기술개발, 사후관리 등 창업기업의 경영에 필요한 핵심적 활동

2. 창업가(팀) 역량

◆ 창업자(팀) 소개

※ 창업자로서 본인의 역량을 나타낼 수 있는 실례(창업동기, 창업역량, 기업가정신 실천사례 등)를 중심으로 본인소개

◆ 창업사업화 추진의지

※ 창업에 임하는 각오 및 포부를 간략히 기재

3. 창업아이템의 기술성

◆ 창업아이템 기술의 차별성(기술의 독창적 구성)

※ 창업아이템의 핵심기술에 대하여 설명하고, 유사(경쟁)제품의 유ㆍ무와 비교를 통한 기술의 차별성 및 독창성을 서술
- 창업아이템의 기술 분야, 특징, 장점, 기술개발 내용 등
- 아이템의 특성을 나타낼 수 있는 사진(이미지), 설계도 삽입

◆ 창업아이템 기술의 모방가능성(기술의 난이도)

※ 창업아이템의 기술을 난이도 중심으로, 모방가능성 차단을 위한 지식재산권 확보여부와 확보를 위한 노력 등을 서술
- 아이템 및 제품개발의 핵심기술, 기술개발내용 등을 기술
- 개발과정과 설계상태, 시제품제작, 시험테스트 등 개발 진척상황 등
- 지적재산권 등록여부, 기술개발을 위한 외부의 지원여부 등
- 기술의 경제적ㆍ사회적 파급효과

◆ 창업아이템 기술의 구현 가능성(실현가능성)

※ 창업아이템(기술)의 구현 계획(실현가능성)을 표현하고 부연설명 서술
- 창업아이템의 핵심기술에 대하여 설명하고, 유사(경쟁)제품의 유무와 비교를 통한 기술의 차별성 및 독창성을 서술
- 창업아이템의 기술을 난이도 중심으로, 모방가능성 차단을 위한 지식재산권 확보여부와 확보를 위한 노력 등을 서술
- 창업아이템(기술)의 구현 계획(실현가능성)을 표현하고 부연설명 서술

4. 창업 아이템의 시장성

◆ 창업 아이템의 시장분석

– STP(세분화,표적,포지셔닝)

Segmentation	Target	Positioning

– 소비자 분석(수요계층)

국내외 시장분석으로 통해 예상되는 시장규모와 수요분석, 시장진입가능성, 목표고객 등을 서술

– 경쟁사 분석 및 시장동향

– STP(시장세분화, 표적시장 설정, 포지셔닝)
– 소비자분석 / 수요계층, 소득, 나이 등
– 경쟁자분석 / 시장동향, 신기술 동향
– 경쟁사 대비 가격 및 품질경쟁
– SWOT(강점, 약점, 기회, 위협요인) 분석

◆ 창업 아이템의 SWOT분석

Strength (강점)	Weaknes(약점)
경쟁기업과 비교하여 소비자들로부터 강점으로 인식되는 것은?	경쟁기업과 비교하여 소비자들로부터 약점으로 인식되는 것은?

Opportunity(기회)	Threat(위협)
외부의 환경에서 유리한 기회요인들은?	외부의 환경에서 불리한 위협요인들은?

SO전략(강점 및 기회)	WO전략(약점 및 기회)
기회를 활용하기 위해 강점을 사용하는 마케팅 전략을 창출	약점을 극복함으로써 기회를 활용하는 마케팅 전략을 창출

ST전략(강점 및 위협)	WT전략(약점 및 위협)
위협을 회피하기 위해 강점을 사용하는 마케팅 전략을 창출	위협을 회피하고 약점을 최소화하는 마케팅 전략을 창출

5. 창업 아이템의 사업성

◆ 창업 아이템 마케팅

- 제품의 특성 및 경쟁력, 가격경쟁력, 대체기술 출현 가능성 등
- 초기시장 진입전략

Product(고객 가치 제공)	Price(가격정책)
- 차별화 수단으로, 빵의 포만감 및 영양(핵심),양과 맛(실제), 포장 및 배달과 상표 등(확장) / 제품의 도입기-성장기-성숙기-쇠퇴기	- 제품과 가격에 붙일 가격책정 및 책정이유 - 주요 경쟁자와의 가격 비교 - 책정가격에 의한 시장진입 가능성 및 수익성 검토

Promotion(판매촉진방법)	Placement(유통경로)
- 우리 아이템을 점검하여 더욱 정교화 하거나, 시제품 제작, 홍보 판매에 이르기 까지 어떠한 활동들이 홍보 마케팅에 도움이 될지를 생각해 보세요. - 매체광고, 다이렉트 메일, 텔레마케팅, 카탈로그, 판촉, 인쇄물, 광고대행사의 활용 등 에 대한 계획	- 제품, 서비스를 판매촉진하기 위해 동원할 수 있는 판매기법(자체판매, 판매 대리점, 유통업자, 기존업체의 판매조직, 방문판매, 텔레마케팅, 우편판매 등) 열거

- 상품의 광고 문구로 특징(장점)을 3단어 내외로 표현하기

◆ 생산계획 및 수익전망

생산계획 및 추정손익계산서	- 자체 생산, 외부 생산 업체 탐색 등 - 초기 생산 원가 및 수량, 초기 생산 비용 등 - 상품 가격 및 예상 매출, 수익

생산판매계획	내 용
A) 1대당 생산원가	원
B) 1대당 이익금	원
C) 1대당 판매가(A+B)	원
D) 총생산대수	대
E) 예상 판매대수	대
F) 최종재고(E-D)	대

매출총이익	내 용
G) 총생산원가(A× D)	원
H) 총매출액(C× E)	원
I) 매출총이익(H-G)	원

판매관리비	내 용
J) 홍보마케팅 금액	원
K) 인건비	원
L) 연구개발비	원
M) 일반운영비	원
N) 판매관리비(J+K+L+M)	원
판매관리비의 항목으로 보는 것 ->	임원급여,급료,상여금,제수당,잡급,퇴직급여,복리후생비,여비교통비,접대비,통신비,수도광열비,전력비,세금과공과,감가상각비, 지급임차료, 수선비, 보험료, 차량유지비, 연구개발비, 운반비, 교육훈련비, 도서인쇄비, 홍보마케팅비 등

손익계산서	내 용	
O) 영업이익(I-N)	원	
P) 영업외 비용(대출이자 등)	원	
Q) 경상이익(O-P)	원	
보험차익 등 우발적인 사건들에 의해서 생긴 이득	특별이익(+)	
재해로 인한 손실, 보험금 차익으로 인한 손해 등	특별손실(-)	
경상이익 + 특별이익 - 특별손실	법인세 비용 차감 전 순이익	
법인세 비용 차감 전 순이익 중 (1억까지의 금액*13%)+(1억초과금액*25%)	법인세(-)	
법인세*10%	주민세(-)	
법인세 비용 차감 전 순이익 - (법인세 + 주민세)	당기 순이익	

6. 창업 및 재무계획

사업장 확보계획	– 학교 내 창업, 창업보육센터 활용, 외부 사무실 전세 등
조직 및 인력구성	– 기술개발, 총무, 영업, 생산인력 등

소요자금 및 조달계획

소 요 자 금			조 달 계 획	
용 도	내 용	금 액	조달방법	조달액
운전자금			자기자금	
			금융차입	
			기 타	
	소 계		소 계	
시설자금			자기자금	
			금융차입	
			기 타	
	소 계		소 계	
합 계			합 계	

소요자금 산출근거	
조달계획 산출근거	

7. 창업사업화 추진계획

◆ 창업사업화 추진일정

창업사업화 추진내용	M1	M2	M3	M4	M5	M6	M7	M8	M9	M10	비고
예) 아이템 개발기획											
시제품 제작업체 선정											
마케팅(홍보) 계획 수립											
...											

학습정리

- 비즈니스 모델은 고객이 원하는 가치를 발견하고 이를 통해 수익을 창출하는 방법을 설계하는 것이라고 할 수 있으며, 사업계획서는 비즈니스 모델의 구체적인 실행계획을 수립하는 것이라고 할 수 있다.
- 사업계획서란 사업의 목표를 세우고, 이를 이루기 위해 구체적이고 체계적인 방법을 정리한 문서를 의미하며, 명료성(clarity), 객관성(objectivity), 단순성(simplicity), 일관성(consistency), 차별성(differentiation), 목표중심(goal-oriented)을 잃지 않고 유지해야 한다.
- 사업계획서의 종류는 목적에 따라 회사소개용, 자금신청용, 투자유치용, 기술평가용, 인 · 허가용, 주요인증용, 입찰제안용 등으로 구분된다.
- 사업계획서는 목적에 따라 다양한 구성을 가질 수 있으며, 일반적인 작성 절차는 전체 목차 구성, 시장분석 및 계획수립, 계량분석, 내용작성 및 편집 순으로 이루어진다.
- 사업개요를 작성할 시에는 매력성, 이해력, 타당성, 명확성을 유념하고 작성해야 하며, 이를 통해 비즈니스 컨셉, 사업의 기회요소, 경쟁우위, 자본 조달 및 회수 계획이 간단하게 언급되어야 한다.
- 제품 및 기술현황에서는 보유한 제품 및 기술에 대해 언급하고, 국내 · 외 유사한 제품 및 기술을 같은 기준으로 비교분석한다. 그 이후, 제품 및 기술의 특징을 강조하여 표현하면 자사 제품 및 기술의 우수성과 성장가능성, 지속가능성 등을 인정받을 수 있게 된다.
- 시장환경 분석에서는 공신력 있는 자료를 바탕으로 분석해야 하며, 주로 통계청에서 제공하는 국가통계포털(kosis.kr)과 E-나라지표(www.index.go.kr)를 활용한다.

참고문헌

- 김진수 · 이창영(2014). "창조경제시대의 기업가정신과 창업론". 문영사.
- 아이티투데이(2015.01.20.), 플리토 "언어장벽 깨고 세상 바꾸는 기업될 것" 창업진흥원(2009). 주요 업종별 기술창업 가이드

- Barringer, B. R. & Ireland, R. D. "Entrepreneurship: Successfully Launching New Ventures", Fourth Edition, 2012, NJ: Pearson Prentice Hall.
- Elton B. Sherwin Jr. The Silicon Valley Way. Energy House Publishing, 2010.
- How to Write a Business Plan-the Business Plan Competition Guide to Plan Preparation
- Jerome A. Katz, Richard P. Green, "Entrepreneurial Small Business", Fourth Edition, 2013, McGraw-Hill Irwin
- Kuratko, INTRODUCTION TO ENTREPRENEURSHIP, Eighth Edition
- The Harbus Online, An interview with Stephen Kaufer, Co-Founder & CEO of TripAdvisor, 2013
- William D. Bygrave, DBA and Andrew Zacharakis, The Protable MBA in Entrepreneurship, Fourth Edition, 2010, John Wiley & Sons, Inc.

- 기업금융나들목 홈페이지(http://www.smefn.or.kr)
- 국가통계포털 홈페이지(http://www.kosis.kr)
- 신용보증기금 홈페이지(http://www.kodit.co.kr)
- E-나라지표 홈페이지(http://www.index.go.kr)
- 블로그(http://blog.naver.com/dustn19904/220546143471)

8장. 키워드 인덱스용

사업계획서	사업요약	회사개요	사업개요
제품 및 기술현황	시장환경	개발계획	투자계획
마케팅계획	생산 및 인원계획	투자제안	

제 9 장 | 창업팀과 팀워크

제10장 | 기술창업 마케팅

제11장 | 기술창업 재무관리와 자금조달

Innovative
Start Up Business

PART 03

기술창업 **실행하기**

09

창업팀과 팀워크

사업아이디어가 A급이고 창업팀이 B급인 것보다는
사업아이디어는 B급이고, 창업팀이 A급인 것이 낫다.

벤처캐피탈리스트, 조지 도리어트(George Doriot)

학습목표

1. 창업에 있어 창업팀의 중요성을 인식한다.
2. 창업팀을 구성하는데 있어 고려해야 할 사항을 학습한다.
3. 팀 발전 단계에 따른 특성을 이해하고 준비사항을 학습한다.
4. 팀을 이끌기 위한 요구되는 역량에 대하여 이해한다.
5. 팀원의 노력을 이끌어 낼 수 있는 보상체계에 대해 학습한다.

시작 하기

스타트업 창업자는 어떻게 팀을 구성했을까?

개인네트워크, 추천을 통한 팀 결성

어찌 보면 가장 많은 유형이고, 나름 검증과정을 거친 형태다. 더불어 창업초기 사람을 찾은데 들이는 시간을 절약할 수 있다. 하지만 가장 조심스런 형태이기도 하다. 실력위주가 아니라 사람에 대한 검증에 머무르는 경우가 종종 있기 때문이다. 사업과 인간관계는 별개 아니겠나, 하지만 최근 약진하는 스타트업들은 마음이 맞으면서도 실력까지 보유한 이들을 영입하고 있다.

더웨일게임즈 배승익 대표의 사례가 전형적이겠다. 배 대표는 "현재 우리 팀은 총 8명으로 개발자 4명, 디자이너 1명, 서비스 운영 1명, 콘텐츠 소싱 1명이다. 우리 회사 구성원들은 이력이 재미있다. 대표적으로 CTO는 초–중–고–대학 친구다. 별다른 수식어를 붙이지 않아도 의사소통이 되는 사이이다. 회사 설립하고 그 친구를 10번 넘게 찾아가서 설득했다. 또 COO는 학교 후배로 대기업 출신이다. 지금은 서비스 기획 및 운영을 하고 있는데, 이전에 회사를 관두고 전통주를 만드는 양조업을 했던 이력도 있고 창업이력도 있는 친구다. 회사로 놀러 왔길래 붙잡아서 합류시켰다. 그렇게 한 명 한 명 합류시켰다"

엔씽 김혜연 대표는 대학교 창업동아리를 통해 초기 팀 빌딩을 한 사례다. "학교 친구 셋이서 교내 창업동아리로 시작했다. 아이템을 정하고 시작한 게 아니라 우선 사람을 먼저 모았다. 우리가 잘 할 수 있는 아이템은 차차 생각해 보기로 했고, 그러다 2013년 6월 '글로벌 K스타트업' 공고를 보고 멤버들과 합심해서 부리나케 서류를 접수했는데, 그게 현재 사업 아이템이다. 서류가 합격된 후에 우리에게 부족한 디자인 역량을 가진 친구들도 학교에서 찾았다. 디자인 관련 학과 회장을 찾아가서, 디자이너 좀 소개시켜 달라고 했다. 지금 생각해 보면 어이가 없는게 '레드닷 디자인 어워드(세계 3대 디자인 어워드) 같은데서 상 탈 만한 디자이너 좀 소개 시켜 달라' 고 했었다. 그런데 재미있는 것이 진짜로 레드닷 어워드에서 수상한 디자이너들이 학교에 있었다."

스타트업 행사, 네트워크, 엑셀러레이터 활용형

개발자 출신 대표도 많지만, 그렇지 않은 이들도 있다. 이들은 어떻게 팀빌딩을 했을까? 그 중에 한 명인 모두의 주차장 김동현 공동대표는 '발로 뛰어서 개발자를 찾았다' 라고 말한다. "내가 개발 베이스가 전혀 없다보니 좋은 개발자인지 판단하는 것도 어려웠다. 그래서 직접 일 해보는 방법을 통해서 인력확보를 했다. 그래서 2013년 하반기 동안 전국에서 열리는 해커톤 행사에 8번 정도 참가했다. 이 행사에 직접 가서 우리 개발자 헌팅을 했던거다. 이력서나 면접만으로는 그 사람을 파악하기 힘들기에 짧게라도 일을 같이 해 봐야 한다고 판단했다.

현직 VC이자 쫄투(쫄지말고 투자하라!)로 유명한 IDG Ventures Korea 이희우 대표의 또 다른 직함은 스타트업 먼데이피펍의 대표다. 이희우 대표는 해커톤(스타트업 위크엔드)에 참여한 것이 계기가 되어 스타트업 창업의 동기를 얻었고, 본인이 진행한 창업교육 프로그램(쫄지마 창업스쿨)에서 인연이 된 이들과 팀 빌딩을 한 사례다.

"쫄지마 창업스쿨' 에서 인연이 된 제자와 술 한 잔 하는데, 이 친구가 말하는 아이템이 너무 좋은거다." 될 것 같았다. 둘 다 직장이 있으니, 관두고 창업하는 것은 리스크가 있기에 버추얼 팀으로 활동했다. 대신 월요일에 오프라인에서 한 번씩은 보고, 주중 회의, 주말 회의는 카카오톡으로 했다. 이후에 합류하는 팀원에게는 지분 10%씩 나눠서 책임감을 주기로 했고, 영역이 겹치는 사람은 합류시키지 않기로 했다. 그렇게 서버 하나에 안드로이드 클라이언트 하나로 시작했다. 그리고 MVP를 확대 구축하고 팀을 확대해 나가기로 했다. 그렇게 "월요일마다 술집에 모여서 앱을 개발했다"해서 회사명이 '먼데이펍' 이 된 것이다.

[생각해보기]

◆ 창업팀 구성을 위해 스타트업 관련 프로그램과 개인 네트워크를 활용할 방법을 생각해보자.

출처 : http://platum.kr/archives/32858

9.1 창업팀이란?

1) 팀의 중요성과 필요시기

사람들은 모든 분야에서 뛰어날 수 없다. 성공한 창업가들의 공통점 중의 하나는 다양한 역량을 가진 사람들로 창업팀을 구성하여 본인의 부족한 부분을 채웠다는 점이다. 애플의 스티브 잡스와 스티브 워즈니악, 구글의 레리 페이지와 세르게이 브린, HP의 휴렛과 팩커드, MS의 빌 게이츠와 폴 앨런 등 대표적인 세계적 기업의 창업자들은 파트너를 확보해 창업팀을 구성했기에 성공할 수 있었다. 또한 이들처럼 완전한 창업팀을 꾸리기 어려운 기업은 외부 전문가를 활용하여 기존 팀의 부족한 기능을 보완하기도 한다. 백짓장도 맞들면 나은 것처럼 팀원들의 시너지는 중요하다. 팀원 개개인의 역량을 활용한다면 [그림 9-1]처럼 평균 30점인 사람들이 모여 95점의 팀이 될 수 있다.

[그림 9-1] 팀워크의 효과

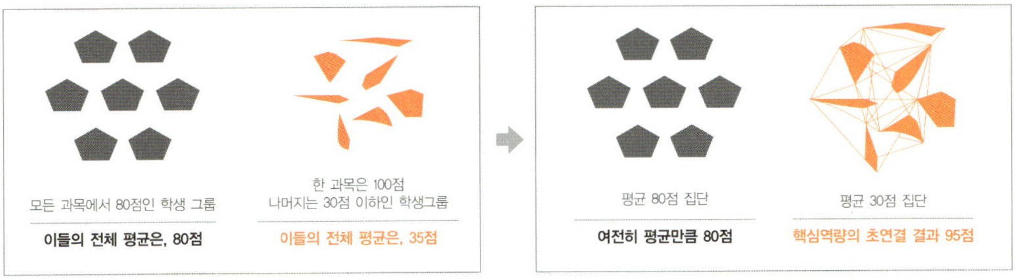

출처 : 창조경제연구회(KCERN), 이민화

실제로 초기 창업기업에게 자금을 투자하는 엑셀러레이터들은 아이디어 못지않게 팀을 중요시 여기고 있다. 아이디어가 아주 기발해도 그것을 적절히 수행할 인력이 없다면 진행이 되지 않지만 그저 그런 아이디어도 팀이 좋으면 실제 제품으로 만들어 내는 경우가 많다는 것을 알기 때문이다. 또한 훌륭한 팀은 실패를 경험삼아 새로운 아이디어로 또 다른 도전을 하여 결과가 나올 때까지 도전을 멈추지 않는다.

이처럼 창업을 하는데 있어 아이디어 못지않게 팀은 중요한 역할을 한다. 팀은 일하는데 있어 서로 동기부여를 해주고 경험을 나누며 새로운 생각의 발상을 끌어내며 힘이 되어준다. [그림 9-2]의 설문조사 결과에서 보이는 것처럼 같이 창업을 준비하는 학생들도 자금보다 팀이 더 중요하다는 것을 인지하고 있음을 확인할 수 있다.

[그림 9-2] 아이디어와 팀의 중요성

다음 중, 창업에서 가장 중요하다고 생각하는 것은 무엇입니까?

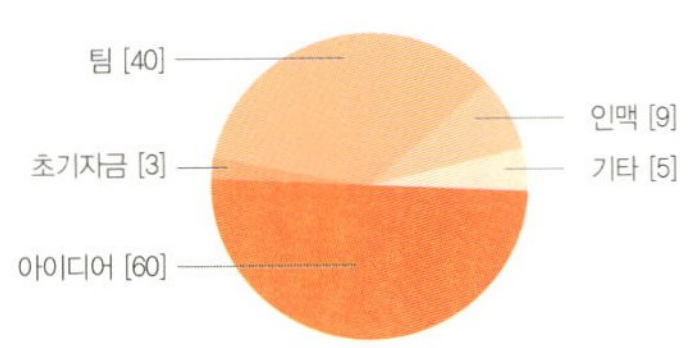

아이디어	60	51%
초기자금	3	3%
팀	40	34%
인맥	9	8%
기타	5	4%

출처 : HelloDD.com/Kaist학생 대상 설문

아이디어 발굴하고 테스트 하는 초기단계에서는 혼자 시작하는 것이 커뮤니케이션 충돌로 인한 의사결정의 지연을 막을 수 있어 더 빠른 성장을 가져오기도 한다. 하지만 할 일이 많아졌을 경우 창업자가 일일이 다 하려다가는 나무를 보느라 숲을 보지 못하게 된다.

이렇듯 팀이 중요하지만 처음부터 무리해서 팀을 구성할 필요는 없다. 티몬, 아프리카tv등 다수의 창업자가 1인 창업으로 시작했다. 창업팀을 구성하면 초기비용이 절약되지만(인적 자본, 사회적 자본, 금융자본의 틈을 메울 수 있음), 결속력과 지속성이 없으면 역효과를 가져올 수 있다. 노암 와서먼(Noam Wasserman)은 『창업자의 딜레마』(2013)에서 "1인창업을 할지", "팀창업을 할지"는 [그림 9-3]에서 제시하는 알고리즘을 따라 해보면 도움이 된다.

[그림 9-3] 창업형태 결정 알고리즘

출처: 노암 와서먼(2013). 「창업자의 딜레마」.

창업팀은 성장에 따라 필수적인 요소가 된다. 하지만 정작 필요할 때 훌륭한 팀원을 구하는 것은 하늘에서 별따기이다. 평소 개인네트워크를 확장할 수 있는 활동을 많이 하고, 다양한 스타트업 관련 행사들에 참여하여 틈틈이 좋은 팀원을 물색해 두어야 한다. 행사에 참여하는 것은 자신의 아이디어를 검증받기도 하고 다른 많은 이들의 아이디어에서 자신의 장단점도 찾아볼 수 있으니 일석이조(一石二鳥)인 셈이다. 물질적인 것을 소유하는 것보다 경험을 쌓아나가는 것이 더 큰 자산이다.

읽어보기 **대한민국 기술창업의 모든 것! K-startup**

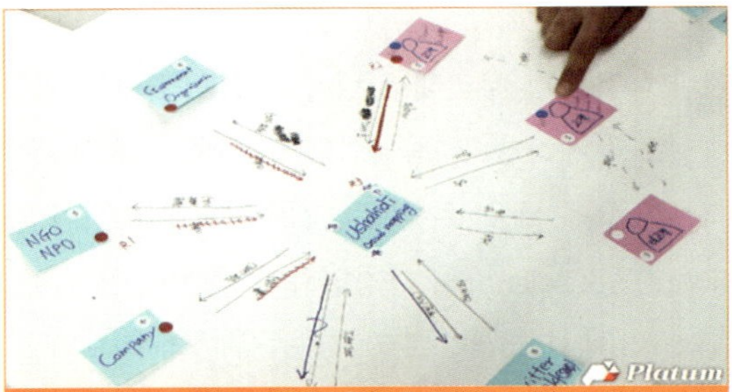

이미지 출처 : 플래텀

스타트업 하기가 쉽지 않지만 그 중에서도 제일 어려운 것이 아마도 팀 빌딩(조직구성)이 아닌가 싶다. 그래서 나한테까지 안드로이드 개발자 찾아 달라고 그렇게 연락이 많이 오는 지도 모르지. 내가 인력 소싱하는 사람도 아닌데 말이지.

먼저 스타트업 팀 빌딩을 얘기하기에 앞서 팀 빌딩(Team Building)의 정의부터 살펴볼 필요가 있다. 원래 정답은 그 용어에 다 들어 있거든. 여러 정의를 찾아서 구글링을 했지만 내 맘에 딱 드는 건 'Arnold Bateman' 이 한 말이 제일 와닿았다. 그의 말에 따르면 '팀 빌딩은 하나의 팀이 서로 함께 일하는 과정을 배워가고, 팀 구성원들이 좀 더 큰 공헌을 할 수 있도록 격려하고 가치를 부여하는 환경을 만들기 위해 들이는 노력' 이라고 한 바 있다.

여기서 중요한 것은 팀이라는 것은 혼자 하는 것이 아니라 여럿이 함께 하는 것이고, 팀 멤버들의 가치를 인정하고 서로 격려하며, 결코 쉽지 않기 때문에 끊임없이 노력해야 한다는 것이다. 나도 전적으로 동의하는 부분이다.

팀 빌딩은 왜 하는가?

이 질문은 답이 여러 가지가 나올 수 있겠다. 큰 돈을 벌기 위해서 또는 거대한 이상을 실현하기 위해서 등. 오늘 그 답을 찾으려고 하는 것은 아니다. 다만 거대한 기업을 일군 초우량 기업들을 보면 다음과 같은 특성을 담고 있다.

먼저 위대한 기업가가 바라보는 거대한 시장이 있고 그 시장에 내 놓는 제품이나 서비스가 그 시장과 궁합(Product-Market Fit)이 딱 맞을 때 항상 초우량 기업이 있어 왔다. 그럼 위대한 기업가는 어떤 특성을 갖고 있는가? 이 부분에선 난 실리콘밸리 어느 투자자가 말한 'P.S.D' 를 주로 언급한다. 즉, 위대한 기업가들은 성공에 대한 굶주림(Poor), 거기에 문제를 해결하고 나아가는 방식이 매우 지혜롭고(Smart), 그리고 하나의 목표를 정했다면 집요할 정도로 몰두하는(Driven) 특성을 가지고 있었다.

스타트업 팀 빌딩에서 왜 위대한 기업가를 말하며 PSD를 얘기하는지 의아해 할 수도 있다. 그렇지만 창업자 스스로가 PSD의 요소를 갖고 있다면 그 만큼 팀 빌딩이 수월하기 때문이다. 흔히 초기 팀 빌딩 관련 얘기를 할 때 많이 인용하는 문구가 A급 인재들은 A급을 채용하고, B급은 C급을, C급은 D급을 뽑는다고 한다. 왜 그렇겠는가? A급 인재들은 스스로 A급임을 알기 때문에 A급들이 모일 수 있고, 본인이 잘 모르는 분야가 있다면·본인이 부족한 부분을 보완해줄 A급 인재들을 기꺼이 뽑아 함께 할 의지가 있다. 그런데, B급들은 A급을 뽑으면 본인이 밀릴까봐 두려워서 뽑지 못하고 거기에 자신과 경쟁하게 될 B급도 뽑지 못하게 된다. 결국 그들은 자신이 부리기 좋은 C급들을 뽑게 되고 그렇게 되면 조직이 골로 가게 된다.

팀 빌딩을 함에 있어 초기 팀 빌딩이 중요한 이유는 초기 15명까지 A급 인재들로 팀 구성을 해 두면 조직이 아무리 성장하더라도 그 조직 DNA는 변함없이 유지되기 때문이다. 그래서 초기에 팀 구성은 각별히 신경 써야 된다. 더군다나 함께 갈 공동창업자는 더 신경 써야 함은 자명한 사실이다.

팀 빌딩은 언제, 어떻게 하는 것이 좋을까?

그럼 팀 빌딩은 언제 하는 것이 좋은가? 두 가지 방법이 있는데 프로토타입을 먼저 만들고 나서 공동창업자를 찾거나, 공동창업자를 먼저 찾은 다음 프로토타입을 만드는 방식이 있다. 뭐가 더 좋은지는 모르겠다. 자신의 상황에 맞게 찾으면 될 듯하다. 내가 하는 '요즘예능'을 서비스하는 '먼데이펍' 같은 경우는 기획자가 먼저 프로토타입을 만들어 놓고 공동창업자인 나를 찾은 경우이다. 물론 나중엔 앱 출시를 위해 나 중심으로 개발자들을 새로 다 섭외를 했지만 말이다.

팀 빌딩의 타이밍을 결정했다면 팀 빌딩을 어떻게 해야 할까? 어떻게 하라고 답을 하기 전에 먼저 어떤 방법론을 중심으로 팀 빌딩을 할지 결정하는 것이 중요할 듯하다. 왜냐면 만들고자 하는 제품이나 서비스의 규모와 수준에 따라 팀 빌딩을 달리해야 하기 때문이다.

[생각해보기]

◆ 나의 팀을 빌딩 한다고 가정하고 팀 빌딩을 언제, 어떻게 하는 것이 좋을지에 대해 생각해보자.

출처 : http://platum.kr/archives/26184

2) 팀 구성 계획

앞에서 1인 체제를 유지하는 것과 팀을 구성하는 것의 장 · 단점이 있지만 결국 회사가 성장을 하는 과정에서 팀은 필수불가결한 요소임을 확인하였다. 그렇다면 팀원은 어떤 사람으로 얼마만큼 구성하는 것이 좋을까? 공동창업자가 있을 경우 어려움을 함께 헤쳐 나갈 수 있는 든든한 지원자가 된다. 공동창업자는 직원보다 더 열심히 헌신하고 자금이 부족했을 경우에도 무보상으로 함께 더 버텨줄 수 있기 때문이다. 직원들은 주어진 일만 하지만, 공동창업자는 개발자이면서 기획을 하기도 하고 기획을 하면서도 개발 일을 해야 하는 것을 기꺼이 부담하기도 한다.

그러나 무조건 공동창업자를 늘리는 것은 충돌을 불러일으킬 수 있기 때문에 제품이나 서비스가 시장에 맞게 빠르게 움직일 소수의 능력자를 찾아야한다. 스티브잡스, 록펠러 등 여러 창업자가 강조했듯이 "나보다 나은 사람"을 찾는데 집중하는 것이 필요하다. 한편 "창업자의 딜레마"의 저자인 노암 와서만은 함께 창업할 사람으로는 과거 직장동료를 선택하는 것이 가장 안정적이라고 분석한다. 서로 장 · 단점을 잘 알고 적당한 위계질서가 있으며 목표를 향한 열정도 공유하기 때문이다. 또한 가족이나 친구는 동업 대상자에서 빼는 게 좋다고 언급한다. 그들을 좌천시키거나 해고하는 등의 불편함을 감수하기 어렵기 때문이다.

읽어보기 **IT 창업기업의 성공비결- 적절한 팀구성**

IT 창업기업의 대표적인 성공비결은 무엇일까? 그 첫 번째는 바로 초창기 공동 창업자들이 서로에 대해 잘 알고 있는 상태에서 팀을 형성했다는 점이고, 두 번째는 자신의 전문 분야에 따라 경영과 개발 등의 역할을 각각 분담하여 기능적으로 상호보완 해왔다는 데 있다.

2005년에 설립되어 2006년 구글에 16억 5천만 달러로 인수된 온라인 동영상 공유 웹사이트인 유튜브 닷컴(www.youtube.com)은 채드 헐리(Chad Hurley), 스티브 첸(Steve Chen), 자웨드 카림(Jawed Karim)의 공동 창업으로 시작된 기업이다. 이들은 모두 온라인 결제 회사인 페이팔(Paypal)의 직장동료 관계였다. 채드 헐리는 디자인을 전공한 뛰어난 경영감각의 소유자였고, 스티브 첸은 영재교육기관인 수학과학아카데미 출신이자 자웨드 카림과 엔지니어로서 사이트 설립 초기에 필요한 개발 작업을 담당했다.

소셜네트워킹 웹사이트인 마이스페이스닷컴 (www.myspace.com) 또한 예외가 아니다. 설립된 마이스페이스닷컴의 공동 창업자인 탐 앤더슨(Tom Anderson)과 크리스 드울프(Chris DeWolfe)는 직장 선 · 후배 사이였다.

2000년 크리스 드울프가 부사장으로 있던 IT기업에 탐 앤더슨이 카피라이터로 입사했고, 2001년 회사를 같이 퇴사하면서 2003년에 마이스페이스닷컴을 사업화 했다. 영화 비평을 전공한 탐 앤더슨은 아이디어를 내는 역할을 맡았고, 경영학을 전공한 크리스 드울프는 아이디어의 비즈니스 타당성을 검토하는 역할을 각각 맡았다.

애플의 두 공동 창업자인 잡스와 워즈니악도 유튜브닷컴, 마이스페이스닷컴의 창업자들 구성과 다르지 않은 사실을 보면, 창업팀 구성원 각자의 '전문성' 과 상호간의 '적합성' 은 IT 기업의 핵심 성공비결이라도 해도 과언이 아니지 않을까?

출처 : http://blog.naver.com/jjh21ckr1/50040212792
이미지 출처 : http://tecexpertz.wordpress.com/category/others/page/11/
http://gigaom.com/2010/03/10/419-myspace-co-presidents-talk-road-map-and-more

창업팀 규모의 적정선에 대한 의견들은 다양하지만, 창업기업의 특성상 조직과 창업팀의 구성원은 간단할수록 좋다는 의견이 주도적이다. 실제로「더 유니콘 클럽(The Unicon Club) 기업들의 창업팀 규모도 평균 3명으로 나타나고 있다. 더 유니콘 클럽은 기업 가치가 천억 대를 넘어 조 단위에 이르는 빌리언 달러 스타트업을 말하며, 페이스북, 링크드인, 드롭박스와 같은 기업들이 여기에 해당한다. [그림 9-4]를 보면 유니콘 클럽의 회사들은 4명 이상의 공동 창업 비중이 상대적으로 낮다.

[그림 9-4] 더 유니콘 클럽(The Unicorn Club) 기업의 창업팀 규모

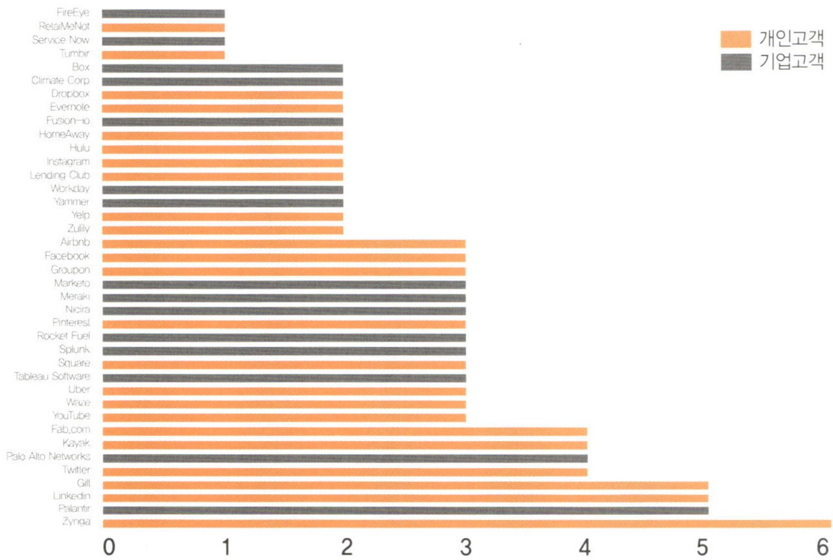

출처 : Techcrunch(http://techcrunch.com/2013/11/02/welcome-to-the-unicorn-club)

3) 팀원 구하기

투자를 끌어내고 사업을 진행하는데 있어 사업아이템은 필요에 따라 수정하면 되지만 팀원은 쉽게 바꿀 수 없기 때문에 신중한 선택이 필요하다. 예비 팀원의 인간적인 면을 알기 위해 시간도 투자해야 한다. 단순히 이력서만으로 판단하기에는 알 수 없는 것이 많기 때문이다. 함께 일할 수 있는지 확인하기 위해 2~3개월의 수습기간을 가지는 것도 도움이 된다.

스타트업에게는 다양한 문제 상황이 발생할 수 있기 때문에 스트레스와 끊임없는 변화, 조직의 문제에 부딪혔을 때 어떻게 행동하는지 여러 방면으로 검증하는 것이 필요하다. 기존의 팀원들과의 조화도 중요하기 때문에 새로운 팀원으로 인하여 발생할 수 있는 기존 팀원들과의 이

해상충 문제도 확인해야 한다. 창업팀이 소수인 경우는 만장일치가 되었을 때 충원을 결정하는 것이 갈등을 예방할 수 있다.

그렇다면 원하는 팀원을 어디서 만날 수 있을까?

개인네트워크를 활용하거나 각종 스타트업 행사에 참여하여 미리 물색해두면 좋겠지만 그래도 찾지 못했다면, 스타트업 채용박람회나 로켓펀치, 데모데이 등 스타트업 관련 구인 · 구직 사이트나 Want You for Startups 같은 페이스북 그룹을 활용하는 것이 유용하다. 스타트업의 문화에 공감하고 미래의 스타트업을 꿈꾸는 창조적인 인재를 만날 수 있을 것이다. 아직 창업가가 되기에 부족하고 멀게 느껴진다면 스타트업의 팀원으로서 먼저 일 해보자. 현장만큼 많은 것을 배울 수 있는 곳은 없다.

아래의 이미지들처럼 원하는 인재상과 방향을 구인정보 내에 시각적으로 담는 다면 창업기업에 부합된 사람들을 찾기가 용이해진다. 창의성 있는 인재를 원한다면 창의성이 돋보이게 열정을 불태울 인재를 원한다면 열정을 담아보자.

[표 9-1] 스타트업 관련 정보 및 구인구직 정보 활용처

- ◆ 로켓펀치 : http://rocketpun.ch
- ◆ 데모데이 : http://www.demoday.co.kr/recruits
- ◆ 벤처스퀘어 : http://venturesquare.net
- ◆ 트렌드이사이트 : http://trendinsight.biz
- ◆ 비석세스 : http://www.besuccess.com
- ◆ I Want You for Startups : https://www.facebook.com/groups/209321902512924/
- ◆ Startup Business Study Group : https://www.facebook.com/groups/startupstudy/
- ◆ 대한민국 학생 창업 네트워크 : https://www.facebook.com/groups/studentstartupnetwork/

읽어보기 **스타트업 구인의 모든 것 – 로켓펀치부터 마케톤까지**

"회사를 잘 키워 보고 싶었는데, 사람이 없어서 성장하지 못했어요."

지난해 말 만난 어느 스타트업 창업자가 한 말이다. 그의 말에 따르면 자신들이 운영 중이던 서비스는 인력에 비해 성장 폭이 높았고, 이 속도를 충당하려면 사람이 필요했는데 여러 가지 이유로 충원을 못해 결국 사업을 접기로 했단다.

사업에 있어 사람은 중요한 요소다. 앞선 사례처럼 일하려는데 사람이 없어 애를 먹기도 하고, 스타트업에 투자를 진행하는 다수의 벤처캐피탈 또한 '팀'을 투자결정의 주요인로 보기도 한다. 그렇다면 이런 인재들을 스타트업에선 어떻게 찾고 있을까?

가장 기본적인 방법에서부터 각종 회사의 채용 방법까지 살펴봤다

로켓펀치 등 스타트업 전문 플랫폼 활용

스타트업에 관심있는 구직자는 어느회사가 좋은 회사인지 정보를 접할 채널이 많지 않다. 인재를 영입해야 하는 회사도 마찬가지다. 그럴 때 구인구직 플랫폼을 활용하는 것이 도움이 된다. 국내 대표적 스타트업 구인구직 플랫폼으로는 '로켓펀치(RocketPunch)'가 있다. 서비스 성격에 맞게 로켓펀치엔 스타트업 전문 구인 공고가 체계적으로 공유되고 있다. 직군별, 희망하는 연봉별 등 구직자들이 유형별로 관심 있는 회사를 찾을 수 있는 만큼, 회사도 그에 맞춰 알릴 수 있다. 또, 더팀스(THETEAMS), 해피래빗, 코멘토와 같은 플랫폼도 있다. 더팀스와 해피래빗은 구인을 진행중인 회사의 내부 분위기를 알 수 있는 인터뷰 형식의 콘텐츠도 제작한다. 팀원들의 인터뷰를 진행하거나 회사의 좋은 조직문화를 부각하는 등 지원자들의 회사에 대한 이해도를 높이는 데 도움을 주고 있다. 관련 콘텐츠를 통해 회사에 호감을 느끼고 지원하는 이들이 다수라고 한다. 기계적인 조건이 아니라 팀과 조직문화를 살펴보며 회사 인상을 가늠해본다는 점에서 눈여겨볼 만한 서비스라고 할 수 있다.

지인추천

현재 다수의 스타트업은 공개채용보다는 지인추천을 우선시 한다. 지인간 인재 추천은 비단 스타트업뿐만 아니라 급히 사람이 필요한 큰 규모의 회사에서도 공공연히 이뤄지는 방식이다. 투자사에서 피투자사에 사람을 소개해주거나 학교 선후배간 소개, 이전 직장 동료 및 사내 내부 추천 등 다양한 형태로 지인을 추천하고 있다. 실제로 이 방법을 플랫폼화한 '원티드' 같은 서비스도 있다.

스타트업X구직자 간 매칭행사

예상보다 많은 스타트업 대표들이 스타트업 전문 채용 행사에서 지금의 팀원을 찾았다고 했다. 구글캠퍼스 서울에서 진행하는 '캠퍼스 리쿠르팅 데이'와 전국은행권 청년창업재단(디캠프)에서 열고 있는 '디매치'가 대표적인 스타트업 인재 매칭 행사다. 일반적인 채용행사와 달리 이들 행사는 스타트업 취업에 관심 있는 구인자들을 선별한다는 점이 특징이다. 그래서인지 스타트업에 대한 이해도가 일반 구직자보다 상대적으로 높고 열의 있는 사람이 많았다고 대표들은 입을 모아 얘기했다. 그 자리에서 사람을 바로 채용한 경우도 있었지만 직.간접적으로 좋은 인연으로 이어진 경우, 또는 적합한 팀에 소개로 연결된 사례도 있다.

(이하 중략)

출처 : http://platum.kr/archives/73943

9.2 팀워크 향상

1) 상호 이해도 높이기

창업팀은 목표가 수시로 바뀔 수 있고 같은 일을 진행하면서도 다른 생각을 가지고 진행하기도 한다. 팀원들 간의 각자 맡은 업무가 다르고 상대방의 업무는 생각해보지 않아 무엇을 해야 하는지 모르고 진행되어 서로 다른 결과를 가져오기도 한다. [그림 9-5]는 고객이 필요한 문제를 해결해주는 과정에서 나타나는 오해의 정도를 이미지로 표현한 것이다. 창업자와 팀원 그리고 고객까지 모두 다른 생각을 가지고 업무를 진행한다면 많은 시행착오와 불필요한 결과물을 가져오게 되는 것이다. 서로 어떤 부분에서 만족을 느끼고 불편을 느끼는지 대화를 통해 서로 이해하는 것이 중요하다.

[그림 9-5] 화성에서 온 창업자 vs 금성에서 온 팀원 vs 지구인고객

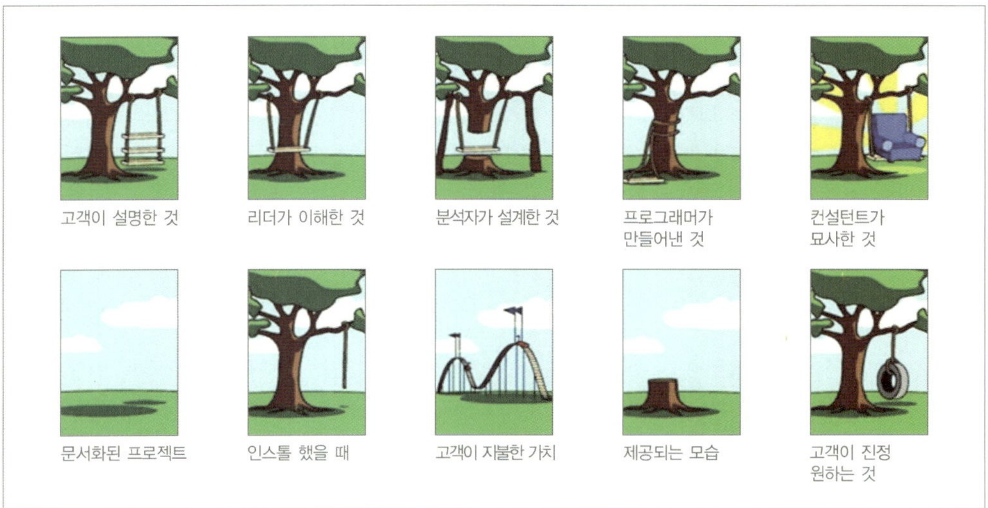

업무의 효율을 높이고 서로의 원활한 업무를 위해서 서류 한 장으로 하루의 할 일에 대한 공통 목표를 작성하고 진행하는 것만으로도 서로의 견해 차이를 좁혀갈 수 있다. 여러 방법 중 한 가지인 1분 경영을 살펴보도록 하자.

켄블랜차드와 스펜서존스는 그들의 책 '1분 경영'에서 보다 짧은 시간에 자신과 다른 사람들에게 더 훌륭한 결과를 선물할 수 있는 방법으로 "목표를 설정하고 칭찬하며 잘못된 행동을 질책하라"고 했다. 창업팀은 소수로 이루어져있고 상 · 하조직관계가 약한 상태로 이 과정은

창업자를 비롯한 모든 팀원들이 함께 하는 것이 효과적이다. 1분 질책에 있어 가장 중요한 것은 반드시 자신이 목격한 것을 토대로 질책을 해야 하며 결코 '남의 얘기만 듣고' 질책을 하면 안 된다는 것이다.

[그림 9-6] 1분 행동계획도

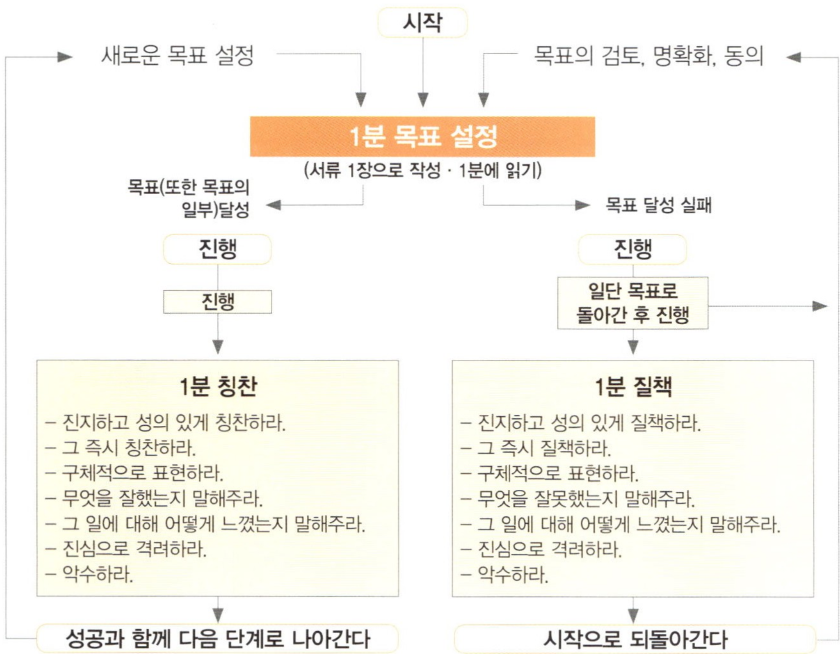

출처 : 켄블랜차드,스펜서존스, '1분경영', 21세기북스.

2) 갈등을 예방하고 해결하기

서로 다른 사람이 다른 생각과 행동 습관을 가지고 만났다. 갈등이 생기는 것은 당연한 일이다. 매일 서로 싸우는 커플이 있는데도 신기하게도 계속 연애를 하는 경우를 많이 보아왔을 것이다. 어떻게 헤어지지 않는 걸까?

심리학자 던컨 크레이머 교수는 연애중인 대학생 199명에게 '싸우는 횟수가 연애 만족도에 어떤 영향을 미치는가?' 에 대한 연구를 했고 예상과 달리 상관관계가 거의 없었다. 그래서 다시 '싸움을 해결하는 방식은 연애 만족도에 영향을 미치는가?' 라고 물었더니 절반이 넘는 학생이 '그렇다' 라고 대답했다. 연애 만족도를 결정하는 것은 싸움 횟수가 아니라 문제는 '싸운 뒤 어떻게 해결하느냐' 였다.

갈등을 해결하기 위해서는 구성원 간의 관계나 특정한 상황에 따라 여러 가지 방식을 취할 수 있는데, 이 방식들의 유형은 '주장성' 과 '협동성' 의 두 가지 측면으로 나뉜다. 주장성은 자기 자신의 이익과 자신이 바라는 결과를 중시하는 반면, 협동성은 타인의 이익과 상호관계에 중점을 두는 경향이다. 주장성과 협동성은 서로 독립적인 요인이며 그 정도에 따라 아래 그림과 같이 경쟁, 협력, 타협, 회피, 순응의 5가지 갈등 해결방식이 도출된다.

[그림 9-7] 갈등 해결방식의 유형

출처 : 김진수 · 이창영 공저(2014). 『창조경제시대의 기업가정신과 창업론』. 문영사. 재인용

[표 9-2] 갈등 해결방식의 유형

갈등 해결방식	특징	적용 상황
경쟁	- I win–You lose 전략 - 상대방을 희생시키고 자신의 이익을 우선하는 갈등해결 방식 - 협상의 여지가 없으므로 가장 빠른 결과가 도출됨	- 긴급한 상황 - 구성원 간 지각의 차이를 해결해야 할 경우
협력	- I win–You win 전략 - 자신과 상대방의 목표를 모두 수용하고 당사자 모두 최선의 결과를 위한 혁신적인 해결책을 찾는 방식 - 이상적인 갈등해결 방식이나 많은 시간과 자원의 투입. 당사자 간의 신뢰와 솔직함이 요구됨	- 상대방의 관점과 상황을 더 파악할 필요가 있을 경우 - 협의해야 할 안건이 생겼을 경우
타협	- I lose–You lose 전략 - 갈등의 존재 자체를 부정한 상태에서 갈등을 관리하려는 방식	- 당사자 간의 높은 신뢰가 있거나 해결 시간이 충분하지 않을 경우 역할 충돌에 따른 갈등이 있을 경우 - 임시적인 해결책을 얻고자 할 경우
회피	- I lose–You lose 전략 - 갈등의 존재 자체를 부정한 상태에서 갈등을 관리하려는 방식	- 과업의 마감 기한이 급박한 경우 - 커뮤니케이션이 단절되어 관계가 악화될 수 있으므로, 갈등이 사소하거나 미연에 방지가 가능할 경우
순응	- I lose–You win - 자신의 이익을 포기하고 상대방의 목표를 수용하는 방식	- 서로간의 정보의 차이가 큰 경우 - 직위나 권력의 차이가 있는 경

경영학의 대가 톰 피터스는 "두 사람이 업무에 대해 항상 같은 의견을 갖고 있다면, 그 중 한 사람은 불필요한 사람이다."라고 말했듯이 다르다는 것, 그래서 갈등이 있다는 건 축복이다. 갈등을 해결하는 과정 속에서 인간관계는 더욱 깊어지고 조직의 창조적 생산성은 더 높아진다. 팀 속에서 '나'는 없다. 내가 아닌 '우리'를 생각하자.

읽어보기 **갈등관리란 무엇일까요?**

이미지 출처 : SCG

갈등관리란 조직 내 또는 조직 간의 갈등이 일어나는 원인과 갈등의 성격, 정도 등을 분석하고, 조직에 해로운 갈등에 대해서는 이를 해소하거나 완화시키는 조치를 취하는 것은 물론, 그 정도가 경미하여 조직발전에 오히려 도움이 되는 갈등에 대해서는 이를 조장하는 것까지 포함하는 활동을 말한다.

모든 조직에서는 크거나 작은 갈등들이 발생한다. 이러한 갈등을 방치해두면, 그 갈등이 점점 커져서 조직을 위태롭게 만들지만 약간의 갈등은 오히려 조직에 활력을 불어 넣으면서 도움을 주기도 한다. 그렇기 때문에, 갈등을 어떻게 관리하느냐가 정말 중요하다.

이미지 출처 : SCG

이러한 갈등 관리 사례 중 대표적인 사례가 IBM 영업부의 갈등 사례이다.

IBM은 1993년 49억 7천만 달러의 엄청난 적자를 발생시켰다. 그 이유는 바로 영업 본부간의 갈등 때문이었다. IBM의 수많은 영업 팀들이 첫째 날은 1팀이 고객을 찾아가고, 둘째 날은 2팀이 다시 같은 고객을 찾아갔다. 또한 자기 본부의 제품만을 팔기 위해 IBM의 다른 본부 제품들을 비난하였다. 그 이유는 성과에 따른 보상을 본부별로 했기 때문에, 자기 실적을 높이기 위하여 이러한 행동을 하는 것이었다.

이것을 해결하기 위하여 IBM의 회장 루 거스너는 인센티브 구조를 바꿨다. 각 영업팀장들의 인센티브 비중 중 70%를 전체 실적을 기본으로 해 지급하기로 한 것이었다. 영업팀장 보다 높은 본부장급의 경우 전체 실적을 90%까지 가져갔다. 주니어의 경우에는 전체 실적을 30%로, 팀 실적을 70%로 해서 개인이 더 역량을 발휘하도록 했다. 그 결과 영업 본부간의 갈등이 사라지게 되었고, IBM은 2년 만에 30억불 흑자를 달성하게 되었다.

이처럼 조직 내의 갈등을 어떻게 관리하느냐에 따라, 조직 전체의 성과가 결정된다. 만약, IBM의 루 거스너 회장이 위의 사례처럼 갈등을 해결하지 못하였다면 지금의 IBM은 없을지도 모른다.

출처 : [SCG] 갈등관리 사례, http://blog.naver.com/scghrd_s/220515683786

3) 보상체계 만들기

사람을 움직이는 가장 큰 원동력은 무엇일까? 사람마다 차이는 있지만 많은 사람들의 경우 금전적인 보상일 것이다. 그러나 창업팀의 경우 사업 초기 안정적인 매출이 발생하기 어렵기 때문에, 특별한 보상을 제공하기 보다는 구성원이 자신의 비즈니스에 자부심을 느끼고 창업활동에 도전하고 즐길 수 있는 환경을 조성하는 것이 중요하다. 즉 창업팀 구성원에 대한 보상체계는 동기유발에 효과적인 방안으로 금전적 요인뿐만 아니라 비금전적 요인을 모두 고려하는 것이 필요하다.

창업팀 구성원들은 타인의 기업에 고용되어 월급을 받는 직원이 아닌 자신의 사업을 이끌어 나가는 '주인' 이다. 이러한 측면에서 구성원들에게는 기업을 성장 및 발전시켜 나가는 것이 창업 리스크를 감수하고 비즈니스를 영위하는데 있어서 무엇보다 큰 동기요인이 된다.

금전적 보상은 가장 기본적이고 직접적인 보상으로, 기본급과 성과급으로 나누어 볼 수 있다. 창업기업은 초기 성장단계에 고정적인 수익창출 구조를 갖추기 어렵기 때문에, 기본급의 비중은 낮추고 보너스나 인센티브, 이익배분 등의 성과급 방식을 병행하는 것이 효율적이다. 예를 들면, '목표 성과급 플랜' 을 활용하여, 목표 성과를 달성하기 전까지는 목표 성과급보다 낮은 최소 성과급을 지급하고 목표 성과를 달성할 때는 목표 보너스를 지급하는 것이다. 또한 상한으로 정한 목표 성과를 달성할 때는 추가 성과급을 지급하는 것이다. 이 경우에도 목표 성과급의 120%를 초과하지 않는 것이 일반적이다. 그러나 경우에 따라서 최저 성과에 미치지 못하거나 최고 성과를 달성하더라도 목표 보너스의 일정 퍼센트를 지급하는 것도 구성원의 동기부여 측면에서 고려할 필요가 있다.

비금전적 보상에는 인정, 칭찬, 포상, 특권, 권위, 관계 형성 등과 같이 개인적 성취감과 만족도를 높일 수 있는 정서적 보상이 있다. 또한 유연한 근무시간, 휴가, 교육 등 창업활동에 구성원이 집중할 수 있는 환경을 제공 및 조성하는 환경적 보상이 포함된다. 특히 특정 기술을 기반으로 창업을 시작한 경우에는, 개발자가 새로운 연구 방향이나 기술을 습득할 수 있도록 교육에 대한 지원을 소홀히 하지 않는 것이 중요하다.

[그림 9-8] 창업팀 보상체계

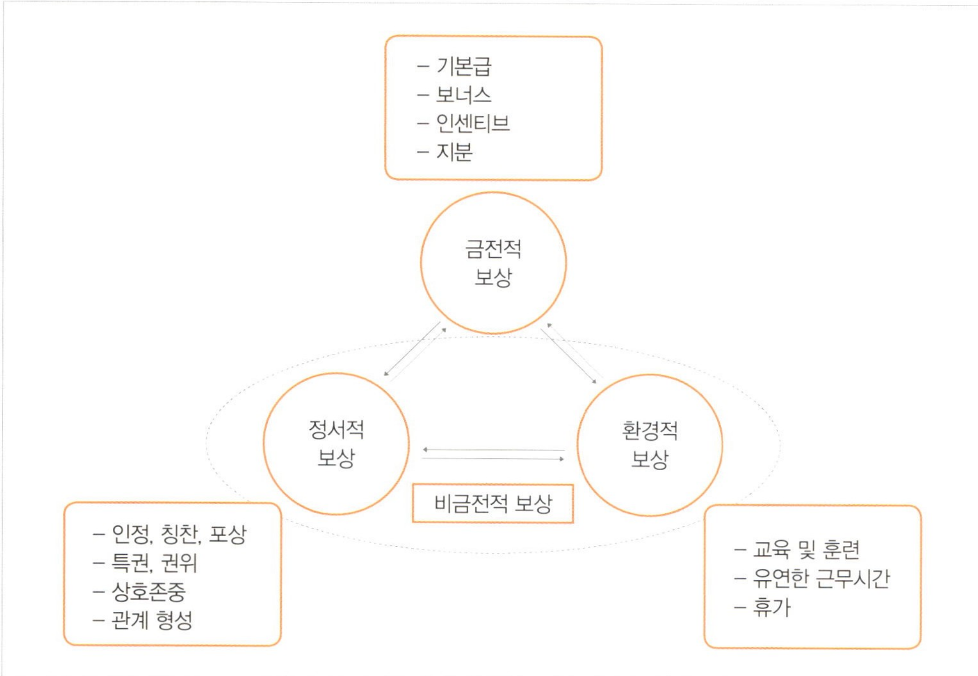

출처 : 이경원 · 이인찬 · 권지인(2003), 박성필(2008)의 연구를 토대로 재구성

활동하기 Questions for Making Teamwork Work by Mark Sanborn

1. 여러분은 채용 결정에 팀의 구성원들을 참여 시키고 있는가?
2. 여러분은 여러분 팀을 망치고 있는 사람이 누구인지를 잘 알고 있는가?
3. 팀의 구성원들이 팀의 비전과 임무, 목표, 가치, 기대를 잘 알고 있는가?
4. 팀의 구성원들이 팀의 성공을 위해 전념을 다하고 있는가?
5. 팀의 구성원들에게 팀워크 기술을 교육시켜 왔는가?
6. 팀의 리더들은 그들의 역할에 대한 교육을 받아왔는가?
7. 여러분은 장래의 팀의 구성원들과 관계를 형성하기 시작했는가?
8. 여러분은 참여자들이 가치 있게 생각하는 회의를 정규적으로 열고 있는가?
9. 팀 회의에 정보와 동기가 모두 포함되어 있는가?
10. 개인 간 의사소통은 효과적으로 이루어지고 있는가?
11. 팀의 구성원들은 더 큰 조직에 관한 뉴스를 잘 알고 있다고 느끼고 있는가?
12. 여러분의 팀이나 혹은 조직은 부서 간 팀워크를 만들어 내기 위해 어떤 노력을 하고 있는가?

13. 여러분의 팀은 60일 전에 직면했던 똑같은 문제에 지금도 처해 있는가?

14. 여러분은 경영 부문에 어떤 피드백을 제공해주고 있으며, 경영 부문에서는 어떤 식으로 반응을 보이고 있는가?

15. 팀의 리더는 팀의 구성원들이 가치 있다고 생각하는 것과 좋아하는 것, 싫어하는 것 그리고 그들의 요구 등을 이해하기 위한 시간을 가져 본 적이 있는가?

16. 팀은 갈등을 개방적으로 그리고 효과적으로 잘 처리하고 있는가?

17. 모든 팀의 구성원들이 피드백을 자유롭게 받을 수 있게 되어 있는가? 그렇지 않으면 팀의 리더를 통해서만 피드백을 받고 있는가?

18. 여러분은 여러분 팀이 과거에 추구해 온 특정 혁신을 향해 갈 수 있는 사람인가?

19. 여러분은 팀의 연간 일정표를 운영하고 있는가?

20. 팀의 구성원들이 개인의 성공과 팀의 성공 간에 연관이 있다고 생각하고 있는가?

[생각해보기]

◆ 질문에 대해 하나씩 답해보면서 그렇게 답한 이유와 개선하기 위해 할 수 있는 일들을 적어보자.

출처 : http://biz.mk.co.kr/mk_hrd_view.php?type=livetalk&uid=581

활동하기	인간 매듭 풀기

팀별로 다음 동영상을 감상하고 인간매듭을 만든 후 몇 분 안에 매듭을 풀 수 있는지 시간을 재보시오.

인간매듭 영상 : https://www.youtube.com/watch?v=KahMCA0bR7s

학습정리

- 창업을 하는데 있어 아이디어, 못지않게 팀은 중요한 역할을 한다. 팀은 일하는데 있어 서로 동기부여를 해주고 경험을 나누며 새로운 생각의 발상을 끌어내며 힘이 되어준다.
- 갈등을 해결하기 위해서는 구성원 간의 관계나 특정한 상황에 따라 여러 가지 방식을 취할 수 있는데, 이 방식들의 유형은 '주장성'과 '협동성'의 두 가지 측면으로 나뉜다.
- 공식적인 역할은 팀의 리더는 명확한 방향을 설정하고 앞장서서 문제를 해결해야하며, 팀을 구성하고 팀원들을 지도하고 이해관계자들과의 관계를 관리해야한다.
- 비공식적인 역할은 팀 내에서 분위기를 조성하거나 일의 빠진 것을 찾는데 뛰어나거나 남의 일에 헌신적으로 나서는 등 업무자체보다는 일의 흐름과 소통에 관여하는 역할을 말한다.
- 금전적 보상은 가장 기본적이고 직접적인 보상으로, 기본급과 성과급으로 나누어 볼 수 있다.
- 비금전적 보상에는 인정, 칭찬, 포상, 특권, 권위, 관계 형성 등과 같이 개인적 성취감과 만족도를 높일 수 있는 정서적 보상이 있다.

참고문헌

◆ 강현우(2013.11.08). "팀의 좋은 성과는 리더십보다 팀워크에서 나온다". 한국경제.
◆ 김진수 · 이창영 공저(2014). 『창조경제시대의 기업가정신과 창업론』. 문영사.
◆ 노암 와서먼(2013). 『창업자의 딜레마』
◆ 박순찬(2014.11.19). "[새 성장동력이 꿈틀댄다] 신생 벤처→M&A로 수익→더 크게 創業… '스타트업 출구' 열렸다". 조선비즈.
◆ 손요한(2014.10.17). "루저들이 모여 강한 팀이 되다...가디언즈 오브 갤럭시와 스타트업". 플래텀.
◆ 손요한(2015.01.08). "스타트업 창업자는 어떻게 팀을 구성했을까?". 플래텀.
◆ 이민화(2014). "창조경제연구회(KCERN)"
◆ 이상현(2013). "성과를 창출하는 협업이 '협업'이다.". 포스코경영연구소.
◆ 이유미(2013.01.04). "스타트업 정보 한 눈에...' 로켓펀치' 오픈". 이데일리.
◆ 켄블랜차드 · 스펜서존스. 『1분경영』. 21세기북스.

◆ SCG. 갈등관리 사례(http://blog.naver.com/scghrd_s/220515683786)
◆ 헬로우디디 홈페이지(http://www.HelloDD.com)
◆ 플래텀 홈페이지(http://www.platum.kr)
◆ Techcrunch 홈페이지(http://techcrunch.com)

9장. 키워드 인덱스용

창업팀	팀원 구하기	팀워크	갈등관리
팀구성계획	보상체계		

10

기술창업 마케팅

기업이 고객을 창조하기 위한 두 가지 기본적인 활동은
마케팅과 혁신이다.

경영학의 아버지, 피터 드러커(Peter F. Drucker)

학습목표

1. 마케팅의 기본적 개념과 프로세스를 이해한다.
2. 전통적 마케팅과 비교하여 기술창업 기업 마케팅의 다른 특성은 무엇인지 파악한다.
3. 기술창업 마케팅 환경을 분석하는 기법에 대해 알아본다.
4. 마케팅 전략계획 수립에 필요한 창업 마케팅 프로세스를 이해한다.
5. 마케팅 전략 수립을 위한 SWOT 분석, STP 전략, 그리고 4P 믹스의 개념을 알아본다.
6. 창업기업을 위한 마케팅 방법들은 무엇이 있는지 알아본다.

시작
하기

후발주자의 성공비결

'배달의 민족' 만의 독특한 마케팅 전략

2010년 서비스를 시작한 '배달의 민족' 은 업계에서 확고부동한 1위 자리를 차지하고 있는 배달앱 서비스 업체이다. 배달의 민족은 2014년부터 동종업계에서 월간 방문자수 1위, 시장점유율 60% 이상을 상회한데다, 배달의 민족을 운영하는 주식회사 '우아한 형제들' 은 세계적 투자은행인 골드만삭스 컨소시엄으로부터 400억 원의 투자금을 유치했다. 골드만삭스 투자에 힘입어 이제는 본격적으로 해외시장에 진출하기 위한 기술 개발을 준비 중이다.

그런데 이 배달의 민족이 배달앱 서비스 업계에서 후발주자였다는 사실을 알고 있는가? 그렇다면 배달의 민족이 업계 1위로 돌아선 비결은 무엇일까?

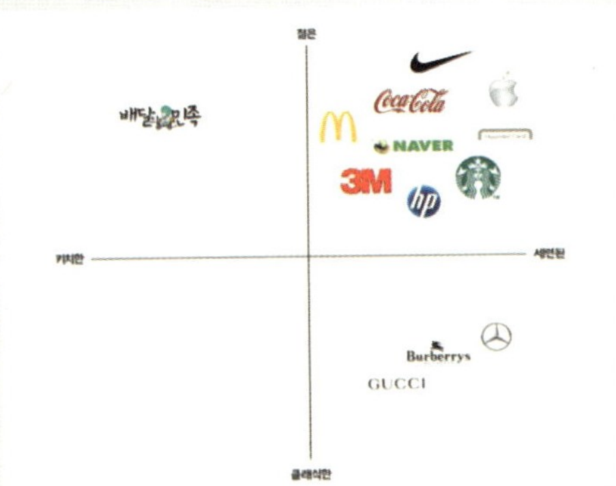

그 가장 큰 이유는 바로 배달의 민족만의 마케팅 전략에 있다. 김봉진 대표는 "브랜드를 만드는 사람이 그 브랜드다워야 한다" 고 말하며, 한 회사의 대표라고 하기에 조금은 다른 헤어와 의상 스타일을 추구한다. 그의 이러한 가치관은 배달의 민족 마케팅 전략에도 고스란히 파고들어 고객들에게 독특하고 신선한 브랜드 이미지를 전달해 오고 있다.

김 대표는 '마케팅에 2등이란 없다' 라는 신조로, 고객의 마음에 오직 배달의 민족만이 선점할 수 있는 차별화된 브랜드 이미지를 구축하기 위해 포지셔닝, 타겟시장과 비전을 명확히 해 왔다. 마케팅에 2등이 없다는 말은 마케팅 활동 자체의 경쟁력을 키우겠다는 의지도 반영되어 있겠지만, 무엇보다도 배달의 민족이 마케팅을 통해 시장에서 차별화된 위치를 구축한다면 그 시장에서 1위를 선점할 수 있다는 의미를 내포하기도 할 것이다.

그는 배달음식을 '사랑하는 사람들과 나누는 행복한 시간' 으로 정의하고 20대 대학생을 주 목표시장으로 설정하였다. 또한, '정보기술을 활용하여 배달산업을 발전시키자' 는 비전 아래, 배달의 민족이라는 시장이 구축되어야 할 필요성과 회사의 사명감을 확립하였다.

이와 같이 배달의 민족이 명확한 포지셔닝과 타겟시장 선정, 기업의 비전을 확립한 덕분에 TV, 전광판 등의 광고 또한 소비자들의 관심을 끌기에 충분한 유쾌하고 친근한 배달의 민족 브랜드 이미지를 잘 전달하는 역할을 톡톡히 하고 있다. '우리가 어떤 민족입니까' 라는 카피를 전면에 내세운 영화 형태의 TV 광고와 '경희야, 넌 먹을 때 제일 예뻐' 와 같은 인상적인 문구의 옥외 광고 등 애국심과 창의성을 결합한 광고는 단숨에 배달의 민족 브랜드 이미지를 높였다.

결국 배달의 민족 초기 타겟시장 이었던 젊은 층뿐만 아니라 전 연령대에 공감대를 형성하여 비즈니스 기회를 선점할 수 있는 시장을 확대할 수 있었고, '대학생들이 뽑은 좋은 광고' 대상, '2014 대한민국 광고대상' 에서 통합미디어 부문과 인쇄부문 대상, 그리고 한국광고홍보학회 선정 '2014년 올해의 광고상' 을 수상하는 영예를 거두었다.

기술적 차별점을 내세우기 어려운 배달앱 서비스 시장에서 배달의 민족이 1위를 선점하게 된 비결, 바로 고객의 마음에 배달의 민족만이 가지는 차별화된 브랜드 이미지를 구축할 수 있었던 독특한 마케팅 전략에 있었다고 해도 과언은 아닐 것이다.

[생각해보기]

◆ 배달의 민족과 배달앱 서비스업체인 주요 경쟁업체의 마케팅 사례를 비교하여 차이점을 분석해 보자.

◆ '마케팅에서 1등' 이라는 김봉진 대표의 말을 포지셔닝 개념과 연관 지어 무슨 의미인지 생각해 보자.

출처 : 비즈니스 포스트(2014.11.27). 김봉진의 배달의민족이 승승장구하는 비결 (http://www.businesspost.co.kr/news/articleView.html?idxno=6974), 우아한형제들 김봉진 대표(2013). 배달의 민족 브랜드 마케팅 이야기 (http://www.slideshare.net/VentureSquare/ss-23085640)

10.1 기술창업 마케팅의 개요

기술창업은 혁신적인 아이디어를 기반으로 한 새로운 제품, 기존의 제품들과는 다른 기발하고 독특한 제품개발에 중점을 둔다. 이에 따라, 예비창업자들과 초기 창업자들은 기술 개발과 시제품 제작에 많은 시간과 자금을 투자한다. 시제품 테스트를 마치고 상용화 제품 또는 서비스를 개발한 이 후에는 제품개발보다 더 어려운 과제를 해결하여야 한다. 바로 제품을 적극적으로 판매하게 되는 활동인 마케팅이다.

초기창업 기업은 일반적으로 대기업, 중소기업처럼 일정 규모의 자금과 전문 인력이 부족하다. 특히, 기존 고객이 전혀 없는 상황에서 새로운 제품과 서비스를 가지고 고객에게 접근하는 것이 매우 어려운 과제이다. 따라서 기술창업자는 창업 이전 준비 단계에서부터 마케팅에 관심을 두고 체계적인 실행계획을 세워두어야 함은 물론, 시제품과 완제품이 출시된 이후에는 집중적인 마케팅 활동과 평가를 지속적으로 수행할 필요가 있다.

1) 기술창업 마케팅의 정의와 특성

(1) 마케팅의 기본 개념

우리는 일반적으로 마케팅을 TV광고나 신문광고와 같은 협소한 개념으로 생각하는 경우가 많이 있다. 이러한 광고들도 마케팅을 설명하는 중요한 요인이긴 하나, 마케팅을 전반적으로 이해하기에는 부족한 개념이라고 볼 수 있다.

[그림 10-1] 마케팅의 영역

마케팅은 단순한 광고활동을 의미하기 보다는 '기업의 제품 및 서비스를 통해 고객의 니즈(needs), 욕구(want), 그리고 수요(demands)를 창출하고, 고객에게 가치와 만족을 제공하여 기업과 고객 간의 관계를 구축하며, 이러한 관계가 다시 시장(market)에 반영되어 고객의 니즈, 욕구, 그리고 수요가 다시 창출되는 순환 과정' 으로 정의할 수 있다.

즉, 마케팅은 일시적으로 제품을 판매하고 광고하여 수익을 창출하는 활동이기 보다는, 장기적이고 강한 고객 관계를 구축하도록 함으로써 기업의 지속적인 수익 창출과 존속 가능성에 영향을 미치는 일련의 과정을 의미한다. 그리고 이 과정은 제품 판매 및 광고뿐만 아니라, 고객의 니즈 파악을 위한 시장 조사, 제품 및 유통, 촉진, 마케팅 전략 수립 등의 모든 활동을 포함한다.

따라서 마케팅의 기본 개념을 이해하기 위해서는 우선적으로 고객의 관점에서 출발해야 하며, 개발자 관점에서 '우리 기업의 제품은 고객에게 유용할 것이다' 라는 접근보다는 '고객이 무엇을 원하고 바라는가?' 라는 고객 중심의 측면에서 접근하는 것이 중요하다.

Marketing = **Market** + ing = **Customer**

(2) 창업 마케팅의 정의와 특성

창업 마케팅은 기존 마케팅과 비교할 때, 창업기업의 기업가정신이 반영된 개념으로 이해할 수 있다. 창업기업은 고객을 새롭게 창출해야 되기에 창업 마케팅은 '우리 기업의 제품 또는 서비스를 구매할 만한 고객을 유인하고 그들과의 관계를 지속시킬 수 있는 기회를 탐색 및 포착하기 위해 진취적(proactive), 혁신적(innovative) 그리고 위험 감수적인(risk-taking) 접근법' 으로 정의될 수 있다. 즉, 창업 마케팅이라 함은 창업가의 창업가정신을 발휘하여 고객 중심의 기회를 탐색하고 포착하는 일련의 과정인 것이다.

이와 같이 일반적인 마케팅과 창업 마케팅의 개념상 차이가 존재하는 것은 기존에 설립되어 있는 기업 또는 대기업과는 다른 창업기업 만의 특수성 때문이다. 오래된 기업들은 축적된 경험과 시장에서 구축되어 온 포지션으로 인해 마케팅 측면에서 경쟁우위를 가지는 반면, 창업기업은 처음 설립되어 새로운 비즈니스를 시작하는 신생 기업이라는 점, 규모의 영세성, 불확실하고 격동적인 시장 환경에 따라 마케팅 활동에 영향을 받게 된다. 즉, 마케팅 활동을 펼치는데 있어서 어느 정도 제약이 있다는 의미이다.

신생기업 및 규모의 영세성으로 인해 자원이 부족한 대부분의 창업기업은 창업 시점에서 마케팅 부서를 따로 갖추거나 추가 구성원으로 전문적인 마케팅 전문가를 영입하기가 어렵다. 마케팅 부서가 아예 존재하지 않기에 창업자 스스로가 모든 마케팅 활동까지 수행해야 하는 경우가 일반적이다. 따라서 창업기업들은 창업아이디어의 사업 타당성을 판단하기 위한 시장 조사에 충분한 시간을 투자 하지 않거나, 시장 규모와 시장 점유율을 잘못 예측하기도 하며, 마케팅에 투자할 비용과 시기를 과소평가하기도 한다.

특히 이러한 모습들은 기술창업 기업에서 더 자주 볼 수 있다. 개발자들은 자신만의 혁신적인 기술을 기반으로 창업을 하지만 개인이 개별적으로 학습을 하지 않는 이상 마케팅과 관련된 스킬이나 경험은 대부분 부족한 경우가 많다. 한편, 투자자 입장에서 생각해 보면 아무리 기술적으로 우수한 제품이라도 고객에게 감동을 줄 수 없는 시장 지향적이지 않은 기술과 제품에 대한 투자는 회피할 수밖에 없다.

따라서 기술창업가들은 신제품개발 단계부터 고객의 요구(needs)를 적극적으로 반영하고 치열한 경쟁 환경에서 신규 고객 창출, 판매, 유통, 홍보 등의 마케팅 전략을 체계적으로 수립할 필요가 있다.

[표 10-1] 창업기업의 마케팅 특성

구분	특성
신생 기업	◆ 창업기업은 '신생 기업' 이라는 점으로 인해 시장 진입과 마케팅 활동에 제약이 존재함 ◆ 새롭게 설립된 기업들은 비즈니스에 필요한 장기적인 고객 관계가 충분히 구축되어 있지 않고, 기업에 대한 잠재적 소비자의 신뢰도가 부족함 ◆ 마케팅 매니저의 경험 및 전문지식이 부족하거나 전문적인 마케팅 매니저를 추가 구성원으로 영입하기 어려움
기업 규모의 영세성	◆ 대부분의 창업기업들은 작은 규모로 신규 비즈니스를 시작하기 때문에 적절한 마케팅 전략 실행에 필요한 예산과 기술을 충분히 보유하고 있지 않음 ◆ 제한된 자원으로 인해 새롭게 착수하는 활동들은 높은 수준의 효율성을 달성해야만 함
불확실성	◆ 창업기업, 특히 기술기반의 창업기업들은 시장에 대한 충분한 데이터를 보유하고 있지 않고, 관련 정보에 대한 접근성이 떨어지기 때문에 높은 불확실성에 직면함 ◆ 신제품을 출시하거나 새로운 시장에 진출하는 창업기업은 자사가 보유하고 있는 이용 가능한 데이터 또는 지식이 특정 상황에서는 적용이 불가능한 경우가 자주 발생함
격동성	◆ 창업기업은 신제품을 가지고 새로운 시장에 진출하므로 행보가 상당히 격동적이거나 예측 불가능함

자료 : Gruber, M.(2004). Marketing in new ventures: theory and empirical evidence. Schmalenbach Business Review, 56(2), 164-199.

2) 창업 마케팅 프로세스

창업기업은 비즈니스 기회를 어떻게 찾고 확신하며, 또 그 기회를 어떻게 잘 활용하여 수익을 창출할 수 있을까? 이러한 과정들은 바로 '창업 마케팅' 을 통해 가능하다. 위에서 창업 마케팅을 창업가정신을 기반으로 고객 중심의 기회를 탐색하고 포착하는 과정이라고 정의하였다. 즉, 창업기업에 있어서 마케팅은 새로운 시장을 창출하거나 기존 기업의 경쟁력에 대항할 만한 비즈니스 기회를 발견하고, 선점한 기회에서 또 다른 기회를 찾을 수 있도록 고객과의 접점을 도와주는 핵심 기능을 할 수 있어야 한다.

따라서 창업기업의 마케팅 프로세스는 창업자가 기회를 탐색(exploration), 점검(examination), 활용(exploitation), 그리고 확장(expansion)하는 단계로 이루어진다. 창업 마케팅 프로세스는 각 단계별 활동의 영문 약자를 조합하여 '4E' 라고도 한다.

여기에서 주의할 점은 창업 마케팅 프로세스의 각 단계별 활동들이 창업자의 관점에서만 이루어지지 않도록 해야 한다는 점이다. 창업자는 제품 출시 이전 기회의 탐색 단계부터 시장에 제품에 대한 니즈가 있는지의 여부를 먼저 파악해야 하고, 시제품이 완성되면 우리 기업의 제품에 대한 적정한 가격을 일부 고객들로부터 검증을 받아야 한다. 기회의 활용 및 확장 단계에서는 검증받은 시제품을 제품화하여 고객과의 접점을 확보하고, 촉진 활동을 통해 접점의 범위를 확대할 수 있다. 이와 같이 4E의 각 단계에서 수행되는 고객 관점의 활동들을 '4P 믹스'라고도 하는데, 이는 제품 (product), 가격(price), 유통(place), 그리고 촉진(promotion)에 대한 마케팅 전략을 수립하는 이론을 말한다.

창업자는 기회 중심의 마케팅 활동을 수행하면서도 고객 관점을 고려하여 제품, 가격, 유통, 그리고 촉진에 대한 전략을 미리 수립하고 반영하도록 한다. [그림 10-2]의 창업 마케팅 모델은 창업 마케팅 프로세스인 4E와 각 단계별 활동을 촉진시키기 위해 반영되어야 할 4P 믹스의 전략들이 무엇인가를 이해하는데 도움이 될 것이다.

[그림 10-2] 창업 마케팅 모델

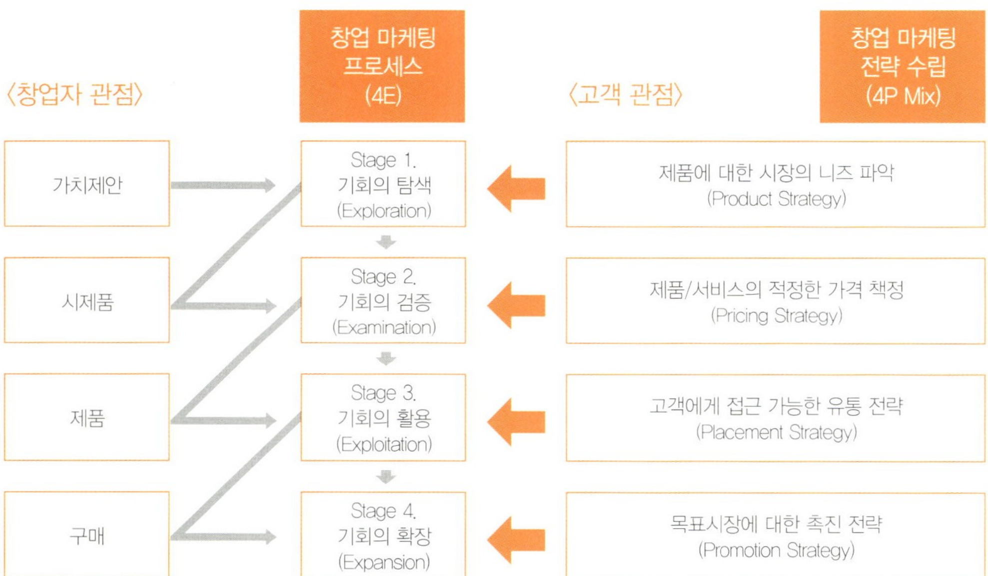

자료 : Osiri(2013), Entrepreneurial marketing model을 토대로 재구성

(1) 기회의 탐색

창업자는 자신이 가지고 있는 아이디어를 사업화하기 전에 과연 우리 기업의 제품이나 서비스를 구매할 고객들이 있는가의 여부를 우선적으로 파악해 보아야 한다. 이를 위해 잠재적인 고객들과 함께 아이디어에 대해 함께 논의해 보고 피드백을 받도록 한다. 만약 잠재 고객들이 우리 기업의 제품 또는 서비스에 대해 니즈가 있다거나 문제점이 있다는 피드백을 주면, 고객의 관점에서 상품의 기능을 다시 재검토해 볼 필요가 있다.

읽어보기 온라인 마케팅을 시작한다면 … 영화 ‘아메리칸 셰프’를 보라

아이언맨 감독인 존 파브로가 감독과 주연을 맡은 2014년 작 아메리칸 셰프(원제 ‘Chef’)는 어느 유명 쉐프의 좌절과 재기를 다룬 영화다.

영화 줄거리는 단순하다. 일류 레스토랑의 셰프이지만 메뉴 선택권에 제한이 있는 칼 캐스퍼(존 파브로 분)는 유명음식평론가이자 블로거인 램지 미첼(올리버 플랫 분) 자신의 요리에 혹평을 내리자 그날 가입한 트위터를 통해 평론가와 설전을 벌인다. 이들의 온라인 설전은 핫이슈로 등극하고 칼이 레스토랑에서 나가는 빌미가 된다. 섣부른 온라인 이슈 대응으로 실직자가 된 것이다. 이후 칼은 버려져있다시피 한 푸드트럭을 정비해 쿠바 샌드위치 푸드트럭(엘 셰피)에 도전해 미국을 일주하는 일정에 돌입하고 이 과정이 화제를 모으는 동시에 뜻밖의 인물의 도움으로 재기를 하게 된다. 이 영화는 한인 푸드트럭 쉐프 로이 최의 실화에서 모티브를 얻은 작품으로도 잘 알려져 있다.

영화에서 흥미로운 부분은 칼 캐스퍼의 추락과 재기가 모두 소셜네트워크 서비스를 통해 이루어진다는 것이다. 칼은 자신의 요리에 혹평을 내린 평론가와 트위터를 통해 욕설에 가까운 설전을 벌이다 추락하지만, 푸드트럭을 통해 미국을 일주하는 과정과 일정이 소셜 네트워크에서 화제를 모으며 재기 발판을 마련한다. 소셜네트워크가 양날의 검이 된 셈이다

아메리칸 셰프는 특정인물의 좌절과 재기, 소원했던 가족의 재결합 등 전형적인 가족 드라마 형식이지만, 영화의 중요한 축을 차지하는 소셜네트워크 활용에 대해 잘 설명해 놓은 홍보영상이기도 하다. CG로 표현된 파랑새가 날아가는 장면이나 활용법 설명, 가족 간 유대관계의 재설정 역시 1초 동영상이 중요한 모티브로 등장한다.

영화에서 소셜네트워크 활용은 미숙한 칼 대신 10세 아들 퍼시(MJ 안소니 분)가 진행한다. 칼에게는 낯선 소셜네트워크지만 이 어린 꼬마에게는 생활이다. 퍼시는 홍보나 마케팅을 의도했다기보다 습관과 재미로 한다. 그래서 자연스럽다. 트위터와 페이스북, 바인, 1초 동영상 등 소셜네트워크의 특성을 활용해 푸드트럭에 어떤 메뉴가 있는지, 어디로 갈지, 어디에 있는지, 어떤 사람이 만드는지를 온라인에 공유하고 이는 입소문을 타면서 화제가 된다.

물론 현실에서 이렇게 바이럴이 잘 이루어지지는 않을 것이다. 하지만 마케팅 비용을 쓸 수도 전담 인력을 둘 수 없는 스타트업에게는 소셜 마케팅의 전체적인 그림을 볼 수 있는 교과서적인 영화라는 소견이다.

더불어 칼의 푸드트럭을 스타트업 영역으로 대입하면 재미있는 관계가 형성된다.

밑바닥부터 시작하는 칼과 함께 푸드트럭을 시작하는 이전 직장의 동료가 코파운더 역할이라 치면 칼의 재기를 돕는 투자자는 칼과 온라인 설전을 벌였던 음식평론가 램지다. 셰프자리에서 쫓겨나는 빌미를 제공한 평론가와 종국에는 파트너로 관계가 재설정된 것이다. 램지는 영화 초반 칼의 개성 없는 음식(사업 아이템)에 혹평을 내렸지만, 푸드트럭을 통해 판매하는 쿠바 샌드위치에서 사업성을 발견해 투자를 결정한 것이다.

스타트업에 있어 투자자는 멋진 조력자로 비춰지기도 하지만 기본적으로 투자대비 빠른 회수율을 고려하는 직업이다. 당연하게도 인간관계보다 사업성이 있을 때 수표에 사인을 하는 유형의 인물인 것이다. 영화에서 칼의 투자자인 평론가는 칼의 요리에 신랄한 비판을 하다 피봇(사업 아이템 변경)된 아이템에 극찬을 넘어 자신의 지갑을 연 인물이 된다. 대척점에 서 있던 인물에서 조력자로 관계가 바뀐 것이다. 오늘의 적이 내일의 동료가 된 것으로 냉정하게 말해 투자자의 속성을 그대로 보여준다. 관계 시작이 거칠었기에 서로 껄끄러운 관계지만 사업적으로 도움을 주고 받을 수 있기에 파트너가 된 것이다. 투자자를 설득하는 가장 큰 무기는 사업아이템과 사업에 대한 창업자의 인사이트가 가장 중요함을 보여주는 것이기도 하겠다.

출처 : 플래텀, http://platum.kr/archives/46836

(2) 기회의 점검

두 번째 단계는 고객들에게 시제품 주문을 받아 일부 제품의 판매를 시작하는 단계이다. 초기에 시제품을 판매해보지 않고 완제품 판매에 돌입한다면, 분명 고객이 실제로 원하는 제품의 기능이나 디자인 등의 니즈를 놓치는 부분이 있을 것이다.

이 단계에서 주로 시제품을 구매하는 고객층은 새롭고 혁신적인 제품에 관심이 많은 얼리어답터(early adaptor) 고객들인데, 이들의 구매 반응을 참고하여 집중적으로 4P 믹스의 가격 전략을 수립해야 한다. 즉, 우리 기업 제품의 가격은 고객들이 구매하기에 충분히 적정한 금액인지, 어느 정도로 책정되어야 하는지 등을 파악한다. 여기에서 가격이 높고 낮음에 대한 고객들의 생각은 절대적인 것이 아니라, 제품의 속성에 대비한 가격의 높고 낮음의 적절성을 확인해야 한다.

읽어보기 **신제품의 기능 확인을 얼리어답터에게 기회 제공**

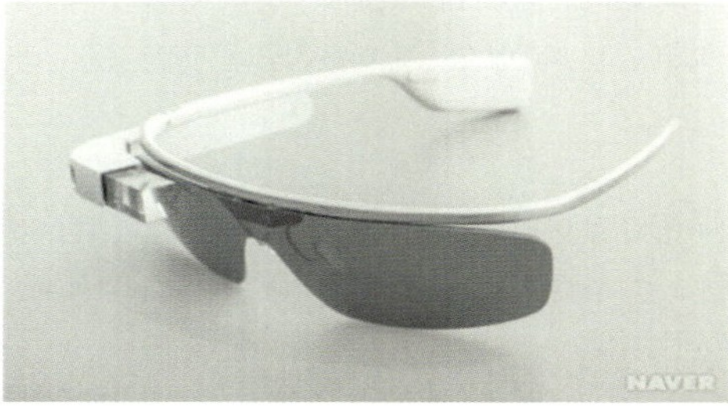

구글(Google)은 웨어러블 디바이스(wearable device)가 구글이 이끌어 갈 차세대 트렌드가 될 것이라는 믿음으로 구글 글래스(Google glass)를 개발하고 있다. 그런데 구글은 제품 개발이 어느 정도 완수된 뒤, 일반 대중고객들이 아닌 얼리어답터들에게 먼저 제품의 판매를 시작하였다.

구글은 누구나 'Glass Explorer'로 가입하여 제품 구매가 가능하도록 판매 경로를 열어두었으나, 얼리어답터들로부터 우선적으로 피드백을 얻고자 'Glass Explorer' 프로그램을 진행하였다. 이를 통해 아직 일반 대중들에게 판매하기에는 가격 면에서 비싸다는 분석을 기반으로 소비자용 제품 출시를 위한 개발 프로젝트를 계속 진행하여, 상대적으로 고가인 하이테크 제품 판매에 대한 리스크를 감소하고자 노력하고 있다.

(3) 기회의 활용

시제품이 성공적으로 판매가 되었다면, 창업기업은 어느 정도 기회를 선점하였다고 할 수 있다. 고객들로부터 아이디어뿐만 아니라 제품까지 검증을 받았으니, 시제품만 개발하고 자금을 조달하려는 창업기업들보다 엔젤투자자나 VC들로부터 더 긍정적인 평가를 받을 수 있다.

다만, 창업자는 선점한 기회를 잘 활용할 수도 있어야 한다. 기회의 활용 단계에서는 우리 기업의 제품 또는 서비스를 고객에게 전달할 수 있는 온·오프라인 공간의 확보, 고객에게 판매할 완제품 생산, 그리고 이 제품을 고객에게 전달하는 활동을 지속해야 한다. 이 과정에서 고객이 우리 기업의 제품을 구매하게 되므로, 기회의 활용 단계에서는 4P 믹스의 유통 전략을 수립하여 반영하여야 한다.

애플(Apple)은 오프라인 애플 스토어와 온라인 애플 스토어, 그리고 iTunes store를 통해 기기와 디지털 콘텐츠를 직접 판매하고 있으며, 또한 개별 통신사를 거쳐 고객에게 판매하는 간접 유통 경로도 구축하고 있다.

특히 애플은 미국에서 iPhone의 새로운 버전을 출시할 때는 가장 먼저 신제품을 받을 수 있는 곳을 오프라인 애플 스토어에만 한정하여, 보유하고 유통 경로를 전략적으로 활용하고 고객들과 미디어의 관심을 끄는 파급 효과까지 누리고 있다.

(4) 기회의 확장

창업 마케팅의 마지막 단계는 기회의 확장 단계이다. 이는 기업의 규모를 확장하거나 새로운 비즈니스를 시작하는 것이 아니라, 기회 그 자체를 확장하는 것에 중점을 둔다. 즉, 초기에 시제품을 구매한 고객들 이외에 목표 시장을 설정하여, 신규 고객들에게 어떻게 효과적으로 접근하고 커뮤니케이션할 것인지를 고민해 보는 것이다.

이 단계에서는 4P 믹스의 촉진 전략을 통해 제품 판매를 위한 광고, 홍보 등의 촉진 활동을 수행해야 한다. 또한, 4E의 기회 확장 단계는 기회 이용 단계와 동시에 진행될 수도 있으므로, 이러한 경우에는 4P 믹스의 유통 전략과 촉진 전략을 함께 구상하여 반영할 수 있도록 한다.

배달의 민족은 일반적인 가정에서 음식을 주문하는 사람이 주로 '막내'라는 점에 착안하여 젊은 층을 주요 타겟 시장으로 설정, 젊은 감각을 반영한 신선하고 독특한 광고를 펼치는데 집중하였다. 결과적으로 사람들의 이목을 집중시키는 광고 효과로 타겟 시장인 젊은 층 뿐만 아니라 전 연령대로 고객층에 확대되는 비즈니스 기회를 얻을 수 있었다.

[표 10-2] 창업기업의 마케팅 프로세스(4E)

구 분	특 성
Stage 1 : 기회의 탐색	◆ 제품 또는 서비스가 출시되기 전에 잠재적 고객들에게 아이디어를 공개하고 그들로부터 피드백을 수집하는 단계
Stage 2 : 기회의 점검	◆ 시제품을 얼리어답터들(early adopters)로부터 검증받고 그들로부터 피드백을 수집하는 단계로, 제품 또는 서비스의 베타버전을 시험 ◆ 예를 들어, 자사가 향후 고객에게 제공할 서비스가 무료라면, 정말 아무런 비용도 수반하지 않는지, 주 수익원이 될 광고가 정말로 수익을 창출할 수 있는지를 점검해 볼 수 있는 중요한 단계임.
Stage 3: 기회의 활용	◆ 자사의 제품 또는 서비스를 일반 대중에게 공개함으로써 시장의 모든 사람들이 사용 가능하도록 하는 단계 ◆ 1단계 및 2단계가 수월히 진행되었다면 초기에 제품 및 서비스를 검증한 얼리어답터들 이외의 고객들이 이 단계에서 구매를 시작하게 됨.
Stage 4 : 기회의 확장	◆ 자사의 제품 또는 서비스에 대한 촉진활동을 펼침으로써 고객층을 추가 확보하는 단계 ◆ 3단계 활동과 4단계 활동은 동시에 진행될 수 있으며, 2단계인 기회의 점검 단계를 대신하기도 함.

출처 : Osiri, J. K.(2013). Entrepreneurial Marketing: Activating the Four P's of Marketing Strategy in Entrepreneurship. Entrepreneurial Executive, 18, 1-6.

10.2 기술창업 마케팅 환경 분석

마케팅 환경(marketing environment)이란 기업의 마케팅 목표 달성에 영향을 미치는 기업의 내 · 외부 요인들의 집합체를 의미한다. 본 장에서는 본격적인 마케팅 전략계획을 수립하기에 앞서 마케팅 환경을 분석하는 기법에 대해 알아보도록 한다.

마케팅 환경을 분석하고 파악하는 중요한 이유는 환경을 구성하는 요인들이 기업의 목표 방향에 맞게 우호적으로 형성되어 기업에 시장 기회를 제공할 수도 있지만, 반대로 어떤 경우에는 위협 요인으로 작용할 수도 있기 때문이다. 따라서 마케팅 환경 분석을 통해 목표 시장과 잠재적인 고객에 영향을 미치는 요인들을 우선적으로 파악해야 한다. 그리고 분석한 내용은 '어떤 시장을 제일 먼저 목표로 선정할 것인가, 그렇다면 우리 기업의 제품을 어떻게 만들 것인가'에 대한 전략 계획 수립에 반영될 필요가 있다.

일반적으로 마케팅 환경은 거시적 환경과 미시적 환경으로 구분된다. 거시적 환경은 미시적 환경에 영향을 미치는 폭넓은 사회적 요인들을 말하며, 미시적 환경은 기업이 소속된 산업에 관련된 환경 요인들을 말한다.

마케팅 환경 분석을 위해서는 우선 거시적 환경을 분석 한 이후에 미시적 환경을 분석하도록 한다. 숲을 먼저 보고 나무를 봐야하는 것처럼, 거시적 환경의 흐름을 파악해야 미시적 환경 분석의 방향성을 파악하고 이를 기반으로 세부적인 마케팅 전략계획을 수립할 수 있다. 전 세계적으로 스마트폰과 소셜 네트워크 서비스가 사회, 경제, 기술, 문화, 기술적 흐름을 주도하는데, 이러한 거시적 흐름을 파악하지 못하고 대응하지 못하여 뒤쳐진 제조업체 들을 보면 거시적 환경 분석의 선행이 얼마나 중요한지를 알 수 있다.

거시적 환경 분석은 본 교재의 「제4장 창업기회 발견과 창업아이디어 개발」 부분에서 다룬 PEST 분석 기법을 활용할 수 있다. 앞서 배운 PEST 분석에서 도출된 주요 요인, 기회와 위협 요인들은 다음 단계에서 수행할 미시적 분석에 내용이 적용되니, 이 점을 염두에 두고 PEST 분석의 결과를 항목별로 잘 정리해 두기 바란다. 본 장에서는 미시적 환경 분석 기법을 주로 살펴보도록 하자.

미시적 환경은 기업의 경영활동에 밀접한 관계를 가지는 주체들, 즉, 공급업체, 유통업체, 경쟁사, 고객, 그리고 일반 대중 등 기업이 소속된 산업에 관련된 환경 요인들을 통틀어 말한다.

미시적 환경 분석 기법에는 '마이클 포터(Michael E. Porter)의 5 Forces 모델' 을 활용하여 산업구조를 분석하는 방법, 그리고 3C 분석을 통해 자사, 경쟁사, 그리고 고객의 세 주체를 종합적으로 분석하는 방법이 있다. 두 분석 기법은 모두 시장 변화의 주요 동인이 되는 트렌드와 활동 주체들이 어떻게 공급과 수요 관계에 영향을 미치는가를 중점으로 하여, 기업에 기회 또는 위협이 되는 트렌드나 산업구조를 파악하는데 분석의 목적이 있다.

다음에서 각 분석 기법별로 자세한 내용을 알아보도록 하자.

1) 산업 분석 : 포터의 5 Forces 분석

산업 분석(industry analysis)은 일반적으로 '마이클 포터(Michael E. Porter)의 5 Forces 분석' 을 통해 이루어진다. 이 분석 기법은 기업의 전략적 위치를 파악하고 경영 전략을 수립하는데 매우 효과적인 것으로 알려져 있으며, 산업 분석 방법으로는 가장 널리 사용되고 있다.

포터는 산업의 구조를 기업에 대한 5개의 경쟁세력인 산업 내 경쟁자, 시장의 신규 진입자, 대체 제품과 서비스, 구매자, 그리고 공급자로 제시하고 있다. 그리고 이 경쟁세력들이 산업의 경쟁강도와 수익성, 그리고 산업의 구조적 매력도를 결정하므로, 기업의 경쟁력에 핵심적인 역할을 한다는 점을 기본 전제로 한다. 따라서 5 Forces 모델을 통해 5가지 경쟁세력이 현재와 미래에 경쟁강도가 어떠한지를 분석하고, 이를 기반으로 기업의 전략방향을 도출한다.

우선 각 경쟁세력에 대한 기본 개념을 이해하고, 전체 산업구조의 경쟁정도를 종합적으로 검토하기 위한 체크리스트를 작성해 보도록 하자.

(1) 산업 내 기존 경쟁자들 간의 경쟁 강도

기존의 기업들은 산업 내에서 자신의 경쟁적인 위치나 경쟁력이 위협을 받는다고 느끼거나 새로운 기회를 모색할 때 경쟁을 하게 되는데, 이 때 기업들 간의 경쟁은 제품의 가격을 현저히 낮추는 등의 가격 정책 변화, 공격적으로 펼치는 광고나 홍보, 신제품 출시 등의 경쟁 양상을 보이곤 한다.

이와 같은 기존 기업들 간의 경쟁강도를 결정하는 요인들은 우리 기업이 속해 있는 산업의 성장률(국내/해외), 설비 및 기타 고정비의 규모, 과잉 또는 유휴설비의 보유 필요성 및 그 크기, 경쟁사에 의해 우리 기업의 제품이 쉽게 모방될 수 있는지와 관련한 제품의 차별성 정도, 타 산업으로 전환할 때 드는 비용, 현재 산업에서 퇴출할 때 철수장벽이 되는 요인들의 크기 정도 등이 있다.

[그림 10-3] 포터의 5 Forces 모델과 산업구조 구성요인

출처 : Porter, M. (1998). Competitive Strategy. New York : Free Press, pp. 3–5. 경영실무리뷰(http://mbr.co.kr), 휴넷 전략기획아카데미(http://strategy.hunet.co.kr/main/main.asp) 자료를 토대로 재구성

(2) 신규 진입자의 위협

우리 기업이 속한 산업에 신규 기업들이 진입할 경우, 신규 진입자가 우리 기업의 시장점유율을 가져가거나 이들에 의해 가격 경쟁 등이 치열해져서 산업 전체의 수익성이 낮아질 수도 있다.

신규 기업들이 시장에 진입할 때 진입장벽이 얼마나 높고 낮은가에 따라 산업의 경쟁강도가 달라지는데, 신규 진입장벽을 결정하는 결정요인들은 규모의 경제, 제품 차별성, 소요자본, 교체비용, 브랜드 인지도, 유통경로에 대한 접근성, 원가우위, 정부정책, 그리고 예상되는 보복 등이 있다.

예를 들면, 규모의 경제가 크거나, 추가 투자비용이 크거나, 투자시설을 이전할 때 소요되는 교체비용의 크기가 크거나, 산업 진입에 대한 정부의 인허가 등의 정책 강도가 높은 경우에 신규 진출에 대한 진입장벽은 높다. 반면, 제품이 경쟁자에 의해 모방이 용이하여 제품 차별성이 크지 않을수록 진입장벽은 낮다고 할 수 있다. 이 경우에는 기존의 기업들이 신규 기업의 진출을 막기 위한 방어 활동들을 펼치게 된다.

(3) 대체재의 위협

대체재라 함은 고객들이 어떤 특정 제품 또는 서비스가 아니어도 자신의 니즈가 어느 정도 충족 가능하여 대체적으로 구매할 수 있는 제품 또는 서비스를 말한다. 쉽게 말하면, 구매자의 경제 상황이 좋지 않을 때는 소고기 대신 돼지고기를 구매할 수 있는데, 이 때 돼지고기를 소고기의 대체재라 한다.

우리 기업 제품에 대한 대체재가 존재할 경우에는 우리 제품의 가격 상한선을 결정할 때 제약이 되기 때문에 기업의 잠재적인 수익성에 영향을 미친다. 즉, 대체재가 많다면 구매자들이 우리 기업의 제품 대신 대체재를 구매할 확률이 커지기 때문에, 우리 제품에 높은 가격을 설정하기 어려워 산업의 수익성이 낮아지게 된다.

넷프릭스(Netflix)와 같은 인터넷 비디오 대여 및 스트리밍 서비스와 구글의 유튜브(YouTube) 등 온라인 동영상 사이트의 출현으로, 기존에 오프라인으로 있던 비디오 대여점이 고전을 면치 못하는 것이 대체재 위협에 따른 산업 수익성 악화의 한 예라 할 수 있다.

이와 같은 대체재의 위협을 결정하는 요인은 대체재의 가격과 기능에 따른 효능, 구매자가 대체재를 구매할 경우 소요되는 교체비용, 그리고 대체재에 대한 구매자의 성향 변화 등이 있다.

(4) 공급자의 교섭력

산업 내에서 공급자의 교섭력(또는 협상력)이 강할 경우에는 공급자가 기업보다 지배적인 위치에 있기 때문에, 기업에 납품하는 제품에 대해 공급가를 인상하거나 품질을 낮추는 위협이 발생할 수 있다.

공급자의 교섭력을 결정하는 요인으로는 공급자가 공급하는 공급물량 비중의 집중도, 원재료(부품)의 차별화 정도, 공급자를 교체할 때 드는 교체비용, 대체원료(부품)의 존재 여부, 공급자가 공급하는 제품이 우리 기업에서 차지하는 중요도 및 비중, 그리고 공급자가 우리 기업이 산업 내에서 구축하고 있는 위치를 통합할 수 있는 능력 등이 포함된다.

(5) 구매자의 교섭력

구매자들은 제품에 대한 가격 변화에 민감하거나, 제품에 대해 가지고 있는 정보가 많거나, 일상에서 필요한 제품 중에서 우리 기업이 판매하는 제품군을 구매하는 비중이 낮거나, 또는 제품의 가격, 품질, 기능 등이 차별적이지 않을 경우에는 교섭력(또는 협상력)이 강하다고 할 수 있다.

이상의 산업구조를 구성하는 경쟁세력의 경쟁강도를 종합적으로 고려하여 우리 기업에 대한 종합 분석 체크리스트를 다음과 같이 작성해 보자. 분석 시 주의할 점은 경쟁강도에 따른 우리 기업의 현재 위협 상황만을 평가하기 보다는 미래에 위협이 어느 정도 될 것인지도 평가하여 향후 전략수립 방향에 반영하도록 한다.

[표 10-3] 포터의 5 Forces 분석 작성표(예)

구 분	결정 요인	검토 사항	현재 위협	미래 위협
산업 내 기존 경쟁자들 간의 경쟁 강도	산업 성장률	산업 성장률이 낮아질 때 경쟁 강도	중	상
	고정비용		약	중
	......			
	경쟁 강도 종합	검토사항 종합 정리	중	상
신규 진입자의 위협	규모의 경제			
	제품 차별성			
	......			
	경쟁 강도 종합		상	상
대체재의 위협	대체재에 대한 구매자 성향			
	교체비용			
	......			
	경쟁 강도 종합		약	약
공급자의 협상력	공급물량의 비중			
	원재료(부품)의 차별화			
	......			
	경쟁 강도 종합		약	중
구매자의 협상력	구매비중			
	제품 차별화			
	......			
	경쟁 강도 종합		상	중

출처 : 경영실무리뷰(http://mbr.co.kr), 휴넷 전략기획아카데미(http://strategy.hunet.co.kr/main/main.asp) 자료 참고

2) 3C 분석

3C 분석은 마케팅 전략을 수립하기 위해 고객(customer), 경쟁사(competitor), 그리고 자사(company)로 구성된 3가지 핵심요소를 중점적으로 분석하는 기법으로, 각 구성요소의 약자를 따서 '3C 분석'이라고도 하며 '전략 삼각형'이라고도 한다.

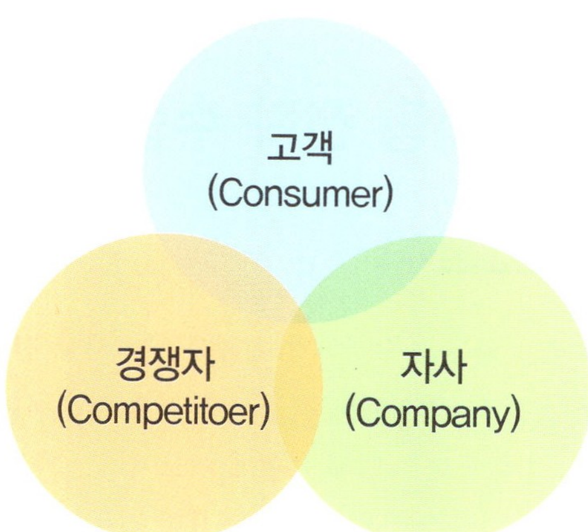

3C 분석의 기본 전제는 기업이 목표 시장에서 경쟁사와 차별성을 가지고 있으며, 자사만의 강점이 있어야 하고, 이러한 차별성과 강점이 고객의 관심을 기반으로 하고 있어야 한다는 점이다. 따라서 3C 분석을 위해서는 목표 시장의 특성, 현재 경쟁사 및 잠재적 경쟁사의 특성, 그리고 자사의 특성을 모두 고려하여 평가를 수행해야 한다.

다음의 3C 분석의 평가 요소 및 평가 기준 샘플을 참고하여 요소별 요도 가중치는 다르게 설정하고, 평가 시에는 5점 또는 7점 척도를 사용하여 3C 분석을 수행하도록 한다.

[표 10-4] 3C 분석의 평가 요소 및 기준(예)

구 분	평가 요소	평가 기준
고객 (Customer)	– 시장 규모 – 시장 성장률 – 시장 구조변화 – 시장 세분화 – 고객 집단별 니즈 현황 및 변화 추이	– 목표 시장의 규모는 적절한가? – 시장의 성장 가능성이 높은가? – 세분화된 시장의 잠재적인 고객 수요는 어느 정도 인가? – 고객 집단별 니즈와 변화 추이는 어떠한가?
경쟁사 (Competitor)	– 자사의 주요 경쟁사 현황 – 주요 경쟁사의 강점 및 약점 – 잠재적 경쟁사의 진입 가능성	– 현재 우리 기업의 주요 경쟁사들은 공격적이고 강력한가? – 잠재적 경쟁사의 진입 가능성은 높은가?
자사 (Company)	– 시장 점유율 – 브랜드 이미지 – 기업 목표 – 기업 문화 – 기술력/제품력/판매력	– 우리 기업의 시장 점유율은 어느 정도 인가? – 목표 시장은 우리 기업의 목표 및 조직 문화, 브랜드 이미지와 일치하는가? – 우리 기업의 기술력, 제품력, 판매력은 경쟁사에 비해 강력한가?

출처 : Service Design Platform(http://www.servicedesignplatform.com/?share=3c-analysis) 자료를 토대로 재구성

10.3 기술창업 마케팅 전략 수립

1) 마케팅 전략 수립 프로세스

효과적이고 효율적인 마케팅 활동을 수행하기 위해서는 마케팅 전략과 실행 계획을 수립하는 단계가 선행되어야 한다. 창업기업임에도 불구하고 적지 않은 시간과 비용을 들여 마케팅 활동을 수행하고자 한다면, 그 활동으로 인해 기업에 어느 정도 수익이 창출될 수 있도록 체계적이고 구체적인 전략계획을 수립하는 일은 반드시 필요한 활동이다.

[그림 10-4] 창업 마케팅 목표

" '누구' 에게 '어떤 제품' 을 팔 것인가?"

본격적인 창업 마케팅 활동에 돌입하기에 앞서 창업자는 우선 " '누구' 에게 '어떤 제품' 을 팔 것인가?"를 명확히 규정해야 한다. 기업의 규모가 크고 작고의 여부와 상관없이, 어느 기업이든 한정된 자원과 능력을 가질 수밖에 없으므로 모든 사람들이 가지는 모든 니즈를 충족시킬 수는 없다. 컴퓨터 시장 점유율 상위의 거대 글로벌 기업이라 할지라도, 그 기업이 면봉과 이쑤시개부터 컴퓨터, 자동차까지 모든 제품을 팔기는 현실적으로 어려운 일이다.

따라서 자사가 보유하고 있는 자원, 능력과 현 상황을 객관적으로 진단해 본 후, 특정한 고객을 선정하여 그들의 어떤 특정한 니즈를 충족시킬 것인지를 명확히 하는 것이 마케팅 활동의 효율성 측면에서 무엇보다 중요하다.

이를 위해 창업자는 첫째, 자사에게 기회 또는 위협이 될 수 있는 마케팅 환경을 분석해야 한다. 마케팅 환경은 거시적 환경과 미시적 환경으로 구분되는데, 거시적 환경은 PEST분석 기법, 미시적 환경은 포터의 산업분석과 3C분석 기법을 통해 가능하다.

둘째, 창업자는 SWOT분석 기법을 활용하여 자사의 내부 역량 또는 자사의 제품에 대한 강점과 약점을 분석하고, 마케팅 환경 분석 결과로부터 우리 기업에 기회와 위협이 되는 외부 요인들을 파악하도록 한다. 또한, SWOT 분석 결과를 바탕으로 TOWS 매트릭스를 작성하여 마케팅 전략 수립을 위한 방향성을 도출한다. 마지막으로 창업자는 전체 시장을 세분화하여 자사의 제품을 판매할 목표시장을 선정하고, 잠재적 고객들의 마음속에 우리 제품의 이미지를 어떻게 각인시킬지에 대한 포지셔닝(positioning)전략을 수립한다. 시장 세분화, 목표시장 선정, 그리고 포지셔닝은 STP 전략 수립 기법을 통해 가능하다.

[그림 10-5] 마케팅 전략 수립 프로세스

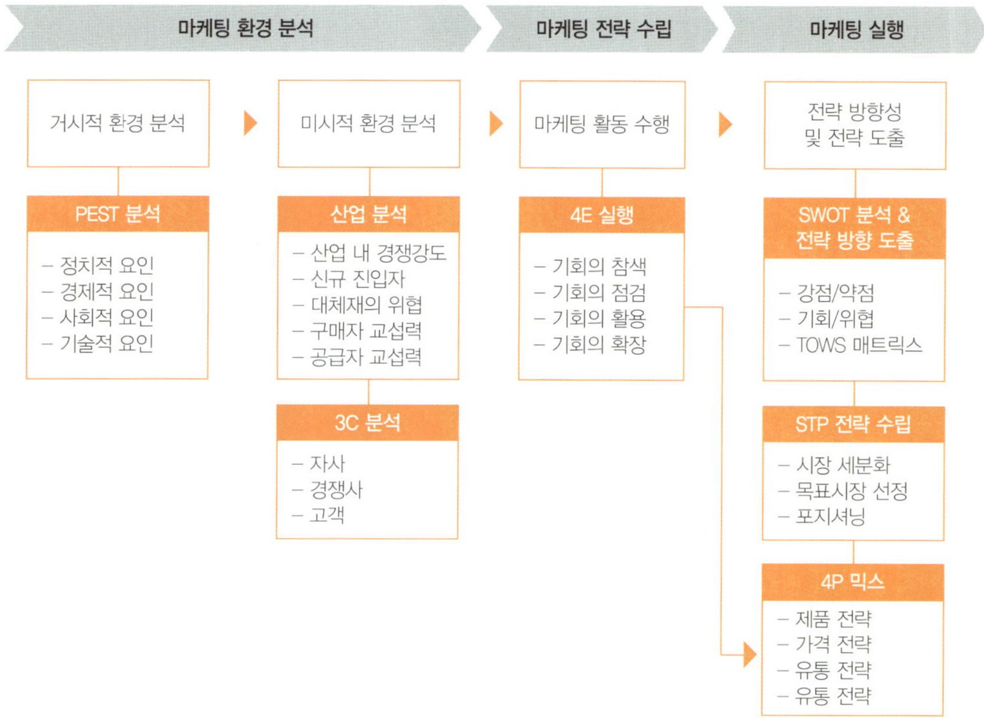

"그 제품을 '어떻게 잘' 팔 것인가?"

누구에게 어떤 제품을 팔지를 결정했다면, 다음으로 창업자는 "그 제품을 '어떻게 잘' 팔 것인가?"에 대한 의사결정을 내려야 한다. 이를 위해 창업자는 4P 믹스를 활용할 수 있다. 4P 믹스의 제품, 가격, 유통 및 촉진 전략들은 기업이 기회를 탐색, 점검, 활용 및 확장하는 본격적인 마케팅 활동 수행 과정에서 실제적으로 반영되어야 할 전략들이다.

다음에서 마케팅 전략 방향성과 전략 도출을 위해 필요한 SWOT 분석 기법, STP 전략, 그리고 4P 믹스에 대해 구체적으로 알아보도록 하자.

2) SWOT 분석과 TOWS 매트릭스

SWOT 분석은 기업이 전략적 목표를 결정하거나 전략 수립을 위한 기초 자료를 확보하기 위해 가장 일반적으로 사용하는 분석 기법이다. SWOT 분석은 강점(strengths), 약점(weaknesses), 기회(opportunities), 그리고 위협(threats)의 4개 분석 항목의 약자를 따서 만든 용어이다.

SWOT 분석의 대상은 마케팅을 위해 기업의 제품 자체에 대해 강점과 약점, 기회와 위협 요인이 될 수도 있지만, 그 전략수립의 목표에 따라 새롭게 시작하는 비즈니스나 마케팅 부서, 생산 부서, 개발 부서 등 기업의 각 기능단위 조직에 대한 분석을 실시하기도 하고, 기업이나 기업이 속한 산업에 대한 SWOT 분석을 수행하기도 한다.

만약, 기업 단위로 SWOT 분석을 한다면, 강점과 약점을 파악하기 위해서 '우리 기업이 달성하고자 하는 목표를 수행하기 위해 보유하고 있는 강점과 역량, 그리고 약점은 무엇인가?', 기회와 위협 요인을 파악하기 위해서 '우리 기업이 원하는 목표를 달성하고 성공하기 위해서 기회를 삼을 수 있는 동향, 이슈 등은 무엇인가? 우리 기업이 통제하기 어려워 목표 달성에 위협이 될 수 있는 압력이나 이슈 등은 무엇이 있는가?' 에 대한 질문을 기반으로 분석을 시작하도록 한다.

여기에서 강점과 약점에 해당하는 요인들은 기업의 내부 환경 분석에 의해 도출되며, 기회와 위협 요인들은 기업의 외부 환경 분석에 의해 도출된다. 이 때 SWOT 분석을 새로 수행하기 보다는, 포터의 5 Forces 분석 및 3C 분석의 자사(company) 분석을 통해 도출된 항목을 중심으로 정리하여 기업의 강점과 약점을 평가하도록 한다. 또한, PEST 분석, 포터의 5 Forces 분석, 그리고 3C 분석의 경쟁사(competitors) 및 고객(customers) 분석을 통해 도출된 항목을 바탕으로 기업의 외부 환경인 기회와 위협 요인을 평가한다.

즉, PEST 분석, 포터의 5 Forces 분석 및 3C 분석 등의 개별적인 기법들을 통해 기업의 내 · 외부 환경을 분석한 결과는 SWOT 분석을 통해 강점과 약점, 그리고 기회와 위협 요인으로 종합하여 나타낼 수 있다.

[그림 10-6] SWOT 분석의 구성 요인

S 우리 기업/제품의 강점은 무엇인가?	우리 기업/제품의 약점은 무엇인가? W
- 차별화된 핵심 역량 - 자금조달과 운영 - 창업팀 구성원 역량 - 구매자/공급자와의 관계 - 유리한 시장 점유율 - 창업자의 경영 능력 - 규모의 경제 - 독점적 기술 - 원가우위 - 경쟁우위 - 제품 혁신 능력 - 안정적인 공급 채널	- 협소한 제품군 - R&D 능력 부족 - 낙후된 설비 - 경영 및 관리 능력 부족 - 수익성 저하 - 브랜드 이미지 약화 - 낮은 광고효율 - 마케팅 능력 부족 - 자금조달력 부족
O 우리 기업/제품의 기회는 무엇인가?	우리 기업/제품의 위협은 무엇인가? T
- 신시장/신고객 집단의 등장 - 높은 경제 성장률 - 시장의 빠른 성장 - 새로운 기술 등장 - 산업의 세계화 - 소득수준 증대 - 낮은 진입장벽 - 경쟁 기업의 쇠퇴 - 유리한 정치, 정책, 법규, 경제, 사회, 문화, 기술, 환경, IT, 금융, 환율 등의 변화	- 새로운 경쟁기업의 출현 - 대체재의 판매량 증가 - 시장 성장률의 둔화 - 불리한 정책, 법규, 제도의 변화 - 경쟁압력 증가 - 경기 침체 - 구매자/공급자의 협상력 증대 - 구매자의 욕구변화 - 외국의 무역규제

이상의 SWOT 분석 결과를 바탕으로 강점은 강화시키고, 약점은 보완하며, 기회는 활용하고 위협은 방어하는 마케팅 전략의 방향을 크게 4가지로 도출할 수 있다. 각각의 강점(strengths), 약점(weaknesses), 기회(opportunities), 그리고 위협(threats) 요인을 조합하여 전략을 도출한다고 해서 SWOT 분석을 통한 마케팅 전략 도출 기법을 'TOWS 매트릭스' 기법이라고도 한다.

[그림 10-7] SWOT 분석을 통한 전략 수립 방향성 도출(TOWS 매트릭스)

내부 환경 요인 / 외부 환경 요인	S 강점 (Strengths)	W 약점 (Weaknesses)
O 기회 (Opportunities)	SO 전략 공격 전략	WO 전략 만회 전략
T 위협 (Threats)	ST 전략 우회 전략	WT 전략 생존 전략

출처: 마케팅전략연구소(http://www.msrkorea.co.kr/b/column/204) 자료를 토대로 재구성

S.O(**강점-기회**) **전략**은 기회를 활용하기 위해 강점을 사용하는 마케팅 전략을 수립하는 방법이다. 이 전략은 '공격 전략'이라고도 하는데, 새로운 시장에 진출하거나, 광고 및 홍보를 강화하는 전략을 예로 들 수 있다.

W.O(**약점-기회) 전략**은 반대로 약점을 보완하여 기회를 살리는 전략으로 '만회 전략' 이라고도 한다. 하드웨어 개발팀으로만 구성된 창업기업이 새로운 사업영역 진출을 위해 소프트웨어 개발팀으로만 구성되거나 소프트웨어 개발 능력이 있는 창업기업과 전략적 제휴를 맺는 경우가 해당된다.

S.T(**강점-위협) 전략**은 위협요인을 회피하거나 최소화하기 위해 강점을 활용하는 마케팅 전략을 수립하는 방법이다. 환경이나 법적 규제가 기업에 불리하게 변화할 때, 보유한 역량과 기술을 기반으로 새로운 제품을 개발하여 시장에 출시하는 전략을 수립할 수 있다.

마지막으로 W.T(**약점-위협) 전략**은 위협을 회피하고 약점을 최소화하는 전략으로, '생존 전략' 이라고도 한다. 대부분의 기업들은 원가 절감, 사업 축소 또는 사업을 철수하는 전략 등의 방어적인 전략을 수립하게 된다.

이와 같이 환경 분석을 통해 마케팅 전략을 수립하고 그 중에서도 기업의 마케팅 목표에 맞는 최적화된 전략을 선정하기 위해서는 기본적으로 지켜야 할 전제 조건이 있다. 바로 마케팅 환경, 즉 우리 기업을 둘러싸는 거시적 환경과 미시적 환경 분석을 지속적으로 수행해야 한다는 점이다. 시장상황과 기술적 환경은 계속적으로 변화하기 때문에 마케팅 환경과 관련한 이슈들을 항상 예의 주시하고 분석 내용을 갱신해야 한다는 점을 잊지 않도록 하자.

3) STP 전략

많은 기술창업자들이 갖고 있는 생각의 오류 중 하나는 '우리 기업이 개발한 제품을 모든 사람들이 좋아할 것' 이라는 생각이다. 창업자들은 뱃속에서부터 태어나는 순간까지 모든 과정을 함께 해 온 자기 자식이나 다름없고, 기술을 개발하고 제품이 출시될 때까지 자신이 개발한 제품과 동고동락 해왔기 때문에 그 누구보다도 제품에 대한 애착이 큰 경향이 있다.

하지만 제품이 세상 밖으로 나오는 순간, 현실은 다를 수 있다. 우리나라 국민 중에서 아주 소수의 비율, 전 세계적으로 봤을 때는 아주 극소수의 사람들만이 우리 기업의 제품에 관심을 가질 수도 있다는 것이다. 대부분의 하이테크 기반 창업기업들은 제품을 소비자 개인들에게 직접적으로 판매하기 보다는 특정 산업군이나 기존의 다른 기업들, 또는 정부에게 B2B(Business-to-Business), B2G(Business-to-Government)의 형태로 판매하는 경우가 많다. 길거리의 소규모 점포에서 판매하는 떡볶이와 군밤 장수의 목표 고객과는 다른 상황이며, 목표 고객들 간의 구매 행태 또한 차이가 있다.

따라서 제품을 시장에 출시하였을 때 특별히 정해지지 않는 모든 사람들에게 판매하고자 한다면, 시간과 비용, 그리고 노력을 모두 낭비하게 될 수도 있다. '모든' 사람들에게 '모든' 제품을 공급할 수는 없는 법이다.

여기에서 핵심은 목표 시장을 파악한 후에 시장을 공격적으로 점유하는 것이다. 그렇다면 그 목표 시장은 어떻게 선택해야 할까? 특별히 선정한 목표 시장의 고객에게 우리 기업의 제품은 어떤 차별화된 가치를 제안하겠는가? 이와 같이 목표 시장을 선정하고 목표 시장의 고객들에게 차별화된 위치를 선점하기 위해 STP 전략을 수립하는 방법이 있다.

'STP' 는 세분화(segmentation), 목표시장 선정(target), 그리고 포지셔닝(positioning)의 각 단계별 활동의 줄임말이다. 여기에서 세분화라 함은 우리 기업의 제품을 필요로 할 수도 있는 사람들을 제품에 대한 니즈, 인구 통계적 특성, 구매 행동 등의 일정한 변수 기준에 따라 집단으로 구분하여 전체 시장을 나누는 것이다. 목표시장 선정은 세분화된 각각의 시장의 매력도를 평가하여 우리 기업과 제품에 맞는 시장을 선정하는 것이다. 마지막으로 포지셔닝은 목표로 선정한 세분화된 시장에 우리 기업의 제품을 어떠한 이미지로 각인시킬 것인가를 결정하는 활동이다.

따라서 'STP 전략' 이라 함은 전체 시장을 일정한 기준에 따라 나누고(segmentation), 우리 기업과 제품에 적합한 시장을 선정하여(targeting), 소비자의 마음속에 어떠한 위치를 선점하여(positioning) 그들에게 다가가는 과정을 의미한다.

[그림 10-8] STP 전략의 개념

(1) 시장 세분화(Segmentation)

시장을 세분화하기 위해서는 일정한 기준에 따라 수행하여야 하는데, 그 기준은 크게 인구 통계적 변수, 심리 분석적 변수, 구매행동 변수, 사용상황 변수, 그리고 추구 효익(benefit) 변수 등의 다양한 변수들이 대상이 된다.

전체 시장을 세분화 할 수 있는 기준이 다양하다고 해서, 이러한 기준에 따라 모두 세분화 할 필요는 없다. 효율적인 시장의 세분화를 위해서는 우선적으로 다음의 4가지를 추가적으로 고려해야 한다. 첫째, 시장의 규모가 상당히 크거나, 어느 정도 수익 창출이 가능할 것으로 예상되는 잠재적 구매자가 충분히 있는 시장을 중심으로 세분화한다. 둘째, 시장의 규모나 잠재적 구매자의 구매력은 측정이 가능하여 그 수준을 어느 정도 예측하고 파악할 수 있어야 한다. 셋째, 우리 기업의 제품을 가지고 용이하게 접근할 수 있는 시장을 세분화한다. 마지막으로 다른 시장과 구분되는 차별성이 있고, 제품이 출시되었을 때 즉각적인 반응을 보일 수 있는 시장을 중심으로 세분화하도록 한다.

[표 10-5] 시장 세분화 방법(예)

변 수		세부 내용
인구통계적 변수		◆ 연령, 성별, 거주 지역 ◆ 가족 구성단위, 가족 생활주기, 개인 또는 가족소득 ◆ 직업, 학력, 종교
심리분석적 변수	사회계층	◆ 농촌하층, 도시하층, 중하층, 중상층, 상층
	라이프 스타일	◆ 전통적 알뜰형, 합리적 생활 만족형, 진보적 유형추구형, 보수적 생활 무관심형
	개성	◆ 강제적, 사교적, 권위주의적, 야심적
구매행동 변수	사용기회	◆ 규칙적, 불규칙적
	사용경험	◆ 비사용자, 이전 사용자, 잠재적 사용자, 최초 사용자
	사용량	◆ 소량 사용자, 보통 사용자, 다량 사용자
	상표 애호도	◆ 전무, 보통, 강함, 절대적
사용상황 변수		◆ 제품에 따라 상이(예: 어버이 날, 스승의 날, 졸업식 등)
추구 효익 변수		◆ 기능적 효익, 심리적 효익

(2) 목표시장 선정(Targeting)

전체 시장을 세분화된 시장으로 구분한 이후에는, 우리 기업과 제품에 적합한 목표시장을 선정해야 한다. 목표시장의 선정 기준으로는 시장의 매력도와 기업의 적합도를 고려하는데, 시장 매력도는 시장 규모, 시장 성장률, 경쟁 강도 등이 어느 정도 수준인가와 관련이 있다. 또한, 기업 적합도에는 시장과 기술 간의 적합도, 마케팅 적합도, 비용구조의 적합도(자사의 보유 자원과 능력)가 포함된다.

이와 같은 기준에 따라 목표 시장을 선정하는 전략은 다양한 형태가 있다. 예를 들면, 창업기업과 같이 보유한 자원능력이 부족한 경우에는 하나의 세분시장에 전문화하는 집중화 마케팅이 효과적이라고 볼 수 있다. 반면, 여러 개의 세분 시장을 공략하는 차별화 마케팅은 다양한 제품개발 기술능력 이외에도 이를 뒷받침할 수 있는 충분한 자원을 갖추고 있는 경우에만 실행이 가능하다.

[그림 10-9] 목표시장 선정 전략 유형

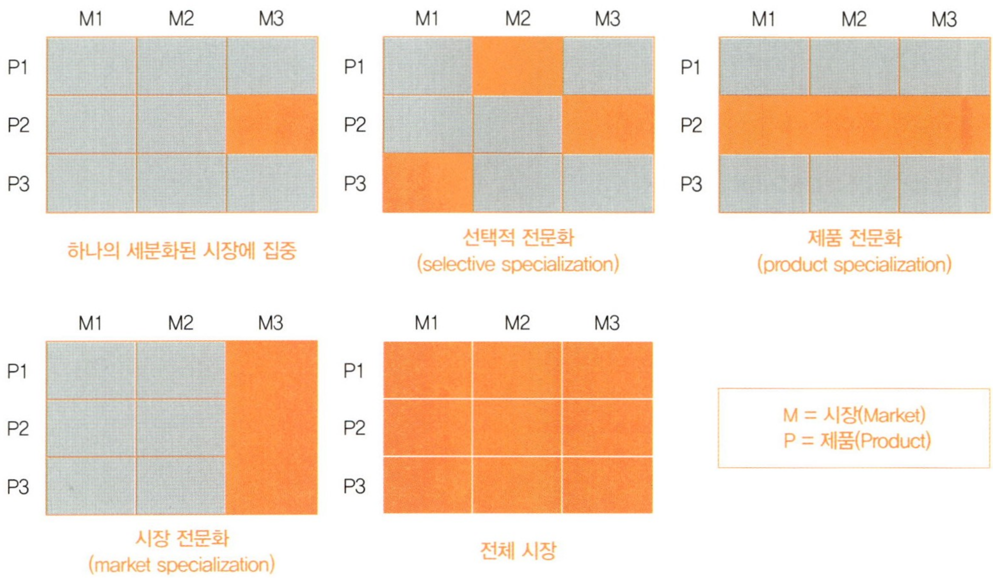

출처 : McDaniel, Lamb, & Hair(2008), Introduction to Marketing, South-Western, a division of Thomson Learning.

또한, 장기적인 측면에서 봤을 때 주 목표시장과 부 목표시장을 구분하여 선정하는 것도 하나의 방법이다. 주 목표시장에서 경쟁적인 위치를 성공적으로 선점하여 진출 시장을 확대하고자 할 경우, 또는 성공적인 진출에 실패하였을 경우에는 부 목표시장이 대안 시장이 될 수 있기 때문이다.

(3) 포지셔닝(Positioning)

포지셔닝은 세분화된 목표 시장 내의 잠재 고객의 마음에 우리 기업의 제품과 이미지를 통해 차별화된 위치를 선점하는 전략으로, 제품에 어떠한 행동을 취한다기 보다는 제품을 통해 고객의 마음에 어떠한 행동을 취하는 것이다. 즉, 포지셔닝은 최종적으로 제품을 통해 고객에게 우리가 전달하고자 하는 가치를 심어주는 활동이라고 할 수 있다.

포지셔닝 전략을 수립하기 위해서는 포지셔닝 맵(positioning map)을 그리는 것이 자사 제품의 상대적 위치를 확인하는 데 용이하게 활용된다. 포지셔닝 맵은 소비자의 마음속에 있는 자사 제품과 경쟁 제품들의 위치를 다음의 [그림 10-10]과 같이 도면의 형태로 작성한 것이다.

[그림 10-10] 포지셔닝 맵의 작성(예)

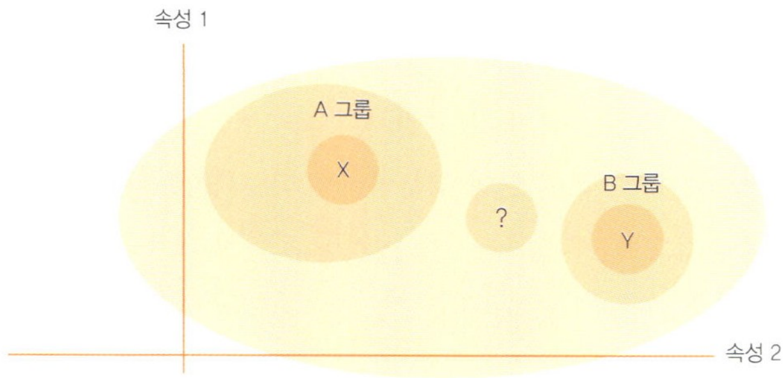

포지셔닝 맵에서 각 도면의 기준이 되는 축은 여러 가지 요소들로 적용이 가능하다.

구체적으로 첫째, 제품의 가격, 품질, 속성에 따라 고객이 타 경쟁사 제품에 비해 차별적으로 느끼는 효익에 의한 포지셔닝이 있다. [그림 10-11]을 보고 소셜미디어 기업의 포지셔닝 맵을 참고 해 보자. 소셜미디어를 통해 전달되는 메시지의 속성이 영구적인가 일회성인가, 메시지의 전달 대상이 1대1인가, 1대 다수인가, 또는 메시지가 외부에게 공개적으로 노출되는가의 여부 등, 소셜미디어 기업이 제공하는 메시지 서비스의 속성들에 따라 기업들의 차별화된 포지셔닝 맵이 나타난다.

[그림 10-11] 소셜미디어 기업의 포지셔닝 맵

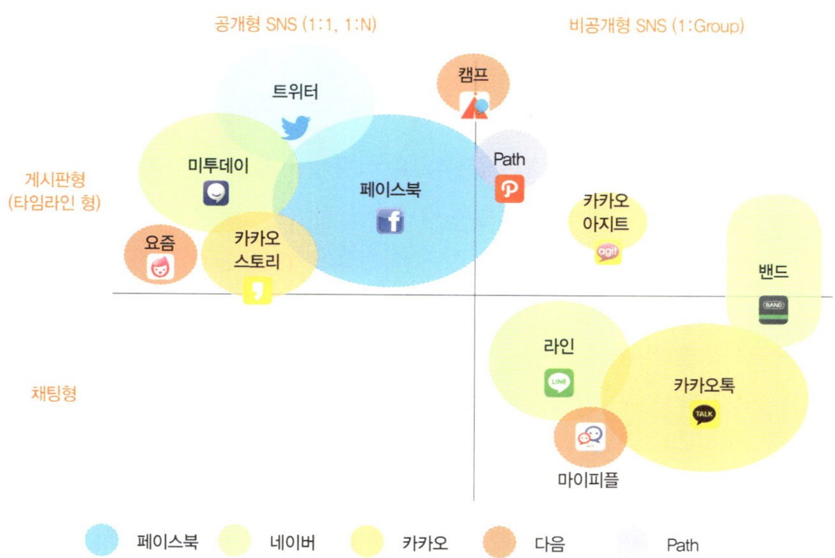

이미지 출처 : http://blog.naver.com/infighter_jh/220332380802

둘째, 제품의 사용자, 사용법, 사용상황에 의한 포지셔닝이 가능하다.

셋째, 경쟁사 포지셔닝에 대한 자사의 포지셔닝이다. 이는 고객의 마음속에 있는 경쟁사의 제품과 자사의 제품을 비교함으로써, 자사 제품의 상대적 효익을 강조하는 방법이다.

마지막으로 제품의 상대적 등급에 따라 포지셔닝하는 접근 방법이 있다. 이상의 STP 전략 수립을 통해 시장을 세분화하고 우리 기업 제품마다 목표 시장을 선정하고 포지셔닝 맵을 그린 이후에는 고객에게 최종적으로 어떠한 가치를 제안할 것인지 다음의 가치제안 작성 표 샘플을 참고하여 작성해 보도록 하자.

[표 10-6] STP 전략을 통한 가치제안 작성 표(예)

제품 명	목표시장	소비자 효익	가격 정책	가치 제안
제품 1	안전에 민감한 상층의 가족	내구성과 안전성	20% 프리미엄 부과	가족이 탈 수 있는 가장 안전하고 가장 견고한 차
제품 2	편의성을 추구하고 브랜드 충성도가 높은 소비자	빠른 배송, 좋은 품질, 고객 맞춤형 제품	15% 프리미엄 부과	합리적인 가격으로 일주일 이내에 고객 맞춤형 제작 상품을 직접 배송

4) 4P 믹스(mix)

위에서 창업기업의 마케팅 프로세스는 기회를 탐색, 점검, 활용, 그리고 확장하는 단계로 이루어진다는 점을 살펴보았다. 또한 각 단계별 활동을 촉진하기 위해서는 4P 믹스 개발을 통한 제품, 가격, 유통 및 촉진 전략을 수립하고 창업 마케팅 활동에 반영해야 한다는 점을 강조하였다.

본래 4P 믹스는 STP 전략을 통해 선정한 목표 시장에서 실질적인 마케팅 활동을 수행하고 기대하는 성과를 달성할 수 있도록, 기업이 통제 가능한 전략계획을 수립하기 위해 사용하는 전통적인 마케팅 이론을 말한다. 이 이론은 제품 전략(product strategy), 가격 전략(pricing strategy), 유통 전략(placement strategy), 그리고 촉진 전략(promotion strategy)을 적절히 배합하여 전략을 도출한다는 의미에서 믹스(mix)라는 개념이 포함된다. 따라서 4P 믹스를 개발하게 되면 '고객에게 어떤 특성을 가진 제품을 어떤 가격으로 어떤 경로를 이용하여 어떤 판매 촉진활동을 통해 전달할 것인가?' 에 대한 종합적인 계획 수립이 가능하다.

4P 믹스는 그 자체가 고객에게 가치를 제공함으로써 기업의 마케팅 목적을 충족시키기 위한 목적으로 설계되어야 하므로, 목표 시장에서 제품의 강력한 포지션을 구축할 수 있는 전략들이

통합되어 도출되는 전략적 전술도구라고도 여겨진다.

다음에서 4P 믹스의 4가지 전략에 대한 구체적인 개념을 살펴보도록 하자. 또한, 기술창업 기업이 마케팅 활동을 수행하기에 앞서 각 전략별로 고려하여야 할 내용은 무엇인지 파악해 보자.

[그림 10-12] 4P 믹스

(1) 제품 전략(Product Strategy)

4P 믹스의 제품 전략은 목표 시장에서 경쟁사보다 더 나은 제품의 포지셔닝을 구축하기 위해 자사의 제품을 타 제품과 어떻게 차별화 할 것인가를 결정하는 것이다. 제품의 차별화 전략은 물리적 차별화와 서비스 차별화로 구분될 수 있다.

물리적 차별화란 자사 제품의 종류, 디자인, 기능, 성능, 품질, 내구성, 포장, 크기나 규격 등의 측면에서 타 제품과 다른 특징적인 요소를 가미하는 방법이다. Apple이 iPod를 출시하면서 심플한 디자인과 기능을 추구하여 mp3 플레이어 시장에서 차별화를 시도한 것이 물리적 차별화의 대표적인 예라고 할 수 있다.

서비스 차별화는 품질보증 서비스, 고객 상담, 고객 관리, A/S, 주문의 용이성 등의 서비스 측면에서 차별화를 시도하는 것이다. 예를 들면 Dell 컴퓨터는 자사 홈페이지 상에서 고객 맞춤형 주문 제작을 통한 판매 서비스와 고객 상담 서비스를 시작하여 E-business 기반의 서비스를 활용해 고객확보, 비용절감 등 혁신적인 성과를 달성했다는 평가를 받았다.

제품 전략을 수립할 때는 제품의 차별화가 현대 마케팅의 핵심 도전 과제임을 잊지 말고 물리적 차별화와 서비스 차별화를 적절히 설정하도록 한다. 이제는 대부분의 시장에서 '안 좋은 제품' 이라는 개념은 더 이상 없다고 봐야 할 것이다.

(2) 가격 전략(Pricing Strategy)

가격 전략은 제품의 적정 가격을 설정하고 할인 여부와 정도, 할부기간 등과 같은 가격 정책에 대한 의사결정을 내리는 것이다. 가격 전략은 타사와 차별화되는 제품의 포지셔닝을 구축할 수 있도록 하며, 4P 믹스의 4가지 전략 중에서 실제로 기업에 수익을 창출하게 해주는 유일한 전략이기도 하다.

창업자는 일단 제품을 상업화하기 시작하였다면, 고객이 제품을 구매하기 위해 얼마를 어떻게 지불하게 할 것인가를 우선적으로 결정해야 한다. 이 때 고려해야 할 사항은 우리 기업의 재무적 목표, 즉 수익성을 달성할 수 있는 가격 정책인지, 목표 시장 내의 잠재적 고객들이 우리가 정한 가격을 기꺼이 지불할 수 있을 만큼 설정한 가격에 현실성이 있는지, 경쟁사의 진입을 저지할 수 있는 경쟁력 있는 가격인지, 그리고 4P 믹스의 다른 제품 전략, 유통 전략 및 촉진 전략과 일관성 있는 가격 정책인지 등의 여부이다.

이와 같은 다양한 목표에 따라 가격은 달라질 수 있는데, 하이테크 기반 제품에 대해 적정한 가격을 설정하기 위해 적용 가능한 전략으로는 원가에 기반 한 가격, 이익률과 손익분기점, 시장 가격, 경매 가격, 대체재 가격, 가치 기반의 가격을 결정하는 방법이 있다.

[표 10-7] 하이테크 제품의 가격 설정 방법

가격 설정 방법	세부 내용
원가 기반 가격 결정 (원가 + 이익 마진)	제품의 제작과 유통에 소요되는 단위 원가의 일정액 또는 일정비율의 이익 마진을 추가하여 가격을 결정하는 방법
이익률과 손익분기점 결정	1. 단위가격 계산 *가격 = 단위 비용 + [(이익률 x 투자) ÷ 판매량] 2. 손익분기점 결정 *고정비용과 변동비용을 충당하는 판매 수치
시장 가격	주요 경쟁사의 가격에 따라 자사 제품의 가격을 설정하는 방법
경매 가격	경쟁 입찰 정보에 기반한 가격 설정
대체재 가격과의 비교	자사의 제품을 대체할 수 있는 주요 대체재의 가격을 고려하여 가격을 설정
가치 기반 가격 설정	고객이 제품에 대해 느끼는 가치에 기반하여 가격을 설정하는 방법 1. 가격 걷어내기 2. 침투 가격 3. 품위/명성 가격 4. 낚시 가격 5. 가격 프로모션

출처 : MaRS(http://www.marsdd.com/mars-library/your-tech-product-pricing-and-product-positioning-in-the-marketing-mix), 마케팅전략연구소(http://www.msrkorea.co.kr/b/dataroom/151)

여기에서 가치에 기반 한 가격은 기업이 제품을 통해 제공하는 가치와 고객이 느끼는 가치 사이에서 다음과 같은 여러 가지 전략들을 사용하여 변화를 줄 수 있다.[7]

① 가격 걷어내기(Pricing Skimming)

고객마다 제품에 대해 느끼는 가치가 다르다는 점에 기반하여, 가치를 높게 느끼는 고객부터 낮게 느끼는 고객까지 모든 고객층에 접근하는 가격 정책이다. 즉, 신제품이 출시될 때 제품에 기꺼이 높은 가격을 지불할 수 있는 고객들로부터 이익을 극대화하고, 이후에 점차적으로 가격을 낮춤으로써 더 낮은 가격을 지불할 만한 고객들까지 제품을 구매하도록 유도하는 전략이다.

일반적으로 최신 스마트폰이 출시되면 초기에 높은 가격을 수반하는 경우가 대부분인데, 이 때 신제품이라는 사실 또는 혁신적인 기능에 이끌려 높은 가격에도 불구하고 스마트폰을 구매하는 얼리어답터들이 있다. 이 때 해당 기업은 고가격 정책으로 수익을 회수하고, 점차 판매량이 줄어들거나 경쟁사의 신제품이 출시된 이후에는 전략적으로 제품의 가격을 낮춰 저가 가격 제품에 구매 니즈가 있는 추가 고객을 확보할 수 있다.

② 침투 가격(Penetrating Pricing)

침투 가격 전략은 판매량을 극대화하거나 시장점유율을 유지하기 위하여, 제품의 초기 가격을 수요와 공급에 따라 발생하는 가격보다 낮게 책정하는 방법이다. 이 전략을 사용하게 되면 기업은 높은 브랜드 인지도를 획득할 수도 있지만, 제품 판매를 통해 높은 수익 마진을 올리기 어려울 뿐더러, 한번 결정된 가격을 올리게 되면 이탈하는 고객이 많이 발생하게 되므로 가격을 올리기도 쉽지 않게 된다. 따라서 침투 가격 전략을 사용할 경우에는 원가 절감을 위한 노력이 반드시 병행되어야 한다.

③ 품위/명성 가격(Prestige Pricing)

품위/명성 가격 전략은 고가의 가격정책을 펼치는 방법을 말한다. 기업은 제품의 가격을 높게 설정함으로써, 고객의 마음속에 브랜드의 품질 또는 배타성을 각인시킬 수 있다. 대부분의 사람들은 가격이 높으면 품질이 좋다는 인식을 갖고 있는 경우가 많기 때문에, 이 전략을 사용할 경우 오히려 가격을 내리게 되면 판매량이 감소할 수 있다는 점을 주의해야 한다. 가격이 낮아지면 고객들은 기업이나 제품에 문제가 있는 것은 아닌지 의심할 수 있기 때문이다.

④ 낚시 가격(Bait and Hook Pricing)

낚시 가격 전략은 초기 제품의 가격을 낮게 설정하여 고객들의 구매를 유도한 후, 제품 사용에 필요한 추가 구매품, 교체 부품 또는 소모품에 높은 가격을 설정하여 수익을 얻는 방법을 말

7) http://www.msrkorea.co.kr/b/dataroom/151

한다. 캡슐 커피 머신이 대표적인 예다. 기업은 커피 머신 자체에 높은 가격을 책정하지 않더라도, 고객들이 자사 머신의 규격에 맞는 커피 캡슐을 필요로 하기 때문에 캡슐 판매를 통한 지속적인 수익 확보가 가능하다.

⑤ 가격 프로모션(Price Promotion)

가격 프로모션 전략은 일시적으로 가격을 할인해주거나 1+1 이벤트, 사은품 또는 쿠폰을 제공하는 방법들이 포함된다. 이 전략은 신제품을 출시한 경우나 경쟁사로부터 고객을 끌어오기 위한 경우, 또는 재고를 처리하기 위해 기업이 많이 사용하는 방법이다. 그러나 가격 프로모션을 하게 되면, 기존의 구매 고객들이 차후의 프로모션을 기다리면서 제품을 정가로 구매하지 않을 가능성도 있다는 점을 유의해야 한다.

지금까지 제품의 가격을 설정하기 위한 다양한 방법을 알아보았다. 가격 결정 시 무엇보다 중요한 것은 고객이 충분히 지불할 만한 합리적인 가격인가를 고객들로부터 피드백을 받아야 한다는 점이다. 또한 창업자는 경쟁사의 가격정책 변화 추이를 살펴보는 노력을 지속할 필요가 있다.

(3) 유통 전략(Placement Strategy)

유통 전략은 우리 기업의 제품을 고객이 원하는 시간과 장소에 고객이 원하는 수량을 제공할 수 있도록, 고객에게 판매 또는 유통할 수 있는 지점을 결정하는 것이다.

제품이 고객에게 전달되는 유통 경로(market channel)는 크게 직접유통경로와 간접유통경로로 구분되는데, 유통 전략 설정 시에는 이와 같은 직접유통방식, 간접유통방식, 또는 직접유통방식과 간접유통방식을 혼합하는 방식을 결정할 수 있다.

여기에서 직접유통방식은 우리 기업이 생산한 제품을 직접 고객에게 판매하는 방식을 말한다. Apple은 웹상의 Apple store나 오프라인 직영매장을 운영함으로써 고객과 직접적으로 대면하여 기기와 액세서리를 판매하거나 iTunes를 통해 디지털 콘텐츠를 판매하고 있는데, 이러한 경로만 국한해서 본다면 직접유통방식이 된다.

간접유통방식은 중간상이 개입하여 우리 기업이 생산한 제품을 고객이 원하는 장소와 시간, 제품의 형태로 가공하여 대신 제공하는 방식을 의미한다. 우리가 직접 제조업체에 직접 방문하는 대신, 접근하기 편리한 대형마트나 동네슈퍼에서 물건을 구매하는 것을 생각하면 된다. 자동차와 같이 값비싼 제품들을 전문 딜러를 통해 구매하는 경우도 마찬가지이다.

또한, 직접유통방식과 간접유통방식을 혼합하여 유통 전략을 수립할 수 있다. 예를 들어 판매 대상을 기업고객과 일반 소비자 모두에게 판매하고자 한다면, 기업고객에게는 직접 판매하는 경우가 많고, 기업고객보다 고객 수가 훨씬 더 많고 지리적으로 분산되어 있는 소비자에게는 중간 유통망을 통해 간접적으로 판매하는 경우가 많다. 즉, 두 가지 유통경로를 모두 활용하여 기업고객과 소비자를 모두 확보할 수 있으므로, 이 전략을 잘 활용하면 시장 점유율을 높일 수도 있다.

[그림 10-13] 유통 경로의 유형

(4) 촉진 전략(Promotion Strategy)

촉진 전략은 기업이 마케팅 목표를 달성하기 위하여, 기업이나 제품에 대한 정보를 고객에게 의도적으로 전달하기 위한 방법을 결정하는 것을 말한다. 우리가 일반적으로 마케팅이라고 알고 있는 광고, 판매촉진, PR, 인적 판매, 직접 마케팅, 박람회 참가 등이 바로 이 촉진 전략에 포함된다.[8] 촉진 전략을 수립할 때는 고객이 개인 소비자인지 또는 기업 고객인지 여부를 잘 고려하여 결정하도록 한다.

① 광고(Advertising)

광고 전략은 고객과 직접적으로 대면하기 보다는, 주로 대중매체를 활용하여 간접적으로 고객에게 우리 기업의 아이디어나 제품 또는 서비스의 내용을 전달하는 방법을 말한다. 대표적인 예는 TV, 라디오, 신문, 잡지 등의 미디어 매체, 옥외광고, 또는 전단지의 활용이다. 또한, 웹사이트 상의 배너나 빌보드 차트를 활용하는 경우도 있다.

생소한 창업기업이라 할지라도 광고를 통해 외부에 우리 기업을 자주 노출시킬수록 기업에 대한 고객의 신뢰도를 확보할 수는 있으나, 투자하는 비용 대비 고객의 피드백이 즉각적으로

8) http://www.msrkorea.co.kr/b/dataroom/151

이루어지지 않을 수도 있다는 리스크도 있다. 따라서 광고를 기획할 때는 불특정 다수의 이목을 집중시킬 만한 혁신성, 참신성이나 재미적인 요소 등을 수반해야 한다는 점을 잊지 않도록 한다.

② 판매촉진(Sales Promotion)

판매촉진 전략은 고객에게 우리 기업의 제품을 구매하도록 유도하기 위해 행사를 기획하여 고객들을 혹하게 하는 전략이라고 할 수 있다. 우리가 어떤 매장을 지나갈 때 보는 플랜카드나 웹사이트를 방문했을 때 뜨는 팝업창에서 흔히 볼 수 있는 가격 할인, 할부정책, 1+1, 패키지 형태의 제품 구성, 무료증정, 샘플증정, 사은행사, 직접 제품을 시연해보고 사용해 볼 수 있는 이벤트 등을 판매촉진 전략이라고 보면 된다.

③ PR(Public Relations)

PR 전략은 판매촉진 전략처럼 고객들이 우리 기업의 제품이나 서비스를 바로 구매하도록 유도하기 보다는, 기업의 좋은 이미지를 구축하여 장기적으로 제품이나 서비스의 판매를 유도하는 전략을 의미한다. 예를 들면, 보도 자료나 스폰서십을 활용해서 주기적으로 우리 기업의 수상실적, 인증 획득, 특허 및 실용신안 등록 등 좋은 이미지를 전략적으로 외부에 노출 시키는 것이다. PR 전략을 잘 활용하면 고객뿐만 아니라 공급자나 투자자, 주주들에게도 기업에 대한 높은 신뢰도 제고와 긍정적인 피드백을 받을 수 있을 것이다.

④ 인적/직접 판매(Personal/Direct Selling)

인적판매 전략은 영업이나 방문판매를 통해 직접적으로 고객과 대면하여 판매하는 방식을 말하며, 직접 마케팅은 카탈로그, 우편, 전화, 인터넷, TV 홈쇼핑 등을 활용하는 방식을 말한다.

인적판매는 B2B 형태로 기업고객에게 판매할 때 적합한 방법이 될 수 있다. 기업 고객은 장기적인 고객관계 수립이나 대량 구매가 가능한 상대인 만큼, 직접 기업에 방문하여 제품 또는 서비스에 대한 자세한 설명을 제공하거나 각 기업의 특성에 맞는 맞춤형 제품 또는 서비스를 설정해 줄 수 있기 때문이다.

⑤ 전시회(Trade Show)

전시회 참가는 우리 기업이 속한 산업군 내의 공급자, 에이전시, 연구기관이나 주주들, 그리고 잠재적인 기업 고객들 등의 이해관계자들에게 제품 또는 서비스를 소개하고, 그들과의 네트워크 구축까지 가능한 곳이므로 기술창업 기업에게 무엇보다 중요한 촉진 전략이 될 수 있다. 많은 기업들이 단 기간에 상품 소개와 기업 이미지 제고, 신 시장 개척 등을 전시회 참가를 통해 달성하고 있다.

읽어보기 해외 전시회 참가도 지원받을 수 있다고?

이미지 출처 : http://www.gep.or.kr

해외 전시회에 참가하고 싶은데 비용도 만만치 않을 것 같고, 서류 작성부터 통역 문제까지...해외 전시회 참가를 어떻게 준비할 수 있을까?

다행히도 여러 정부기관과 각 지자체들이 창업기업과 중소기업을 대상으로 해외 전시회 참가를 적극 지원하고 있다.

창업기업이나 중소기업이 해외 전시회에 참가할 수 있는 방법은 크게 두 가지가 있다. 하나는 기업이 개별적으로 신청하여 참가하는 것이고, 다른 하나는 기업들이 국가관(한국관) 형태로 단체를 구성하여 참가하는 것인데, 정부기관 및 각 지자체에서 단체참가와 개별참가를 모두 지원하고 있다.

개별참가는 전시회 참가 준비를 모두 혼자서 해야 하는 어려움이 있지만, 부스 위치 선정, 부스 인테리어 등에서 차별화를 줄 수 있고 기업 인지도를 높일 수 있다는 장점이 있다. 반면 단체 참가는 개별참가보다 지원 금액이 크기 때문에 비용 면에서 절감이 되고, 전시회 참가에 대한 컨설팅, 통역 등의 지원을 받을 수 있기 때문에 전시회에 처음 참가하는 창업기업은 단체 참가 지원 사업을 적극 이용해 보도록 한다. 또한, 단체 참가를 원할 경우, 참가하고자 하는 전시회가 산업통상자원부 장관이 매년 지원 대상으로 선정한 해외전시회 목록에 있는 경우에 한하므로 지원 대상 목록을 꼭 체크하도록 하자.

[정부기관별 해외 전시회 참가 지원사업 개요]

구분		산업통상자원부	중소벤처기업부	농림수산부	문화체육관광부
단체참가지원	관리기관	KDTRA	중소기업중앙회	농수산물유통공사	국민체육진흥공단
	지원횟수	100회	약 100회	약 35회	약 5회
	지원내역	임차, 장치, 운송비 최대 50% 국고 지원 + 해외마케팅 100% 지원	업체당 1천만원 내에 임차, 장치, 운송비 등 공통경비 50% 국고 지원	임차, 장치(기본 부스 100%), 운송비(100만원 한도 내 70% 지원), 통역 및 판촉원지원 (50~100%지원)	임차, 장치비 전액, 운송비 1CBM(편도), 공동통역지원
	참가분야	업계수요중심, 유망, 대형전시회	틈새, 세분화 품목	식품분야	스포츠용품
홈페이지		www.gep.or.kr	www.sme-expo.go.kr	www.at.or.kr	www.kspo.or.kr

[지자체별 해외 전시회 참가 지원사업 개요]

구분	내용
사업정의	지자체(서울, 경기, 인천 등)별 관내 업체 대상 자체 해외마케팅 지원 프로그램 운영
지원 형태 및 횟수	단체관 약 250여회(이중 60%는 KOTRA, 중기청 참가 한국관과 중복), 특별전, 개별지원
예산원	각 광역 및 기초 지자체(기업지원과, 국제통상과, 국제협력과 등)
수행기관	중소기업진흥공단 지방본부, 무역협회 지방본부, 각 지방 테크노파크, 각 지방 중소기업지원센터, 각 구청 *서울의 경우 각 구청(강남, 영등포구 등)에서도 관내업체 대상 전시회 지원

출처 : 한국무역협회(2013), 전시 마케팅 성공 가이드.

⑥ 온라인 기반 촉진전략

이와 같은 내용들은 일반적인 기업들이 촉진 전략을 수립할 때 기본적으로 고려하는 사항들이다. 그러나 요즘의 창업기업들을 보면 웹과 모바일 사용 환경에 기반 하여 더 다양하고 세분화된 촉진 활동을 공격적으로 펼치는 것을 볼 수 있다. 비즈니스를 새로 시작하는 창업기업은 촉진활동에 많은 자금을 투입하기가 어렵고 시장에서 인지도가 낮은 경우가 대부분이기 때문에, 상대적으로 저비용을 투입하면서도 더 많은 잠재적 고객에게 노출될 수 있는 웹 기반 또는 모바일 사용 환경을 활용하는 것이 효과적일 수 있다.

그렇다면, 일반적으로 고려되는 촉진 전략과 더불어 창업기업이 활용할 수 있는 온라인 기반의 촉진 전략들은 무엇이 있을까?

기본적으로 우리 기업의 자체 홈페이지 구축을 들 수 있다. 기업이 공식적인 웹사이트를 구축해 놓는다는 것은 잠재적 고객들에게 기업 존재의 여부를 알리고 정보 제공까지 가능하므로 기업 신뢰도 확보에 필수적이다. 또한, 웹사이트 회원에 대한 이메일 구독 카탈로그 제공, 온라인 쇼핑 메뉴 등을 활용하여 방문자들에게 구매의 편의성까지 제공할 수 있다.

다음으로 인터넷 광고가 있다. 자체 홈페이지 이외에도 포털사이트 등의 타 웹사이트와 광고 제휴를 맺고 배너 광고를 등록할 수 있다. 최근에는 SNS와 휴대폰 문자(SMS)등을 활용한 촉진 전략도 많이 활용되고 있다.

[그림 10-14] 고객 유형별 촉진 전략 활용(예)

	개인 고객	기업 고객
오프라인	〈광고〉 TV, 라디오, 신문, 잡지, 옥외광고, 전단지 등	〈인적/직접 판매〉 방문판매, 카탈로그, 우편, 전화, 인터넷, TV 홈쇼핑 등
	〈PR〉 보도자료, 스포츠 경기 스폰서십 등	전시회 참가
온라인	기업 자체 홈페이지 포털 사이트 광고 등록 온라인 배너 모바일 광고 등	기업 자체 홈페이지 포털 사이트 광고 등록 온라인 배너 모바일 광고 등

출처 : Natasha Evers, James Cunningham, & Thomas Hoholm(2014). Technology Entrepreneurship. Palgrave Macmillan.

읽어보기 창의성 & 진정성의 레시피... 소셜 마케팅 성공 사례

대부분의 디지털 마케터들은 아직 페이스북과 트위터에 집중하고 있다. 그러나 엣지 있고, 재미있고, 좀 더 흥미로운 캠페인을 실험하기 위해 사용자 연령대가 어린 소셜네트워크에 주목하는 움직임도 증가하고 있다.

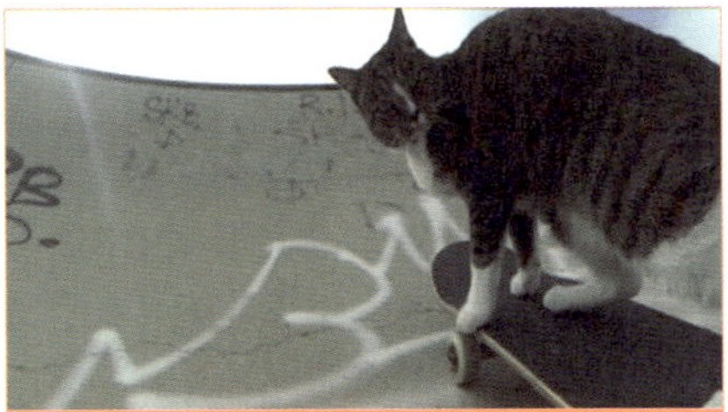

이미지 출처: 허밍턴포스트

고프로, 스케이트보드 타는 고양이

액션 카메라 제조사 고프로는 올해 초 호주의 '케이트보드 타는 고양이' 인스타그램 비디오로 히트를 쳤다. "귀여운 동물이 인간 활동을 즐기는 장면을 찍은 콘텐츠는 소셜에서 인기를 끄는 보증수표다"고 소셜미디어 인텔리전스 플랫폼 언메트릭(Unmetric)의 CEO 럭스 나라얀은 말하며, "이 사례에서는 소비자-생성 비디오의 실제 신기한 고양이를 담은 영상과 웃긴 일을 관심 없다는 듯이 하는 고양이에 대한 웹의 열광과 합쳐져 바이럴 비디오를 위한 완벽한 조합을 만들어냈다"라고 평가했다.

그에 따르면 이 비디오는 언메트릭의 모든 고프로 2015년 (9월23일까지) 인스타그램 포스트들 중에서 가장 많은 관여도 점수를 기록했다. 보도 서핑 고양이 역시 인스타그램에서 25만 건 이상의 "좋아요"를 받았다.

탐스 #withoutshoes 해시태그

전자상거래 벤더 탐스 슈즈(TOMS Shoes)는 2006년 신발 한 켤레가 팔릴 때마다 신발이 필요한 아이들에게 한 켤레씩 기부하는 목표로 사업을 시작한 기업이다. 2015년 5월 탐스는 인스타그램에서 회사의 자선 캠페인을 선보였다. 누구라도 #withoutshoes라는 해시태그를 활용해 맨발 사진을 인스타그램에 올리기만 하면 탐스가 신발 한 켤레를 기부하는 캠페인이었다.

와이어스톤(Wire Stone)의 선임 소셜 전략가 릴리 크롤은 이 캠페인에 대해 "회사 설립 목적을 진정성 있게 제시했다. 또 사용자들이 그들의 맨발을 쳐다보면서 찍은 사진을 올리는 인스타그램 트렌드에도 현명하게 편승했다"라고 평가했다.

총 29만 6,243켤레의 신발 기부로 결론 난 이 캠페인은 "입은 닫고 지갑은 열어라"는 경구와 소셜 미디어 노력에 "너무 잔머리 쓰지 않기"의 중요성을 보여줬다.

타코벨의 스냅챗 스토리

타코벨은 밀레니얼 세대의 연령대에 특히 인기 있는 소셜 미디어 채널 스냅챗을 통해 밀레니얼 세대와 소통하고 있다. 메인 패스 마케팅(Main path Marketing)의 소셜 미디어 매니저 엘리자베스 니니바기는 타코벨이 20만 명 이상의 팔로워를 가진 자사의 스냅챗 스토리피드에 “스냅”을 업로딩 함으로써 창조적으로 새 메뉴 아이템을 출시하고 광고했다고 설명했다.

타코벨은 MTV 무비 어워드 레드카펫의 짧은 비디오 스토리에서부터 “‘ 당신은 어떤 타코벨 메뉴인가?’ 라는 재미있는 퀴즈”까지 모든 활동에 스냅챗을 사용하고 있다. 또한 타코벨은 “익살맞고, 웃기고, 인터랙티브한” 발렌타인데이 광고로 명성을 얻었다.

출처 : CIOKOREA (http://www.ciokorea.com/news/26832?page=0,0)

10.4 기술창업기업의 마케팅 방법

자원이 풍부하지 않은 것은 물론, 기본적으로 기술개발에 대부분의 자본을 투입해야 하는 초기 기술창업기업의 경우 별도로 마케팅 전문가를 두기가 어려운 것이 실상이다. 그렇다고 어렵게 개발한 우리 회사의 제품과 서비스가 고객에게 노출되어 빛을 발하는 기회를 놓칠 수는 없다.

결국 초기 기술창업기업에 있어 마케팅은 최소한의 비용으로 최대의 효과를 낼 수 있도록 하는 것이 최선이다. 지금부터 기술창업기업에 적합한 마케팅 방법으로 고객 사이에 소문을 퍼트릴 수 있는 기법들과 최대한 비용을 아낄 수 있는 기법들에 대해 알아보도록 하자.

1) 고객 사이에 소문을 퍼뜨릴 수 있는 마케팅 방법

(1) 입소문 마케팅(Words of Mouth Marketing)

'남자의 침묵은 회사를 망치지만 여자의 수다는 회사를 살린다.' 는 말이 있다. 파급효과가 엄청난 입소문의 힘을 나타내는 말이다. 입소문 마케팅은 말 그대로 기업의 고객 또는 관계자들로부터 입에서 입으로 전달되는 입소문, 즉 구전 효과를 마케팅으로 활용하는 기법이다.

입소문 마케팅을 활용하는 기업들은 사람들이 자사나 자사의 제품 또는 서비스에 대해 느끼는 이미지를 다른 사람들에게 전달하도록 유도하고자 한다. 이 때 마케팅 대상의 10% 정도는 특정인, 즉 우리 기업의 핵심 고객이 될 잠재적 고객군이나 여론 형성에 주도적인 사람들을 공략하는 것이 기본 전제이다. 예를 들면, 10%의 특정인에게 제품의 무료 샘플을 보내거나 무료 체험을 하도록 하여 나머지 90%의 다수에게 입에서 입으로 제품의 이미지를 전달할 수 있도록 유도하는 것이다. 따라서 입소문 마케팅을 효과적으로 펼치기 위해서는 입소문을 널리 퍼뜨릴 수 있는 10%의 특정인들을 잘 찾아내야 하고, 특정인들이 주로 활동하는 온 · 오프라인 커뮤니티를 잘 활용하는 것이 필요하다.

(2) 버즈 마케팅(Buzz Marketing)

버즈 마케팅 또한 입소문 마케팅의 일환으로 볼 수 있는 마케팅 기법이다. 버즈 마케팅은 사람들의 흥미를 유발하기 위해 각종 이벤트를 펼치거나 선전 활동을 하는 것을 의미한다. 여기에서 버즈(buzz)는 '벌이나 기계가 윙윙거린다' 는 뜻으로, 버즈 마케팅의 명칭은 고객이 특정 제품이나 서비스에 열광하여 일종의 신드롬이 형성되는 과정을 의미하는 버즈 효과(buzz effect)에서 유래했다.

버즈 마케팅을 활용하는 기업들은 소비자들이 어떤 특정 제품을 화제에 올리게 하거나 그것을 사용하게 함으로써 또 다른 사람들이 그것을 목격할 수 있는 여건을 조성한다. 예를 들어 기업이 버즈 마케팅의 일환으로 길거리 한복판에서 지나가는 사람들이 제품을 체험해 볼 수 있는 특이한 이벤트를 펼친다고 생각해 보자. 이러한 이벤트는 신문사, 방송사 등의 미디어에 공개될 수도 있고, 이벤트를 목격한 지나가는 다른 사람들이 블로그와 같은 소셜미디어에 관련된 글을 작성할 수도 있다. 즉, 기업 입장에서 버즈 마케팅은 소비자들을 상대로 따로 광고 공세를 펼치지 않고도 입소문이 날 수 있는 훌륭한 촉진 전략이 된다.

읽어보기 '푸조 '1007 시리즈'의 버즈 마케팅

이미지 출처 : http://www.epeugeot.co.kr

푸조의 1007 시리즈는 소형차에 혁신적인 전동 슬라이딩 도어를 장착하고, 새로운 테크놀로지를 결합한 것으로 알려지며 많은 화제를 불러일으킨 모델이다. 2005년 'Top Gear Small Car'에 선정되었고, 수차례 아이디어상을 받기도 했는데, 이 모델에는 독특한 셀링포인트가 숨겨져 있다. 교체가 가능한 인테리어 스타일링과 슬라이딩 도어는 소형차에는 혁신적인 기술로서, 이는 'Ease'를 모토로 펼쳐진 이번 캠페인의 핵심 포인트가 되기도 했다.

푸조는 먼저 자유로운 마인드를 가지고 있는 소구대상(target audience)의 관심을 끌어내는 일부터 시작했는데, 이니셜 마켓 리서치 결과 타겟 마켓은 60% 이상이 여성으로서, 그들은 얼리어답터(early adopter)이며 삶이 바쁜 코스모폴리탄 라이프스타일을 즐기고 있는 것으로 나타났다. 또한 절대시간 측면에서 매스미디어에 적게 노출되며, 미디어나 광고 메시지에 대한 불신도 상당히 높은 경향을 보였다. 따라서 타겟의 라이프스타일에 비추어 볼 때 '전형적인 자동차 광고'는 적합하지 않은 것으로 판단되었다.

이에 푸조는 Sledge라는 에이전시를 통해 버즈마케팅을 필두로 매스미디어 광고까지 통합시켜 효과를 극대화할 수 있는 통합 마케팅을 꾀했다. 그리고 우선 인지도 확산과 더불어 흥미를 유발시킬 수 있는 버즈마케팅을 이용한 프리 런칭 캠페인을 전개해 대성공을 거두었다.

출처 : https://www.seri.org/kz/kzKsosv.html?ucgb=KZKSOS&no=9900&pgno=602&gbn=&rgbn=

(3) 바이럴 마케팅(Viral Marketing)

바이럴 마케팅은 기업이 직접 제품 또는 서비스를 홍보하는 것이 아니라, 잠재적 고객들이 자발적으로 홍보하도록 유도하는 방법을 말한다. 바이럴 마케팅을 펼치기 위해서는 사람들 사이에서 신속하게 퍼질 수 있을 만한 마케팅 메시지를 만드는 것이 중요한데, 주로 이메일이나 동영상을 활용하는 경우가 많다.

핫메일은 이메일을 활용하여 바이럴 마케팅을 크게 성공시킨 기업으로 유명하다. 핫메일 사용자들이 다른 사람들에게 메일을 보낼 때 '핫메일에서 무료로 이메일을 보내세요(Get your free e-mail at Hotmail)' 이라는 메시지가 같이 노출되어, 핫메일 회원이 메일을 사용하는 것만으로도 무료 마케팅 역할이 되었다. 이로 인해 핫메일은 정식 서비스 개시 후 1년 6개월 만에 850만 이상의 사용자를 빠르게 확보할 수 있었다.

읽어보기 **바이럴 마케팅으로 30일 만에 1억2천만 회 이상 노출된 패션잡지, 글래머(Glamour)**

이미지 출처 : http://www.glamour.com

구글 플러스에서 250만 명을 보유하고 있는 패션잡지 글래머(Glamour)는 유튜브로 팬을 유입시키고, 참여도 높은 컨텐츠를 생산하여 바이럴을 최대화 하고자 하였다. 구글 플러스의 팬들을 위해 매달 뷰티 프로덕트를 주제로 한 구글 행아웃(실시간 채팅 프로그램)을 소비자들과 직접 양방향으로 실시하였고, 이를 글래머의 유튜브 상에서 생중계 하였다.

예를 들어 로레알의 헤어 제품을 글래머 편집장에게 사용하고 사용 팁을 실시간으로 피드백 해 주는 방식이었다. 제품을 스토리의 중심에 두었으며, 이를 바이럴이 가능한 컨텐츠화에 성공하였다. 결과적으로 프로그램 시작 30일 만에 비디오와 디스플레이, 검색을 합해 1억2천만 회 이상 노출되었으며, 이외의 매체를 통해서도 5천만회 이상 노출시키는데 성공하였다.

출처 : 벤처스퀘어(2013. 12.18). "세계가 주목하는 2014년 소셜 마케팅 전략"(http://www.venturesquare.net/528035)(원문 : http://bit.ly/1gD90W6)

(4) 노이즈 마케팅(Noise Marketing)

노이즈 마케팅은 기업의 제품 또는 서비스와 관계된 이슈를 화제로 만듦으로써 의도적으로 소음(noise)을 조성하여 사람들의 이목을 집중시키는 마케팅 기법이다. 노이즈 마케팅에 활용되는 이슈들은 그 내용이 설령 부정적일지라도 사람들의 호기심을 자극하거나 그들의 입에 자주 오르내릴 수 있도록 해주는 도구가 될 수 있으므로, 기업의 인지도 제고 측면에서 효과를 가져 올 수 있다.

읽어보기 '중국 대륙의 실수' 샤오미 (小米)

이미지 출처 : 네이버

애플의 짝퉁, 중국판 애플이라고 불리는 샤오미는 중국 뿐 만 아니라 전 세계적으로 무섭게 성장하고 있다. 중국 시장이라는 이점도 있긴 하겠지만, 애플과는 다르게 생산과정을 투명하게 공개하는 전략도 주요 했다고 본다. 이 전략은 중국 제품은 싸구려라는 인식을 크게 바꾸게 되었다. 샤오미도 1년에 한 번씩 제품을 출시하는데, 레이쥔은 스티브 잡스와 같은 옷차림으로 설명을 하게 되어서 이슈가 되었던 것이다. 인터넷 내용을 보면 인터넷 쇼핑몰을 홍보하기 위해서 쇼핑몰 옷을 걸쳤다고 알려져 있지만, 사실 이는 전형적인 노이즈 마케팅이라 볼 수 있다.

출처 : http://blog.naver.com/nomadat/130170537913

(5) SNS 마케팅(Social Network Service Marketing)

소셜 네트워크 서비스(Social Network Service; SNS)를 통해 우리는 이제 다른 사람이나 기업이 만든 정보를 일방적으로 제공받는 수용자가 아닌, 내가 원하는 정보를 만들 수 있는 생산자가 되었다. 게다가 이러한 정보를 다양한 유형의 SNS를 통해 다른 사람들과 공유하고 더욱 빠르게 확산시킬 수 있는 시대가 되었다. 이와 같이 네트워크를 기반으로 사람들의 주체적인 정보 생산을 촉진하고 그들 간의 공감대를 형성함으로써 마케팅 활동을 펼치는 것을 SNS마케팅이라고 한다.

SNS를 효과적인 마케팅 도구로 활용하기 위해서 기업은 몇 가지 주의사항들을 염두에 둘 필요가 있다. 우선 초기 사용자들의 자발적인 참여를 유도할 수 있는 컨텐츠를 제공함으로써 일정 수준의 참여 인원을 확보해야 한다. 이를 위해 주요 경쟁사의 SNS를 분석해 보도록 한다. 예를 들어 경쟁사들은 SNS 계정에 얼마나 많은 가입자를 확보하였는지, 어떤 종류의 컨텐츠를

SNS를 통해 제공하고 있는지, 어떤 프로모션을 할 때 고객들의 참여가 많았는지, 그리고 어떤 컨텐츠에 고객들의 반응이 좋았는지 등을 파악하여 이를 바탕으로 고객들에게 공감대를 형성할 수 있는 컨텐츠를 개발해야 한다.

또한, 기업들은 SNS를 통해 고객들과의 소통 활동을 지속해야 한다. 고객이 기업의 SNS 계정에 글을 남겼거나 제품 또는 서비스 개선을 위한 좋은 의견을 제시하였을 때, 만약 그 기업이 아무런 반응을 하지 않는다면 고객은 다시 SNS에 방문하지 않을 수도 있다. 즉, SNS를 통해 단순히 고객의 관심을 끌 수 있는 컨텐츠를 제공하기 보다는 기업이 고객의 반응에 관심을 갖고 고객의 이야기에 끊임없이 귀를 기울이고 있다는 점을 고객들에게 어필하는 것이 중요하다. 즉, SNS상에서 기업과 고객 간의 상호 작용이 지속되어야 효과적이고 성공적인 SNS 마케팅을 이룰 수 있을 것이다.[9)]

읽어보기 **SNS를 활용한 하이네켄(Heineken)의 'Date In A Box' 마케팅**

이미지 출처 : http://creativity-online.com

네덜란드의 대표 맥주 브랜드 회사인 하이네켄은 2014년 2월 6일부터 2월 14일까지 발렌타인데이라는 시즈널한 이슈에 맞춰 하이네켄 'Date In A Box' 이벤트를 Twitter, Instagram, 그리고 Youtube 등의 SNS를 통해 진행했다.

하이네켄은 트위터에서 #DateInABox 태그로 트윗한 사람 중 추첨을 통해 발렌타인데이 데이트 플랜이 들어있는 기프트 박스 'Date In A Box'를 오프라인으로 배송해 주었다. 또한, 선물 받은 박스 사진을 #DateInABox 태그로 인스타그램에 올린 사람들에게 인스타그램을 통해 기프트 박스를 열 수 있는 코드를 발송하기도 했다.

하이네켄의 'Date In A Box' 이벤트는 하이네켄을 즐겨 마시는 사람이 아니더라도 '사랑', '발렌타인데이'라는 키워드를 통해 공감대가 형성될 수 있었던 감성 마케팅의 사례가 되었다. 또한, 하나의 이벤트를 Twitter, Instagram, 그리고 Youtube 등의 다양한 SNS를 통해 진행하면서 사람들의 참여와 바이럴 효과를 유도한 성공적인 SNS마케팅 사례로도 여겨지고 있다.

출처 : 한국인터넷기업협회(2014). SNS 마케팅 트렌드 및 마케팅 사례(Login:D).
http://www.kinternet.org/2014_globalk/skillup/140825-1.pdf

9) 배성환(2012). '소리 없이 세상을 지배한다 SNS파워마케팅'. 명진출판. pp 60-72.

2) 최대한 비용을 아낄 수 있는 마케팅 방법

(1) 게릴라 마케팅(Guerrilla Marketing)

"적이 다가오면 우리는 후퇴한다. 적이 천막을 치면 우리는 그들을 괴롭힌다. 적이 피곤해지면 우리는 그들을 공격한다. 적이 후퇴하면 우리는 그들을 뒤쫓는다."

– Mao Tse-Tung –

게릴라 마케팅은 게릴라 전술을 마케팅에 응용시킨 기법이다. 우리가 소위 말하는 게릴라 전술은 전력이 약한 세력이 강한 세력을 기습적으로 공격하여 치고 빠지는 식의 전술을 의미한다. 게릴라 마케팅도 거대한 비용이 투자된 마케팅 전략에 대항하여 아직 선두 기업이 진입하지 않은 틈새시장을 공격하거나, 상대적으로 적은 비용을 가지고 장소와 시간에 구애받지 않고 고객에게 파고들어 치고 빠지는, 즉 짧은 시간에 많은 대중에게 빠르고 효과적인 마케팅 전략을 펼치는 것을 말한다. 이러한 점에서 극단적 마케팅 또는 길거리 마케팅으로 불리기도 한다.

게릴라 마케팅은 저비용을 활용하고도 신선한 자극을 통해 대중들에게 기업이나 기업의 제품 또는 서비스의 인지도를 빠르게 높이는 효율적인 마케팅 방법이기 때문에 창업기업이 접근하기 용이하다. 하지만 저비용이라고 해서 쉽게 시도하기 보다는, 돈을 투자하는 대신에 기발한 아이디어를 만들기 위해 열정과 상상력을 투자한다는 개념에서 게릴라 마케팅을 준비해야 함을 잊지 않도록 하자.

Coca-Cola의 버스정류장 광고

Fitness First의 버스정류장 광고

(2) 앰부시 마케팅(Ambush Marketing)

앰부시 마케팅은 게릴라 마케팅의 일환으로, 어떤 공식 스폰서가 후원하는 이벤트에서 공식 스폰서가 아닌 기업이 스폰서인 것처럼 가장하여 마케팅 활동을 펼치는 것을 말한다. 기존의 공식 스폰서를 '매복한다(ambush)'는 의미에서 앰부시 마케팅이라고 불리운다.

앰부시 마케팅은 주로 스포츠 경기에서 많이 볼 수 있다. 예를 들면, 월드컵 중계방송 때 공식 스폰서가 아닌 기업이 TV 광고를 구입하고 월드컵과 관련된 광고 문구 등을 활용하여 고객에게 기업의 이미지를 각인시키거나, 축구경기 자체의 공식 스폰서는 아니지만 개별 선수나 팀의 스폰서가 되어 마케팅 활동을 펼치는 것이다. 1996년 올림픽 경기 때 공식 스폰서가 리복(Reebok)이었음에도 불구하고 나이키(Nike)가 미국의 유명 농구선수인 마이클 조던을 후원해 나이키 운동화가 유명해 진 일화가 대표적인 앰부시 마케팅 사례라고 볼 수 있다.

이미지 출처 : Business Insider

이미지 출처 : Business Insider

(3) 래디컬 마케팅(Radical Marketing)

이미지 출처 : AP

요즘에는 튀지 않으면 고객이 열광하지 않는다. '튀는 것' 은 그 자체로 훌륭한 마케팅 수단이 되는 것이다.[10] 래디컬 마케팅은 이러한 최근 고객들의 성향을 반영한 기법이다.

기존의 마케팅 법칙의 상식에서 탈피한 파격적인 기법으로 여겨지고 있는 래디컬 마케팅은 무방비상태의 소비자에게 갑작스럽게 제품이나 브랜드를 노출시키는 기법이다. 일반적인 시장조사에 의지하거나 소수 정예의 조직으로 발로 뛰고 움직이며 물량공세를 퍼붓는 대신, 상식을 뛰어넘는 기발한 아이디어로 승부한다.

공포영화의 주인공 처키 20주년 DVD발매를 기념하여 뉴욕에서 벌인 이벤트도 래디컬 마케팅의 대표적인 사례라고 볼 수 있다.

10) 김훈철, 장영렬, 이상훈(2007), 「마케팅전략백과」, 고즈윈.

활동하기	기술창업 마케팅 전략 및 마케팅 방법 수립하기

◆ 초기 창업기업이 마케팅 전략을 수립하기 위해서는 STP, 4P 믹스, 포지셔닝이 기본적으로 이루어져야 한다. 팀을 구성하여 팀별로 창업아이템에 대한 STP, 4P 믹스, 포지셔닝의 마케팅 전략을 수립 해 보자.

◆ STP, 4P 믹스, 포지셔닝 마케팅 전략 수립을 했다면, 이를 기초로 최소한의 비용으로 최대의 효과를 발휘 할 수 있는 마케팅 방법으로 마케팅을 해 보고, 이를 발표해 보자.

학습정리

- 마케팅은 기업이 장기적이고 강한 고객 관계를 구축하도록 함으로써 기업의 지속적인 수익 창출과 존속 가능성에 영향을 미치는 일련의 과정을 의미한다.
- 마케팅 활동은 제품 판매 및 광고뿐만 아니라, 고객의 니즈 파악을 위한 시장 조사, 제품 및 유통, 촉진, 마케팅 전략 수립 등을 포함한다.
- 창업 마케팅은 창업가의 창업가정신을 발휘하여 고객 중심의 기회를 탐색하고 포착하는 일련의 과정이다.
- 창업기업의 마케팅 프로세스는 창업자가 기회를 탐색(exploration), 점검(examination), 활용(exploitation), 그리고 확장(expansion)하는 단계로 이루어진다.
- 5 Forces 분석은 기업의 전략적 위치를 파악하고 경영 전략을 수립하는데 매우 효과적인 것으로 알려져 있으며, 산업 분석 방법으로는 가장 널리 사용되고 있다.
- 3C 분석은 마케팅 전략을 수립하기 위해 고객(customer), 경쟁사(competitor), 그리고 자사(company)로 구성된 3가지 핵심 요소를 중점적으로 분석하는 기법이다.
- SWOT 분석은 기업이 전략적 목표를 결정하거나 전략 수립을 위한 기초 자료를 확보하기 위해 기업 또는 제품의 강점(strengths), 약점(weaknesses), 기회(opportunities), 그리고 위협(threats)을 분석하는 기법이다.
- TOWS 매트릭스는 SWOT 분석 결과를 바탕으로 강점은 강화시키고, 약점은 보완하며, 기회는 활용하고 위협은 방어하는 방향으로 강점, 약점, 기회, 위협을 조합하여 4가지 전략을 도출하는 기법이다.
- STP 전략은 전체 시장을 일정한 기준에 따라 나누고(segmentation), 우리 기업과 제품에 적합한 시장을 선정하여(targeting), 소비자의 마음속에 어떠한 위치를 선점하여(positioning) 그들에게 다가가는 과정을 의미한다.
- 4P 믹스는 STP전략을 통해 선정한 목표 시장에서 실질적인 마케팅 활동을 수행하고 기대하는 성과를 달성할 수 있도록, 제품 전략(product strategy), 가격 전략(pricing strategy), 유통 전략(placement strategy), 그리고 촉진 전략(promotion strategy)을 적절히 배합하여 전략을 도출하는 마케팅 이론이다.
- 4P 믹스의 제품, 가격, 유통 및 촉진 전략들은 기업이 기회를 탐색, 점검, 활용 및 확장하는 본격적인 마케팅 활동 수행 과정에서 실제적으로 반영되어야 할 전략들이다.
- 창업기업이 활용 가능한 마케팅 방법들로는 버즈 마케팅, 입소문 마케팅, 바이럴 마케팅, 노이즈 마케팅, SNS 마케팅, 게릴라 마케팅, 앰부시 마케팅, 래디컬 마케팅 등이 있다.

참고문헌

- 김훈철 · 장영렬 · 이상훈(2007). 마케팅전략백과.
- 박광일(2006). 이땅에서 기획자로 살아가기. 행복을 주는 선물.
- 배성환(2012). 소리 없이 세상을 지배한다 SNS 파워 마케팅.
- 벤처스퀘어(2013. 12.18). "세계가 주목하는 2014년 소셜 마케팅 전략"
- 비즈니스 포스트(2014.11.27). 김봉진의 배달의민족이 승승장구하는 비결
- 손요한(2015.10.06). "온라인 마케팅을 시작한다면...영화 '아메리칸 셰프'를 보라". 플래텀.
- 우아한형제들 김봉진 대표(2013). 배달의 민족 브랜드 마케팅 이야기
- 이철희. "소문나는 게 무섭다고? 우리는 즐거워!". 삼성경제연구소.
- 조세현(2015). 성과를 지배하는 스토리 마케팅의 힘.

◆ 플래텀(2014.07.02). "당신의 회사를 차별화 하라! 브랜딩 필수요소와 마케팅 조언"
◆ 한국무역협회(2013). 전시 마케팅 성공 가이드.
◆ 한국인터넷기업협회(2014). SNS 마케팅 트렌드 및 마케팅 사례(Login:D).
◆ CIOKOREA(2014.06.12). "기발 · 참신 · 효과 '굿'... 소셜 미디어 마케팅 성공사례 "
◆ CIOKOREA(2015.10.05). "창의성 & 진정성의 레시피... 2015년 소셜 마케팅 성공 사례"

◆ Dennis Wonica(2007). Marketing requirements for high tech start-up & small businesses. LaserLight Networks, Inc.
◆ L. Dovleac & M. Balasescu(2012). Marketing mix for consumer high technology products. Bulletin of the Transilvania University of Braso. 5(54). 1
◆ Gruber, M.(2004). Marketing in new ventures: theory and empirical evidence. Schmalenbach Business Review, 56(2), 164–199.
◆ McDaniel, Lamb, & Hair(2008). Introduction to Marketing. South-Western, a division of Thomson Learning.
◆ Natasha Evers, James Cunningham, & Thomas Hoholm(2014). Technology Entrepreneurship. Palgrave Macmillan.
◆ Osiri, J. K.(2013). Entrepreneurial Marketing: Activating the Four P's of Marketing Strategy in Entrepreneurship. Entrepreneurial Executive, 18, 1–6.
◆ Porter, M. (1998). Competitive Strategy. New York: Free Press, pp. 3–5.

◆ 경영실무리뷰(http://mbr.co.kr)
◆ 마케팅전략연구소(http://www.msrkorea.co.kr)
◆ 휴넷 전략기획아카데미(http://strategy.hunet.co.kr)
◆ MaRS(http://www.marsdd.com)
◆ Service Design Platform(http://www.servicedesignplatform.com)

10장. 키워드 인덱스용

기술창업 마케팅	5 Forces 분석	3C 분석	SWOT 분석
STP 전략	4P 믹스	4E	버즈 마케팅
입소문 마케팅	바이럴 마케팅	노이즈 마케팅	SNS 마케팅
게릴라 마케팅	앰부시 마케팅	래디컬 마케팅	

11

기술창업 재무관리와 자금조달

측정할 수 없으면 경영할 수 없다.

경영학의 아버지, 피터 드러커(Peter F. Drucker)

학습목표

1. 창업기업에게 재무관리는 왜 중요하며 어떤 의미를 갖는가를 학습한다.
2. 창업자가 알아야 하는 회계와 재무에 대한 기본 지식에 대해 이해한다.
3. 매출과 비용을 추정하는 방법에는 어떠한 것이 있는가를 알아보고, 추정손익계산서를 작성해 본다.
4. 손익분기점의 개념과 유용성을 학습한다.
5. 창업기업이 자금을 조달하는 다양한 방법과 유의할 점에 대하여 학습한다.

11.1 기술창업 재무관리

1) 재무관리의 중요성

창업을 하는 목적은 무엇인가? 사람들은 다양한 목적을 위해 창업을 하지만 무엇보다 돈을 벌기 위하여 창업을 한다. 창업에 도전하는 모든 사람들은 본인의 창업아이템이 사람들이 원하는 것이고 아직 시장에 없기 때문에 많이 팔릴 수 있어 돈을 벌 수 있을 것으로 생각한다. 그렇기 때문에 많은 사람들이 창업을 하지만 실제 성공확률은 높지 않은 것으로 나타나 있다. 통계청 자료에 따르면 창업한 후 2년 이내에 50%의 기업이 문을 닫고 5년 이후까지 살아남은 기업은 30%에 미치지 못하는 것으로 나타났다.

기업이 문을 닫는 근본적인 이유는 사업을 통해 벌어들인 돈으로 갚아야 할 돈을 약속된 날짜에 갚지 못하기 때문이다. 일정 기간 동안은 은행의 대출이나 지인으로부터 돈을 빌려 사업을 유지할 수 있지만, 사업을 통해 돈이 들어오지 않는다면 오래 버티기는 힘들다. 이 과정에서 많은 사람들은 왜 생각했던 것보다 매출이 발생하지 않을까? 왜 비용이 생각보다 많이 발생하는 것일까? "이럴 줄 알았다면 차라리 창업을 하지 말았어야 하는데" 라는 후회를 하게 된다. 즉, 창업을 준비하면서 수입과 지출에 대한 충분한 이해와 준비 없이 창업에 도전했을 때, 예상보다 적은 수입 또는 많은 지출에 어려움을 겪게 되고 결국 실패에 이를 수밖에 없게 된다. 따라서 성공적인 기술창업을 위해서는 재무관리는 무엇보다 중요한 것이다.

즉, '창업 이후 매달 얼마만큼의 수입이 들어올 것인가?' 를 예측하고 고정적으로 나가야 하는 비용 등 다양한 비용을 추정해야 한다. 창업초기에는 수입보다는 지출이 많기 때문에 부족한 자금을 어떻게 조달해야 하며, 이익이 발생하는 경우 이익을 어떻게 활용해야 할 것인가를 고려해야 할 것이다. 이러한 분석을 바탕으로 사업을 통해서 정말 돈을 벌 수 있는가에 대한 최종 판단이 필요한 것이다.

대부분의 창업자들은 본인이 생각한 아이템과 기술의 우수성에만 관심을 갖고 실제로 사업을 통해서 돈을 얼마나 벌고, 번 돈을 어떻게 관리해야 하는 부분을 소홀히 생각하는 경우가 많다. 아마도 그 부분을 소홀히 하는 가장 큰 이유는 사업의 타당성 분석을 하기 위해서 요구되는 지식이 회계나 재무에 관련되어 있기 때문일 것이다. 실제로 경영학분야에서도 학생들이 가장 어려워하는 과목이 회계학, 재무관리인 것을 고려하면 경영학을 전공하지 않은 창업가들은 더 어려움을 느낄 것이다.

여기서 잠시 다음의 질문에 대하여 답을 해보기로 한다. 질문은 다음의 단어 중 용어를 들어보았거나 그 의미를 대략적으로 이해하고 있는 것은 몇 개인가? 하는 것이다. 50% 이상의 단어가 생소하다면 본 장을 학습하는데 많은 시간과 노력을 들여야 할 것이다. 그렇다고 절대 포기해서는 안 된다. 2번 3번 읽으면 점차 익숙해질 것이다.

손익계산서, 대차대조표, 현금흐름표
자산, 유동자산, 비유동자산, 부채, 자기자본
매출, 매출원가, 판매비, 일반관리비, 영업이익, 순이익
화폐의 시간적 가치, 할인율, NPV

재무관리는 아이디어가 제품화 과정을 거쳐 시장에서 수요를 창출해 사업이 성공할 수 있는지 가능성 여부를 체계적이고 합리적인 방법으로 파악해 보는 것이다. 본 장에서는 앞에서 배운 사업타당성 분석을 통해 나온 자료를 더 구체적으로 작성할 수 있는 방법론을 학습하고자 한다.

본 장이 끝나면 본인의 사업이 얼마만큼 가치가 있는가를 판단할 수 있게 될 것이다. 집중해서 배우고 배운 방법론을 통해 냉정하게 판단할 수 있기를 바란다. 만약 당신의 사업이 사업성이 없다고 판단되면 과감히 계획을 포기하거나, 사업계획을 수정해야 할 것이다. 재무관리는 창업을 실패 가능성으로부터 보호하기 위해 반드시 필요한 사전 점검 장치로 볼 수 있으며, 동시에 하고자 하는 사업의 성공확률을 높일 수 있는 유용한 수단이다.

또한 재무관리는 본인 작성 후 외부 전문가나 기관, 제3자의 객관적이고 냉정한 검토를 받아보는 것이 좋다. 예비창업자는 본인의 창업아이템을 과도하게 확신하는 경향이 있기 때문에 객관적인 판단이 필요하고, 사업타당성 분석은 상당한 전문적 지식과 경험이 필요하기 때문이다.

2) 재무관리를 위한 기본지식

여러분은 해외여행에서 언어에 대한 지식이 부족하여 곤란한 경험을 당한 적이 있을 것이다. 그 나라의 언어를 유창하게 구사할 수 있었다면, 보다 저렴하게 물건도 구매할 수 있었을 것이며, 길을 몰라 헤매는 경우도 없었을 것이며, 그 나라의 문화에 대해 보다 많은 것을 얻었을 것이다.

회계와 재무에 대한 지식은 비즈니스의 언어로 비교된다. 회계와 재무에 대한 지식이 없는

창업가는 그 나라의 언어를 모르고 여행을 떠나는 것과 같다고 할 수 있다. 필자는 작년에 창업 2년차 기업이 각고의 노력 끝에 생산된 제품을 거래처에 판매했으나, 거래처의 부도로 위기를 겪은 기업을 본 적이 있다. 멘토링을 하는 과정에서 거래처의 재무제표를 보게 되었는데, 물건을 팔아서는 안 되는 기업이었다. 만약 창업기업가가 재무제표를 볼 수 있었다면 해당 기업에 물건을 판매하지 않았을 것이고 그와 같은 위기는 겪지 않았을 것이다. 여행을 위해서는 해당국의 언어를 배워야 하듯이, 창업가가 창업이라는 새로운 세계로의 여행을 성공하기 위해서는 재무제표에 대한 기본적인 이해가 필요한 것이다. 그 중에서도 기업을 둘러싼 다양한 이해관계자들의 의사결정에 도움을 주는 재무제표 중 창업가가 알아야 하는 것으로는 재무상태표, 손익계산서, 현금흐름표가 있다.

(1) 재무상태표

재무상태표(statement of financial position)란 특정시점에서 기업이 보유하고 있는 자산과 자산을 구입한 자금조달의 원천(부채+자기자본)을 나타내는 표이다. 기업이 영업활동을 위해서 보유하고 있는 자산을 어떠한 방식으로 조달했는가를 나타내고 있는 표이고 "자산 = 부채 + 자기자본"이 성립된다. 실제 기업의 재무상태표를 보면 정말 많은 항목이 존재하고 보는 순간 머리가 아플 것이다. 그러나 창업을 준비하는 사람이 세세한 항목까지 알 필요는 없으며, 중요한 항목과 그 항목이 창업기업의 운영에 있어 어떤 의미를 갖고 있는가를 알고 있으면 된다.

[표 11-1] 재무상태표 예시

회사명 : K기업 (단위 : 천원)

구분	Historical		Projected		
	2012	2013	2014	2015	2016
자산총계	**500,000**	**550,000**	**605,000**	**665,500**	**732,050**
유동자산	210,000	231,000	254,100	279,510	307,461
– 당좌자산	130,000	143,000	157,300	173,030	190,333
– 재고자산	80,000	88,000	96,800	106,480	117,128
비유동자산	290,000	319,000	350,900	385,990	424,589
– 투자자산	75,000	82,500	90,750	99,825	109,808
– 유형자산	190,000	209,000	229,900	252,890	278,179
– 무형자산	25,000	27,500	30,250	33,275	36,603
부채총계	**200,000**	**220,000**	**242,000**	**266,200**	**292,820**
유동부채	155,000	170,500	187,550	206,305	226,936
비유동부채	45,000	49,500	54,450	59,895	65,885
자본총계	**300,000**	**330,000**	**363,000**	**399,300**	**439,230**
자본금	210,000	231,000	254,100	279,510	307,461
이익잉여금	90,000	99,000	108,900	119,790	131,769

① 자산(Asset)

자산항목에는 기업이 보유한 경제적 가치가 있는 모든 것을 기재하면 되는데 순서는 유동성이 좋은 순서로 기재하면 된다. 여기서 유동성이 좋다는 의미는 빨리 현금화할 수 있다는 것을 의미한다. 실제 재무상태표에는 많은 자산항목이 존재하지만 창업가들은 다음의 용어 정도만 이해하기로 한다. 자산 중 유동성이 좋은 자산을 유동자산, 상대적으로 유동성이 낮은 자산을 비유동자산이라 한다. 보통 1년 이내에 환금여부로 구분하지만, 자산의 투자목적에 따라 1년 이내의 단기투자와 1년 이상의 장기투자로 구분하는 것이 타당하다.

유동자산은 유동성이 좋은 자산으로, ① 현금, 예금, 유가증권과 같은 현금성 자산 ② 제품과 서비스를 팔았는데 아직 회수되지 않은 돈을 나타내는 매출채권 ③ 만들었는데 아직 판매되지 않은 자산인 재고자산으로 구성된다.

비유동자산은 상대적으로 유동성이 낮은 자산으로 ① 장기금융상품, 장기대여금, 전세권, 임차보증금을 나타내는 투자자산 ② 재화의 생산, 용역의 제공, 타인에 대한 임대 또는 자체적인 사용을 목적으로 보유하는 물리적인 형태가 있는 토지, 건물, 기계 등을 의미하는 유형자산 ③ 영업권, 특허권, 실용신안권 등과 같이 물리적 형태는 없으나 기업의 경영에 도움이 되는 자산을 나타내는 무형자산으로 구성된다.

② 부채(Liability)

부채는 갚아야 될 돈을 나타내며, 외부로부터 자금을 얼마나 조달했는가를 알려주는 항목으로 자산과 마찬가지로 유동부채와 비유동부채로 구분된다. 자본의 관점에서 타인자본이라고도 한다.

유동부채는 빨리 갚아야 되는(1년 이내) 빚으로 외상매입금, 단기차입금, 미지급비용 등으로 구성된다. 1년 이내 갚아야 할 유동부채보다 유동자산이 많을수록 기업이 단기적으로 파산할 확률은 줄어든다. 반면 비유동부채는 조금 천천히 갚아도 되는(1년 이후) 빚으로 사채, 장기차입금, 퇴직급여충당금 등의 항목으로 구성된다. 비유동부채가 많으면 고정적으로 부담해야 하는 이자비용이 높기 때문에 재무위험이 높아진다고 볼 수 있다.

③ 자본(Equity)

자본은 갚지 않아도 될 돈을 나타내기 때문에 자기자본이라고 하며, 주요 항목으로는 자본금, 자본잉여금, 이익잉여금으로 구성된다.

자본금은 발행주식의 액면가 총액을 의미한다. 예를 들어, 창업기업이 액면가 5,000원짜리 주식을 10,000주 발행했다면 자본금은 5천만 원이 된다.

자본잉여금은 자본거래에 의한 재원을 원천으로 하는 잉여금을 의미한다. 예를 들어, 창업기업이 유상증자를 통해서 액면가 5,000원짜리 주식을 10,000원에 10,000주 발행하여 1억 원이 회사로 들어 왔다면, 5,000만원은 자본금 항목에 5,000만원은 자본잉여금에 기록된다.

이익잉여금은 기업이 벌어들인 이익 중 배당을 지급하고 사내에 유보된 금액을 의미한다. 창업기업이 첫 해에 순이익 1억 원을 벌어 5,000만원을 주주들에게 배당으로 지급하였다면, 이익잉여금 항목에 5,000만원이 기록된다.

(2) 손익계산서

예비창업가에게 있어 손익계산서에 대한 이해는 매우 중요하다. 왜냐하면 사업계획서의 가장 중요한 항목인 기술창업의 재무관리에서는 추정손익계산서의 작성을 통해 이루어지기 때문이고, 추후 투자자로부터 투자를 받기 위한 기업의 가치평가도 추정손익계산서를 통해 이루어지기 때문이다. 자세한 방법은 뒷부분에 설명하기로 하고 여기서는 손익계산서의 기본 내용에 대해 살펴보기로 한다. 독자들에게 당부하고 싶은 것은 본서에서 언급하는 항목에 대해서는 반드시 이해해야 한다는 점이다.

[표 11-2] 손익계산서 예시

회사명 : K기업 (단위 : 천원)

구분	Historical		Projected		
	2012	2013	2014	2015	2016
Ⅰ. 매출액	790,000	869,000	955,900	1,051,490	1,156,639
Ⅱ. 매출원가	(600,000)	(660,000)	(726,000)	(798,600)	(878,460)
매출총이익	190,000	209,000	229,900	252,890	278,179
Ⅲ. 판매비와 일반관리비	(110,000)	(121,000)	(133,100)	(146,410)	(161,051)
영업이익	80,000	88,000	96,800	106,480	117,128
Ⅳ. 금융수익	10,000	11,000	12,100	13,310	14,641
Ⅴ. 금융비용	(30,000)	(33,000)	(36,300)	(39,930)	(43,923)
법인세비용차감전순이익	60,000	66,000	72,600	79,860	87,846
Ⅵ. 법인세비용	(20,000)	(20,000)	(20,000)	(20,000)	(20,000)
Ⅶ. 당기순이익	40,000	46,000	52,600	59,860	67,846

손익계산서는 일정기간(보통 1년)동안 기업이 사업을 통해서 얼마의 이익을 벌었는가를 보여주는 재무제표이다. 즉 영업기간에 발생한 매출액과 비용, 그리고 매출액과 비용의 차이인 이익을 보여준다. 손익계산서는 매출부터 시작한다. 매출은 기업 본연의 영업활동을 통해서 벌어들인 금액을 기재한다. 즉 자동차회사의 매출은 자동차를 팔아서 들어온 금액만을 기재해야 하며, 보유하고 있는 건물이나 기계 등을 팔아서 들어온 돈을 기재해서는 안 된다.

한편 비용은 크게 4종류로 구분이 되는데, ①매출원가는 기업이 제품의 생산에 투입한 직접원가이고 ②판매비 및 일반관리비는 간접비용(overhead cost), 급여, 광고비등으로 생산에 직접적으로 관련되지 않은 비용을 ③이자는 부채에 대하여 채권자에게 지급되는 비용을 ④세금은 과세의 표준이 되는 이익에 대하여 정부에 납부하는 비용이다.

이익에서 중요한 것이 영업이익과 순이익이다. 영업이익은 기업 본연의 영업활동을 통해서 벌어들인 이익이고, 영업이익 중 채권자에게 이자를 지급하고 정부에 세금을 납부한 후 남은 이익인 순이익을 주주가 갖게 된다. 순이익 중 일부를 주주에게 배당을 지급하면 남은 돈은 재무상태표의 이익잉여금으로 적립된다.

(3) 현금흐름표

현금흐름표는 기업의 영업, 투자 및 재무활동으로 인하여 발생하는 현금흐름의 유입과 유출을 기록한 표이다. 손익계산서와 대차대조표가 발생주의 회계원칙에 근거하여 수익과 비용을 인식하는데 반해 현금흐름표는 현금의 교환이 일어나는 거래만을 인식한다. 과거에 손익계산서상으로는 순이익을 기록함에도 불구하고 종종 도산하는 기업들이 있었다. 이러한 흑자도산의 대표적인 이유 중의 하나가 현금유입과 현금유출의 일시적인 불일치를 극복하지 못했기 때문이다.

[표 11-3] 현금흐름표 예시

회사명 : K기업 (단위 : 천원)

구분	Historical		Projected		
	2012	2013	2014	2015	2016
Ⅰ. 영업활동으로 인한 현금흐름	45,000	54,500	64,950	76,445	89,090
매출로부터의 유입액	600,000	660,000	726,000	798,600	878,460
매입에 대한 유출액	(440,000)	(484,000)	(532,400)	(585,640)	(644,204)
영업비의 지급	(65,000)	(71,500)	(78,650)	(86,515)	(95,167)
이자지급	(30,000)	(30,000)	(30,000)	(30,000)	(30,000)
법인세지급	(20,000)	(20,000)	(20,000)	(20,000)	(20,000)
Ⅱ. 투자활동으로 인한 현금흐름	(80,000)	(88,000)	(96,800)	(106,480)	(117,128)
Ⅲ. 재무활동으로 인한 현금흐름	55,000	60,500	66,550	73,205	80,526
Ⅳ. 현금의 증가	20,000	22,000	24,200	26,620	29,282
Ⅴ. 기초의 현금	40,000	44,000	48,400	53,240	58,564
Ⅵ. 기말의 현금	60,000	66,000	72,600	79,860	87,846

따라서 기업이 실제로 지급 가능한 현금을 얼마만큼 많이 보유하고 있는가에 대한 투자자들의 관심이 커졌고 현금의 흐름을 기록하는 현금흐름표의 분석이 재무제표분석의 중요한 내용

이 되었다. 올바른 기업의 가치를 평가하고 재무상태를 파악하는데 있어 발생주의가 적절한지 현금주의가 적절한지에 대하여 정답은 없다. 뛰어난 분석가가 되기 위하여서는 각 재무제표의 특징과 장 · 단점을 이해하고 상황에 맞추어 분석하는 능력이 필요한 것이다.

손익계산서는 비용을 유연하게 배분하여 인식하는데 비하여 현금흐름표는 현금흐름을 영업활동으로 인한 현금흐름(cash flow from operating), 투자활동으로 인한 현금흐름(cash flow from investing), 재무활동으로 인한 현금흐름(cash flow from financing)으로 분류한다. 일반적으로 분석가 입장에서는 동일한 금액의 현금흐름이라 하더라도 영업활동과 관련되어 정기적으로 일어나는 현금흐름을 보다 중요하게 생각한다. 현금흐름표의 작성은 경영학을 전공하지 않은 창업가에게 쉬운 작업은 아니다. 창업기업가에게 중요한 것은 손익계산서상의 이익과 실제 기업이 보유한 현금과는 차이가 날 수 있다는 사실을 인식하는 것이고, 의문이 생기는 경우 주변 전문가의 도움을 요청하는 것이 필요하다.

읽어보기 **스타트업을 죽이는 복병 – 현금흐름관리**

촉망받던 5년 차 세계적인 스타트업 플랫폼회사인 쿼키(Quirky)가 최근 파산 신청을 했다. 불과 1년 전까지만 해도 세계적인 대기업들과 투자업계가 '제조업의 미래'라며 입에 침이 마르도록 칭찬하던 회사이다. 쿼키는 우리가 만나보기라도 했으면 좋겠다고 생각하는 안드레센 호로위치 같은 쟁쟁한 벤처캐피탈들로부터 무려 1억 7,000만 달러의 투자를 받은 바 있다. 그런데도 파산이라니. 무엇이 문제였을까?

'소셜 제품개발 플랫폼'으로 정의되는 쿼키는 일반 대중으로부터 아이디어를 제공받아 제품을 설계/제작/판매하는 사업모델을 가지고 있다. 다방면의 인재들을 끌어 모아 아이디어 검증부터 설계, 디자인뿐 아니라 단기간에 제품을 출시할 수 있는 시스템을 모두 갖췄다.

회사가 파산 지경에 이르게 된 표면적인 이유는 그 세련되고 날카로운 검증 과정을 거쳐 시장에 출시한 제품들이 잘 팔리지 않았기 때문이다. 히트작이 없었던 건 아니지만, 히트작만으로는 파산을 막을 수 없었다.

구부러지는 멀티탭

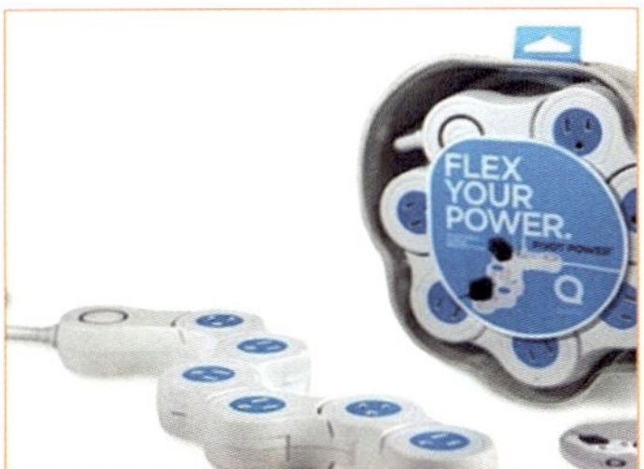

Quirky에서 판매하던 구부러지는 멀티탭

레몬스프레이

Quirky에서 판매하던 레몬이나 라임을 꽂아 바로 사용할 수 있는 레몬즙 스프레이

이런 결과를 두고 혹자는 비전문가인 대중으로부터 아이디어를 제공받는 방식이 현실성이 없었기 때문이라고도 하고 상품성을 판단하는 전문성이 떨어졌기 때문이라고도 한다. 카피캣을 막기 위해 단기간에 제품을 출시하는 전략이 틀렸다고 말하는 사람도 있다 잘 될 때는 무수한 찬양이 쏟아지다가도 잘 안 되기 시작할 때부터는 '내가 그럴 줄 알았다' 로 분위기가 급반전되면서 실패할 수밖에 없는 이유들이 쏟아졌다.

분명한 것은 쿼키가 파산하더라도 '집단지성 기반' 혹은 '사용자 참여형' 사업모델은 계속 등장할 것. 사회는 지식을 소수가 독점하고 결정하는 단계에서 모두가 지식을 제공하고 의사결정에 참여하는 방식으로 진화하고 있기 때문입니다. 쿼키의 아이디어 채용 방식은 트렌드에 부합했다. 동일한 방식으로 성공한 사례도 있습니다. 이스라엘 스타트업이 만든 사용자 참여형 내비게이션 앱 '웨이즈(Waze)' 는 2013년 13억 달러에 구글에 매각되면서 사례를 제공했다. 잘 됐더라면 쿼키는 '미래형 3M' 이 될 수도 있었는데 개인적으로도 쿼키의 파산이 아쉽다.

쿼키의 창업자인 벤 커프먼은 쿼키 이전에 이미 창업과 엑시트(exit) 경험을 가지고 있었다. 쿼키는 좋은 팀원들과 훌륭한 투자자 그룹, 좋은 협력업체 네트워크도 가지고 있었다. 그런데도 왜 파산에 이르게 되었을까요? 핵심은 '현금흐름 관리의 실패' 에 있다.

쿼키는 1,990만 달러를 상환하는 만기가 도래하기 한 달 전에 파산을 신청했다. 그 외에도 담보 부채 930만 달러, 무담보 부채 3,680만 달러와 외상 매입금 2,800만 달러를 상환해야 할 상황이었다. 우리나라 같으면 절대 불가능했을 어마어마한 차입금을 조달할 수 있었다는 뜻이다.

쿼키의 사업모델과 경영방식은 논쟁의 대상이 될 수 있지만 쿼키가 성공에 이를 때까지 현금흐름을 유지하지 못했다는 건 분명하다. 자본시장이란 돈이 필요한 기업이 아니라 '잘 나가는' 기업에 돈을 몰아주는 이상한 속성이 있다. 쿼키의 과거 성장세가 나쁘지 않았고 시장에서 크게 주목을 받는 상황이었기 때문에 투자자들은 아마도 쿼키에 투자를 하려고 줄을 섰을 거다. 회사는 그런 상황을 이용해 회사에 유리한 조건으로 자금을 충분히 조달할 수 있었을 거다. 그러나 결과는 많은 자금을 조달할 수 있다고 해서 회사가 성공하는 건 아니라는 걸 보여줄 뿐이다. 우리나라에서 수천억 원의 가치를 인정받으며 수백억 원의 투자를 받은 스타트업 중에서도 몇 개는 앞으로 같은 길을 가게 될 것이다. 막대한 투자금은 성공의 보증수표가 아니라 역으로 스타트업에게 독이 될 수 있다.

스타트업의 목표는 생존이고 성공할 때까지 버티면 반드시 성공한다는 게 성공한 선배들의 조언이다. 그러나 스타트업이 버티지 못하게 하는 적들이 존재한다. 그 첫 번째가 바로 현금흐름이다. 자금이 말려버리면 버티고 싶어도 버틸 수가 없기 때문이다. 스타트업이 해야 할 첫 번째 일은 투자유치가 아니라 성공할 때까지 버틸 수 있는 현금흐름 계획을 세우는 것이다.

출처 : 양경준(2015.12.17). "스타트업을 죽이는 복병"
http://ppss.kr/archives/60809

3) 기술창업의 재무예측과 추정

(1) 재무예측과 추정 단계

지금까지 여러분은 재무관리를 위해 요구되는 기본적인 지식을 습득하였다. 다음에서는 기술창업의 재무 추정의 구체적인 방법론에 대해 살펴보도록 하자. 기술창업의 재무 추정 단계는 [그림 11-1]와 같은 절차를 통해 이루어진다. 최종 재무 추정 단계는 투자안의 순현가(Net Present Value: NPV)[11]를 계산하는 것이다. 그러나 NPV를 계산하는 것은 재무와 관련된 상당한 지식이 요구되기 때문에 경영학을 전공하지 않은 창업가에게는 쉬운 일은 아니다. 이 장에서는 4단계 중 3단계인 추정손익계산서를 작성하는 단계까지만 언급하기로 하겠다. 창업가들에게는 추정손익계산서만 잘 작성해도 충분할 것이다. 그래도 부족하다면 재무관리 교과서를 참고하기 바란다.

[그림 11-1] 기술창업의 재무 추정 단계

1단계		2단계		3단계		4단계
매출추정	▶	비용 및 초기투자비용 추정	▶	추정손익계산서의 작성	▶	현금흐름의 추정

(2) 매출추정

사업계획서 작성에서 가장 어려운 부분이 기술창업의 재무 추정 단계를 분석하는 것이라고 한다면, 기술창업의 재무 추정 단계에서 가장 어려운 부분이 매출을 추정하는 것이다. 왜냐하면 기존기업과 달리 창업기업은 미래의 매출을 추정할만한 과거의 실적이 존재하지 않기 때문이다. 더욱이 기존의 제품과 차별화 되는 신제품의 경우에는 더더욱 어렵다.

필자가 많은 사업계획서를 검토하는 과정에서 얻은 교훈은 매출추정에 있어 정답은 없지만 시장환경 분석, 비즈니스 모델 및 마케팅전략을 철저하게 수립한 예비창업가의 매출추정에는 고개가 끄떡여져 진다는 점이다. 이 부분이 중요하고 다음을 기억하기로 한다.

투자자들에게 고개가 끄떡여질 수 있도록 할 수 있는 매출추정의 핵심 포인트는,

★ 반드시 시장환경 분석을 기반으로 비즈니스 모델과 마케팅전략의 수립을 통해 도출된 논

11) 순현가란 미래에 들어올 것으로 예상되는 현금흐름의 현재가치의 합에서 나가는 돈의 현재가치의 합을 차감한 금액이다. 일반적으로 NPV값이 0보다 크다면 투자를 해도 좋다고 판단한다. 여기서 미래현금흐름을 현재가치로 바꾸기 위해서는 투자안의 위험을 고려한 할인율을 사용해야 한다.

리적 근거를 바탕으로 계량화된 데이터를 사용하여 작성되어져야 한다.

★ 가능한 보수적으로 작성되어야 하며, 시나리오 분석을 사용하는 것이 좋다. 즉 예비창업가가 추정한 매출을 중심으로 (−20%, −10%, 추정치, +10%, +20%) 정도의 변동 상황을 고려하여 매출을 추정하는 것이다. 보수적으로 접근했음에도 불구하고 해당 사업이 경제성이 있다는 것을 보여주는 것이 필요하다.

(상황1) 기존시장에 진입하는 경우의 판매수량 예측

(방법1) 당신이 생산하고자 하는 제품과 유사한 효용을 제공하는 제품을 생산하는 기업들을 벤치마킹할 수 있다면 판매수량 추정은 상대적으로 수월할 것이다. 그러나 이 경우에도 제품 및 서비스의 특징에 따라 벤치마킹이 어려울 수 있다. 예를 들어, 창업아이템으로 카카오톡과 동일하거나 유사한 기능을 제공하는 서비스를 제공한다고 해서 카카오톡 만큼의 가입자를 확보할 것이라고 하면 아무도 동의하지 않기 때문이다. 카카오톡과 유사한 서비스를 제공하되 확실한 차별화된 기능, 예를 들어, 카카오톡이 제공하는 서비스에 더불어 대화내용이 100% 보완이 되는 서비스를 제공한다면 조금은 동의할 수 있을 것이다. 시장의 경쟁업체가 제공하는 제품의 효용과 가격 그리고 판매수량을 근거로 활용하되 당신의 제품이 가진 차별화된 경쟁력을 기반으로 본인의 판매수량을 추정하되, 보수적으로 접근하여 추정되는 매출액의 70~80% 정도로 산정한다.

생각해 보기 **매출액 추정 1**

당신과 유사한 아이템으로 사업을 하는 기업이 3개 기업이 있다. A기업은 100개를 판매하고 B기업과 C기업은 각각 50개를 판매하고 있다. 당신의 창업아이템은 A기업에 비해서는 디자인이 차별화되어 있고, B와 C기업에 비해서는 일부 가격경쟁력이 있다고 판단된다. 이 경우 몇 개로 매출을 추정하는 것이 투자자들을 설득할 수 있을 것인가? 정답이 있는 것은 아니며, 논리적 근거가 중요하다.

(방법2) 전체시장 규모를 예측하고 시장점유율을 추정하여 매출액을 추정한다. 시장규모는 해당 아이템이 속한 협회 및 정부기관 사이트를 방문해서 추정이 가능하다. 문제는 시장점유율을 예측하는 것인데, 가능한 시장세분화를 통해 목표시장을 정확히 정의하고 가격경쟁력과 차별화전략을 통해 논리적으로 설명되어야 할 것이다. 마찬가지로 보수적으로 접근하여 추정되는 매출액의 70~80% 정도로 산정한다.

생각해 보기 매출액 추정 2

당신은 하나의 차별화된 기능을 추가하여 창업을 하고자 한다. 전체 시장규모는 10억 원이고 경쟁사는 10개 기업이 있다. 1개의 기업이 40%의 점유율을 갖고 있고 나머지 9개 기업이 대동소이하게 시장점유율을 나타내고 있다. 이 경우 얼마로 매출을 추정하는 것이 투자자들을 설득할 수 있을 것인가? 정답이 있는 것은 아니며, 논리적 근거가 중요하다.

(상황2) 신규시장을 창출하는 경우

신규시장인 경우 매출을 추정하기는 더욱 어렵다. 벤치마킹할 경쟁사도 없고, 시장규모도 파악이 어렵기 때문이다. 이 경우에는 가능한 설문조사를 실시하는 것이 필요하다. 당신이 제공하는 제품의 정확한 효용과 가격을 명시하고 제품을 구매하겠는가에 대한 의사를 파악하는 것이 필요하다. 이 부분은 상당히 전문적인 스킬이 요구되는 분야로 가능한 전문기관에 의뢰하여 조사하는 것이 좋다. 마찬가지로 당신의 주장이 설득력을 얻기 위해서는 목표시장을 최대한 세분화하는 것이 필요하다.

생각해 보기 매출액 추정 3

당신은 기존의 제품과 전혀 다른 신제품을 개발하여 창업을 하고자 한다. 전문기관에 의뢰한 결과 목표고객(서울, 30대 남성, 미결혼자, 자동차 보유, 연소득 5,000만 원 이상)을 대상으로 설문조사를 한 결과 응답자의 총 35%(적극구매의사: 20%, 구매의사: 15%)가 구매의사가 있다고 응답하였다. 이 경우 몇 개로 매출을 추정하는 것이 투자자들을 설득할 수 있을 것인가? 정답이 있는 것은 아니며, 논리적 근거가 중요하다.

【매출추정】지금까지 학습한 내용을 바탕으로 당신이 하고자 하는 사업의 매출액을 추정하시오.

(3) 비용추정

매출추정의 어려움에 비하면 상대적으로 비용추정은 용이하다. 비용과 관련해서는 다양한 항목이 존재하지만 기술창업의 재무관리를 위한 주요 항목들 위주로 소개하도록 하겠다. 중요한 것은 비용추정은 반드시 사업계획서의 내용을 바탕으로 추정되어야 한다. 예를 들어, 매출원가는 생산전략에 따라, 광고비는 마케팅전략에 따라, 인건비는 인사 · 조직전략에 따라, 감가상각비는 투자계획 등에 근거하여 구체적인 수치로 도출되어야 한다는 점이다.

① 매출원가

매출을 발생하기 위하여 제품의 생산에 직접적으로 투입되는 원재료 또는 상품가격과 부대비용을 의미한다. 매출에서 매출원가를 차감한 금액을 매출총이익이라고 하며, 매출에서 매출총이익이 차지하는 비율을 매출총이익율이라고 한다. 예를 들어, 10,000원짜리 휴대폰케이스를 제조하는데 발생하는 원가가 6,000원이라고 한다면 매출총이익률은 40%이다. 매출원가는 변동비 성격을 갖고 있어 대부분의 기업에 매출액의 일정 비율로 나타낼 수 있다. 따라서 사업 첫해년도 매출과 매출원가를 추정하여 비율을 계산하면 이후 연도부터는 해당비율로 매출원가를 추정한다. 즉 첫해년도 매출이 1억이고 매출원가가 6,000만원이라면 매출원가는 60%로, 2차년도 매출이 1억2천만 원으로 추정되면 매출원가는 1억2천 X 60% 인 7천2백만 원을 기록하면 된다.

【매출원가의 계산】 매출원가에 대한 개념이 이해되었다면 당신이 하고자 하는 사업의 매출원가를 계산하시오.

② 인건비

원칙적으로 제품생산에 투입되는 인력에 대한 급여는 매출원가로 기록하는 것이 맞지만, 기술창업의 재무관리에서는 전체 인건비를 판매비 및 일반관리비로 계산해도 무방하다. 또한 세부적으로는 각종 수당, 복리후생비, 퇴직급여충당금 등 다양한 항목이 존재하지만, 재무관리에서는 인건비 항목으로 묶어서 나타내는 것이 편리하다. 또한 인건비는 사업계획서의 인사・조직전략에 의해 계산되며, 2차년도 이후의 인건비는 해당 업종의 과거 3개년 평균 임금상승률을 고려하는 것이 일반적이다.

여기서 많은 창업가들이 실수하는 부분이 본인의 인건비를 비용으로 인식하지 않는다는 점이다. 많은 예비창업가들이 "내 사업이기 때문에 나는 인건비를 안 받아도 돼"라고 생각하지만 이는 잘못된 생각이다. 기술창업에서 재무 추정 분석은 기회비용을 고려하여 작성되어야 하며 본인의 인건비도 반드시 포함해야 한다.

【인건비의 계산】 인건비에 대한 개념이 이해되었다면 인력운영계획에 근거하여 인건비를 계산하시오.

③ 지급임대료

사업장 임차에 따라 지급되는 임대료도 정교한 계산이 필요하며, 2차년도 이후에는 임대료 상승분을 고려하는 것이 필요하다.

【지급임대료의 계산】 지급임대료에 대한 개념이 이해되었다면 당신이 하고자 하는 사업의 지급임대료를 계산하시오. 임대료에 대한 정보는 중소벤처기업부 상권정보시스템(sg.smba.go.kr)을 활용하면 많은 도움이 된다.

④ 광고선전비

아무리 좋은 제품이라고 하더라도 소비자들이 모르면 팔리지 않는다. 기 작성된 마케팅 계획에 근거하여 마케팅 비용을 논리적으로 추정하는 것이 필요하며, 창업기업의 특성 상 제품의 인지도 제고를 위하여 창업초기에는 마케팅 비용을 공격적으로 설정하고 이후 점차 감소시키는 계획이 바람직하다.

【광고선전비의 계산】광고선전비에 대한 개념이 이해되었다면 홍보계획에 근거하여 광고선전비를 계산하시오.

⑤ 연구개발비

기술창업기업의 경우 연구개발은 매우 중요하다. 사업의 성격별로 차이가 존재하지만, 연구개발비를 책정 안한다면 투자자의 신뢰를 받기는 어려울 것이다. 중소벤처기업부 조사(2014년)에 따르면 기술을 기반으로 한 벤처기업(매출액 1,000억 이상)의 경우 매출액 대비 연구개발비 비중은 2.7%로 대기업(1.2%)나 중소기업(0.7%)다 높게 나타났다. 사업계획서의 기술개발 계획에 근거하여 작성되어야 하며, 기술창업기업의 경우 매출액 대비 2~3% 정도를 책정하는 것이 바람직하다.

【연구개발비의 계산】 연구개발비에 대한 개념이 이해되었다면 기술개발계획에 근거하여 연구개발비를 계산하시오.

⑥ 관리비

통신비, 수도광열비, 전기료, 건물관리비 등을 묶어서 관리비로 계산한다.

【관리비의 계산】 관리비에 대한 개념이 이해되었다면 사업계획에 근거하여 관리비를 계산하시오.

⑦ 감가상각비

사업을 하기 위해서는 생산 및 관리에 필요한 각종 장비(기계, 컴퓨터, 복사기 등)를 구입해야 하고, 공장설립이 필요할 수도 있으며, 시설을 구축하기 위한 비용이 발생하게 된다. 이러한 비용은 사업시작 시점에 현금으로 지출되지만, 회계상으로는 감가상각비로 처리된다. 감가상각비란 자산으로 기재되는 항목에 대해서는 현금유출시점에 비용으로 계산하지 않고 기간에 걸쳐 나누어 비용으로 인식한다.

그렇다면 "몇 년간에 걸쳐 비용으로 처리하고, 얼마만큼을 매년 배분해야 하는가?"에 대한 질문을 하게 된다. 원칙적으로 장비에 대해서는 회계기준에 따라 내용연수라는 것이 있어 내용연수기간에 따라 회사가 선택한 방식에 따라 감가상각 하지만, 기술창업의 재무관리에서는 추정손익계산서 작성 기간 동안 일정금액을 배분해도 무방하다. 예를 들어, 1억 원짜리 기계를 구매하고 5년 치 추정손익계산서를 작성하는 경우 매년 2,000만원씩 감가상각비를 책정하면 된다.

추정손익계산서에 기재되는 감가상각비는 수익-비용 대응의 원칙에 따라 대응되는 비용으로 실제 지출되는 비용이 아니기 때문에 현금흐름 계산 시 다시 더해 주어야 한다. 이 부분에 대해서는 뒷부분에서 자세히 설명하기로 한다.

【감가상각비의 계산】 감가상각비에 대한 개념이 이해되었다면 투자계획에 근거하여 감가상각비를 계산하시오.

⑧ 기타비용

신문대금, 소모품, 식대 등 상기에 포함되지 않은 비용을 의미하며, 매출의 2~3% 내외로 산정하는 것이 일반적이다.

【기타비용의 계산】 기타비용을 계산하시오.

⑨ 지급이자

자금조달원천 중 부채금액에 차입비용(이자율)을 곱해서 계산한다. 예를 들어, 5,000만원을 은행에서 3%로 대출 받는 경우 150만원이 해당연도의 이자비용이 된다. 부채금액은 자금조달계획에 의해 계산된다.

【지급이자의 계산】 자금조달계획에 근거하여 지급이자를 계산하시오.

⑩ 세금

창업자가 개인사업자 또는 법인사업자에 따라 세금은 달라지게 된다. 개인사업자의 경우는 개인으로 간주되어 개인소득세율을 적용 받지만, 주식회사 형태의 법인사업자의 경우는 법인세율을 적용 받는다.

예제 알기 쉬운 세금 계산

◆ 개인사업자의 경우

과세 표준	세율	누진제공
1,200만원 이하	6%	–
1,200만원 초과 4,600만원 이하	15%	72만원 + (1,200만원 초과금액의 15%)
4,600만원 초과 8,800만원 이하	24%	582만원 + (4,600만원 초과금액의 24%)
8,800만원 초과 3억원 이하	35%	1,590만원 + (8,800만원 초과금액의 35%)
3억원 초과	38%	9,010만원 + (3억원 초과금액의 38%)

과세표준이라 함은 총 매출액에서 필요경비를 뺀 부분을 의미한다. 예를 들어 과세표준이 30,000,000원인 경우 세금은 3,420,000(30,000,000 X 15% – 1,080,000)이다.

◆ 주식회사의 경우

현행 법인세율에 따르면 과세표준소득이 2억 원을 초과하는 경우는 10%이며, 2억 초과 200억 이하는 20%에 누진공제로 2,000만원을, 200억 초과하는 경우는 22%에 42,000만원이 누진공제로 적용된다. 예를 들어, 과세표준소득이 10억 원인 경우 세금은 1억8천만 원(10억 X 20% – 2,000만원)이다.

(4) 추정손익계산서의 작성

사업계획서를 통해 매출과 비용에 대한 추정이 이루어졌다면 추정손익계산서의 작성은 상대적으로 쉬운 일이다. 다음의 예를 통하여 주어진 추정손익계산서를 작성하는 연습을 해보자. 회계나 재무관리 과목을 수강하지 않은 학생에게는 분명 쉬운 작업은 아닐 것이다. 미지의 세계에 도전하는 기업가정신을 발휘하여 예제의 내용을 바탕으로 아래 표의 빈칸을 채워보도록 하자.

창업프로젝트X

당신은 컬러 인쇄가 가능한 저가형 3D프린터를 개발하여 창업을 계획 중에 있다.

– 가격은 경쟁사제품을 고려하여 200만원으로 책정하였고, 생산 후 1차년도 판매량은 1,000대로 예상되며, 전문가들은 3D프린터 시장은 매년 10%만큼 성장할 것으로 예상한다.

– 3D프린터의 생산에 필요한 매출원가는 판매가격의 55% 수준으로 예상하고 있다.

– 3D 프린터의 생산을 위해서 창업 1차 연도에는 10명의 직원을 채용할 예정이며, 평균인건비는 4,000만원으로 예상된다. 인력계획에 따라 3차 연도에 신규인력을 2명 추가로 채용할 예정이며 임금은 매년

5%만큼 인상될 것으로 예상된다.

- 임대료는 월 400만원으로 예상되며 매년 3%정도 인상될 것으로 예상된다.
- 제품의 인지도 제고를 위하여 창업 첫해 연도에는 매출액의 10%를 광고비로 지출할 예정이며, 이후에는 5% 수준을 유지하려고 한다.
- 제품의 성능개선을 위하여 매년 매출액의 3%를 연구개발비로 투자할 예정이다.
- 관리비는 매달 150만원이 발생할 것으로 예상되며 매년 5%만큼 상승할 것으로 예상된다.
- 감가상각비는 내용연수에 따라 매년 동일한 금액으로 책정하려고 한다.
- 기타비용은 매출액의 3%로 책정할 예정이다.
- 제품의 생산을 위한 기계 등의 장비구입 및 시설투자에 2억 원의 돈이 필요하며, 초기 운영자금으로 5,000만원이 필요하고 운영자금은 사업 종료시점에 전액 회수될 것으로 가정한다. 기계의 내용연수는 5년이며, 잔존가치는 없다고 가정한다.
- 2억5천만 원 중 1억5천만 원은 기술신용보증기금을 통해 연 3%로 차입할 예정이고, 1억 원은 지인 및 친척들에게 주식발행을 통해 조달할 예정이다.

[표 11-4] 추정손익계산서 작성 양식

	1차년도	2차년도	3차년도	4차년도	5차년도
매출액					
매출원가					
매출총이익					
인건비					
지급임대료					
광고선전비					
연구개발비					
관리비					
감가상각비					
기타비용					
영업이익					
이자비용					
세전이익					
세금					
순이익					

위 표의 빈칸을 채웠는가? 그럼 정답과 비교해 보기로 한다. 다시 한 번 강조하지만 여러분이 생각하는 기술창업의 재무관리에 대한 매출과 각종 비용을 추정하는 것은 어려운 일이다. 그렇지만 분명한 것은 여러분이 사업에 대해 많은 고민을 하였고, 시장분석이 치밀하다면 기술창업의 재무관리는 쉬워질 것이다. 위 예제에 대한 답은 아래와 같이 채워질 것이다.

[표 11-5] 창업프로젝트EX의 추정손익계산서

(단위 : 만원)

	1차년도	2차년도	3차년도	4차년도	5차년도
매출액	200,000	220,000	242,000	266,200	292,820
매출원가	110,000	121,000	133,100	146,410	161,051
매출총이익	**90,000**	**99,000**	**108,900**	**119,790**	**131,769**
인건비	40,000	42,000	52,920	55,566	58,344
지급임대료	4,800	4,944	5,092	5,245	5,402
광고선전비	20,000	11,000	12,100	13,310	14,641
연구개발비	6,000	6,600	7,260	7,986	8,785
관리비	1,800	1,890	1,985	2,084	2,188
감가상각비	4,000	4,000	4,000	4,000	4,000
기타비용	6,000	6,600	7,260	7,986	8,785
영업이익	**7,400**	**21,966**	**18,283**	**23,613**	**29,624**
이자비용	450	450	450	450	450
세전이익	6,950	21,516	17,833	23,163	29,174
세금	695	2,303	1,567	2,633	3,835
순이익	**6,255**	**19,213**	**16,267**	**20,531**	**25,339**

【추정손익계산서의 작성】 위에서 배운 내용을 참조하여 당신이 하고자 하는 창업아이템의 추정손익계산서를 작성하시오.

4) 몇 개를 팔면 손익분기점에 도달 할 수 있는가?

읽어보기 **영화흥행과 손익분기점**

이미지 출처 : 매일경제

국제시장, 관객 수 830만 돌파...윤제문 감독 "손익분기점은 600만"

영화 '국제시장'이 900만 관객 돌파를 향해 순항 중이다. 8일 영화진흥위원회 영화관입장권통합전산망에 따르면 '국제시장'은 전날 하루에만 관객 18만8741명을 들이며 누적 관객수 836만2699명(매출액 점유율 40.6%)을 기록했다. '국제시장'은 최근 40%대의 높은 점유율을 유지하며 흥행을 이어가고 있다. 이에 올해 첫 1000만 영화 등극도 머지않았다는 시각이 지배적이다.

'국제시장' 연출을 맡은 윤제균 감독은 이 같은 흥행을 예상하지 못했다고 밝혔다. (중략)

그는 '국제시장'이 1000만 관객 동원을 앞둔 것에 대해 "1000만 관객을 목표로 한 영화는 아니었다."며 "손익분기점은 600만 명이었다. 투자자들에게 손해를 끼치기 싫었다."고 겸손해했다.

출처 : 박종민(2015.01.08). "국제시장,관객수 830만 돌파...윤제문 감독 '손익분기점은 600만'". 이데일리.

손익분기점(Break-Even-Point: BEP)이라는 용어는 많이 들어보았을 것이다. 손익분기점이란 기업이 판매를 통해 얻은 총수입과 총비용이 같아지는 매출수준을 의미한다. 특히 창업가에게 손익분기점은 매우 중요하다. 손익분기점을 달성하지 못한다는 것은 수입보다 지출이 많은 것으로 결국 빚을 내야하기 때문이다. 창업 초기에는 제품의 인지도가 낮기 때문에 창업시작년도에는 손익분기점을 달성하는 것도 쉽지 않다.

손익분기점을 구하기 위해서는 제일 먼저 비용을 고정비와 변동비로 구분해야 한다. 고정비는 임대료, 감가상각비, 이자비용, 정규직 인건비와 같이 매출과 상관없이 고정적으로 발생하는 비용이다. 반면 변동비는 매출액과 변동하여 발생하는 비용으로 원재료비, 포장 및 운반비 등이 대표적이다.

상당수의 비용들은 고정비와 변동비가 혼재되어 있어 실제로 정확하게 분류하기는 어렵다. 이 부분이 손익분기점분석의 한계이기도 하다. 이러한 어려움에도 불구하고 창업가들은 보다 안정적인 경영계획의 수립을 위해 최대한 정교하게 손익분기점 분석을 수행할 필요가 있다. 예를 들어, 수도광열비, 통신비 등은 대략 30% 고정비, 70%는 고정비로 나누어서 계산할 수 있다.

손익분기점은 다음과 같은 공식에 의해 계산된다. 손익분기점 산출 공식 도출과정은 생략하기로 한다.

$$\text{손익분기점 매출액} = \frac{\text{고정비}}{1-(\text{변동비율})}$$

여기서 변동비율은 하나의 제품에서 변동비가 차지하는 비중을 의미하며, 변동비를 가격으로 나누어 계산한다. 예를 들어, 짜장면 가격은 5,000원이고 고정비는 200만원이고 하나의 제품의 생산을 위해 투입되는 변동비는 2,000원이라고 가정하자. 이러한 상황에서 손익분기점 매출액은 얼마인가? 위 공식에 대입하면 3,333,333원이 된다.

$$3,333,333 = \frac{2,000,000}{1-(2,000/5,000)}$$

그렇다면 손익분기점달성을 위해서는 월 몇 개를 팔아야 하는가? 대략 667개 (3,333,333/5,000)를 팔아야 한다. 짜장면 집에서 월 667개를 팔면 이익은 0이지만 667개를 못 팔면 손실을 보게 된다.

사업하는 사람들은 종종 "이번 달에는 반드시 얼마를 벌겠다"와 같은 목표를 세운다. 위 공식을 활용하면 목표매출액을 계산할 수 있다. 예를 들어, 이번 달에 200만원을 벌기로 목표를 세웠다면 다음의 공식을 활용할 수 있다. 즉 6,666,667원의 매출을 달성해야 하고, 이를 위해서는 대략 1,333개의 짜장면을 팔아야 할 것이다.

$$\text{손익분기점 매출액} = \frac{\text{고정비+목표이익}}{1-(\text{변동비율})}$$

$$6,666,667 = \frac{2,000,000+2000,000}{1-(2,000/5,000)}$$

11.2. 기술창업기업의 자금조달과 투자유치

1) 자금을 조달하는 2가지 방법 : 부채와 자기자본

창업자가 자금을 조달하는 방법은 어떤 것이 있을까? 이론적인 관점에서 본다면 크게 2가지로 분류될 수 있다. 하나는 은행에서 대출을 받거나 채권을 발행하는 등 부채의 형태로 조달하는 것이며, 다른 하나는 주식을 발행하여 자기자본으로 조달하는 것이다. 이 2가지 자금조달 방법의 차이는 무엇인지 살펴보기로 하자.

부채의 형태로 자금을 조달하는 형태의 가장 큰 특징은 자금을 사용한 대가로 지불하는 보상인 이자가 고정비의 성격을 갖는다는 것이다. 기업의 부도란 것이 무엇인가? 법적인 의무가 있는 채무에 대하여 약속된 날짜에 약속된 금액을 지불하지 못하면 부도가 나는 것이다. 부채를 많이 사용하게 되면 이자비용이 늘어가게 되는데, 영업이익을 통해 이자를 상환하지 못하면 추가로 빚을 져야하고 늘어난 빚은 이자비용을 늘려 결과적으로 파산에 이르게 된다. 또한 영업이익을 통해 이자를 감당할 수 있다고 하더라도 영업이익의 대부분을 채권자들에게 지급한다면 주주들은 화가 나서 주식을 팔고 떠날 것이다. 따라서, 자금조달 시 적정규모의 부채를 사용하는 것이 매우 중요하고, 창업기업이라고 하더라도 부채비율 (부채를 자기자본으로 나눈 값)을 200%이하를 유지하는 것이 필요하다.

반면 주주들에게 지불하는 보상인 배당은 채권과 달리 변동비의 성격을 갖는다. 기업이 사업을 잘해서 많은 순이익이 발생하면 배당을 많이 주지만, 사업이 어려워 이익이 없는 경우 주주들에게 배당을 하지 않아도 기업이 문을 닫아야 하지는 않는다. 물론 배당을 계속 안하면 주주들은 주식을 팔고 떠나거나, 사장을 교체하려고 할 것이기 때문에 주주들에게 적절한 보상을 해주는 것은 중요하다. 비록 이익이 발생하지 않아 배당을 주지 못하더라도, 1년에 한번 정도는 주주들을 불러서 같이 식사도 하면서, 지난 1년간의 성과와 노력들을 알려주는 것은 중요하다.

한편 주식발행을 통해 자금조달을 하게 되면 기업의 지배구조에 변동이 생기기 때문에 신중할 필요가 있다. 창업 멤버들은 자기가 회사의 오너십을 갖고 있어야 한다고 은연중에 생각하고, 특히 사업이 잘 나가게 되면 서로 경영권을 갖기 위해 분쟁이 발생하게 되고 극단적인 경우는 사업을 포기하는 사례가 종종 있기 때문이다. 한편 사업이 확장되는 과정에서 중요한 파트너에게는 지분을 나누어주어야 할 필요성이 생기게 되는데, 이런 상황을 고려하면 창업기업의 경우 대표자가 70% 이상의 지분을 보유하는 것이 바람직하다.

읽어보기 **동업하려면 지분은 불공평하게 나눠라.**

대표이사 지분 66.6% 이상 확보해야

주식회사를 세울 때 상법상 발행 주식은 최소한 1주 이상이어야 한다. 또한 발행 주식의 액면가격은 최소한 100원 이상이기 때문에 법률적으로 '자본금이 100원 이상'만 되면 가능하다. 그렇지만 현실적으로 자본금이 100원인 회사는 거의 없다. 대학생 창업이나 초기 스타트업의 경우 적게는 10만~100만원으로 자본금을 정하고 회사를 시작하기도 한다. 예전에는 자본금이 5,000만 원 이상 되어야 했던 시절도 있었지만 이제는 그런 규정은 없어졌다.

자본금을 처음에 얼마로 하는 게 가장 이상적이라고 볼 수 있을까. 솔직히 정답은 없다. 무조건 자본금이 많으면 좋다고 말하기도 어렵다. 세금 문제도 있고 자금을 효과적으로 활용하지 못하는 측면이 있기 때문이다. 업종에 따라서 천차만별이지만 지식서비스 또는 콘텐츠 사업을 진행하는 벤처기업의 경우 전문가들은 자본금 5,000만원에서 1억 원 정도가 이상적이라고 설명한다. 자본금이 너무 적으면 나중에 VC투자를 받을 때 불리하게 작용할 수 있다. 가령 자본금이 100만원인 기업의 경우 1억 원만 투자를 받아도 회사 자본금의 100배수를 투자 받게 되기 때문에 적어도 5,000만원에서 1억 원 정도로 자본금을 정하는 게 좋다. 아울러 초기 멤버들 간에 지분을 놓고 이견을 겪을 수 있지만 대표이사의 지분은 3분의 2 이상을 가져가는 게 좋다. 적어도 51% 이상의 지분을 확보하고 시작하는 게 바람직하지만 그 정도는 부족하다고 전문가들은 지적한다.

동업자 4명이 25%씩 공평하게 나눈다? 절대 금물!

기술자 4명이 창업을 한 벤처기업 B사의 사례이다. 반도체 분야에서 오랫동안 기술을 축적해온 전문가 4명이 함께 창업을 하여 각각 25%씩 나름 '합리적으로' 분배하였다. 그런데 사업이 성장가도를 달리기 시작하자 초기 멤버들 간에 불협화음이 발생했다. 대표이사를 맞고 있는 친구를 질투한 나머지 멤버가 크고 작은 일로 다투기 시작하더니 어느새 회사 내에 파벌이 생겼다. 당시 코스닥에 상장하려고 순조롭게 진행하고 있었는데 4명의 주주 중에서 2명의 친구가 코스닥 상장에 반대하고 나서 기업공개(IPO)에 실패하였다. 그 이후 B사 대표이사는 창업 초기에 자신이 최대주주 지위를 획득하지 못한 것을 크게 후회했다.

벤처업계 속설이 있다. 사업이 망하면 멤버들끼리 싸우지는 않는데 오히려 대박이 나면 소송전이 벌어진다는 것이다. 처음엔 순수한 마음으로 지분에 대한 욕심을 내지 않지만, 결국 돈을 벌기 시작하고 투자가 이뤄지면서 갈등의 골이 생기는 것이다. 그런 이유로 창업 초기에 대표이사가 확실하게 대주주 지위를 확보하는 게 옳다. 창업을 하게 되면 절대로 '공평하게' 지분을 나누지 말고 '불공평하게' 지분을 쪼개는 것이 좋습니다.

지분으로 동기부여 하겠다는 생각은 위험

직원들에 대한 지분 문제는 어떻게 하는 게 좋을까. 여러 기업을 설립하고 매각한 경험이 있는 중견 사업가는 이렇게 설명한다. "지분을 줘서 직원들에게 동기를 부여하겠다는 생각은 버리세요. 지분을 받아봤자 고맙다고 생각하지도 않고 나중에 분란만 일어납니다. 정 필요하다면 스톡옵션을 주면 됩니다."

정말 필요한 직원을 채용하기 위해 스톡옵션이나 회사 주식을 주는 방안도 장기적인 안목에서 바라봐야 한다. 지분을 준다고 해서 무조건 직원들이 열심히 일하고 내 사업처럼 생각할 것이라는 믿음은 순진한 발상이다. 방법은 회사가 성장하게 되면 주식을 추가 발행해서 증자를 하게 되는데 그 과정에서 액면가에 신주를 인수할 수 있는 권리를 주면 된다. 그렇게 하면 직원들의 소속감을 높이고 지분에 대한 불필요한 잡음을 줄일 수 있다.

출처 : 서울경제(2013.08.08), '동업하려면 지분은 불공평하게 나눠라'.

2) 개인 및 지인자본 활용하기

창업자가 소유한 재산으로 창업자금을 조달하는 것이 자기자본 창업이다. 자기 소유 자본으로 창업을 한 경우 외부로부터 자금을 끌어 쓰는 경우에 비해 몇 가지 장점이 있다. 가장 큰 장점은 이자 부담과 원리금 상환부담을 줄일 수 있어 사업이 안정적이다. 이러한 환경이 조성되어야 창업가는 사업에 전력투구를 할 수 있고, 지출에 있어 신중을 기하게 된다. 그러나 실제로 본인이 가진 돈으로 창업자금 전체를 조달하기는 쉽지 않다.

읽어보기 **폭스바겐 미니버스와 공학용 계산기가 만들어낸 애플**

애플을 있게 한 폭스바겐 미니버스

세계적인 IT기업인 애플의 창업자인 스티브 잡스와 스티브 워즈니악은 창업 초기 필요한 자본을 어떻게 조달했을까? 애플의 첫 제품인 Apple I PC는 스티브 잡스의 집 차고에서 조립되기 시작했다. 비즈니스를 위한 사무실과 제품 제조 공장을 현물 출자한 것이다. 이곳에서 가내수공업의 형태로 조립되던 제품을 인근의 컴퓨터 전문점이던 The Byte Shop에 판매하게 되었다. 주문을 받긴 했지만, 부품을 살 자본이 없던 그들은 부품을 구매하기 위해서 폭스바겐 미니버스와 끔찍하게 아끼던 공학용 전자계산기를 팔았다. 이 둘을 그렇게 자기자본을 마련하여 50대의 PC를 생산하여 판매하였고, 이 돈을 다시 투자하여 지금의 애플을 세상에 알리게 된 Apple II 를 출시 할 수 있었다. 그들이 폭스바겐 미니와 공학용 계산기를 팔아 자기자본을 마련하지 못했다면, 50대를 생산 할 수도 없었을 것이고 애플을 세상에 알린 후속모델도 개발하지 못했을 것이다.

출처 : 김진수 · 이창영 (2014), 『창조경제시대의 기업가정신과 창업론』, 문영사.

한편 많은 창업자에게 있어 가족이나 친구 등 지인은 중요한 자금조달원이다. 그들은 창업자에게 융자를 해주거나 또는 투자를 통해 주식을 매입하기도 한다. 가족이나 친구의 경우 제품이나 서비스보다는 창업자를 보고 투자를 하는 경우가 많다. 이러한 자금조달은 공식적인 기관을 통한 자금조달보다 비용측면에서 저렴한 장점이 있다. 하지만 창업 초기 기업은 위험성이 매우 높기 때문에 많은 자금을 가족 및 지인을 통해 조달할 경우 가족 전체가 금전적 어려움에 빠질 수 있다는 것을 유의해야 한다.

읽어보기 **가족 투자를 기반으로 성공한 마이클 델**

마이클 델 "델 컴퓨터 창업자"

마이클 델(Michael Dell) 회장은 27세에 최연소 세계 500대 부자, 34세에 미국 5대 부자, 40세 미만 세계 최고 갑부(공식 재산 214억 달러) 자리를 차지했으며, 〈파이낸셜 타임스〉가 발표한 세계에서 가장 존경받는 재계 리더 명단에 여섯 번째로 자신의 이름을 올려놓았다.

어떻게 Dell은 젊은 나이에 성공한 창업자가 될 수 있었을까? 1984년 텍사스 의과대학 1학년 시절, 단돈 1천 달러(한화 약 100만원)를 가지고 'PC Limited'란 회사를 차리고 IBM PC를 판매하기 시작했다. 판매하던 도중 사전에 대량 생산된 PC를 판매하는 기존 방식과 다른 고객으로부터 직접 주문을 받고 맞춤형 PC를 제작하는 혁신적 방식을 생각해냈다. 이러한 아이디어를 부모님과 가족에게 설명하고 마이클 델은 30만 달러(한화 약 3억 400만원)를 투자받아 '델 컴퓨터'를 창업했다. IBM, 컴팩, HP 같은 메이커 PC보다 평균 20% 가량 저렴한 델 PC는 소비자들의 열렬한 갈채를 받았고, 매출액은 매년 50%씩 성장했다. 1988년 처음 증시에 상장할 때 1억 5900만 달러에 불과했던 매출액은 2001년 310억 달러로 치솟았고, 2006년 600억 달러를 넘어섰다. 2001년 이후 수년 동안 전통적 강자인 IBM, HP 등을 물리치고 개인용 컴퓨터(PC) 부문 전 세계 1위를 달려오고 있다.

출처 : 김진수 · 이창영 (2014). 『창조경제시대의 기업가정신과 창업론』. 문영사.

3) 정부자금 활용한 자금조달

4차 산업혁명 시대를 맞아하여 창업과 관련한 다양한 정책자금 지원이 이루어지고 있다. 지원이 많다 보니 자기 돈을 투자해서 창업하는 것은 바보라고 생각하는 사람도 생겼다. 그러나 창업자가 적정수준의 자기 돈을 투자하는 것은 중요하다. 창업가도 본인이 돈을 투자했기 때문에 죽기 살기로 할 것이고, 투자자들 역시 자기 돈을 투자하지 않는 창업가는 진정성, 자신감, 헌신이 없다고 의심하기 때문이다. 그럼에도 불구하고 정책자금은 자금이 부족한 초기 창업가에게 매우 유용한 자금조달 수단임은 분명하다.

우리나라의 창업지원제도는 세계에서 가장 높은 수준으로 성장단계별로 지원제도들이 촘촘히 잘 갖추어져 있다. 정책자금을 활용한다면 자금이 부족한 창업기업에게는 커다란 도움이 될 것이다. 그러나 지나치게 정부의 정책자금에 의존하는 경우 오히려 독이 될 수 있다. 일부 정책자금은 갚지 않아도 되는 돈이기 때문에 창업자들을 끊임없이 유혹한다. 일부 창업가들이 갚지 않아도 되는 정책자금의 유혹에 넘어가 시장을 상대로 승부하지 않고, 정부를 상대로 승부하려고 한다. 제품개발보다는 정책자금 수주를 위한 사업계획서 쓰는데 시간을 보내고 사업비 집행과 관련된 서류처리 등에 거의 대부분을 소진하게 되는데, 대부분의 이런 기업들은 경쟁력이 약화되어 사업을 접게 되는 경우를 종종 관찰했다. 정책자금은 적절하게 사용해야지, 지나치면 독이 된다는 점을 기억해야 할 것이다.

[그림 11-2] 창업성장단계별 지원제도

출처 : 중소벤처기업부(2015), TIPS의 현재와 미래, 윤세명

정책 자금은 크게 두 가지가 있다. 하나는 순수한 자금 지원 방식이 있고, 또 하나는 이자가 낮은 저리 대출 방식이 있다. 두 가지 방식의 가장 큰 차이는 나중에 돈을 갚아야 하느냐, 갚지 않아도 되느냐의 차이이다.

(1) 순수한 자금지원 방식

순수한 자금 지원은 대개 2~5천만 원 정도를 평가를 통해 지원하는 방식이다. 즉 계획대로 사용하면 갚지 않아도 되는 돈이다. 엄격한 심사가 병행되기 때문에 지원금을 받기가 쉽지는 않지만, 관련 공고가 뜨고 자사의 사업과 연관이 있다면 도전해 볼 필요가 있다. 이런 자금을 받을 수 있다면 초기 사업 진행에 있어서 큰 도움이 될 것이다. 기술창업과 관련된 자금지원은 중기청이 지원규모가 가장 크고 지자체에서도 다양한 지원사업을 시행하고 있다. 정부정책자금으로 창업을 도전하고자 하는 분은 Kstartup을 방문한다면 많은 정보를 받을 수 있다. 정보가 돈이다.

읽어보기 K-Startup에 방문해 보자

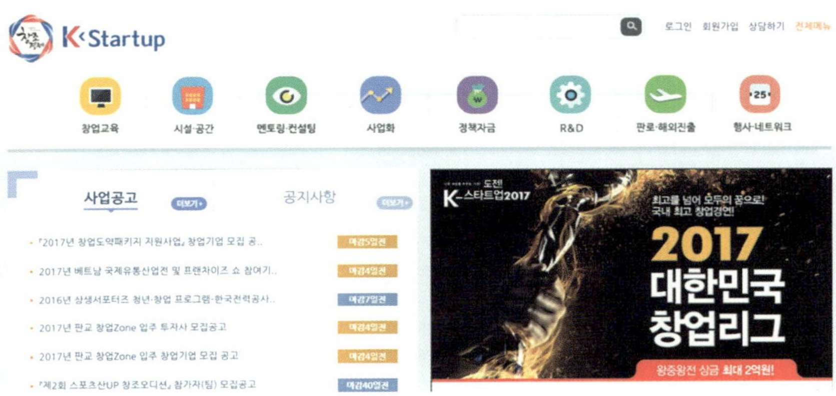

창업자금지원 주요사업

◆ 창업선도대학육성사업

– 우수 창업인프라 및 역량을 보유한 대학을 창업선도대학으로 지정하여 '교육 → 사업화 → 후속지원'에 이르는 창업 全과정 일괄 지원

– '17년의 경우 권역별로 40개 대학이 선정되어 있으며, 17년의 경우 922억원의 예산으로 1,050개사 내외 지원

◆ 창업성공패키지(청년창업사관학교)

– 기술성 및 사업성이 우수한 만 39세 이하인 자로서, 창업을 준비중인 예비창업자 또는 창업 후 3년 이하 기업의 대표자의 원활한 창업 활동과 지속적인 성장을 위해, 창업 계획수립부터 사업화까지 창업 단계별 지원

– '17년의 경우 총 260억 원의 예산으로 310팀을 지원

◆ 스마트벤처캠퍼스

– 앱/웹, SW, 콘텐츠, 융합기술 등 유망지식서비분야 청년창업자(만 39세 이하인 창업 후 3년 이하의 창업기업과 예비창업자) 육성을 위해 권역별 스마트벤처창업학교를 통해 초기 창업 全단계를 집중 지원

– '17년 기준 121.5억원 (140개팀 내외에 평균 5천만원, 최대 1억원 사업화 자금 지원)

◆ 창업도약패키지

- 창업기업이 어려운 시기(죽음의 계곡, Death Valley)를 극복하고 새로운 도약의 기회를 찾을 수 있도록 시장전문가 멘토링, 사업모델 혁신, 아이템 보강 등을 지원하여 매출 증대와 글로벌 진출을 도모하는 프로그램
- 3년 이상 7년 미만 창업기업을 대상으로 1,000개사 내외를 지원

(2) 이자가 낮은 저리대출 방식

이자가 낮은 저리 대출 방식은 보통 기술보증기금이나 신용보증기금에서 일정한 평가 후 보증서를 발급받는 방식이다. 몇 천만 원에서 몇 억 원까지 보증서를 발급해 주는데 그것을 가지고 거래 은행에서 대출을 받으면 된다. 대출 이자는 정부에서 일정 부분 지원을 해 주기 때문에 시중 대출 금리에 비하면 상당히 저렴한 편에 속한다. 그런데 꼭 알아야 할 점은 이것은 대출이라는 것이다. 정부에서 지원해주는 것은 원금을 지원하는 게 아니라 이자의 일부를 지원해 주는 것이다. 관심을 가질만한 상품으로는 중소기업진흥공단의 '청년전용창업자금' 과 '창업기업자금융자' 가 있다.

지원 제도	주요 내용
청년전용 창업자금	- (규모) 1,000억 원 (융자상환금 조정형, 중진공) - (대상) 대표자가 만39세 이하인 예비창업자 또는 창업 3년 미만 기업 - (지원) 자금융자 및 교육/컨설팅
창업기업 자금융자	- (규모) 1조 2,000억 원 (중진공) - (대상) 예비창업자 또는 창업 7년 미만인 중소기업 - (지원) 시설자금(생산설비 도입 등), 운전자금(창업소요비용 등)

4) 투자유치를 통한 자금조달

당신이 창업을 위해 혹은 창업이후 자금이 필요할 때, 지인에게도, 은행한테도, 정부에게도 자금을 유치하는데 실패했다면 사업을 포기해야 하는가? 아니다. 시장을 통해 자금을 조달할 수 있는 기회가 남아있다. 현재 국내의 경우 시장을 통해 자금을 유치할 수 있는 방안은 크라우드 펀딩, 엔젤투자자, 엑셀러레이터, 벤처캐피탈이 있다. 포기하지 말고 한번 도전해보자.

(1) 크라우드 펀딩(Crowd Funding)을 통한 자금조달

크라우드 펀딩(crowd funding)은 '소규모 후원이나 투자 등의 목적으로 웹서비스와 같은 플랫폼을 통해 다수의 개인 후원자로부터 자금을 모으는 행위'를 지칭한다. 이처럼 일종의 크라우드 소싱(crowd sourcing) 형태로 투자금을 모금하는 크라우드 펀딩 개념은 이미 수년 전에 등장했지만, 프로젝트 제안자와 후원자의 원활한 소통을 지원하는 SNS의 활성화 및 후원의 편의성을 향상시킨 디지털 결제 기술의 발전, 업계 대표주자인 킥스타터(Kickstarter)[12]를 비롯한 다양한 크라우드 펀딩 서비스의 출현 등에 힘입어 최근 들어 한층 확산되는 추세이다.

[그림 11-3] 크라우드 펀딩의 역사

출처 : 크라우드산업연구소(www.crowdri.org)

크라우드 펀딩이 주목받는 이유는 창의적인 아이디어나 기술, 제품 및 서비스를 가진 초기 창업기업이나 개인을 위한 새로운 투자방식이기 때문이다. 투자 받는 방식과 목적에 따라서 기부형, 대출형, 보상품제공형, 수익배분형으로 구분할 수 있다. Massolution 보고서에 따르면 유형별 평균 펀딩 규모를 살펴보면 수익배분형 $190,000, 대출형 $4,700, 보상형 $2,300, 기부형 $1,400이다.

12) In 2013, 3 million people pledged, $480 million to Kickstarter projects.

[그림 11-4] 크라우드 펀딩의 지원 범위와 유형

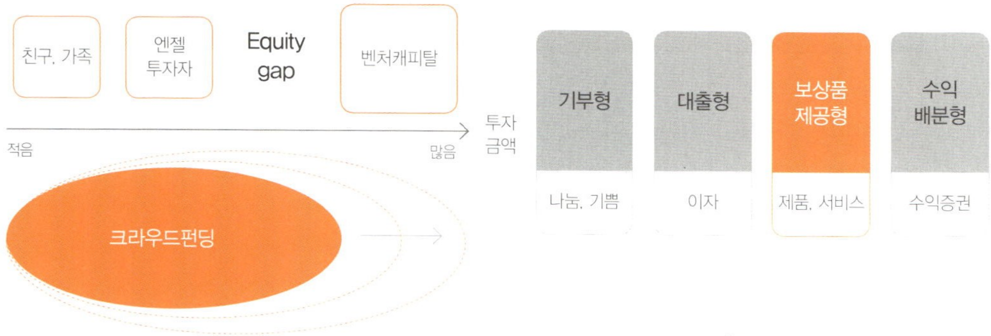

출처 : 크라우드산업연구소(www.crowdri.org)

기부형은 금전 이외의 현물이나 서비스로 보상받을 수 있는 투자방법으로 2008년 미국의 인디고고(indiegogo.com)가 문화 · 예술 · 공연에 엔젤투자자를 유치하고 공연에 필요한 자금을 조달한 것이 시초가 되었다. 기부형은 자선활동과 같이 아무런 대가가 요구되지 않는 형태를 말한다. 사회 소외계층이나 어려움이 있는 이들에게 순수한 목적으로 자금을 모집하여 조달될 수 있도록 중개하는 방식으로 주로 비영리단체에서 모금을 주도한다. 대표적인 기부형 플랫폼으로는 '12년 기준 10만 건의 프로젝트에 총 5억 3,500만 달러를 운용중인 킥스타터와 세계 최초 플랫폼인 인디고고가 있다.

또한 자금이 필요한 개인이 펀딩포털을 통해 자신의 재무상태, 자금의 목적과 상환 계획을 정리하여 등록하면 펀딩포털은 진위여부를 확인한 후 등록을 허가하고, 이를 투자자들은 예치된 금액 내에서 신청금의 일부를 역경매 방식으로 투자하는 형태를 대출형이라고 한다. 그 외 원리는 금융기관이 대출해주고 일정기간 이자수익을 받는 것과 동일하다. 대표적인 대출형 플랫폼으로는 '소모렌드'를 들 수 있다.

보상품제공형은 소비자가 원하는 제품, 서비스 생산에 참여함으로서 원하는 제품을 얻는 가장 먼저 얻을 수 있는 형태이다. 프로슈머(prosumer)의 개념과 유사한데 기업은 소비자의 참여가 이익이 된다고 믿고, 소비자는 생산에 참여함으로서 원하는 제품을 만들 수 있다.

수익배분형(지분투자형)은 창업기업의 성공한 후 주가 배당 및 상장이익 등의 수익을 받는 것을 말한다. 이는 미국의 JOBS(Jump start Our Business Startups)법이 계기가 되어 전 세계적으로 제도화되고 있다. 기업의 부채비율이 낮아져 자산건전성이 강화되고 초기 기업이 겪는 자금경색기간의 생존율을 높임으로서 사업 성공의 확률을 높이고, 우호적인 엔젤투자자를 많이 확보한다는 장점이 있다. 대표적인 수익투자형 플랫폼으로는 '엔젤리스트'를 꼽을 수 있다.

읽어보기 | **크라우드 펀딩의 장 · 단점 및 과제**

크라우드 펀딩의 장점은 다음과 같다. 프로젝트 소유주에게 자금 모집 외에도 SNS를 통한 마케팅 효과, 지지층 확보 등을 기대할 수 있다. 또 투자자는 기부를 통한 사회적 보상과 수익분배를 통한 경제적 보상을 얻을 수 있다. 특히 지분투자형은 이른바 기업의 자금줄이 말라가는 양산화 단계 전인 '죽음의 계곡'에서 기본 금융을 대체할 수 있는 대안도 된다.

물론 단점도 있다. 보상에 관한 이해부족과 아이디어 노출, 프로젝트 소유주와 투자자간 정보 비대칭, 도덕적 해이, 법적 · 제도적 장치 미흡 등의 문제점이 있다. 법률적으로는 지분투자형의 경우 증권법 적용 대상이 된다. 회원수가 50인 이상일 때 증권 공모가 돼 법적인 책임과 절차가 복잡해진다.

크라우드 펀딩 활성화를 위한 법률 개정안이 발의된 상태에 있다. 추후 창의적인 아이디어 노출 문제 해소와 국민 관심 유도 방안, 스타트업 평가체계 도입, 신뢰할 수 있는 투자정보 제공, 투자자 보호 장치 마련, 투자 참여방법의 다양화, 다양한 크라우드 펀딩 플랫폼을 한곳에서 확인할 '메가포털' 제공, 스타트업 사후지원 시스템 마련 등이 크라우드 펀딩을 활성화하는 방안으로서 제시되는 부분이다.

2015년 6월 개봉해 큰 화제가 됐던 영화 '연평해전'은 크라우드 펀딩으로 제작된 특별한 작품이다. 영화를 찍던 도중 투자금이 없어 그대로 묻힐 뻔 했던 이 영화는 후원자 7,000여명의 힘으로 스크린에 걸릴 수 있게 됐다.

동영상보기 | **온라인서 투자금 모으는 크라우드 펀딩 각광 / YTN**

참조 동영상 : https://www.youtube.com/watch?v=4MUnDJbUK0A

읽어보기 **英 록그룹이 시작한 펀딩..수십억 달러 자금줄로 '쑥'**

지난 1997년 영국 록그룹 '매릴리언(Marillion)' 멤버들은 미국 순회공연을 위해 인터넷에 모금 캠페인을 벌였다. 당시로서는 다소 낯설었던 이 방법은 그러나 팬과 시민들로부터 6만 달러의 기금을 모으면서 대성공을 거두게 된다. '매릴리언'의 이 같은 성공은 미국과 영국 문화 · 예술 분야에 새로운 가능성 여는 계기가 됐다. 크라우드 펀딩을 통해 빛을 발하지 못하던 아이디어를 현실화하고 대중의 주목을 끌 수 있는 길을 찾게 된 것이다.(중략)

국내의 크라우드 펀딩 규모는 2012년 기준 약 74억 원 정도로 추정된다. 자금모집 규모는 '머니옥션', '팝펀딩' 등 1세대 플랫폼들이 속한 대출형 크라우드 펀딩이 전체의 62%인 46억 원을 차지하고 있다. 만화가 강풀의 작품을 원작으로 한 영화 '26년' 제작 과정에서도 크라우드 펀딩은 영화를 이슈화하는 구원투수 역할을 톡톡히 했다. 당시 제작비 부족으로 영화 제작이 중단 위기에 처한 상황이 알려지면서 4개월 동안 무려 7억4,500만원의 자금이 모였다. 가수 이승환을 포함한 유명 인사들이 참여하면서 더 큰 반향을 일으키기도 했다. 제작자는 후원모금 캠페인에 참여했던 1만 5,000여명의 이름을 전부 엔딩 크레딧에 올리면서 새로운 경험을 제공하기도 했다. (이하 중략)

출처 : 이혜영(2013.05.19). "英 록그룹이 시작한 펀딩..수십억 달러 자금줄로 '쑥'". 아시아경제. http://www.asiae.co.kr/news/view.htm?idxno=2013051909452138314

(2) 엔젤투자를 통한 자금조달

창업기업은 연구개발의 제안 및 성과가 획기적인 제품으로 이어져 성공할 수 있는지의 여부가 불확실하기 때문에 초기단계에서 특히 자금조달이 어렵다. 이런 어려움을 해결해줄 천사 같은 사람이 바로 비즈니스 엔젤(business angel)이다. 엔젤투자란 개인들이 돈을 모아 창업하는 벤처기업에 필요한 자금을 대고 주식으로 그 대가를 받는 투자형태를 말하며, 주로 여럿의 돈을 모아 투자하는 투자클럽의 형태로 운영된다. 벤처캐피탈이 후기 성장단계를 중심으로 투자한다면, 엔젤은 초기 성장단계를 중심으로 투자한다. 따라서 경영자에게 다양한 전문지식과 노하우를 제공하면서 경영 참여 비중이 벤처캐피탈보다 크다.

이러한 천사들을 어디서 만날 수 있을까? 엔젤 투자자들은 보통 개인당 1천만 원부터 1억 원 수준의 투자를 하는 사람들로 투자클럽의 형태로 운영되기 때문에 어디에서 만날 수 있는지 찾기가 쉽지 않다. 일단 엔젤투자지원센터를 방문하면 천사들을 만날 수 있을 것이다. 현재 고벤처엔젤클럽을 포함해 143개 클럽이 공식적으로 활동하고 있다.

엔젤투자지원센터 홈페이지

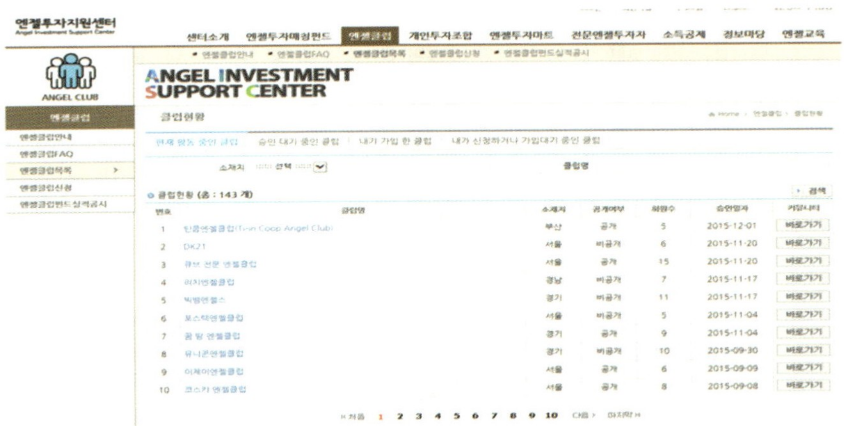

엔젤은 창업경험이 있는 성공한 은퇴 경영자로서 창업기업에게 자금, 경영경험 등을 제공하는 리드엔젤(lead angel)과 법률, 회계, 마케팅 등의 전문지식을 가지고 지원하는 서포트 엔젤(support angel)로 나눈다. 리드엔젤은 비상근이사로 창업기업에 참여하기도 하며 멘토로서 역할을 수행하기도 한다. 서포트 엔젤은 전문지식을 통해 자문의 역할을 수행하기도 하고 직접 자금을 투자하기도 한다. 엔젤투자자들이 투자자금을 회수하는 방법으로는 주식상장을 통한 수익창출, 상장 전 지분양도, M&A가 있다.

[그림 11-5] 엔젤투자의 선호영역

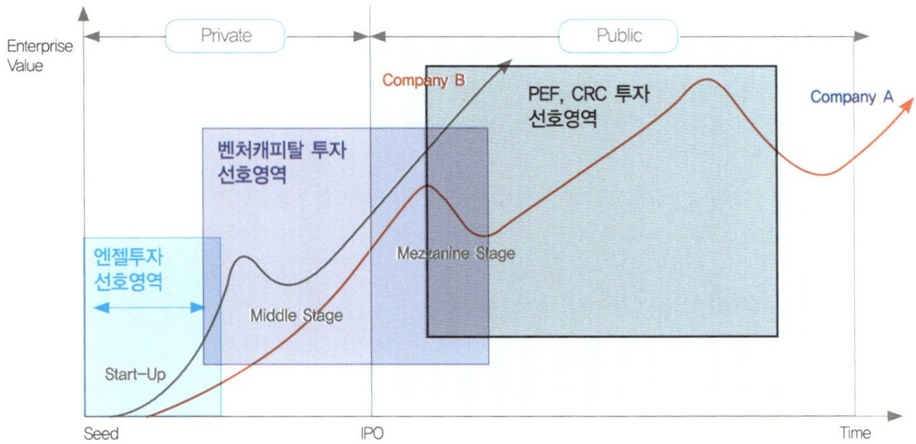

출처 : 창업진흥원(2013), 창업보육매니저 전문교재

국내에는 (사)한국엔젤투자협회가 엔젤투자자와 엔젤투자유치의 희망기업을 연결시켜주는 것을 목적으로 엔젤투자자 실무교육, 엔젤투자지원센터, 엔젤네트워크, 글로벌시장형 창업사업화연구개발 등의 사업을 통해 지원하고 있다. 특히 엔젤투자마트라는 사업을 통해서 창업기업에 투자유치 기회제공과 엔젤투자자의 기업 발굴 통로 역할을 하고 있고, 이를 통해 벤처캐피탈 초기기업 투자기회 제공을 통한 참여를 확대시키고 있다.

[그림 11-6] 엔젤투자 네트워크

엔젤투자 정보망 **(www.kban.or.kr)**	- 엔젤투자자(개인 및 클럽) 등록 · 관리 - 엔젤투자자 투자정보 관리 및 클럽 커뮤니티 지원 - 엔젤투자지원 프로그램 운영 - 엔젤매칭펀드 접수
엔젤네트워크 **(network.kban.or.kr)**	- 투자자, 멘토, 스타트업 온라인 네트워크 시스템
엔젤리더스포럼	- 산업트렌드, 투자동향, 기업IR 등 관련 포럼 개최 (매달 1회)
세미나	- 정책연구 및 성과발표 등 세미나 개최
간담회	- 간담회 : 엔젤클럽 대표 간담회 개최

읽어보기	창업기업 투자하는 '1호 전문 엔젤' 11명 탄생

중소기업청(청장 한정화)은 다음 공동창업자인 이택경 파운더스엔젤네트웍스 대표와 올라웍스 창업자인 류중희 퓨처플레이 대표 등 11명에게 전문엔젤 확인서를 교부했다고 25일 밝혔다.

11명의 전문 엔젤이 창업기업에 투자한 금액은 총 19억8700만원으로 1명당 평균 1억8,000만원 꼴이다. 이는 엔젤 중 상위 10% 이내에 해당된다.

전문 엔젤의 투자를 유치한 기업은 정부 매칭지원, 멘토링 등 다양한 혜택을 받을 수 있다. 일단 벤처기업으로 확인돼 법인세 · 재산세 · 취득세 등 각종 세제혜택과 신용보증 등 정부 정책에서 우대를 받게 된다. 단, 5,000만 원 이상 투자, 자본금의 10% 이상 투자받은 경우에 한한다.

이택경 전문 엔젤은 "전문 엔젤에게 주어지는 좋은 혜택과 권한을 잘 활용해 가능성이 높은 창업팀들을 더 많이 발굴해서 최선의 결과를 이끌어 내겠다."고 말했다.

한편 정부는 전문 엔젤들에게 정부의 엔젤펀드 지분에 대한 저가매입권(콜옵션)을 70%까지 부여해 과감한 투자를 유도하고, 엔젤투자자의 지분을 전문적으로 인수하는 세컨더리펀드 100억 원을 내년 중 조성할 계획이다. 또 연내 엔젤투자 금액 중 1,500만원 한도 내에서는 소득공제를 100% 허용하는 조세특례제한법 개정을 마무리할 예정이다.

출처 : 이지은(2014.09.25). "창업기업 투자하는 '1호 전문 엔젤' 11명 탄생". 아시아경제.

(3) 엑셀러레이터를 통한 자금조달

많은 창업기업이 달성해야 할 첫 번째 과제는 바로 '기업의 성장(growth)' 이다.[13] 하지만 필요한 자금을 투자 유치하는 일, 아이템을 개발하고 발전시키는 일, 법률, 세무, 회계 등의 기업으로써 갖추어야 할 작업들 등 기업의 성장을 위해 창업자가 해야 할 일은 너무 많고 어렵다. 슈퍼맨이 되어야 하는 창업자를 도와 기업의 성장을 가속시키는 역할을 하는 엑셀러레이터(accelerator)가 있다.

엑셀러레이터는 대부분 ①인지, ②지원, ③프로그램, ④데모데이(demo day), ⑤포스트 데모데이(post demo day)의 5단계 프로세스를 통해 지원한다. 우선, 정기적으로 지원한 창업팀 중 유망 창업팀을 선발한다(인지). 선발된 팀에게 경비 수준의 후원(지원)과 3~4개월의 교육 및 업계 전문가와 교류할 수 있는 장을 마련한다(프로그램). 데모데이를 통해 엔젤투자자 등의 투자

13) 실리콘밸리의 많은 스타트업 기업들 사이에서는 해킹(Hacking)을 해서라도 성장을 해야 한다는 다짐을 나타내는 그로스해킹(Growth-Hacking)이라는 단어가 유행일 정도이다.

기회를 제공하며, 포스트 데모데이에서는 직접 투자자 앞에서 사업계획을 발표하게 돕는다.

창업기업의 성장과 창업자를 슈퍼맨이 되도록 도와준 엑셀러레이터는 성장을 도왔다는 보람만 얻는 것이 아니다. 슈퍼맨이 된 창업가는 투자 및 멘토링의 대가로 일정 지분(대부분 10% 내외)을 받는다. 이를 통해 추후 지분 매각을 통해 수익을 창출하여 다음 창업기업을 도와주기 위한 준비를 한다.

국내에는 민간주도형 엑셀러레이터와 정부지원형 엑셀러레이터가 창업기업의 성장을 돕고 있다. 패스트트랙아시아, 프라이머, 베이스타트업, 벤처스퀘어, 닷네임코리아, 스파크랩, 벤처포트, 벤처파트너스, 디캠프, 상생혁신센터, 뉴-스타트업 플랜 등이 활동하고 있다. 민간주도형 엑셀러레이터 같은 경우 1990년대 말 벤처붐을 이끌었던 벤처 1세대의 주도하에 운영되고 있으며, 대기업이 지원하는 엑셀러레이터도 등장하고 있다.

[표 11-6] 국내 엑셀러레이터 현황

구분		현황 및 특성
민간주도형	K start up	- (사)앱센터운동본부와 서울 스페이스에 의해 운영되고 있으며 구글 창업지원팀 (Google for Entrepreneurs)의 아시아 지역 첫 번째 엑셀러레이터 파트너로 선정됨 - 글로벌 서비스를 목표로 하는 스타트업 및 창업 준비팀을 지원함 - 선정된 스타트업 기업은 현지와 등 관련 이슈들에 대한 컨설팅, 시드펀딩(Seed Funding), 오피스 공간 제공 등 다각적으로 지원함
	FAST TRACK ASIA	- Insight Venture Partners, 스토브릿지캐피탈, 노정석(현 아블라컴퍼니 대표), 신형선(티켓몬스터 대표)에 의해 설립됨 - 초기단계 스타트업 기업에게 엔젤투자 및 지원을 제공하는 시드 펀딩 프로그램을 운영하며, 기존의 엔젤투자와 같이 기설립된 법인이나 예비 창업팀을 대상으로 회사당 1,000만원 ~ 5,000만원을 투자함 - 인터넷, 모바일 비즈니스 관련 스타트업을 위주로 선정하며, 개발자 중에서 포탈 · 전자상거래 · 이동 통신사 전략 컨설팅 · 투자은행 및 기타 IT 기업 근무 경험 보유자를 포함한 창업팀을 우대하여 지원함
	SparkLabs	- 한국과 미국에서 법인을 설립한 바 있는 기업가 출신 김호민, 버나드문, 이한주가 설립함 - 글로벌 기업 성장을 꿈꾸는 신생 및 초기단계 기업가를 위한 3개월 프로그램 제공함. - 인터넷, 온라인 게임, 모바일, e-commerce, 디지털 미디어 분야에서 두각을 나타낼 스타트업을 중점적으로 선발함
정부주도형	VENTURE SQUARE	- 스타트업 및 벤처 전문 온라인 미디어로서, 창업 전문가, 벤처캐피탈, 엔젤투자자 등의 네트워크를 기반으로 함 - 서울 시내 4~5 곳과 전국 23개의 르호봇 비즈니스센터 사용가능함 - 사업 아이템이 확실한 ICT, 모바일, 인터넷 미디어 기업이 선정 대상으로 함
	Dotname	- '싸이월드' 창업자인 형용준과 강희승 대표에 의해 운영됨 - 초기단계 기업의 성장을 가속화하기 위해 설립된 벤처 육성기관으로 Biz 모델 수립, SW 개발, 법인설립, 특허출원, 비즈니스 인큐베이팅 센터, 서버 데이터 센터, 벤처센터 업무 공간 등을 지원함
	VENTURE PORT	- 인큐베이팅, IR 전문기업으로 설립되었으며, 마젤란기술타자와 연계한 벤처캐피탈 투자 연계형 엑셀러레이터임 - IT, 디지털 콘텐츠 분야의 예비창업자나 창업팀을 주로 지원함

출처 : 김진수 · 이창영 (2014), 『창조경제시대의 기업가정신과 창업론』, 문영사.

또한, 창업가들은 TIPS(Tech Incubator Program for Startup)프로그램에 주목할 필요가 있다. TIPS란 민간 엑셀러레이터가 투자하고 정부가 지원하는 혁신적인 민관협력 모델로 자금지원뿐만이 아니라 성공한 선배창업가들로부터 전문 멘토링을 받을 수 있다는 점이 큰 장점이다. 투자 유치가 어려운 초기 스타트업에 최대 10억의 자금을 지원할 수 있으며, '15년 9월 현재 18개 운영사를 통해 111개 창업팀을 지원하였다.[14] 아래 동영상을 보면 자세한 내용을 알 수 있다.

TIPS 프로그램

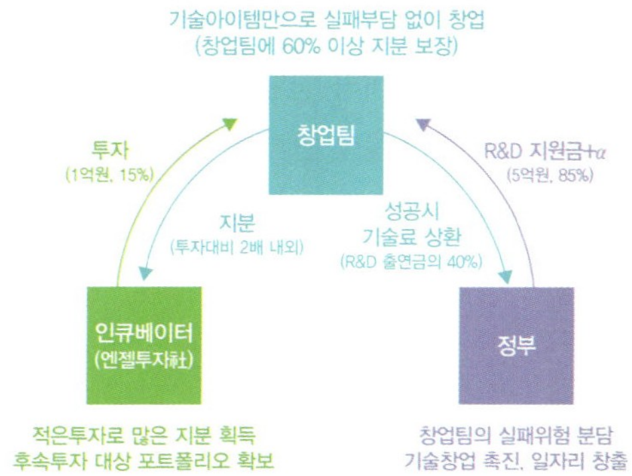

TIPS 운영사

동영상보기 팁스타운 홍보영상

참고 동영상 : http://www.jointips.or.kr/bbs/board.php?bo_table=videos&wr_id=45
출처 : 중소벤처기업부(2015), TIPS의 현재와 미래, 윤세명

14) 국내에는 민간주도형 엑셀러레이터와 정부지원형 엑셀러레이터가 창업기업의 성장을 돕고 있다. 패스트트랙아시아, 프라이머, 베이스타트업, 벤처스퀘어, 닷네임코리아, 스파크랩, 벤처포트, 벤처파트너스, 디캠프, 상생혁신센터, 뉴-스타트업 플랜 등이 활동하고 있다. 민간주도형 엑셀러레이터 같은 경우 1990년대 말 벤처붐을 이끌었던 벤처 1세대의 주도하에 운영되고 있으며, 대기업이 지원하는 엑셀러레이터도 등장하고 있다.

(4) 벤처캐피탈을 통한 자금조달

벤처캐피탈은 제품 및 서비스의 성공가능성을 검토 후에 창업기업에게 자금을 투자하고, 기술개발이나 경영지원으로 투자이익을 얻는 방법을 의미한다. 주로 융자를 위주로 금융기관을 통한 자금조달과는 투자금 회수방법 및 리스크 등에서 차이가 있는데 금융기관은 신용도나 담보를 조건으로 자금의 규모 및 회수시기 등을 결정하지만 벤처캐피탈은 창업 기업의 시장성 및 성장가능성을 평가하여 무담보 투자를 원칙으로 하고 있다.

[표 11-7] 벤처캐피탈과 금융기관의 비교

구분	벤처캐피탈	금융기관
자금 지원대상	성장가능성이 있는 창업(벤처)기업	담보 제공능력이 있는 창업기업
지원형태	주식, 전환사채, 신주인수권부사채 인수	융자
담보	요구 안함	부동산, 동산 등의 담보 보증서
리스크	높음	낮음
회수방법	환매, M&A	원리금상환
기대수익	투자 성공에 따른 이익	일정기간의 이자
지원결정	전문 투자 심사	담보 및 대출 여력

출처 : 김진수 · 이창영 (2014). 『창조경제시대의 기업가정신과 창업론』. 문영사.

창업된 이후라 하더라도 벤처기업은 기술력과 장래성은 있으나 위험부담이 크기 때문에 일반 금융기관이 자금공급을 꺼리는 경향이 있다. 따라서 융자위주의 자금지원과는 달리 벤처기업의 기술력과 성장성을 평가하여 무담보로 자금을 지원하고 주식을 확보하는 것이 벤처캐피탈의 역할이다. 벤처캐피탈 투자자는 주주로서의 지위를 갖기 때문에 벤처기업이 성장하지 않으면 이득을 얻을 수 없으며, 벤처기업과 운명을 같이 하는 형태가 된다.

우리나라에서의 벤처캐피탈은 중소기업 창업투자회사와 신기술사업 금융회사가 대표적이다. 창업투자회사는 전국에 걸쳐 여러 회사가 있으며, 신기술사업 금융회사는 한국종합기술금융 등 4~5개가 있다. 이들 지원회사들은 투자조합을 결성하여 종합적인 지원업무(금융, 신기술개발, 경영지원)를 수행하기도 한다.

벤처캐피탈이 가장 큰 특징은 창업기업의 제품 및 서비스, 아이디어, 기술 등의 아이템의 성장가능성만을 가지고 투자한다는 것이다. 따라서 투자 결정 이후 창업기업이 성장 할 수 있도록 경영 지원을 해주기도 한다. 특히 아이템이 기술개발 위주의 창업가는 연구개발에는 유능할 수 있지만 제품의 판매, 마케팅, 재무관리, 인력관리 등의 부문에서는 부족할 수 있기 때문에 벤처캐피탈의 지원이 필요하다. 벤처캐피탈의 입장에서도 창업기업에 대한 지원이 실패가능성을 줄이고 성공가능성을 높여 투자에 대한 안전성을 확보하여 이득을 취할 수 있기 때문에 필요하다. 이처럼 벤처캐피탈은 창업기업과 동반자적 특성을 가진다.

[그림 11-7] 엔젤투자(左)와 벤처캐피탈(右) 선순환 과정

한국벤처캐피탈협회에 따르면 현재 정회원 99개사, 특별회원 6개사가 있다. 관심 있는 예비창업자나 기술창업자들은 한국벤처캐피탈협회를 방문해 보도로 하자.

한국벤처캐피탈협회 홈페이지

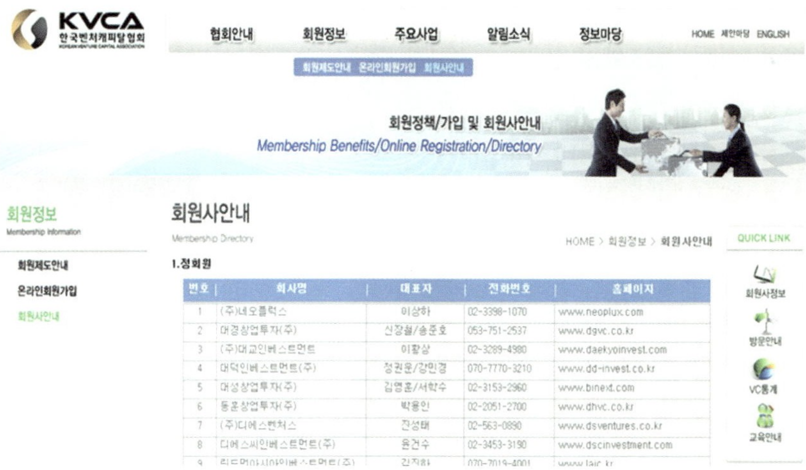

읽어보기 　자사 벤처캐피탈을 통해 스타트업에 투자하는 대기업들

미국 구글 · 인텔 · 퀄컴 등 대기업들은 대부분 자체 벤처투자회사를 운영하고 있다. 한국에서도 삼성, 카카오 등이 이런 흐름에 동참하고 있다. 기업이 운영하는 VC는 벤처의 수익 창출보다는 신기술 확보, 모기업과의 시너지 창출에 집중하는 것이 특징이다. 미국 하버드대 경영대학원의 조시 러너(Lerner) 교수는 "기업 자체의 연구개발(R&D) 성과에만 의존했다가는 빠르게 변화하는 세계에 적응하기 어렵다"며 "이런 한계를 극복하기 위한 것이 스타트업 투자"라고 말했다.

기업이 운영하는 주요 벤처캐피털

	벤처캐피털	설립 연도	주요 투자 내역
Google	구글벤처스	2009년	우버(세계 최대 차량 공유 서비스) 네스트랩스(사물인터넷 서비스)
intel	인텔캐피털	1991년	나인봇(전동 이륜차) 스냅딜(인도 1위 전자상거래 업체)
QUALCOMM	퀄컴벤처스	2000년	눔(헬스케어 서비스) 3D로보틱스(드론)
SAMSUNG	삼성벤처투자	1999년	얼리센스(사물인터넷 서비스) 바오밥스튜디오(가상현실 콘텐츠)
kakao	케이큐브벤처스 (카카오 계열)	2012년	프로그램스(영화 추천 서비스) 키즈노트(유아용 스마트 알림장)

자료 : 각 사

기업이 운영하는 벤처캐피털 투자 규모

미국 시장 기준. 단위: 달러

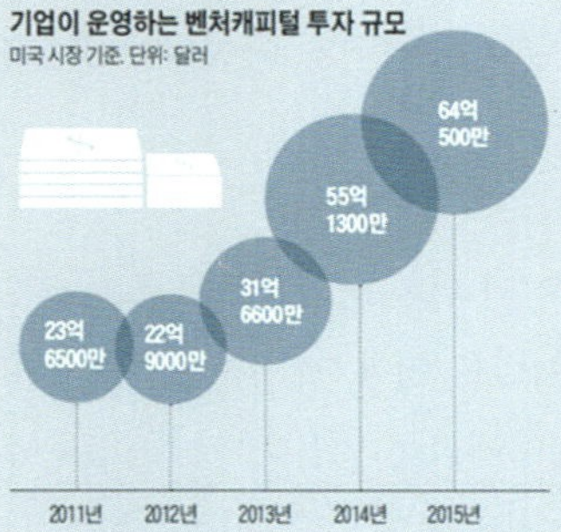

자료: PwC NVCA

대표적인 기업이 세계 최대의 반도체 기업 인텔이다. 인텔은 1991년에 인텔캐피탈이라는 투자 전문 회사를 설립했다. 주요 투자처는 자사의 반도체를 탑재하는 스마트 기기 업체다. 세계 최대의 이륜 전동식 이동장치 업체 나인봇 등 지금까지 800여 곳에 투자했다. 작년 4월에는 중국 하드웨어 업계를 겨냥한 1억 달러(약 1173억 원) 규모의 펀드를 따로 만들기도 했다. 퀄컴 역시 무인기(드론) 업체 3D로보틱스, 헬스케어 스타트업 눔 등에 투자했다.

구글은 2013년 1월 사물인터넷 기술 업체 네스트랩스에 8000만 달러를 투자한 데 이어, 1년 뒤 이 회사를 완전히 인수했다. 사물인터넷이란 각종 기기에 통신장치 · 센서를 부착해 자동으로 작동하거나 스마트폰으로 원격 조종하는 기술을 말한다. 구글은 네스트랩스의 센서 · 정보 분석 기술을 활용해 사물인터넷 사업을 확장하고 있다.

미국 벤처캐피탈협회(NVCA)에 따르면 2011년 23억6500만 달러 수준이던 기업 벤처투자업체의 스타트업 투자는 올해 64억500만 달러로 3배 가까이 늘어날 전망이다. 이는 인수 · 합병(M&A)을 제외한 지분 투자만 따진 수치다.

출처 : 장동철(2015.12.23). "자사 벤처캐피탈을 통해 스타트업에 투자하는 대기업들". 조선일보.
(http://biz.chosun.com/site/data/html_dir/2015/12/22/2015122203755.html)

5) 투자자 설득하기 (엘리베이터 피치 이해하기)

여러분이 열심히 제품이나 서비스를 준비 중에 있던 어느 날 우연히 엘리베이터 앞에서 투자자를 만났다. 바쁜 투자자로부터 다음 약속을 끌어낼 수 있는 시간은 길어야 1분. 어떻게 하면 효과적으로 홍보하고 매력을 어필할 수 있을까? 이런 상황에 대비해 만들어진 것이 엘리베이터 스피치이다. 엘리베이터 피치란, 말 그대로 엘리베이터를 타고서부터 내릴 때까지 약 60초 이내 짧은 시간 안에 투자자의 마음을 사로잡을 수 있도록 이야기하는 것을 말한다.

엘리베이터 피치(elevator pitch)의 피치(pitch)는 제품을 팔기위해 주장이나 권유, 홍보 등의 설득 활동을 뜻한다. 엘리베이터 스피치(elevator speech)로 표현하기도 하며 언뜻 즉각적인 것 같지만 사실 사전에 충분한 준비가 되어 있어야 그 효과를 발휘할 수 있다.

시간, 장소에 구애받지 않고 1분 이내에 당신의 사업의 핵심을 설명할 수 있어야 한다. 1분이면 사업의 성공 여부에 대해 판가름하기에 충분한 시간이다. 실제 투자자들이나 관련 사업을 하고 있는 전문가들은 현장에서 더 많은 정보를 가지고 있고 천천히 이야기 들을만한 시간이 없다. 그들에게 무엇이 매력적으로 다가갈지 포인트를 확실히 짚어서 짧은 시간 내에 핵심 아이디어에 대해서 전달하고 빠른 판단을 내릴 수 있도록 준비해야한다. 아이디어 공모전이나 공식적인 자리에서도 넉넉한 시간을 배정 받는 경우는 드물다.

먼저 60초 이내에 150~225단어로 정리를 한 엘리베이터 피치를 기본으로 1분, 3분, 5분 등으로 늘려서 연습해 보자. 언제 어디서나 가장 필요한 핵심을 이야기할 수 있는 준비를 해두는 것은 매우 주요한 일이다. 뿐만 아니라 논리정연하게 이야기하는 법을 익힐 수 있고 실제 업무에서 상사에게 보고내용을 설명하거나 공적으로 간결한 전달이 필요할 때도 유용하다.

(1) 내용구성

효과적인 스피치를 위한 방법
적절한 시간 배분과 논리적인 내용 구성

구분	시간 / 내용
서론 / 주제	**시간** : 10초 **내용** : 주제에 대한 이야기를 한 문장으로 말하기
본론 / 화제	**시간** : 40초 **내용** : 주제에 대한 스토리를 첨가하여 이야기하기
결론	**시간** : 10초 **내용** : 마무리 요약하기

출처 : http://www.wellstudy.co.kr/home/sub06.php?mid=21&r=view&uid=271

효과적인 스피치를 위해서는 전달할 내용에 대한 확신이 있어야한다. 지피지기백전백승이다. 관심, 열정, 요구사항, 간결함을 담아 전달할 이야기들을 구성해보자. 여러분의 팀원에 대한 확신, 경영자로서의 창업자에 대한 확신, 투자금 회수에 대한 비전과 고객을 모을 수 있는 대의명분을 상대방의 마음속에 심어줘야 한다.

다음 페이지의 워크시트를 활용하여 여러분과 여러분이 투자받고자하는 제품이나 서비스에 대해 적어보자. 창업자와 팀에 대한 이야기도 중요하지만 구체적으로 이야기하기에는 부족하다. 여러분이 최적임자라는 확신이 들도록 경험과 전문성을 짧게 설명할 포인트를 찾아야한다.

하지만 상대방이 듣지 않는다면? 엘리베이터에 투자자가 혼자 타고 있다면 어쩔 수 없이 이야기를 더 들어줄 수도 있겠지만 동행이 있다면 첫 이야기에서 제재를 당할 수도 있다. 듣는 이의 관심을 확실하게 잡아 끌 강력한 한마디가 필요하다. 질문의 형태로 시작해서 여러분이 답을 가지고 있음을 표현해도 좋다.

큰 그림으로 시장의 문제점을 요약하고 명쾌한 해결책을 제시한다. 가급적 전문적, 기술적인 용어는 피하고 일상적인 용어를 사용하며 간결하게 함으로서 열정이 전달되어야한다. 듣는 사람의 관심과 전문성에 맞추어 피치를 조절하면 관심도를 높일 수 있다. 시간에 쫓겨 명함을 건네는 것도 의도하는 바를 요청하는 것도 잊어버리지 않도록 주의하자.

상대방이 관심을 가졌다면 잠시 엘리베이터에서 내려 여러분의 제품이나 서비스 또는 근거자료 등을 활용하여 해결하고자하는 문제와 해결 되었을 때의 가치를 추가적으로 이야기 할 시간을 얻을 수 있을 것이다. 그리고 다음 약속까지 잡게 된다면 여러분은 성공적인 엘리베이터 피치를 마무리한 것이다.

(2) 메시지 맵

여러분의 아이디어를 메시지 맵을 만들어 준비해둔다면 언제 어디서든지 핵심을 설명할 수 있다. 가장 먼저 친근하게 이야기 할 수 있는 메시지를 만들어 그것만으로도 큰 맥락의 이해가 갈 수 있도록 한다. 그리고 그 메시지를 지지하는 3가지 포인트를 정해서 이야기한다. 제품의 특성이 될 수도 있고 구성원의 강점이 될 수도 있다. 그 후 조금 더 세부적인 정보를 작성함으로 기본적으로 생길 수 있는 의문을 해소해준다. 다음은 'LUSH' 에서 전달하고자 하는 메시지 맵이다. 'LUSH' 를 처음 접하는 사람도 무엇을 하는 회사인지 확연히 느껴지지 않는가?

1. 친근하게 이야기할 수 있는 메시지만들기

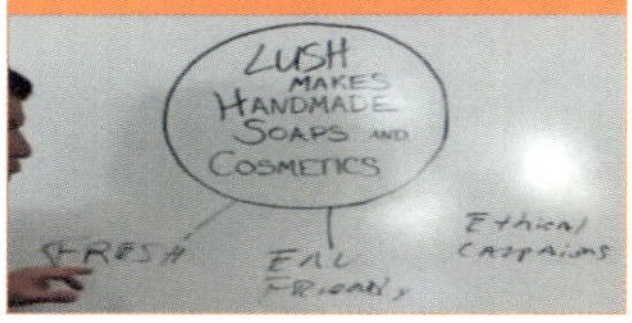

2. 메시지를 지지하는 3가지 포인트 잡기

3. 추가적인 정보작성하기

(3) 피치하기

앞에서 작성한 엘리베이터 피치의 주요내용과 그것에서 뽑아낸 메시지를 효과적으로 전달할 수 있도록 하기 위해 연습이 필요하다. 가족이나 친구 등 주변 지인들을 상대로 연습을 해보자. 실제로 우연히 만났을 때 잠깐만 시간을 내달라고 하고 연습해본다면 더 효과적으로 자신의 부족한 부분을 확인할 수 있을 것이다. 그리고 그들로부터 엘리베이터 피치에 대한 피드백을 받아 적어두고 반복적으로 지적되는 부분을 먼저 고쳐나가자. 예상 질문도 미리 적어보고 키워드 위주의 자료도 준비해 두면 긴장도를 훨씬 낮출 수 있다.

또한 다양한 버전을 만들어서 각기 다른 상황에 대비 할 수 있도록 준비하자. 투자자에게는 팀과 어떻게 수익을 창출할 계획인지에 초점을 맞추고 고객에게는 문제점과 그것을 어떻게 해결해줄지에 대해, 그리고 잠재 파트너에게는 여러분이 이루어 놓은 것과 앞으로 할 일에 대한 중요성에 대해 초점을 맞추어 연습을 한다.

그리고 피치 할 때 현장에서 가장 중요한 것이 무엇일까? 커뮤니케이션의 55%는 시선, 동작 등의 바디 랭귀지이고 38%는 어조나 음량과 같은 말하는 법이라고 한다. 내용에 대한 준비가 끝났다면 피치하는 모습을 동영상으로 찍어 어떤 문제점이 있는지 살펴보고 고치도록 한다.

활동하기 엘리베이터 피치를 통해 투자유치에 성공하자!

◆ 투자유치를 하기 위한 스킬인 엘리베이터 피치에 대해서도 알아보았다. 이번 시간에는 모두가 투자자라 생각하고 자신의 사업 핵심을 간략하게 전달해보도록 하자.

◆ 엘리베이터 피치는 다음과 같은 3가지 룰(Rule)을 적용한다. 첫 번째, 발표시간은 "3분"으로 제한한다. 두 번째, 피치 방식은 자유롭게 한다(연극, 노래, 프레젠테이션 등 다양한 방법). 세 번째, 투자는 개인별로 하되(개별 100만원씩) 자신이 속한 조에 하지 않는다. 이와 같은 룰을 적용하여, 투자유치 대회를 열어보자. 누가 가장 많은 투자금을 확보하여 창업 초기의 안정적인 현금흐름과 기업성장을 위한 발판을 마련 할 수 있을까?

엘리베이터 피치 투자대회 순서

STEP 1
- 엘리베이터 피치 준비 / 40분
- 주의 사항 : 발표 방법은 자유롭게 한다.

STEP 2
- 발표 / 21분
- 주의 사항 : 엘리베이터 피치는 꼭 3분으로 연습한다.

STEP 3
- 투자의 시간 / 15분
- 주의 사항 : 투자는 개인별로 하되 자신이 속한 조에 하지 않는다.

STEP 4
- 투자 결과 발표 / 5분
- 주의 사항 : 1등 팀에게는 100점의 점수

학습정리

■ 창업에 대한 최종의사결정은 실제로 사업을 통해서 돈을 벌 수 있는가에 대한 재무관리를 통해 결정해야 한하며, 아무리 우수한 아이디어라도 당신의 아이템이 사업성이 없다고 판단되면 과감히 계획을 포기하거나, 사업계획을 수정해야 한다.

■ 재무제표는 기업을 둘러싼 다양한 이해관계자들에게 의사경정에 도움이 되는 정보를 제공해 주는 역할을 수행하며, 창업가가 알아야 하는 것으로는 재무상태표, 손익계산서, 현금흐름표가 있다.

■ 기술창업의 재무관리는 매출추정, 비용 및 초기투자비용 추정, 추정손익계산서의 작성, 현금흐름의 추정, NPV계산의 단계로 이루어진다.

■ 손익분기점이란 기업이 판매를 통해 얻은 총수입과 총비용이 같아지는 매출수준을 의미한다.

■ 자금을 조달하는 방법에는 은행에서 대출을 받거나 채권을 발행하는 등 부채의 형태로 조달하는 방법과 주식을 발행하여 조달하는 방법이 있다. 부채의 형태로 자금을 조달하는 경우 지급해야 하는 이자가 고정비의 성격을 갖는다는 것이며, 주주들에게 지불하는 보상인 배당은 채권과 달리 변동비의 성격을 갖는다.

■ 지분구조는 기업의 경영권과 관련이 있기 때문에 주식발행을 통해 자금조달을 함에 있어서 누가 얼마만큼의 지분을 갖는가에 대한 지분 구조의 설계에 유념해야 한다.

■ 정책 자금은 크게 두 가지가 있다. 하나는 순수한 자금 지원 방식이 있고, 또 하나는 이자가 낮은 저리 대출 방식이 있다. 다양한 창업자금지원제도가 있기 때문에 이를 활용하는 경우 창업의 위험을 줄일 수 있다.

■ 투자유치를 통해 자금을 조달하는 방법으로는 크라우딩 펀딩, 엔젤투자, 엑셀러레이터, 벤처캐피탈을 활용할 수 있다. 최근 들어 크라우딩 펀딩은 아이디어 단계에서 창업자금을 조달할 수 있는 창구로 각광받고 있다.

■ 엘리베이터 피치란, 말 그대로 엘리베이터를 타고서부터 내릴 때까지 약 60초 이내 짧은 시간 안에 투자자의 마음을 사로잡을 수 있도록 이야기하는 것을 말하며, 제품을 팔기위해 주장이나 권유, 홍보 등의 설득 활동을 뜻한다.

참고문헌

◆ 김진수 · 이창영 (2014), 『창조경제시대의 기업가정신과 창업론』, 문영사.

◆ 박종민(2015.01.08). "국제시장,관객수 830만 돌파...윤제문 감독 '손익분기점은 600만'". 이데일리.

◆ 방용성 · 주윤황 (2014), 『창업경영』, 학현사.

◆ 서울경제(2013.08.08). "동업하려면 지분은 불공평하게 나눠라"

◆ 스타트업의 창업자금 조달 방법(http://biz20.tistory.com/16)

◆ 안길수(2013.08.08). "[초보벤처사장의창업일기](2)동업하려면 지분은 불공평하게 나눠라". 서울경제.

◆ 양경준(2015.12.17). "스타트업을 죽이는 복병"

◆ 이지은(2014.09.25). "창업기업 투자하는 '1호 전문 엔젤' 11명 탄생". 아시아경제.

◆ 이혜영(2013.05.19). "英 록그룹이 시작한 펀딩..수십억 달러 자금줄로 '쑥'". 아시아경제.

◆ 장동철(2015.12.23). "자사 벤처캐피탈을 통해 스타트업에 투자하는 대기업들". .조선일보.

◆ 조선비즈(2014.11.20). "(경제기사야 놀자) 기업은 필요한 자금을 어떻게 조달할까요?"

◆ 중소벤처기업부(2015), TIPS의 현재와 미래, 윤세명

◆ 창업진흥원(2013), 창업보육매니저 전문교재

◆ 한국금융연구원(2013). "영국의 크라우드펀딩 창업활성화 및 전망". 주간 금융브리프 22권 15호.

◆ Crown Financial Ministries, Business by the Book

◆ 크라우드산업연구소(http://www.crowdri.org)

◆ http://www.asiae.co.kr
◆ http://www.jointips.or.kr
◆ http://www.wellstudy.co.kr/
◆ https://www.youtube.com

11장. 키워드 인덱스용

재무관리	재무상태표	현금흐름표	손익계산서
손익분기점분석	자금조달방법	크라우드 펀딩	엔젤투자
엑셀러레이터	TIPS	벤처캐피탈	엘리베이터 피치

제12장 | 기술창업기업의 성장과 출구전략

PART 04

기술창업 기업 **성장하기**

12

기술창업기업의 성장과 출구전략

오늘은 힘이 들고, 내일은 더 견디기 어려울 것이다.
그러나, 그 다음날은 찬란할 것이다.

中 알리바바 회장, 마윈(Jack Ma)

학습목표

1. 스타트업 이후에 창업가가 선택하는 경로에는 무엇이 있는지 살펴보자.
2. 기업의 성장단계는 어떻게 이루어지는지 살펴보자.
3. 기업이 성장하는데 필요한 요인 4가지 요소에 대해 이해하자.
4. 조직성장에 필요한 진단요인으로 9가지를 제시하고 있다. 실제 조직에 적용하여 문제점을 파악하고 처방전을 제시해보자.
5. 출구전략이란 무엇인지, 출구전략의 방법인 기업공개와 인수합병(M&A)에 대해 파악하자.
6. 기업공개(IPO)의 장 · 단점과 절차에 대해 이해하자.
7. 우리나라에서는 출구전략으로서 기업공개에 비해 M&A가 왜 부족한지 파악해보자.

시작
하기

벤처기업의 성장

㈜쎄트랙아이
세계 3대 소형 인공위성업체

이미지 출처 : ㈜쎄트렉아이 홈페이지 (https://www.satreci.com)

쎄트렉아이는 한국과학기술원(KAIST) 인공연구센터에서 우리나라 최초 위성인 우리별 1호를 비롯한 지구관측, 우주과학, 기술시험용 소형위성을 개발한 학생을 포함한 인력 20여명을 중심으로 1999년 12월에 설립되었다. 회사 이름은 KAIST 인공위성연구센터의 이름인 쎄트렉(SATREC: Satellite Technology Research Center)을 따서 지었다고 한다. '16년 기준 사원수 200 여명이 재직 중이며 이제는 어엿한 15년차 벤처기업으로 영국의 SSTL, 프랑스의 에어버스 D&S에 이어 세계 3위 소형위성업체로 자리잡았다. 쎄트렉아이는 국내에서 유일하게 위성시스템을 개발하여 수출하는 업체다. 소 · 중 · 대 위성의 탑재체와 부품의 개발 · 제조하고 있고, 지상체 분야에서는 위성의 관계 또는 위성으로부터 취득한 정보를 수신 처리하기 위한 지상국 장비와 소프트웨어 제조를 핵심사업으로 영위하고 있다. 또한, 이러한 사업을 기반으로 방위산업 제품과 방사능계측솔루션을 개발 · 생산하고 있다.

일반적인 벤처기업의 경우 창업 후에 2-3년간은 매출이 거의 없는 과도기를 겪게 되지만 쎄트렉아이는 창업하고 얼마 안 되어서 매출을 올렸다. 외국 대학에서 2주일 강의를 해주고 5천만원을 받은 것이 회사의 첫 번째 매출이었고, 창업한지 4개월 만에 개발한 기술로 3개의 계약을 체결해 총 70억 정도의 매출을 올렸다. 우주 기술은 진입 장벽이 높은 분야 중 하나지만, KAIST 인공위성연구센터에서 우리별 위성을 쏘아 올린 경험을 바탕으로 다른 기업들보다 기술적인 부분에서는 한 발 앞서 갈 수 있었다. 하지만 인공 위성은 실패할 경우 재정적인 부담이 크기 때문에 한 번에 성공해야 한다는 압박감이 컸고, 새로운 것을 시도하다 보니 시행착오를 겪을 수밖에 없었고, 우주기술산업은 연구 개발 결과가 바로 제품이 되는 특성이 있기 때문에 연구에 차질이 생길 경우 계약 일정을 맞추기 힘든 어려움이 있었다.

이러한 어려움을 극복하고, 쎄트렉아이는 기업공개(IPO)를 통하여 2008년 6월 코스닥 시장에 상장했고, 최근 4차 산업혁명으로 인한 유망주로 떠오르고 있다. 쎄트렉아이의 김병진 대표의 20대 때 꿈은 우리나라 최초의 위성을 만드는 것이었고, 30대 때 꿈은 우리나라 위성을 최초로 외국에 수출하는 것, 40대 때 꿈은 인공위성 기술 선진국인 미국에 우리 위성을 수출하는 것이였다. 첫 번째, 두 번째 꿈은 이루었으며, 세 번째 꿈을 이루기 위하여 '17년 미국 수출 계획을 세웠다. 미국은 최근 소프트뱅크가 출자한 스타트업기업 'OneWeb'이 약 700개의 위성발사 프로젝트를 진행하는 등 민간 주도의 위성시장 성장 움직임이 나타나고 있기 때문에 꿈을 이룰 수 있을 것으로 예상된다.

20여년 전에는 위성 제작의 가장 초보적인 기술도 몰랐던 학생이 이제는 스승을 능가할 실력을 쌓은 것이다. '쎄트렉아이'는 우리가 우주산업을 키워 가는 데 하나의 모델이 될 수 있다. 우주개발 선진국들과의 격차를 빠르게 좁혀 나가려면 무엇보다 더 많은 '쎄트렉아이'가 나와야 한다.

[생각해보기]

◆ 무에서 유를 창조하기 위해 학생들은 어떻게 인공위성 기술을 습득할 수 있었을까?

◆ 회사가 성장하면서 조직, 전략, 리더십, 그리고 자원을 어떻게 보완해 나갔는지 생각해보자.

출처 : 김상환(2016.07.15), 중견기업 (주)쎄트렉아이 대표이사 김병진 동문, KAIST EE 수정편집
나병현(2017.04.17.), 김병진, 쎄트렉아이 차세대인공위성으로 미국 진출 도전, 비즈니스포스트, 수정편집
김기천(2014.06.19), 인공위성 수출, 조선일보, 수정편집

12.1 기술창업 성장단계

국내에서 가장 역동적으로 성장하고 있는 기업으로 카카오를 들 수 있다. 카카오는 단순 모바일 메신저기업인 카카오톡으로 시작하여 기업성장을 거듭한 결과 2015년 다음과 역사적인 M&A를 통하여 '다음카카오'라는 사명을 거쳐 '카카오'로 사명을 변경하였다. 최근에는 핀테크 산업이 태동됨에 따라 모바일뱅크 영역까지 진출하는 등 사업영역을 다변화하면서 지속적으로 성장하고 있다. 이처럼 기업은 지속적인 성장을 위해서는 창업 후 시장환경 변화에 유연하게 대응하며 경쟁우위에 설 수 있는 전략을 개발하고 이를 실행해 나갈 필요가 있다.

하지만, 모든 기업이 카카오처럼 성장하지만은 않는다. 많은 기업들이 창업 초기 또는 성장기에 고객들로부터 큰 인기를 얻으며 승승장구하다 시장환경변화, 자원관리, 신제품/서비스 개발 관리 등에 실패하면서 시장에서 퇴출되거나 또는 이를 극복하고 성장하기도 한다.

또한, 4차 산업혁명으로 인하여 최근 구글, 아마존, 애플, 페이스북과 같은 실리콘 벨리 공룡 IT기업들의 관련 스타트업 인수 전쟁이 치열하다. 구글의 경우 2011년부터 AI 분야 스타트업을 인수해왔으며, IT 데이터 분석 업체 CB인사이트에 따르면 지금까지 구글이 인수한 AI 스

타트업은 12개에 달한다. 스타트업의 경우 팔기 위한 스타트업이 아닌 팔리는 스타트업을 창업하는 경우도 늘고 있다.

실제 한 벤처기업의 사례를 살펴보자. S기업이 10여 년간 성장하는 과정을 보면, [그림 12-1]에서 보듯이 몇 번의 위기를 경험하는데, 이 위기를 기회로 변환시키는 노력을 통해 지속적인 성장을 했음을 알 수 있다. S기업의 매출액 추이를 보면 15년의 오랜 기간 동안에 세 차례의 매출이 전년보다 감소하는 위기를 경험한다. 이를 극복하기 위해 기업가는 새로운 조직구조의 개편, 인력에 대한 교육훈련과 동기부여, 시장 및 신규고객 개척, 기술개발, 신제품 개발 및 연구개발 등 생존과 성장을 위한 치열한 노력을 기울여 왔음을 알 수 있다. S 벤처기업과 같이 성장을 하기 위해서는 무엇을 준비해야 할까? 무엇보다 창업기업의 성장관련 속성과 창업단계별 필요한 성공요인이 무엇인지 학습할 필요가 있다.

[그림 12-1] S 벤처기업의 성장과 도전

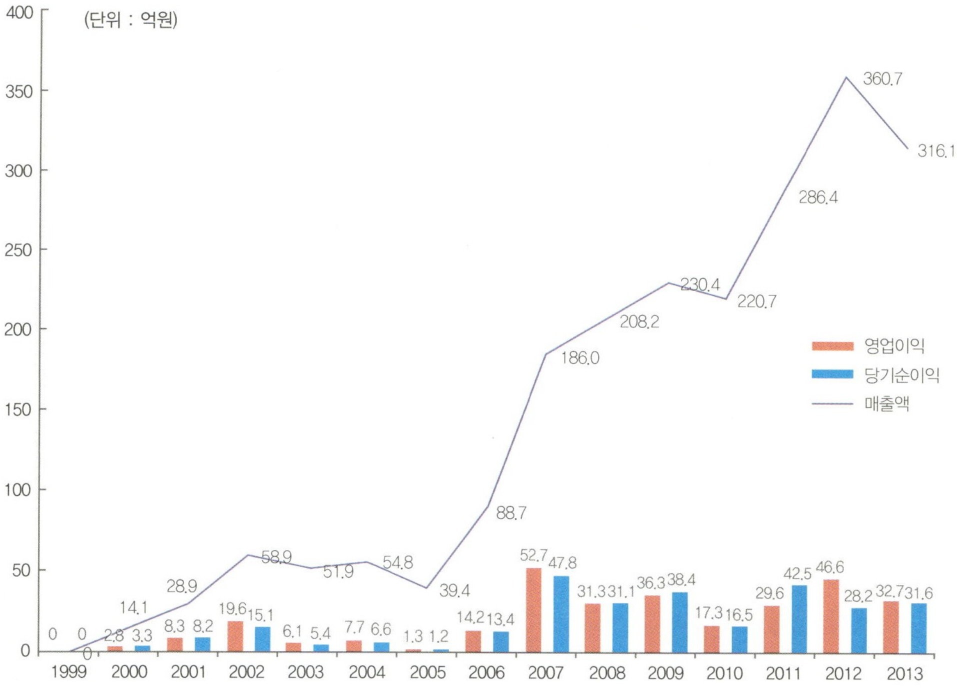

1) 기업생명주기와 성장전략

기업은 사람처럼 태어나서 성장하고 쇠퇴를 하는 생명주기를 지니고 있다. 창업기업의 생명주기는 창업가의 기술 개발 또는 아이디어의 사업화를 통한 스타트업 단계, 초기 및 후기 성장단계, 성숙 단계, 재도약 또는 쇠퇴 단계를 통하여 생명주기가 이루어진다. [그림 12-2]에 나타난 바처럼 기업의 생명주기가 중요한 이유는 기업이 효과적으로 경쟁시장에서 경쟁력을 보유하기 위하여 단계별 접근 전략의 차별화를 가져가기 위한 기본 요소이기 때문이다.

창업기업들은 정부, 가족, 친구 등을 통하여 창업가의 아이디어를 사업화하기 위한 초기 자본을 마련한다. 그 이후 기술개발, 시제품 개발, 제품양산 및 판매 단계별로 보유하고 있는 자본을 사용하는 동안 새로운 자본이 유입되지 않는 현상이 발생하게 되는데, 이러한 현상을 앞에서 설명했듯이 죽음의 계곡(death valley)이라고 부른다. 따라서 창업기업은 기업성장 단계와 단계별 위험요인을 사전에 파악하고 대응할 수 있는 성장전략을 수립하는 것이 지속가능 성장을 위해서 필요하다.

[그림 12-2] 창업 후 기업의 성장단계

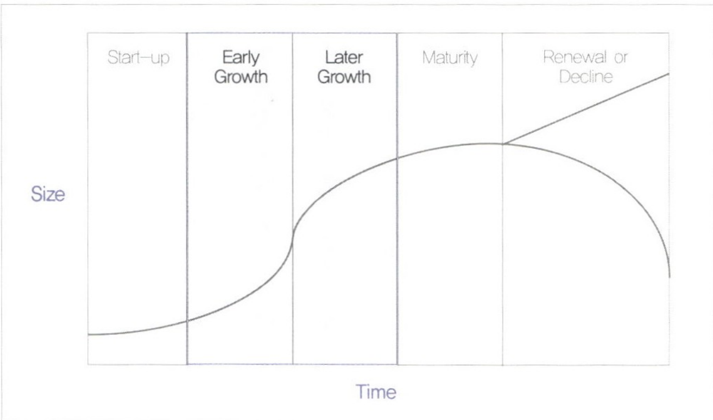

2) 성장기업의 선택 : 매각, 유지, 성장

창업 후 성장단계를 거쳐 발전한 기업은 과연 어떤 선택을 할 수 있을까? 창업가들은 그들의 벤처가 충분히 성공할 수 있다고 믿기 때문에 창업에 도전하고 기업성장을 위해 노력한다. 하지만, 어느 정도 벤처기업이 성장한 후 창업가가 선택할 수 있는 사항은 크게 세 가지로 구분할 수 있다.

[그림 12-3] 스타트업 후 창업가의 선택사항

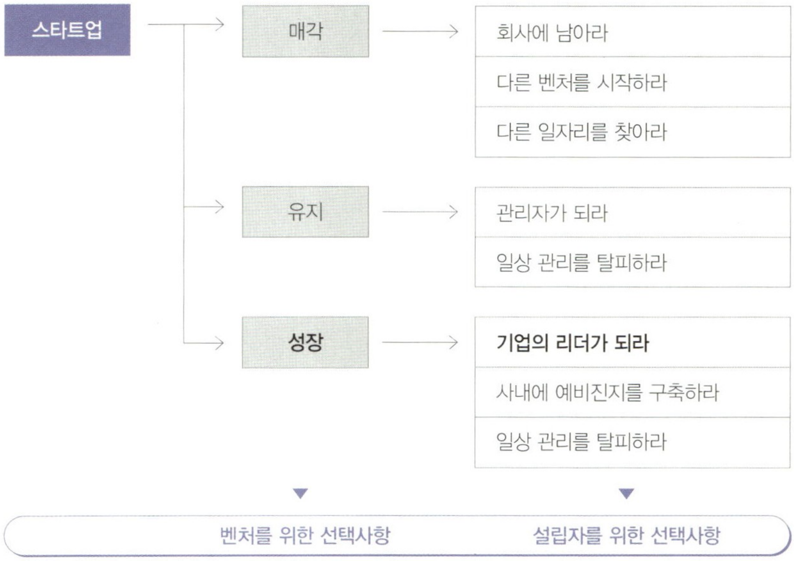

가장 일반적인 상황으로, 벤처기업의 매출 또는 매출가능성이 성공적으로 판단되면 적합한 매수자를 찾음으로서 자본이득을 거둘 수 있다. 만약 기업가가 비즈니스를 매각한다면 조직 내에 남거나 아니면 재창업(연속창업가, serial entrepreneur) 등을 할 수 있다. 즉, 기업가는 자본이득을 위해 자신이 만든 사업체를 매각하지만 조직에 몇 년간 남아 전환을 도울 수 있다. 매수자는 대부분 조직의 인적자산 확보와 위험을 줄이기 위해 사업체를 매각한 기업가가 남아주기를 바란다.

비즈니스를 유지할 때 기업가는 두 가지 선택에 직면하게 된다. 기업가는 계속해서 조직을 이끌거나 아니면 일상 관리에서 탈피하는 것이다. 일부 기업가는 위험과 복잡성을 줄이고 안락한 생활을 위해 본인에게 충분한 임금을 지불하는 라이프 스타일형 비즈니스 운영을 선택한다. 이러한 기업은 어느 순간 매각될 수 있지만 기업가의 주목적은 매각 또는 성장보다는 비즈니스를 유지하는 것이다.

이때 성장과 관련된 두 가지 주요 고려사항이 있다. 첫 번째는 효과적으로 운영할 수 있는 전문 조직의 창출이다. 두 번째는 미래성장을 위한 단계를 설정하는 것이다. 기업가는 지속적인 기업가정신이 자리 잡을 때까지 기업가적 열망을 실행할 수 있는 조직을 구축해야 한다. 즉, 조직은 성장을 유지하고 성숙기에 하락하는 것을 막을 수 있는 능력을 가져야 한다.

읽어보기 스타트업을 매각할 때 주의할 9가지

스타트업 기업을 매각하는 건 창업자에겐 매우 중요한 일이다. 인생의 터닝포인트라고 해도 과언이 아니다. 와이콤비네이터의 저스틴 칸(Justin Kan)이 이런 회사 매각를 매각할 때 기업가가 주의해야 할 9가지 단계에 대한 내용을 공개해 눈길을 끈다.

이에 따르면 먼저 기업 판매에 적당한 시기를 파악해야 한다. 스타트업을 매각하기 가장 좋은 시기는 매각할 필요가 없다거나 매각하고 싶지 않다고 느낄 때다. 자금을 모으는 데 어려움을 겪거나 경쟁에서 질 것 같을 때처럼 회사 경영이 어려울 때 매각을 보통 생각하게 된다. 하지만 이럴 때 교섭할 만한 기업 수는 적을 뿐 아니라 제안 내용도 썩 좋지 않다. 결국 내용이 마음에 안 들어도 계약서에 사인하는 경향이 생길 수밖에 없다. 인수 제안을 거절해도 좋을 만큼 여유가 있을 때 매각을 생각하는 게 좋다는 것이다.

다음은 매각 협상. 회사를 매각하겠다는 명확한 의지가 없는 한 협상에 임해선 안 된다. 매각 협상은 자금을 모으는 것보다 훨씬 정신적이나 체력적으로 힘든 일이다. 매각하고 싶다거나 요구하는 금액대로 제안을 받겠다고 느낄 때가 아니라면 매각 협상을 받아들이는 건 위험할 수 있다.

다음은 회사 가치다. 인수 협상을 진행할 때 먼저 제시되는 금액이 적절한 경우는 거의 없다. 첫 번째 제안에 대해선 무리라고 말할 용기가 있어야 한다. 첫 번째 제안을 거절해도 협상이 결렬되어 버리는 일은 거의 없다. 원하는 가격에 회사를 매각하려면 협상을 끝내도 문제없다는 자세를 보이고 때론 경쟁 입찰도 마다하지 않는 게 중요하다.

다음은 최고의 인수 제안을 받으려면 인수를 제의하는 상대방 기업에 어떻게 하면 효율적으로 함께 일할 수 있는지에 대해 논의해야 한다는 것이다. 상대방이 다시 인수 제안을 해온다면 인수하는 게 비즈니스 파트너가 되는 것보다 좋다고 판단했을 경우다. 협상에서 유리해진다는 얘기다.

다음은 받아선 안 되는 제안이다. 인수 협상을 하는 기업 중 상당수는 매각을 고려할 가치가 없는 대상이 많다. 유효기간이 명확하지 않다거나 답변을 위한 기간을 24~48시간 이내처럼 극단적으로 짧게 해버린 채 제안하는 기업은 인수에 대해 진지하지 않다는 할 수 있다.

다음은 전문가. 투자은행 전문가 같은 사람들은 고용하기에는 고가지만 시장 세력을 이해하고 어떤 기업이 가장 비싼 금액으로 잘 팔리는지에 대해 간파하는 능력이 있다. 매각 금액을 올리기 위한 교섭 방법에도 뛰어난 만큼 득이 될 수 있다.

다음은 회사 데이터 관리다. 기업 매각 협상을 할 때 회사 데이터를 상대방에게 가능한 선에서 공개하는 건 좋다. 하지만 자사 직원을 대상으로 한 인터뷰 같은 건 절대로 받아들여선 안 된다.

다음은 조건 보증서다. 조건 보증서에 서명하기 전에 비즈니스 뿐 아니라 법률 관점에서 모든 제안 내용을 검토해야 한다. 따라서 협상 기한이 지나 버린다면 시한을 연장한다. 일단 협상이 성립하면 매각 측이 내용을 변경할 권리가 없다. 하지만 조건 보증서에 사인한 뒤에도 상대방에서 일방적으로 파기할 수도 있으니 사인했다고 해서 안심하는 것도 금물이다.

마지막은 주식 양도와 사업 양도 같은 절차다. 회사를 매각하는 과정에서 가장 많은 위험을 포함하고 있는 게 마지막 순간, 주식과 사업 양도 절차다. 주식, 사업 양도 절차는 대부분 변호사가 법적 요소를 맡고 창업자는 비즈니스적 절차를 처리한다. 절차를 무사히 끝내줄 뛰어난 변호사의 도움이 필요하다.

출처 : 이상우(2014.11.24.), 스타트업을 매각할 때 주의할 9가지, 테크홀릭

마지막으로 성장을 선택한다면 무엇을 준비해야 할까? 분명히 창업초기와 창업성장기에 필요한 핵심 성공요소는 차이가 있기에 과연 창업성장기에 필요한 성공요소는 무엇인지 알아보고 준비하도록 하자.

12.2 기업 성장단계별 주요 성공요인

많은 연구에서 기업의 성공적인 성장과 관련된 특수한 성격과 행동을 다음과 같이 제시하고 있다.

◆ **설립자 특성** : 높은 의지(헌신), 능동적
◆ **설립자 능력** : 높은 교육, 강력한 기술 및 산업 기술
◆ **리더십** : 명확한 조직적 비전, 팀 기반 조직 설계, 인적자원 기능에 주목
◆ **조직 이미지** : 명성과 품질에 초점
◆ **성장을 위한 조직 계획** : 문화, 절차, 구조
◆ **전략** : 효과적인 차별화, 멀리 있는 고객과 함께 새로운 시장, 시장 확대에 초점
◆ **금융** : 자금조달원의 넓은 범위와 적절한 자본

Bygrave & Zacharakis(2009)과 Timmons & Spinelli(1999)의 연구에 의하면 창업초기 단계에 필요한 성공요인과 성장기에 필요한 성공요인 간에는 차이가 있음을 알 수 있다. 즉, 창업초기에는 창업기회를 발견하고 이를 도전정신과 열정으로 끈기 있게 밀어붙이는 기업가정신, 사업위험요소를 감소하고 사업을 체계적으로 진행할 수 있게 가이드라인을 제시하는 사업계획서, 창업에 도전할 수 있는 한정된 자원 등이 핵심적으로 필요한 요소이다.

하지만, 성장기를 거쳐 성숙기에 접어들면, 조직은 어느 순간 비대해지고, 창업 초기 별 관심 없어 하던 기업들이 어느새 유사한 제품과 서비스를 개발하여 시장에 뛰어들어 경쟁은 더욱 치열해 진다. 따라서 경쟁우위에 설 수 있는 경쟁전략이 필요해지고, 경쟁우위를 지속하기 위해서는 지속적으로 새로운 제품과 서비스를 개발해나가야 한다. 이를 효과적으로 수행하기 위해서는 창업 초기 3~5명으로는 벅차기 때문에 전문가를 영입하고, 필요한 관리조직을 갖추어야 한다. 당연히 창업초기보다는 더욱 많은 자금, 시설, 공간 등 자원 확보가 중요해진다. 마지막으로 규모가 커진 조직을 이끌어 나가고, 치열한 경쟁에서 살아남기 위해 창업가는 도전정신과 열정만으로는 한계가 있다. 이제는 큰 규모의 기업을 이끌어 나갈 수 있는 리더십이 더욱 중요해지게 된다.

[그림 12-4] 기업 성장 단계별 핵심 성공요인

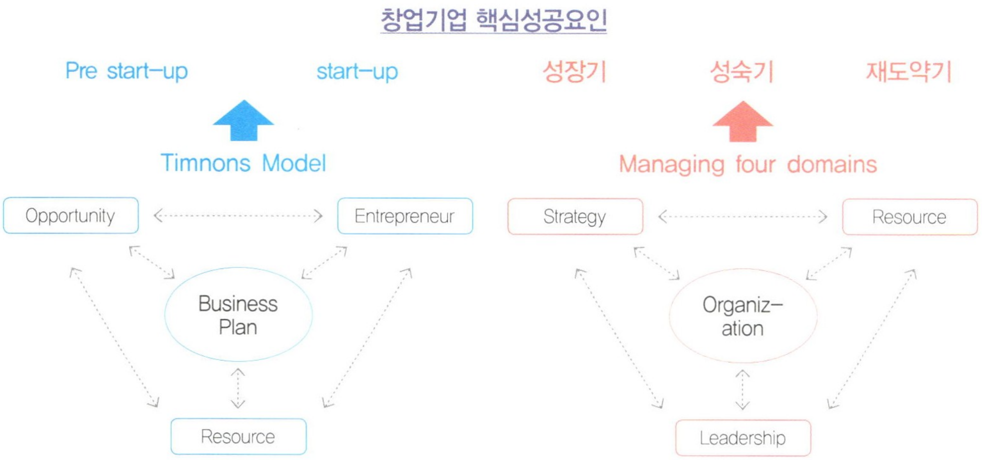

출처 : Bygrave, Zacharakis(2009), Timmons & Spinelli(1999) 모델 기반 종합 정리

1) 조직

기업이 지속적으로 성장하기 위해서는 합리적이고 체계적인 조직 구조를 가지고 있느냐가 중요한 성공요인이 된다. 일반적으로 창업 초기 단계의 조직은 구성원에 대한 통제력이 약하다. 구성원들의 개별적인 능력이 중요하고 조직으로서의 모습보다는 팀 또는 개인화된 능력을 기반으로 성과를 얻을 수 있는 체계를 보여주기 때문이다.

하지만 기업이 성장하면서 조직 구성원이 많아지게 되면, 조직 내 개개인의 업무 영역이 포괄적인 업무를 담당하는 것이 아니라, 조직 내 업무가 마케팅, 생산관리, 경영관리 등 보다 전문화된다. 이에 따라 조직 구성원 개개인이 담당하는 업무에 대한 책임이 강화되는 시점으로 변환되기 때문에, 개인의 역할보다는 조직 전체로서의 유기적인 역할이 더욱 중요해진다.

그러면 과연 어떤 조직이 체계적이고 효과적인 조직일까? Aiman-Smith et al.(2005)은 조직 내 역량을 진단하고 개선하기 위한 차원을 [그림 12-5]와 [표 12-1]처럼 9가지 요인으로 제시하였으며 이를 VIQ(Value Innovation Quotient) 라고도 부른다.

[그림 12-5] 조직성장을 위한 9개 진단요인

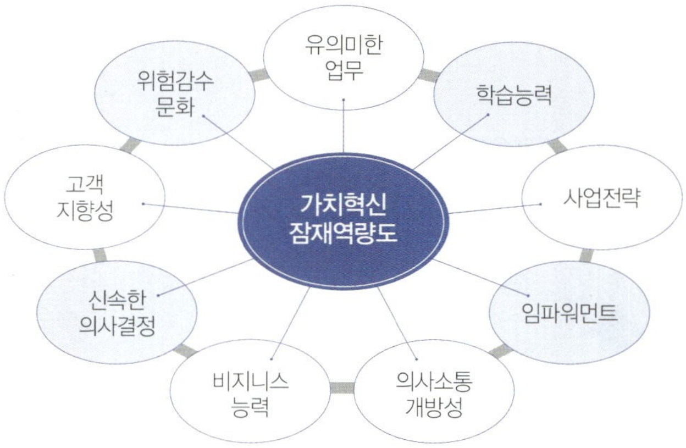

출처: Aiman-Smith et al.(2005). p. 40.

[표 12-1] 조직성장을 위한 9개 진단 요인

차원	설명
의미있는 업무	업무에서 각 개인이 조직과 고객에게 영향을 미치는지에 대한 것
위험감수 문화	높은 수익을 이끌어내기 위해 약간의 위험을 감수하는 것
고객지향성	잠재적 시장에서 Needs와 Want를 식별, 요구를 제품과 서비스 가치로 전달하는 것
신속한 의사결정	아이디어와 분석에 대한 사용 결정을 내릴 권한을 부여, 얼마나 빨리 조직이 결정을 내리는가
비즈니스 능력 (business intelligence)	시장 및 사업 동향을 감지하고 환경과 경쟁자를 확인하여 전략적 문제를 이해하는 조직의 능력
의사소통 개방성	도전적인 일을 말하여 변화를 지원
임파워먼트(권한 위양)	직원들이 독립적으로 문제를 파악하고 고심하는 것
사업 전략	사업계획시 사용하는 정해진 기법이 있으며, 폭넓은 사람들이 계획과정에 참여하는 것
학습능력	조직구성원들이 새로운 지식, 기술을 지속적으로 학습하며, 회사로 이를 위해 지원을 함.

창업기업이 성장하면서 조직은 연구개발부서만이 아니라 가치사슬 전 부문에 걸쳐 혁신적으로 바뀌어 급격한 환경변화 속에서 성공을 거둘 수 있다. 처음 3~4명의 인원으로 출발한 벤처기업은 20명, 50명, 100명 이상의 조직으로 성장하면서 많은 문제점에 직면한다. 예를 들어, 성장과 동시에 적절한 인력을 충원해야 하는데, 이때 신입사원만이 아니라 경력사원들도 충원하게 된다. 이때 신입직원과 경력직원간에 이질적 문화차이가 발생하기도 한다. 여러 관리자의 채용 등으로 다양한 조직 구성원, 공통된 경험으로부터 다양한 경험자의 구성, 조직의 성장에 따른 자율성의 요구와 새로운 형태의 통제요구, 새로운 환경변화에 따라 높은 수준에서 요구되는 조직역량 문제, 부문 간 의사소통, 우수인재의 유출 등 다양한 문제가 창업기업 성장과정에서 발생한다. 이는 창업기업 경영자와 리더들이 해결해 나가야 할 중요한 과제이기도 하다

이같이 성장하는 조직에 대한 진단을 통해 얻게 되는 의미는 다음과 같다. 먼저 벤처기업의 조직문화를 더 잘 이해하고 그 공식적 하위집단의 조직의 변수들을 파악하는데 도움이 된다. 또한 조직 내 존재하는 하위문화를 이해하는데 도움이 되며, 혁신을 수행하는데 잠재된 문제점이나 저해요인을 진단할 수 있다. 또한 혁신을 향한 조직의 장단점을 파악하고 특히 단점에 대해 집중 개선해 나가면서 조직의 위기를 예방할 수 있다.

한 벤처기업을 대상으로 조직진단을 해보면 아래와 같이 9개 요인의 조직진단 모습을 한눈에 볼 수 있다. 9개요인 모두가 5점 척도에서 평균 값 3.0이상을 나타냈으며, 이 중 의미 있는 업무와 학습 조직에 대해서는 전 직원이 매우 높게 응답하였다. 하지만 신속한 의사결정, 개방적 의사소통, 임파워먼트(권한위양) 및 사업전략(계획) 등에서는 상대적으로 낮게 평가하고 있었다. 이를 기반으로 기업은 상대적으로 낮게 나타난 원인을 분석하고, 개선방안 도출하여 실천함으로써 현재 지속적인 성장을 추구해 나가고 있다.

[그림 12-6] 조직진단(VIQ)의 결과 사례와 해석

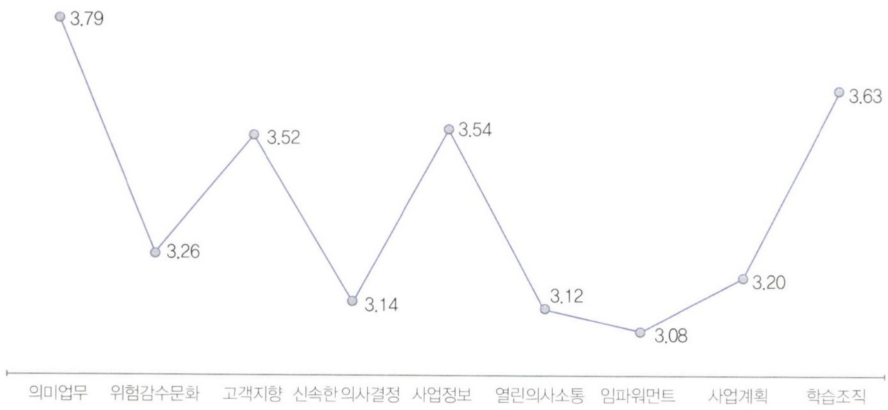

2) 리더십

리더십은 모든 조직의 성과를 결정짓는 가장 중요한 요소이며, 이는 창업기업의 성장과정에도 마찬가지이다. [표 12-2]는 창업가와 관리자, 그리고 기업가적 리더 간의 주요 차이점을 요약하여 보여주고 있다. 창업가가 새로운 아이디어에서 기회를 찾아 비즈니스를 창출하고 비전을 제시하는 반면, 관리자는 계획, 조직, 통제활동을 주로 한다. 그러나 기업가적 리더는 성장 조직을 성공적으로 이끄는데 큰 역할을 한다. 이에 대한 내용을 자세히 살펴보면 다음과 같다.

[표 12-2] 기업가 vs 관리자 vs 기업가적 리더

기업가	관리자	기업가적 리더
새로운 아이디어 탐색	현재 운영을 유지	새로운 기회 모색을 하면서 핵심 사업을 활용
사업 시작	사업 실행	진행 중인 조직 내에서 사업 시작
기회가 구동	자원이 구동	능력과 기회가 구동. 능력을 활용하고 기회요인을 확장하기 위해 새롭게 구축
비전을 설정 및 실행	계획, 조직화, 직원, 통제	비전을 설정하고 이를 수행하기 위해 다른 사람을 최대한 활용
기회 주변에 조직을 구축	조직의 효율성 향상	조직성장에 따라 기업가적 능력을 유지. 기업가정신에 도움이 되는 문화, 구조, 시스템 보장; 장벽 제거
다른 사람들을 리드하고 고무함	다른 사람들을 감시 및 감독	기업가적 개인을 개발 및 유도; 다양한 전문지식과 방향을 보유한 개인과 집단 사이의 다리
경쟁 환경의 변화를 조정	일관성 및 예측가능성을 유지	조직 및 경쟁 환경의 변화를 조정

출처 : Bygrave, Zacharakis(2009)

첫째, 창업가는 다양한 사업기회를 파악하여 아이디어를 비즈니스로 만들 수 있는 영감과 비전을 가지고, 시장에 대응하는 성향을 갖고 있다.

둘째, 관리자는 조직을 구성하고 체계적인 업무체계를 만들어 조직의 효율성을 높이는 역할을 수행한다.

셋째, 기업가적 리더는 기업가적 성향과 관리자의 역량을 제시할 수 있는 리더를 의미한다. 이는 성장하는 조직을 유지하는데 있어서 명확한 역할을 수행한다. 기업가적 리더는 조직문화, 구조, 시스템의 효율적 운영만이 아니라 지속적으로 기업가정신에 기반 한 사업기회를 창출하기 위해 기업 내 기업가정신을 보유한 인력을 적극적으로 활용한다. 또한 조직의 가치사슬상에 있는 이해관계자들과의 네트워킹을 통해 성장시킬 수 있는 역량을 발휘한다. 기업가 리더로서

조직의 비전을 명확하게 하고, 조직의 구성원들이 보유한 역량을 잘 활용하여 비전을 달성할 수 있도록 조직성장 단계별 기업가적 역량을 지속적으로 유지하는 역할을 수행한다.

[그림 12-7] 기업가에서 기업가적 리더로의 전환 : 권한 위임

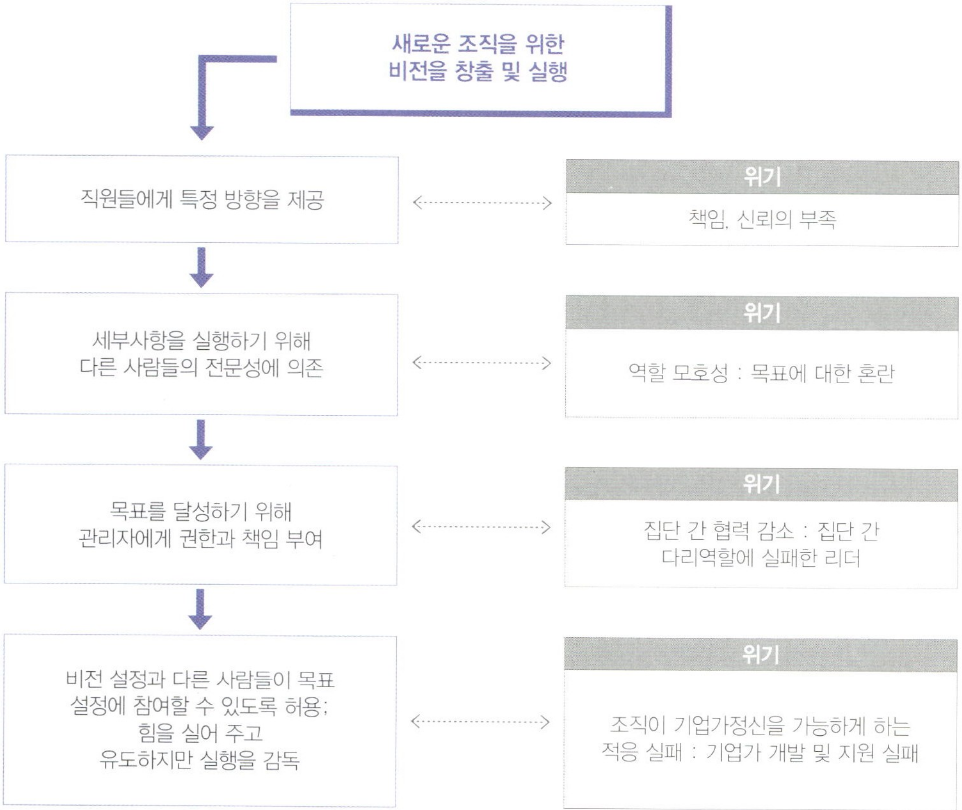

출처 : The portable MBA in entrepreneurship,. Bygrave, Zacharakis(2009)

기업가에서 기업가적 리더로 전환하면서 권한위임 절차는 [그림 12-7]과 같다. 기업가는 다른 사람들에게 특정 작업을 할당하기 시작하여야 한다. 위임절차에서 기업가는 목표를 달성하기 위해 전문가에게 책임을 전달한다. 그 다음 목표 설정은 다른 사람에게로 이동한다. 이 절차는 기업가가 매일매일 모든 세부사항에 최소한의 시간을 소비할 수 있도록 하고 본인은 기업의 비전과 전략 등 보다 중 · 장기 관점에서 기업이 성장해 나갈 수 있는 미래의 먹거리인 신성장동력 아이디어를 찾는 일에 더 집중할 필요가 있다.

3) 전략

기업이 경영을 영위하고 성장을 하는 근간은 명확한 비전과 전략을 보유하고 있는가에 있다. 그리고 내부 기능(부서, 팀) 간의 전략 및 실행계획과 잘 연계되었을 때 좋은 성과를 거둘 수 있다. 많은 기업들이 이러한 전사적 전략에 따라 하부의 각 기능별 전략과 액션플랜(action plan) 및 세부 추진과제들이 잘 연동될 수 있도록 각종 제도적 장치와 시스템을 갖추고자 노력하는 이유가 바로 여기에 있다.

전략은 환경에 대한 조직의 대응이라는 점이며 전략의 본질이라 할 수 있다. 전략을 조직의 목적과 이를 달성하기 위한 수단들의 총체라고 볼 때 전략은 다차원적인 개념이다. 전략에 대한 폭넓은 이해를 위해 전략의 여러 정의와 그 구성 요소들을 포함하여 포괄적인 관점에서 전략을 정의하면 다음과 같다.

- 조직의 주요 의사결정들에서 나타나는 일관되고 통합적인 유형
- 환경으로부터의 기회와 위협 하에서 조직의 목표달성을 위한 일련의 행동 및 이에 대한 자원의 배분 양식
- 현재와 미래에 있어서 조직의 활동영역에 대한 선택
- 선택된 활동영역 내에서 경쟁우위를 달성하고 이를 지속적으로 유지하기 위한 일련의 활동

한편 전략의 영역에는 전략의 수립뿐만 아니라 전략의 실행 및 전략의 통제과정이 있으며, 기업 내부의 강 · 약점을 바탕으로 환경의 기회와 위협에 효과적으로 대처하는 기업의 환경적응 과정을 중요시한다.

전략의 개념에는 다음과 같은 몇 가지 공통적인 요소들이 포함되어 있다.

- **활동영역(scope)** : 이는 조직과 환경과의 상호작용의 정도를 나타내는 것으로서 조직의 사업영역 내지는 활동영역을 의미한다.
- **자원동원(resource deployments)** : 이는 조직의 목표달성을 위해 자원이나 능력을 결합하고 배분하는 것을 말한다. 이는 조직의 독특한 능력으로 나타난다.
- **경쟁우위(competitive advantage)** : 이는 조직의 활동영역과 자원동원에 대한 의사결정을 통해서 해당 기업이 경쟁자에 비해 지니는 독특한 경쟁적 위상을 말한다.
- **시너지(synergy)** : 이는 기업의 활동영역 선택과 자원동원을 통해 기업이 추구하는 상승효과를 의미한다. 일반적으로 시너지는 기업 내 사업부 간에 유 · 무형의 자원들을 공유함으로써 창출된다.

전략경영 과정은 전략수립과 전략실행 및 전략통제 과정으로 나눌 수 있다. 전략 수립(strategy formulation)은 기업의 사명과 목표를 선택하고 이를 달성하기 위하여 조직의 환경과 기업의 내부능력을 분석하여 적절한 전략을 선택하는 과정을 가리킨다. 한편, 선택된 전략에 의거하여 각 기능 부문별로 세부 전략(기능 전략)을 수립하고 전략이 조직 내에서 효과

적으로 실행될 수 있도록 조직구조, 조직문화 및 인사제도 등을 재설계하는 과정을 전략실행(strategy implementation)이라 일컫는다. 전략통제(strategic control)는 전략 목표의 달성 여부나 전략 수립 및 실행 과정에 대한 점검을 통해서 문제점을 규명하고 이를 바로 잡는 과정이다.

성장하는 벤처기업이 산업계와 시장 환경에서 새로운 개발에 집중하는 것은 중요하다. 이는 회사가 가장 좋은 타이밍에 전략적으로 노력을 집중해야 하는 부분을 결정하게 한다. 예를 들어, 회사는 경쟁이 되기 전에 최대 수익을 얻을 수 있도록 현재 제품을 강조할 수 있다. 또는 시장이 거대 경쟁자들로 붐비고 있다면 새로운 시장을 찾아야 한다. 회사가 성장함에 따라 전략적 계획과 노력을 통해 회사가 나갈 방향에 영향을 줄 수 있는 중요한 지식을 보유한 내부와 외부 회사 사람들로 부터 조언과 도움을 받을 수 있다. 소비자, 특히 주사용 고객들은 시장수요에 대한 정보를 제공할 수 있다. 시장과 기술에 가까운 전문적 직원들은 미래 기회를 찾을 수 있다. 따라서 성장하는 회사는 환경변화에 반응하여 변화된 환경에서 독창성의 새로운 원천을 구축하는 방식으로 전략을 변환할 수 있는 능력을 유지해야 한다.

4) 자원

창업기업에서 자원이란 자본과 사람을 말한다. 금융자본은 회사가 재무운영, 고정자산 투자, 그리고 직원고용을 할 수 있도록 한다. 가장 중요한 인적자원은 창업자 또는 창업팀 내에 있으며 회사의 성장은 대부분 무형자산에 의존한다. 이는 회사의 제품 및 서비스 창출이 조직 구성원들인 사람에 체화된 지식에 기반 하기 때문이다.

첫째, 초기성장을 위한 자금 출처는 다음과 같다.

- ◆ 주요 관리로부터의 투자
- ◆ 설립자 대출
- ◆ 가족 및 친구
- ◆ 엔젤 투자자
- ◆ 채권, 재고 및 장비 등 자산에 대한 대출
- ◆ 장비 임대
- ◆ 신용카드

기업가는 기존의 부채와 자본 이외에 미래 성장을 위해 여러 가지 방법을 찾을 수 있다. 회사는 더 유리한 금융조건을 제공할 수 있는 전략적 파트너를 고려할 수 있다. 또한 프랜차이즈로 확장할 수 있다. 결국 필요 자원은 회사의 가치사슬 활동 범위에 의해 결정된다.

둘째, 중요한 자원은 사람이다. 초기 성장을 시작할 때, 기업가는 전문적인 기술을 보유하고 있는 사람을 고용하거나 그 역량을 개발해야 할 것이다. 여기서 인적자원이란 마케팅, 재고관리, 회계 및 금융, 물류 등 여러 분야 전문가를 고용해야 한다.

많은 회사들은 기업가가 유일하게 기업의 심장으로 유지된다. 기업가정신이 유지되려면 조직 리더는 다음의 내용을 실천해야 한다.

- ◆ 기업가정신에 대한 열정을 찾아라.
- ◆ 높은 수준의 애매함의 조건에서 작동할 수 있는 능력을 개발하라
- ◆ 그들이 프로젝트에 헌신하고 기여하기 위해 조직 내에서 다른 사람들을 설득할 수 있는 성향과 신뢰성이 있는지 확인하라
- ◆ 충분한 자유를 제공하고 능력을 키우는 동안 그들의 노력을 촉진, 지원, 그리고 유도하라
- ◆ 회사의 혁신과 성장열의를 위한 그들의 기여를 인지하라
- ◆ 실패를 위험과 관련 있는 기업가정신, 학습 기회로 보고, 좋은 의도의 실패는 처벌하지 않도록 보장하라

이상 기업성장을 결정하는 요인을 정리해보면 다음과 같다.

기업가적 기업은 설립 후 성장 과제 및 요건을 충족해야 한다. 기업가가 각 단계별 성장조직을 구축하고 관리하는 것과 연관되어 있는 과제들을 이해하고 예측하는 것은 필수적이다. 주요 임무는 튼튼한 미래를 위한 단계를 설정하는 것뿐만 아니라 각 시점에서 조직을 효율적으로 실행하기 위한 준비에 있다.

성장을 위한 기업의 능력은 외부조건과 개인적 고려사항에 의해 영향을 받는다. 회사는 낮은 성장가능성을 지닌 산업계에 존재할 수 있다. 높은 성장률을 달성하기 위해서는 많은 숙고와 노력, 그리고 창의성을 취해야 한다. 동시에 높은 성장 산업에서 경쟁하는 것은 빠르게 변화하는 환경에 반응하고 경쟁력을 유지하기 위해 높은 성장 지향능력이 요구된다.

기업가는 성장을 위해 자신의 능력을 점검할 수 있고, 이는 외적현실과 함께 이루어져야 한다. 무엇이든 본인의 성장을 열망하지만 모든 기업가들이 확장 운영을 다루고 벤처를 장기간 동안 유지하기 위해 그들은 조직 구축에 관심을 가져야 한다.

성장조직의 소유자/관리자 관점에서 업무를 하면서 우리는 기업가가 기업의 성장 단계에서 해결해야 하는 요소들을 확인하였다. 조직적 요소는 통제와 성과 측정을 포함하며 이는 처음에는 단순할 수 있지만 조직이 확대되면서 점점 정교해진다. 리더십 요소는 위임, 관리자 개발/고용, 그리고 리더십 팀을 구성하는 과정을 포함한다. 전략적 요소의 경우, 회사는 기존 및 주

변 시장에서 활용할 수 있는 능력의 핵심 기반을 만들 수 있는 전략을 중심으로 시작하여 미래를 위한 새로운 영역을 개척할 수 있는 능력을 구축할 수 있다. 자원 요소는 조직의 성장에 따라 금융자원이 변할 수 있음을 인식해야 하지만 이런 의사결정으로 비재무적 고려사항을 강조하고 있다. 또한, 금융 및 부트스트랩 사고의 내적 자원은 기업 확장만큼 중요하다. 자원 요소는 회사의 인적자원개발을 포함한다.

이러한 조직 구축 노력 속에서 기업가는 보다 전문적이고 효율적이 될 때 회사의 기업가적 뿌리에 대한 연결을 유지해야 한다. 성장하는 회사는 대기업보다 더 적은 자원을 갖고 점점 더 크고 복잡한 사업을 조정해야 하는 어려움을 겪는다. 그들은 또한 조직이 기업가정신을 저해하는 관료체제가 되는 것으로부터 방어를 해야 한다. 그들은 기업가정신 활동을 지속적으로 육성해야 한다. 그들은 그들의 기업가적 정신을 보존하고 유지하는 작업을 의식적으로 해야 한다. 행여 손실된 경우, 그들은 회사에 활력을 불어넣고 너무 늦기 전에 기업가정신을 재연해야 한다.

12.3 창업기업의 출구전략

읽어보기 **출구전략에 성공한 이후의 삶은?**

"5번 창업한 뒤 Exit(자금회수)한 300억 원으로 뭘 할까 고민했습니다. 내일 죽으면 후회되는 일이 무엇일지 생각하다 남을 도와주는 일을 하기로 했죠." 김철환 카이트창업가재단 이사장은 전자종이 기술개발 업체 '㈜이미지앤머터리얼스' 등을 매각한 자금으로 2012년 재단을 설립했다. 회사를 성공적으로 매각한 뒤 좀 쉬면서 놀까 생각도 했지만 체질에 맞지 않아 이내 포기했다.

그의 모델은 누구인가? 그는 미국 온라인 결제 서비스 '페이팔', 전기자동차 '테슬라'부터 유인우주선 '스페이스X'까지 끊임없이 도전하는 엘론 머스크와 같은 창업가가 한국에 없다는 사실이 안타까웠다. 그래서 한국의 창업생태계와 예비 창업가들에게 도움을 주기 위해 재단을 설립하기로 결심했다. 비영리 법인, 카이트재단은 이렇게 탄생했다.

김 이사장은 엘론 머스크처럼 끊임없이 도전하는 창업가다. 그가 처음 첫 창업을 시작했던 2006년부터 2012년 엑시트를 한 뒤에도 쉬어가기는커녕 재단과 차세대 2차전지 개발업체 오렌지파워를 창업해 창업가로 활동하고 있다. 김 이사장은 카이스트 화학공학 2차전지 부문에서 박사학위를 취득했다. 토종 기술자인 만큼 첫 창업부터 생리활성소재, 레이저 프린터 토너, 전자종이 등 다양한 기술 아이디어를 동시에 사업화했다. G1비즈텍을 모회사로 세우고 전자종이 개발업체 '이미지앤머터리얼스', 생리활성 소재 개발업체 바이오제닉스를 자회사로 시작한 이유다.

김 이사장은 "아이템이 여러 가지여서 각각의 비즈니스 모델, 정체성 등을 살리기 위해 첫 창업부터 회사 3개를 설립하게 됐다"고 말했다. 그러다보니 투자 유치에 어려움을 겪었다. 그는 "당시 만났던 창투사 두 곳 모두 세 개는 어려우니 하나라도 잘하라며 퇴짜를 놨다"며 첫 창업의 어려움을 회상했다. 결국 세 아이템 중 하나인 레이저 프린터 토너기술을 대기업에 팔아 종자돈을 마련했다. 지금은 레이저 프린터 토너시장이 1조원 시장으로 컸지만 당시에는 그에 아주 못 미치는 가격을 주고 기술을 이전했다.

이어 그는 "창업 초기에 가장 완성도 높은 기술(레이저 프린터 토너)을 저렴하게 팔았고 업계의 상황을 파악하지 못해 기술의 값어치(CC크림)를 다 못 받았다"며 "시장의 크기는 어떻게 결정되는지, 누가 경쟁자인지 등을 파악하는 것이 얼마나 중요한 지 깨달았다"고 덧붙였다.

김 이사장은 여러 시행착오를 겪은 뒤 전자종이 업체 '이미지앤머터리얼스'를 성공으로 이끌 수 있었다. '이미지앤머터리얼스'는 300억 원의 기술 가치를 인정받고 2012년 대기업에 성공적으로 매각됐다. 김 이사장은 창업 경험을 통해 기술 가치에 대해 다시 생각했다. 그는 "기술의 가치는 파는 사람과 사는 사람이 모두 다르게 판단한다는 것과 기술보다 더 중요한 것은 운이라는 사실"이라고 말했다.

'이미지앤머터리얼스'의 전자종이 기술 그 자체는 훌륭했다. 글씨가 깨지지 않고 인물 등의 사진의 해상도도 다른 제품보다 뛰어났다. 컬러 디스플레이 기술도 보유했다. 그의 기술이 본격적으로 주목받기 시작한 것은 2008년 종이가 환경파괴범으로 인식 돼버린 역사적인 사건이 발생하면서다. 단 한 번도 생산량이 정체된 적 없는 종이 시장이 작아지기 시작했다. 그러면서 아마존의 이북(e-book), 킨들, 애플의 아이패드 등 전자종이 시장이 열린 것이다. 그가 말하는 '운'은 여기서 찾아볼 수 있다. 김 이사장은 "시장의 크기나 가치는 문제에 대한 솔루션과 사람들이 느끼는 유용성 등이 합쳐져 형성된다."며 "단순히 기술로만 사업의 가치를 인정받을 수 없는 이유"라고 강조했다.

한국의 엘론 머스크를 키우는 카이트재단. 그가 그 동안 기술 분야 창업에 몸담아 온 만큼 카이트재단도 기술 창업가를 중점적으로 지원하고 있다. 카이트재단이 지난해 중소벤처기업부의 이스라엘식 기술 창업프로그램(TIPS) 운영기관으로 선정된 이후 10개 초기기업에 대해 8억5000만 원 이상 투자를 집행했다. IoT(사물인터넷), 나노소재, 바이오 · 의료 등 첨단 기술을 보유한 스타트업이 대부분을 차지하고 있다. 후배 창업가들의 꿈과 열정을 선배 창업가들이 연처럼 띄워준다는 의미에서 재단이름을 카이트(KITE:연)로 지었다. 카이트의 자음을 딴 순 한글로 후배 창업가들을 키워주고(Kium:키움) 선 · 후배창업가를 이어주고(Ium:이음) 창업가정신을 틔워주고(Tium:틔움) 성공 후 창업생태계에 보답한다(Eum:에움)는 의미도 담고 있다. 이름처럼 카이트재단은 어느 정도 성장 궤도에 들어선 스타트업보다 예비 창업가를 중심으로 지원하고 있다. 김 이사장은 "1년에 100개 기업을 도와주자는 목표와 기술 창업의 발원터가 되자는 비전을 가지고 있다"며 "저의 경험을 공유해 후배 창업가들이 실패를 줄이기 위해 힘쓰겠다."는 포부를 밝혔다.

[생각해보기]

◆ 여러분이 창업해서 출구전략을 통해 300억 원의 큰돈을 벌었다면, 무슨 일을 하는 것이 앞으로 11-20년을 보람 있게 보낼 것인지 생각해보자.

출처 : 머니투데이, 2014.8.13.

1) 출구전략이란?

기술창업 후 어느 정도 성공을 한 후 창업가는 물론 투자자는 그 동안의 노력을 금전적으로 보상받고 싶어 한다. 특히, 벤처캐피탈리스트(VC)나 투자자는 언제, 어떻게 자신이 투자한 자금을 현금으로 찾아오는 것이 매우 중요하며 이를 출구전략(exit strategy)이라고 한다.

출구전략의 대표적인 유형은 기업공개인 IPO(Initial Public Offering) 또는 산업계에 큰 기업으로부터 인수 · 합병(M&A)이며 이를 회수전략(harvest strategy)이라고도 한다. 우리나라에서는 출구전략으로 IPO가 일반적이지만, 미국에서는 M&A가 더욱 일반적이다.

한편, VC나 창업가들이 투자로부터 돈을 버는 것이 어려운 이유는 사기업(private company)과 거래를 하기 때문이다. 사기업의 경우 주식시장에서 쉽게 거래가 되는 공개된 기업(public company)과는 달리 창업기업들의 주식거래는 쉽게 거래될 수 없다. 따라서 비록 민간 기업이 수십억의 가치를 지녔다고 해도 벤처캐피탈과 엔젤들이 큰 부에 접근하는 것이 힘들다는 문제가 있다. 여러분은 출구전략을 유동성이 부족한 자산(illiquid asset, 공개되지 않은 개인기업의 주식)을 어떻게 유동성이 매우 높은 자산, 즉 현금으로 바꾸는 기회로 만드는 가의 입장에서 생각해야 한다.

실리콘밸리의 인재들은 전 세계로부터 오고 있다. 소프트웨어, 반도체, 컴퓨터 회사의 30% 정도는 외국인에 의해 창업되었다. 기술창업의 50% 이상은 이민자들에 의해 만들어졌다. 또한 많은 수의 인수합병이 기술 산업에서 이뤄진 것을 알 수 있다.

비즈니스를 "재화나 서비스를 이용해서 이득을 취하는 것"이라고 정의하면 이득을 보는 방법은 여러 가지이다. 기업을 판매하는 행위 역시 이득을 취하기 위해서 할 수 있는 행동 중 하나이다. 투자자 입장에서 기업을 통해서 이득을 보는 행위, 그리고 그것을 통해 손을 터는 것(혹은 일부만 터는 것)을 출구(exit)전략이라 한다. 자본화가 많이 진행된 나라일수록 예컨대, 미국과 투자가 발달된 영국에서는 이런 출구전략이 많이 활성화되어 있다. 투자자 입장에서 출구전략의 예는 단순하게 M&A, 증시 상장을 생각할 수 있는데, 스포츠 비즈니스, 특히 2012년도에 대박친 류현진 사례에서 보듯이 포스팅 시스템도 하나의 출구전략이라고 생각할 수 있다.

읽어보기 **미국의 벤처생태계 활성화 이유 : 중간회수시장**

미국은 창업 후 자금 부족으로 발생할 수 있는 죽음의 계곡을 벤처기업과 대기업간의 개방형 혁신 투자 구조를 통해서 해결하고 있다. 벤처기업에 지속적인 자금 유입을 통해 성공기업으로 거듭날 수 있도록 벤처 생태계 측면에서 개선을 해주고 있다.

미국은 중간 회수시장이 전체 창업기업의 투자 시장의 90%를 차지하고 있다. 중간회수 시장이 발달한 이유는 대기업(시장)과 벤처기업(기술)간 M&A와 벤처캐피털 투자가 활성화 되어 있기 때문이다. 엔젤 투자의 활성화는 창업 활성화를 유도하고 있으며, 중간 회수시장에서 벤처 캐피탈이 재투자하거나 대기업이 인수합병함으로써 단기에 자금을 회수할 수 있는 생태계가 마련된 것이다. 이러한 벤처 생태계는 투자자에게는 빠른 시간 안에 이익을, 대기업에게는 신기술을, 창업가에게는 지속적인 자금 투자를 유도할 수 있어 일거삼득의 생태계 형태이다.

미국의 벤처 생태계

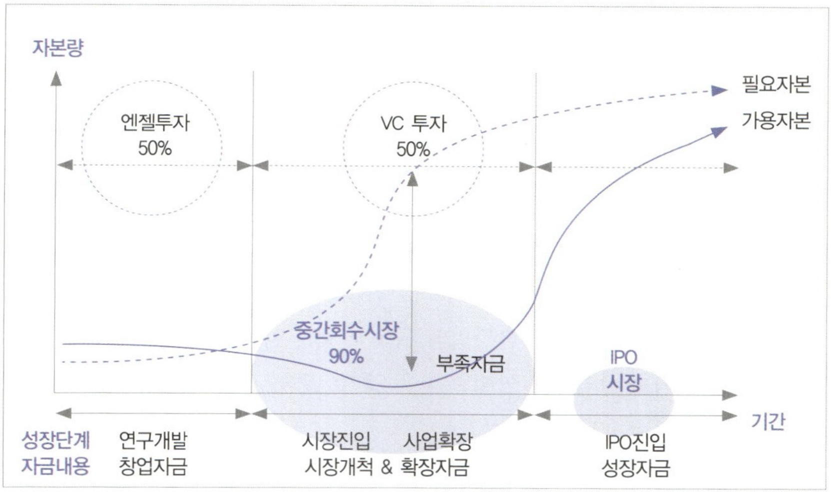

출처 : 장수던(2013), 중간회수시장 활성화방안, 벤처정책 연구포럼

2) 우리나라 출구전략의 한계

우리나라의 경우에는 미국에 비해서 출구전략에 있어서 구조적으로 한계를 가지고 있다. 먼저 시장이 크지 않다는 것이다. 미국 실리콘 벨리의 생태계에서 하나의 벤처가 생겨나고, 그 벤처 기술이 조그마한 붐을 일으키면, 이를 파악한 기업(구글, 페이스북 등 대기업)이 그 벤처 기업을 M&A해서 기술을 활용하여 가치를 높인다. 당연히 이 때 벤처 기업을 만든 개인이나, 투자자들은 그에 합당한 댓가를 받고, 모두가 만족하는 출구전략을 하게 된다. 벤처 기업 입장에서

는 기술을 팔고, 대기업 입장에서는 그 기술을 사면서 모두가 만족하는 거래를 하는 것이다.

이런 생태계는 바이오텍(biotechnology)에서도 많이 일어난다. A라는 벤처가 임상 적용 가능성 있는 기술을 개발한다. 물론 임상 시험을 진행하기 전 단계에서는 그 기술이 적용 가능한지에 대해서는 의문이 있지만, 다양한 기업에서 접근이 오고, 그 기술을 사간 B기업은 추가 임상 시험을 진행한다. 이 때 막대한 비용이 들고, A 벤처 입장에서는 시작하기 힘들기 때문에 B에게 기술을 파는 것이다. 이것도 일종의 출구전략이다. 그 이후 임상 시험이 성공하게 되면 B기업은 소위 말하는 대박을 치게 된다. 판 A기업도 항상 손해 보는 것은 아니며, 충분한 시장성과 기술성이 있다면 그에 합당한 적절한 가치를 얻게 된다.

우리나라는 사정이 조금 다르다. 일단 소프트웨어 산업을 보면, 어떤 A라는 벤처 기업이 기술을 개발하고 그 기술이 조그마한 붐을 일으킨다. 여기까지는 미국과 비슷한데 그 이후가 다른 모습이다. 이 상황을 인지한 B기업(규모가 큰 기업)은 M&A를 하기 보다는 똑같은 기술을 만들어 버린다. 그러면 그 기술을 개발한 기업은 고군분투하다가 결국은 망해 버리고 그 기술은 사람들에게 잘 알려지지 못하고 그냥 해프닝으로 전락해 버린다. 당연히 초기 벤처에 투자한 사람들은 망하고, 벤처를 만든 사람 역시 망할 가능성이 높다. 살아남는다 해도 외주 일을 한다거나, 하청업체로 전락한다. 인수한 대기업 입장에서는 그 기술을 더 발전시켜 봤자 큰 이득이 없다고 보고 세계 시장을 타겟으로 기술 개발을 하지 않고 기술은 사라지거나, 명맥만 유지한다. 설사 M&A를 한다고 해도 정말 저렴한 가격에 진행을 한다.

이런 현상은 비즈니스 시장 자체가 아주 협소하고 기술의 발달이나 초기 붐을 일으킬 수 있는 투자할 만한 시장(엔젤 투자나 벤처 투자)이 작다. 그리고 기술 개발을 위해서 이용되는 인력 풀 또한 작아 인력을 뺏기면 기술 개발이 정지되는 경우도 많다. 만약 어떤 기술을 개발해도 기술을 개발한 사람에게 적절한 보상이 없다면, 아무도 기술을 개발하고자 않을 것이다. 따라서 출구전략의 다양성을 위해서라도 정부의 역할이 필요하다.

류현진 선수의 포스팅 사례는 프로야구에서 더 큰 시장인 MLB에 선수를 판매할 수 있는 또 다른 출구전략의 사례이다. 즉, 7년이란 시간을 공들여 멋진 선수(기업)를 만들어 내면, 그 선수(기업)를 사갈 시장이 열린다. 단순히 대한민국 국보급 투수를 세계시장으로 보낸다는 의미보다 프로야구 비즈니스의 새로운 출구전략이 열렸다고 볼 수 있다. 인재가 모여야 기술이 발달하며, 인재 없이는 기술과 시장이 커 갈 수가 없다. 다양한 출구전략. 그리고 기술이나 가치에 대한 정당하고 큰 보상. 이 두 가지만 제대로 살린다면 많은 창의적인 인재들이 다양한 도전을 할 수 있을 것이다.[15]

15) http://mdphd.kr/m/post/59

3) 출구전략의 대표적인 유형

투자자가 자신이 투자한 자금을 회수하는 방법으로는 기업공개(IPO)에 의한 방법과 인수합병(M&A)에 의한 두 가지 방식이 대표적이다.

(1) IPO를 통한 출구전략

IPO란 Initial Public Offering의 약자로서 기업공개 또는 최초 상장의 의미를 갖는다. IPO란 외부 투자자가 공개적으로 주식을 매수할 수 있도록, 기업이 자사의 주식과 경영 내역을 시장에 공개하는 것을 의미한다. 우리나라에서는 일반적으로 증권거래소(일명 코스피) 및 코스닥 최초 상장을 통해 IPO가 이루어진다. 기존에 장외 시장을 통해 알음알음 거래되던 주식을 공개 시장에서 매도 · 매수할 수 있게 만드는 조치인 것이다. 또한 수많은 시장 참여자들 사이에서 주식의 가격이 결정되기 때문에, 기업의 전체 가치를 평가할 수 있는 수단이 되기도 한다. 한국증권거래소는 유가증권(주식 등)을 매매할 수 있는 유통 시장이다. 코스닥은 미국의 나스닥을 본 떠 만든 주식거래 시장이라고 할 수 있다. 대략 코스피에는 큰 회사가, 코스닥에는 중소 · 벤처회사가 상장되어있다.

읽어보기 **2012년 페이스북이 기업공개(IPO)된 날, 그리고 현재?**

이미지 출처 : 이코노믹리뷰

2012년 5월 18일은 페이스북이 미국 증시 역사상 가장 높은 기업 가치로 나스닥(NASDAQ)에 데뷔한 날이다. 창업 이래 계속된 투자를 통해 끝없이 오르던 기업 가치는, IPO 직전에 무려 1천억 달러 (110조원) 이상으로 올라갔으며, 기업 공개 첫 날 38달러로 상장한 주식은 등락을 거듭하다 38달러로 장을 마감했다. 장 마감 이후 현재 회사 가치는 무려 1천8억 달러(약 120조원)이다. 페이스북 직원을 포함한 수많은 사람들이 멘로 파크 본사에 모여 카운트다운을 누르는 순간 수많은 투자자와 직원들이 백만장자가 되었으며 마크 저커버그를 돕던 COO 인 셰릴 샌드버그(Sheryl Sandberg) 역시 억만장자가 되었다.

한편, 골드만삭스는 500억 달러 가치로 5억 달러를 투자한 당시에는 골드만삭스도 '너무 비싸게 주고 사는 게 아닌가' 했다. 상장 당일 그 때보다 기업 가치가 두 배로 상승했으니 골드만삭스는 약 1년여 만에 무려 5억 달러 (약 5천5백억 원)의 차익을 남겼다. 2004년에 피터 씰(Peter Thiel)이 최초로 50만 달러를 투자해서 지분의 10%를 소유하고 이사회 의장을 맡았다. 그는 IPO때 보유주식의 절반가량인 1,680만주를 6.4억 달러(약 7천억 원)을 회수하였고, 2012년 8월에 2천만주 가량을 $19.27~20.69 사이에 매각해, 약 4억 달러(4천4백억 원)를 회수하였다. 마이크로소프트가 150억 달러 기업 가치로 2.4억 달러를 투자하면서 페이스북 회사 가치가 크게 올라갔으며, 역시 큰 수익을 올렸다. 홍콩 재벌 리카싱도 2007년 말 150억 달러 기업 가치로 6천만 달러를 투자하였다.

마크 저커버그 자신도 당일 12억 달러 어치를 팔아 28살의 나이에 무려 1.4조원이라는 거액의 현금을 손에 쥐었다. 마크 저커버그를 제외한 페이스북 직원들의 주식 가치 평균액이 당시 무려 490만 달러 (약 55억 원)라고 한다. 페이스북에 투자할 기회를 놓친 수많은 사람들은 두고두고 아쉬움을 남긴 채 새로운 투자처를 찾고 있을 것이다.[16)]

그런데 1년 뒤인 2013년 5월 18일, 나스닥에서 페이스북은 처음보다 하락한 26.13달러에 거래를 마쳤고 이는 첫 공모가에 비하면 31.2%나 떨어졌다. 회사 상장으로 억만장자가 됐다가 주가 급락으로 자산이 절반 가까이 줄어버린 저커버그를 가리켜 '저커버그 꼴 됐다(Zucked)'는 조롱 섞인 신조어가 등장하기도 했다.

그럼 2015년 10월 현재 세계 최대 소셜 미디어 페이스북의 주가는 어떤가? 100달러를 넘어서 시가총액이 2천879억 달러(327조 원)에 이르러 삼성전자 시가총액의 1.55배나 된다.

2006년 야후는 만든 지 2년 된 회사를 10억 달러에 인수하겠다는 의사를 밝혔지만, 당시 22세의 젊은 사업가는 이를 거절하여 세상을 깜짝 놀라게 하였다. 이때 야후에게 매각을 했다면 오늘날의 페이스북은 없었을 것이다.

기업공개(IPO)에는 여러 가지 장점이 있다. 기업공개가 된 중국의 알리바바, 삼성에버랜드/SDS, 카카오톡, 골프존 등이 이러한 혜택들을 어떻게 누려 나갈지 살펴보도록 하자.

- ◆ **자본 조달** : 상장 후, 신주 발행/증자를 통해 기업의 성장을 위한 자본을 마련할 수 있다. 대부분의 비공개 기업이 은행 차입을 통해 자금을 조달(=부채)하는 것에 비해, 상장 기업은 시장에서 자금을 조달(=자본)할 수 있다.
- ◆ **투자금 회수** : 기존에 장외거래 등으로 해당 기업에 투자했던 주주들이 공개시장에서 투자금을 회수할 기회가 발생한다. 이 과정에서 많은 주주가 기존 투자 금액보다 이익을 볼 수 있다.
- ◆ **세제 혜택** : 공개 기업은 주식 양도 시 양도소득세가 발생하지 않고, 비상장 주식보다 상속 · 증여세 혜택이 있다.
- ◆ **PR 효과** : 증권시장에 기업을 상장시키기 위해서는 많은 조건을 통과해야 한다. 금융 당국의 필터링을 거친 기업이라는 점에서 해당 기업의 신뢰 및 평판이 상승한다. 여러분도 어떤 회사가 상장되어 있다고 하면 왠지 믿음이 가지 않나요?

16) http://sungmooncho.com/2012/05/18/facebook-ipo/, Facebook IPO Makes Zuckerberg Richer Than Google Founders, http://www.bloomberg.com/

◆ **종업원 보상** : 많은 IT 회사들이 종업원에게 일부 월급을 대신해 스톡옵션을 지급하고 있다. 시장가격이 스톡옵션의 행사가보다 높게 형성될 경우 해당 스톡옵션 보유자는 많은 이득을 볼 수 있다.

읽어보기 **기업공개의 明과 暗**

어떤 창업기업은 좋은 사업계획이 있었고 똑똑한 사람들이 경영했다. 그들은 기업공개를 통해 수백억 원을 벌었다. 하지만 기업공개를 하고 나자 지금까지 독립적으로 회사를 운영하던 경영자들은 모든 것이 변했다는 사실을 깨달았다. 그들은 이제는 회사를 마음대로 경영할 수 없었다. 기업공개를 하였기에 회사는 창업자의 소유가 아니었고, 결정을 내릴 자유도 사라졌다. 투자자는 회사 운영에 간섭하기 시작했다.

기업공개는 사업을 키우고 창업자에게 보상할 자금을 얻는다는 점에서 유익하다. 하지만 기업을 공개하면 상장회사에게 적용되는 규정에 따라야 하기에 많은 비용이 들고, 회사를 세운 사업가는 회사를 경영할 자유를 잃는다. 많은 면에서 기업공개는 회사를 파는 것과 비슷한 결과를 낳는다.

상장을 하기 전 꼭 경험이 많은 조언가를 찾아야 한다. 창업자의 동기를 점검해야 한다. 빨리 돈을 벌려고 상장하는 것인가 아니면 사업을 위해 장기적인 유익 때문에 상장하는지에 대답할 수 있어야 한다.

출처 : Business by the Book (Crown Financial Ministries)

(2) 인수합병(M&A)을 통한 출구전략

M&A란 2개 이상의 기업이 하나의 기업으로 통합되어 단일 기업으로 형성하는 합병과 하나의 기업이 다른 기업의 주식이나 자산의 일부 또는 전부를 취득함으로써 그 기업의 경영권을 확보하는 인수를 포괄한다.

흔히 M&A를 이야기하면 적대적 M&A를 많이 떠올리게 되고 해당 기업에 대해서는 다소 좋지 않은 이미지를 생각하게 된다. 일례로 우리나라에는 기업 사냥꾼이라고 알려진 소버린이 2003년 SK의 지배구조를 바꾸고 투자이익을 얻기 위하여 (주)SK의 주식을 사들인 사건이 있었다. 실제로 순환출자를 이용해 모든 계열사에 대한 지배권을 행사하고 있던 SK의 취약한 지배구조로 인하여 국내 유지의 재벌 그룹이 투기자본에 의해 흡수 될 뻔한 경우이다. 이때 많은 대한민국의 국민들이 M&A에 대한 불편한 의식을 표출하였다. 하지만 M&A는 성장에 있어서 제약이 생긴 기업이나 혹은 사업에서 성공적으로 퇴출하고 싶어 하는 기업에게는 그 시기만 잘 선택한다면 매우 훌륭한 출구전략으로 활용할 수 있는 수단이다. 창업 생태계가 활성화 되어 있는 미국의 경우 2010년 M&A를 통한 투자자금 회수 비율이 72.3%인데 반해, 우리나라는 5% 밖에 되지 않고 있다. 이러한 결과는 창업기업에 대한 투자 회수가 어렵다는 것을 의미하고 창업기업이 벤처투자기업에 대한 공정한 가치평가를 받기가 어렵다는 의미가 된다.

M&A는 장시간이 걸리는 기업공개에 이르기 전에 조기에 투자금을 회수할 수 있는 중요한 기법이기 때문에 최근 우리나라는 정부차원에서 M&A 활성화를 통한 자금의 중간회수가 가능하도록 지원하고 있다.

[그림 12-8] 미국 내 벤처캐피탈의 출구전략 : IPO에서 M&A로 이동

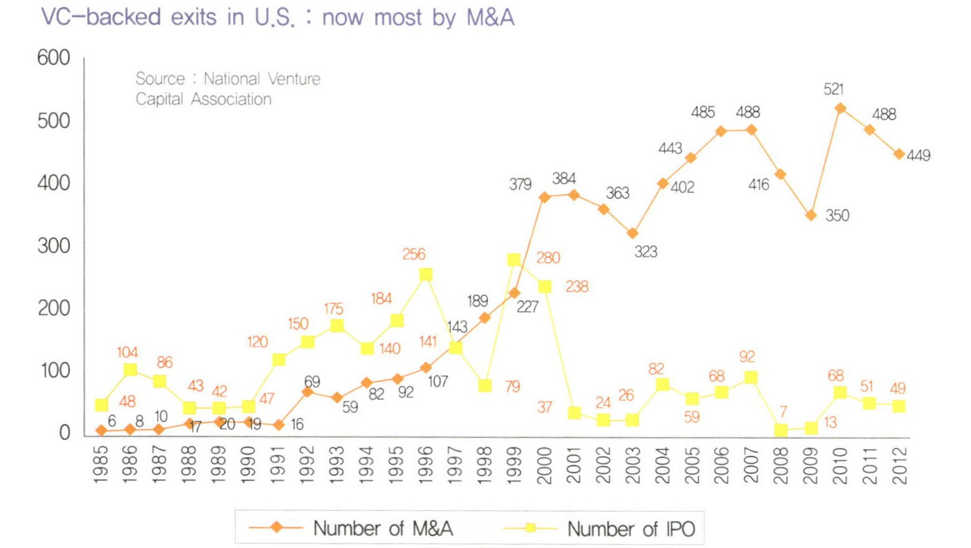

출처 : Dasher(2014)

[그림 12-9] 한국과 미국의 M&A, IPO 비중 비교

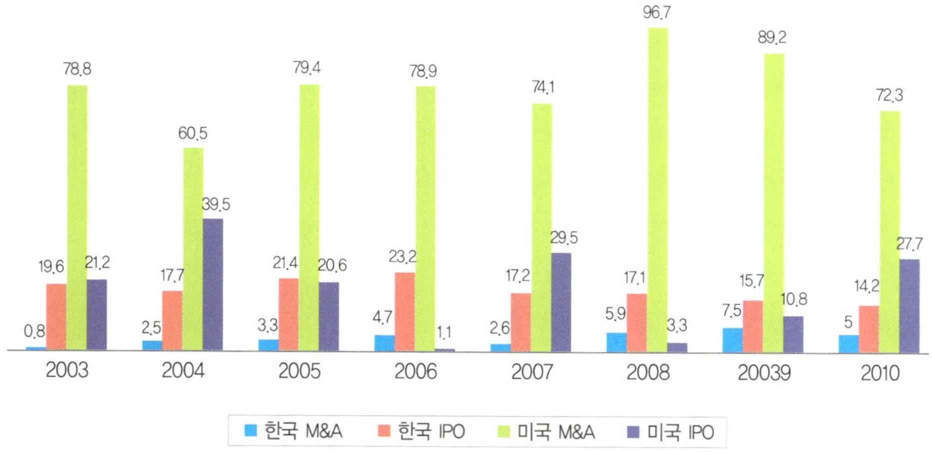

출처 : KVCA YEARBOOK(2011), 정보통신정책연구원(2012) ICT 벤처 생태계의 구조적 문제점 및 개선 방안에서 인용

① 기업의 M&A 동기

창업기업이 M&A를 하는 동기는 크게 경제적 동기와 전략적 동기로 구분된다.

경제적 동기란 기업 간 결합을 통해 공유되는 요소에서 얻게 되는 규모의 경제와 비용 감소를 통해 효율성 달성을 목적으로 한다. 즉, 합병에 의한 규모의 경제를 통한 비용 감소와 수익향상으로 효율성 향상을 목적으로 한다. 또한, 필요자원을 시장에서 구입하는 것 보다는 내부화함으로써 거래 비용을 줄이고 재무적 차원에서 세금절감이나 위험감소를 통한 금융비용의 절감 등으로 기업 가치를 극대화하고자 할 때 가능하다.

전략적 동기는 비용의 감소 혹은 단기적 수익 확보 측면보다는 기업의 장 · 단기적인 성장이나 확대전략의 수단의 목적이 크다. 기업 간 M&A는 결합의 시너지뿐만 아니라 기업의 핵심역량 강화를 위한 핵심자원의 확보를 위해 발생 할 수 있다.

② M&A의 종류

합병(merger)에는 흡수합병과 신설합병이 있다. 흡수합병은 2개 이상의 기업이 결합할 때 그 중 1개 기업만이 법률적으로 존속하여 다른 기업을 인수하고, 인수되는 기업은 해산하여 소멸하는 합병 형태이다. 이 때 해산되는 기업의 재산과 사원은 존속기업에 수용된다. 신설합병은 결합하려고 하는 기업이 모두 해산 소멸하고 제3의 새로운 기업이 설립되어 여기에 해산된 기업의 모든 권리와 의무를 이전시키는 방법이다. 이 경우 해산된 기업의 결손금은 신설된 합병기업에 승계되지 않는다.

인수(acquisition)는 매수기업이 피매수 기업의 주식이나 자산의 일부를 매수함으로써 기업결합을 추구하는 형태이다. 합병과 다른 점은 매수 후에도 양사가 법률적으로는 독립된 기업으로 계속 존재한다는 점이다. 여기에서 매수는 크게 주식매수와 자산매수의 두 가지로 나누어진다. 주식매수는 매수기업이 피매수 기업 주식의 전부 또는 일부를 그 주주로부터 매수하는 것으로서, 매수기업이 매수 대상기업의 주주로부터 직접 주식을 매입하는 공개매수도 포함된다. 자산매수는 두 기업 간의 계약에 따라 한 기업이 상대 기업 영업의 일부를 인수하는 것으로 형식적으로는 매각기업의 기업구조나 주주들의 주식소유권은 영향은 받지 않는다.

③ M&A의 효과

기업들이 M&A를 통한 변화를 꾀하려는 이유는 다양하게 나타나지만, 특히 다음과 같은 5가지의 효과 때문에 시도하고 있다.

◆ 효율성 증대 : 각 기업의 효율성을 최대로 높이고자 하는 것은 합병의 주요한 동기로 작용한다. 합병에 의해 상호보완적인 자산을 함께 이용한다든지 특허권이나 제한된 원재료를 함께 사용하게 되는 경우를 말한다.

◆ 규모의 경제 실현 : 기업의 합병은 합병 후 기업 규모를 증대시켜 장기 평균 비용이 감소하는 규모의 경제가 실현되면 대량생산 체제로 생산 원가가 절감 될 수 있는 고정비가 분산되며 원재료나 부품의 대량구매에 따른 가격할인 등의 혜택을 볼 수 있기 때문이다.

◆ 시장지배력의 확대 : 합병은 일반적으로 시너지효과를 가져와 시장점유율을 증가시키고, 결과적으로 이익을 확대시킨다. 시장점유율이 높아지면 보다 효과적인 광고효과를 얻거나 유통구조의 취약점을 보완 할 수 있다.

◆ 대리인 문제 : 소유권이 널리 분산된 대기업에서는 주식을 적게 소유하는 경영자가 직무 부대비용(집무실, 클럽 회원권 등)을 필요 이상으로 많이 소비하더라도 이를 감시하기가 어렵다. 합병은 이러한 문제를 해결하고 경영진이 건전하고 적극적으로 경영에 임하도록 하는 계기가 된다.

◆ 감세효과 : 합병은 기업이 부담해야 할 세금을 경감시킬 수 있다. 즉, 이월결손금에 대한 조세 경감 혜택이 있기 때문에 합병 시 이익이 과대 실현된 기업이 누적된 이월결손금을 가진 적자기업을 인수함으로써 이월결손금을 승계하는 방법으로 세금을 줄일 수 있다.

읽어보기 자율주행시장 이끄는 이스라엘 스타트업 '모빌아이' 인텔 17조원에 인수

153억달러. 지난 3월 세계 최대 반도체 기업 인텔이 이스라엘의 조그마한 스타트업 모빌아이를 인수한 금액이다. 우리 돈으로 17조5600억원. 삼성전자가 세계 1위 전장업체 하만을 인수한 금액(80억달러)의 2배에 달할 정도로 어마어마한 금액이다. 이스라엘 기업 역사상 최대 인수 금액 기록까지 세웠다. 금액도 금액이지만 좀처럼 모험을 하지 않는 인텔의 대형 인수합병(M&A)이라 더욱 화제가 됐다. 도대체 이름도 생소한 모빌아이는 어떤 회사기에 인텔이 거액을 베팅했을까.

▶모빌아이는 어떤 회사 ▷비전테크놀로지 과학자 샤슈아 교수 창업

모빌아이는 이스라엘 예루살렘에 본사를 둔 스타트업이다. 세계적으로 저명한 비전테크놀로지 과학자 암논 샤슈아 이스라엘 히브리대 컴퓨터공학 교수와 지브 아비람이 1999년 공동 창업했다. 역사가 20년도 채 안 된 데다 직원 수도 600여명에 불과하다. 지난해 매출 3억5816만달러(약 4050억원), 영업이익 1억2094만달러(약 1370억원)로 매출도 얼마 안 된다.

규모는 작지만 기술력은 어떤 글로벌 기업에도 뒤지지 않는다. 암논 샤슈아 교수는 컴퓨터나 카메라, 센서 등으로 주변 상황을 인식하는 '컴퓨터 비전'과 읽어낸 정보를 재구성하는 '컴퓨터 그래픽' 분야의 세계적인 권위자다. (중략)

▶모빌아이 성공 비결은 ▷글로벌 시장 타깃으로 기술 혁신에 초점

이스라엘의 조그만 스타트업이 세계 자율주행차 시장 주목을 받는 비결은 뭘까. 첫째, 혁신적인 기술력이다. 자율주행차는 크게 감지센서, 지도제작, 인공지능소프트웨어가 핵심 알고리즘으로 연결돼 자율주행 기능을 발휘한다. 모빌아이는 이런 다양한 솔루션을 하나로 통합하는 핵심 AI 기술력을 보유한 게 장점이다. (중략)

둘째, 글로벌 완성차 기업이 필요로 하는 기술 개발에 역량을 집중했다. 모빌아이는 그동안 주문자상표부

착(OEM) 방식으로 BMW, GM, 볼보, 재규어랜드로버 등 글로벌 완성차 업체를 고객으로 확보했다. 세계 완성차 브랜드의 90%가 모빌아이 ADAS를 활용한다. 모빌아이는 2006년 신차 옵션이 아닌 구형 차량에도 설치 가능한 시판용(애프터마켓) ADAS를 세계 최초로 상용화하면서 판매처를 넓히는 중이다. 창업 초기부터 국내용이 아닌 글로벌 수준에 부합하는 기술 개발에 초점을 맞춘 덕분이다.

셋째, 기술력을 바탕으로 타협하지 않는 자존심이다. 한때 테슬라와 자율주행 시스템을 개발하던 모빌아이는 지난해 9월 "테슬라에 더 이상 부품 공급을 하지 않겠다"고 선언해 화제가 됐다. 지난해 5월 테슬라의 '오토파일럿(자율주행 시스템)'으로 주행하던 차가 트럭과 충돌해 운전자가 사망했다. 암논 샤슈아 교수는 "아직 핸들에서 손을 떼고 운전하면 안 된다"고 경고했지만 테슬라는 오토파일럿을 '핸즈프리' 모드로 출시했고 사고 책임을 모빌아이 카메라로 돌리면서 두 회사 간 갈등은 커졌다. 테슬라와 결별한 모빌아이는 BMW, 인텔과 함께 완전 자율주행차에 초점을 맞춘 부품을 개발하는 중이다. 올 하반기엔 40여대 자율주행차를 실제 도로에서 시험 주행하기도 했다.

최근엔 인텔에 인수되면서 상당한 시너지 효과가 날 거란 기대도 크다. "자율주행차의 똑똑한 눈(모빌아이)과 뇌(인텔)가 결합했다." 브라이언 크러재니치 인텔 CEO가 모빌아이를 인수한 지난 3월 임직원에게 밝힌 말이다. 인텔 입장에서 모빌아이 인수는 2015년 반도체 회사인 알테라를 167억달러에 사들인 것에 이어 두 번째로 큰 규모다. 인텔은 모빌아이 인수를 계기로 자율주행차 시장에서 입지를 다진다는 포부다. (이하 중략)

출처 : 김경민(2017.05.15.). [CASE STUDY]자율주행시장 이끄는 이스라엘 스타트업 '모빌아이' 車센서(ADAS · 첨단운전자보조시스템) 기술 독보적…인텔 17조원에 인수. 매일경제
원문 : http://news.mk.co.kr/newsRead.php?year=2017&no=322384

(3) 청산(Liquidation) 또는 파산(Bankruptcy)

기업이 경쟁력을 상실하거나 경영환경이 급변하였을 때 생존 내지 회생을 위한 구조 조정을 실시한다. 기업 규모가 크고 이해당사자의 수가 많을 경우에는 가급적 존속시키는 방안을 모색하지만 새로운 활로를 찾을 수 없는 한계기업의 경우 가장 효과적인 정리 대책을 찾아야 한다. 우선 회생이 가능한지 여부에 따라 회생절차, 워크아웃(기업개선작업)을 개시하거나 파산 또는 청산절차에 들어가게 된다.

청산이란 해산된 기업이 존립 중에 발생한 재산적 권리의무를 정리한 후 기업의 법인격을 소멸시키는 것을 말한다. 기업 청산의 의미는 자발적으로 기업을 소멸시키는 것이다. 기업은 주주총회의 특별결의에 의하여 언제든지 해산을 결의할 수 있다. 기업이 해산하게 되면, 청산절차를 진행하게 된다.

청산절차란 기업이 해산한 후 기업의 재산을 정리하고, 채무를 변제하고, 잔여재산을 주주에

게 분배한 후 법인등기를 말소하는 절차를 말한다. 따라서 기업은 현존영업을 종결하고, 채권을 추심하고, 현물재산을 환가처분한 후 채무를 모두 변제하고, 남은 잔여재산을 주주들에게 분배하게 된다.

여기서 가장 중요한 것은 기업의 재산으로 채무를 모두 변제할 수 있어야 한다. 즉, 지급불능 상태가 아니어야 하며, 만약 지급불능 즉, 채무초과상태라면 파산절차를 밟아야 한다. 파산은 채무자가 채권자로부터 빚을 빌린 개인이나 단체가 빚을 완전히 갚을 수 없는 상태를 가리키는 법률 용어이다.

기업이 채무초과상태에 빠져 더 이상 영업을 계속할 수 없는 경우 법원에 파산신청을 하여야 한다. 파산절차란 파산법에 정해진 절차에 따라 법원의 재판을 통하여 채무관계를 정리하고, 법인을 소멸시키게 된다. 이때 파산 보호 정책이 있으며, 파산 보호는 개인이나 단체가 자금 문제로 경영난을 겪을 때 법원이 청산과 존속 가운데 하나를 선택할 수 있는데 존속으로 결정되면 빚을 갚는 데에 유예 기간을 제공하여 회생을 도와 줄 수 있다.

활동하기 **기술창업 기업의 다양한 exit 전략 사례분석 해보기**

국내외 기술창업기업의 exit 전략을 유형별로 파악하여 보고, 각각의 시사점을 요약하여 보라.

■ IPO 상장: 성공요인

■ M&A: 주요 이슈

■ 청산 또는 파산: 실패요인

학습정리

■ 기업의 성장 사이클은 크게 창업기, 성장기, 성숙기, 쇠퇴기 등으로 구분해 볼 수 있다.

■ 성장에 영향을 미치는 요인으로는 외부요인과 내부요인 그리고 개인요인으로 나누어 볼 수 있다. 벤처의 성장은 보통 기업가의 통제 밖에 있는 외부요인에 의존하고 있다.

■ 창업기업이 성장을 위해 필요한 네 가지 요인으로, 조직, 리더십, 전략, 자원 등이 있다. 창업기업은 성장하면서 조직을 보다 전문화시키고, 유기적으로 통합하도록 분화와 통합을 시도한다.

■ 리더십은 조직의 성과를 결정짓는 가장 중요한 요소이며, 리더십의 유형으로 기업가와 관리자, 그리고 기업가적 리더 등이 있다.

■ 전략의 개념에는 활동영역(scope), 자원동원(resource deployments), 경쟁우위(competitive advantage) 등이 포함된다.

■ 출구전략(exit strategy)이란 벤처캐피탈리스트나 사업소유주가 투자로부터 빠져 나오는 것을 말한다. 즉 출구전략은 투자한 곳으로부터 현금을 찾아오는 방식과 산업계 큰 기업으로부터 인수합병(M&A)되는 것이 있다.

■ IPO란 Initial Public Offering의 약자로, 기업공개 또는 최초 상장의 의미를 갖는다. IPO의 혜택으로는 자본조달, 투자금 회수, 세제 혜택, PR효과, 종업원 보상이 있으며, 치러야 할 대가로는 경영권 분산, 정보 공개 및 공시 의무, 인수 수수료, 종업원 복지감소 등 단점도 있다.

■ 인수합병(Merger & Acquisition)은 M&A 라고도 말한다. 여기서 '인수'(acquisition)란 하나의 기업이 다른 기업의 경영권을 얻는 것이고, '합병'(merger)은 둘 이상의 기업들이 하나의 기업으로 합쳐지는 것이다. 인수합병은 그 성격에 따라 우호적 인수합병, 적대적 인수합병 등 두 가지로 나눌 수 있다.

■ M&A 효과를 보면 크게 효율성 증대, 규모경제 실현, 시장지배력 확대, 대리인 문제 해결, 감세효과 등이 있다.

참고문헌

◆ 김경민(2017.05.15.), [CASE STUDY]자율주행시장 이끄는 이스라엘 스타트업 '모빌아이' 車센서(ADAS · 첨단운전자보조시스템) 기술 독보적…인텔 17조원에 인수, 매일경제

◆ 김기천(2014.06.19). 인공위성 수출. 조선일보.

◆ 김상환(2016.07.15), 중견기업 (주)쎄트렉아이 대표이사 김병진 동문, KAIST EE

◆ 김인수(2010), 『거시조직이론』, 무역경영사.

◆ 김진수, 이창영 (2014), 『창조경제시대의 기업가정신과 창업론』, 문영사.

◆ 나병현(2017.04.17.), 김병진, 쎄트렉아이 차세대인공위성으로 미국 진출 도전, 비즈니스포스트

◆ 노자운(2017.03.12.), 글로벌 IT 공룡, AI 스타트업 인수 전쟁 치열...한국은 걸음마 단계, 조선비즈

◆ 설명환, 최종인(2014), "인공위성 산업의 기술혁신 과정에 관한 연구", 한국벤처창업학회, 벤처창업연구, 9권, 6호, 117-128.

◆ 아니스 우자만, 유석호(2014), 스타트업 성공학, 민음인

◆ 이방실(2013), 도나 켈리 뱁슨대 교수 인터뷰, 동아비즈니스리뷰.

◆ 이상우(2014.11.24.), 스타트업을 매각할 때 주의할 9가지, 테크홀릭

◆ 이은세(2013), "시장 성과의 관점에서 엔젤투자를 다시 보라", http://besuccess.com/2013/10/review_angel_1/

◆ 이진규, 김종진, 최종인(2014), 경영학개론, KNOU 출판부.

◆ 인공위성센터(1993), 우리는 별을 쏘았다, 미학사.

◆ 전정홍(2013). "투자자금 회수율을 높여라". 매일경제 4월 14일자
http://news.mk.co.kr/newsReadPrint.php?year=2013&no=285543
◆ 피터 틸, 블레이크 매스터스(2014). 제로 투 원. 한국경제신문사
◆ 한국거래소(2014). 2015 코넥스 시장의 이해
◆ 방윤영(2014.8.13.). 5번 창업하고 300억 번 토종 기술자. 머니투데이

◆ Bygrave, W. and Zacharakis, A.(2009). The Portable MBA in Entrepreneurship. John Wiley & Sons, Inc.
◆ Kim, Linsu. (1997). Imitation to innovation: The dynamics of Korea's technological learning. Harvard Business Press.
◆ Leonard-Barton, Dorothy (1995). Wellsprings of Knowledge. Boston, MA: Harvard Business School Press.
◆ Lynda Aiman-Smith, Nina Goodrich, David Roberts, and James Scinta(2005). "Assessing your organization's potential for value innovation", Research Technology Management, March-April

◆ 주)쎄트렉아이 홈페이지 https://www.satreci.com

12장. 키워드 인덱스용

성장기업	조직성장	출구전략	IPO
인수합병(M&A)	청산	기업생명주기	성장전략
파산			

부록

창업 실무절차

모험 없이는 얻는 것도 없다.

버진그룹 회장, 리처드 브랜슨(Richard Branson)

학습목표

1. 초기 회사설립 및 사업자등록, 인 · 허가와 관련된 절차를 이해한다.
2. 벤처기업 인증 및 연구소 설립 절차 등을 학습한다.
3. 기업 운영과 관련된 주요 세금 및 조세 관련 제도를 이해하고 활용할 수 있다.

1. 회사 설립과 사업자 등록

우리는 지금까지 창의적 아이디어 도출 및 사업기회 포착에서 출발하여 비즈니스 모델링, 사업계획서 작성 등 전반적인 사업 준비과정을 살펴보았다. 예비창업자는 앞서 학습한 과정을 통해 필요한 유 · 무형의 자원을 조달하여 본격적으로 사업을 실행하기 위한 준비를 마치게 될 것이다. 이제 우리는 이번 장에서 실제 사업을 실행해 나가는 단계에서 숙지해야 할 다양한 창업 실무절차를 살펴보도록 하자. 준비된 사업계획서를 바탕으로 내 사업에 적합한 사업자 유형을 선택하고 회사를 설립하는 과정도 살펴보게 될 것이며, 벤처기업 인증과 연구소 설립 등의 절차도 알아보도록 하자. 마지막으로는 회사를 운영하는 과정에서 필요한 세무관리 및 조세 지원제도 등에 대한 실무적인 지식을 검토 해 보도록 하자.

1) 회사 설립 유형 및 절차

사업 준비를 마치고 실제 기업을 새로 신설하고자 할 때 우리는 먼저 어떠한 형태의 기업을 만들 것인가를 결정해야 한다. 일반적으로 기업이라고 하는 회사의 형태에는 흔히 보게 되는 법인기업 이외에 개인기업의 형태도 포함되어 있다. 개인기업 형태의 기업은 완전한 법인격이 없으므로 기업주 개인이 모든 권리와 의무 및 책임의 주체가 되는 형태가 된다. 반면 법인기업은 기업 자체가 별도의 법인격을 가지고 권리와 의무의 주체가 되며 기업의 소유자로부터 분리되어 운영된다는 것이 가장 큰 특징이다. 본 장에서는 초기 기술창업자가 개인기업과 법인기업 중에 어떠한 유형을 선택하는 것이 적절한지를 살펴보고 아울러 사업자등록의 절차 및 각종 인증제도 및 연구소 설립, 세무 신고 등과 같은 실무적인 내용을 살펴보도록 하자.

[그림 1] 기업 형태의 결정 절차

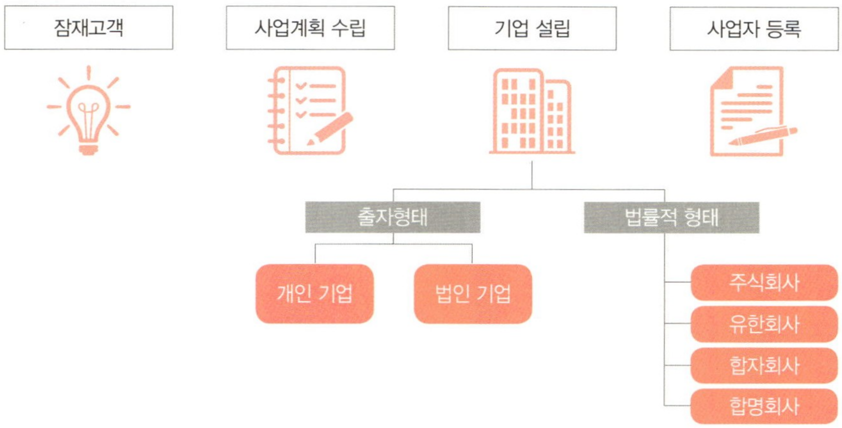

(1) 개인기업과 법인기업의 비교

주위에서 우리는 일반적인 기업의 형태로 법인기업 유형의 주식회사를 많이 볼 수 있다. 그러나 법적으로 회사의 개념에는 속하지 않으나 개인 사업자 형태의 개인기업이 우리나라에는 많이 존재한다. 예비창업자의 경우 어떠한 기업 형태를 결정할 것인가를 두고 고민하는 사례가 많다. 일반적인 도 · 소매 또는 서비스 창업의 경우 규모가 크지 않을 경우 개인사업자의 형태로 출발하고 추후 회사의 성장 속도에 따라 법인으로 전환하는 것이 가장 일반적인 형태이다. 하지만, 기술창업의 경우 해당 기술을 사업화하는 과정에서 정확한 소유권의 배분과 다양한 인적자원이 결합되는 경우가 많으므로 주식회사 형태의 법인기업을 설립하는 경우가 많다고 볼 수 있다. 개인기업과 법인기업은 나름대로의 장 · 단점을 가지고 있으므로 예비창업자의 사업계획을 고려하여 적절한 유형을 선택하면 될 것이다. 아래 표는 개인기업과 법인기업의 장 · 단점을 비교 분석한 것이다.

[표 1] 개인기업과 법인기업의 비교

개인기업	비교 기준	법인기업
– 기업과 기업주가 동일 – 기업의 이윤이 곧 기업주의 이윤	**이익 배분**	– 대표이사라고 하더라도 법인 이윤은 배당 절차를 통해 배분됨
– 기업설립 절차가 용이함 – 초기 창업자금이 적게 소요됨	**기업 설립절차**	– 설립 시 발기인, 창립총회 개최 등 일정 절차가 필요함
– 기업 활동의 의사결정이 신속함	**의사결정**	– 중요 결정은 이사회, 주주총회 등을 거쳐야 되므로 느림
– 기업경영상 발생하는 모든 부분은 기업주의 무한 책임	**기업주 책임**	– 투자자본의 범위 내 유한 책임
– 투자나 차입 등 자본조달에 한계	**자본 조달**	– 주주 모집 및 증자 등을 통해 자본조달이 용이함
– 소규모 사업의 경우 적합하며 추후 법인으로 전환 가능	**업종 규모**	– 법인에 대한 대외 공신력이 높아 영업활동에 유리할 수 있음
– 종합소득세법	**적용세법**	– 법인세법
– 과세표준금액에 따라 6~35%	**세율**	– 과세표준금액에 따라 10~22%

① 세제상의 특징

개인기업과 법인기업이 적용받는 세제상의 특징을 간단히 비교해서 살펴보자. 우선 개인기업의 경우 종합소득세법의 적용을 받게 되며, 총 수입에서 필요 경비를 공제한 금액이 과세소득이 된다. 반면 법인기업은 법인세법의 적용을 받아 정관에서 회계기간을 별도로 정할 수 있고, 과세소득은 수익금 총액에서 손금 총액을 공제한 금액이 된다. 단순히 세율 측면을 비교해 보자면 개인기업(6%~35%로 누진)보다 법인기업(10%~22%)이 유리하다. 또한 실무적인 차원에서 살펴보면 기업의 연간 총 매출금액이 4억4천만 원을 상회하거나 과세 표준이 2천2백만 원 이상이 된다면 개인기업보다 법인기업의 절세효과가 더 커지게 된다. 따라서 초기 개인기업으로 회사를 설립하였다고 하더라도 위와 같은 시점이 되면 법인기업으로의 전환을 고려하여야 할 것이다.

② 폐업 또는 청산상의 특징[17]

개인기업은 기업주가 영업을 중지하면서 관할 세무서에 사업자등록증을 반납하고 폐업신고를 함으로써 기업이 소멸되는 비교적 간단한 절차를 거치게 된다. 그러나 주식회사와 같은 법인기업의 경우 상법상의 규정에 따라 청산 절차 또는 파산법에 의한 파산 절차를 밟아야 한다. 회사를 청산하려면 청산인을 선임하고 해산 등기를 한 후 채권의 추심이나 채무 변제 등 청산에 관한 절차와 잔여 재산의 분배에 관한 절차를 우선적으로 종료하여야 한다. 그리고 청산에 관한 사항의 승인을 구하는 주주총회를 소집하여 주주들의 최종 의견을 수렴하고 난 뒤 청산 종결에 관한 내용을 등기함으로써 법인기업이 법률적으로 소멸하게 된다.

읽어보기 **법인기업으로 할까? 개인기업으로 할까?**

법인사업자로 할까? 개인사업자로 할까? 창업을 준비 중인 예비 CEO분들은 한번쯤 이런 고민을 많이 해보게 된다. 아이디어 발굴에서 시장 및 경쟁사 조사, 사업계획서 작성 등 창업을 준비하는 과정을 마치고 실제 사업을 시작하게 되는 시점은 바로 기업의 설립 형태를 결정하는 단계라고 할 수 있다. 개인사업자로 시작할 것인지 아니면 법인사업자로 시작할 것인지를 결정할 때는 본인 사업의 특성 및 규모, 주된 거래업체 등을 고려해서 결정할 필요가 있다. 개인사업자의 경우 사업 자체가 개인에게 귀속되는 무한책임의 형태로 기업이기는 하지만 경영의 모든 책임을 등록된 대표자가 지게 된다. 반대로 법인은 사업에 대한 독립적인 법인격을 부여한 형태이므로 사업과 관련된 모든 책임은 법인이 지게 된다. 물론 이러한 차이 이외에도 다양한 차이가 있을 수 있다. 가령 예를 들어, 정부기관이나 공공기관 R&D 등의 추진하게 되는 사업이라면 개인사업자보다는 법인사업자가 조달 등의 판로개척에도 도움이 된다. 간략하게 요약하자면 법인사업자가 필요한 특별한 경우가 아니라면 개인사업자로 시작하되 매출 증대 및 회사 성장에 따라 적절한 시점에 법인으로 전환하는 것이 일반적인 방법이라 할 수 있다.

17) 이상석 · 고인곤(2011), 기업가정신과 창업(제3판), p. 280.

생각하기	회사명 Co., ? Ltd. ? Inc. ? 어느 것을 사용하지?

회사명을 영문으로 표기할 때 Co., 또는 Ltd., Inc. 등을 표기하는 경우를 많이 보았을 것이다. 도대체 어떤 것이 맞는 표현인지? 아니면 다 다른 회사의 형태라서 그러한 것인지 궁금하지 않는가? 도대체 왜 영문으로 표기하면 다른 것일까?

회사에는 주식회사와 유한회사가 있다. 나라에 따라 법률과 조직이 다르므로, 영어표현에 꼭 맞는 번역은 없다. 같은 주식회사에도 회사명은 여러 가지이다. 예를 들면, Ford Motor Co., Honda Motor Co., Ltd., General Motors Co., Hyundai Motor Co., Ltd.처럼 다 같은 주식회사의 형태이고 자동차 회사이면서도 표기법은 제각각이다. 최근 영국기업에는 Plc(Public limited company)를 붙여 쓰는 경우가 많이 있다. 주식을 공개하고 있는 주식회사라는 의미로 사용한다. 결국에는 표현 방법은 다양하며, 다 같은 주식회사라는 의미인 것이다.

◆ 당신이 회사를 설립하고, 영문 표기를 결정해야 한다면 어떤 것을 사용하겠는가? 그리고 그 이유는?

(2) 개인기업의 설립 절차

개인사업자의 경우 비교적 간단한 절차를 통해 사업을 시작할 수 있다. 우선 사업자가 영위하고자 하는 해당 업종을 관장하는 주무부처를 통해 해당 사업에 필요한 인 · 허가를 받아야 한다. 이후 사업개시일로부터 20일 이내에 사업장을 관할하는 해당 세무서를 찾아가 사업자등록을 신청하고 사업자등록증을 교부받게 되면 설립절차는 완료되게 된다.

① 해당 업종의 인 · 허가 취득

관련 법령에 의거하여 인 · 허가 등록 및 신고절차를 얻어야만 사업을 개시할 수 있는 업종이 있다. 우선 예비창업자가 추진하고자 하는 업종에서 해당 절차가 필요한지를 검토하여 사전에 당해 업종을 주관하는 주무관청 또는 지방자치단체를 통해 사업 개시에 따른 인 · 허가를 취득할 필요가 있다.

② 사업자등록 절차

예비창업자는 사업 개시일로부터 20일 이내에 사업장 소재지 관할 세무서에 신고하여 사업자등록을 해야 한다. 사업자등록 신청 시 구비해야 하는 서류는 사업자등록 신청서, 사업 인 · 허가증 사본(해당 업종의 경우), 사업장 매매 및 임대차 계약서, 주민등록등본 등이 필요하다. 관할 세무서는 사업자등록 신청일로부터 7일(또는 14일)이내에 사업자 등록번호가 기재된 사업자등록증을 교부하게 된다.

[그림 2] 개인기업의 설립절차

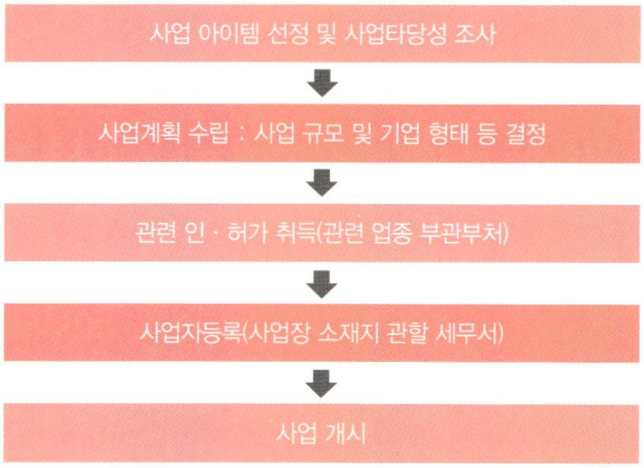

(3) 법인 기업의 설립 절차

앞서 살펴본 개인기업과 달리 법인기업은 여러 가지의 형태가 있다. 일반적인 주식회사의 형태 이외에도 합명회사, 합자회사, 유한회사 등이 있으나 실제 예비창업자들이 가장 많이 선택하게 되는 법인기업은 주식회사의 형태라고 하겠다. 따라서 본 장에서는 주식회사의 설립절차를 중심으로 법인기업의 설립절차를 살펴보도록 하자.

① 주식회사 설립절차

주식회사는 앞서 살펴본 바와 같이 출자(투자) 또는 인수한 주식 금액에 대하여만 회사에 대한 책임을 지게 되는 유한책임의 특징을 갖게 된다. 주식회사는 1인 이상의 발기인이 발기인 조합을 구성하여 상법이 규정하는 바에 따라 정관을 작성하고, 주식 인수 및 주금납입 등의 일정한 절차를 거쳐 법원에 설립등기를 함으로써 설립하게 된다. 일반적으로 주식회사는 회사를 설립하는 절차에서 약간 복잡한 면이 있으나 회사의 소유와 경영이 분리되고 주식과 사채 발행 등을 통해 불특정 다수인으로부터 필요 시 자본 조달이 가능하며 회계상의 투명성 확보 등의 강점을 가지므로 많은 예비창업자들이 주식회사 형태의 법인기업 설립을 선호한다고 할 수 있다.

[그림 3] 주식회사의 설립절차

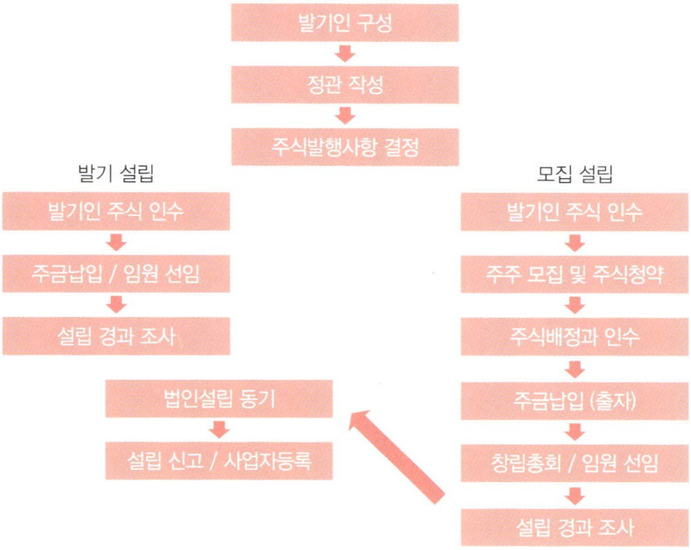

② 법인사업자 등록

법인의 경우 설립등기가 완료되면 등기를 한 날로부터 20일 이내에 사업장 소재지 관할 세무서에 법인설립 신고 및 사업자등록 신청서를 제출해야 한다. 법인사업자 등록 절차도 개인사업자와 유사하며 인·허가 및 신고 업종여부를 검토하고 필요시 시군구 등 관련 기관에 관련 인·허가 및 신고절차를 사전에 거쳐야 한다. 사업자 등록 시에 정관 및 주주(출자자)명세서, 현물출자명세서, 자금출처 소명서, 사업장 명세서 등의 서류를 첨부해야 한다.

읽어보기 **온라인 법인설립시스템 (www.startbiz.go.kr)**

법인을 설립하는 절차는 일반적으로 복잡하기 때문에 수수료를 주고 전문가인 법무사에 무조건 맡겨야 한다고 생각하는 사람이 많다. 그러나 이제는 인터넷을 이용하여 간편하게 집에서 법인을 설립할 수 있다.

일반적인 형태인 주식회사를 설립하기 위한 절차를 살펴보자.

◆ **온라인법인설립시스템 준비물**

– PC(Window XP 운영체제), 임대차계약서, 법인인감도장, 공인인증서(발기인 전원), PC에 직접 연결된 스캐너, 대법원 인터넷등기소 ID 및 Password, 자본금, 입출금 통장(발기인 대표 명의)

◆ **온라인법인설립시스템 진행절차 (자세한 문의사항은 1577-5475 활용)**

1. 중소벤처기업부에서 운영하는 온라인법인설립시스템(www.starbiz.go.kr) 방문 및 회원가입(회원가입은 발기인 전원이 하며, 공인인증서 필요함)
2. 발기인 설립의 경우 최소 이사1명 + 감사1명이 필요하므로 발기인 대표(일반적으로 대표이사)외에 감사로 선임할 1명을 확보해야 함
3. 대표이사가 공인인증서로 로그인하고 상단 좌측메뉴 '회사설립신청-시작' 클릭
4. 회사명을 한글/영문 입력 후 공고할 매체와 본점 주소, 구성원 정보 등 모두 입력(발행주식정보를 입력할 때는 보통 1주 금액을 5,000원으로 하며 자본금 금액만큼 설립 시 발행할 주식총수를 입력하면 됨)
5. 사업의 목적, 업종 및 업태, 사업자등록 신청서 작성
6. 은행잔고 증명확인 신청(인터넷으로 금융결제원과 연계해서 자동으로 확인됨) 및 이사/감사 조사보고서 작성 및 발기인 전원 일괄 서명
7. 법인 설립 시작하기 버튼을 눌러서 지금까지 작성한 신청서를 제출
8. 세금납부(법인등록 면허세는 자본금의 0.4%, 최소 금액은 75,000원) 후 승인
9. 납부완료 승인 후 법인 등기신청, 승인 후 사업자등록 신청 접수

③ 4대 보험 가입

사업자등록이 끝나면 법적으로 사업을 시작할 수 있는 절차가 완료되면 사업의 개시와 함께 법적 요건에 맞추어 기타 행정절차를 신고해야 한다. 특히, 4대 보험은 고용보험, 산업재해보상보험, 국민연금, 국민건강보험을 말하며 근로자를 사용하는 모든 사업장은 반드시 가입해야 한다. 국민연금 및 건강보험의 근로자는 법인의 임원 및 대표자를 포함하지만, 고용 및 산재보험의 근로자는 법인의 대표자를 포함하지 않고 근로기준법 제2조1항1호에 따른 근로자를 말한다. 4대 보험의 신청과 각종 변경 및 탈퇴에 관련한 신고는 4대 보험 공통서식을 통해 사업장에서 가까운 기관들 중 한 곳에만 신고하거나 인터넷(www.4insure.or.kr)으로 신고하면 원스톱으로 해결 할 수 있다.

[표 2] 4대 사회보험 비교표

구분	국민연금	건강보험	고용보험	산재보험
적용사업장	– 상시근로자 1인 이상 법인 및 전문직 개인 사업장 – 상시 근로자 5인 이상 일반사업장	상시근로자 1인 이상	1인 이상 근로자 의무가입	상시근로자 1인 이상
신고기한	근로자를 사용하는 사업장이 된 이후 14일 이내		근로자 채용일로부터 그 다음달 15일까지	
부과소득 상한선	360만원	548만원	상한선 없음	
보험료 부담	사용자와 근로자가 각각 1/2씩 부담		실업급여는 사용자와 근로자 50%부담	사업주 전액부담
납부방법	월납		연납(분할 납부 가능)	
납부마감일	다음날 10일(신고마감일은 15일)		당해 연도의 3월 31일까지	
납부의무자	사용자		사업주	

출처 : 중소벤처기업부 · (사)한국창업보육협회(2015), 기술창업 가이드, p.349.

읽어보기　온라인으로 4대 보험 신고하기(www.4insure.or.kr)

개인사업자이든 법인사업자이든 사업을 시작하고 직원을 고용하는 등의 사업적인 행위를 하게 되면 반드시 4대 사회보험을 가입하고 이에 따른 비용을 내야한다. 편리하게 4대 보험을 한 곳에서 신고하고 처리할 수 있는 정보연계센터 이용절차를 살펴보자.

◆ **4대 보험 포털사이트 신고 절차(자세한 문의는 02-2240-1155)**

1. 4대 보험 정보연계센터(www.4insure.or.kr) 방문 및 회원가입(공인인증서 필수)
2. 우선 상단 메뉴의 '전자민원'을 선택하여 '사업장 성립신고'를 클릭하고, 사업장성립 신고서 작성하기(직원 월급이 130만원미만인 경우 정부에서 4대 보험을 지원(두루누리사업) 해주는 '우선지원 대상기업'으로 반드시 체크, 대표자는 지원 안 됨)
3. 가입자 자격 취득 신고서 보내기 클릭하여 신고서 작성 마무리
4. 신고서가 잘 접수되었는지 확인하려면 전자민원 탭에서 민원처리현황 조회로 가능 (국민연금과 건강보험은 즉시 처리, 고용보험과 산재보험은 약 1주일 정도 소요)

2) 사업 인 · 허가

관련 법령에 의거 허가를 받거나 등록 또는 신고(이하 "허가" 등이라 함)를 하여야 하는 사업을 추진하려는 경우에는 해당 관청으로부터 사업에 대한 허가를 받거나 등록 또는 신고를 하여야 해당 사업을 할 수가 있다. 구체적인 사업의 인 · 허가는 해당 업종별로 상이할 수 있으며 본 교재에서는 아래 [표 3]을 통해 인 · 허가의 유형에 대해서만 간략하게 살펴보도록 하자.

[표 3] 사업 인 · 허가의 유형

구분	내 용
허가	– 법령에 의한 일반적, 상대적 금지(부작위 의무)를 특정한 경우에 해제하여 적법하게 일정한 사실행위 또는 법률행위를 할 수 있도록 자유를 회복시켜 주는 행정행위를 말함. – 일반적으로 영업허가는 보건, 위생, 풍속 또는 사회질서와 공공복리 등과 관련된 업종에 대해 국민의 권익을 보호하기 위해 일반적으로는 영업을 금지하고 특정한 경우에 한해 그 금지를 해제하여 영업을 할 수 있게 하는 것으로 법률로서 허가 요건을 엄격하게 정하고 있음.
	예) 먹는 샘물제조업, 식품제조가공업, 연탄제조업, 소금제조업, 비료생산업, 농약원제업, 유해화학물질제조업, 의약품제조업 등
등록	– 등록은 영업과 관련된 일정한 사실이 기재된 등록신청서를 관할 관청에 제출하게 하여 해당 기관에 비치된 등록대장에 등재되도록 하는 것으로 해당 대장에 등재가 되면 어떤 사실이나 법률관계의 존재가 공적으로 공시 또는 증명되는 것으로 일종의 허가의 성질을 갖고 해당 업종에 대한 등록요건을 관련 법률로서 정하고 있음.
	예) 농약 제조업, 수처리 제조업, 정화조 제조업, 출판 및 인쇄업, 음반 및 비디오물 제조업, 열사용기자재 제조업, 계량기 제조업 등
신고	– 신고는 법령 등이 정하는 바에 따라 일정한 사항을 관할 관청에 통지하는 것으로 신고서의 기재사항에 흠이 없고 필요한 구비서류가 첨부되어 있으며 기타 법령 등에 규정된 형식상의 요건에 적합한 때에는 신고서가 접수기관에 도달한 때에 신고의무가 이행된 것으로 함.
	예) 식품영업, 세척제 제조업, 장난감 제조업, 항공우주산업 및 기타 위생용품 제조업 등

2. 벤처기업 인증 및 연구소 설립

1) 벤처기업 정의

일반적으로 벤처기업은 '첨단의 새로운 기술과 아이디어를 개발하여 높은 위험에도 불구하고 고수익 창출이 기대되는 사업에 도전하는 기술집약형 중소기업' 으로 정의할 수 있다. 벤처기업협회는 '개인 또는 소수의 창업인이 위험성은 크지만 성공할 경우 높은 기대수익이 예상되는 신기술과 아이디어를 독자적인 기반 위에서 사업화하려는 신생 중소기업' 으로 정의하기도 한다. 이러한 벤처기업의 주요 특성을 요약해 보면 첫째, 소수의 기술창업인이 기술혁신의 아이디어를 상업화하기 위해 설립한 신생기업이다. 둘째, 높은 위험부담이 있으나 성공할 경우 고수익이 예상된다. 마지막으로 모험적인 분야의 사업에 도전하는 왕성한 기업가정신을 가진 기업가에 의해 주도된다고 할 수 있겠다. 이러한 벤처기업은 법률적으로는 '벤처기업 육성에 관한 특별조치법 제2조의 2(벤처기업의 요건)' 에서 규정한 다음과 같은 일정한 요건을 갖추어야 한다.

(1) 벤처기업의 요건

벤처기업 육성에 관한 특별조치법에서는 벤처창업을 '창업 기업이 벤처기업 평가기관으로부터 일정 요건 이상의 지원을 받거나 기술성을 평가받아 기업을 설립하는 것' 으로 보고 있다. 벤처기업 평가기관은 기술신용보증기금과 중소기업진흥공단으로 이들 기관으로부터 일정 규모 이상의 보증이나 무담보 대출을 받거나 창업기업의 경우 기술성이 우수하다고 평가 받아야 한다. 좀 구체적으로 살펴보면 다음 각 호의 요건을 갖추어야 한다.

◆ 다음 각 항목의 투자기관으로부터의 투자금액의 합계 및 기업의 자본금 중 투자금액의 합계가 차지하는 비율이 각각 대통령령이 정하는 기준 이상인 기업 (투자금액이 5,000만 원 이상이거나 투자금액이 자본금의 10% 이상)
  - '중소기업창업 지원법' 제2조에 따른 중소기업창업투자회사, 중소기업창업투자조합
  - '여신전문금융업법' 제2조 제14호에 따른 신기술사업 투자조합 등
  - '벤처기업 육성에 관한 특별조치법' 제4조의 3에 따른 한국투자벤처조합
  - '벤처기업 육성에 관한 특별조치법' 제4조의 8에 따른 전담회사
  - 중소기업에 대한 기술평가 및 투자를 하는 금융기관으로서 대통령령으로 정하는 기관
  - 투자실적, 경력, 자격요건 등 대통령령으로 정하는 기준을 충족하는 개인

◆ 연구개발기업(기초연구진흥 및 기술개발지원에 관한 법률' 제14조 제1항 제2호에 따른 기업부설연구소를 보유한 기업만을 말한다)의 연간 연구개발비(5천만 원 이상)와 연간 총 매출액에 대한 연구개발비의 합계가 차지하는 비율이 각각 대통령령으로 정하는 기준 (총매출액의 5~10%)이상이고, 대통령령으로 정하는 기관으로부터 사업성이 우수하다고 평가받은 기업

◆ 다음 각각의 요건을 모두 갖춘 기업(창업하는 기업은 마지막 요건만 적용한다)
  - '기술신용보증기금법' 에 따른 기술신용보증기금이 보증을 하거나 중소기업진흥공단이 개발기술의 사업화나 창업을 촉진하기 위해 무담보로 자금을 대출할 것
  - 보증 또는 대출금액과 그 보증 또는 대출금액이 기업의 총 자산에서 차지하는 비율이 각각 대통령령으로 정하는 기준(8천만 원) 이상일 것
  - 위의 기관으로부터 기술성이 우수한 것으로 평가를 받을 것

(2) 벤처기업 확인 절차

벤처기업 확인제도는 1998년 시행 이후 몇 번의 개정을 거쳐 오다가 2006년 6월 전면적인 제도개편을 단행하며, 실제 자금시장에서 벤처자금을 운영하고 있는 기업을 벤처기업으로 인증해주는 기술평가보증(대출)기업을 벤처확인요건으로 추가하고, 기존 신기술 기업에 의한 벤처확인요건을 폐지하는 등 시장 친화적인 방향으로 제도를 개선하는 한편, 새롭게 벤처확인기관으로 지정된 기술보증기금으로 하여금 벤처확인 공시시스템인 '벤처인(www.venturein.or.kr)' 을 구축, 운영토록 하고 있다.

따라서 예비창업자가 벤처기업 확인을 받고자 할 경우 앞서 살펴본 벤처기업 자격요건에 해당하는지를 검토한 후 벤처확인 신청 및 정보공개 시스템인 '벤처인' 의 관련 서식을 다운로드 받아 작성하여 신청해야 한다. 온라인으로 접수된 기업은 벤처기업 유형에 따라 아래와 같이 확인절차가 진행된다. 아울러 벤처기업 확인을 원하는 예비창업자는 벤처인에서 제공하는 가상벤처확인시스템(Virtual Venture Certification System, VVCS)을 통해 기업 스스로 벤처기업 확인 여부를 참고할 수 있도록 손쉽게 자가 진단할 수도 있다.

2) 기업부설연구소/연구개발전담부서 설립신고 제도

기업의 지속적인 성장 및 생존전략에 있어 무엇보다도 중요한 것은 끊임없는 연구개발을 통해 변화하는 수요자의 욕구를 충족해 주는 것이라 할 수 있다. 특히 자금과 인력 규모가 적은 중소기업 또는 벤처기업이 생존하기 위해서는 지속적인 R&D 투자, 기술력의 확보, 우수 전문 인력 등을 바탕으로 한 신제품 개발을 통해 지속적으로 수익을 창출하여야 한다.

따라서 이러한 연구를 지속적으로 가능하게 할 수 있는 공간과 인력 확보를 할 수 있는 연구소의 설립이 필요하며, 정부에서는 이를 권장하기 위하여 일정요건을 갖추어 신고한 연구소 등에 대하여 여러 가지 지원제도를 운영하고 있어 기술창업기업은 이를 잘 활용하면, 초기 개발자금 및 전문 인력을 쉽게 확보할 수 있다.[18)]

18) 김용운 · 고성천(2011), 벤처기업의 실무, 삼일인포마인, p 233.

[그림 4] 벤처기업 확인 절차

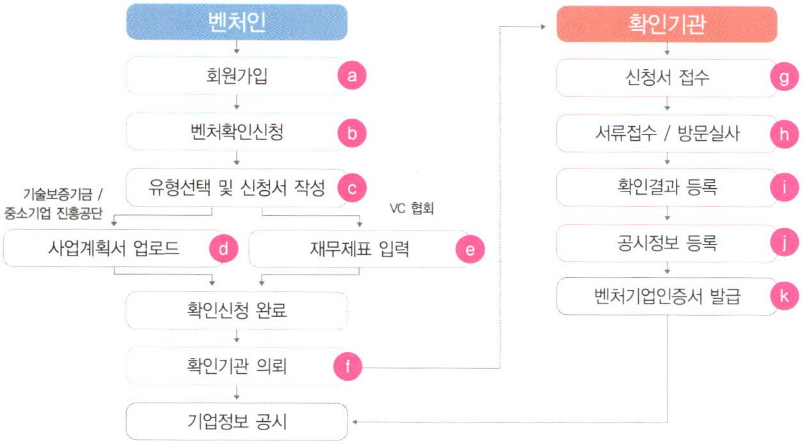

출처 : 벤처인(www.venturein.or.kr) 홈페이지

기업부설연구소 및 연구개발전담부서 설립신고 제도는 '기초연구진흥 및 기술개발지원에 관한 법률' 에 의거하여 일정 요건을 갖춘 기업의 연구개발 전담조직을 신고, 인정함으로써 기업 내 독립된 연구조직을 육성하고 인정받은 연구소/전담부서에 대해서는 연구개발 활동에 따른 지원혜택을 부여하여 기업의 연구개발을 촉진하는 제도이다. 현재 (사)한국산업기술진흥협회(www.rnd.or.kr)가 연구소/전담부서 신고의 수리 및 인정 업무를 처리하고 있다.

[표 4] 연구소/연구개발 전담부서 인정 요건

구분			신고요건
인적요건	연구소	벤처기업	연구전담요원 2명 이상
		연구원창업중소기업	연구전담요원 3명 이상
		소기업	단, 창업일로부터 3년까지는 2명 이상
		중기업	연구전담요원 5명 이상
		국외에 있는 기업연구소 (해외연구소)	연구전담요원 5명 이상
		중견기업	연구전담요원 7명 이상
		대기업	연구전담요원 10명 이상
	연구개발전담부서	기업규모에 관계없이 동등적용	연구전담요원 1명 이상
물적요건	연구시설 및 공간요건		연구개발 활동을 수행해 나가는데 있어서 필수적인 독립된 연구공간과 연구시설을 보유하고 있을 것

출처 : 연구소/전담부서 신고관리시스템(www.rnd.or.kr)

연구소 및 전담부서 설립신고는 2011년 1월부터 온라인(www.rnd.or.kr)으로만 신고할 수 있으며, 연구소 및 전담부서 인정에 따른 수수료나 별도의 비용은 없다. 자세한 사항은 홈페이지를 방문하여 파악하여 보자.

3) 기술혁신형 중소기업 인증

기술혁신형 중소기업이란 혁신(Innovation)과 기업(Business)의 합성어로 기술우위를 바탕으로 경쟁력을 확보한 기술혁신형 중소기업을 말하며, 정부에서는 연구개발력을 통한 기술 경쟁력과 미래의 성장성을 갖춘 이노비즈 기업에 기술, 자금, 판로 등을 연계 지원함으로써 국제 경쟁력을 갖춘 우수기업으로 육성하고 있다. 기술혁신형 중소기업은 연구개발을 통한 기술 경쟁력 및 내실을 기준으로 선정하기에 과거의 실적보다는 미래의 성장성을 중요시 한다는 특징을 가지며, 전 세계적으로 혁신을 통해 기업과 국가의 경쟁력을 높이려는 새로운 패러다임으로 떠오르고 있다. 독일 등 OECD선진국들은 중소벤처기업을 국가 경쟁력의 핵심으로 간주하여 정부차원에서 전폭적인 지원 정책을 실시해왔으며, 각 국가 간의 경쟁력을 측정하는 객관적인 척도로 비교되고 있다.

[그림 5] 기술혁신형 중소기업 인증 및 육성제도

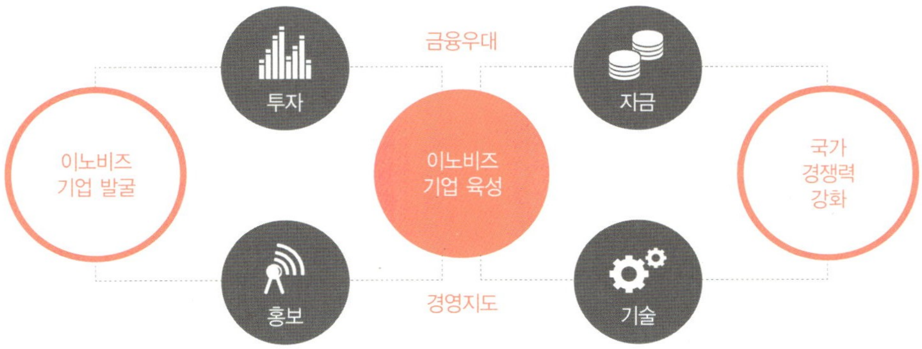

이 외 기술혁신형 중소기업 인증 절차 등 자세한 사항은 이노비즈넷(wwww.innobiz.net) 홈페이지에 방문해서 확인해 보도록 하자.

읽어보기 기술혁신형 중소기업의 성공요인

기술혁신형 중소기업의 공통적인 성공요인을 도출해본 김승일(2007)의 연구에 따르면 CEO 및 회사 구성원의 역량과 틈새시장 공략 등의 성공요인을 도출해 볼 수 있다.

- 준비된 경영자 : 기업가정신, 해당 사업관련 사전적 경험과 노하우
- 경영전략적 역량 : 성공할 수 있는 사업 (예 : 니치마켓) 영역을 선정하고 지속적인 혁신을 통해 유지가능한 경쟁역량을 창조, 관리하는 역량
- 리더십 역량 : 친화력, 커뮤니케이션 및 동기부여 역량, 온정주의 등

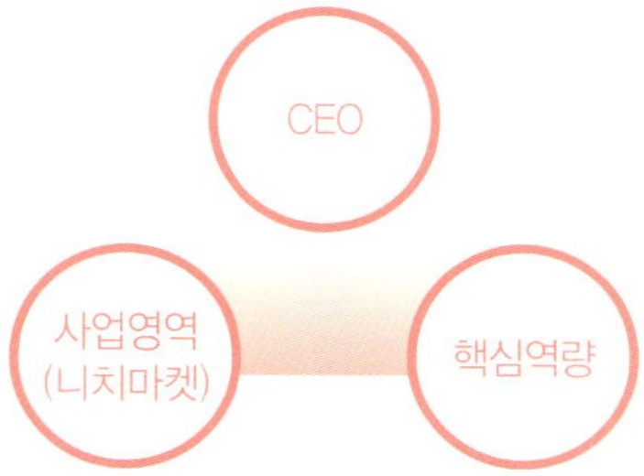

- 품목별 전체 시장의 규모가 비교적 작음 (국내 시장의 경우 100억원 전후)
- 고객 맞춤형 생산, 다품종 소량 생산 특성
- 품질, 생산, A/S 등에 집중적인 노력 필요
- 초기 진입에 큰 금액의 투자가 필요치 않음

- 독특한 역량(제품기술, 공정기술, 마케팅 등)을 기반으로 경쟁우위를 유지
- 환경변화에 대응하여 지속적인 혁신을 추구하는 리더십
- 핵심역량을 창조, 유지하는 시스템, 커뮤니케이션과 의사결정 시스템 중요

출처 : 김승일(2007), '혁신형 중소기업의 성공사례 연구와 시사점', 중소기업연구원.

활동하기 사업실행 체크리스트

아래 표에서 제시하는 평가표를 활용하여 당신이 실제 사업을 추진하는 과정에서 진행 단계를 상, 중, 하로 체크하고 부족하거나 준비해야 할 부분을 검토해보자.

사업 실행단계 체크리스트

상	중	하	세부 검토 내용
			사무실을 구해라 – 적절한 규모, 위치 등을 고려하여 사무실을 준비하자.
			사업자를 등록하라 – 당신의 사업자를 등록하기 위해서 해당 지자체 및 정부해당 부처의 인 · 허가 등의 규제를 검토하라.
			네트워킹을 시작해라 – 당신의 사업을 시장화하고 운영하는데 도움을 줄만한 지역 모임과 기관들에 가입하라.
			자문단을 구축하라 – 당신에게 적절한 조언을 줄 수 있는 자문단을 구축하라.
			금융전문가들과 이야기하라 – 당신이 자금조달이 당장 필요하던 그렇지 않던 항상 예비비를 확보하도록 사업계획에 대해 금융전문가들과 이야기를 나눠라.
			은행에 계좌를 개설하라 – 당좌예금계좌와 신용카드 가맹점의 은행계좌와 필요한 다른 계좌들을 개설하라.
			사업에 대해 더 배워라 – 당신의 기업가적 능력과 경영 능력을 향상시키기 위한 수업과 세미나를 들어라.
			기록 시스템을 설치하라 – 장부 기록 시스템에 대해 당신에게 조언해줄 회계사를 가져라.
			원자재들을 디자인하라 – 시장 진입 계획을 위해 판촉물을 만들 홍보 디자이너들과 이야기 하라.
			직원들을 모집/채용하라 – 직무 기술서를 만들고, 적절한 사람을 채용하라.
			교육을 개발하라 – 회사의 비전을 공유할 수 있는 직원교육 프로그램을 만들어라.
			웹사이트 – 웹사이트가 필요한지 결정해라. 만약 필요하다면, 웹사이트를 위한 당신의 목표와 누가 개발할지, 당신의 도메인 명과 등록 그리고 웹 호스팅 회사는 누가될 것인지 결정해라.
			재고 – 개장일을 준비하기 위해 재고를 구매하라

출처 : Kouffman Foundation(2012), "Planning the Entrepreneurial Venture", p 511 재구성

참고문헌

◆ 김승일(2007). "혁신형 중소기업의 성공사례 연구와 시사점". 중소기업연구원.
◆ 김용운 · 고성천(2011). "벤처기업의 실무". 삼일인포마인.
◆ 김진수 · 이창영(2014). "창조경제시대의 기업가정신과 창업론". 문영사.
◆ 노암 와서먼(2013). "창업자의 딜레마"
◆ 손요한(2015.01.08). "스타트업 창업자는 어떻게 팀을 구성했을까?". 플래텀.
◆ 이민화(2013). "창조경제와 기업가정신"
◆ 이상석 · 고인곤(2011). "기업가정신과 창업(제3판)"
◆ 이희우 (2014.08.26). "린(Lean)하게 팀 빌딩 하는 법". 플래텀.
◆ 중소벤처기업부 · (사)한국창업보육협회(2015). "기술창업 가이드"

◆ Kouffman Foundation(2012). "Planning the Entrepreneurial Venture"

◆ 연구소/전담부서 신고관리시스템 홈페이지(http://www.rnd.or.kr)
◆ 벤처인 홈페이지(http://www.venturein.or.kr)
◆ 4대보험 포털 홈페이지(http://www.4insure.or.kr)
◆ 온라인 재택창업 시스템(www.startbiz.go.kr)
◆ 이노비즈넷 홈페이지(http://wwww.innobiz.net)
◆ 찾기 쉬운 생활법령정보 홈페이지(http://www.oneclick.law.go.kr)
◆ HelloDD 홈페이지(http://www.hellodd.com)
◆ OBM 이정학 소장 블로그(http://blog.naver.com/house_104/220363592469)
◆ 블로그(http://blog.naver.com/dustn19904/220546143471)

INDEX

A, B, C...

3C 분석 307
3D 프린팅(3D Printing) 56, 59
4E 296
4P 믹스 313
4차 산업혁명 8, 40
ICT 산업 39, 40
IPO 410
MVP(Minimum Viable Product) 81, 217
O2O 서비스 12, 46
PEST 분석 107
5 Forces 분석 303
SNS 마케팅 332
STP 분석 313
SWOT 분석 301
TIPS 376

ㄱ

갈등관리 285
감시 시스템 53
개발계획 251
게릴라 마케팅 334
교통제어 시스템 53
기술수명주기 20, 21
기술창업 마케팅 293
기술창업가 83
기업가정신(Entrepreneurship) 84
기업생명주기 392

ㄴ

노이즈 마케팅 331

ㄷ

드론(Drone) 53
디자인 사고(Design Thinking) 220

ㄹ

래디컬 마케팅 335
린 스타트업(Lean Startup) 81, 215
린 캔버스(Lean Canvas) 222

ㅁ

마케팅계획 253
매출 총이익 150

ㅂ

바이럴 마케팅 330
버즈 마케팅 329
벤처캐피탈 377
보상체계 286
브레인라이팅(Brain Writing) 123
브레인스토밍(Brain Storming) 121
비즈니스 모델 캔버스(Business Model Canvas) 82, 206
비즈니스 모델(Business Model) 82, 194
빅데이터 산업 13, 41, 44

ㅅ

사물인터넷(IoT) 41
사업개요 249
사업계획서 239
사업요약 247
산업재산권 171
생명과학 기술 63

생산 및 인원계획 253
성장기업 393
성장전략 392
성취욕구 85
손익계산서 346
손익분기점분석 360
스마트 공장 56, 57
스캠퍼(SCAMPER) 123
시장의 실현가능성 144
시장환경 250

ㅇ

아이디어 개발 프로세스 119
아이디어 실현가능성 검증 137, 138
앰부시 마케팅 334
엑셀러레이터 374
엔젤투자 371
엘리베이터 피치 380
연꽃기법 129
위험감수성 87
의료 IT 64
인공지능 산업 50
인수합병(M&A) 412
입소문 마케팅 329

ㅈ

자금조달방법 361
자율주행 자동차 50
재무관리 385
재무상태표 344
재무적 실현가능성 148
재생의료 기술 64
정밀의료 기술 63
제품 및 기술현황 250
제품/서비스의 실현가능성 139
조직성장 397
조직의 실현가능성 147
죽음의 계곡 23, 393, 408
지능형 로봇 52
지식재산권 142, 160, 171
진취성 87

ㅊ

창업기회 102
창업아이디어 119
창업팀 273
창의적 디자인 사고(Creative Design Thinking) 220, 231
청산 416
최소 존속 제품 81, 217
출구전략 407

ㅋ

캐즘(Chasm) 23
크라우드 펀딩(Crowd Funding) 368
클라우드 컴퓨팅(Cloud Computing) 41, 43

ㅌ

투자계획 252
투자제안 254
특허 171, 172, 174
특허 검색 181
특허명세서 176
특허출원 176
팀구성계획 277
팀워크 282
팀원 구하기 279

ㅍ

파산 416
평생직업 28

ㅎ

혁신성 86
현금흐름표 347
회사개요 247

저자약력

김진수

[학력 / 경력]

- 루이지애나 주립대학 경영학박사
- 중앙대 경영경제대학 경영학부 교수
- 중앙대 경영경제대학 지식경영학부장
- 중앙대 창업학융합전공 주임교수
- (사)한국창업교육협의회장
- (사)한국창업학회 학술위원장
- 중소벤처기업부 벤처창업지원사업 자체 평가위원
- 청년창업사관학교 운영위원
- 정부기관 창업정책 자문위원
- 중앙대 창업대학원 사업단장/창업보육센터장 역임
- (사)한국창업보육협회 수석부회장 역임
- 한국데이타베이스학회장, 한국창업학회 부회장 역임

[주요저서]

- 기업가정신과 창업론
- 소셜벤처창업론
- 기술창업보육론
- 4차 산업혁명과 퓨처노믹스
- (고교용)진로와 기업가정신
- 인문학과 기업가정신
- 창의적사고와 비즈니스 모델

최종인

[학력 / 경력]

- 고려대 경영학박사, 리하이 대학교 포스트닥터
- 한밭대 경영회계학과 교수/기획처장
- 한밭대 기술지주회사 CEO
- 한밭대 창업대학원 사업단장/창업대학원협의회 회장 역임
- 대덕벤처협회 연구소 소장, 대덕인베스트먼트 감사 역임
- 대통령직속 과학기술자문회의 전문위원 역임
- 한국인적자원개발학회 회장, 벤처창업학회 부회장
- 교육부 LINC 및 창업선도대학 평가위원, 코스닥기업 감사(트루윈, 나노신소재)
- 노스캐롤라이나 주립대 방문교수

[주요저서]

- 기술사업화 : 죽음의 계곡을 건너다
- 디지털권력
- R&D 기획
- 이노비즈 마케팅
- 경영학개론

임충재

[학력 / 경력]

- 한국과학기술원(KAIST) 전산학박사 수학
- 계명대 게임모바일공학전공 교수
- 창업지도사협회 회장
- 한국창업교육협의회 부회장
- 계명대 창업지원단 부단장/창업교육센터장/창업보육센터장
- 한국전자통신연구원(ETRI) 통신시스템연구단 연구원 역임

[주요저서]

- 청년기술창업
- 창조적 기업가정신 함양을 위한 비움에 관한 명상
- 간호창업
- 패션테크 스타트업

고혁진

[학력 / 경력]

- 서강대학교 경영학박사
- 한국산업기술대 경영학부 교수
- 한국산업기술대 창업지원단장/창업지원본부장
- 창업활성화 유공자 교육부장관/중소기업청장 표창
- FRMKorea 외 2개사 창업

[주요저서]

- 산학협력의 내일, 그길을 말하다
- 손에 잡히는 기업가정신
- 손에 잡히는 비즈니스플랜
- 기업인재 창업경험자를 주목하라 1, 2권

이유종

[학력 / 경력]

- 핀란드 헬싱키경영경제대학원 MBA 졸업
- 미국 IIT 공대 ID 디자인혁신경영전문대학원 졸업
- 고려대학교/중앙대학교/홍익대학교 강의
- 한국창업학회 이사
- 서비스디자인협의회 이사
- 한국디자인씽킹연구소 소장, 디자인씽킹센터 대표
- 기업, 대학, 기관, 초중고 디자인씽킹 교육 및 프로젝트 수행 中

[주요저서]

- 혁신 모델의 탄생(원제 : 101 Design Methods), 혁신 모델의 탄생 워크북
- 생활과 창의성, 창의적 디자인 사고와 비즈니스 모델 (고등학교 교재)
- Design a Better Business 번역
- 디자인씽킹과 6가지 경영혁신 칼럼(CEO& 경영매거진)

4차 산업혁명 시대의 기술창업론 동영상 강의는
유튜브에서 확인할 수 있습니다.

동영상 강의는 도서출판 홍릉 홈페이지에서 해당 도서 검색 후
관련 사이트로 이동할 수 있습니다.

저자인터뷰 : https://www.youtube.com/watch?v=G66oK6auLbo

1차시 : https://www.youtube.com/watch?v=6QSbvCtL6GA

2차시 : https://www.youtube.com/watch?v=whlbKu7dISs

3차시 : https://www.youtube.com/watch?v=PIeNcGLyRyM

4차시 : https://www.youtube.com/watch?v=ipwrC3SJH1w

5차시 : https://www.youtube.com/watch?v=Cxg78R-hNbs

6차시 : https://www.youtube.com/watch?v=jpr-ooz2mOY

7차시 : https://www.youtube.com/watch?v=-LbYD9M0pMo

8차시 : https://www.youtube.com/watch?v=tXJEXAFWe_o

9차시 : https://www.youtube.com/watch?v=PAtD12WCZKI

10차시 : https://www.youtube.com/watch?v=6annSOIVKb0

11차시 :https://www.youtube.com/watch?v=_iwRYFERiQo

12차시 :https://www.youtube.com/watch?v=aVXfIqEG6mQ

13차시 :https://www.youtube.com/watch?v=B7fwQ8J83Ts

14차시 :https://www.youtube.com/watch?v=ArK-D5bvw5w

15차시 :https://www.youtube.com/watch?v=MApMzKzRy9o

16차시 :https://www.youtube.com/watch?v=w0biBEDGNVg

4차 산업혁명 시대의 **기술창업론** [제3판]

2016년 3월 15일 1판 1쇄 발행
2016년 3월 10일 2판 1쇄 발행
2017년 8월 25일 3판 1쇄 발행
2019년 7월 20일 3판 2쇄 발행
2021년 7월 30일 3판 3쇄 발행
2022년 4월 28일 3판 4쇄 발행

저자와의
협의하에
인지생략

저　자: 김진수 · 최종인 · 임충재 · 고혁진 · 이유종
발행인: 송 준
발행처: 홍릉과학출판사
주　소: 01093 서울시 강북구 인수봉로 50길 10
등　록: 1976년 10월 21일 제5-66호

전　화: 02-999-2274~5, 903-7037
팩　스: 02-905-6729
e-mail: hongpub@hongpub.co.kr
http://www.hongpub.co.kr
ISBN: 979-11-5600-679-4(93320)

정　가: 23,000원